黄金短线交易

的24堂精品课 上册

第3版

超越K线战法和斐波那契技术

Beyound Candlesticks Charts and Fibos

魏强斌　欧阳傲杰

王　浩 ——————————— 著

经济管理出版社

ECONOMY & MANAGEMENT PUBLISHING HOUSE

图书在版编目（CIP）数据

黄金短线交易的 24 堂精品课：超越 K 线战法和斐波那契技术/魏强斌，欧阳傲杰，王浩著. —3 版.
—北京：经济管理出版社，2021.1
ISBN 978-7-5096-7710-0

Ⅰ.①黄…　Ⅱ.①魏…　②欧…　③王…　Ⅲ.①黄金市场—投资—基本知识　Ⅳ.①F830.94

中国版本图书馆 CIP 数据核字（2021）第 022018 号

策划编辑：勇　生
责任编辑：勇　生　刘　宏
责任印制：赵亚荣
责任校对：陈　颖

出版发行：经济管理出版社
　　　　　（北京市海淀区北蜂窝 8 号中雅大厦 A 座 11 层　100038）
网　　址：www. E-mp. com. cn
电　　话：（010）51915602
印　　刷：唐山昊达印刷有限公司
经　　销：新华书店
开　　本：787mm×1092mm/16
印　　张：26.25
字　　数：482 千字
版　　次：2021 年 8 月第 3 版　2021 年 8 月第 1 次印刷
书　　号：ISBN 978-7-5096-7710-0
定　　价：138.00 元（上、下册）

读者赞誉（第一、第二版）

很不错的书，值得一看，模拟持仓的人可能看不太懂，但是做过真仓交易的人，一定会懂。

——fwjba

我是自己做投资的，一直没找到实用的书，这本很棒，不是空讲理论，里面所说的方法都可以用于实践，简单而有效，非常好！

——Pickup

本书第一版我看了后只知其然不知其所以然，然后就送人了，第二版我买来看了十几遍，再加上几年的实盘总结，才领悟到魏老师书中的真谛，真的是中国黄金外汇领域第一人，看看市场上其他相关的书，再看看魏老师的书，不言自明就是好书！魏老师的书让我在市场上少走8~12年的弯路，也让我走进了赢家的行列！

——宣提建

魏老师的书，对我交易生涯起到很大的帮助，第一版已经看过，这次再版，新添加内容，果断收藏！

——閑戮瀺澶ч

第一版2010年买了，第二版2017年底就读了，书的内容没得说的，坚持看18~20遍，交易不但总结，完全能跨入赢家俱乐部。这次是给朋友买的。《黄金高胜算交易》只能让交易者形成正确的交易思维和框架，但是还不能让其盈利，就是要照搬书中的两个交易系统也非一般人能做到。《黄金短线交易的24堂精品课》这部书，只要你是一位交易黄金实盘3~5年以上的交易者，反复读此书，利用书中的策略并且吸收完善总结出自己的交易系统，用规则来约束自己，尤其是书中推荐的系统论哲学和方法论的书，还有期货资金管理策略那本书的破产论以及书中提到的对其他人有用的书，与《黄金短线交易的24堂精品课》反复读看总结，再回头看《黄金高胜算交易》这本书就简单多了，并且还能悟出自己的策略和系统。《黄金短线交易的24堂精品课》这本书好好看认真总结，这个总结是指你交易实盘前、交易实盘时、交易实盘后这三个阶段不停

地与书上所讲与自己的感悟等总结写出来，最好是图文并茂，有完整的进出场的根据以及加减仓的根据。说白了，一句话，好好研读此书结合自身做实盘反复体悟，你就会走上赢家之路。当你悟透了，自然就会执行交易计划了。那时你自然会说交易真的不难，太简单了。当然这个过程最少要三五年，没得捷径可走，这部书就是你的指明灯，就是你最好的捷径。

——jd_650420129

内容翔实，体系严谨，观点新颖，魏老师不愧为常年战斗在交易一线的交易员，与市面上不懂交易的家伙写的骗人的东西相比有天壤之别。

——读***书

很受用的一套书！我是做白银的，整理了自己的思路，结合自己的实战经验，现在扭亏为盈了！买了好久才来评价，受用！受用！

——会***包

最经典、最精练的黄金技术辅导书！

——玄铁剑62

这本书真不错，实际用起来还真有效，谢谢作者了。主要讲K线，K线很重要，很多技术指标都是从K线总结出来的。是本很好的书。

——jason

书确实很不错，讲解详细，分析到位，但有一点不足就是对基本面的分析和具体方法有点疏忽。很幸运这本书使我在大学赚到了人生真正意义上的第一桶金。读完这本书后，你将豁然开朗：成为百万富翁将会是那么简单。

——淡水河谷

这本书是朋友推荐的，看完后又陆续订了老师的其他书籍，目前对我的交易策略有非常大的帮助，感谢魏老师！14堂精品课适合刚入门的，24堂精品课面对的是高级交易者。

——Jessica

看过外汇的24堂，现在来看黄金的，书中自有黄金屋！魏强斌的书还是值得一看的，至少对还处在新手阶段的人来说，有很重要的指导意义、能学到很多实用的知识！

——x***r

魏强斌的书都是实战派的，不像其他作者用案例来码页数，而是直接讲方法讲技巧，去繁化简，不错！

——a***a

很实用，注重基础，逻辑性强，是难得的投资好书！

——顺势交易者

非常喜欢——这本书非常好看，非常满意。我账户的钱开始变多了。

——yhs16

本书简单、精辟。是做短线及中长线的黄金市场的投资者值得购买的一本书，我现在都会向投资黄金的朋友推荐本书。

——蓝光

介绍得十分系统，基本涉及所有常被使用的方法，尤其对蜡烛图的解说非常全面。随着接触，能带领人慢慢看懂一些看似无意义的波动。

——zhang

也是在这里选了很久的书，发现这个评价很高就买来了，真的很好，很有用。

——试图空

已经习惯这位老师的交易手法，就买他写的书！

——鸳鸯江

这是一本实战的书籍，虽然战法一致，但是细细回味相信能带来更好的战绩。

——fswil

浓缩的经验！

——读懂你的芬

内容比较系统、直接，适合有一定基础的人阅读。书写得太好了，虽然是写黄金，但是方法是一样的，适用于外汇，用这本书的方法，我已经赚了好多钱了。

——black

这本书很不错。比其他炒黄金书更好！

——uston

受益颇丰，见位交易策略很适合新手，既可以提高胜算率，又能获得恰当的盈利。将斐波那契回调线、阻力支撑线与 K 线结合起来，等待有效的信号出现后再进场，是简单又有效的交易策略。

——三笑离愁

更适用于那些有志于在这个充满风险、充满挑战的征程上默默前行的征战者和屡败屡战、愈挫愈勇并最终战胜失败、战胜自我的勇者。

——王柄丁

国内的这种书很少，这本比较实用，每一种都讲到黄金分割的用法，估计还有更

高级的介绍。版本很大，图也清晰。

——臭屁蛋蛋儿

重新认识 K 线组合的用法。

——千倍光速

很有用的一本书，里面提出的很多数据点和指标很好用，希望学习了之后能发财！

——essay

很好，你值得拥有。

——田园牧夫

书蛮精彩的，很好的一本书，值得一看。

——赌王富翁

这本书很不错，说的都是我们所遇到的问题，不浮夸。

——jack2

主要讲见位交易和破位交易，好书。

——江神韵嫡

本书很经典，特别是 K 线战法和斐波那契技术。很受用。

——John1

看了目录，相信 K 线和斐波那契技术的详细介绍将对我的操作有很大的帮助。

——sck12

用心体味，感受经典带来的心灵冲击的精神享受，值得一看。

——haoye

内容是完全站在读者的角度去写的，知识很齐备，建议很妥帖，没有一般畅销书哗众取宠的毛病，是实实在在的实战书籍。

——speci

指标讲述全面，实战性较强。

——快乐王子 2

相见恨晚啊！！！

——我的狗叫豆

看了几页，感觉还真不错，相信看完后一定会有收获的。

——琉璃珑

书不错，看了后觉得收获很大，原来一点不懂技术，现在进步不小啦！

——小曾恩

在网上读了一段感觉内容非常适合入门的新手。

——leafp

实战经验总结！！！

——zdpwc

此书写得很实用，深入浅出，图文并茂，值得看上 10 遍。

——东方辽

值得深入了解，不要注重那儿的技术，看技术外的东西。

——柔若于水

黄金短线交易这本书很不错的。对炒黄金的人帮助很大的。

——hunte

在图书馆看了很多关于黄金投资的书，这本算是比较精品的，所以决定买来慢慢学习，对于新手来说，这里提供的知识还是比较浅显易懂的。看完以后觉得自己得到了提升。

——金龟子

送给朋友了，挺好的一本书，我又买了一本给自己留着！

——momo

这本书很有逻辑性，也很实用，对于我的交易技巧有很大的帮助。

——米米猫咪

这本书对我们炒黄金、炒股的新老股民都是不错的选择，由浅入深，通俗易懂！看了很受启发！点个赞！

——81469

好书，值得反复阅读并体会其中的交易哲学，魏老师的书，每本必买，交易人生的得力方向指引。

——feisu

内容虽然不太通俗易懂，但还是很值得一看的。

——爱上阅读爱

手边一直放着看的书，确实不错。

——cyh00

对于黄金和股票操作具有一定的指导意义！

——本溪人在济南

思路清晰，有技术指导作用，值得一看。

——韩彦明

看了这么多技术类的书籍，这本书真是不错。能够看出作者无论是讲理论还是实战，都有足够的水准，不仅能够教授方法，还能告诉你背后的原理和理由，让人做到知其然也知其所以然。我是做股票的，但依然觉得启迪不少。用心的作者，当然能遇到用心的读者。

——Johnsonzzlee

好书，分析较为透彻！！！

——大发菩提之

魏强斌的书都非常实用！这本书也不例外！大概浏览了一下，后面值得至少详细阅读 10 遍以上。都是实战的东西，如果做交易的话强烈推荐他的书！

——大眼镜蛇 1

我是做黄金交易的，这本书是我看过比较全面的技术书籍，我买给同事都受到了赞扬。

——持德行善

简洁明了，很好。"势位态"是核心，斐波那契和 K 线经典组合是两翼。以实战为导向，没有拖泥带水的啰唆。

——如意宝珠

斐波那契技术，很重要，正确地搞清楚点位，入场点位好了，可以赚得多，就算亏了，也亏很少。

——刘丰源

是我读过的为数不多的国内精品，这本书让我上了一个台阶，谢谢。

——学习机器人

这本书的方法简单有效，不会教太多的指标，用形态就搞定了。

——jd_150119wom

1. 很好的投资技术指导书；2. 内容实在，深入浅出，实用性强；3. 图文并茂，读后有收获，强烈推荐！

——abiao715

这是一本不错的书，作者的思路很清晰，从黄金交易"简洁、实用"原则出发，系统阐述了 K 线理论与斐波那契相结合的实战操作技术，尤其是书中对黄金现货交易中常犯的错误指点到位，讲解细致。美中不足的是，书中有不少错别字，章节之间有重复的感觉，作为一本经典的书，还是应该注意一下，否则会引起读者猜疑。这本书的内容值得好好体会，用于实战，反过来总结体会，再去实战。短线交易必读啊！

——古客

这本书不认真的看觉得都是些基础知识，但认认真真、一字一句地读，对交易是很有帮助与启发的。

——7762502

我整本书都看完了，对我的实战起到了很好的指导作用，开始盈利了。我相信坚持按照里面的方法操作，盈利会逐步上升。

——xuan_ziyu

超强！！！是一本非常值得拥有的书，感谢作者的无私奉献。

——DMW

对我自己的提升很有用！！！

——曹国华

这本书很好地从面—点—面将技术阐述，很好地引导读者思考相关哲学！是一部值得反复熟读的佳作！

——叶铖

魏老师的黄金24课很不错，才看了下部分，觉得写得真的挺好，但是在实际的交易当中，还是要依据自身个性，开发出属于自己的盈利模式才行，照搬照套可行性不大，推荐！

——涓烘柭浜虹

魏老师的书，没有那么多实例，直指交易精髓。有人说作者太啰唆，其实，只有理解了作者的苦心，才能体会到交易的真谛，找出赚钱的方法。经过实践检验我觉得魏老师的方法很管用，这本书物超所值。

——Jiefangjun

实用性强，讲基本面那一册很好，需要仔细分析，参考价值高，看完就赚钱！值得购买！

——Whnewworld1988

这本书挺好的！第二版比第一版展示得要更加详细！太棒了，内容丰富，实用性强，极力推荐。

——Koncouju

书很不错哦！非常不错，大师作品，值得学习！观点独特，解析到位，值得拥有！

——fanli16977

内容详细，学到很多知识。很好、很喜欢、很实惠，一套准备买完。

——jack_choi

刚开始真的看不进去，看了几回，越看越觉得这本书真的不错！黄金股也可以借鉴里面好多内容。值得收藏！很好，好好学习，天天赚钱！

——Jince

很不错的一本书！很不错的一本书！实用，可操作性强，黄金交易者案头必备，必须购买！

——Fulusheng

通俗易懂！国内交易类图书中的精品！好书要多读几遍，第二版先收藏！

——DD 琛

一看就知道是实战派高手写出来的书，强烈推荐魏强斌全系列的书。已经集齐了，哈哈哈，作者的书标新立异，不过的确挺实用的，我都要看一遍。

——光的一年

魏先生的经典书籍，非常不错，是高手的真实记录，货真价实！操作黄金交易的一定买来看看，一定会有收获！

——liebao

本书通俗易懂，实用，可操作性强。堪称经典读物，视角独特，内容精彩丰富，推荐大家阅读。

——csj992

对于交易能带来很大帮助，关键是理念！很好的书，大力推荐！

——kkk001

很好，最经典的金融交易黄金操作必读书！质量，印刷，还有物流方面都挺给力的！

——wihong3

书中方法，讲解得非常详细，各种形态都有事例进行分析论证，也很实用！

——伊 *** 过

书写得很透彻，有深入的列举，通俗易懂。好好研读，对自己会有帮助。

——C***g

内容杠杠的！！！平常多学习，交易少亏损，值得一看的书，优惠价格买入，挺好。

推荐给对黄金交易有兴趣的同学们。

——桃花岛主

收获很大！对初学者来说非常不错！只是本人理解能力太差，要看好多遍才能理解。

——铭 ***g

此书为黄金交易的权威书籍，干货多！确实对自己的交易有很大的帮助，给大家推荐一下，看完后学到了不少知识，不错的一本书！

——花 *** 瑟

非常好的炒金书，强烈推荐大家购买！确实有点料，不过跟其他系列还是需要一起看。现在系列书都有了，期待交易系统更加完善！

——j***y

很不错的方法，短线很实用！可以落地的操作指南，书不错！好书推荐给大家，多读好书提升自己！

——水日

黄金投资类比较专业的书，值得研读！之前一直没找到一本能系统地教炒黄金理论及技术方面的书，还是一个直播间里的朋友推荐的，买之前专门在网上下了 PDF 版的大概看了下，感觉不错，里面有很多干货，值得推荐给金友们。

——f***8

好书，高屋建瓴，观点独特，非常实用！两本厚厚的书，认真看肯定有所收获，努力努力看！

——HkClfCQTjGHZ

魏老师的书不用解释，懂的自然懂！很有启发意义，确实很好，大幅提高了我的操作绩效！月均收益率达到了 10% 以上。

——J***H

黄金投资分析师推荐的！挺不错的，从图书馆看了，回来就买了！内容充实丰富，讲解清晰，图文并茂，适合自学，是难得一见的精品黄金交易教程！

——j***q

非常好的书，能提高自己的认识和实战水平！一字一句地看，受益匪浅！魏老师的每一本书都值得仔细阅读、收藏！

——Y1'ZE

本题材的经典著作，值得收藏。就是希望出全套电子书版本。纸质书太麻烦，有

些只能下载盗版了（非常不好意思）。这套书实用性还是不错的，有经验的人会有点体会。

——谭 *** 笑

黄金是很重要的投资品种，书中的内容确实易懂，是实战经验的总结。抛弃了通常技术分析中的各种技术形态，转而用敛散性来分析后市走向，还是很不错的！

——向 *** 翔

很好，受益颇多，学到实用的知识！做现货黄金的朋友值得看看，内容分析到位！关键是能够带来持续的利润！

——黑 *** 哥

别人介绍的书，看后很有感悟。书的内容非常好，讲解清楚明了。超技术分析部分是其他书较少提及的。总的来说非常值得阅读。

——L***Y

导言　成为伟大交易者的秘密

◇ 伟大并非偶然！

◇ 常人的失败在于期望用同样的方法达到不一样的效果！

◇ 如果辨别不正确的说法是件很容易的事，那么就不会存在这么多的伪真理了。

金融交易是全世界最自由的职业，每个交易者都可以为自己量身定做一套盈利模式。从市场中"提取"金钱的具体方式各异，而这却是金融市场最令人神往之处。但是，正如大千世界的诡异多变由少数几条定律支配一样，仅有的"圣杯"也为众多伟大的交易圣者所朝拜。现在，我们就来一一细数其中的最伟大代表吧。

作为技术交易（Technical Trading）的代表性人物，理查德·丹尼斯（Richard Dannis）闻名于世，他以区区 2000 美元的资本累积了高达 10 亿美元的利润，而且持续了十数年的交易时间。更令人惊奇的是，他以技术分析方法进行商品期货买卖，也就是以价格作为分析的核心。但是，理查德·丹尼斯的伟大远不止于此，这就好比亚历山大的伟大远不止于建立地跨欧、亚、非的大帝国一样，理查德·丹尼斯的"海龟计划"使得目前世界排名前十的 CTA 基金经理有六位是其门徒。"海龟交易法"从此名扬天下，纵横寰球数十载，今天中国内地也刮起了一股"海龟交易法"的超级风暴。其实，"海龟交易"的核心在于两点：一是"周规则"蕴含的趋势交易思想；二是资金管理和风险控制中蕴含的机械和系统交易思想。所谓"周规则"（Weeks' Rules），简单而言就是价格突破 N 周内高点做多（低点做空）的简单规则，"突破而做"（Trading as Breaking）彰显的就是趋势跟踪交易（Trend Following Trading）。深入下去，"周规则"其实是一个交易系统，其中首先体现了"系统交易"（Systematic Trading）的原则，其次体现了"机械交易"（Mechanical Trading）的原则。对于这两个原则，我们暂不深入，让我们看看更令人惊奇的事实。

巴菲特（Warren Buffett）和索罗斯（Georgy Soros）是基本面交易（Fundamental Investment & Speculation）的最伟大代表，前者 2007 年再次登上首富的宝座，能够时隔

多年后再次登榜，实力自不待言，后者则被誉为"全世界唯一拥有独立外交政策的平民"，两位大师能够"登榜首"和"上尊号"基本上都源于他们的巨额财富。从根本上讲，是卓越的金融投资才使得他们能够"坐拥天下"。巴菲特刚踏入投资大门就被信息论巨擘认定是未来的世界首富，因为这位学界巨擘认为巴菲特对概率论的实践实在是无人能出其右，巴菲特的妻子更是将巴菲特的投资秘诀和盘托出，其中不难看出巴菲特系统交易思维的"强悍"程度。套用一句时下流行的口头禅"很好很强大"，恐怕连那些以定量著称的技术投机客都要俯首称臣。巴菲特自称 85% 的思想受传于本杰明·格雷厄姆的教诲，而此君则是一个以会计精算式思维进行投资的代表，其中需要的概率性思维和系统性思维不需多言便可以看出"九分"！巴菲特精于桥牌，比尔·盖茨是其搭档，桥牌游戏需要的是严密的概率思维，也就是系统思维，怪不得巴菲特首先在牌桌上征服了信息论巨擘，随后征服了整个金融界。以此看来，巴菲特在金融王国的"加冕"早在桥牌游戏中就已经显出端倪！

索罗斯的著作一大箩筐，以《金融炼金术》最为出名，其中他尝试构建一个投机的系统。他师承卡尔·波普和哈耶克，两人都认为人的认知天生存在缺陷，所以索罗斯认为情绪和有限理性导致了市场的"盛衰周期"（Boom and Burst Cycles），而要成为一个伟大的交易者则需要避免受到此种缺陷的影响，并且进而利用这些波动。索罗斯力图构建一个系统的交易框架，其中以卡尔·波普的哲学和哈耶克的经济学思想为基础，"反身性"是这个系统的核心所在。

还可以举出太多以系统交易和机械交易为原则的金融大师们，比如伯恩斯坦（短线交易大师）、比尔·威廉姆（混沌交易大师）等，太多了，实在无法一一述及。

那么，从抽象的角度来讲，我们为什么要迈向系统交易和机械交易的道路呢？请让我们给出几条显而易见的理由吧。

第一，人的认知和行为极易受到市场和参与群体的影响，当你处于其中超过 5 分钟时，你将受到环境的催眠，此后你的决策将受到非理性因素的影响，你的行为将被外界接管。而机械交易和系统交易可以极大地避免这种情况的发生。

第二，任何交易都是由行情分析和仓位管理构成的，其中涉及的不仅是进场，还涉及出场，而出场则涉及盈利状态下的出场和亏损状态下的出场，进场和出场之间还涉及加仓和减仓等问题。此外，上述操作还都涉及多次决策，在短线交易中更是如此。复杂和高频率的决策任务使得带有情绪且精力有限的人脑无法胜任。疲累和焦虑下的决策会导致失误，对此想必每个外汇和黄金短线客都是深有体会的。系统交易和机械交易可以流程化地反复管理这些过程，省去了不少人力成本。

第三，人的决策行为随意性较强，更为重要的是每次交易中使用的策略都有某种程度上的不一致，这使得绩效很难评价，因为不清楚 N 次交易中特定因素的作用到底如何。由于交易绩效很难评价，所以也就谈不上提高。这也是国内很多炒股者十年无长进的根本原因。任何交易技术和策略的评价都要基于足够多的交易样本，而随意决策下的交易则无法做到这一点，因为每次交易其实都运用了存在某些差异的策略，样本实际上来自不同的总体，无法用于统计分析。而机械交易和系统交易由于每次使用的策略一致，这样得到的样本也能用于绩效统计，所以很快就能发现问题。比如，一个交易者很可能在 1，2，3，…，21 次交易中，混杂使用了 A、B、C、D 四种策略，21 次交易下来，他无法对四种策略的效率做出有效评价，因为这 21 次交易中四种策略的使用程度并不一致。而机械交易和系统交易则完全可以解决这一问题。所以，要想客观评价交易策略的绩效，更快提高交易水平，应该以系统交易和机械交易为原则。

第四，目前金融市场飞速发展，股票、外汇、黄金、商品期货、股指期货、利率期货，还有期权等品种不断翻出新花样，这使得交易机会大量涌现，如果仅仅依靠人的随机决策能力来把握市场机会无异于杯水车薪。而且大型基金的不断涌现，使得单靠基金经理临场判断的压力和风险大大提高。机械交易和系统交易借助编程技术"上位"已成为这个时代的既定趋势。况且，期权类衍生品根本离不开系统交易和机械交易，因为其中牵涉大量的数理模型运用，靠人工是应付不了的。

中国人相信人脑胜过电脑，这绝对没有错，但也不完全对。毕竟人脑的功能在于创造性解决新问题，而且人脑的特点还在于容易受到情绪和最近经验的影响。在现代的金融交易中，交易者的主要作用不是盯盘和执行交易，这些都是交易系统的责任，交易者的主要作用是设计交易系统，定期统计交易系统的绩效，并做出改进。这一流程利用了人的创造性和机器的一致性。交易者的成功，离不开灵机一动，也离不开严守纪律。当交易者参与交易执行时，纪律成了最大问题；当既有交易系统让后来者放弃思考时，创新成了最大问题。但是，如果让交易者和交易系统各司其职，则需要的仅仅是从市场中提取利润！

作为内地最早倡导机械交易和系统交易的理念提供商（Trading Ideas Provider），希望我们策划出版的书籍能够为你带来最快的进步。当然，金融市场没有白拿的利润，长期的生存不可能夹杂任何的侥幸，请一定努力！高超的技能、完善的心智、卓越的眼光、坚韧的意志、广博的知识，这些都是一个至高无上的交易者应该具备的素质。请允许我们助你跻身于这个世纪最伟大的交易者行列！

Introduction　Secret to Become a Great Trader!

◇ Greatness does not derive from mere luck!

◇ The reason that an ordinary man fails is that he hopes to achieve different outcome using the same old way!

◇ There would not be so plenty fake truths if it was an easy thing to distinguish correct sayings from incorrect ones.

Financial trading is the freest occupation in the world, for every trader can develop a set of profit–making methods tailored exclusively for himself. There are various specific methods of soliciting money from market; while this is the very reason that why financial market is so fascinating. However, just like the ever–changing world is indeed dictated by a few rules, the only "Holy Grail" is worshipped by numerous great traders as well. In the following, we will examine the greatest representatives among them one by one.

As a representative of Techincal Trading, Richard Dannis is known worldwide. He has accumulated a profit as staggering as 1 billion dollar while the cost was merely 2000 bucks! He has been a trader for more than a decade. The inspiring thing about him is that he conducted commodity futures trading with a technical analysis method which in essence is price acting as the core of such analysis. Never the less, the greatness of Richard Dannis is far beyond this which is like the greatness of Alexander was more than the great empire across both Europe and Asia built by him. Thanks to his "Turtle Plan", 6 out of the world top 10 CTA fund managers are his adherents. And the Turtle Trading Method is frantically well-known ever since for a couple of decades. Today in mainland China, a storm of "Turtle Trading Method" is sweeping across the entire country. The core of Turtle Trading Method lies in two factors: first, the philosophy of trendy trading implied in "Weeks' Rules"; second, the philosophy of mechanical trading and systematic trading implied in fund manage-

ment and risk control. The so-called "Weeks' Rules" can be simplified as simples rules that going long at high and short at low within N weeks since price breakthrough. While Trading as breaking illustrates trend following trading. If we go deeper, we will find that "Weeks' Rules" is a trading system in nature. It tells us the principle of systematic trading and the principle of mechanical trading. Well, let's just put these two principles aside and look at some amazing facts in the first place.

The greatest representatives of fundamental investment and speculation are undoubtedly Warren Buffett and George Soros. The former claimed the title of richest man in the world in 2007 again. You can imagine how powerful he is; the latter is accredited as "the only civilian who has independent diplomatic policies in the world". The two masters win these glamorous titles because of their possession of enormous wealth. In essence, it is due to unparalleled financial trading that makes them admired by the whole world. Fresh with his feet in the field of investment, Buffett was regarded by the guru of Information Theory as the richest man in the future world for this guru considered that the practice by Buffett of Probability Theory is unparallel by anyone; Buffett' wife even made his investment secrets public. It is not hard to see that the trading system of Buffett is really powerful that even those technical speculators famous for quantity theory have to bow before him. Buffet said himself that 85% of his ideas are inherited from Benjamin Graham who is a representative of investing in a accountant's actuarial method which requires probability and systematic thinking. The interesting thing is that Buffett is a good player of bridge and his partner is Bill Gates! Playing bridge requires mentality of strict probability which is systematic thinking, no wonder that Buffett conquered the guru of Information Theory on bridge table and then conquered the whole financial world. From these facts we can see that even in his early plays of bridge, Buffett had shown his ambition to become king of the financial world.

Soros has written a large bucket of books among which the most famous is *The Alchemy of Finance*. In this book he tried to build a system of speculation. His teachers are Karl Popper and Hayek. The two thought that human perception has some inherent flaws, so their students Soros consequently deems that emotion and limited rationality lead to "Boom and Burst Cycles" of market; while if a man wants to become a great trader, he must overcome influences of such flaws and furthermore take advantage of them. Soros tried to build a systematic framework for trading based on economic ideas of Hayek and philosophic thoughts of

Karl Popper. Reflexivity is the very core of this system.

I may still tell you so many financial gurus taking systematic trading and mechanical trading as their principles, for instance, Bernstein (master of short line trading) , Bill Williams (master of Chaos Trading) , etc. Too many. Let's just forget about them.

Well, from the abstract perspective, why shall we take the road to systematic trading and mechanical trading? Please let me show you some very obvious reasons.

First, A man's perception and action are easily affected by market and participating groups. When you are staying in market or a group for more than 5 minutes, you will be hypnotized by ambient setting and ever since that your decisions will be affected by irrational elements.

Second, Any trading is composed of situation analysis and account management. It involves not only entrance but exit which may be either exit at profit or exit at a loss, and there are problems such as selling out and buying in. All these require multiple decision-makings, particularly in short line trading. Complicated and frequent decision-making is beyond the average brain of emotional and busy people. I bet every short line player of forex or gold knows it well that decision-making in fatigue and anxiety usually leads to failure. Well, systematic trading and machanical trading are able to manage these procedures repeatedly in a process and thus can save lots of time and energy.

Third, People make decisions in a quite casual manner. A more important factor is that people use different strategies in varying degrees in trading. This makes it difficult to evaluate the performance of such trading because in that way you will not know how much a specific factor plays in the N tradings. And the player can not improve his skills consequently. This is the very reason that many domestic retail investors make no progress at all for many years. Evaluation of trading techniques and strategies shall be based on plenty enough trading samples while it's simply impossible for tradings casually made for every trading adopts a variant strategy and samples accordingly derive from a different totality which can not be used for calculating and analysis. On the contrary, systematic trading and mechanical trading adopt the same strategy every time so they have applicable samples for performance evaluation and it's easier to pinpoint problems, for instance, a player may in first, second... twenty-first tradings used strategies A, B, C, D. He himself could not make effective evaluation of each strategy for he used them in varying degrees in these tradings, but systematic

trading and mechanical trading can shoot this trouble completely. Therefore, if you want to evaluate your trading strategies rationally and make quicker progress, you have to take systematic trading and mechanical trading as principles.

Fourth, Currently the financial market is developing at a staggering speed. Stock, forex, gold, commodity, index futures, interest rate futures, options, etc., everything new is coming out. So many opportunities! Well, if we just rely on human mind in grasping these opportunities, it is absolutely not enough. The emergence of large-scale funds makes the risk of personal judgment of fund managers pretty high. Take it easy, anyway, because we now have mechanical trading and systematic trading which has become an irrevocable trend of this age. Furthermore, derivatives such as options can not live without systematic trading and mechanical trading for it involves usage of large amount of mathematic and physical models which are simply beyond the reach of human strength.

Chinese people believe that human mind is superior to computer. Well, this is not wrong, but it is not completely right either. The greatness of human mind is its creativity; while its weakness is that it's vulnerable to emotion and past experiences. In modern financial trading, the main function of a trader is not looking at the board and executing deals—these are the responsibilities of the trading system—instead, his main function is to design the trading system and examine the performance of it and make according improvements. This process unifies human creativity and mechanical uniformity. The success of a trader is derived from tow factors: smart idea and discipline. When the trader is executing deals, discipline becomes a problem; when existing trading system makes newcomers give up thinking, creativity becomes dead. If, we let the trader and the trading system do their respective jobs well, what we need to do is soliciting profit from market only!

As the earliest Trading Ideas Provider who advocates mechanical trading and systematic trading in the mainland, we hope that our books will bring real progress to you. Of course, there is no free lunch. Long-term existence does not merely rely on luck. Please make some efforts! Superb skill, perfect mind, excellent eyesight, strong will, rich knowledge—all these are merits that a great trader shall have to command. Finally, please allow us to help you squeeze into the queue of the greatest traders of this century!

第三版前言
智能时代下的黄金交易

在本书第三版修订时，我已对神经网络和贝叶斯网络等算法模型在金融交易中的运用进行了多年的研究和运用。在智能交易的领域浸泡得越久，就越发地感觉到一些基本理念和系统知识的重要价值。

如果你是一个算法高手，是否能够很快就成为黄金交易的高手呢？

至少到目前，这个答案是否定的！

算法必须与专业的知识素养和深厚的一线经验结合起来才能发挥作用，而这种结合还需要一些创新和试验。

卷积神经网络和马尔科夫链等专业的算法模型能否在黄金交易中实现有效的运用，取决于你是否把握了黄金价格波动的本质和模型。无论是结构还是权值，你都必须基于黄金波动的驱动因子以及固有规律去考虑。

机器可以学习，而且学习的速度越来越快。

在固定规则和信息完全的情况下，哪怕数据量比宇宙中的原子数量还多，机器也能够完胜人类，比如在围棋这样的领域。围棋的复杂程度被认为远远超过了国际象棋，因此绝大多数人，包括许多科学家都认为机器不可能在此领域战胜人类，不过结果却出乎我们的意料。

金融领域提供了大量的数据，随着数据挖掘和处理的能力提高，以及机器学习能力的不断进步，我们在这个领域的竞争越来越离不开人工智能的支持。

那么，我们如何在这场正在上演的竞争中胜出呢？

我们应该放弃对金融市场的了解，转而将其交给人工智能吗？

我们应该继续坚信人工智能无法在金融领域战胜人类吗？

即便是科学狂热主义者至少也承认一点，那就是在"奇点"完全出现之前，人脑存在一些固有的优势，这是人工智能无可匹敌的。在完全有效自我进化的人工智能出

现之前，机器学习在关键假设和结构的初始设置上还是完全依靠人类的。

在黄金交易这个领域，我已经接触到了进入到这个领域的许多算法专家，他们精通编程和数学，但对于黄金交易的了解非常肤浅。他们编写了一些交易算法，其考虑的数据属性和驱动因子都过于肤浅，并未触及问题的本质。比如，他们会尝试通过黄金波动的日线走势数据来构建神经网络，通过反向传播来获得"最优权值"，以此对未来金价走势进行预测。

又比如，他们在初步了解一些常见的技术指标之后，就会尝试进行算法实现，比如 MACD 指标等，其实意义不大。

如何真正有效地利用普通算法或者学习算法来构建黄金交易系统呢？

这就是本书的价值所在！

对于神经网络而言，你需要构建一个结构，这个结构如何构建才有效呢？

你必须搞清楚金价波动的根源和机制。

驱动因素是金价波动的根源，你在设置神经网络的隐藏层时必须首先考虑这一点，但这还不够。

驱动因素作用于黄金市场玩家，促使他们采取行动，资金和筹码发生交换才会出现价格的波动。换句话说，驱动因素通过心理因素导致行为因素的变化。现在，我们要通过历史和当期的驱动因素输入值、历史和当期的心理因素输入值，以及历史和当期的行为因素输入值来预测未来的行为因素输出值，这就是基于神经网络算法的金价预测模型。

具体的驱动因素有哪些呢？

具体的心理因素有哪些呢？

具体的行为因素有哪些呢？

这三个问题在本教程中都可以找到明确的答案，这些答案为你设计金价预测神经网络的结构提供了坚实的基础。

这样的金价预测神经网络的准确率将远远超过那些简单地基于开盘价、收盘价、最高价和最低价，或者是常见技术指标的算法模型。

其实，大概几年前，在国内股指期货交易最活跃的一两年间，有私募基金已经做了一个类似的神经网络算法交易模型，并且大获成功。它们找出了影响股指走势的数百个因子，然后据此设计了股指期货的神经网络预测模型。其中的原理与此基本类似。

这是一个最好的时代，也是一个最坏的时代。技术大革命，往往是社会阶层巨变、财富分化的时期。是否挺立潮头，取决于你的选择。

在未来的交易界，真正的赢家是深刻理解交易逻辑和算法模型的人。

本教程立足于前者，而这比算法模型更需要时间去理解和实践。只有深刻理解了黄金交易的逻辑和金价波动的本质，你才能在算法交易中游刃有余。

因此，可以这样说：在未来很长一段时间内，黄金交易的成功80%取决于你对本质逻辑的理解，20%取决于你构建算法模型的能力。

振聋发聩的，不是你我的呼声，而是时代的洪流。

天下大势，浩浩荡荡，顺之则昌！

魏强斌

2020年2月8日

第二版前言
超越之道：理解技术图形背后的因素

本书的第一版——《黄金短线交易的14堂精品课：K线战法和斐波那契技术》出版6年多来好评如潮，经常在当当网上位居黄金投资类的销量榜首。这本书的核心是所谓的"势、位、态"，如何定义趋势，如何确认趋势，如何利用趋势其实都讲到了，而且让你具有很强的可操作性。不过，这里面有个"命门"，趋势如何预估？技术分析一直想要做到能够提前区分震荡和单边两种性质的市场，但是由于技术分析针对的是现象，而现象本身是不能作为规律来研究的，所以技术分析是永远无法实现这一任务的。

对纯技术分析的坚守，需要我们采用跟随为主的思路，这就是不去预判趋势性质，只是"守株待兔"，做好自己的风险管控和资金调配等待恰当的盈利机会出现。"截短亏损，做足利润"是最为原则性的要求，无论你是跟进止损，还是高抛低吸。斐波那契技术和K线技术提供了具体的进出场点序列，但是在选择具体的进出场点时就面临所谓的"胜算率—风险报酬率反比曲线"。

如果你不对市场性质进行选择，当你采用趋势跟踪技术系统时，你的胜算率会较低，而风险报酬率会较高。而当你采用高抛低吸技术系统时，你的胜算率会较高，而风险报酬率会较低。市场性质是二元的，技术指标是二元的，技术指标分为震荡指标和趋势指标，所谓综合指标也只是将两类指标叠加而已，还是无法预判市场性质。当你采用纯技术分析——交易系统时，你就面临这种"胜算率—风险报酬率反比曲线"魔咒：你通过调高盈利目标提高了风险报酬率，但却会显著降低胜算率；反之，你通过调低盈利目标提高了胜算率，但却会显著降低风险报酬率（见图0-1）。

纯技术手段就像一条反比曲线，无论我们怎么进行边际改善结果无非就是"鱼和熊掌不可兼得"。那么，如何超越这种困局呢？这就需要在技术分析（行为分析）的前端加上驱动分析和心理分析。这样才能从较低层次的反比曲线"跃升"到较高层次的反比曲线上（见图0-2）。

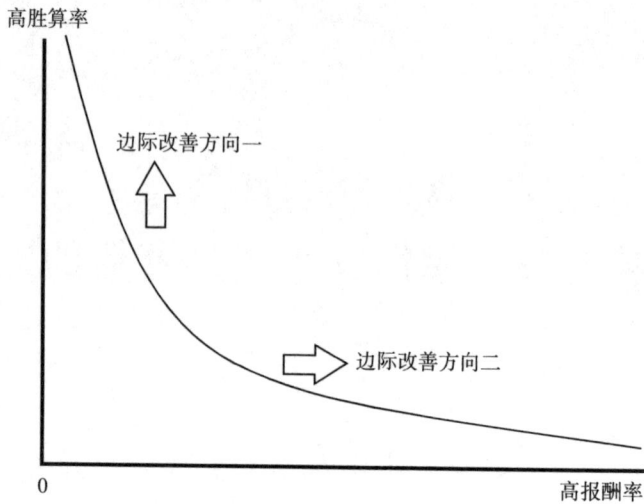

图 0-1　胜算率和风险报酬率的边际替代性

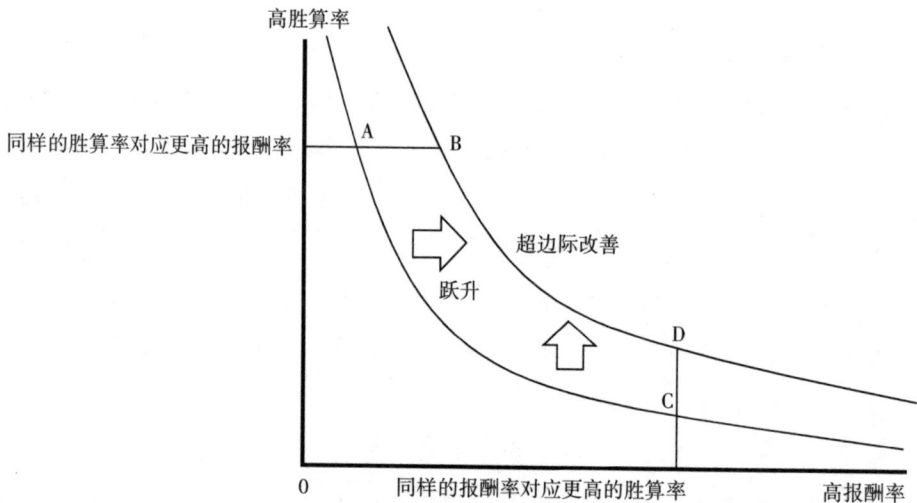

图 0-2　反比曲线的跃升

技术分析书籍将人引入了一个"死循环"，让很多人耗费多年的光阴而无法得到实质性的提高，让很多人越做交易越没有信心。因为纯技术分析如果不加上仓位管理是不可能持续获利的，而纯技术分析加上仓位管理后就面临一个"反比曲线"，这个反比曲线就制约了你的高度，你沿着边际改善方向一前进一段时间后会觉得报酬率太低，以至于期望值可能为负，然后你又会沿着改善方向二去努力，一段时间后你发现胜算率实在是太低了……在一条既定的反比曲线上你就这样反反复复地努力，但是都被困在原地，这就是"轮回"。要跳出"轮回"就要"觉悟轮回"，而"跃升图"给了我们工具。

技术分析没用吗？当然有用！如果能够加上驱动分析和心理分析，则如虎添翼。本书第二版的标题是《黄金短线交易的 24 堂精品课：超越 K 线战法和斐波那契技术》，是"超越"而不是"否定"。如果你交易股票多年，或交易期货多年，或交易外汇多年，却始终停留在原地或者某一水平的话，你就应该好好想一下我们上面讲的话和绘的图。什么是宝典？上面这些就是宝典！如果你还想从神奇指标中寻求"跃升"和"开悟"，那真的是"缘木求鱼"。其实，这些概念和哲学工具又何尝不是人生成败和幸福的写照，我们往往勤于"既定格局下"的努力，但却疏于"格局本身"的选择，什么是赢家？那是有意无意选对了格局的参赛者。什么是输家？那就是有意无意选错了格局的参赛者。什么是蠢才？那就是选了必输格局还在坚持不懈的人。看看扉页上的那句话，就什么都明白了。

魏强斌

2016 年 3 月 27 日

第一版前言
最成熟的交易技术：东方的蜡烛图和西方的黄金率

古希腊文化和阿拉伯文化是西方文明的根基之一，西方人注重数理关系，这体现在定量分析上，黄金分割率和斐波那契数字就是这种传统的体现；道家文化是东方文明的根基之一，东方人注重道象关系，这体现在定性分析上，阴阳哲学和五行生克是这种传统的体现。东方和西方各自沿着数量和道象的传统衍生出了自己的金融交易方法。西方交易方法的核心在于黄金分割率及其衍生比率，无论是斐波那契交易方法，还是加特力交易方法和艾略特波浪理论，甚至江恩理论，螺旋历法都与黄金比率密切联系，这些西方交易技术的精华都集中体现于黄金率（斐波那契比率）的具体运用上。东方交易方法的核心在于阴阳之道的主宰，上升与下降，收敛与发散，震荡与单边，所有这些都聚集于阴阳这两种根本力量的交互运动中，阴阳线或者说蜡烛图是东方哲学思维在交易界的最直接体现。

长期以来，全球的技术交易爱好者、学习者和使用者们一直为繁杂的技术分析和交易体系所困扰，究竟什么是最有效的技术，什么是最根本的技术，什么是最简洁的技术？冥思苦想，而无所得。

其实，最为有效的技术总是根植于市场的根本结构和地域文明的基础之上的。东方的对立统一思想和西方的美学生长比率就是地域文明的最典型代表，而东方的蜡烛图技术和西方的黄金率技术则是所有技术分析中最有效的部分。我们碰到过不少试图精通所有技术分析的交易者，他们在入门之初就花费大量的精力来搜集技术指标，所谓的"金融市场的圣杯"在这些菜鸟们看来就存在于某种技术指标之中。寻找"万能的顶底指标"是这种想法的最典型表现。为了避免这些初次踏入黄金、外汇、股票或期货等交易的初学者们走太多的弯路，我们总是好心相劝，希望他们能够集中力量于最关键之处。"关键驱动因素"和"关键成功要素"一直是我们在分析市场和操作市场时努力厘清的对象。那么什么是金融市场的关键驱动因素呢？对于短线交易者而言，

不是基本面因素，不是价格本身的高低，而是市场参与者的情绪变化。那么什么又是操作金融市场的关键成功要素呢？对于短线交易者而言，不是滞后的价格统计指标，不是模棱两可的预测技术，而是市场参与者们行为表现出来的概率规律。东方的蜡烛图是市场参与者情绪和行为的直接体现，这是一个及时的"市场温度计"。西方的黄金率是市场参与者情绪和行为的大数规律，准确地把握进场点和出场点需要这样的工具。

我们接触了不少国内的黄金、外汇和股票、期货短线交易者，这些成功的交易者有一个共同的特点，那就是相当注意利用支撑阻力线管理交易，他们将支撑阻力线看作是自己交易生涯的生命线，他们认为只有准确地把握支撑阻力线才能提高报酬率和胜算率。对于如何把握支撑阻力线，不同的短线交易者有不同的支撑阻力确认技术，那么什么是最好的支撑阻力识别技术呢？蜡烛线本身彰显了一些动态发展中的支撑阻力位置，而黄金率，也就是我们通常说到的斐波那契比率，具体而言是斐波那契线谱则能预先给出一些潜在的支撑阻力位置。本书介绍的短线交易技术以蜡烛图和斐波那契线谱为主体，同时囊括其他短线交易技术。通过斐波那契线谱我们可以先于市场的运动而确定一系列的潜在支撑水平和阻力水平，然后当价格达到这些关键水平时，我们可以通过观察蜡烛线的形态来确认这些关键水平是否有效，这种做法可以帮助我们先于其他技术确认潜在的进场点和出场点。波浪理论和江恩理论也能够确认潜在的位置，不过这些技术的效率较低，而且它们给出的潜在位置太多，往往是行情走过之后才能发现。当然，如果你有一套切实的波浪交易策略，也可以融入本书提供的方法，这样可以极大地提高你的交易效率，在本书中我们做了一些这方面的简单示范。

黄金在国内应该算得上是品种最全的交易标的，有现货、期货、期权、保证金、延迟交割等多种形式。本书的方法主要用于黄金短线交易，准确地说是技术性交易，但是其中蕴含的策略和具体技术也可以用于其他品种的交易过程。不过如果你进行的是股票交易则需要加入成交量这一新的要素，因为它提供了一个新的信息维度，对于准确理解市场行为是十分关键的因素。如果你进行的是外汇交易，则这套方法需要修改的地方不多。而如果你将这套方法用于商品期货和指数期货，则持仓量和成交量的分析是需要加入的要素。

就黄金交易而言，我们对使用这套技术的读者提出如下使用建议，希望大家能够切实去遵循，并在相当一段时间之后做出自己的总结和改进。

第一，在自己的交易策略中确立一到两种趋势确认技术。无论是蜡烛线技术，还是斐波那契技术，都是针对的短期局部市场，自然不能够很好地对市场当下的趋势做

出迅速的解读。顺应趋势去交易可以提高报酬率和胜算率，所以趋势是提高系统绩效的灵丹妙药，一波单边行情会成就不少传奇。本书对趋势识别技术进行了全面系统的总结，但是本书并不是专门针对趋势识别技术的，所以更多的工作需要大家在阅读和采用本书的过程中去体悟和发展。对于短线交易而言，趋势的重要性没有中长线那么重要，进场和出场的位置反而更为重要，特别是外汇和黄金的日内交易。本书的重点在于帮助读者高效地确认进场和出场的位置。

第二，在真实交易之前必须先进行连续和足够期限的模拟交易。真实交易能够提高交易者的实战心理和实战意识，但是贸然进行实际交易也是非常不可取的。利用模拟交易可以帮助读者在不花费资金成本的前提下掌握目标策略。在实际运用本书策略进行交易之前，一定要做尽可能多的模拟交易，只有对具体的"进出"策略有了近乎无趣的本能掌握后才能进行实际操作。

第三，本书介绍的方法以"位置"和"形态"为主，读者还需要自行加强对"方向"的研究，技术分析以"势位态"为宗旨。中医强调整体辩证和立体诊断，交易之前的分析也应如此。本书的重点在于交易之前的分析，而分析必然有一些必不可少的要件。任何一种交易方法都离不开"位置和方向"，同时也需要一门技术来确认交易的开始和退出。"势"关系交易的方向，"位"涉及交易的进场和出场，再深一点讲就是仓位有无和轻重，而"态"则是确认市场在关键位置上的行为是否有效，具体而言就是该位置是否发挥了应有的支撑或者是阻力作用。

第四，交易者在进行交易时要时刻注意"出场点第一"的要领，任何一种方法都要追问"进出加减"的具体条件和步骤。我们可以根据自己的交易和培训的经验为大家提供一个交易者的层次鉴定序列：第一个层次的交易者只关心涨跌，这是涉及市场方向时最无效的一种思维；第二个层次的交易者则关心进场点，因为他们发现再好的行情分析也比不过一个好的进场点；第三个层次的交易者则关心出场点，因为他们发现再好的进场也抵不上一个恰当的出场；第四个层次的交易者则关心如何在进场和出场中考虑到市场的趋势，趋势与初级交易者考虑的涨跌是有极大区别的。

第五，牢牢把握蜡烛线和斐波那契线谱两个关键要素，在实际运用中对这两项技术的结合使用下足功夫。蜡烛线的正确使用方法是与其他互补技术结合，单单使用蜡烛图技术的成功股票交易者太少，在黄金市场中也是如此。两到四种不共线性的技术手段综合使用是符合交易科学和概率论原理的。本书介绍的蜡烛线和斐波那契线谱就是两种不共线性的技术指标，把这两种技术结合起来使用，对于提高市场信息处理能力会起到很大的作用。当然，在黄金交易中，你还可以加入其他分析手段，比如趋势

分析手段和市场情绪分析手段等。蜡烛线坚信市场的"当下"运动是最关键的，而斐波那契线谱则相信市场运动存在特定的规律。东方的交易理念，如跟庄、多空等，都跟蜡烛图有关；而西方的许多交易形态，如三角形、艾略特波浪形态和加特力形态等都是以黄金比率或者说斐波那契比率的形式构造的。东方的金融分析精髓和西方的交易分析精髓都为我所用，这才是本书的目的所在。

第六，以分析作为基础，以管理作为主导。行情分析是仓位管理的前提，但是决定交易成本的根本还是仓位管理。没有行情分析，就没有可以实行的具体仓位管理策略，也就谈不上交易获利，所谓仓位管理在这种情况下也就只能沦为抽象的理论和纸面上的公式，交易者自然也就无法对其产生足够的兴趣，也就没有动力去掌握所谓的仓位管理方法。这就是许多资金管理书籍无法得到广大交易者和投资者追捧的关键原因。但同时我们要提醒本书读者注意一个颇具误导性的现象，这就是市面上大多数书籍对于仓位管理，也就是止损、出场、资金调配、仓位加减避而不谈，这种做法实质上迎合了交易者的不良天性，使得他们永远在失败的边缘上游走。抽象谈论仓位管理的话是乏味和无用的，而最可怕的行为则是只告诉你如何进场，却从不告诉你如何出场的策略。而后面这种策略则是为大多数人所遵守的策略。

第七，不迷信书中的策略，更不要以为本书中的策略就是最终有效的策略。每一个有所成就的交易者都对自己的方法充满热情和自信，当然也就会在情感上认为自己的方法即使不是最好的，也是一流的。希望我们对本书中方法的热情不会对你造成负面的影响，所以我们建议你一定要在本书基础上发展出适合自己的东西。

第八，评判交易绩效时不要受到胜算率的误导。人的天性倾向于追求胜算率，交易者往往在不断地盘算自己做了多少笔交易，其中盈利的交易有多少笔。为了提高胜算率，交易者往往会迅速地让浮动盈利头寸兑现，而继续持有浮动亏损的头寸，长期下来的结果就是"截短盈利，让亏损奔腾"，平均亏损肯定是远远大于平均盈利的，这样必然得到一个很差的报酬率。追求胜算率是绝大多数交易者的做法，也是导致绝大多数交易者失败的最重要原因，这些交易者的典型特点是连续小赚多笔单子之后，一两单亏损就把盈利全部赔出去了。交易绩效的正确提高之道是先追求恰当的风险报酬率，然后再追求胜算率。过高胜算率的策略在长期往往都是累计亏损的，大家一定要注意到这一规律，因为这些策略都是以"截短利润，让亏损奔腾"为原则的。

希望读者们能从上述角度入手去学习和运用本书，在整个交易生涯中去践行这些建议将是十分有意义和价值的。让我们一起进入学习东西方交易精髓的旅程吧！下品

交易者将交易当作生计，中品交易者将交易当作事业，上品交易者将交易当作修炼，以此共勉！

作　者

2010 年 2 月 27 日

目 录

上 册

上篇 黄金交易中的 K 线技术

第一课 K 线的哲学 ··· 003

金融交易讲求顺应市场趋势，而道家的修身养性讲求顺应宇宙大道。主观遵从客观，这是道家哲学的一个根本，也就是金融交易的一个根本，有多少交易者因为强求市场行情而亏损，固执于一己之见往往是失败黄金交易者的典型症状。K 线源于道家的阴阳哲学，讲求的也是一个逐流顺势，不要主观去设定市场的走势和波段，这与传统波浪理论和江恩理论的使用者存在天壤之别，更与市面上那些预测顶底的玄幻技术大相径庭。

第一节 道家哲学和辩证法 ··· 004

第二节 波动率和敛散性：K 线和布林带 ······················ 022

第三节 K 线照亮黄金交易者的道路 ···························· 029

第四节 "势、位、态"三要素与 K 线 ························· 041

第二课 基于 K 线图金价趋势的识别 ···························· 047

西方技术分析按理说应该受到西方分解思维的影响而更加倾向于局部思维，而日本技术分析则应该受到东方整体思维的影响更加倾向于全局思维。但是，真实的情况却恰恰相反，西方技术分析关于趋势分析的方法很多，而东方技术分析关于趋势分析的方法则相对较少。东方人似乎更喜欢在金融交易中寻求"一叶而知秋"的技术，也许这是一种全息思维方法。

第一节 利用西方技术分析识别金价趋势 ······················ 048

第二节 利用 K 线技术识别金价趋势 ·························· 056

第三课　黄金交易中的见位进场法和反转 K 线 ·········· 061

李小龙被尊为"武之圣者"，其截拳道弟子布满全球，他被认为是 20 世纪影响世界的中国人，这样一位被认为"蛮力"领域的超凡之辈其实也是位沉浸哲学的好学之徒。索罗斯被誉为"打败英格兰银行的金融大鳄"，要知道他正是为了完成其哲学家的梦想而跨入金融领域的，并以哲学上的反身性理论处理交易金融实务。诸如此类的人物太多了，所以轻视交易哲学的想法和做法都是不可取的，即使有些小成就也不足以成为缔造传奇的交易大师。每个在实战领域取得非凡成功的交易者都有自己一套可以表达的交易哲学。交易哲学决定了你交易能力的潜在高度，而交易策略则决定了你交易能力的实际高度。潜在高度制约实际高度。

第一节　金价 K 线中的提醒信号、确认信号和交易信号 ·········· 063

第二节　见位进场的基本概念 ·········· 065

第三节　重要的反转 K 线（1）：看跌吞没 ·········· 072

　　1. 黄金保证金（现货市场）中的看跌吞没 ·········· 073

　　2. 黄金期货中的看跌吞没 ·········· 076

　　3. 斐波那契见位交易策略中的看跌吞没 ·········· 078

　　4. 通道见位交易策略中的看跌吞没 ·········· 082

第四节　重要的反转 K 线（2）：看涨吞没 ·········· 088

　　1. 黄金保证金（现货市场）中的看涨吞没 ·········· 089

　　2. 黄金期货中的看涨吞没 ·········· 091

　　3. 斐波那契见位交易策略中的看涨吞没 ·········· 093

　　4. 通道见位交易策略中的看涨吞没 ·········· 095

第五节　重要的反转 K 线（3）：黄昏之星 ·········· 100

　　1. 黄金保证金（现货市场）中的黄昏之星 ·········· 101

　　2. 黄金期货中的黄昏之星 ·········· 103

　　3. 斐波那契见位交易策略中的黄昏之星 ·········· 105

　　4. 通道见位交易策略中的黄昏之星 ·········· 108

第六节　重要的反转 K 线（4）：早晨之星 ·········· 113

　　1. 黄金保证金（现货市场）中的早晨之星 ·········· 115

　　2. 黄金期货中的早晨之星 ·········· 116

　　3. 斐波那契见位交易策略中的早晨之星 ·········· 118

　　4. 通道见位交易策略中的早晨之星 ·········· 120

第七节　重要的反转 K 线（5）：流星 ·········· 126

1. 黄金保证金（现货市场）中的流星 ·················· 127

2. 黄金期货中的流星 ····································· 128

3. 斐波那契见位交易策略中的流星 ····················· 130

4. 通道见位交易策略中的流星 ·························· 131

第八节　重要的反转 K 线（6）：锤头 ····················· 133

1. 黄金保证金（现货市场）中的锤头 ·················· 133

2. 黄金期货中的锤头 ····································· 134

3. 斐波那契见位交易策略中的锤头 ····················· 136

4. 通道见位交易策略中的锤头 ·························· 138

第九节　重要的反转 K 线（7）：乌云盖顶 ················· 139

1. 黄金保证金（现货市场）中的乌云盖顶 ·············· 140

2. 黄金期货中的乌云盖顶 ······························· 142

3. 斐波那契见位交易策略中的乌云盖顶 ················· 144

4. 通道见位交易策略中的乌云盖顶 ····················· 146

第十节　重要的反转 K 线（8）：刺透形态 ················· 147

1. 黄金保证金（现货市场）中的刺透形态 ·············· 148

2. 黄金期货中的刺透形态 ······························· 149

3. 斐波那契见位交易策略中的刺透形态 ················· 150

4. 通道见位交易策略中的刺透形态 ····················· 153

第十一节　只能用作提醒信号的次要反转 K 线：母子形态 ····· 154

1. 黄金保证金（现货市场）中的母子形态 ·············· 156

2. 黄金期货中的母子形态 ······························· 158

3. 斐波那契见位交易策略中的母子形态 ················· 161

4. 通道见位交易策略中的母子形态 ····················· 164

第四课　黄金交易中的破位进场法和持续 K 线 ··············· 169

　　见位进场是近年来兴起的一种进场策略，正统的趋势交易者倾向于采用破位进场，之所以有这种差别最为主要的原因有两点：第一是日内交易的出现使得交易者倾向于采用更为激进的进场方式，因为日内交易比日间交易更适合见位进场，而且日内交易者倾向于抓住更多的机会，日内走势也更为反复和震荡；第二是不少交易者受到广泛流传的趋势跟踪，特别是突破交易法的影响使得假突破越来越多。

第一节　破位进场的基本概念 ··························· 170

第二节　重要的持续 K 线（1）：大阳线 ……………………………………… 178

　　1. 黄金保证金（现货市场）中的大阳线形态 ……………………… 179

　　2. 黄金期货中的大阳线形态 ………………………………………… 180

　　3. "域内日"破位交易策略中的大阳线形态 ……………………… 182

　　4. 鞍马破位交易策略中的大阳线形态 ……………………………… 184

　　5. 传统 R/S 破位交易策略中的大阳线形态 ……………………… 187

第三节　重要的持续 K 线（2）：大阴线 ……………………………………… 189

　　1. 黄金保证金（现货市场）中的大阴线形态 ……………………… 190

　　2. 黄金期货中的大阴线形态 ………………………………………… 192

　　3. "域内日"破位交易策略中的大阴线形态 ……………………… 193

　　4. 鞍马破位交易策略中的大阴线形态 ……………………………… 196

　　5. 传统 R/S 破位交易策略中的大阴线形态 ……………………… 198

第四节　重要的持续 K 线（3）：看跌覆盖 …………………………………… 200

　　1. 黄金保证金（现货市场）中的看跌覆盖 ………………………… 201

　　2. 黄金期货中的看跌覆盖 …………………………………………… 202

　　3. "域内日"破位交易策略中的看跌覆盖 ………………………… 204

　　4. 鞍马破位交易策略中的看跌覆盖 ………………………………… 205

　　5. 传统 R/S 破位交易策略中的看跌覆盖 ………………………… 206

第五节　重要的持续 K 线（4）：看涨覆盖 …………………………………… 208

　　1. 黄金保证金（现货市场）中的看涨覆盖 ………………………… 208

　　2. 黄金期货中的看涨覆盖 …………………………………………… 210

　　3. "域内日"破位交易策略中的看涨覆盖 ………………………… 211

　　4. 鞍马破位交易策略中的看涨覆盖 ………………………………… 212

　　5. 传统 R/S 破位交易策略中的看涨覆盖 ………………………… 214

第六节　次要的持续 K 线（5）：缺口 ………………………………………… 215

　　1. 黄金保证金（现货市场）中的缺口形态 ………………………… 216

　　2. 黄金期货中的缺口形态 …………………………………………… 217

　　3. "域内日"破位交易策略中的缺口形态 ………………………… 218

　　4. 鞍马破位交易策略中的缺口形态 ………………………………… 219

　　5. 传统的 R/S 破位交易策略中的缺口形态 ……………………… 220

第五课　黄金交易中的包括 K 线的多重过滤法 ················· 223

多重过滤法是技术分析的一个基本原则，利用非等价的技术指标来相互验证是非常好的做法，最简单的多重过滤方法是将一个趋势指标和一个震荡指标结合起来使用，而一个违背多重过滤方法的做法是将一个趋势指标和其他趋势指标，或者一个震荡指标和其他震荡指标用于同一目标。在技术分析中增加不等价或者说不共线性的一个技术分析手段就对分析结果施加了一个额外的约束条件，自然符合整个筛选条件的机会就大幅度下降了。

第一节　黄金交易中的 K 线和趋势线双重过滤 ············· 224

1. 水平趋势线和 K 线双重过滤 ··············· 224

2. 斜边趋势线和 K 线双重过滤 ··············· 227

3. 移动均线和 K 线双重过滤 ················· 230

4. 破位陷阱和 K 线双重过滤 ················· 233

第二节　黄金交易中的震荡指标双重过滤 ··············· 236

1. 震荡指标的基本用法 ····················· 237

2. 区间信号和 K 线双重过滤 ················· 241

3. 背离信号和 K 线双重过滤 ················· 243

4. 交叉信号和 K 线双重过滤 ················· 245

第三节　利用 K 线来完善黄金交易中的西方技术图形应用 ··· 247

1. 三角形与 K 线 ························· 247

2. 双重顶底与 K 线 ······················· 249

3. 亚当夏娃顶底与 K 线 ··················· 251

第四节　利用 K 线来改进黄金交易中的波浪理论实践 ······· 253

第六课　黄金交易中 K 线形态的可靠性 ················· 263

K 线在黄金短线交易中的可靠性如何去衡量呢？标准是什么呢？其实，我们首先要了解的是为什么要具备这样一个标准，这样一个标准对于交易的实际意义如何？ K 线是否有效，需要一个标准来衡量，因为只有树立了这样的标准才能够对 K 线信号的有效性进行评级，也才能够专注于极少数的优势信号，从而提高自己交易的胜算率和风险报酬率。

第一节　黄金交易中的 K 线形态可靠性衡量标准 ··········· 264

第二节　黄金交易中的 K 线形态可靠性初步评级 ··········· 266

中篇　黄金交易中的斐波那契技术

第七课　自然生长的数学：斐波那契比率 ················· 271

如果说是阴阳法则在支配的话，那么阴阳法则是按照黄金分割率在衍生万物的，也就是说以0.618为主的斐波那契比率是宇宙生长与发展的比率，是宇宙的动态比率。把一条线段分割为两部分，使其中一部分与全长之比等于另一部分与这部分之比。其比值是一个无理数，用分数表示为 $(\sqrt{5}-1)/2$，取其前三位数字的近似值是0.618。由于按此比例设计的造型十分完美，因此称为黄金分割率，或者是斐波那契比率。

第一节　一个主宰性的比率 ··································· 272

　　1. 斐波那契数列与交易 ······························ 274

　　2. 斐波那契比率和 π ······························· 275

　　3. 一个"万能"的顶底法则 ························· 277

第二节　基本斐波那契比率和基本的斐波那契比率工具 ······· 278

　　1. 基本的斐波那契分析比率 ························· 278

　　2. 基本的斐波那契比率分析工具和实例 ············· 280

　　3. 江恩比率与斐波那契比率的异同 ················· 283

第八课　黄金交易中斐波那契回调比率的运用 ··········· 285

斐波那契回调比率是我们最为推荐的斐波那契交易工具，这是一个简单的工具，更为可贵的是不仅简单而且有效。在中国内地交易界，无论你是做什么交易的，都可以用上这套方法，而不仅仅局限于本书的主题——黄金。其实，本书有两大法脉：东方的蜡烛图技术和西方的斐波那契技术，在股票、外汇、期货等交易上都在发挥着巨大的作用。

第一节　主要的斐波那契回调比率运用 ····················· 285

　　1. 弱回调比率0.236水平的黄金交易实例 ············· 286

　　2. 半强回调比率0.764水平的黄金交易实例 ··········· 287

　　3. 半强回调比率0.382水平的黄金交易实例 ··········· 290

　　4. 强回调比率0.618水平的黄金交易实例 ············· 293

　　5. 强回调比率0.5水平的黄金交易实例 ··············· 297

第二节　次要的斐波那契回调比率运用 ····················· 300

　　1. 次要回调比率0.191水平的黄金交易实例 ··········· 300

　　2. 次要回调比率0.809水平的黄金交易实例 ··········· 301

3. 次要回调比率 0.786 水平的黄金交易实例 ……………………………… 302

第三节　斐波那契回调比率的相关练习 …………………………………… 302

第九课　黄金交易中斐波那契延伸比率的运用 …………………… 305

　　斐波那契回调比率一般作为"见位进场"的工具，而斐波那契延伸比率一般作为"前位出场"的工具。所谓的"见位进场"也就是调整末期进场，本书的下篇会讲到，所谓的"前位出场"、"破位进场"和"定位进场"，采纳的出场方式则是综合性的，必然包含"后位出场"，也可以包括"同位出场"和"前位出场"。

第一节　主要的斐波那契延伸比率运用 ………………………………… 306

　　1. 弱延伸比率 0.382 水平的黄金交易实例 ………………………… 307

　　2. 弱延伸比率 0.618 水平的黄金交易实例 ………………………… 307

　　3. 半强延伸比率 1.236 水平的黄金交易实例 ……………………… 311

　　4. 半强延伸比率 1.382 水平的黄金交易实例 ……………………… 314

　　5. 强延伸比率 1.000 水平的黄金交易实例 ………………………… 317

　　6. 强延伸比率 1.618 水平的黄金交易实例 ………………………… 324

　　7. 强延伸比率 2.618 水平的黄金交易实例 ………………………… 331

第二节　次要的斐波那契延伸比率运用 ………………………………… 333

　　1. 次要延伸比率 4.236 水平的黄金交易实例 ……………………… 333

　　2. 次要延伸比率 2.000 水平的黄金交易实例 ……………………… 335

　　3. 次要延伸比率 2.382 水平的黄金交易实例 ……………………… 336

第三节　斐波那契延伸比率的相关练习 ………………………………… 336

第十课　其他斐波那契技术的运用 ………………………………… 339

　　宁少勿多，"势、位、态"分析的工具每个维度 1~2 件工具足矣，多了也许准确率上去了，但交易效率却大大地降低了，而且系统的适应性也差了，不容易适应市场趋势性质的转变，这是不少优秀的机械交易系统最后不了了之的原因。

第一节　斐波那契弧 ……………………………………………………… 340

　　1. 弧线 0.382 比率水平的黄金交易实例 …………………………… 340

　　2. 弧线 0.5 比率水平的黄金交易实例 ……………………………… 342

　　3. 弧线 0.618 比率水平的黄金交易实例 …………………………… 344

第二节　斐波那契时间线 ………………………………………………… 345

　　1. 斐波那契时间线的基本概念 ……………………………………… 346

2. 螺旋历法与斐波那契时间线 ……………………………………………… 347

第十一课　斐波那契技术和趋势识别技术 ……………………………… 351

在K线技术发展史的经验和教训可以用来指导斐波那契技术和螺旋历法技术的发展，我们一定要走实践推动技术发展的路子，而不是停留在自圆其说和马后炮式的推演中。中国人自己研究出来的一些分析技术，比如金融易学、J形图基本与江恩理论、TPO理论比较接近，作为一种分析技术，一定要符合交易需要，纯粹的分析技术对于交易没有促进作用，除非它能提供明确的进场点和出场点，同时还能符合胜算率、风险报酬率以及周转率等方面的要求。斐波那契技术的发展应该朝着能够提供进场位置和出场位置，能够符合"势、位、态"要求的方向发展。

第一节　N字法则 …………………………………………………………… 353

  1. 趋势识别的传统方式（1）：直边趋势线 ……………………………… 353

  2. 趋势识别的传统方式（2）：移动平均线和其他趋势指标 ………… 356

  3. 趋势识别的传统方式（3）：大时间结构 …………………………… 359

  4. 趋势识别的传统方式（4）：X%法则 ……………………………… 361

  5. 趋势识别的传统方式（5）：K线多空对比 ……………………… 361

  6. 趋势识别的传统方式（6）：OX图法 ……………………………… 363

  7. 趋势识别的传统方式（7）：周规则 ……………………………… 365

  8. 化繁为简的趋势识别之道：N字法则 …………………………… 365

第二节　波段确认与分形 …………………………………………………… 368

  1. 否定之否定规律与波段的确认 ……………………………………… 368

  2. 分形 …………………………………………………………………… 369

  3. 趋势的稀缺性和持续性 …………………………………………… 369

第三节　推动波与回撤波及趋势识别 …………………………………… 370

  1. N字法则中的推动波与回撤波 …………………………………… 371

  2. 斐波那契回调线谱与N字法则 …………………………………… 371

下　册

下篇　黄金交易高级技术的综合运用实例

第十二课　K 线和整体技术面 ·························· 375

中医不仅将人看成一个整体，还将人与宇宙看成一个整体，中医的高级理论——五运六气学说就是从大环境来看待疾病的发展。交易也是一个整体，不仅是将分析方法看成一个整体，还要将交易中的人涉及的一切看成一个整体。很多人做交易不成功，原因并不是简单的方法问题，但是绝大多数人就认为是简单的方法问题；很多人做交易不成功，原因也不是简单的心态问题，但是绝大多数人就认为是简单的心态问题。

第一节　中医的整体观念与阴阳辨证 ·················· 376

  1. 顶底之辨与失败者的迷思 ······················ 376

  2. 中医的整体观念与 NLP 的逻辑层次 ·············· 378

  3. 黄金交易分析中的 K 线：整体观念与阴阳辨证 ······ 379

第二节　如何做到顺势而为：截短亏损，让利润奔腾 ······ 380

  1. 舒服的，是错误的 ···························· 380

  2. 报酬风险率与胜算率 ·························· 381

  3. 归结为一点：出场 ···························· 383

第三节　趋势的识别 ······························ 386

  1. 三法宝：N 字法则、N% 法则、N 期法则 ·········· 386

  2. 适当借助于大时间框架：三屏系统 ·············· 387

第十三课　K 线和斐波那契技术的综合运用示范 ··········· 391

斯蒂芬·尼森的 K 线技术虽然很系统，但是却未必贴近交易的实际需要，主要是因为他注重局部的 K 线形态信息，而忽视了市场的整体。虽然，他也讲究综合互参，但是仍旧摆脱不了他作为分析师的角色。分析师是交易员的信息挖掘者，可以帮助交易员高效率地收集信息和处理信息，但最终判断还是由交易员担纲。分析师最大的特点是对于具体的进场和出场不太关心，对于具体交易结构的风险报酬特征缺乏职业嗅觉。本课的目的是告诉大家如何从交易员的角度去"分析和交易"，所有的分析最终都服务于交易，所有的分析都必须具有交易的特色。

第一节　最为重要的步骤是出场 ····················· 392

  1. 止损与止盈 ································· 394

2. 跟进止损是最符合市场实际的方法 ································ 395

3. 利用分仓出场综合跟进止损和目标止盈法 ················ 395

4. 利用蜡烛线确认潜在进场位置和出场位置 ················ 396

第二节　见位交易技术的入场 ·· 396

1. 见位交易与微幅止损入场 ·· 397

2. 潜在的"位"：斐波那契水平谱系 ···································· 398

3. 确认"见位"的重要技术：反转K线 ····························· 399

4. 见位交易技术示范 ··· 403

第三节　破位交易技术的入场 ·· 406

1. 破位交易与小幅止损入场 ·· 406

2. 潜在的"位"：前期高点和前期低点 ······························· 407

3. 确认"破位"的重要技术：持续K线 ····························· 408

4. 破位交易技术示范 ··· 408

第十四课　"势、位、态"思想主导下的系统交易方法 ············ 413

"势、位、态"作为技术分析或者市场行为分析的最精练总结，有助于我们从纷繁复杂的技术分析领域中理出头绪来，有利于我们甄别技术的实际价值，有助于我们构造自己的技术分析体系。无论你此前学习和运用的是什么样的技术分析方法，在掌握了"势、位、态"三要素之后，都能够更好地提升自己的分析水平。

第一节　顺势者昌，逆势者亡 ·· 414

第二节　位：四种位置对应四种交易进场策略 ····················· 415

1. 大众情人：见位交易 ··· 417

2. 传统瑰宝：破位交易 ··· 418

3. 新兴势力：顶位交易 ··· 420

4. 无处可守：间位交易 ··· 421

第三节　K线是确认潜在位置是否有效的有力武器 ·············· 423

第四节　以"势、位、态"分析，以"凯利公式"计划，以"机械思维"
交易，以"统计思维"总结 ·· 428

1. 识别交易结构："势、位、态"分析 ································ 429

2. 设计交易策略："凯利公式"之下的资金管理方略 ········· 431

3. 执行交易计划：对抗人性中的祸根 ·································· 431

4. 完善交易系统：定期升级你的武器 ·································· 432

续篇　超越技术分析

第十五课　黄金驱动分析的框架与步骤 ·················· 437

驱动因素为什么重要呢？对于想要同时提高胜算率和风险报酬率的交易者而言，只有搞透彻了驱动因素才能确认适合自己的格局和走势。驱动因素是"因"，行为因素是"果"，行情本身只是"现象"，导致行情发生的原因才是"本质"。相关性只是现象层面的研究对象，而因果性才是本质层面的研究对象。

第一节　黄金驱动分析的框架（1）：驱动层次和三种属性 ·········· 440

第二节　黄金驱动分析的框架（2）：风险—收益矩阵 ············· 456

第三节　黄金驱动分析的步骤 ····················· 459

第十六课　最关键的指标：风险偏好 ···················· 465

通过风险和收益特征我们可以"定位"一个具体的金融标的在整个资产市场的位置，而市场参与者们对风险的态度变化决定了他们会选择什么样风险特征的产品。我们知道了跨市场资金流动的根本原因在于"趋利避害"，风险情绪高的时候以"趋利"为主，因为对风险容忍度很高，风险情绪低的时候以"避害"为主。资金往哪里走？如果你仅仅是想知道资金在大类资产的配置倾向，基本上知道风险偏好即可。

第一节　恐慌指数 VIX ························· 467

第二节　国债 CDS 和国债利差 ···················· 477

第三节　信用利差和高息差货币对 ·················· 480

第四节　其他风险偏好指标 ······················ 484

第五节　战争带来的风险厌恶 ····················· 488

第十七课　货币属性 ···························· 493

今天的黄金仍旧具有货币属性，这并不全是历史的惯性，更准确地说这是由黄金本身的特性所决定的，不以某一利益团体的意志为转移。虽然目前世界上没有一个国家采用金本位制，但是欧美大国的官方储备还是以黄金为主。黄金作为货币的属性不是单凭人为力量就能抹去的，随着全球纸币的滥发，随着地缘政治的日益动荡，随着经济滞胀的到来，黄金的货币属性将日益显著。

第一节　美元和国债 ·························· 497

第二节　欧元 ······························ 504

第三节　商品货币 ·························· 505

第十八课　投资属性 ·· 509

股票价格上涨如果是贴现公式的分子驱动的话，那么黄金会受到冷落，除非通胀也显著上涨；股票价格上涨如果是贴现公式的分母驱动的话，那么黄金会受到追捧，这个时候所有资产的价格都会向上重估，因为货币相对贬值。

第一节　各类黄金挂钩投资标的 ································ 511
第二节　股市与黄金走势 ······································ 517

第十九课　商品属性 ·· 521

商品是没有利息收入的，黄金作为商品也是一样的情况，通货膨胀率是商品的"利息"，而利息是纸币作为存款的收益，因此只有当预期通胀率高于名义利率的时候，商品的收益才能超过纸币。我们知道，一个国家货币的购买能力，是由物价指数决定的。当一国的物价越稳定时，其货币的购买能力就越稳定。相反，通胀率越高，货币的购买力就越弱，这种货币就越缺乏吸引力。如果美国和世界主要地区的物价指数保持平稳，持有现金也不会贬值，又有利息收入，必然成为投资者的首选。

第一节　原油 ·· 525
第二节　CRB ·· 530
第三节　铜 ·· 536
第四节　贵金属 ·· 539

第二十课　黄金心理分析的框架和步骤 ···························· 547

不管怎么样，如果不能首先确定好"题材"，也就是焦点，则我们是很难进行心理分析的。也许我们可以从多空情绪调查、分析师情绪调查、黄金期货持仓等角度看出黄金当下的多空情绪，但是要真正把握市场的动向，要前瞻性地把握市场，则必须明了市场关注的"题材"，而且还要对此前关注的"题材"以及即将关注的"题材"有一定的把握。一般便于我们操作的方法是将每天的主要题材写在对应的日线蜡烛图上，同时将当天的走势在盘后补充上去。

第一节　参与主体 ·· 551
第二节　黄金市场的心理分析框架 ······························ 553
第三节　黄金心理分析的原则和步骤 ···························· 555

第二十一课　心理分析的工具 ···································· 559

一个好的心理分析工具应该体现出市场的涨跌情绪，而且最好能够给出涨跌情绪涉及的参与群体，但是目前的心理工具一般很难满足上述这些要求，很难具备上述的特征，现在的心理工具一般只是告诉黄金交易者们的看涨和看跌倾向，所以我们还需要利用这些心

理工具进一步挖掘，只有回答了有关"题材"（焦点）的问题才能达到心理分析的真正目的。

第一节　黄金 ETF ································· 560

第二节　CFTC 持仓报告 ························· 562

第三节　央行黄金储备动向 ····················· 571

第二十二课　致人而不致于人：分析师和交易者的主要盲点 ··········· 575

当你进行零和博弈的时候，要以利用对手的非理性为主，同时要觉察自己的非理性。觉察带来超越，觉察带来解放，觉察可以避免我们踏入自我设定的陷阱。先立于不败之地，而后求胜，如果从本课的视角出发这里面包含两层意思：第一层意思是避免因为自己的非理性出现重大判断失误，这就是"立于不败之地"，只有你的心态是平静和平衡的，你才不会有偏见和执着，这样你的判断和行为才是理性而明智的；第二层意思是抓住对手盘因为不理性的判断和行为而带来的机会。

第一节　没有反思就没有进步：导致我亏损的习惯 ········ 576

第二节　分析师和交易者的主要盲点 ··············· 586

第三节　桥水掌门人自述的最大秘诀 ··············· 597

第四节　源自中国古典医学的 EFT ················· 602

第二十三课　黄金走势的季节性规律和日内规律 ················· 613

由于印度是黄金消费的大国，所以印度的节日通常会影响金价的短期走势，由于西方和印度的节日集中于第一季度和第四季度，所以黄金在年末和年初容易走强，而阶段性底部往往出现于年中，特别是 6 月和 7 月，这对于把握买卖黄金的时机而言是非常有价值的知识。

第一节　黄金走势的季节性规律 ·················· 614

第二节　黄金走势的日内规律 ···················· 617

第二十四课　黄金短线交易的完整流程 ····················· 621

高手和老师的作用在于启迪你，给予你一个观察的重点，让你明白应该往什么方向去走。如果完全靠自己去总结，那么弯路是必然的；如果完全照搬书本，那么弯路就会很多；如果完全不看书，也不总结，自己在那里毫无章法凭着感觉操作，那就永远回不到正路上了。

第一节　分析与交易的流程 ····················· 624

第二节　仓位管理 ··························· 627

第三节　复盘 ····························· 630

附 录 ··· 637

第一节　黄金保证金的基本概念 ······························· 637

第二节　上海期货交易所黄金期货标准合约及规则 ········· 638

第三节　MT4 软件使用指南 ····································· 639

第四节　文华财经交易软件使用指南 ·························· 660

第五节　1792~2013 年黄金价格走势和大事件标注图 ······· 669

第六节　原油与黄金 ··· 670

第七节　黄金分析常用网址 ····································· 674

上　篇
黄金交易中的 K 线技术

> 说蜡烛图体系源远流长实在是当之无愧!
>
> ——斯蒂夫·尼森

K 线的哲学

K 线源于日本，是日本大米交易商发明的一种价格跟踪手段，由于日本受中国阴阳道家哲学的深刻影响，所以日本的 K 线自然也就以这种哲学作为基础和主宰。K 线的本来名称是蜡烛线，因为形状好似蜡烛而得名，之所以又被称为 K 线，主要是因为蜡烛线的英文名称，也就是 Candlesticks 的开头发 K 音，所以被简称为 K 线。20 世纪下半叶，日本的 K 线技术被引入西方，斯蒂夫·尼森是这项工作的主要贡献者，他因此也被称为"西方蜡烛图之父"。在西方交易界，不用蜡烛线的人与采用蜡烛线的人一样多，像混沌大师比尔·威廉姆就不采用蜡烛图。这些人之所以不采用蜡烛线主要原因有两个：第一，蜡烛线比竹节线占用过多的屏幕面积；第二，他们不了解蜡烛线的功用和哲学基础。

错误地使用 K 线技术导致的不良后果，使得不少交易者对于 K 线不抱太多的奢望。其实，K 线的最大作用在于确认市场运动在某一点遭遇的作用力有多大，具体而言就是确认特定位置上的支撑和阻力强度。**在西方技术分析界，要确认某一点支撑和阻力的有效程度主要是利用成交量和突破程度来度量。**由于黄金现货等市场的成交量并不可靠，所以只有特定市场才能采用成交量来确认支撑和阻力的有效性。而突破程度往往具有很大的欺骗性，比如多头陷阱和空头陷阱就是利用假突破的典型形态。

K 线的最大作用在于确认市场运动在某一点遭遇的作用力有多大，具体而言就是确认特定位置上的支撑和阻力强度。

但是，**K 线本身并不能表明市场的趋势和位置，表明市场趋势的是价格的整体运动，而表明关键水准的往往是价格的高点、低点和成交密集区。** 这是 K 线的局限性所在。K 线反映的是局部信息，是一个确认局部状况的良好工具。只有明白了 K 线的"能力范围"才能恰当地使用它。

从市场的整体运行而言，多空是根本性的二元力量，就市场的局部运动而言，多空也是最基本的二元力量，所以 K 线的形态和用法应该贯穿这种二分法，贯穿这种哲学，只有这样才能体现市场的本质。化繁为简才是我们采用哲学思维的原因。在本课中，我们会从四个不同的角度来介绍 K 线的哲学，只有了解了 K 线背后的原理，才能不被纷繁的 K 线形态和交易策略所迷惑，才不会去追寻"所谓的圣杯"。

作为全书的第一课，我们分四个小节来传授东方交易精髓——K 线的哲学外延和内涵。第一节，我们着重从中国道家哲学的角度和古希腊辩证法的角度理解 K 线的哲学意味，更为重要的是从中得出使用 K 线需要遵循的一些基本原则。第二节，我们从波动率的角度对 K 线进行简化，以多空的角度来看待 K 线会使得我们陷入某种误区，因为一个市场参与者并不固定地作为空头或者多头，而敛散性则能够为我们提供更加有效的分析角度。从敛散性的角度，我们也能够把西方的技术思想与东方的技术思想融合起来，将宏观、中观和微观统一起来。第三节，我们从黄金市场和黄金交易的角度来阐释 K 线及其背后的哲学对于交易者的意义和价值。第四节，从我们自身交易哲学的角度来定位 K 线的意义。

本课的学习要求是：

第一，掌握 K 线中阴阳思想与敛散性的关系，努力在实际运用 K 线的过程中将焦点从多空思维转化为敛散思维。

第二，明白 K 线在确认进出场位置方面的价值，同时知道 K 线在确认市场趋势方面的局限性。

第一节　道家哲学和辩证法

道家哲学的阴阳大道和辩证法的对立统一规律都是在述说宇宙普遍存在的二元现象。K 线深受道家阴阳思想的影响，明白了道家哲学，也就明白了 K 线的哲学。**老聃是道家的创始人，他是周朝的守藏史，相当于国家图书馆的馆长，夏商周之前人类文**

明遭受过大洪水， 从史料推断来看，不少史前文明成果保存在喜马拉雅山山脉一带到中东高地，所以像阴阳思想、太极八卦等思想精髓也可能在这些地方保存下来，老聃作为"国家图书馆馆长"自然比一般人更容易接触到这些东西，他后来西出函谷关也可能与此有关，至今喜马拉雅山山脉还是不少藏密修行者的圣地。下面这幅图是汉代之后文人描绘的老聃形象（见图1-1），他倡导的道家哲学以"顺其自然"为宗旨，所谓"人法地，地法天，天法道，道法自然"。什么是自然，自然就是本体内在的规律，这个内在规律在道家被称为"道"，在古希腊被称为"逻各斯"，现代生命科学称为"基因"。金融市场也有其"基因"，"顺势而为"被视作是金融交易的最高原则，这条原则与道家哲学的"顺其自然"是多么的贴近。

K线深受道家阴阳思想的影响，明白了道家哲学，也就明白了K线的哲学。

图1-1　老聃

黄金交易讲求顺应市场趋势，而道家的修身养性讲求顺应宇宙大道。主观遵从客观，这是道家哲学的一个根本，也就是黄金交易的一个根本，有多少交易者因为强求市场行情而亏损，固执于一己之见往往是失败黄金交易者的典型症状。K线源于道家的阴阳哲学，讲求的也是一个逐流顺势，不要主观去设定市场的走势和波段，这与传统波浪理论和江恩理论的使用者存在天壤之别，更与市面上那些预测顶底的玄幻技术大相径庭。不过，不少交易者，包括黄金短线交易者并没有搞清楚K线技术的这一特性，相反他们总是不断地追求K线的预测性能，这恰好违背了K线的哲学根本。K线，无论是持续K线还是转折K线，告知投资者的都是当下的市态，对于未来的市况并不能做出全局性的预测，最多是局部性的信息，所以K线只能确认当下市场是否受到阻力，是否获得支撑，至于市场目前是顶部，还是底部，K线是无法预知的，如果你一定要将反转K线看作顶底的信号，那么你就误用了K线。误用K线并不表明你当时就会遭受损失，但是长期下来这种局限性的思维就会误导交易者走入"买在最低点，卖在最高点"的误区。本书的技术是帮助你买在相对低点，卖在相对高点，但是绝不去追求"买在最低点，卖在最高点"。因为追求绝对的顶底从人的能力范围和统计概率来讲都是非理性的行为。

在本书中我们不会引导和训练你利用顶部K线形态找绝对的顶部，而是教你利用这类K线形态确认下降趋势的反弹高点。同样，我们也不会引导和训练你利用底部K线形态找绝对的底部，而是教你利用这类K线形态确认上升趋势的调整低点。我们不去追求在最高点做空和最低点做多，而是追求在最低点出现之后，在次低点及时做多，或者是在最高点出现之后，在次高点及时做空。甚至，我们会更为保守，只**在突破前期高点时做多，在跌破前期低点时做空**，这时候我们直接利用持续K线形态确认这种突破有效。趋势是不可悖逆的，市场是可以悖逆的，逆势和逆市要区分清楚。调整买

我们不去追求在最高点做空和最低点做多，而是追求在最低点出现之后，在次低点及时做多，或者是在最高点出现之后，在次高点及时做空。

入和反弹卖出是逆市，而不是逆势！

任何趋势和市态都可以划分为阴阳两个元素，最为常见的是分为"上涨和下跌""多头和空头""牛市和熊市"，或者是"单边和震荡"。但是，这些分类的实际作用较小，对于实际操作的指导意义很差。根据我们在黄金、外汇、证券和期货等市场上的操作经验，应该对市场的发展作如下的二元划分，如"方向和位置""发散和收敛""坚决和犹豫"等。

这种二元对立统一的市场特征可以通过道家的太极来理解。图 1-2 就是一个典型的太极图，除了这种太极图之外，还有不常见的来知德太极图，这里就省略了。从图 1-2 中可以看出市场内在的二元对立特性。巴菲特能够成功地进行股票投资，在于他找到了不确定市场中的一个确定性因素，然后依靠这个确定性的因素进行投资，这个**确定性的因素就是那些具有持续竞争优势的企业**，这类企业的每股收益趋势是稳定和可被预见的。从巴菲特的成功经验出发，将寻找确定性因素的思维迁移到短线投机上，我们就应该寻找短期市场波动中的确定因素。从不同的角度来看，从市场运动中总结

> 巴菲特能够成功地进行股票投资，在于他找到了不确定市场中的一个确定性因素。

图1-2　太极阴阳

出的确定性因素是不同的。在本书中我们可以总结出价格运动的 N 字结构、分形特征，但是最为根本的市场确定性特征还是市场运行的二元性，这个可以从太极这个万物终极定律推导出。

二元对立统一不仅是东方哲学的精髓所在，也是西方希腊—罗马哲学的精髓。赫拉克利特（见图 1-3）和黑格尔是西方二元对立统一哲学的集大成者。

图 1-3　赫拉克利特

赫拉克利特是古希腊哲学家、爱非斯派的创始人。赫拉克利特的理论以毕达哥拉斯的学说为基础。他借用毕达哥拉斯"和谐"的概念，认为在对立与冲突的背后有某种程度的和谐，而协调本身并不引人注目。他认为冲突使世界充满生气。每一种东西都这样变成它的对立面，因此每一种东西都是对立性质的统一。没有什么东西的性质不变，没有什么东西具有永恒的性质。从这一意义来看，每一种东西既存在，又不存在。有这种对立，才能有世界。比如，音乐中的和谐就产生于高低音调的结合。

世界为斗争所支配。赫拉克利特说："战争是万有之父和万有之王。"如果没有斗争和对立，世界就会消亡——停滞或者毁灭。对立和矛盾统一起来才能产生和谐。**"生与死，梦与醒，少与老是同样的东西。后者变化，就成为前者，前者变回来，则成为后者。"**

如果没有斗争和对立，世界就会消亡——停滞或者毁灭。对立和矛盾统一起来才能产生和谐。

黑格尔完善了辩证法和唯理主义。唯理主义的核心就是"IDEA"或者说"逻各斯"。用现代语言来讲就是一种广义的"基因"。

我们从东方哲学的阴阳大道到西方哲学的辩证唯理主义出发，可以找到受用一生的交易哲学，这就是善于从二元划分的角度去洞悉和把握市场。我们下面着重从几个对立统一角度来演示如何"辩证"地思考交易本身，这种思维方式可以极大地激发你的交易潜能，提高你的交易绩效。

出场分为两种类型，一种出场的目的是为了提高平均的盈利水平，另一种出场的目的是为了降低平均的亏损水平。简言之，一种是"让利润奔腾"的出场，另一种是"截短亏损"的出场，两种出场方式是对立统一、相互促进、缺一不可的。之所以说两种出场方式是相互促进的，主要是只有提高平均的盈利水平才有足够的成本来应付亏损，同时只有降低平均的亏损水平才能保护资本本身和兑现盈利。这两种方式也是互斥对立的，因为这两种出场方式的集合构成了整个出场方式。除了服务于这两种目的的出场方式都是不符合资金管理规律的，也就是说长期来看必定是累计亏损的，**最为典型的两种错误出场方式就是"截短利润"和"让亏损奔腾"**。如图1-4所示，提高平均利润的出场可以用太极中的阳鱼表征，降低平均亏损的出场可以用太极中的阴鱼表征，如果读者在思考出场的具体策略时能够把握这两点则可以极大地提高自己的累计盈利水平。

图1-4　出场的阴阳

进场的两种最重要方式是见位进场和破位进场，一般称之为调整买入（或者是反弹卖出）和突破买入（或者是跌破卖出）。见位进场要求设定一个相对较小幅度的止损，破位进场要求**设定一个相对较大幅度的止损**。见位交易的胜算率相对较高，但是报酬率相对较低；破位交易的胜算率相对较低，但是报酬率相对较高。见位交易的初始投入仓位相对大些，破位交易的初始投入仓位相对小些。如图1-5所示，见位交易是较为激进的进场方法，初学者喜欢这种进场方法，但是却不太容易掌握；破位交易是相对保守的进场方法，初学者不太钟爱这种方法，但是却更为重要。见位进场用太极中的阳鱼表征，破位进场用太极中的阴鱼表征。

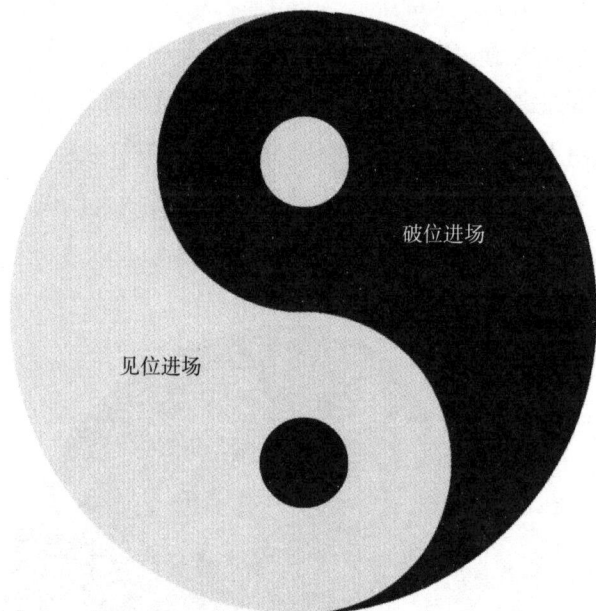

> 进场的两种最重要方式是见位进场和破位进场。

破位进场

见位进场

图1-5 进场的阴阳

进场（加仓）和出场（减仓）是我们这里要介绍的第三对关键要素。进场和出场构成一笔完整的交易，不少交易者倾向于专研进场点，他们不少人甚至认识不到出场点的重要性。虽然他们口头上也会附和一句"会买的是徒弟，会卖的才是师傅"，但是实际上他们并没有花多少时间和采取多少行动来研习出场行动。出场往往比进场更为重要，这是从人类

天性的角度来说的。人类往往倾向于开始一项活动，但是对于结束一项活动却缺乏兴趣。在实体经济行为中这种倾向的负面作用被隐藏了起来，但是在金融交易中这种倾向的负面作用被放大得如此显著。没有进场也就谈不上出场，但是出场却是决定一项交易成败的关键。无论是提高平均盈利水平，还是降低平均亏损水平都与出场有关。**所谓交易的最高行为策略——"截短亏损，让利润奔腾"都涉及出场。**当然进场是一个基础，所以在琢磨透了出场精髓之后，我们又需要反过来提高进场的水平。但是，现实状况是不少交易者，包括本书针对的黄金交易者基本不怎么琢磨出场问题，这是他们失败的最关键原因之一。如图1-6所示，进场由太极中的阴鱼表征，出场由太极中的阳鱼表征，因为阴为阳之始（顺序在前，是基础和前提），阳为阴之主（顺序在后，起主导和决定作用）。

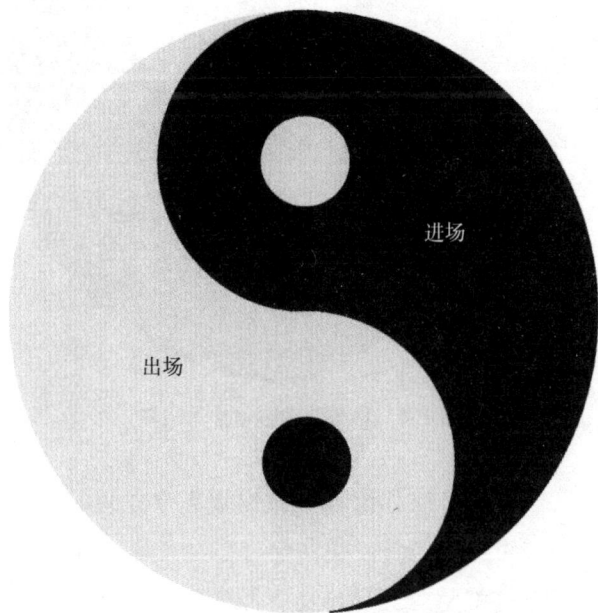

图1-6　进场和出场的阴阳

敛散性是我们要在本节介绍的第四对关键要素。在第二节，我们会谈到价格波动率的两种根本特征，即收敛和发散，无论是蜡烛线的大小，还是价格线的密集程度，抑或是市场宏观波动特征，市场情绪和能量状态都与敛散性有关。破位交易往往要利用价格线的"正向发散"形态，而见位交易则往往要利用价格线的"正向发散—收敛—负向发散"形态。图1-7将市场的敛散性和太极阴阳对应起来，关于这一对要素的具体探讨请参看本课第二节的内容和《黄金高胜算交易》一书的第一章。本节所阐述的主题是市场的二元性，这是K线的哲学基础。我们在本节想要表达的意思是，K线

仅仅是市场二元性无数种解释中的一种，仅仅这一种阐释就能给交易者带来极大的收获，如果我们能够直接把握市场二元性特点，则能够获得指数增长速度的收益，我们在本节已经介绍了好几对二元性要素，任何一对要素都能为你打开一扇顿悟的窗口，使你的交易哲学和技能更上一层楼。

图 1-7 市场的敛散特性与阴阳

发散
大实体蜡烛线
成交稀疏区
趋势单边市场
坚决
失衡
确认信号

收敛
小实体蜡烛线
成交密集区
区间震荡市场
犹豫
均衡
提醒信号

方向和位置是我们接着要介绍的第五对关键要素。交易者在入门阶段往往全身心投入到"预测行情涨跌"的工作中，这就是对交易持仓方向的痴迷，这是一个陷阱，交易者如果始终专注于此就会失去成长的机会。交易新手和交易老手在预测行情涨跌方面的能力基本一样，这有两个原因：第一，**预测行情能力就技术分析而言是无法有效提高的，换句话说就是预测行情能力的学习收益是很低的**；第二，交易的成败不取决于所谓预测方向的能力。进场和出场的位置相对于交易者而言更为重要，交易者往往可以通过出场来扩展正确方向持仓的利润，也可以通过出场来减小错误方向持仓的亏损，交易方向本身的地位大大降低了。位置是交易者应该首先重

技术分析预测行情的绩效较低，更适合作为时机选择和仓位管理工作。

视的因素，其次交易者可以逐步将注意力转向通过跟随市场方向，而不是预测市场方向来盈利。具体而言，位置涉及仓位管理和交易策略，方向涉及交易对象和行情性质。如图 1-8 所示，方向对于交易者而言是一个更为明显的因素，属于阳，而位置对于交易者而言则是一个隐藏的因素，属于阴。但是，位置对于交易的影响更为深远，特别是短线交易者。

图 1-8 方向和位置的阴阳

支撑和阻力是我们要介绍的第六对关键要素。支撑简写为 S，阻力简写为 R，但是两者在市场运动中是相互转化的，所以一般我们标注一个关键价格水平为 R/S，表明这一位置在不同的市况下可以充当阻力或者是支撑。**支撑和阻力往往是备选的进场点，则跟进止损时也是备选的出场点。** 在做多交易中，见位进场往往在价格位于最近支撑线处确认**企稳时介入，初始止损设定在该支撑线之下，**然后再根据价格发展逐步抬高止损，跟进止损放置在较近且缓冲空间合适的支撑阻力线之下，如图 1-9 所示。

支撑和阻力往往是备选的进场点，而跟进止损则是备选的出场点。

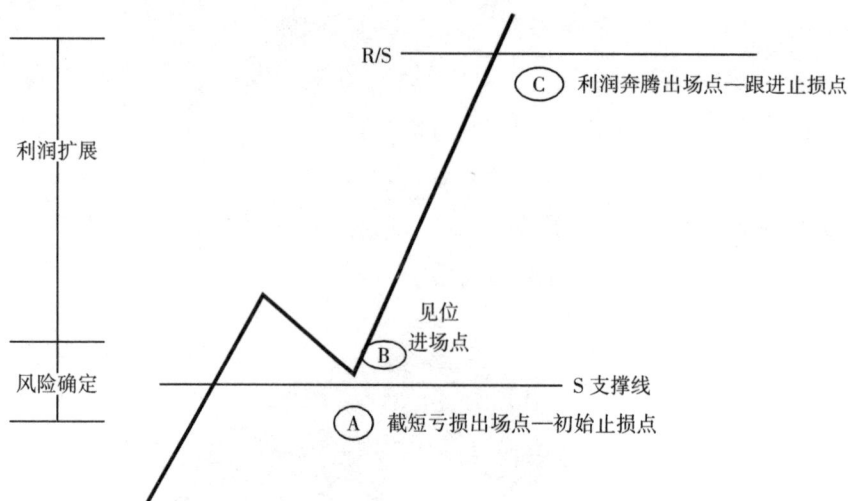

图 1-9　见位进场做多

在做空交易中，见位进场往往在价格位于最近阻力线处确认企稳时介入，初始止损设定在该阻力线之山谷，然后再根据价格发展逐步降低止损，跟进止损放置在较近且缓冲空间合适的支撑阻力线之上，如图 1-10 所示。

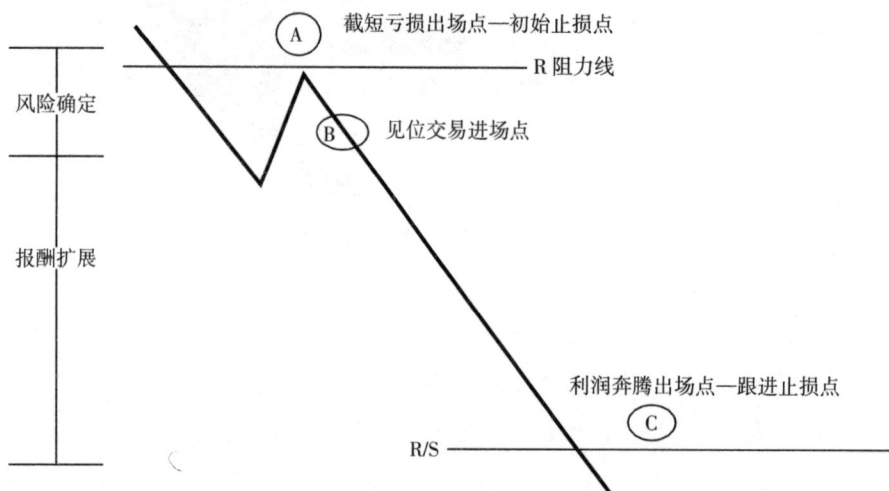

图 1-10　见位进场做空

在做多交易中，破位进场往往在价格有效突破阻力线时介入，初始止损设定在阻力线之下一定距离，然后再根据行情的发展逐步抬高止损，跟进止损放置在较近且缓冲空间合适的支撑阻力线之下，如图 1-11 所示。

R/S

Ⓒ 利润奔腾出场点—跟进止损点

利润扩展

破位进场点
Ⓑ R
截短亏损出场点—初始止损点
风险确定 Ⓐ
S

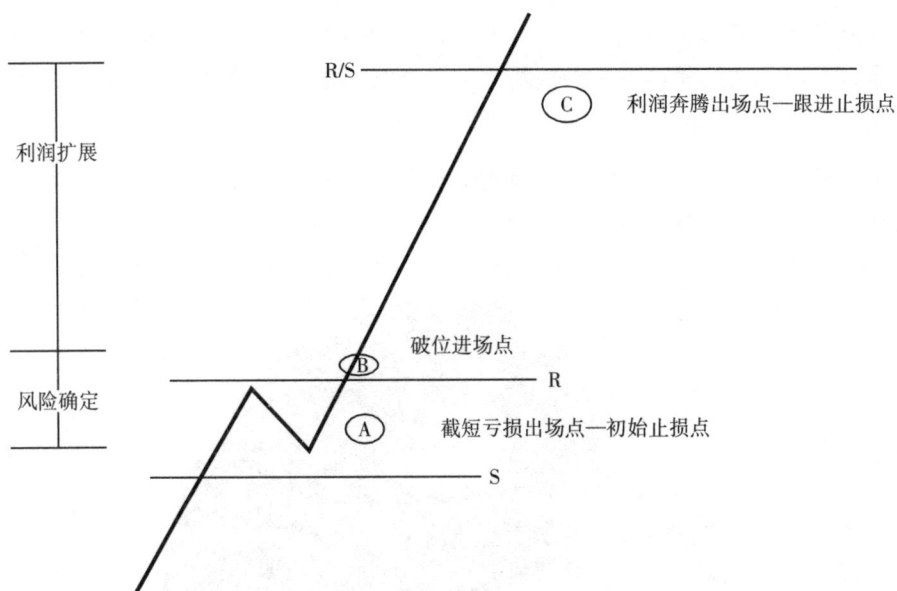

图 1-11　破位进场做多

在做空交易中，破位进场往往在价格有效跌破支撑线时介入，初始止损设定在支撑线之上一定距离，然后再根据行情的发展逐步降低止损，跟进止损放置在较近且缓冲空间合适的支撑阻力线之上，如图 1-12 所示。

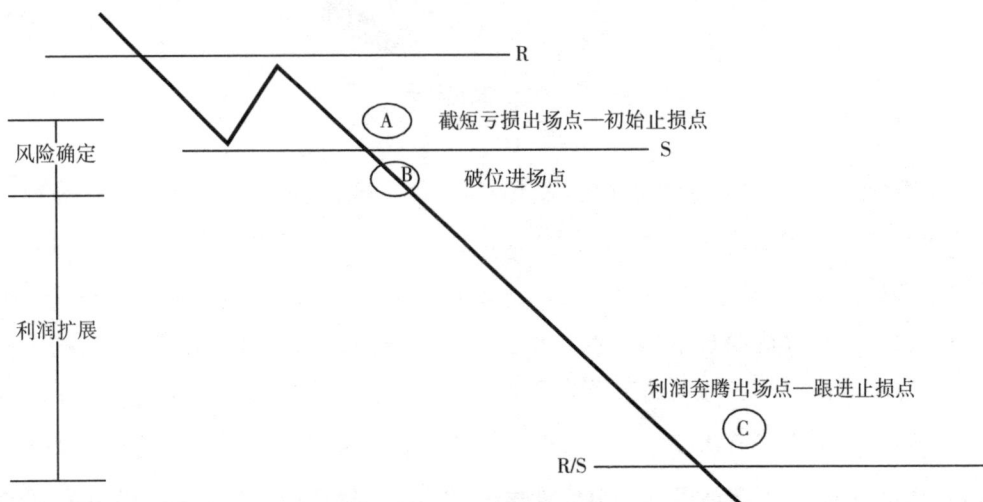

R

截短亏损出场点—初始止损点
Ⓐ
风险确定 Ⓑ S
破位进场点

利润扩展

利润奔腾出场点—跟进止损点
Ⓒ
R/S

图 1-12　破位进场做空

从上面四种进出场情形中我们可以发现，风险报酬比主要是靠支撑阻力线来确定，具体的进场点和出场点都与支撑线和阻力线有关。更进一步来讲，也就是出场点决定的风险报酬比与支撑线和阻力线有关，进场点决定的胜率与支撑线和阻力线也有关。

能够持续盈利的短线交易者不多，但是他们都有一个共同的特征，那就是非常重视利用阻力线和支撑线来提高胜算率和报酬率。支撑线和阻力线可以看作是交易的生命线。支撑线体现了一种上升特性，阻力线体现了一种下降特性，两者之间又可以相互转化，如果你能够在支撑线和阻力线上有所体悟，则你的实际交易功底将有很大的提升。阻力和支撑的阴阳之道我们用图 1-13 来表征。

图 1-13　R/S 与阴阳

　　支撑和阻力这对阴阳引出了另外一对关键要素，就是报酬率和胜算率（见图 1-14）。胜算率和报酬率犹如一太极中的阴阳两仪，胜算率是一个显著的因素，短期内即可观察到，而报酬率则是一个隐藏的因素，要经过一段客观时间的数理计算才能得到。胜算率和报酬率的显隐特性使得普罗大众往往追求极高的胜算率而忽视了风险报酬率，由于胜算率的高低与进场点的选择关系更大，而报酬率的高低与出场点的选择关系更大，所以整个市场的群众性思维总是追寻极高的胜算率，宣扬一种"进场万能主义"，现在我们接触的不少证券类交易书籍都在竭力宣传其神奇的进场方法，比如若干种看涨形态，若干种飙升形态，若干种高胜算率策略等。而极少数长期**赚钱**的成功交易者**则反其道而行之**，他们首先专注于报酬率，通过恰当的出场来限定风险，扩展利润，**"永远要把出场放在第一位"**可以说是一种不大肆宣扬的交易秘密，如果一定说交易有什么圣杯的话，那么这个圣杯一定关乎出场。正确的交易学习之路是从出场入手，着

眼提高报酬率，然后再从进场入手，着眼提高胜算率（以不牺牲报酬率为前提）。我们是这样训练独立交易员的：让他在随意的时刻扔硬币决定做多还是做空，一旦开始持仓就要不断判断是否应该出场。如果你的出场能够做到"截短亏损，让利润奔腾"这两点，那么你就可以开始学习进场。本书的技术部分针对黄金交易者，不过这里提到的内容适用于所有市场的短线交易者。

报酬率是第一位的，然后才是努力提高胜算率，否则你就会犯大错。

报酬率

胜算率

图 1-14　胜算率和报酬率的阴阳

我们谈了很多关于金融市场和交易本身的一般的二元规律，下面我们要谈论关于黄金本身的一个特殊二元性。黄金的最基本的二元性是商品属性和货币属性，当然阴阳两仪相交而得到的和气可以看成是第三元，这符合了"道生一，一生二，二生三，三生万物"的道家阴阳思想。所以，商品属性和货币属性交互作用得到了黄金的第三种属性，这就是投资属性，这种属性基于黄金的商品属性和货币属性。我们这里主要讲述的是黄金的商品属性和货币属性。如图 1-15 所示，**黄金的商品属性是最根本的属性，货币作为最一般的商品充当了流通和价值衡量的职能，所以货币属性是商品属性**

黄金的三重属性是我们后续超越篇的主题。

派生出来的，商品属性是阴，货币属性是阳。

图 1–15　黄金属性的二元对立

　　我们在考察黄金价格运动时，有时需要进行基本面斟酌，这时需要记住一个重要的规律，那就是黄金市场的重大行情都源于黄金货币属性的显现，而金融危机、经济危机、政治危机、军事冲突往往是金价持续飙升的驱动因素。

　　金价运动是市场参与者和市场本身的一种行为，重大行为背后都有一定的驱动因素，行为与技术面有关，驱动与基本面有关。驱动和行为是市场运动机制中的一对关键要素（见图 1–16）。驱动因素在前，行为因素在后。如果你的基本面分析与市场走势对不上，说明你忽略了某些重要的基本面分析，如果你的技术面分析与基本面走势对不上，说明你忽略了某些重要的基本面分析。我们不知道所谓的"技术交易者不能进行基本面分析"最初是谁立论的，我们眼见不少高超的短线交易者都不会忽视盘前的非技术面研究。我们不相信技术走势，也就是市场行为的预测能力，我们只用技术走势来定量分析、管理仓位，真正的预测能力源于技术面之外。

谁是原因，谁是结果，谁是本质，谁是现象？

技术走势的预测性可以勉强从概率的角度来解释，但是我们坚持认为应该以"跟随心态"，而不是"预测心态"来对待技术分析。国内某位著名的期货分析师提出这样一个观念应该为本书读者所深思和笃行："大处着眼预测，小处着手跟随。"如果你能按照上述叙述去参透这两句话的玄机，那么你离晋级为成功交易者的日期也就非常近了。现在这些叙述可能显得抽象，但是如果你有一段客观时间的实际交易和足够的反思，则你一定能够体会到其中的实际价值和指导意义。

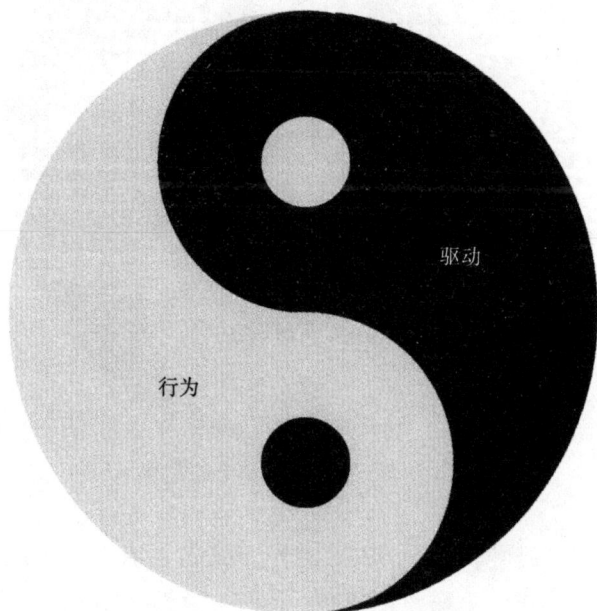

图 1-16　金价因素的二元对立

无论是基本面还是技术面，或者说无论是驱动分析还是行为分析，都只涉及了交易的一个方面，这就是行情分析。不少交易者，包括黄金交易者之所以失败，最为关键的原因之一是他们将行情分析当作交易的全部，仿佛只要分析了行情就可以决定胜负。**其实行情只是一个最基础的工作，长期下来真正决定胜负的却是行情分析之后的工作，而这个工作几乎极少有人重视，当然也就极少有人做好，这就是仓位管理，包括了资金管理和风险控制等主要事项。**行情分析和仓位管理是关系整个交易过程的一对阴阳因素，如图1-17所示。

行情分析的关键在于区分市场的性质，而这不仅需要技术分析来确认，更需要基本分析来前瞻。

行情分析仅仅是整个交易的开始，仓位管理，也就是"进场，加仓，减仓，出场"路线图的设计才是交易得以确认的重要步骤。仓位管理中一个比较有效的策略是依据凯利公式配置资金，具体而言就是用交易的胜算率和报酬率来调配资金，利用 MT4 这类软件对交易历史进行统计就很容易得到胜算率和报酬率。

图 1-17　行情分析和仓位管理

　　完整的交易流程我们可以用下面的流程图（见图 1-18）来示范，其中最不重要的步骤是第一步的行情分析，当然这是相对后面三个步骤而言的，一个成功的交易者必然要这四个步骤都齐备。首先是行情分析，你可以利用任何方式，当然第四步骤你需要不断根据足够的交易数据对交易绩效进行检讨，以便提高你的行情分析能力和优化你的行情分析工具。行情分析的主要手段是基本分析和技术分析，还有介于它们之间的心理分析，心理分析不采用价格信息，也不采用政、经等方面的信息，而是以持仓量和成交量，以及相应的情绪指标作为分析对象。本书前面部分主要涉及技术分析，其目的是找出具有恰当报酬率和胜算率搭配的价格结构，然后根据凯利公式展开第二步骤，这就是仓位管理。凯利公式的基本原理是报酬率越高，动用的资金越多；胜算率越高，动用的资金越多。仓位为 0 就是出场或者不持仓，进场、减仓和加仓的道理可以以此类推。进场和加仓的理由是潜在报酬率上升或者是潜在胜算率上升，而出场和减仓的理由是潜在报酬率下降或者是潜在胜算率下降。

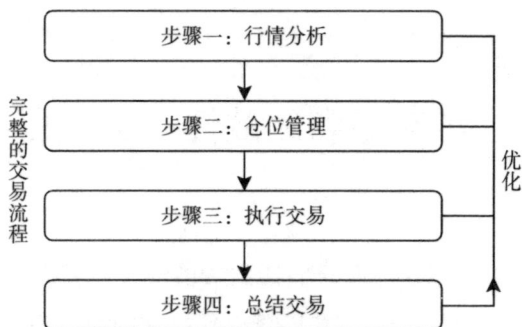

图 1-18　完整的交易流程

一旦根据凯利公式大致推定了"进出加减"的路线图，接下来就需要认真和严格地执行交易了。每次交易完成之后，都需要连带之前一段时间的交易进行回顾，回顾的样本应该跨越上涨、下跌和震荡三种市态，然后在此基础上对行情分析和仓位管理，以及执行交易的过程进行改善和优化提高。

在本节中，我们从蜡烛线的两种基本形态——阴线和阳线归纳出了二元哲学，蜡烛线凭借二元性帮助交易者更**成功地分析市场，二元属性是蜡烛图之所以能够如此成功地剖析市场的根本原因**。我们在本节尝试将这种二元哲学应用在更广的范围，如图 1-19 所示。一旦你掌握了蜡烛线的精髓，这就是其中的阴阳哲学，你的交易之路也就被照亮了！

哲学决定你的格局，决定你的最大潜能。

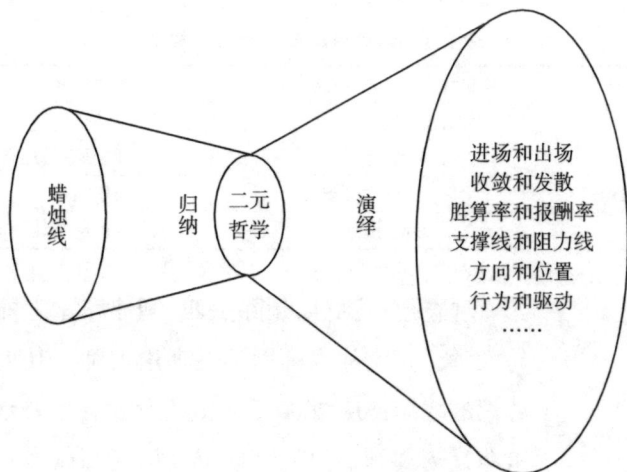

图 1-19　交易的阴阳哲学

第二节　波动率和敛散性：K 线和布林带

在前面我们谈到敛散性，也就是波动率的问题，这里我们将具体介绍 K 线交易技术中所折射出的波动率思想，将日本的 K 线技术与美国的布林带技术贯通起来。

基本面分析，或者说驱动分析的主要目的是找出资金流动趋向，量子基金前合伙人、独立投资人吉姆·罗杰斯就是主要从全球资金流向的角度分析投资机会的。而资金流向的一个主要规则就是"趋利避害"。所谓"趋利"，就是追求高收益；所谓"避害"，就是规避高风险。**"趋利避害"简言之就是追求风险调整后的高收益。所以，驱动分析的主要对象是收益率。而技术面分析，或者说行为分析的主要目的是找出市场参与者的意愿持续性，市场情绪是坚决还是犹豫**，因为这涉及交易策略是见位进场，还是破位进场；是继续持仓，让利润奔腾，还是截短亏损，迅速止损。所以，行为分析的主要对象是波动率，也就是本节要阐述的主题。表 1-1 列出了驱动分析和行为分析的对象差别。

风险偏好决定黄金的主导属性。

表 1-1　驱动分析和行为分析简介

分析内容	驱动因素	行为因素
分析对象	收益率	波动率
主要代表人物	吉姆·罗杰斯	理查德·丹尼斯
代表人物的具体分析策略	全球资金流动分析法	周规则
代表人物的资历	量子基金创始人	海龟交易计划发起者

理查德·丹尼斯是除杰西·利弗摩尔之外最出名的技术交易大师，是实战大师而不是理论大师，其大师的称号源自其辉煌的战绩：从 2000 美元到上亿美元的神话！他的主要操作策略是周规则，也就是创出 4 周新高做多，创出 4 周新低做空，这套方法主要用于期货市场（因为期货市场每个品种每

年都有 1~3 波的中级单边市）。这套方法之所以能够成功是因为其中包括了波动率分析，也就是说以 20 个交易日（4 周）作为波动率分析的时间段，考察交易当日的波动率是否超出之前 20 日的波动率，创出新高和创出新低就是波动率扩大，也就是发散的信号，这时候意味着市场在某一特定方向确立了坚决的市场情绪，市场处于失衡状态，必须在失衡方向上寻找新的均衡，如图 1-20 所示。全美技术分析师协会考察了 50 年来所有著名的交易策略，周规则绩效名列第一。当然，这是一个以日为单位的考察。不过，其中蕴含的哲学性概念值得我们深思。

图 1-20 周规则

　　K 线能够在市场分析中发挥显著作用和日益繁荣的一个原因是它表征了宇宙的对立统一规律。而周规则能够如此有效就是因为它是基于行为因素的波动率特征。那么 K 线是否也表征了波动率特征呢？如果你对第一节的内容有所了解的话，应该对这个问题持有肯定回答。

　　K 线，也就是蜡烛线构成波动率分析的微观层面，如表 1-2 所示。收敛就是既定时间内的运动范围缩小，发散就是既定时间内的运动范围扩大。表 1-2 将市场的波动性二元化了，波动性划分为收敛和发散，对应于蜡烛线的两种类型。

表1-2　波动二元性

敛散性 （波动率）	蜡烛线 （微观层面）	价格密集度 （中观层面）	走向特征 （宏观层面）	市场情绪	市场状态	交易含义
收敛	小实体蜡烛线	成交密集区	区间震荡市场	犹豫	均衡	提醒信号
发散	大实体蜡烛线	成交稀疏区	趋势单边市场	坚决	失衡	确认信号

收敛之后的发散往往意味着很好的交易机会，有可能是见位交易的机会，也有可能是破位交易的机会。小实体K线提醒你交易机会随时可能出现，而大实体K线则表明交易机会已经出现，并且帮你确认了交易的方向和具体进场位置。

首先我们以见位做多进场为例，上升趋势中蜡烛线跌到某一支撑线之后出现小实体K线，意味着市场在此支撑线出现了犹豫，市场状态处于暂时均衡，这时我们要随时等候机会的出现。在短暂的均衡之后，如果市场以大实体阳线远离此支撑线，则我们可以在此大实体阳线形成之后立即进场交易，如图1-21所示。

图1-21　收敛之后的发散往往意味着很好的交易机会（1）

第二个例子以破位做多进场为例，上升趋势中的回调完成之后，黄金价格向上突破前期高点，创出新高的蜡烛线是大实体阳线，这表明市场向上运动的大众情绪是坚决的，这是一个发散状态，相对于调整处的收敛状态而言，突破处的波动性提高了，这是一个确认进场的信号，如图1-22所示。

图1-22　收敛之后的发散往往意味着很好的交易机会（2）

　　上面以做多交易为例，分别演示了敛散形态信号在见位做多交易和破位做多交易中的实战应用。对于做空交易而言，读者可以反向推得，如果还不是很明白，可以通过本书后面章节逐步掌握其中的具体操作和实战策略。下面我们将经典的K线形态分别从敛散性或者说波动性的角度予以剖析（见图1-23），将原本复杂的K线形态组合简化为两种最基本的结构，通常而言我们以发散形态作为破位和见位进场的确认形态，而以收敛形态作为确认信号之前的提醒信号。

　　不少使用K线失败的交易者，包括黄金交易者都是因为混淆了提醒信号和确认信号。收敛形态是提醒信号，但是往往被当作确认信号，比如一个十字星，只是一个提醒信号，提醒你进场机会可能出现，而不能将十字星当作反转确认信号，只有当十字星之后出现了较大实体的K线，才能据此确认交易方向，然后在此根较大的蜡烛线之后的一根蜡烛线入场。当然，有的市场不会给出提醒信号，而是直接给出确认信号，然后就是进场信号。这种情况往往与K线形态中的乌云盖顶、看跌吞没、刺透形态和看涨吞没有关。

不同的K线具有不同的职能和含义，除了与它们的形态有关外，还与基本面背景有关。

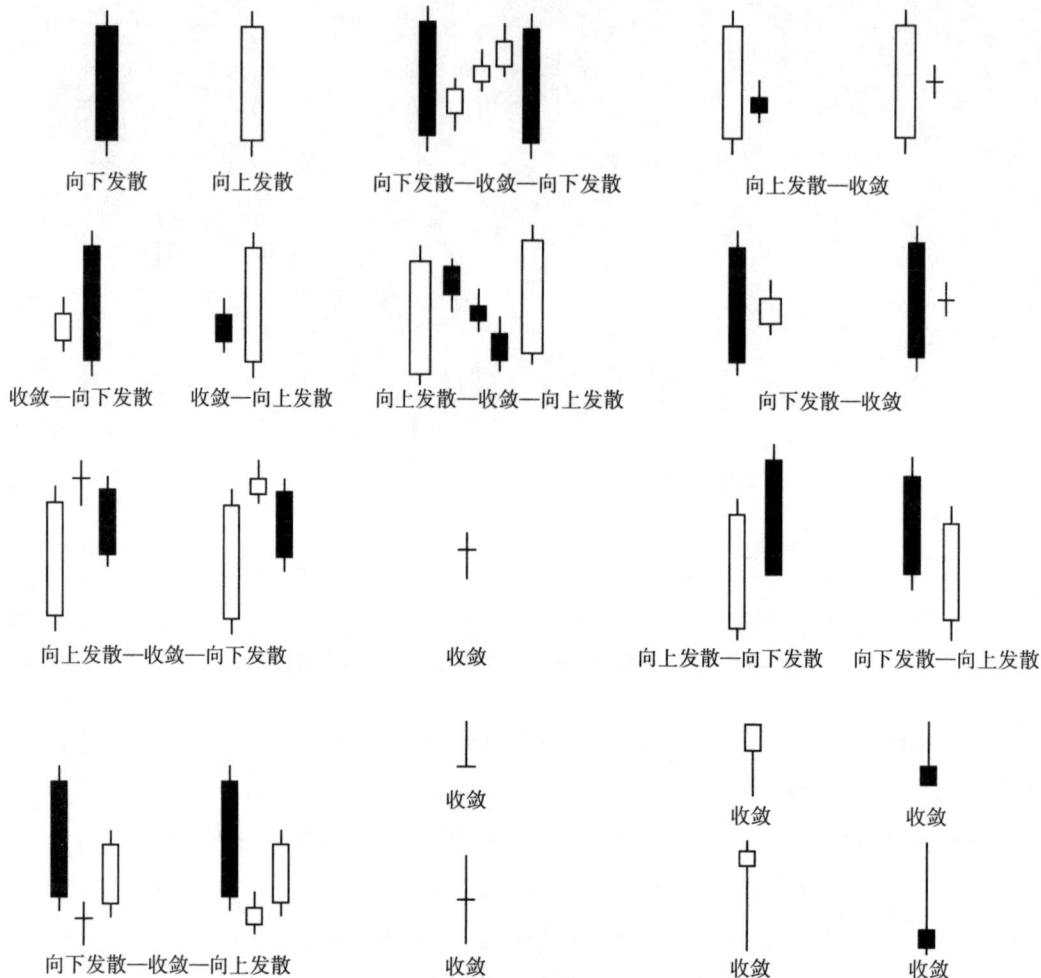

图 1-23　K 线的波动二元性

注：发散是确认进场的信号，收敛是提醒进场即将到来的信号。

　　K 线是波动性的微观载体，波动性的中观载体则是价格的波段走势，可以通过 ATR（平均真实波幅）来刻画，但是最好的中观波动率观察工具是布林带。布林带被认为是唯一符合统计科学的技术指标，它主要是利用了均值和离差的思想。布林带的发明人是布林格，他专门撰写了一本书来解释布林带的用法。布林带的主要用法有两种：第一种用法是利用价格的统计收敛特征，将布林带的上下轨作为支撑阻力，当然中轨有时候也有这样的用处，不少黄金走势评论中出现的波动区间就是利用布林带的上下轨得出的；第二种用法是利用布林带标准差的移动变化来表征市场波动率的变化，波动率的急剧降低意味着单边行情随时可能来临，而波动率的突然增加往往是单边行情开启的时间窗口。与 K 线的敛散一样，布林带也有敛散，从中观层面来看，价格成交密集区，也就是布林带收敛区，是波动率降低的区域，也就是收敛形态，这是提醒信号，你需要密切关注即将到来的交易机会；而价格成交稀疏区，也即布林带扩展区，是波动率升高的区域，也就是发散形态，这是确认信号，接下来你就可以"扣动扳机"了。当然，发散形态出现之后，你需要根据市态迅速估计大致的风险报酬结构，并制定后进场和出场的计划，然后才是"扣动扳机"，一旦熟练这个过程两分钟左右就能完成。

　　图1-24是没有叠加布林带的黄金小时走势图，你能迅速区分其中的波动率状况，找出其中的成交密集区和成交稀疏区吗？你能迅速地识别出波动率的异常吗？如果你能的话，我们恭喜你有这样敏锐的直观度量能力。但是，绝大多数人都需要借助布林带这样的工具才能迅速地识别出中观层次的波动率的变动。请看图1-25，其与图1-24的唯一差别在于图1-25叠加了布林带。你能否迅速地识别出波动率的异常动静呢？请注意，在图1-25的最左边，K线开始出现大量的小实体类型，这些都是微观层面的收敛形态，表明市场处于**犹豫**

K线开始出现大量的小实体类型，这些都是微观层面的收敛形态，表明市场处于犹豫和均衡之中，提醒你交易机会随时可能来临，你需要像猎豹一样静待时机。

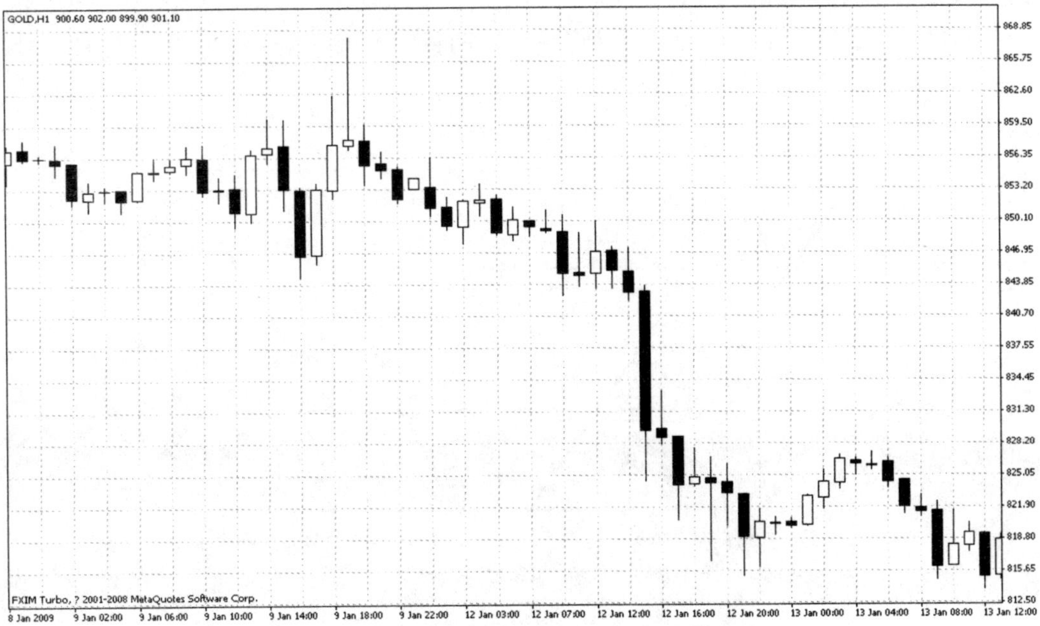

图1-24　没有叠加布林带的黄金小时走势图

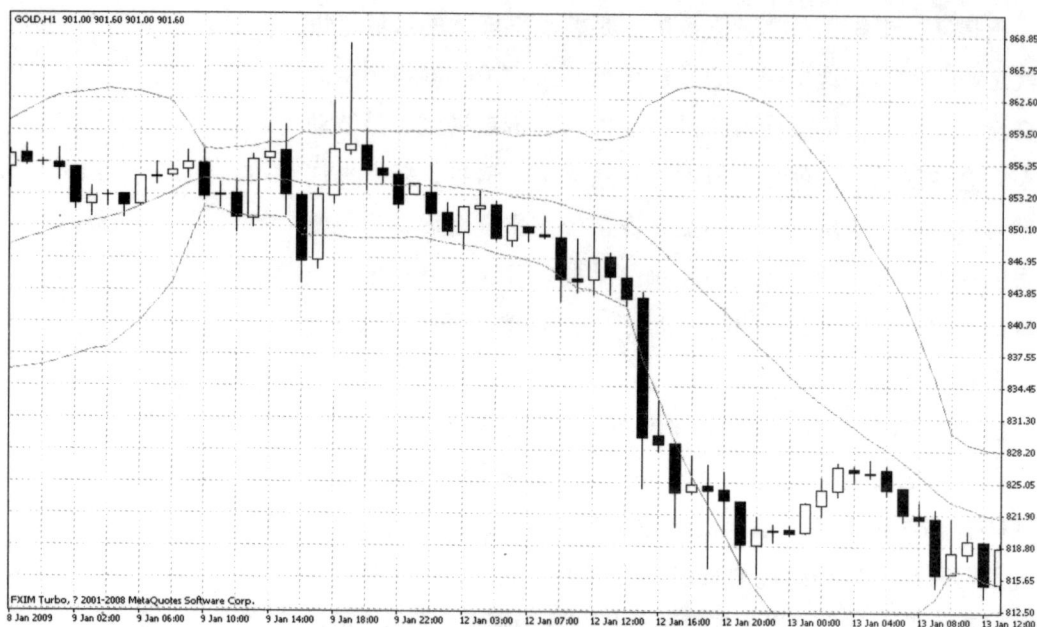

图1-25 叠加布林带的黄金小时走势图

和均衡之中，提醒你交易机会随时可能来临，你需要像猎豹一样静待时机。从中观层面来看，你看到布林带在图左边迅速收口，这是中观层面发出的收敛—提醒信号。在图的中部，大实体K线出现了，布林带张口了，微观和中观层次同时出现了发散—确认信号，确认进场做空。

市场行为总是表现为敛、散两种形态，这两种形态可以从一种市场最基本的运动结构中得到理解，即N字结构，如图1-26所示。

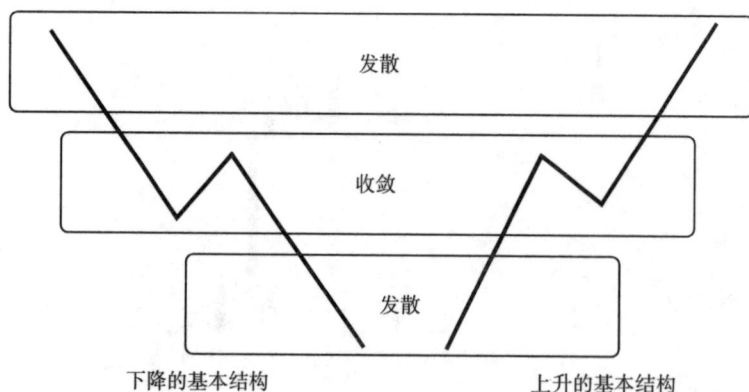

图1-26 市场的根本结构——N字结构

这种敛散形态可以从 K 线中得出，然后反用之于 K 线的具体实践，方便 K 线学习者在短期内掌握应付复杂情况的简单技术，同时我们也可以把蕴含于 K 线中的微观敛散形态放大到中观层面，这时我们就**需要借助布林带的威力了**。市场主要的进场方式不过两种，即见位交易和破位交易，而这两种进场方式要求交易者必须能够确认关键水平的阻挡和支撑是否有效，敛散形态恰好是解决这个问题的最有效和最简捷的手段。

三角形是一种收敛形态，之后价格突破三角形边缘的行为则是发散形态，这种突破就是一个确认**交易进场的信号，准确而言是一个破位信号**。这些东西具有很好的普适性，同时又能兼顾具体行情走势的特殊性，所以是非常好的分析工具。本节的主要目的是让大家认识到进场之前的警觉和确认措施，这就是收敛形态和发散形态。能够利用 K 线和布林带分别把握微观和中观层面的市场敛散表现，则你的交易进出场将变得更加理性和可操作化。这里的思想和策略可以用于所有交易标的，而不仅仅是黄金，但是我们在此处列举的例子都是与黄金有关的。第三节我们将介绍基本的 K 线知识和分析技巧。

> 布林带直观地展示了中观层面的波动率。

> 三角形是一种收敛形态。

第三节　K 线照亮黄金交易者的道路

K 线，全称是蜡烛线，与竹节线并列为技术分析的基本图表类型，除此之外，还有 OX 图、变异蜡烛线（乾坤蜡烛线等）、TPO 图、线图、收盘价图、新三值线图、正字图等。这些图的共性都是捕捉市场中特定的二元性要素，比如 OX 图通过区分趋势和噪声来管理交易，TPO 则是通过甄别市场主力的多空意图来管理交易，正字图通过区分市场的均衡与失衡来管理交易。蜡烛图比这些图得到更广泛使用的最根本原因在于蜡烛图的一种更为简明的二元性表示方式。通过实体的大小和颜色，K 线将市场行为的波动性和资金流向力度大小直观地表示了出来。

在本书中我们将以 K 线作为两种主要的分析手段之一，这部分主要介绍 K 线内涵中一切有利于黄金实际交易的内容。毫不夸张地说，K 线可以照亮黄金交易员的道路！K 线表明了当下市态如何，如果说斐波那契线谱是市场温度计上的刻度，则 K 线形态（可以用敛散来区分）就是这个温度计里的汞柱。我们觉得重复强调一下这句话是有意义的：**斐波那契线谱是市场温度计的刻度，K 线是市场温度计的汞柱**。K 线表征了市场目前的状态，同时还会暗示市场是继续升温还是降温，也就是说在某一关键价位，市场倾向于上升还是下降。

K 线的敛散性我们在第二节已经介绍了，在本节我们主要介绍一下重要的 K 线和其在黄金走势中的实例，并"就线论线"，给出一些有前提条件的建议。

首先为初学者介绍一下 K 线的基本结构。K 线有两种基本类型：阴线和阳线，无论是阴线还是阳线，其基本结构都是由四个要素价格构成：开盘价、收盘价、最高价和最低价。所谓的开盘价就是时段开始时对应的价格，收盘价就是时段结束时对应的价格，最高价就是该时段内出现过的最高价，最低价就是该时段内出现过的最低价。单位时段构成一根 K 线，单位时段可以是 1 日、1 小时、1 分钟，也可以是 4 小时、5 分钟等，这个可以根据你的需要和软件提供的参数设定。那么阳线和阴线的区别是什么呢？如图 1-27、图 1-28 所示，图 1-27 中解剖的是阳线，图 1-28 中解剖的是阴线。单从外观来看，两者的颜色不一样。通常阳线是白色，阴线是黑色。但需要注意的是，在国内阳线是红色，阴线是绿色，而在欧美阳线则是绿色，阴线是红色。两者除了颜色的差别之外就是开盘价和收盘价关系的差别。请仔细看图 1-27，在图 1-27 中，收盘价高于开盘价，所以为阳线。在图 1-28 中，收盘价低于开盘价，所以为阴线。开盘价和收盘价之间用宽

斐波那契线谱是市场温度计的刻度，K 线是市场温度计的汞柱，而驱动面则是温度的来源。

实体表现，而超出开盘价和收盘价的部分则用影线来表示，好比蜡烛灯芯。影线最高点对应时段最高价，而影线最低点对应时段最低价。阴线的传统解释是空方力量强于多方力量，阳线则是多方力量强于空方力量。

图1-27　阳线

图1-28　阴线

接下来我们介绍一些在黄金走势中比较有分析价值的 K 线形态，如果你有全面了解 K 线组合的兴趣，可以阅读斯蒂夫·尼森的相关书籍。

第一个要介绍的黄金走势中的 K 线形态是看跌母子，如图 1-29 所示，这是黄金 1 小时走势图中的看跌母子。其典型的定义是在一段上升走势之后出现了一根实体较大的阳线，接着出现了一根实体较小的阴线，阴线的实体被阳线实体包含，这就是看跌母子形态。传统 K 线将这样的形态当作是反转信号，其实这并不符合实际。这个形态从敛散理论来看，属于向上发散之后的收敛，具体的含义要根据此后的 K 线来判断。需要提醒大家的是，经典的看跌母子定义要求看跌母子之前是一段上涨走势，这个我们在图 1-29 中标识了出来。

图 1-29　看跌母子

第二个要介绍的黄金走势中的 K 线形态是看涨母子。有看跌母子形态，必然有对应的看涨母子形态，如图 1-30 所示。看涨母子形态的典型定义是在一段下跌趋势之后，出现了一根实体较大的阴线，接着出现一根实体较小的阳线，且阳线的实体被阴线包含。传统 K 线理论将此形态看作是一个典型的看涨反转信号，其实这个形态仅仅是告诉交易者市场走向了某种暂时的均衡，至于市场此后怎么走往往要通过看涨母子之后的 K 线形态来确定，如果紧接着一根大阴线，则看涨母子也不能看涨，反而应该是看跌，在这种情况下看涨母子成了下跌走势中的一种调整形态。需要提醒读者注意

的是，在经典的看涨母子定义中该形态出现之前要求行情为一段跌势，如图 1-30 中 1 小时黄金走势图所标注的那样。

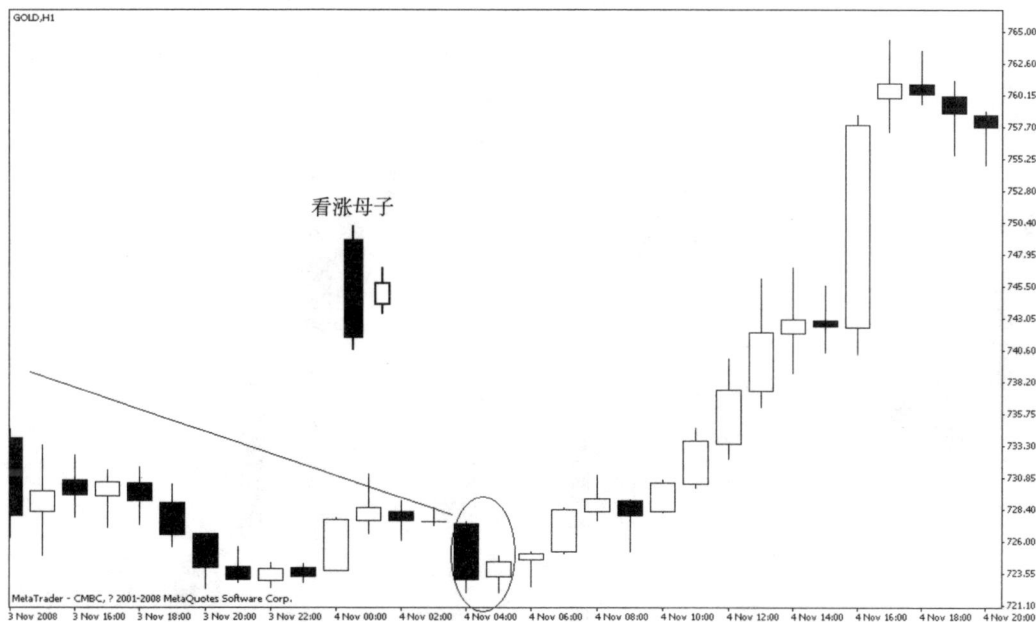

图 1-30 看涨母子

第三个要介绍的黄金走势中的 K 线形态是**乌云盖顶**，如图 1-31 中黄金 1 小时走势所示。乌云盖顶出现之前的走势必须是上升走势，这是乌云盖顶经典定义中经常为使用者所忽视的一点。上升走势后紧接着一根实体正常的阳线，阳线之后一根阴线，该阴线实体正常大小，且其开盘价高于阳线收盘价，也就是说阴线实体的上端高于阳线实体的上端，阴线实体的下端低于阳线实体中线即可。这是一个看跌形态，从敛散性的角度而言，这个形态是"向上发散—向下发散"，两个发散之间并没有收敛形态，自然也就没有提醒信号，"向下发散"直接给交易者发出了看空确认信号。乌云盖顶对行情的确认能力要远远大于看跌母子形态，在黄金短线交易中，这是一个较为常用的形态。

第四个要介绍的黄金走势中的 K 线形态是刺透形态。乌云盖顶形态有一个与之对应的形态是刺透形态，如图 1-32

乌云盖顶与看跌母子比起来，谁的可靠性更高？

中黄金1小时走势所示。刺透形态的定义要求其出现于一段下跌走势之后，所以按照此定义如果在上升走势中出现这种形态则不能被看作是刺透形态，严格来讲横盘走势中的类似形态也不能当作是刺透形态看待。刺透形态由两根K线组成，第一根阴线实

图1-31 乌云盖顶

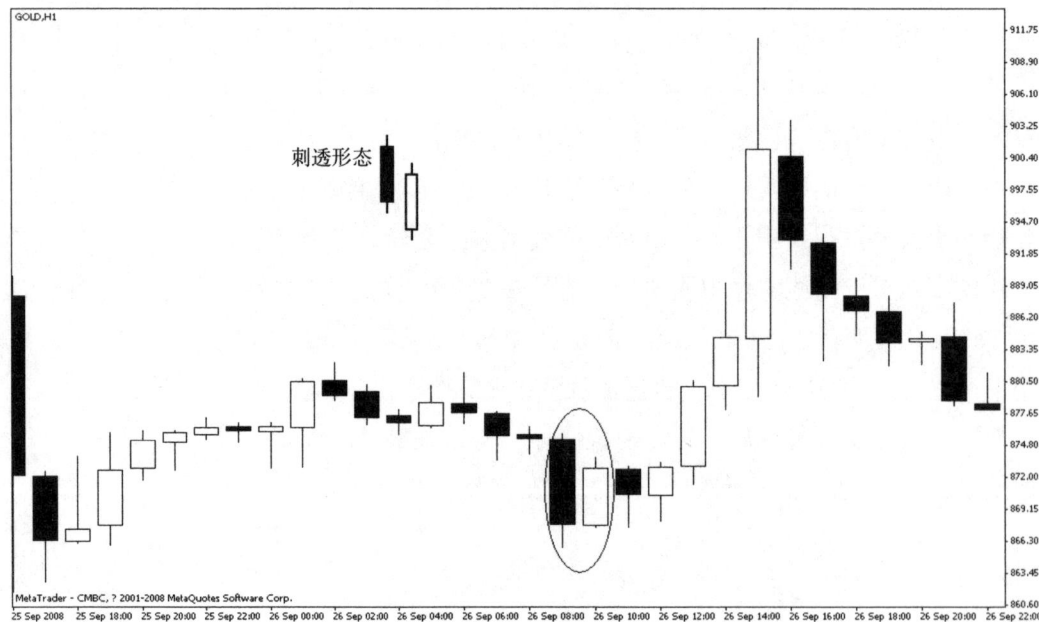

图1-32 刺透形态

体大小与第二根阳线实体大小相差不大，与其他 K 线相比大小正常。阴线实体下端高于阳线实体下端，且阳线实体上端高于阴线实体中线。这是一个看涨确认信号，且具体的敛散性解释与乌云盖顶类似。在后面的章节，我们会尝试抛开分类繁复的 K 线形态组合，直接用敛散观念解读金价走势。

　　第五个要介绍的黄金走势中的 K 线形态是十字星，如图 1-33 中黄金 1 小时走势所示。理想的十字星定义是开盘价和收盘价相等，且同时存在上下影线。但是现实操作中，只有实体极其短则可以看作是近似的十字星。十字星一般被当作是反转信号。但是实际交易告诉我们这种信号只能算作提醒信号，不能当作确认信号。也就是说**十字星不能告诉交易者行情下一步的发展方向，只是提醒交易者可能存在一个交易机会**，至于行情下一步的走向往往需要十字星之后的一根较大实体的 K 线来告知交易者。

十字星实际上反映了市场极端犹豫的微观现象，是一种最为特殊的收敛形态。

图 1-33　十字星

　　第六个要介绍的黄金走势中的 K 线形态是看跌吞没，如图 1-34 中黄金 1 小时走势图所示。这就是看跌吞没形态，相

当于是乌云盖顶的发展形式，也就是说乌云盖顶中阴线的下端不仅低于阳线实体的中线，还低于阳线实体的下端。这可以看作是一个收敛后发散的形态，直接向交易者表明了下一步市场的微观方向。需要提醒读者的是看跌吞没之前市场应该处于局部的上涨走势。

图 1-34　看跌吞没

第七个要介绍的黄金走势中的 K 线形态是看涨吞没。看涨吞没是看跌吞没的对应形态，它处于一段局部下跌走势之后，可以看作是刺透形态的发展形式，具体而言就是其阳线的实体上端不仅高于阴线实体的中线，而且还高于阴线实体的上端（见图 1-35）。这也是一个收敛后发散的形态，当然所谓的收敛是相对而言，发散也是相对而言，相对指的是相对实体的大小。看涨吞没形态在黄金市场中是极好的做多确认信号，一旦金价处于某一支撑位置附近，同时呈现出看涨吞没形态，则是极好的做多机会，**因为看涨吞没作为一个微观信号确认了作为中观信号该支撑位置的有效性。**

一旦金价处于某一支撑位置附近，同时呈现出看涨吞没形态，则是极好的做多机会。

图 1-35　看涨吞没

　　第八个要介绍的黄金走势中的 K 线形态是早晨之星，这是三根或者是三根以上 K 线组成的形态。早晨之星的标准形式如图 1-36 所示，这同样是黄金 1 小时走势图。在一段下降趋势之后，**出现了一根实体相对较大的阴线，接着出现至少一根实体较小的阳线（甚至开盘价等于收盘价的十字星），小实体阳线之后出现一根实体相对较大的阳线。**需要记住的两个要点是：第一，第一根和最后一根 K 线的实体相对较大，且期间的 K 线数量可以超过 1 根但是必须具有较小的实体；第二，中间的小实体阳线位于两根大实体线的底端附近。这是一个看涨确认信号，通常在上升趋势的调整中出现可以作为确认支撑有效的信号。

　　第九个要介绍的黄金走势中的 K 线形态是黄昏之星，下面的黄金 1 小时走势图标注出了黄昏之星的具体形式（见图 1-37），同时图中还给出了黄昏之星的一个较为一般的形式。**黄昏之星是局部反转信号，有时也会是全局性的反转信号，**但是如果单凭此进行操作的话可能会带来比较大的损失，胜算率也较低。一般而言，比较正确的运用之道应该是在下跌

早晨之星和看涨吞没一样是确认效能首屈一指的看涨确认信号。

黄昏之星是局部反转信号，有时也会是全局性的反转信号。区分两种情况要看格局及驱动面。

走势的反弹中运用黄昏之星作为确认反弹结束可以进场做空的信号。

图 1-36　早晨之星

图 1-37　黄昏之星

第十个要介绍的黄金走势中的K线形态是流星，其标准定义是一段上升走势之后出现上影线较长、实体较短的K线，实体颜色可以是黑色也可以是白色，影线较长的一般标准是其长度是实体长度的两倍以上。图1-38中的流星是一个黑色实体流星。类似流星的形态如果出现在一段价格下跌之后则被称为倒锤头，传统K线理论将其看作看涨反转形态，但是实际的黄金和外汇交易中发现所谓的倒锤头往往是继续下跌的中继调整形态。**流星是一种收敛形态，表明市场在连续上涨之后出现暂时均衡状态，接下来的局部走势要根据流星之后的K线和驱动因素来确定。**如果是比较激进的交易者可以在见到流星之后就进场小额度做空，但是这并不是理性和规范的做法。因为在黄金和外汇市场中，流星极容易转化为"仙人指路"形态，反而成了一个上涨的中继调整形态。

> 流星是一种收敛形态，表明市场在连续上涨之后出现暂时均衡状态，接下来的局部走势要根据流星之后的K线和驱动因素来确定。

图1-38　流星

第十一个要介绍的黄金走势中的K线形态是锤头，与流星形态恰好相反。这个形态被定义为一段下跌走势之后，出现一根实体较小、下影线较长的K线。实体的颜色可以是黑

色也可以是白色，理论上认为阳锤头比阴锤头更具看涨意味，但实际效果差不多。如果在上涨之后出现这种类似的形态则被称为吊颈，传统K线理论认为是顶部反转信号，但实际上往往是上涨中继形态。图1-39是一个阴锤头，如果锤头的实体极端小则又被称为"定海神针"或者是"蜻蜓点水"。如果我们用敛散理论来介绍和运用K线，则可以省去如此多的定义、概念、名称和分类。

图1-39　锤头

误用K线者的一个共同特点就是把K线的微观性扩大到了中观层次，把局部反转当作是全局性反转。

这里需要补充的一点是，K线是微观信号，也可以看作是局部信号，只能确认相当短时间内的价格走势方向，**所以不能用同进场和出场时间层级一样的K线作为趋势确认信号。K线作为微观信号的作用主要是用于确认中观层次某些支撑阻力的有效性，也就是说K线相当于是温度计的汞柱，而支撑阻力线才是温度计的刻度，汞柱是一个相当敏感的东西，如果不结合刻度来看，你对温度上升和下降的速率和幅度往往不是很清晰。**下面我们将就局部和整体范畴，微观、中观、宏观范畴对黄金交易的实际价值进行介绍。

第一课 K线的哲学

第四节 "势、位、态"三要素与 K 线

交易持仓涉及两个问题，做多还是做空，这是方向问题；什么时间什么价位进场，这是位置问题。新手的特点就是每次交易只考虑第一个问题，他们认为只要预判了市场涨跌、决定了持仓的多空就可以做对这笔交易。这种重方向轻位置的做法使得交易者往往在错误的位置入场，然后在错误的位置糊涂出场。**上升趋势中基本都有上下横盘三种方向的走势，之所以能够形成上升趋势是因为市场向上的幅度要大于向下的幅度，形成 N 字状的上升。**一个有外在驱动因素的市场不可能永远横盘，必然表现为上升趋势或者是下降趋势，而要形成这种趋势必然以 N 字的形式前进，所以 N 字结构是市场运动的最基本结构。市场永远是以三浪形式前进的，这也符合"肯定—否定—否定之否定"宇宙法则。

区分趋势和方向是交易者要做到的首要观念突破，在一个上涨趋势中市场可能会有向下的运动和横向的运动，肯定有向上的运动，这些都是方向，但趋势只有一个，这就是向上。**方向是局部的，趋势是全局的，如果一个交易者不能很好地区分局部和全局，则肯定会将"顺势而为"当作是"追涨杀跌"，顺势而为针对的是全局性的趋势，而追涨杀跌针对的是局部的方向。**趋势的内涵你已经掌握了，那么趋势的外延是什么呢？如何在具体的行情中定义趋势呢？最简单的方法就是创新高法和创新低法，也就是 N 字法则，这个在后面的课程会有叙述。**还有一种大家经常接触到的方法就是大时间结构观察法，**比如你在小时图上操作黄金，那么你可以通过观察日线图来确定趋势，日线图上的近期方向，往往就是小时图上的趋势。当然，确定趋势还有很多方法，比如移动平均线甄别法等。在本节我们主要是想让大家能够澄清方向

> 顺势而为的"势"并不是能简单等价于"方向"，因为市场的运动方向往往是局部的，而市场的趋势往往是全局性的。全局要看驱动面，局部要看心理面。

> 如何在具体的行情中定义趋势呢？最简单的方法就是创新高法和创新低法，也就是 N 字法则。

和趋势在观念上的混淆之处，这才能保证你对操作的态度发生质变，毕竟观念决定态度，态度决定行为，行为与环境共同决定了交易的结果。

趋势是持续性的，这是趋势的最本质特征，否则我们按照"顺势而为"的原则去操作就毫无意义了，这种持续性从交易巨擘杰西·利弗摩尔开始就被不断强调，直到今天仍旧被奉为圭臬，但是大众之所以无法接受这一观念的原因有两个：第一个原因就是刚才提到的方向和趋势的混淆，交易大众往往将当下的走势当作趋势，追涨杀跌是否是顺势而为的最好注解；第二个原因是趋势是持续性的，但是更是稀缺性的，而大众追求高胜率的倾向使得他们往往无法忍受趋势的这种稀缺性，在没有明显趋势的走势中，**顺势而为者**会有不断的亏损，这就要求交易者采取"试探—加码"操作法，如果没有趋势，则交易者的亏损都被限定在试探性的轻仓上，但是一旦碰到真的趋势，则价格走势不会很快了结，也就是说趋势具有持续性，所以趋势给了加码天然的机会，只有具有趋势的走势才会给交易者加码的机会。

趋势是全局性的，趋势是持续性的，趋势是稀缺性的，这就决定了顺势而为必须是采用整体观念，采用试探—加码操作手法。

那么，K线与趋势有什么关系呢？K线之所以被西方部分技术交易者忽略，其中一个很重要的原因是经典的K线教科书把K线的反转信号当作全局性顶底来教授，而在实际运用中不少西方技术交易者发现K线的反转信号往往会使交易者与趋势对着干。其实，K线是微观信号，是局部信号，而不是关系整个市场顶底的信号，在日内交易时间结构上更是如此。但是，足够数量的K线可以告诉我们一些关于趋势的信息，比如阳线相对于阴线的数量，阳线实体相对于阴线实体的大小，不过这些方法的主观性较强，而且有些复杂，比起用移动平均线和趋势线来厘定趋势，这种分析方法的效率较低。K线是趋势的载体，是价格走势的"血肉"。无论是趋

趋势是稀缺性的，你如何解决这一问题？

势，还是方向都是由 K 线来表达的，但并不是一根 K 线，而是许多 K 线。

知道了市场的趋势，我们是否能够很好地交易呢？答案是不确定。不少基本面交易大师仅仅知道了品种的大趋势就进行交易，他们的风险管理模式各异，但是对于技术面交易者而言，如果不能清楚地确定进场点相对于止损点的幅度，也不清楚最保守的潜在利润出场点，则我们很难管理此笔交易中潜藏的风险，长期下来就会出现大势分析对了但是交易一塌糊涂的情况。光分析大势不能带来盈利的另外两个原因是：第一，**趋势是稀缺的，人的分析能力是有限的，可靠信息是有限的，所以趋势判断往往是必要但不正确的，这就凸显了风险管理精细化的必要性**；第二，人是情绪化的，当没有预先确定具体退出位置时容易忽略趋势的逆转信号，当没有预先确定具体进场位置时容易在一个离天然止损点较远的地方入场，从而带来一个很差的风险结构。

趋势判断往往是必要但不正确的，这就凸显了风险管理精细化的必要性。

从上面的分析中我们明白了位置在操作层面的价值是多么的不菲，那么位在交易中与 K 线是什么样的关系呢？如果说势是宏观层面的信息，则位是关乎中观层面的信息，而 K 线则是关系到微观层面的信息。位置一般与前期高点低点、成交密集区、前一波动的斐波那契分割线有关，一旦我们粗略地判断了趋势，则我们接下来要做的就是找到可供进场的潜在位置，这样的位置一般不止一个，但是我们怎么确认这些进场位置是可信的呢？这就需要用到 K 线，K 线就是态的典型代表。

在一个上升趋势中，我们寻找到几个可供做多的潜在位置，这些潜在位置是利用对前一波段的斐波那契分割得到的，包括了 0、0.382、0.5、0.618、1 等几个比较重要的水平，其中 0 和 1 是前期高点和低点，然后我们需要确定其中一个水平作为最后的进场做多位置，也就同时确定了初始止损位置。这时候价格调整性地跌到 0.5 水平附近，出现了一根十字星 K 线，这是一个收敛形态，表明市场在此达成暂时的均衡，参

与者们很犹豫，这提醒我们存在入场机会，然后我们密切观察此后的一根 K 线。接着的一根 K 线是一根大阳线，一个向上发散信号，表明市场从犹豫中醒来，市场均衡被打破，方向恢复到趋势上，于是我们进场做多，并将初始性止损放置在 0.5 斐波那契分割线之下合理的位置。随着行情的发展，我们需要不断地抬升止损到下一个关键支撑位置，这时候我们需要不断寻找运动价格附近的关键位置。从这个做多交易的描述中，我们展示了"势、位、态"三位一体的融合艺术，K 线在趋势和位置的大背景下大放异彩，这才是 K 线运用的正途。

最后，我们再描述一个做空交易的例子，以便大家加深对"势、位、态"中 K 线地位和用法的掌握。在一个下降趋势中，首先需要找到有限的几个关键阻力位置，这些位置一般可以用斐波那契线谱得到，具体的知识和技巧将在本书后面部分介绍。当然，我们这里也省略了趋势判断这一步，这类技巧也在本书后面有相应的介绍，不过趋势识别技术对于实际操作而言是不可少的，但却不是最重要的，因为趋势是稀缺的，而人识别趋势的能力就技术的角度而言也是很难显著提高的，所以往往要靠风险管理技巧来弥补。回到正题，一旦确定了潜在的几个关键阻力水平，我们就等待价格自己来告诉我们哪一条阻力是有效的，有效的一个信号就是 K 线在此出现反转向下的信号。价格反弹到 0.618 这条水平线处，K 线出现了一个黄昏之星，这是一个非常棒的看跌信号，这样一来无论是全局性的趋势信号，还是局部性的位置和 K 线信号都确认了进场做空的正确性，于是我们进场做空，将初始止损放置在 0.618 之上的合理位置。

表 1-3　行情分析的要素

势	位	态
宏观信息	中观信息	微观信息
主要工具为 N 字法则	主要工具为斐波那契分割线	主要工具为 K 线

所谓恰当的交易，就是在宏观、中观和微观三个层次都显得恰当的交易，这就需要如表 1-3 所示三个层次的三个信号类别的确认。

在第二课中，我们将告诉读者如何利用 K 线图去识别趋势，当然识别趋势有很多方法，西方众多的技术分析流派几乎都有自己的趋势识别之道。

【开放式思考题】

在研读完第一课的内容之后，可以进一步思考下列问题。虽然这些问题并没有固

定的标准答案，但能够启发思考，跳出来看某些观点。

（1）本课中提到"K 线的最大作用在于确认市场运动在某一点遭遇的作用力有多大，具体而言就是确认特定位置上的支撑和阻力强度"。在什么情况下，K 线能够确认趋势？在什么情况下，K 线只能确认关键位置的支撑和阻力强度？

提示：技术分析存在一个时间周期参数，更大时间框架的技术分析可以作为更小时间框架的趋势指标。

（2）本课中提到"如果我们能够直接把握市场二元性特点，则能够获得指数增长速度的收益"。要实现指数增长的关键是什么呢？顺势而为是否足够呢？截短亏损是否足够呢？跟进止损是否足够呢？

提示：跟进止损可以让风险报酬率和胜算率朝着有利于自己的方向提高，但并不足以带来指数化增长。复利原理是指数化增长的关键，复利的关键是什么呢？是持续性足够长的趋势吗？还是"再投入"的正向反馈强化呢？加码和跟进止损，你认为谁主导指数化增长？

【进一步学习和运用指南】

（1）在任何一个领域，专业素养和经验决定了你的相对高度，而哲学水平则决定了你的绝对高度。要成为一个顶尖交易者，必须在术和道两方面同时努力。索罗斯、达里奥和李小龙在各自领域登顶，在于他们具备高超的哲学思维和涵养。

（2）阴阳哲学和辩证法，属于哲学的范畴。二分法并不仅仅是这些学派的主要工具，也是人工智能算法的主要工具。

（3）从对立统一的角度展开黄金交易的各个层面和流程，可以让你胜人一筹。

（4）不过，要杜绝一种习气，那就是将中国玄学引入交易后，并未落到实处，空谈而不落地，这是许多包装后的"国学大师"的通病。交易离不开术，术是载体。**"怎么样"涉及"术"，"为什么"涉及"道"。新手和门外汉的区别在于"有无术"；高手和新手的区别在于"有无道"。**

（5）冯友兰先生的《中国哲学史》可以看一看，去一去浮躁之气，提升一下能量与境界。

（6）尝试将自己交易中总结出的局部经验提升为全局性的规律，看是否可行。

第二课

基于 K 线图金价趋势的识别

K 线图整体而言也可以与竹节图一样显示出宏观层面的技术走势，本课中我们会从 K 线角度来介绍如何去识别具体的趋势。当然，利用 K 线图去识别趋势并不排斥某些西方的技术手段识别趋势，毕竟 K 线图能够与西方技术分析方法一同去识别某些趋势，而 K 线图本身也能单独担当这一重任。**趋势识别的大道并不平坦，所以复杂的趋势识别方法未必能很好地适应这种"复杂"的"路况"，有时候简单的趋势识别方法比复杂的趋势识别方法更能发挥效果。**对于趋势识别，我们建议读者一定要善于运用"奥卡姆剃刀"原理，也就是说如果两种趋势识别方法的效果差不多，那么应该选择较简单的一种。之所以采用简单的趋势识别方法，主要原因有两个：第一，简单的方法在使用上对使用者的要求较低，并且能够快速运用于每次交易分析，所以更加具有使用效率；第二，简单的方法对于市场环境的适应能力更强，当市场某些特性和参数变化时，简单的方法具有弹性，使得交易者不会因此受到误导而做出错误的决策，如果一套交易方法的趋势研判策略过于复杂，则很可能在市场情形稍微发生变化时无法正确地解读，简单来讲就是复杂的趋势研判方法的容错性太差。

利用 K 线来研判市场趋势是本课的主题，不过在展开这个主题之前，我们会先行介绍大众更广为接受的一些趋势甄

前瞻趋势后，方能确认趋势。前瞻靠驱动分析，确认靠行为分析。

别方法，这些方法基本上都是西方技术分析流派提供的。这些内容将在本课的第一节得到传授，在本课的第二节我们着重介绍 K 线的趋势识别技术，需要注意的一点是，大众倾向于将 K 线的一些形态当作趋势信号，这是错误的做法，比如把早晨之星当作是趋势反转信号，这种颇具误导性的观念和做法前面的章节已经多次提到过并进行了澄清。当然，如果你利用日线图上的早晨之星来为小时图上的趋势导航，则也无可厚非。我们在第二节要提出的 K 线趋势识别之道不是基于 5 根以内的蜡烛线，而是从一个更加广阔的市场环境来分析和统计。这些方法在正统的 K 线理论教学中被忽略掉了，因为正统的理论认为由 5 根以内 K 线构成的某些反转形态或者是持续形态就是最好的趋势识别之道，它们往往把局部的微观信号当作是全局性的宏观信号。

本课的内容在全书中具有什么样的地位和价值呢？可以说，要想正确地运用本书的内容，需要在 K 线提供的"态"、斐波那契分析提供的"位"和本课以及此后相关课中提供的"势"分析技术上下足功夫。一个成功的交易者，不管交易的是黄金、外汇，还是股票和期货，都需要在宏观层面、中观层面和微观层面上同时取得进步，在每次交易中竭力抓住三个层面的主要信息，这样去分析行情才能为自己的仓位设计打下坚实的基础，也才有最后的高胜算率和高报酬率交易。

本课的学习要点如下：

第一，掌握西方技术分析中识别趋势策略背后的哲学原则，并能够根据自己的性格特点和黄金市场的特点专攻某一项西方技术分析的趋势确认策略。

第二，了解日本 K 线技术的趋势确认具体策略，然后对这种由微观到宏观，基于微观洞悉宏观的策略方法有所实际运用。

第一节　利用西方技术分析识别金价趋势

西方技术分析按理说应该受到西方分解思维的影响而更加倾向于局部思维，而日本技术分析则应该受到东方整体思维的影响更加倾向于全局思维。但是，真实的情况却恰恰相反，西方技术分析关于趋势分析的方法很多，而东方技术分析关于趋势分析的方法则相对较少。东方人似乎更喜欢在金融交易中寻求"一叶而知秋"的技术，也许这是一种全息思维方法。

西方技术分析的趋势识别技术发端于伟大的投机客**杰西·利弗摩尔**，他对于趋势和加仓操作有很多奠基性的论述，而道氏理论则可以看成是股票市场趋势整体的一种构想，艾略特波浪理论则是对道氏理论的一种超越，将市场趋势的研究推到了极致，这也颇招人非议。道氏理论和艾略特波浪理论在今天的境遇恰恰印证了"奥卡姆剃刀"原理，道氏理论对趋势的研究没有艾略特波浪理论那么精细和复杂，但是就趋势研判而言两者的实际作用相差不大，波浪理论不仅想抓住"驱动浪"，还想针对"调整浪"交易，这使得不少波浪理论的信徒实际操作绩效都不尽如人意。由于波浪理论过于精巧复杂，使得运用起来非常花时间，往往也经不起市场变化和非标准化运动的折腾。

在本节中，我们会介绍几乎所有西方技术分析中的趋势识别技术，如果你以掌握本节所有这些技术为目的，则大可不必，因为精简才是真正的制胜之道，你应该全力发展出一套简单、符合自己和黄金交易的技术。周规则是一套趋势识别技术，源于趋势线理论，它的简单使得不少人怀疑其效能，但是无可辩驳的交易绩效使得它历久弥新，成为最佳的趋势识别方法。所以，简单而有效应该是你阅读本节寻找趋势识别技术的宗旨。

下面我们就步入本节的主题吧。

第一，基于图表的趋势识别方法——OX 图。标示价格走势的方法有很多种，OX 图曾经是最为流行的一种，这是当时的技术条件决定的。20 世纪初没有专门的股票行情系统，价格更新较慢，往往需要交易者亲自动手记录价格。市场的趋势走势更为明显，所谓的假突破还没有成为市场的普遍现象，人们开始采用诸如 OX 图这类簿记法来研究市场动向。关于 OX 图运用的专著在 20 世纪 50 年代就没有推陈出新了，在当代技术分析书籍中只是有简要的介绍，比如约翰·墨菲等的技术分析综述类著作就只是大概提及了 OX 图的原理。OX 图在西方一些资深的期货交易者手中仍旧发挥出巨大的威力，但

为什么要试探后加仓，而不是一来就重仓？因为趋势是稀缺的，同时因为纯技术分析无法预判这种稀缺性。

年青一代交易者不再对这种方法抱有热情。为什么 OX 图能够在期货市场有如此强的生命力，这是由商品期货和 OX 图两方面因素共同决定的。首先，商品期货的日常走势是盘整，但是每年有 1~3 波单边中级行情，至于大行情则往往与经济周期有关；其次，OX 图恰好是一种很好的噪声过滤工具，它可以将盘整行情过滤掉，只对特定幅度以上的突破做出标识，**这恰好适应了期货交易者的需要**。OX 图的主要功用是识别出显著的突破，OX 图利用 O 和 X 两种符号分别标记市场的跌涨运动，当然符号的采用与个人习惯有关，总有人爱反其道而行之，只有市场的运动幅度超过一定的程度才会记录一个符号。OX 图是一种直接用价格来标识趋势的图表，这使得它受到一些交易者的青睐。同样是从事期货交易的理查德·丹尼斯则运用周规则来识别市场的趋势，与 OX 图有异曲同工之妙。不管交易者运用 OX 图还是周规则都会在一个低胜算率和高报酬率的交易策略中运作，而这恰好是不少交易者所不适应的。绝大部分软件都不支持 OX 图，所以 OX 图并不是一项容易实现的趋势甄别手段。不过，如果你是在日线图以上的时间结构上交易黄金，则你可以利用 OX 图来帮助自己识别趋势，当 X 或者 O 突破前面的符号时，趋势往往被认为形成了，这是最简单的 OX 图用法，也是最有效的方法之一。

第二，基于市场情绪周期的趋势识别方法——道氏理论。道氏理论认为市场的上涨或者说发展是三段的，"一波三折"往往是市场一波行情演化的常态。道氏理论源于查理·道对股票市场的长年观察，后来经过助手的整理大放异彩。道氏理论强调区分趋势和噪声，通过市场走势，指数间相互印证和大众情绪来察觉目前市态所处的市场阶段。道氏理论是艾略特波浪理论的基础，波浪理论除了主要三次趋势方向上的运动外，还着力研究了期间的两次调整和趋势结束后的调整。波浪理论的交易者往往都将调整浪本身当作盈利的机会，这使得他们往往都违背"顺势而为"的原则。正确的做法应该是利用调整浪进场，而不是交易调整浪本身，从调整浪中获

利的想法是危险的，虽然理论上看起来无懈可击，但操作起来往往是得不偿失。为什么会这样呢？其一，调整浪本身是逆趋势的行为，所以很不稳定，幅度也很小，不仅不持续，反而很杂乱；其二，**交易调整浪使得交易者往往沉浸在市场局部特征，从而忽略了市场的整体走势，盲点由此形成。**波浪理论作为趋势识别的主要策略，其最大的贡献应该是提出了"驱动浪"和"调整浪"的区别，我们从中汲取的交易智慧应该是"**利用调整浪，交易驱动浪**"。而所谓的见位交易正是利用调整浪交易驱动浪的典范，如图 2-1 所示。

> 交易调整浪使得交易者往往沉浸在市场局部特征，从而忽略了市场的整体走势，盲点由此形成，而对手盘的盲点即利润。

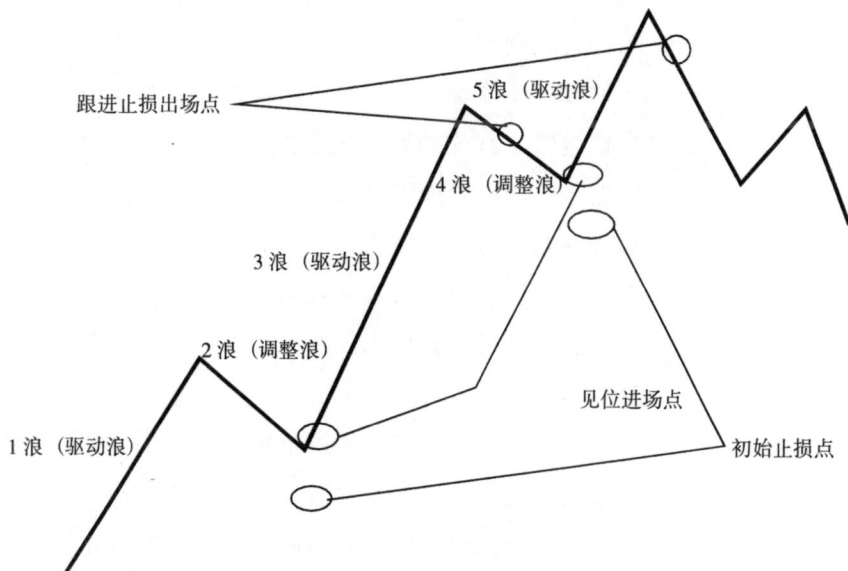

图 2-1　艾略特波浪理论的正确运用

　　第三，基于形态边界的趋势识别方法——趋势线和形态理论。在西方技术分析领域被最广泛使用的趋势识别方法就是趋势线和形态理论。西方技术分析总结出了一些属于中观层次的经典形态，这些形态在广大交易者那里耳熟能详，如三角形、旗形、楔形、矩形、三重顶和三重底、双顶和双底、头肩顶、头肩底等，这些形态的边界线往往是某种类型的趋势线，与交易最为相关的是所谓的"颈线"，颈线可以看成是一种支撑阻力线，也就是**水平趋势线的一种**。最为常用的趋

> 颈线可以看成是一种支撑阻力线，也就是水平趋势线的一种。

势线是直边趋势线，主要分为水平趋势线和倾斜趋势线，倾斜趋势线的关键要点是两点确定一条射线，如倾斜趋势线，也有一点决定一条趋势线，这就是水平趋势线，一般由前期高低点和成交密集区来确定，如倾斜趋势线和水平趋势线确定策略。趋势线的作用主要有两个：其一，为交易者甄别目前的市场趋势，这是趋势线最传统的用法；其二，为交易者提供进场位置，并提供设定初始止损和跟进止损的位置，这是趋势线的一种衍生功能。在使用趋势线甄别趋势和管理交易时要注意一个问题：如何定义和处理假突破，这是绝大多数交易者，包括黄金交易者都会遇到的难题。成交量是一个较好的甄别真假突破的工具，但是这主要用于股票市场，恰当的放量往往是向上真突破的特征。在黄金市场上，我们更多地运用 K 线来甄别真假突破，在后面的内容中对此将有详细的传授。我们再回过头来谈谈形态与 K 线的关系，在三角形等形态的边界处往往对应着 K 线的反转形态，而在突破边界处则往往对应着 K 线的持续形态。K 线在趋势突破上发挥了确认的作用，这是我们在利用 K 线组合识别趋势时需要注意的一个问题。

第四，基于趋势技术指标的趋势识别方法——移动平均线和其衍生指标。人们总是希望有某个权威来告知其合理有效的行为，逃避自由是人类的天性，在金融交易领域的一个具体表现就是人们希望找到一种"万能指标"或者说是"交易的圣杯指标"，这样就省却了自己思考和判断的劳苦，可以直接引用指标的信息，所以技术指标在交易领域"颇获芳心"。找到一种确认**趋势的技术指标，这是交易界最大的努力方向**。早期的金融标的走势都比较简单和清晰，随着采用技术分析的交易者越来越多，价格走势的趋势特征越来越复杂，市场噪声越来越大。最为出名的趋势识别指标是移动平均线，这条线由移动平均数得到，也就是最近 N 期的价格数计算得到的平均数作为其现值，依次类推地移动计算其他平均值，将平均值连成线条，这就是移动平均线。移动平均线在目前

预测趋势的梦想对于纯技术派而言，可望而不可即。

也是使用最广泛的趋势识别指标，主要用法有单根均线、双均线、三根均线、分组均线等，均线可以采纳的价格数据也有区别，如有采取收盘价的、有采取最高价和最低价平均数的、有采纳开盘价的等，除了简单移动平均，还有指数移动平均、J 移动平均等。单根均线做交易的趋势识别策略较少，双均线系统在大众中采用较多，三均线系统在职业交易者中采用普遍，比如混沌交易大师比尔·威廉姆，国际投机大师克罗等，分组均线的采用从戴若·顾比创立顾比复合移动平均线开始，这种方法其实是利用两组均线来完成两条均线的某些功能。移动平均线的最一般用法是所谓的葛兰宝均线八法，其实就是四种用法结合做多做空演变成了八种，这套理论可以用于单根均线，也可以用于两根均线或者两组均线的研判，其价值主要局限于进场信号。

第五，基于特别价格形态的趋势识别方法——长钉日。西方技术分析界也做过一些与日本蜡烛线交易界同样的努力，他们都试图通过单一价格线形态来找到市场的反转机会，这种努力的成功部分得益于一个原始的市场，所谓的原始的市场，就是市场的参与者众多，但是采用技术分析方法的参与者不多的原始交易状态，那时候听消息是最主要的市场分析方法，坐庄则是最主要的盈利模式。长钉形态与流星形态类似，这反映了东西方技术界的共识。这种方法随着技术分析的广泛传播变得相对无效，但是在一些较大的时间结构上，由于市场大资金参与者无法改变这些时间结构上的图形走势，所以长钉等形态的效能还是不错的，如黄金的周线走势等。我们的建议是，当这些形态刚完成时不应该急于入场或者出场，在资金管理允许的范围内应该静待市场的进一步指示，比如长钉日之后出现了大阴线等。在日内交易中，特别是黄金日内交易中单凭所谓的长上影线或者长下影线就贸然采取较大仓位的操作是不明智的。如果你想要以激进的姿态抓住这些**反转机会**的话，应该以小止损和小仓量参与，这样才能使你的仓位与风险报酬率和胜算率成正比。

心理面和驱动面可以帮助我们更好地区分反转和回撤的 K 线形态，但这并不是万能的，因为信息和意识永远不完备。

第六，基于大时间框架的趋势识别方法——三屏分析法和大时间框架的震荡指标用法。将走势图缩小会使一般交易者对市场趋势有直观的感受，这是所谓"亚当理论"的基础。除了这种方法之外，还有一种更具可操作性的方法被称为"三屏分析法"，或者是三重过滤交易法。这种分析方法的典型做法是利用三重时间跨度不一样的走势图分别满足不同的需要，如日线图、小时图加上 5 分钟走势图。通常用最高一级时间的走势图作为趋势分析工具，在这个例子中是日线图，然后利用小时图，也就是中间一层时间结构的走势图作为形态分析工具，找到一些关键的支撑阻力水平，也就是一些可供进场交易的具体机会，然后利用最低一层时间结构作为管理进场操作的工具。如果从我们的"势、位、态"三要素分析法入手，可以看到所谓的"三屏分析法"就是以三个层次的时间框架来分别完成"势、位、态"三要素的分析，最高的时间结构用于找出宏观层面的趋势，中间的时间结构用于找出潜在可供进场和出场的属于中观层面的位置，而最低的时间结构则用于确认某一特定的进场和出场位置有效，**操作具体的进场，这属于微观层面的问题**。利用大时间结构确认市场的趋势，除了上述这种三屏分析法之外，还有一种采用很广的方法，这就是在大时间结构上采用震荡指标。震荡指标如果用在交易同级的时间结构上就只能起到确认进场时机的作用，在一个上升趋势中，震荡指标的超卖往往预示着好的进场做多机会，而超买则是继续持仓的机会，而在一个下降趋势中，震荡指标的超买往往预示着好的进场做空机会，而超卖则是继续持仓的机会。但是，大众的用法往往不考虑趋势，见到超买就想做空，见到超卖就想做多，注意力越来越局限于市场的局部，失败之后只能以指标钝化为借口。如果你想让震荡指标帮助你确认趋势，而不会受到上述钝化陷阱的误导，则应该在交易时间结构之上的一到两层时间结构上采用震荡指标作为趋势指标。比如如果你以小时图操作黄金，那么就应该把震荡指标用在日线图或者周线图上，这时

如果从我们的"势、位、态"三要素分析法入手，可以看到所谓的"三屏分析法"就是以三个层次的时间框架来分别完成"势、位、态"三要素的分析。

候所谓的指标钝化就少了很多。不过，除非你对震荡指标特别钟爱，以至于超过利润本身，通常情况下我们还是不建议将震荡指标作为趋势识别的主要工具。有更好的趋势识别工具，为什么要用一个本来就不是设计用于捕捉趋势的指标呢？其实，震荡指标是一个情绪甄别器，上升趋势中的超卖代表市场的调整，而超买则代表市场创新高的热情，下降趋势中的超买代表市场的反弹，而超卖则代表市场创新低的恐慌。震荡指标可以在其他指标厘清市场趋势之后，与支撑阻力线和 K 线形态一起帮助你确定恰当的进场点。

　　第七，基于期货持仓的趋势识别方法——反向意见分析法。黄金存在商品期货品种，这与外汇的情形类似，外汇也有期货合约，还有期权，所以外汇现货（包括保证金）的走势可以从其期货品种的持仓变化得出一些有益于趋势分析的结论。黄金现货和保证金交易的价格与黄金期货的价格的走势是基本同步的，所以黄金期货持仓兴趣的变化对黄金现货和保证金价格走势有明显的预示和影响作用。黄金期货交易中的主力往往是获利的一方，这是由金融市场的博弈特点决定的，这个特点就是群众心理极端的时候往往是趋势反转的时候，只有参与大众的情绪适当时行情才能持续，并一直走到极端。**期货持仓是衡量市场参与者情绪的一个很好的指标，这个指标往往与震荡指标走势类似，**所以没有条件的交易者可以借用黄金周线走势图上的震荡指标近似地替代这种市场情绪指标。黄金现货交易者可以通过查看各大期货经纪商提供的 CFTC 黄金期货持仓报告来发现市场情绪动向，更为直观的方法是查看持仓的走势图，这个在国内各大期货经纪商的网站也能观看到。如果你的交易期限很短，不能按日计算，则你需要找到更灵敏的黄金市场情绪指标，比如多空调查等，但是这些情绪指标比较难找到，对于市场情绪也缺乏普遍代表性，所以还是采用震荡指标作为情绪分析的主要工具，辅以新闻解读。情绪指标能够成为一个趋势的确认工具，从查理·道、拉尔夫·艾略特开始就有这个传统，从行为金融学的

黄金期货持仓分析后面会专门介绍。

角度来看，有资金和仓位的市场参与者的情绪趋势是价格趋势变化的直接原因，搞懂了前者，后者也就不难了，这是一种超越技术分析的分析方法，暂且放到技术分析中，可以看作是介于技术面分析和基本面分析之间的第三种分析技术。

我们已经将西方技术分析中识别趋势的主要手段基本完整地介绍了一遍，限于篇幅此处不再详细展开。**"顺势而为"是技术性交易追求的目标，而不是手段，"如何做到顺势而为"才是我们孜孜以求解答的问题，如果不能找出"如何"的答案，那么所谓的"顺势而为"不过是"追求利润"的同义反复而已。**试问谁又不想追求利润，关键是追求利润的可操作方法是什么。要让"顺势而为"具有可操作性，是技术分析流派一直矢志不渝的目标，我们在本节尝试对西方技术分析的这种努力和相关贡献做一次文献综述和概括，如果你对其中的某些方法有兴趣和自己的见解，那么一定要努力不懈地在真实交易中检验它和完善它，为技术性交易者的趋势识别之道开启一扇新的大门。

驱动分析告诉我们势是什么？来自于哪里？是否存在？行为分析告诉我们如何"顺应"。

第二节　利用K线技术识别金价趋势

利用K线识别趋势并不是什么新鲜的技术分析思路，在黄金短线交易中有超过一半的交易者采用K线来甄别趋势，但是这些交易者的整体绩效并不理想，在踏入交易之初的两年中笔者也是其中的一员。为什么K线被如此广泛赞誉但是却不见其显效呢？问题的关键逐渐被我们所感悟到，这是资金盈亏和不断反思总结的必然结果，那就是K线组合。通常是1~3根K线构成的特定形态并不是关于趋势甄别的好指标，它们更多的是显示市场微观或者说局部的转市信号，而不是转势信号，我们可以逆市，但不能逆势！那么，什么才是利用K线识别趋势的正途呢？在尝试了西方技术分析在趋势识

别中的显著功效之后，我们逐渐找到了答案，这就是如果不从整体或者全局的角度来看待 K 线则不能利用 K 线来甄别趋势。

西方技术分析极少试图利用微观的信息来洞察整个市场趋势的变化，但是这却是不少传统蜡烛线交易者一直努力达到的目标。"一叶知秋"固然是高手的功力表现，但是这种"窥一斑而知全豹"的做法无疑违背了交易的辩证法，比较典型的是所谓的全息 K 线战法，就是利用易学中六十卦来解释开盘头 6 根 K 线，可以据此推断整个交易**日的走势，这种方法适合于学术研究却不适合真正的交易实战。全局问题，要从全局去解决，趋势事关全局，属于宏观方面的特征，就应该从宏观的角度去处理。**利用 K 线来识别趋势，却非初学者能够掌握的，这方面的行家一般接触 K 线在 5 年以上，而且始终在实际操作的第一线，能够稳定盈利的纯 K 线操作者至少掌握了下述 K 线趋势甄别法则的两条以上。这种交易者少之又少，通常他们眼中的 K 线既是微观机会的确认工具，又是宏观趋势的甄别工具。

那么，利用 K 线甄别金价趋势的方法有哪些呢？一共有四种，其他的交易者也可以直接把这些方法用于黄金以外的市场，如股票市场、商品期货市场、金融期货市场、期权市场、权证市场和外汇市场、债券市场等。下面我们就来一一述之。

第一，实体大小。所谓实体大小，具体是指 K 线实体的大小，它反映了市场力量和参与者的情绪强度，较大的实体反映了市场情绪的坚决，市场行为的发散，而较小的实体则反映了市场情绪的犹豫，市场行为的收敛。那么，这与市场的趋势有什么关系呢？在一个相对有限的时期内，市场为一个较为固定的关键驱动因素所推动，这个因素或与基本面有关，或者与心理面有关，这个因素不是"朝生暮死"的，这就是市场价格趋势持续性的基础。**市场一旦被驱动，则市场主力就会呈现出较强的行动意愿和情绪，从而在 K 线实体大**

> "一叶知秋"固然是高手的功力表现，但是这种"窥一斑而知全豹"的做法无疑违背了交易的辩证法。

> 在一个相对有限的时期内，市场为一个较为固定的关键驱动因素所推动，这个因素或与基本面有关，或者与心理面有关，这个因素不是"朝生暮死"的，这就是市场价格趋势持续性的基础。

小上表现出来，当我们觉察到这种 K 线实体大小规律时，趋势的持续性使得它并不会很快改变，所以我们还可以介入这段趋势的中段。简言之，K 线实体大小特征在一段时间内是稳定的，这种稳定性给予我们充分的时间介入获利。如果一段走势中的阳线实体普遍大于阴线实体，则趋势确认为上，我们应该寻找介入做多的机会。如果一段走势中的阴线实体普遍大于阳线实体，则趋势确认为下，我们应该寻找介入做空的机会。如果你还没有忘记第一课关于敛散性的论述就应该知道，大实体代表市场坚决的行动，而小实体表明市场处于休息状态，微观的信息汇聚起来就可以帮助我们整理出宏观的趋势信息。

第二，数量多少。所谓数量的多少，具体是指一段走势中阴线和阳线的相对数量多寡。如果阴线明显多于阳线则表明市场意愿偏向下行，趋势向下，我们应该寻找进场做空的机会。相反情况下，如果阴线明显少于阳线则表明市场意愿偏上行，趋势向上，我们应该寻找进场做多机会。在日线以上的交易中，使用此法效果较好，而在日内交易中，由于市场噪声太大，应用此法的效果不好，市场走势显得没有太多惯性，趋势性不强，所以应该静待基本面和心理面出现重大变化迹象时入市最好。

第三，高低渐次。所谓高低渐次，指的是在上升趋势中高点高于此前的高点，低点也高于此前的低点，逐渐依次抬高，高点和低点一般可以用分形指标来自动标识。高低渐次在下降趋势中表现为高点低于此前的低点，低点也低于此前的低点，逐渐降低，这种下降特征也可以用分形指标彰显出来。如果有一个向上分形被突破，可以认为向上趋势形成（表明持续向上的概率很大），则我们可以寻找进场做多的位置。如果一个向下分形被突破，则可以认为向下趋势形成（表明持续向下的概率很大），则我们可以寻找进场做空的位置。混沌交易法的创始人比尔·威廉姆借用两种手段来识别趋势：第一种手段是均线法，具体而言他采用三根均线来甄别，当三根均线呈现多头排列（期限越短的均线图中位置越高）时寻找做多机会，当三根均线呈现空头排列（期限越短的均线图中位置越低）时寻找做空机会。第二种手段是利用我们上述的分形突破法则，也就是高低渐次法则。比尔·威廉姆操作法的主图构件如图 2-2 所示，在 MT4 软件中可以找到这一交易系统的指标模板。

第四，升降时间。江恩交易法很注意时间和空间的关系，利用 K 线走势的持续时间我们可以比较两段走势的强度和潜力。我们可以将当下正在发展的这段走势的持续时间与邻近一段走势的持续时间相比较，从中可以看出市场意愿的偏向。比如，目前这段向上走势已经发展了 35 根 K 线，之前相邻的下降走势则为 20 根 K 线，则表明向上走势还将持续，趋势向上，我们应该积极寻找进场做多的机会。

图 2-2　混沌操作法主图

本节介绍的四种 K 线趋势识别方法除了第一种和第二种之外，其他两种也可以用于其他价格线，比如竹节线，所以并非 K 线专门用法。无论是针对 K 线实体的大小，还是 K 线数量的多少，抑或是 K 线位置的高低，K 线升降的长短，都是以一个二元性概念来研究市场的趋势，**如果你能够以太极的思维去应对市场，那么无论是在趋势识别，还是位置判断和进场时机判断**上都有发掘不完的潜力，这正是道家哲学给我们华夏子孙得天独厚的优势。

无论是针对 K 线实体的大小，还是 K 线数量的多少，抑或是 K 线位置的高低，K 线升降的长短，都是以一个二元性概念来研究市场的趋势。

【开放式思考题】

在研读完第二课的内容之后，可以进一步思考下列问题。虽然这些问题并没有固定的标准答案，但能够启发思考，跳出来看某些观点。

（1）本课中提到"一个成功的交易者，不管你交易的是黄金、外汇，还是股票和期货，都需要在宏观层面、中观层面和微观层面上同时取得进步，在每次交易中竭力抓住三个层面的主要信息，这样去分析行情才能为自己的仓位设计打下坚实基础，也才有最后的高胜算率和高报酬率交易"。那么"三屏分析"是否就等同于宏观、中观和微观的综合分析呢？

提示："三屏分析"更是针对价格波动的多重周期特征。

（2）本课中提到"在黄金市场上，我们更多地运用K线来甄别真假突破"。是否能够利用价格以外的技术信息对趋势的启动和转折进行甄别呢？

提示：CFTC公布的黄金COT和上期所的黄金期货持仓和成交量变化都可以用来辅助趋势的判断。具体来讲，COT黄金的年度极端值往往预示着趋势的转折点，而上期所黄金持仓增加意味着趋势延续的可能性更大。

【进一步学习和运用指南】

（1）价格是现象，趋势是相对本质，而趋势的决定因素则是绝对本质。凡有所相，皆是虚妄。价格是无常的，趋势交易者"不能着相"。

（2）**交易的圣杯是什么？有机结合震荡指标与趋势指标！**如何做到这一点呢？只能在技术之外去努力，驱动分析和心理分析是主要方向。

（3）动手写下你的趋势预判和确认规则？如何预判趋势？如何确认趋势？预判的目的在于解决趋势的稀缺性问题，确认的目的在于解决趋势的持续性问题。

（4）顺势而为，不同的流派有不同的理解，关键是谁的效果最好。

（5）投机客很少读巴菲特的文章，不过如果你认真看一段时间，你就不容易被价格波动所迷惑，这就是"势"的体验。价值投资可以看作是大局观的培养法门，投机客也可以从中获益。

（6）**黄金的"势"源自其多重属性。**把握其多重属性，平时结合新闻和研报多多揣摩，自然可以建立黄金交易的大局观。

第三课

黄金交易中的见位进场法和反转 K 线

第一课我们向大家传授了 K 线背后的哲学，这些哲学可以用于黄金交易本身，不过有相当多读者可能会很反感"哲学"，他们认为这些都是些"空对空"的文字，不如具体的交易方法有用。不知大家是否知道这样一个规律，但凡一个领域空前绝后的高手都有一定程度的哲学修养，虽然说不上一个哲学家但是离半个哲学家也不远了。李小龙被尊为"武之圣者"，其截拳道弟子遍布全球，他被认为是 20 世纪影响世界的中国人，这样一位被认为"蛮力"领域的超凡之辈其实也是位沉浸哲学的好学之徒。索罗斯被誉为"打败英格兰银行的金融大鳄"，要知道他正是为了完成其哲学家的梦想而跨入金融领域的，并以哲学上的反身性理论处理交易金融实务。诸如此类的人物太多了，所以轻视交易哲学的想法和做法都是不可取的，即使有些小成就也不足以成为缔造传奇的交易大师。每个在实战领域取得非凡成功的交易者都有自己一套可以表达的交易哲学。交易哲学决定了你交易能力的潜在高度，而交易策略则决定了你交易能力的实际高度，潜在高度制约实际高度。

交易哲学不可或缺，而实际交易策略对于普通交易者而言更为实际，因为远水救不了近火，再好的交易哲学也不如次优的交易策略，因为只有交易策略主导下的交易行为才能创造出真正的利润。没有利润的交易生涯不是我们所希望的

> 但凡一个领域空前绝后的高手都有一定程度的哲学修养，虽然说不上一个哲学家但是离半个哲学家也不远了。

状态。那么我们应该如何看待观念和结果之间的关系呢？交易观念，包括交易者对市场和自己的看法及信念，交易观念决定了一个交易者对待自己和市场的态度，决定了他如何去应付亏损和盈利；交易态度决定了一个交易者的具体交易行为，是追涨杀跌，还是顺势而为，是抓顶兜底，还是只取中段；而交易行为则与市场共同决定了交易结果，由于市场具有某种稳定特性，个人的观念也具有某种稳定特性，这使得交易结果也具有某种稳定性。**要全面改观交易结果，只能通过认识市场稳定特性和改变自身观念误区来完成**，简言之，就是"认识市场，改造自己"。第一课我们已经力图为你的观念和态度改造做出努力，现在开始我们要改变你的交易行为，本课主要深入讲述如何利用 K 线进行见位交易，这里面主要包括了"势、位、态"中"位"和"态"两个层面的策略。

个人的观念也具有某种稳定特性，这使得交易结果也具有某种稳定性。

本课第一节首先介绍 K 线作为进场时机确认手段的三个环节，这就是提醒交易机会、确认交易机会和进入交易机会，这部分的内容也用于下一课的破位进场。第二节详细介绍见位进场的基本概念和详细操作方法，作为本书反复强调的概念，见位进场是绝大多数黄金交易者都应该掌握的技巧，而 K 线则是帮助交易者准确确定见位进场位置的重要手段。在这两节之后的内容则是对每一个重要的见位确认 K 线形态进行详细剖析。

本课的学习要点如下：

第一，能够在实际操作中准确区分 K 线的三个基本角色，即提醒信号、确认信号和交易信号，只有正确掌握这三个角色的实质和在交易中的意义，才能正确地使用 K 线，这正是绝大多数黄金交易者无法高效使用 K 线的主要原因之一。

第二，掌握见位进场主要集中于 K 线确认潜在位置有效的要点，做多交易和做空交易的见位进场要厘清，特别是与破位进场的异同。

第三，结合见位进场的具体步骤，掌握与之相关的 K 线形态，特别是吞没形态和早晨之星、黄昏之星等。

第一节　金价 K 线中的提醒信号、确认信号和交易信号

　　黄金走势中的 K 线对于交易者而言具有不同的意义，这种意义不仅是针对行情走势本身，比如局部看涨或者局部看跌，同时也针对交易过程本身。不少 K 线使用者经常混淆 K 线的提醒信号和确认信号，当市场仅仅提醒交易者一个做多机会可能要出现时，交易者解读为做多机会得到确认，于是马上进入做多交易，这就是把提醒信号当作确认信号的后果。除了把提醒信号当作确认信号这种误用之外，还有一种误用是在复盘时将确认信号当作交易信号本身，这使得交易者往往高估了自己的时机把握能力。下面我们分别介绍 K 线的提醒信号、确认信号及交易信号，并对上述两种错误进行具体的剖析，否则读者可能对我们描述的情形缺乏具体的理解。总而言之，我们不希望自己的某些观念和实战经验仅仅停留在抽象的层面，我们希望读者能够从具体的实例中得到货真价实的东西。

　　K 线作为提醒信号，主要是提醒交易者变盘或者是继续此前走势的可能性，也就是 K 线目前处于收敛状态，也就是小实体状态。因为市场在 K 线之后可能继续上涨，也可能转而下跌，我们不知道具体的机会是什么，但是我们知道这里极可能存在一个交易机会，这就是**提醒信号的含义。在传统的 K 线理论中，十字星等小实体 K 线往往被当作转势信号，很多交易者把它们当作确认信号，而不是提醒信号，一见到十字星就进场，就是将提醒信号当作确认信号了。**不少 K 线形态只能当作提醒信号，也就是具体的持仓方向有待于下一根 K 线给出，但是在传统 K 线理论中却当作是确认信号，这类 K 线形态的特点是实体小，其走势含义要结合此后的大实体 K 线来确认。早晨之星和黄昏之星中的小实体 K 线就是提

区分提醒信号和确认信号看似简单，实则复杂。

醒信号，紧接其后的大实体 K 线就是确认信号。

K 线作为确认信号，主要是帮助交易者确认进场方向和时机，目前的 K 线处于发散状态，也就是大实体状态。较大实体反映了市场意愿在此方向上的坚决，在市场调整或者反弹到位之后出现顺趋势方向的大实体 K 线也就是一个明确的确认信号，确认了在此方向上的**进场时机出现**。确认信号往往处于提醒信号之后，但是也可能单独出现，在此后的内容中我们会就具体的 K 线形态讨论其信号角色，相信大家更能够从中理解到 K 线信号角色对于实际操作的指导意义。

K 线出现了确认信号之后，我们就可以在下一根 K 线开盘价附近进场了，这根 K 线就是交易信号。交易信号本身并无独立存在的必要，它往往紧随确认信号之后。那么为什么要列出一个交易信号呢？这样做的主要目的是为了避免交易者复盘时的"选择性注意"（Selective Attention），这是一种心理学上的典型现象，也就是个体会倾向于注意那些对自己观念有利的信息。交易者在复盘的时候，往往会倾向于认为自己在确认信号出现的这个 K 线就入市了。其实，交易者的实际入场位置都是在确认信号 K 线收盘确立之后才能入场，虽然这是一个细节，但是不少交易者在复盘时正因为忽略了这一心理倾向而高估了自己交易策略的绩效。

下面我们来看四个典型的金价走势图中的三种 K 线信号，如图 3-1 所示。图中标注了四个序列的"提醒信号—确认信号—交易信号"，大家一定会认为其中的交易信号太多，这是因为其中没有加入趋势和**位置的过滤**，"**势、位、态**"三要素中仅仅考虑了"态"这种最次要的微观因素，如果你阅读了本书后面部分关于支撑阻力位置确认的技巧，然后能够与这里的 K 线信号结合起来，则可以忽略掉这里的次要 K 线交易信号，或许其中两处信号仅仅是我们继续持仓的信号，而不是交易信号。本书的上篇主要是针对 K 线，为了读者随时理解传授部分在整个策略中的地位和意义，我们会在 K 线之外附带略述一些相关的部分，本节主要介绍见位交易和破位交

> K 线作为确认信号，主要是帮助交易者确认进场方向和时机，目前的 K 线处于发散状态，也就是大实体状态。

> "势、位、态"三要素缺一不可。

易中涉及的 K 线信号类型，下一节我们会将 K 线信号放在支撑阻力位置这个背景下来理解，专门介绍见位交易中涉及的微观问题（K 线）和中观问题（支撑阻力线）等。如果你对本节的问题不是很了解，那么希望你通读整本书之后再回过头来阅读本部分。

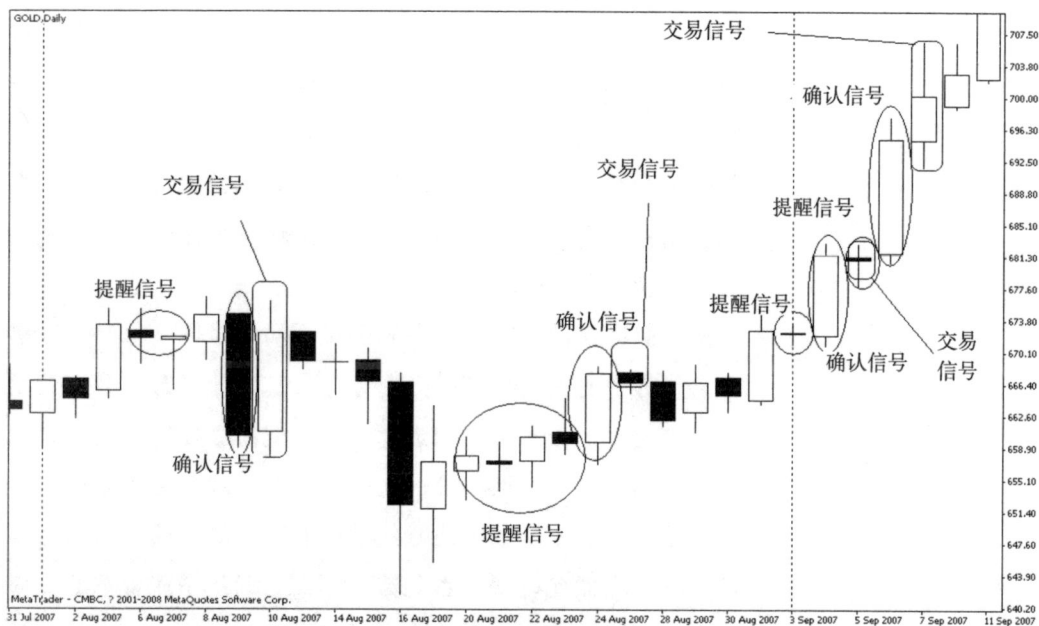

图 3-1　三种 K 线信号

第二节　见位进场的基本概念

很多交易者都喜欢追求在最高点做空，在最低点做多，但是对于见位交易却显得焦虑，见位交易比起破位交易要让交易者感觉舒适得多，但是仍旧与交易者的天性相悖。交易进场有四种基本的方式，其中见位交易和破位交易是最基本的两种类型，也是最常见的类型。

见位交易不是逆势交易，见位交易的一个前提是顺势而逆市，趋势在见位进场之前就为交易者所确认，具体而言在做多见位进场之前，趋势就被定为上升，在做空见

见位交易不是逆势交易，见位交易的一个前提是顺势而逆市。

位进场之前，趋势就**被定为下降**了。真实的趋势可能与交易者见位进场之前的判断有出入，但是交易者见位进场的方向必须与自己的趋势判断保持高度一致，这就是交易的一致性原理，这是设计交易策略和执行交易策略时必须遵循的一个基本原理。

首先，我们对见位进场和破位进场的基本概念和策略进行扼要而形象的介绍，扼要主要是就语言文字而言，而形象则主要针对图形模型而言。然后，我们会对常见的见位交易策略进行结合实例的简单剖析。我们力求做到兼顾交易哲学和交易技巧两方面的内容，放弃和忽略其中任何一者的做法都对交易学习者有害无益。

我们这就进入见位交易和破位交易的对比区分。下面是上升走势中的见位与破位交易对比图（见图 3-2），我们着墨的地方是见位做多交易的进场，见位交易进场发生之前，我们需要确认两个事项：第一，趋势向上，这个用 A 之前的线段表示，趋势识别的方法我们之前有简略的综述，这是必要的一步，当然允许交易者犯错。第二，确认一些备选的支撑位置。确认位置的方法我们将在本书的中篇进行详细介绍，简单而言就是通过斐波那契比率对 A 之前这个波段进行分割，得到一个斐波那契线谱，其中包括了前期高点和低点，在这里大致了解即可，留待后续课程来解决。当确认趋势和潜在支撑水平时，等待价格从 A 点的下跌显示出某种企稳迹象，通常是 K 线在某个斐波那契水平出现收敛形态（提醒信号 K 线），假设是图 3-2 中的 B 点，然后等待收敛形态之后的一根发散形态 K 线（确认信号 K 线），大致在 B 点之上或者说附近。一旦确认信号出现，则表明"势、位、态"俱全，你需要做的是计算合适的仓位，这需要根据你历史操作的胜算率和报酬率代入凯利公式粗略地计算（这是必要的思维步骤，不必十分正确），进场并将初始止损放置在此确认为有效的斐波那契水平之下（也就是支撑线之下）。进场的具体位置和时机是在作为确认信号的 K 线之后的一根 K 线开盘时分。

上升走势中的见位与破位交易

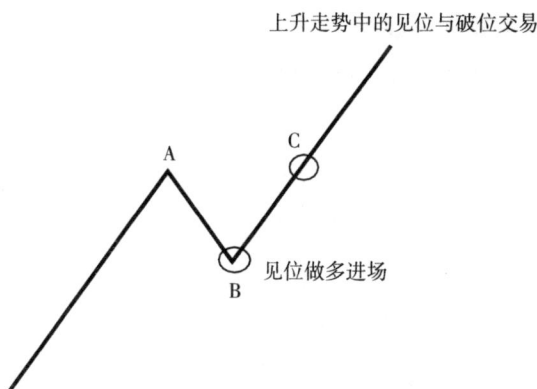

图 3-2　上升趋势中的见位交易和破位交易的对比

　　上升趋势中的破位交易要更为容易，但是需要交易者承受更多的市场噪声，你需要用更轻的仓位去应付较高的回撤风险。当价格上升到 C 点附近突破 A 点创出新高时，这本身就是一个趋势向上的信号，因为 A 点往往是一个向上分形，按照我们之前介绍的趋势识别方法，单凭突破向上分形这点我们就能确认向上趋势，所以破位交易的趋势确认，可以在交易信号发生之时同时完成，具体的破位进场的方法将在下一课详细介绍。

　　其次，我们介绍下降趋势中的见位进场做空与破位做空的区别。见位做空进场和破位做空进场的对比如图 3-3 所示。见位进场做空要求交易者在寻找进场做空机会之前完成两件事情：第一，确认趋势向下，这发生在 A 点附近，我们也可以在 B 点之前完成这点，**确认趋势向下的方法很多，在本书多处都有介绍**，你也可以根据自己的实际交易经验去创造某种方法，我们要反复提醒你的一点是：**趋势识别没有完美的方法，只有简单的方法**。你可以通过进场和出场的位置加上仓位管理来应付这种不确定性，为自己的交易留下"容错空间"，而不是去追求"踏浪而行"的"神迹"！这才是一个现实主义交易者需要去做的紧要事情。第二，根据此前一个波段确认潜在的关键阻力位置，这个过程中我们只需要确定市场中最重要的几条阻力线，如果之前的一个波段很小，那么

在不完美的复杂方法和不完美的简单方法之间，你应该选择后者，因为趋势判断只是交易中一个必要但不要求十分正确的过程。

我们可能最多只需要三条阻力线，它们是 0、0.5 和 1，如果波段较大，我们可以增加两条 0.382 和 0.618。如果你想用尽可能多的阻力线去捕捉所有的交易机会，那么结果是你什么都捕捉不到，**学会舍弃一些不重要和能力之外的机会，专注于重要和能力之内的机会，这才是交易的上善之道！**确认了趋势和潜在位置之后，我们就需要等待K线来为我们确认具体的进场做空时机了，一般情况下机会这样呈现出来：金价反弹到一个阻力线附近，如图 3-3 中的 B 点，K 线呈现出小**实体收敛形态**，这就提醒我们交易机会可能来临了，我们需要准备好"弹药"，然后市场趋势走出一根大实体下跌的 K 线，这个实体的大小是相对于之前 K 线的情况的，这就是一个确认信号，我们马上估计下风险报酬结构，然后"扣动扳机"在确认信号之后一根 K 线形成时介入。当然，B 点阻力确认不一定是 K 线，也可以是更大的形态，如双顶等，但是我们只着力于那些简单可定义和识别的 K 线形态，而不是越来越复杂的形态。

> 趋势是第一步要确认的，不只靠技术手段。

下降走势中的见位与破位交易

B　见位做空进场

A

C

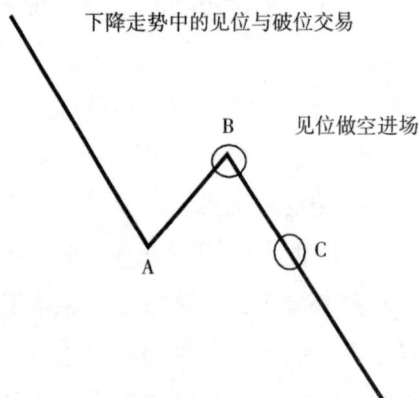

图 3-3　下降趋势中的见位交易和破位交易的对比

破位做空交易要简单得多，但是操作起来却让交易者感到不适应，因为这要求在更低的位置做空，这与交易者的天性不符合。在投资心理学中有一种锚定效应，交易者通常会参照特定的价格来评价市场的潜在表现，最常用的价格是进场价和最高价以及最低价，交易者将现价与这些参照价进行

比较以便确定现价是否恰当。在图 3-3 的破位做空交易中，C
点是跌破 A 点创新低的破位进场点（还需要 K 线确认），交
易者往往会以 A 点价格作为参照点，他们会认为 C 点的价格
已经处于低谷状态，市场会回升，而不是继续下跌，这就是
人类直觉与市场趋势特性的背离之处。虽然，市价可能会从
C 点回升，从而形成震荡市场，但是震荡市场不会让人大亏，
也很难打爆账户，误判单边市要么错失大机会，要么打爆
账户。

交易者通常会参照特定的
价格来评价市场的潜在表现，
最常用的价格是进场价和最高
价以及最低价，交易者将现价
与这些参照价进行比较以便确
定现价是否恰当。

下面我们讲讲黄金交易中两种常见的见位交易策略的具
体形式。趋势非常明显的金价走势和时间层级比较大的金价
走势往往都可以利用倾斜趋势线来构筑通道，下面是一个上
升通道的例子。在上升通道中，我们在通道下边缘伺机做多。
在图 3-4 中，我们以 A 点和 B 点做出上升趋势线，然后以两
者间的高价做上升趋势线的上沿线，这样就得到了一个完整
的通道，在通道策略中趋势线是必需的，至于另外一条辅助
线主要是为了观察市场的发展节奏避免在做多交易中过分追
高，在做空交易中过分杀低。下例中，金价在上升通道的 C

图 3-4 通道策略与见位进场

点处获得支撑，这是一个很好的见位进场做多机会，本课后面的小节会将通道策略（主要是倾斜趋势线策略）作为讲解的重点。在下例中，初始止损点设定在 C 点对应的上升趋势线之下恰当的地方。所谓恰当的地方，需要综合考虑支撑线或者阻力线位置，资金管理要求和市场噪声（将止损设定在布林带外轨之外可以有效过滤绝大部分市场噪声）。

虽然倾斜趋势线被广泛地传授使用，在我们的交易实践中发现能够很好采用倾斜趋势线的情况即便很多，但是相反的情况更多，所以就务实主义的态度而言我们倾向于采用水平趋势线，也就是支撑线和阻力线。为什么水平趋势线比倾斜趋势线更加适合高效率的交易者呢？最关键的原因在于倾斜趋势线需要两个信息点，也就是两个不同的价位来确定一条线，而水平趋势线只需要一个信息点，也就是一个信息点来确定一条线，两者的效能相差不多，但是水平趋势线比倾斜趋势线更加便捷交易者的实际操作，所以我们在实际交易中倾向于以水平趋势线为主。

由于斐波那契线谱包括了除去前期成交密集区构成的水平趋势线之外部分，所以我们完全可以用斐波那契线谱作为主要甚至唯一的水平趋势线分析工具。由于水平趋势线往往**作为见位进场和破位进场的备选位置筛选工具，所以名为"水平趋势线"，实为"位置线"**。如图 3-5 所示，这就是一个典型的下跌走势中的见位做空进场示意图。图中以 AB 波段为前波段，然后以 B 低点价位为 0 点，A 高点价位为 1 点，进行斐波那契分割，得到斐波那契线谱，我们这里采用了 0.236、0.382、0.5 和 0.618 这几个比率，实际操作中可能会有所变化，这里只是起到说明作用。

金价从 B 点反弹，到 C 点处出现类似黄昏之星的形态（其实是一个看跌吞没形态，但这并不重要，重要的是在 0.382 水平处首先出现了较小实体 K 线，然后出现了较大实体的 K 线，前一根 K 线是提醒信号，提醒交易者机会可能来了，后一条大阴线则是确认做空交易的信号）。斐波那契比率，或

水平趋势线主要由前期高点、前期低点、前期成交密集区、前波段的斐波那契分割比率线构成。

图 3-5　黄金率交易策略与见位进场

者说黄金率、黄金分割率，是我们本书推荐的确认潜在支撑阻力的主要方法。我们也知道不少潜在的支撑和阻力线需要其他方法来确认，但是请大家一定要在使用某种方法的成本和收益间衡量。江恩理论是很精确，但是它提供的潜在反转点太多，我们要测算这么多点，观察这么多点**需要付出极大的精力，这就是成本之一，而收益无非是趋势跟踪收益的一部分而已，这就是现实**，趋势跟踪多么简单，累计效益比绝大多数江恩理论使用者强，为什么还要舍简就繁呢？

　　见位交易比破位交易更适应初学者的心理倾向，这就是不会买在一个更高的位置，不会卖在一个更低的位置。买在相对低点，卖在相对高点，这才是不少人能够适应交易的技巧，而见位交易恰好符合这点，不过见位交易追求的是相对的高低点，与人类天性追求绝对高低点的倾向有不少的差别，但是相比破位交易，**见位交易确实让交易者心理安稳了不少**。

　　见位交易比较常用的策略是倾斜通道策略和斐波那契比率策略，我们以下各节将结合具体的反转 K 线介绍。这些小节的内容是将支撑阻力线与反转 K 线结合起来确认交易机会。

江恩理论是很精确，但是它提供的潜在反转点太多。

结合数据公布来看位置更加准确，这是诀窍！

071

大家在学习下面小节的内容时一定要谨记两点：第一，见位交易看起来简单实际复杂，因为对交易者的脑力要求更高，破位交易看起来困难实际简单，因为对交易者的胆力要求更高；第二，见位交易中的水平趋势线比倾斜趋势线更高效，所以应该对水平趋势线的见位交易策略做实际掌握，对倾斜趋势线的见位交易策略做理论掌握即可。当然这是我们的建议，每个人的天性存在差异，市场状况也存在差异，黄金市场的日内走势和日间走势差异也不能忽视，这些都会让我们的建议存在局限性。我们仅能就自己的交易实践给出有特定前提的意见和看法，不可能存在万能钥匙给读者。我们是实话实说，不卖"狗皮膏药"！

第三节　重要的反转 K 线（1）：看跌吞没

K 线的反转信号我们只当作是局部反转的信号，也就是次低点或者是次高点的反转，而不会把这些反转 K 线当作是最高点或者是最低点的反转。有时候反转 K 线确实出现在最高点或者最低点，但是大多数时候它们出现在次高点或者是次低点。就概率而言，次低点和次高点出现反转 K 线的频率要大得多，所以我们应该一贯按照局部反转来处理反转 K 线带来的反转信息。

在 K 线的重要反转类型中，吞没形态是非常重要的一类，之所以这样认为，主要原因有两个：第一，吞没形态较绝大多数 K 线反转形态的准确性高，除了早晨之星和黄昏之星等**反转 K 线形态之外，再也找不到吞没形态这么高准确率的局部反转 K 线形态了**；第二，**在准确率高的反转 K 线形态中**，吞没形态出现的频率更高，因而更具有实战价值，相比早晨之星和黄昏之星，吞没形态的实战意义更大，所以重要的反转 K 线形态从吞没形态开始介绍，本节介绍看跌吞没形态，

就概率而言，次低点和次高点出现反转 K 线的频率要大得多，所以我们应该一贯按照局部反转来处理反转 K 线带来的反转信息。

下一节介绍看涨吞没形态。

　　下面我们开始本节的主题——看跌吞没形态。看跌吞没形态的一般形式如图 3-6 所示。较小实体阳线之后紧接着较大实体的阴线，在我们的交易策略中还要求这一形态处于反弹走势之中，也就是下降之后的冲高走势中。较小实体的阳 K 线是一个收敛形态，表明潜在阻力可能被触及，这时候你可以观察相邻的斐波那契线是否存在，然后等待较大实体的阴 K 线发出确认阻力有效，进而发出做空进场的确认信号，这个大实体的阳线是一个发散形态。总而言之，这是一个收敛向下发散的结构。

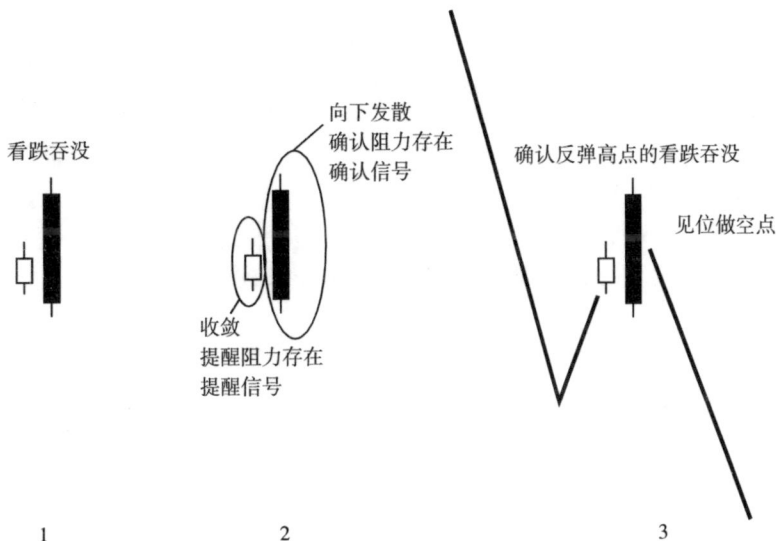

图 3-6　看跌吞没形态的一般形式

　　下面我们就分别来看主要黄金品种走势中的看跌吞没和主要见位交易进场中对看跌吞没的运用。

1. 黄金保证金（现货市场）中的看跌吞没

　　黄金现货市场走势，包括黄金保证金交易走势中很容易见到看跌吞没形态，下面是几个具体的例子。请看下面这幅黄金现货 5 分钟走势图（见图 3-7），图 3-7 中有 A 圈和 B 圈，圈中都是看跌吞没形态，A 圈的看跌吞没是上升趋势中的调整起点，而 B 圈的看跌吞没则是下降趋势中的反弹高点。A 圈处的看跌吞没不能作为见位交易的信息，顶多作为减仓或者出场的信息，B 圈处的看跌吞没由于处于一个下跌趋势的第一次反弹位置，所以可以作为一个见位做空交易的进场点。

图 3-7　黄金现货 5 分钟走势图中的看跌吞没

　　图 3-8 是黄金现货 1 小时走势图，图中圈注的是看跌吞没形态，该形态位于次高点，初步符合见位做空交易进场的要求。

图 3-8　黄金现货 1 小时走势图中的看跌吞没

　　图 3-9 是黄金现货 4 小时走势图，图中圈注了看跌吞没形态，注意这个形态此时出现在一个绝对高点的位置（相对于此前走势），所以不符合我们见位进场做空的条件，也就是说，在我们的交易策略中不主张去利用这样的看跌吞没进行卖空，因为很可能在一个上升趋势的**回调起点做空，之后会迎来更大的上涨，下跌空间（潜在报酬）没有上涨空间（潜在风险）大，这样的交易即使事后看来不错我们也不会介入。**大家需要树立一个观念：盈利的交易不一定是正确的交易，正确的交易也不一定盈利，但是长期来看只有正确的交易才能持续盈利！

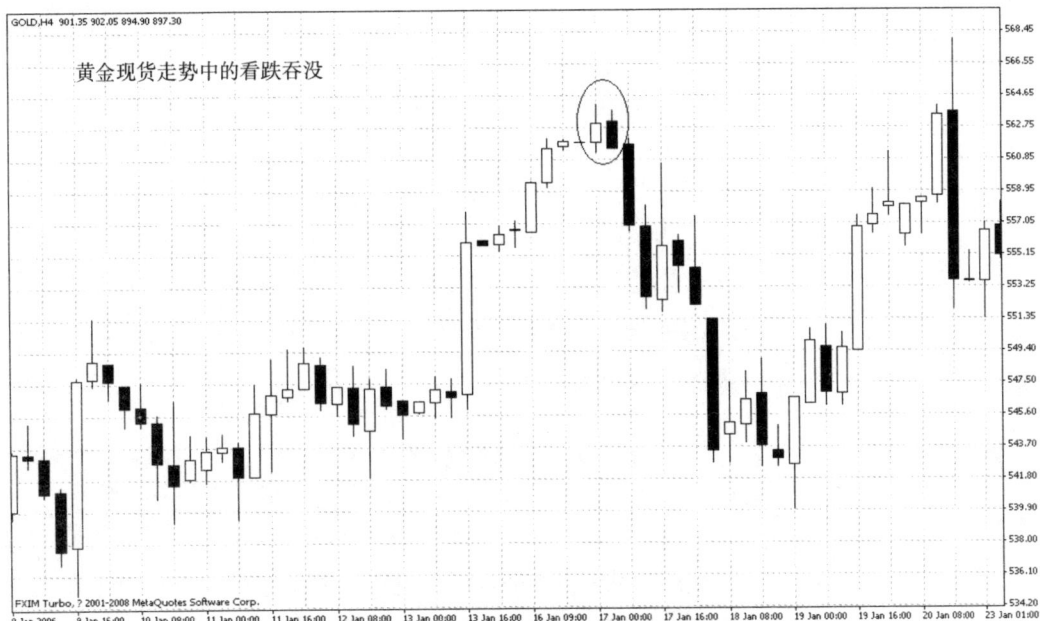

　　盈利的交易不一定是正确的交易，正确的交易也不一定盈利，但是长期来看只有正确的交易才能持续盈利。

图 3-9　黄金现货 4 小时走势图中的看跌吞没

　　图 3-10 是黄金现货日线走势图，其中标注了一个典型的看跌吞没形态，该形态也处于绝对高点的位置，而非处于下降趋势的反弹高点处，所以也不是很好的见位做空信号。当然，如果放在更大的行情范围内，兴许这点就是一个下跌趋势中的反弹高点，那么这样的点就很可能成为我们见位进场做空的点。

图 3-10　黄金现货日线走势图中的看跌吞没

　　我们向大家展示了黄金现货走势中几个看跌吞没的例子，大家从这些例子中主要学习两点：第一，如何甄别看跌吞没，什么样的形态算看跌吞没；第二，我们可能交易的看跌吞没应该处于什么样的行情走势之后。下面我们接着看黄金期货走势中的看跌吞没形态。

2. 黄金期货中的看跌吞没

　　黄金期货走势中也有不少看跌吞没，图 3-11 是黄金期货日线走势图，其中圈注了看跌吞没形态，这是一个上升走势中的看跌吞没形态，它作为上涨中回调的起点存在，并不适合作为见位进场做空的信号。

　　图 3-12 是黄金期货 60 分钟走势图，其中圈注了一个非常特别的看跌吞没形态，因为其小实体阳线同时也是一个流星形态。这里我们需要注意的是，**如果几个看跌或者看涨 K 线形态叠加的话，则可以看作是极强的确认信号。**

　　黄金期货走势比起黄金现货走势有不少的跳空缺口，而黄金期货走势比起外汇现货走势也有不少跳空缺口，跳空缺

　　如果几个看跌或者看涨 K 线形态叠加的话，则可以看作是极强的确认信号。

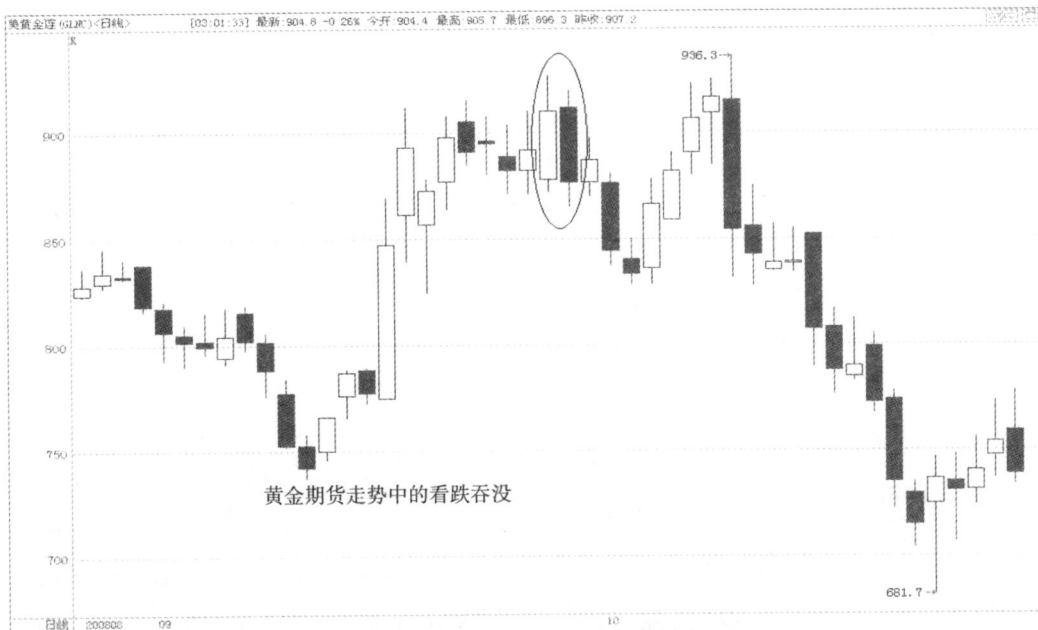

图 3-11　黄金期货日线走势中的看跌吞没

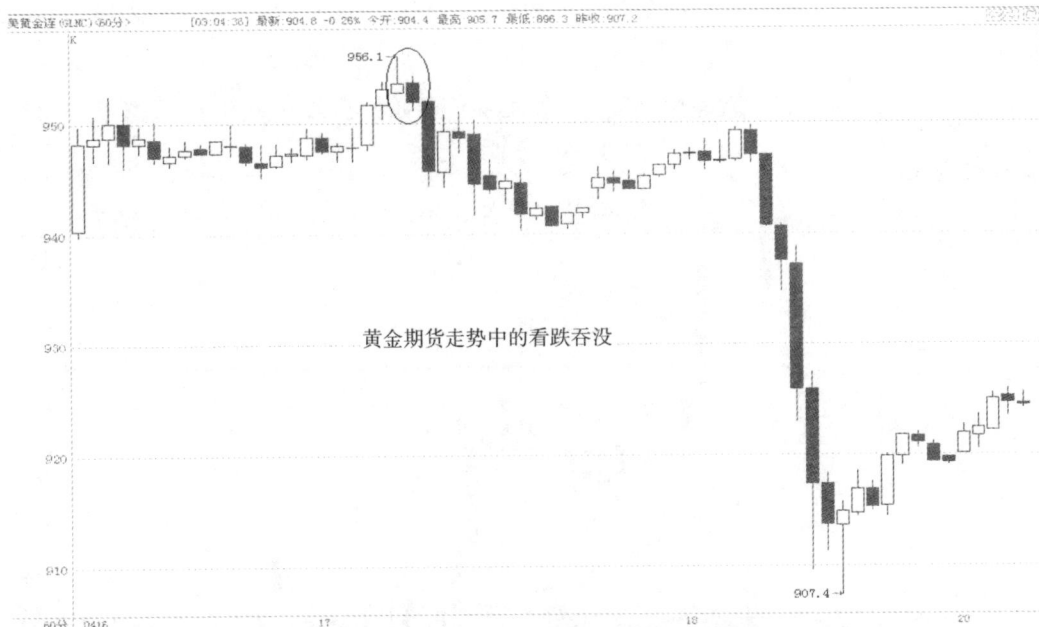

图 3-12　黄金期货小时图走势中的看跌吞没

口对于风险控制是一个不利的因素，因为损失可能在你的预期之外，损失有可能超出你的管理能力。正因为黄金期货比黄金现货对风险管理水平和相应的资金充裕度要求更高，所以短线交易者应该尽量选择后者，本书也主要针对黄金现货保证金市场的短

跳空缺口对于风险控制是一个不利的因素，因为损失可能在你的预期之外，损失有可能超出你的管理能力。

线交易，但是其中的策略和方法可以用于黄金期货市场和其他金融市场。下面我们将进入小节的核心部分，也就是看跌吞没与见位交易策略的实例部分。

3. 斐波那契见位交易策略中的看跌吞没

斐波那契见位交易策略是我们的最爱，因为它简单（MT4软件和文华财经都提供了相应的画线工具）和高效（它堪称西方技术分析的精华，艾略特波浪理论、加特力蝴蝶理论、嘉路兰螺旋历法、江恩分割线谱、威廉姆混沌交易法、帝纳波利点位交易法等都与它密切相关）。我们信手拈来 5 个看跌吞没见位交易的简要实例，为了节省篇幅，我们将所有进场的所有分析集中于一张图上，不再按照实际交易过程逐张呈现，如果你认为这是马后炮的话，大可将下面的思路用于实践检验，尽管不是所有机会都能运用这套方法（世界上过去、现在和将来都不可能存在这样的方法），至少你能天天用这套方法从事日内盈利交易，每天一亏两赚加上好的风险控制，**你就能赚到很多。下面我们开始剖析第一个例子。请看图 3-13，**

实践是检验真理的唯一标准。

图 3-13　斐波那契见位交易策略中的看跌吞没形态（1）

这是黄金 5 分钟走势图，当金价从图中最高点大幅下跌时，我们等待一个反弹，价格果真从 853 附近反弹，我们于是以下降波段的高点和低点做斐波那契分割，得到斐波那契线谱，之后金价反弹到 0.5 水平出现了看跌吞没，于是我们在看跌吞没之后的一根小阴线处介入做空，初始止损点放置在 0.5 水平线之上和布林带上轨之上（布林带在图中省略，布林带的主要作用是帮助交易者合理设置止损，避免被市场噪声击中止损而功亏一篑）。至于出场，我们这里就省略了，我们的最终出场是跟进止损被触及，持仓过程中可以根据反向 K 线反转信号减仓，但不会完全根据方向 K 线信号清仓，毕竟反转 K 线信号只是个局部反转信号。

接着我们来看第二个例子，请看图 3-14，这是黄金 1 小时走势图。金价从图中高点下跌之后，我们等待一个反弹，反弹一旦开始，我们就以该下跌波段的高点和低点（反弹的起点）做斐波那契分割，**得到斐波那契线谱，然后静待 K 线形态来表明哪一水平的斐波那契线是有效的阻力。**当金价反弹到 0.382 水平附近时出现了看跌吞没，确认了该水平的阻力

斐波那契分割线也称为斐波那契回调线。

图 3-14　斐波那契见位交易策略中的看跌吞没形态（2）

有效，于是在看跌吞没之后立即进场见位做空，初始止损点放置在 0.382 水平之上，同时要考虑过滤市场噪声（通常是借助于布林带）。

看了黄金 5 分钟走势图和 1 小时走势图上的看跌吞没斐波那契见位交易策略，现在我们来看黄金日线走势图上的例子，请看图 3-15。金价从 1004 附近跌落，我们等待一个反弹，此后金价从 900 附近反弹，于是我们以下跌第一波段的高点和低点进行斐波那契分割，得到斐波那契线谱。然后我们静待 K 线来确认某一斐波那契线，此后一个看跌吞没形态出现确认了 0.382 水平的阻力有效，于是我们在之后的一根 K 线进场做空，止损放置在 0.382 水平之上，并考虑资金管理和过滤市场噪声方面的要求。

图 3-15　斐波那契见位交易策略中的看跌吞没形态（3）

下面我们再看两个看跌吞没确认斐波那契线构成阻力的例子，请看图 3-16、图 3-17，都是黄金 1 小时走势图。金价从高点下跌后反弹，这时候我们就可以进行斐波那契分割了，得到斐波那契线谱。在图 3-16 中，看跌吞没确认了 0.382 水平处的阻力，于是我们在此看跌吞没之后进场，并将初始止损设定在 0.382 水平之上。在图 3-17 中，看跌吞没出现在 0.5 水平处，于是我们在此看跌吞没之后进场，并将初始止损设定在 0.5 水平之上。

图 3-16　斐波那契见位交易策略中的看跌吞没形态（4）

图 3-17　斐波那契见位交易策略中的看跌吞没形态（5）

　　保守的斐波那契见位交易者需要在下跌波段形成之时就**确认趋势向下**，激进的斐波那契见位交易者则可以到反弹受阻于关键水平，同时出现反转看跌 K 线时确认趋势向下，也

能够确认某种位置的技术工具都可以与 K 线结合起来使用。

就是在见位交易时同时确认趋势而不是之前确认。下面我们接着介绍传统的通道见位交易策略，这是教科书式的见位交易理论。

4. 通道见位交易策略中的看跌吞没

看跌吞没在通道见位交易策略中比较常见，下降通道的上边沿经常出现看跌吞没，这时候是非常难得的见位做空进场点。下降通道的下边沿只用作参考，一般可以用作空头减仓点，但是不能用作空头清仓点，更不能作为多头的进场点。下面我们来看几个黄金短线交易中利用下降通道和**看跌吞没进场做空的实例。请看图 3-18，这是黄金 1 小时走势图，请关注下降通道的上边沿**。通过头两个波段高点可以确认下降趋势线，也就是通道的上边沿，下边沿我们就不作关注了。下降趋势线确立之后，我们关注那些反弹到下降趋势线处的机会。在图 3-18 中，A 圈和 B 圈处出现了看跌吞没形态，而这些位置靠近下降趋势线，于是我们抓紧机会进场做空，这些都是见位做空点。初始止损点放置在 A 点和 B 点对应下降趋势线的上方，同时考虑资金管理和过滤市场噪声的需要。

> 下降通道的下边沿只用作参考，一般可以用作空头减仓点，但是不能用作空头清仓点，更不能作为多头的进场点。

图 3-18　通道见位交易策略中的看跌吞没形态（1）

再看第二个下降通道见位做空的例子，如图 3-19 所示，这是黄金 5 分钟走势图，通过第一个和第二个高点我们做出下降趋势线，然后等待 K 线和下降趋势线的交汇。之后在图 3-19 中 A、B、C 三个位置出现了看跌吞没，这些位置恰好也靠近下降趋势线。看跌吞没确认了下降趋势线的有效性，于是我们可以见位进场做空，初始止损点放置在下降趋势线的上方，同时要考虑资金管理和过滤市场噪声的要求。

仓位管理必然基于凯利公式。

图 3-19 通道见位交易策略中的看跌吞没形态（2）

图 3-20 是第三个通道见位交易策略与看跌吞没的例子，这是 5 分钟黄金走势图。通过头两个波段高点我们可以做出下降趋势线，然后等待 K 线触及下降趋势线，也就是下降通道的上边沿。之后金价走势以看跌吞没触及下降趋势线，如图中圆圈标注处，于是我们在看跌吞没之后的一根 K 线处进场做空，将初始止损放置在对应下降趋势线的上方，同时**结合资金管理和过滤市场噪声的需要**。同时大家可以发现如果在本例中以下降通道下边沿作为出场条件是多么的不恰当。

初始止损过滤噪声的方法参考本书最后一课内容。

图 3-20　通道见位交易策略中的看跌吞没形态（3）

靠近下降通道上边沿时出现看跌吞没

我们的一个经验法则是，在日内交易中尽量采用支撑阻力线见位交易策略，在日间结构上可以采用通道见位交易策略。

为看书而看书，仅仅是寻求精神上的刺激和快乐，寻求理念上的所谓正确，维持一种"思想高手"的虚荣，而不追求实际的利润，这是"证券书票友"的最大悲哀。

看跌吞没确认下降趋势线构筑的阻力有效性，这是下降通道见位做空策略的一个条件，但是正如我们反复申明的那样，由于倾斜趋势线需要两点来确定，所以操作上没有水平趋势线那么有利和务实。明白特定策略的特定局限和特定前提，这是**一个优秀的短线交易者的必备素质**。

学而不用，仅作头脑中的甄别是绝大多数买书者的特点。买本书的读者我想绝大部分也是这样，仅仅是因为目录和内容看起来不错，然后通读一遍到三遍，便从"道理"的角度来评价本书，然后便是束之高阁，偶尔翻来看看，但是书中的内容又实践过几次呢？**有效果比有道理更重要。有没有效果一是取决于理论本身是不是经得起实践检验，二是看其是否用于实践**。如果没有将理论用于实践，则再有道理又能如何，于你买这本书，看这本书毫无益处。为看书而看书，仅仅是寻求精神上的刺激和快乐，寻求理念上的所谓正确，维持一种"思想高手"的虚荣，而不追求实际的利润，这是"证券书票友"的最大悲哀，最爱学习的人反而因为学习而废弃了前程，这不是南辕北辙吗？

第三课 黄金交易中的见位进场法和反转K线

为了让大家树立起"学以致用"的态度，我们在这里设定了相应的练习，这些练习本身不见得有多高明，重在培养一种"意识"，有了这种学以致用的意识，你在阅读本书之后自然会督促自己不断将所学纳为所用，将所用归为所学。

下面先来看第一个简单练习，请看题目。

（1）请你仔细从图3-21中找出最为明显的看跌吞没形态，所谓吞没形态的传统定义是什么，请你用自己的话表达出来。另外，我们在见位交易中采用看跌吞没时需要注意什么要点。

图3-21 找出最为明显的看跌吞没形态

下面是关于上一题的部分答案，图3-22中一个最为典型的看跌吞没，如图所圈注的那样。看跌吞没的传统定义是：在一段上升走势之后，出现一根实体较小的阳线紧接着一根实体较大的阴线，该阴线实体的上端高于阳线的实体上端，该阴线实体的下端高于阳线实体的下端。在见位交易中采用看跌吞没形态需要注意以下几点：第一，趋势向下；第二，见位进场做空的看跌吞没形态不是最高点，而应该是次高点；第三，看跌吞没应该确认某个重要的阻力水平；第四，一旦看跌吞没确认重要的阻力水平，则我们应该在看跌吞没之后的一根K线处入场，初始止损设定在该阻力水平之上。

085

图 3-22　看跌吞没（1）

交易加复盘是最好的老师。

　　上述这个练习相对简单，但是其目的在于让你在日常的交易实践中养成识别看跌吞没形态的意识。**识别特定种类的 K 线是运用 K 线识别局部反转，进行见位交易的前提，读者一定要先花几天工夫对照黄金 K 线走势图，查看其中的看跌吞没形态，然后做一些分析和区分，这样经过内化**，知识才能真正为你所用，否则书多无用耳。

　　下面我们向你提出第二道题，请看题目。

　　（2）如图 3-23 所示，这是黄金 5 分钟走势图。分析该图如何进行的斐波那契分割？其中的关键分割位置有哪些？在哪条斐波那契水平线出现了看跌吞没？作为交易者你当时会怎么操作？

　　下面我们对第二题进行初步的解答，进行见位做空的斐波那契分割，你需要寻找一段下跌走势，并且该段走势末端刚开始出现反弹，这时候你以这段下跌走势的起点和终点为单位 1 进行斐波那契分割，下跌波段的起点为 1 水平，下跌波段的终点为 0 水平。然后你等待已经出现的反弹自己发展到确认某一水平的阻力，所谓确认就是出现反转的 K 线形态，

在本例中是在 0.382 水平出现了看跌吞没，如图 3-24 所示。如果你是交易者应该在一段下跌走势末端反弹开始时寻求见位做空的机会，一旦有机会入市，一定不能忽视初始止损点的设置。

图 3-23　找出看跌吞没

图 3-24　看跌吞没（2）

由于斐波那契见位交易策略是我们推荐和关注的重点，所以我们的练习不再考虑通道见位交易策略。不管我们这里是否有练习某些讲解过的策略和思路，你都应该利用模拟交易进行足够和深入的演练。

第四节　重要的反转 K 线（2）：看涨吞没

看涨吞没与看跌吞没一样都是重要的反转 K 线信号。

看涨吞没与看跌吞没有异曲同工之妙，请看图 3-25，我们来体会看涨吞没其中的韵味。看涨吞没与看跌吞没一样都是重要的反转 K 线信号，传统 K 线教科书认为这是一种多方灭空方的形态。**看涨吞没之前必须有一段下跌走势**，然后出现一根实体较小的阴线，紧接着出现一根实体较大的阳线。阳线的上端高于阴线的上端，阳线的下端低于阴线的下端，形成一种自下而上的拉上贯通气势。看涨吞没是一种局部的底部反转信号，出现在次低点可以作为见位进场的极佳信号。小实体阴线是收敛形态，作为提醒信号要交易者关注可能的有效支撑，而大实体阳线则是发散形态，确认了有效支撑，作为扣动见位做多交易的"拇指"，看涨吞没是关乎交易进场

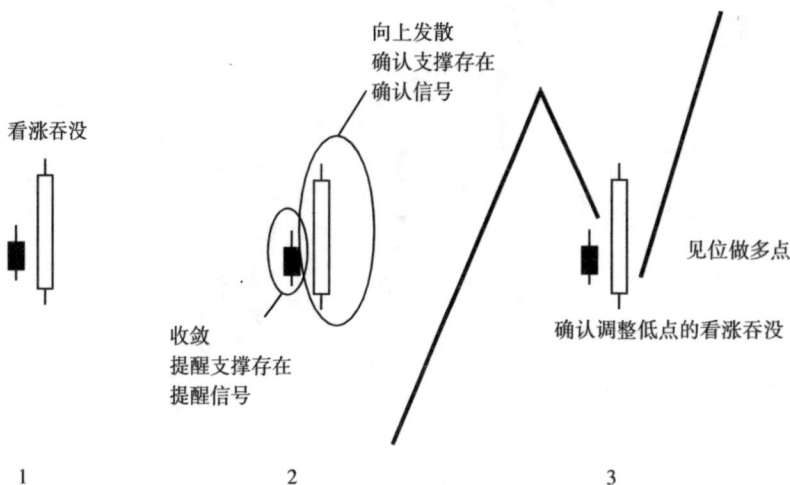

图 3-25　看涨吞没

的"最后一根稻草"。在看涨吞没出现之前有两段走势，一段是上升的驱动走势，另一段是向下的调整走势，之所以是调整，一是因为没有将上升走势完全调整，二是因为下降走势出现了看涨吞没，而且此看涨吞没位于关键支撑水平。

交易者利用看涨吞没见位进场做多，必须确认趋势为上升，方法很多，这里不再赘述，即使你不能很好地识别也不要紧，但是必须有这么一个步骤，然后再通过恰当的进场和出场，仓位管理就可以应付判断失误的情况。交易者利用看涨吞没见位进场做多，除了需要提前确认趋势之外，还应该以前一段走势作为确认潜在支撑的工具，然后才是等待看涨吞没等反转信号出现。

看涨吞没出现在局部低点，这个局部低点偶尔也是全局低点，但是我们交易的时候最好保守而行，根据最可能情况交易，同时做好风险管理预防小概率事件。说白了，**交易就是按照大概率事件去操作，预防小概率事件发生。**

根据最可能情况交易，同时做好风险管理预防小概率事件。小概率的坏事件容易发生，这就是墨菲定律。

下面我们首先来看黄金现货和期货市场走势中的一些看涨吞没，这些都是鲜活的例子，结合实例可以对某些理论的东西更好地掌握。

1. 黄金保证金（现货市场）中的看涨吞没

黄金现货和保证金交易走势中的看涨吞没随处可见，是出现频率最高的局部低点形态。图 3-26 是黄金日线走势图，在图中次低点出现一个看涨吞没形态，这是一个非常好的见位做多机会，配合斐波那契分析法会有更好的表现。

图 3-27 是黄金 4 小时走势图，其中标注了两个相邻的看涨吞没形态，这种情况既可以看作是看涨吞没的叠加形态，也可以看成是分别位于最低点和次低点的两个看涨吞没形态。如果交易者采取后面一种观点，则可以在第二个看涨吞没处见位进场做多。

图 3-26　黄金保证金（现货市场）中的看涨吞没（1）

图 3-27　黄金保证金（现货市场）中的看涨吞没（2）

技术信号所处的背景有时候比技术信号本身更有价值。

图 3-28 是黄金 5 分钟走势图，在如此低的时间结构上看涨吞没也是很常见的，此处的看涨吞没位于全局性低点，所以不能用作见位交易进场的信号，不过激进的交易者可以轻仓小止损做多，这在本书主题之外，不详细论述。

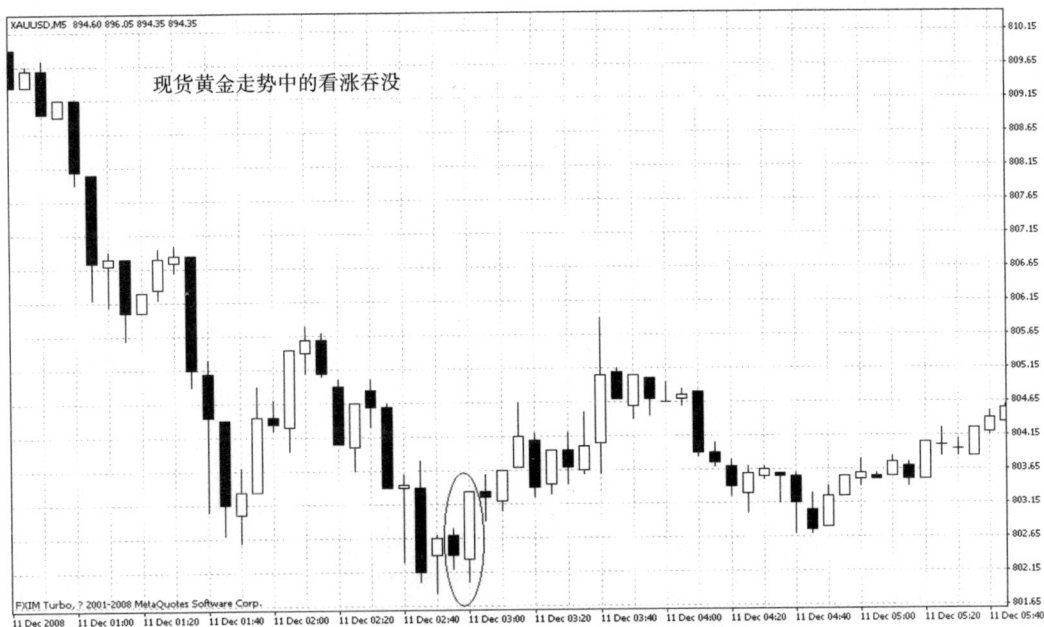

图 3-28　黄金保证金（现货市场）中的看涨吞没（3）

黄金期货走势没有现货走势那么流畅，但黄金现货走势中出现频率极高的 K 线形态在黄金期货中也是如此。下面我们就来看看黄金期货中的看涨吞没吧。

2. 黄金期货中的看涨吞没

图 3-29 是黄金期货 4 小时走势图，连续两波跌势之后，出现了一个漂亮的看涨吞没形态，这个看涨吞没作为一个局部反转信号标注了一个全局反转的底部。

图 3-30 是黄金期货的日线走势图，其中的看涨吞没叠加了一个锤头，或者说"探水杆"，这样的两个局部反转信号构成了一个较强的反转信号，激进的交易者可以单凭反转 K 线轻仓做多，但是这并不是我们此书的主张，毕竟这不是一种系统思维，只是根据一种信息采取了操作。

兼听则明，偏信则暗。

下面我们将从本书主题的角度介绍如何利用看涨吞没进行见位交易，首先介绍斐波那契见位交易策略中的看涨吞没，接着介绍通道见位交易策略中的看涨吞没。现在开始本小节的核心内容吧，多动笔、多琢磨、多实践、多反思，希望你

的阅读过程就是使用过程。

图 3-29　黄金期货中的看涨吞没（1）

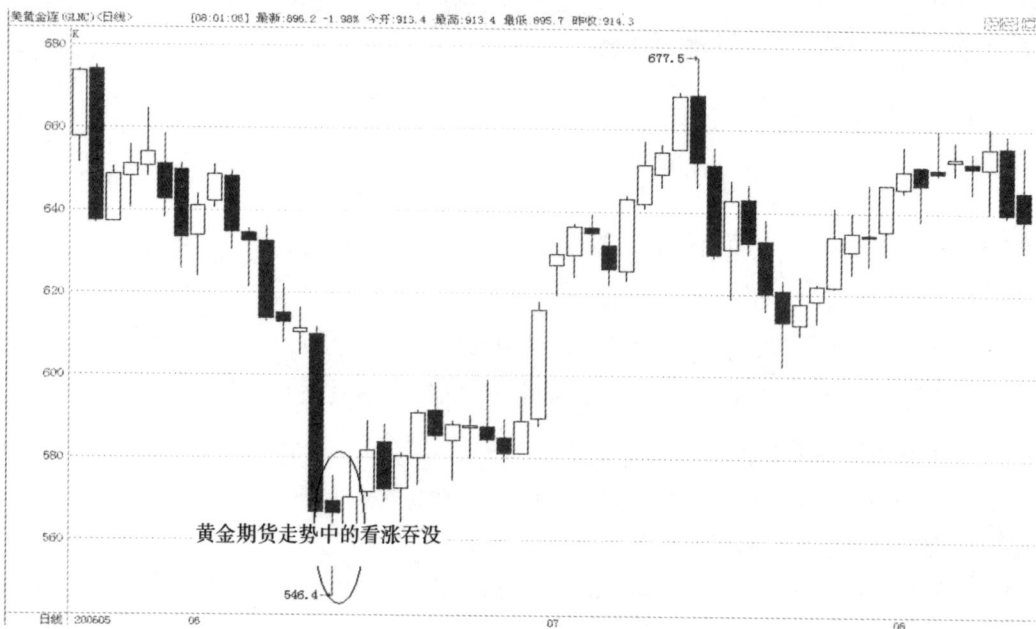

图 3-30　黄金期货中的看涨吞没（2）

3. 斐波那契见位交易策略中的看涨吞没

前面介绍了看跌吞没用于见位做空交易策略，这里将介绍看涨吞没用于见位做多交易。看涨吞没相关的见位做多交易比较符合某些初学者的习惯，他们大多从股票市场来到黄金市场交易，对于做空不太适应，对于做多则比较熟悉，所以如果你对看跌吞没的见位做空交易不太理解的话，可以先从看涨吞没的见位做多交易入手，然后再翻到前面研读看跌吞没的相关策略。

在斐波那契见位交易的做多策略中，看涨吞没与早晨之星是最为重要的两种 K 线形态，所以读者要全力理解和**掌握好这两种策略，其他的可以随着时间和经验的累积慢慢掌握，但是这两种策略不可以慢慢来。斐波那契见位交易策略与看涨吞没的例子我们给了两个。**第一个例子是黄金 1 小时走势图中的一次见位做多进场交易，如图 3–31 所示。金价从一个空间小圆底上涨，在连拉三个阳线后步入调整走势，我们以此波上涨作斐波那契分割，以波段低点，也就是起点为 1 水平，以波段终点，也就是波段高点作为 0 水平，具体的画线在确定这两点后可以用 MT4 和博易大师的画线工具自动完成。做出斐波那契线谱之后，我们就要静待市场这波调整给出见底信号。金价跌到 0.382 水平处出现了看涨吞没，从而确认这一位置支撑的有效性，于是我们可以在看涨吞没之后的一根 K 线处入场交易，并将止损放置在 0.382 水平之下。具体的仓位需要考虑你的资金管理状况和风险报酬率，以及胜算率，后面两个要素可以从你的历史交易记录中统计出来，MT4 软件的交易账单有这项功能，建议大家进行黄金分析时多采用 MT4 软件，这是一款免费的跨国分析工具，全球众多外汇、黄金、期货和差价合约交易商都基于这一平台。

> 形态不用多，关键在于有效。

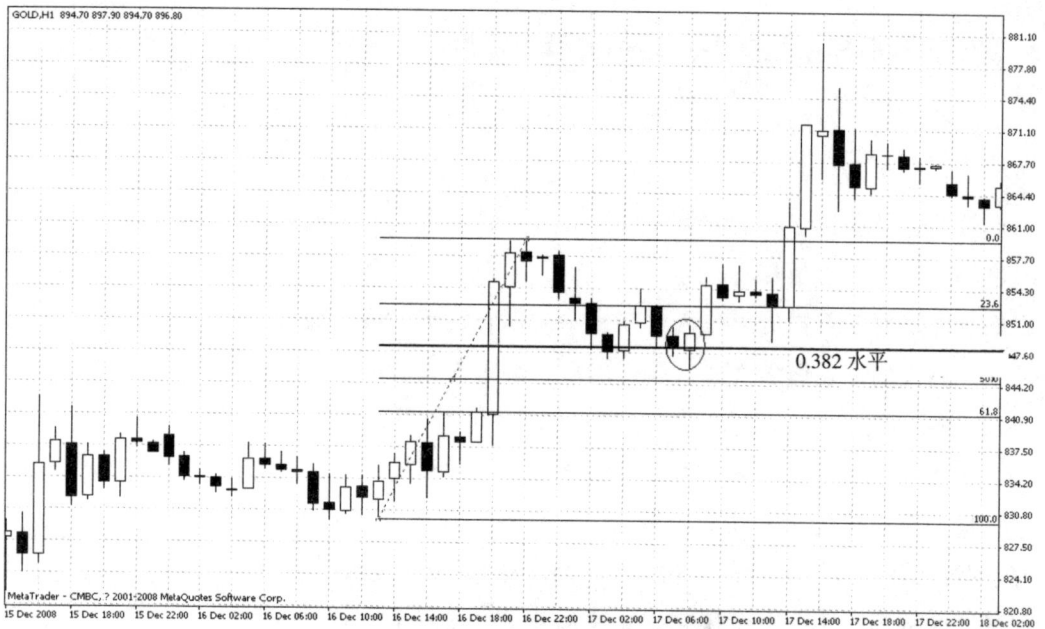

图 3-31　斐波那契见位交易策略中的看涨吞没（1）

接着我们来看第二个例子，如图 3-32 所示，这也是黄金现货的 1 小时走势图。在我们着手进场的这波调整之前市场已经有连续两波左右的上涨了。我们以最近一波上涨波段的起点和终点做斐波那契分割，得到斐波那契线谱。关于一个波段终点和起点的确定大多是根据肉眼的直观感受，因为这对于分析的长期绩效影响不大，如果一段

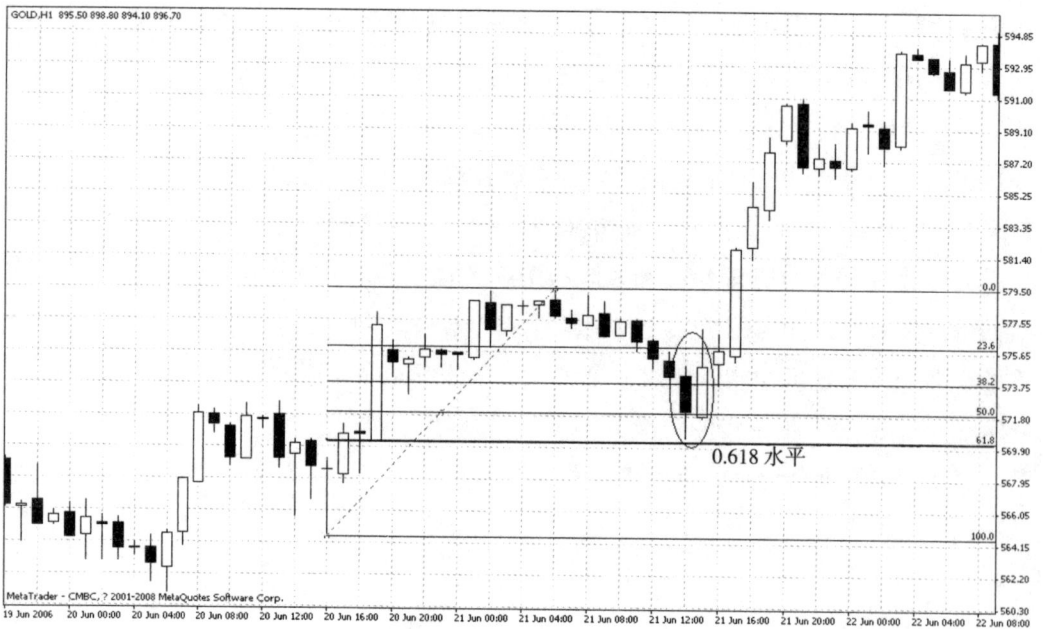

图 3-32　斐波那契见位交易策略中的看涨吞没（2）

行情走势过于杂乱，无法看出明显的波段，则你可以放弃这一次的交易，等待更为明显的交易机会出现。在本例中，对于上升波段的选取可以用两种以上的方法，但这并不影响你最终的交易绩效，因为斐波那契比率出现在任何相邻的几个走势上，所以具体是哪个和哪个波段并不是最重要的。一个更为客观的波段选取方法可以从两个方面加以考虑：第一，利用分形指标作为确认波段起点和终点的标志，相邻的两个异向分形确认一个波段，比如一个向上分形与相邻的一个向下分形构成一个下降波段，而一个向下分形与相邻的一个向上分形构成一个上升波段；第二，只对那些幅度大于特定数值的波段进行斐波那契分割，这个数值需要考虑金价单位时间内的平均波幅，对于日内黄金交易者而言，主要是考虑日均波幅，这个可以**通过 ATR 指标得出**。在本例中，我们则是根据肉眼直观决定波段的。确定了上升波段之后，我们做出斐波那契分割，等到金价走势自动向我们表明潜在的支撑线和阻力线。金价从 580 附近跌落到 0.618 水平附近企稳，以一个看涨吞没确认了此处支撑的有效性，于是我们在看涨吞没之后一根 K 线进场做多，并将初始止损设定在 0.618 水平之下。

看涨吞没与斐波那契回调比率的关系很多，我们上面仅用了两个比率，一个是 0.382，另一个是 0.618。在实际操作中还有 0.5 是比较常见的关系，看涨吞没也经常确认这些水平的支撑。看涨吞没中真正起到确认作用的是实体较大的阳 K 线，进场则是在看跌吞没之后的一根 K 线。接下来，我们看通道见位交易策略中的看涨吞没运用。

4. 通道见位交易策略中的看涨吞没

通道见位交易策略是使用见位进场和见位出场的传统工具，但是在我们的策略结构中不使用通道策略来行使见位出场的职能，我们也不建议交易者看到价格触及潜在的支撑阻力线就出场，较为保守的做法是等待 K 线给出一个确认此支

一个更为客观的波段选取方法可以从两个方面加以考虑：第一，利用分形指标作为确认波段起点和终点的标志；第二，只对那些幅度大于特定数值的波段进行斐波那契分割，主要是考虑日均波幅。

最好的出场办法还是跟进止损，这是最符合"让利润奔腾"的出场方式。"最好"的前提是趋势大概率存在。

撑阻力线的信号，然后再出场。当然，**最好的出场办法还是跟进止损，这是最符合"让利润奔腾"的出场方式。**看涨吞没形态与上升通道是密切联系的，如图3-33所示。我们找到上升走势的两个波段低点，这两个低点是相邻的最好，至少不要在之间相隔两个以上的同级别低点。找到两个相邻低点A和B，我们做出上升趋势线，然后再寻找一个波段高点，以此点做上升趋势线的平行线。在上升通道见位交易策略中，我们重点关注上升趋势线，也就是通道下边沿，上边沿只是便于我们观察前进波浪的节奏。见位进场点选择金价靠近通道下边沿的时候，在C点处，金价十分靠近上升趋势线，于是我们查看是否出现了看涨的K线反转形态，此处出现了看涨吞没形态，于是我们在看涨吞没形态之后的一根K线进场做多，将初始止损设定在进场处的上升趋势线之下，同时跟随行情发展，逐步上移止损点，初期保持在上升趋势线和现价之下。

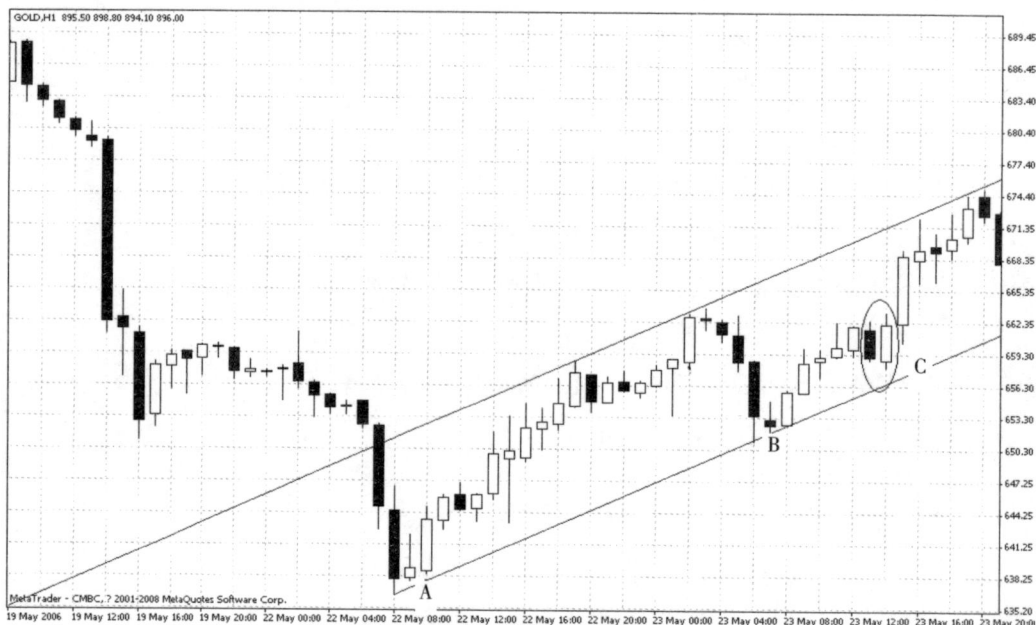

图3-33 通道见位交易策略中的看涨吞没

通道见位交易策略需要首先确定两点，而日内走势往往会打破此两点构成的上升趋势线的制约，也就是说日内交易趋势的杂乱使得像倾斜上升趋势线这类工具往往无效，因为上升趋势线和下降趋势线过于死板，无法随着市况的发展而调整自己的状态，即使移动平均线也比倾斜趋势线**表现得好。为了巩固本节学习到的关于看涨吞没的知识，我们进行一些相应的练习，练习简单，但坚持在市场中不断练习的决心更为可贵。本练习有两道题目，分别涉及看涨吞没的识别和看涨吞没在斐波那契见位交易策略中的运用。**

（1）图 3-34 是黄金日线走势图，请从中找出看涨吞没形态，并用文字写出看涨吞没的关键技术特征，以及看涨吞没形态两根 K 线各自的技术含义。

小金额账户是最好的练习手段。

图 3-34 找出看涨吞没形态

我们对第一题进行一些参考解答，首先找出图中的看涨吞没形态，如图 3-35 所示，圈注的两个地方就是看涨吞没形态。看涨吞没的关键技术特征是该形态之前的一段走势是下跌，同时形态中两根 K 线，第一根为阴线，第二根为阳线，

阳线的实体上端高于阴线的实体上端，阳线的实体下端低于阴线的实体下端。其中阴线是一个提醒信号，提醒交易者可能的支撑存在，较小的实体意味着收敛，其中的阳线是一个确认信号，帮助交易者确认支撑的有效，较大的实体意味着发散。我们在进行见位做多交易时，看涨吞没在次低点为我们照亮道路。

图 3-35　看涨吞没（1）

接下来我们来看第二道题，这道题与运用看涨吞没于具体的见位交易策略有关。

（2）请找出 AB 波段分割后的各个具体的斐波那契水平位置（见图 3-36），并标出确认特定斐波那契水平的看涨吞没形态，最后以交易员角度描述你的进场过程。

我们对第二题给出参考的解答，请看图 3-37。首先，我们需要以 AB 段为单位 1，B 点为 0 水平，A 点为 1 水平做出斐波那契分割，得到斐波那契线谱，其中涉及的关键水平位有 0、0.236、0.382、0.5、0.618、0.764 和 1。同时，我们发现金价在 0.5 水平处获得暂时支撑，而该处的 K 线形态正是看涨吞没形态，由此确认了 0.5 水平处的支撑有效，于是我们可以在此看涨吞没形态之后的 K 线进场，并将初始止损点设定在 0.5 水平之下。

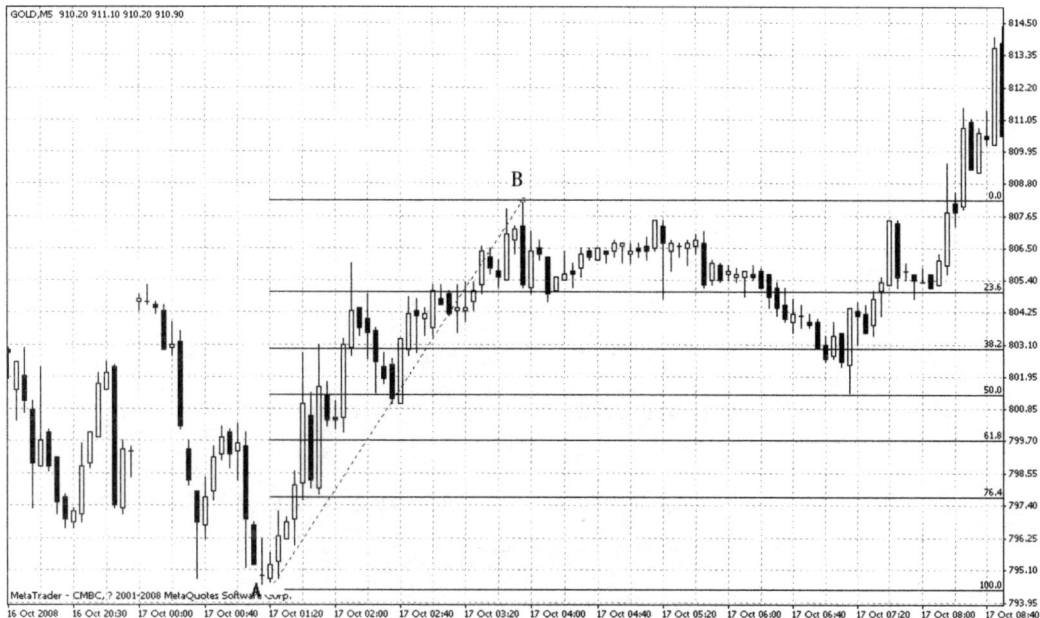

图 3-36 找出看涨吞没

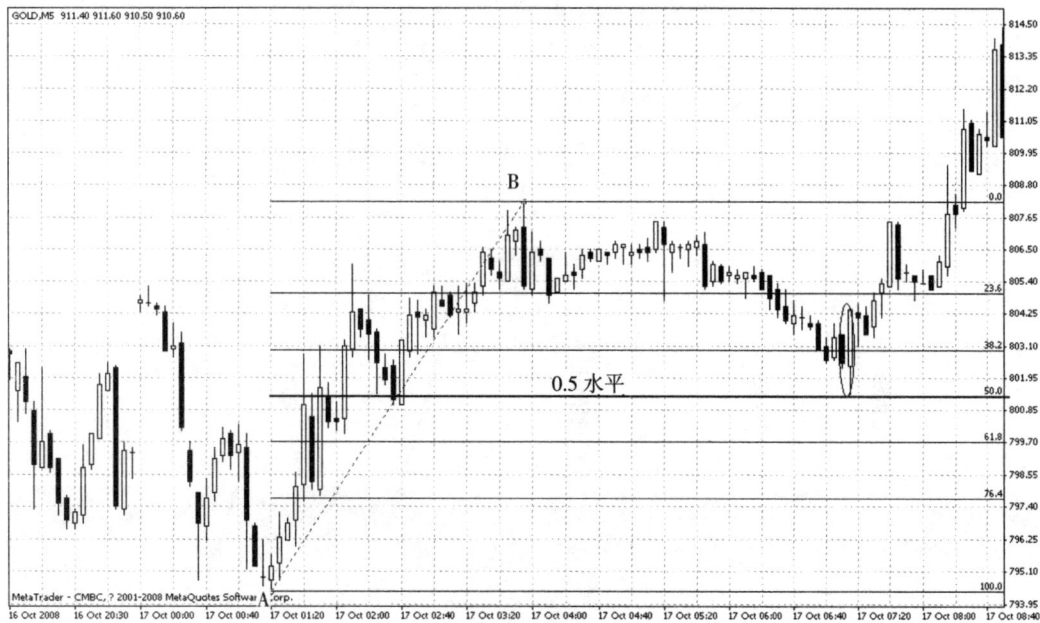

图 3-37 看涨吞没（2）

第五节　重要的反转 K 线（3）：黄昏之星

本节和下一节介绍的反转 K 线都是由三根 K 线组成的，这类 K 线提供局部反转信号的准确率与吞没形态一样高，但是出现的频率要低一些，"物以稀为贵"，不少黄金交易者密切关注它们带来的宝贵机会。我们先介绍这对组合中的一位，这就是黄昏之星，预示着黑夜降临的一组 K 线。对于股票交易者而言，下跌和阴线是噩运的象征和**代名词，对于黄金交易者而言则未必，因为不少黄金交易品种都可以做空。见位做空交易中进场需要用到黄昏之星的确认，黄昏之星带给我们利润。**

黄昏之星的构造如图 3-38 所示，三根 K 线是标准黄昏之星的构造形式，变异形式则是具有更多的 K 线。标准的黄昏之星处于上升走势之后，首先是一根上涨的大实体阳线，接着在阳线的顶部出现一根小实体的 K 线，这根 K 线可以是阳线，也可以是阴线，当然也可以是十字星，如果是十字星的话，则整个形态也被特别命名为"黄昏十字星"，是黄昏之星

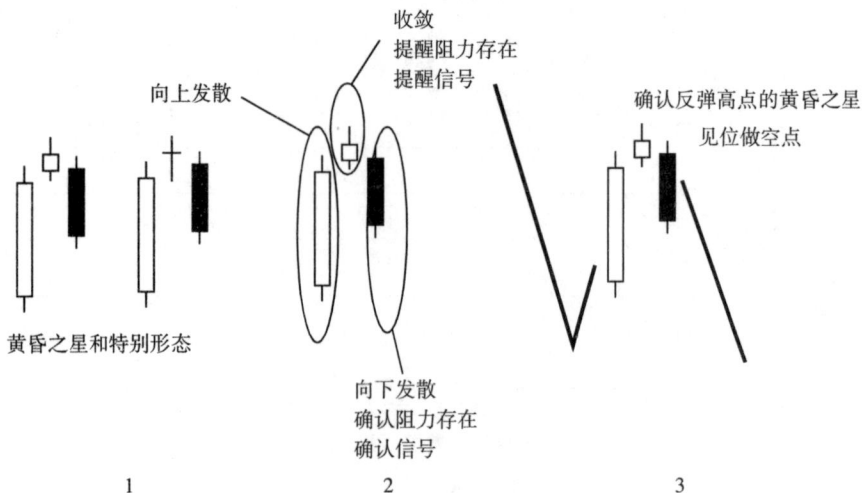

> 黄昏之星预示着黑夜降临！不过黑夜的长度不一。

图 3-38　黄昏之星

的特别形态。此小实体K线完成后市场可以再形成类似的多根小实体K线，这样就与最后的大实体阴线构成了变异的黄昏之星，如果在大实体阳线和大实体阴线之间仅有一根小实体K线，则为标准的黄昏之星。小实体K线位于大实体阳线和阴线的顶部，有时候也会出现小实体K线的实体被大实体阴线吞没的情况，这样就构成了黄昏之星和看跌吞没的叠加，这是黄金市场经常出现的叠加形态之一。

我们再进一步对黄昏之星的内在构造进行技术意义上的剖析，第一根大实体阳线表明市场仍旧维持上升的决心和态势，这是一个发散信号，但就K线而言，多头可以继续持仓。随后的一根小实体K线意味着市场开始处于犹豫情绪，暂时的多空均衡出现，也许市场遇到了某一潜在阻力，但是这时候还不能断定上涨已经结束，这仅仅是一个提醒信号，一个收敛形态。最后一根大实体阴线确认了潜在阻力的存在，确认了空头交易的意义，多头仓位应该被完全了结，而空头仓位应该在下一根K线被建立。

在我们的交易结构中，黄昏之星应该在次高点确认阻力有效，从而为我们提供见位做空进场点，**黄昏之星出现在反弹的高点**，这是我们本节要讲授的主题之一。下面我们先从黄金现货和黄金期货中出现的黄昏之星开始，在帮助大家建立起鲜活的黄昏之星概念之后，我们会专门介绍斐波那契见位进场策略和通道见位进场策略中的黄昏之星。从基本的形态到形态在具体策略中的运用，希望接下来传授的知识和技巧能为你所消化和吸收。

1. 黄金保证金（现货市场）中的黄昏之星

现货黄金走势中的黄昏之星出现频率要低于黄金期货中的出现频率，不过相对于其准确性而言，其出现频率反而显得不那么重要，因为对于传统的顶底交易者而言，黄昏之星似乎能够帮助他们抓住最高点，这反映了所有初入市的交易者的某种不现实的愿望。图3-39是黄金4小时走势图，请看

> 黄昏之星应该在次高点确认阻力有效，从而为我们提供见位做空进场点。趋势向下，再找反弹，再谈做空。

其中圈注的黄昏之星，这个形态处于全图中的最高点，这种情况不多见，因为最高点比起次高点来说要少了很多，所以交易机会太少，而交易胜算的把握也小。不过，如果你看到黄昏之星在较大时间结构上出现，完全可以做上一把，但是也只能用轻仓小止损去做空，就是赌输了，也不会影响你的整个交易，**抓顶的风险必须控制在一个较低的水平**。这里需要特别说明的一点是，黄昏之星的大实体阴线的实体长度最好是与大实体阳线的实体长度差不多，至少其下端要低于阳线的中线。

限制风险，这是第一步，然后才能让利润奔腾。

图 3-39　黄金保证金（现货市场）中的黄昏之星（1）

我们来看一个变异的黄昏之星的例子，如图 3-40 所示，是黄金 5 分钟走势图，图中圈注了一个变异的黄昏之星形态。这个变异形态由 5 根 K 线构成，与标准的黄昏之星相比主要区别在于变异形态的收敛部分是由超过一根小实体 K 线组成，一般而言不超过 3 根，如果过多的话反而表明没有阻力，是顶位交易的机会。"向上发散—收敛—向下发散"这是黄昏之星的根本结构，掌握这个根本结构就可以应对无数的变异出现。

图 3-40 黄金保证金（现货市场）中的黄昏之星（2）

接下来我们看看黄金期货走势中的黄昏之星，看看它们与现货黄金走势中的黄昏之星共同之处和区别之处分别在什么地方。

2. 黄金期货中的黄昏之星

黄金期货中的黄昏之星形态我们介绍两个例子，先看图 3-41，这是第一个例子，这是黄金期货的日线走势图，图中圈注了一个黄昏之星，这个黄昏之星的小实体 K 线类似一个流星形态，如果这样看的话，那么这是一个不严格意义上的黄昏之星和流星的叠加形态，这在黄金期货走势中比较常见。所以，有一些黄金期货交易者专门寻找这种形态进行交易。另外，读者如果对下一节的早晨之星有所了解的话，应该可以发现图 3-41 中还有一个变异的早晨之星，看看在哪里，培养一点主动性学习的意识。

我们要看的黄金期货中的第二个黄昏之星形态是一个变异形态，如图 3-42 所示。这是黄金期货 4 小时走势，其中圈注了一个**变异的黄昏之星**，变异点在于其收敛部分由两根小

星体多于 1 个就是变异黄昏之星。

实体 K 线组成。

图 3-41　黄金期货中的黄昏之星（1）

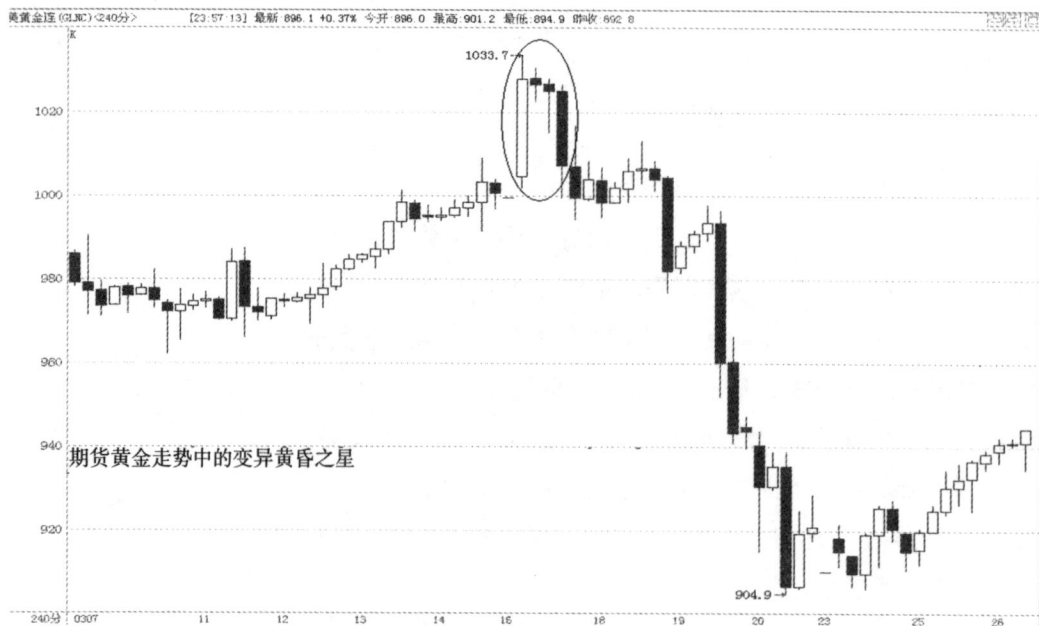

图 3-42　黄金期货中的黄昏之星（2）

　　在分析黄昏之星时，需要注意一个要点，那就是大实体阴线的实体大小不能小于

大实体阳线实体大小的 2/3，更不能是阳线实体上端高于阴线实体上端的同时下端低于实体阴线下端，形成一种近似母子形态的大收敛，这样的黄昏之星不是我们这里定义的黄昏之星，其局部看跌效力要差好几个档次。

了解完了现实走势中的黄昏之星，下面我们开始演示黄昏之星在具体见位交易策略中的运用，首先要提到的是斐波那契见位交易策略中的黄昏之星。

3. 斐波那契见位交易策略中的黄昏之星

我们会介绍三个斐波那契见位进场采用黄昏之星确认的例子，其中两个都涉及 0.764 水平，这个水平在正统的斐波那契交易法中很少见到，但是在某些具体的交易品种上却经常显现，2006 年初我们在对英镑兑美元汇率的小时走势图上统计各斐波那契水平出现的频率时，0.764 的出现频率是最高的，这大大出乎我们的意料，**统计数据从 2005 年 1 月 1 日到 2006 年 2 月 1 日**。不过，这个水平在黄金走势中的效力并不十分突出，与 0.618 水平出现频率有一定差距。

0.764 的出现频率是最高的。

第一个例子如图 3-43 所示，这是黄金 30 分钟走势图，以第一下降波段为单位 1，进行斐波那契分割，得到斐波那契线谱，金价反弹到 0.764 附近后两度下落，在第三次反弹到 0.764 水平时出现黄昏之星，于是确认了该处的阻力有效，于是我们进场做空，初始止损放置在 0.764 水平之上，初始止损放置时要考虑资金管理法则和过滤市场噪声。

第二个例子也是黄金 30 分钟走势中出现的，如图 3-44 所示。金价从最高点下跌后开始反弹，我们以第一下跌波段为单位 1 进行斐波那契分割，波段起点为水平 1，终点为水平 0，得出斐波那契线谱。金价反弹到 0.764 水平处出现了黄昏之星。黄昏之星的小实体 K 线出现时，提醒交易者 0.764 可能存在阻力，而大实体的阴线出现时，则帮助交易者确认了 0.764 水平存在有效阻力，于是交易者应该在黄昏之星结束后的第一根 K 线处进场做空，并于 0.765 水平之上放置初始止

星体的上下影线长，同时开盘价和收盘价几乎一样就成了十字星了。

损。注意，本例中的小实体 K 线为十字星，这样的黄昏之星就是我们说的**黄昏十字星**，一种黄昏之星的特别形态。

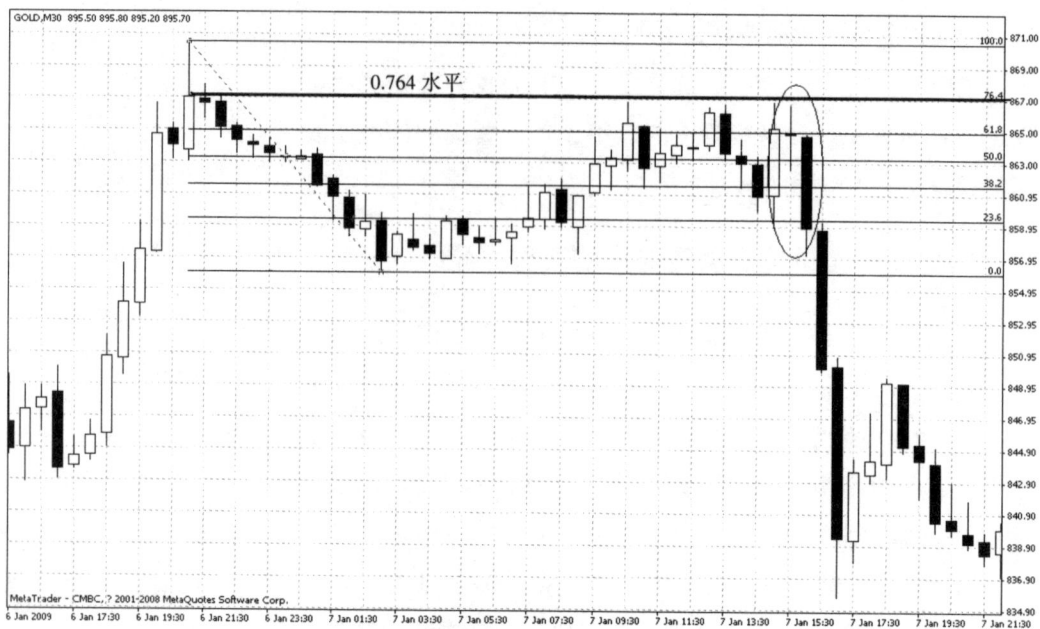

图 3-43　斐波那契见位交易策略中的黄昏之星（1）

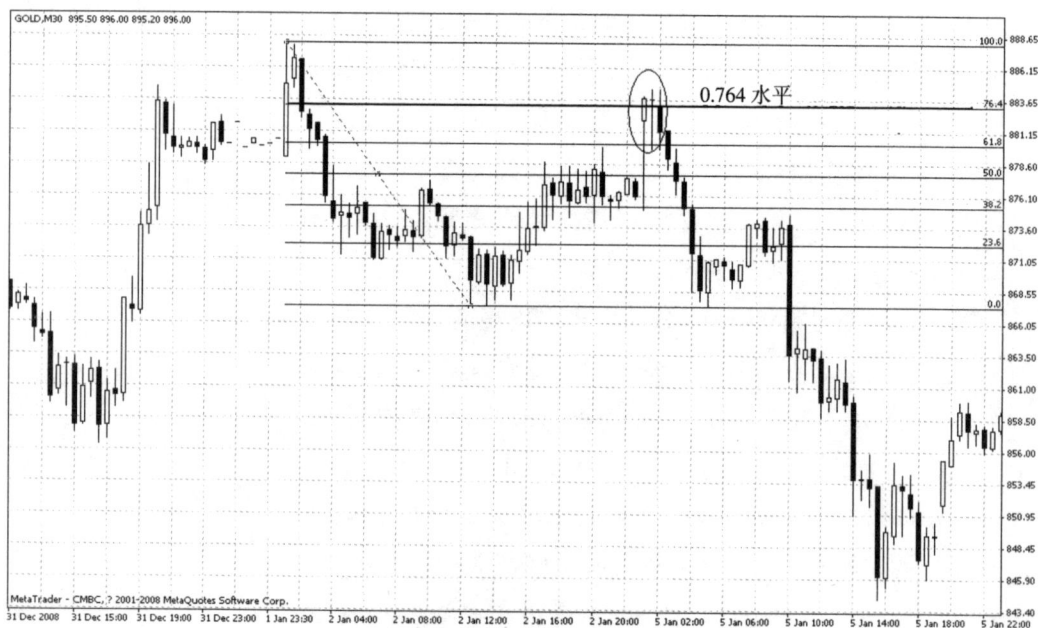

图 3-44　斐波那契见位交易策略中的黄昏之星（2）

　　第三个例子涉及 0.5 水平和黄昏之星，请看图 3-45，这是黄金小时走势图。进行这个交易的时候，选取第一下降波段的终点存在不同的做法，但是这并不会影响你的实际操作，不同的选取对应着不同的操作方法，所以不用在这些细节上花费过多精力。将选取的第一下降波段定为单位 1，然后以该波段的高点为 1 水平，低点为 0 水平，进行斐波那契分割，得到斐波那契线谱。接下来要做的事情就是静待市场确认某一水平阻力的有效。还有一种情况就是金价的反弹演变成趋势向上，一路上始终没有出现局部反转 K 线来确认某一水平阻力的有效性。在本例中，金价反弹到 0.5 水平处时出现了黄昏之星，确认了该水平的阻力有效，于是我们进场做空。需要提醒大家的是，无论是在斐波那契正统交易法，还是江恩交易法，甚至一些偏重基本面的交易者那里，**0.5 水平都是一个最重要的观察点，市场往往在这里形成局部低点或者高点。**

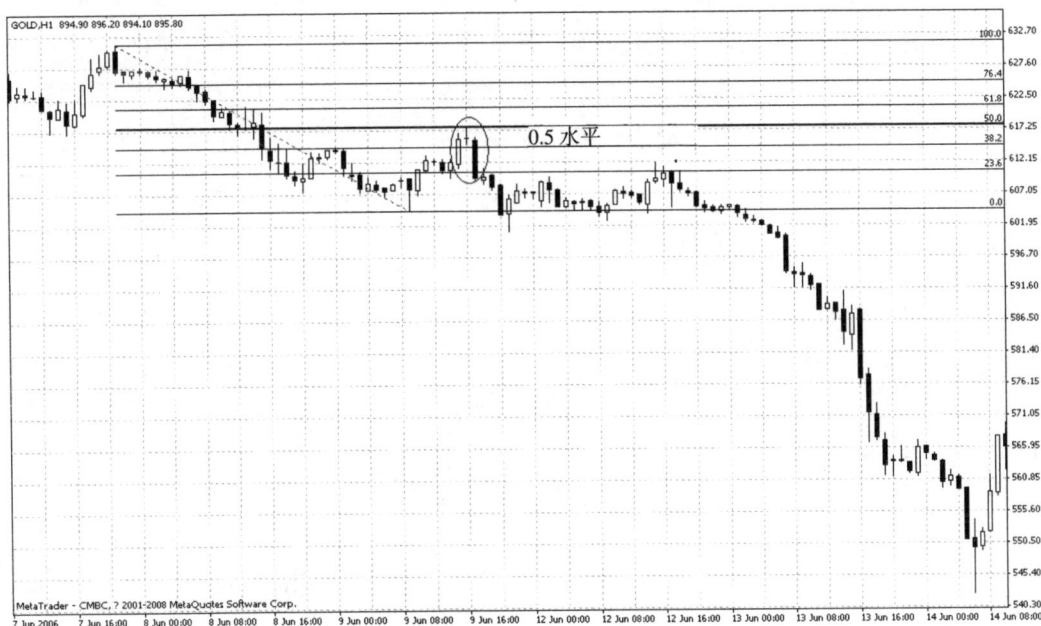

图 3-45　斐波那契见位交易策略中的黄昏之星（3）

　　利用斐波那契见位交易策略相对简单，因为只要知道一波走势有所停顿（所谓停顿就是形成了反弹或者调整），就可以进行斐波那契分割，然后等待市场告诉你哪条水平见位进场是高胜算的。下面接着要介绍的通道见位交易策略相对而言更为复杂，但其却是正统见位交易的代表策略，迈吉和墨菲的教科书中都有专门的主题阐述这一策略，下面我们就来看看通道见位交易策略中黄昏之星的确认作用。

4. 通道见位交易策略中的黄昏之星

这里我们介绍两个通道见位交易策略中使用黄昏之星确认下降趋势线阻力有效的例子。先看第一个例子，如图 3-46 所示，这是黄金 1 小时走势图。我们以相邻两个波段高点连线得到下降趋势线，然后再以一个波段低点作为起点画出下降趋势线的平行线就得到了下降通道。下降趋势线是见位做空交易的主要构件，下降通道的下边沿可以忽略掉，一般用作做空减仓或者是观察市场节奏，避免杀跌的工具。在本例中，黄昏之星出现在下降趋势线下方不远处，确认了其阻力的有效性，于是我们在黄昏之星后的第一根 K 线处进场做空，并将初始止损放置在下降趋势线之上。在这个例子中，金价跌破下降通道下边沿之后反而减速下跌，这表明以下降通道下边沿清仓的做法往往不符合顺势而为的原则，因为市场在趋势方向往往会加速发展，这在**艾略特波浪理论中被称为"翻越"**。

延长浪发生翻越的可能性较大。

图 3-46　通道见位交易策略中的黄昏之星（1）

再来看第二个通道见位进场中使用黄昏之星确认阻力有效的例子，这是黄金 1 小时走势图。我们以相邻两个高点做出下降趋势线，然后以一个波段低点做出该下降趋势线的平行线，等候金价确认此通道上边沿阻力的有效性。如图 3-47 所示，在通道确立后，金价第三次上冲，在通道上方形成黄昏之星形态，确认了下降趋势线阻力的有效性，于是我们进场见位做空，初始止损放置在此下降趋势线之上。

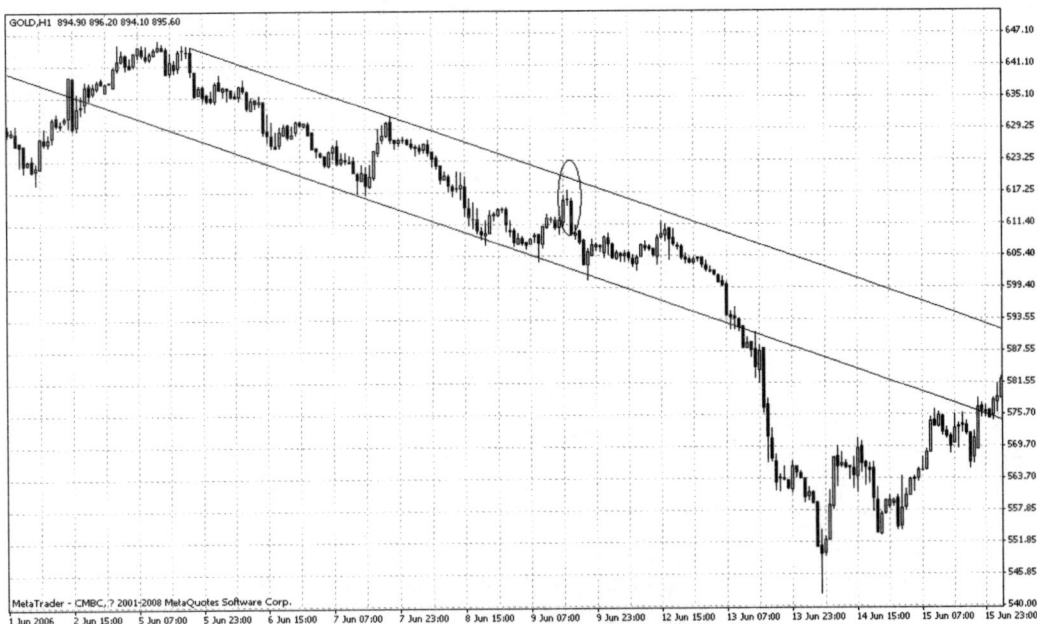

图 3-47 通道见位交易策略中的黄昏之星（2）

我们对黄昏之星形态本身的定义和特征有了具体的认识，同时也进一步学习了如何利用黄昏之星进行见位交易，具体而言是**利用黄昏之星进行斐波那契见位交易策略和通道见位交易策略**。学了不少理论，我们需要进行一定程度的训练，我们下面给出两个小练习，一个练习针对黄昏之星形态的掌握，一个练习针对利用黄昏之星进行见位交易。

黄昏之星应该在次高点确认阻力有效，从而为我们提供见位做空进场点。

（1）图 3-48 是黄金小时走势图，请你找出黄昏之星形态，并用文字描述黄昏之星的关键技术特征和技术含义。对于利用黄昏之星进行抓顶交易，你觉得从风险的角度来看需

要注意些什么和采取什么措施限制风险。

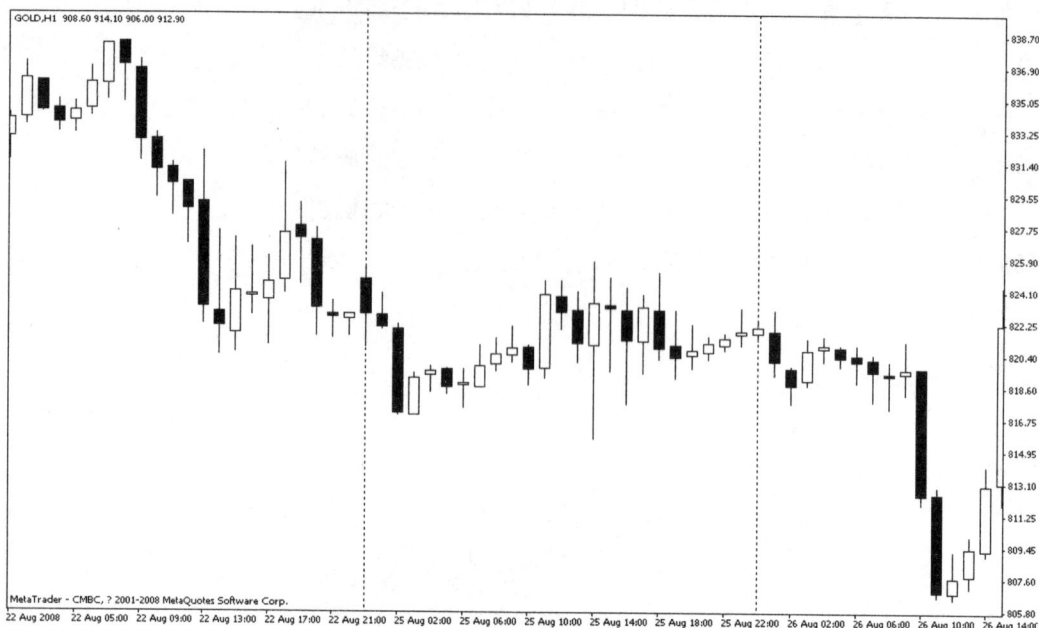

图 3-48　找出黄昏之星形态

比复述更好的进步方法是复盘自己的交易，坚持写日记。

希望你认真地写下你对上面这个问题的答案，用自己的话把学到的东西表述一遍很重要，这是一个内化过程，心理学称为 Active Learning。我们认识一个绩效非常稳定和优秀的外汇交易者，他常常**告诫他的徒弟每天都应该用自己的话复述一条经典的交易原则**。图 3-49 中标出了一个较为明显的黄昏之星，你标注的是哪一个呢？其实，你标注哪一个都无所谓，只要符合"向上发散—收敛—向下发散"这个技术定义的 K 线组合都可以称得上是黄昏之星，这就是我们与传统 K 线分析理论的差别，随着技术分析方法的广泛传播，标准的 K 线组合将在市场中越来越少，形态倾向于被操纵，也倾向于提前完成（形态失败），所以你应该抱着"收敛—发散"这个二元法宝去理解所有 K 线形态的本质意义，这样就能做到以不变应万变。

黄昏之星的技术含义在于它的四个条件：第一，该形态形成前有一段上升走势；第二，第一根和最后一根 K 线是较大实体，分别为阳线和阴线，其间可以有 1~3 根实体较小的

K线；第三，阴线的实体应该与阳线实体相称，过小则不能作为局部反转的强信号，过大则可能成为一种叠加看跌吞没的形态；第四，其间小实体应该位于阴线和阳线的顶部位置。

黄昏之星如果作为抓顶信号进行交易的话，交易者最好能够在前期高点附近构成的阻力处对黄昏之星进行交易，如果不能，最好能够配合其他技术指标，同时在仓位上尽量轻仓，止损要适当，尽量小。抓顶交易只能作为正常交易的补充，不能当作盈利的主要手段。

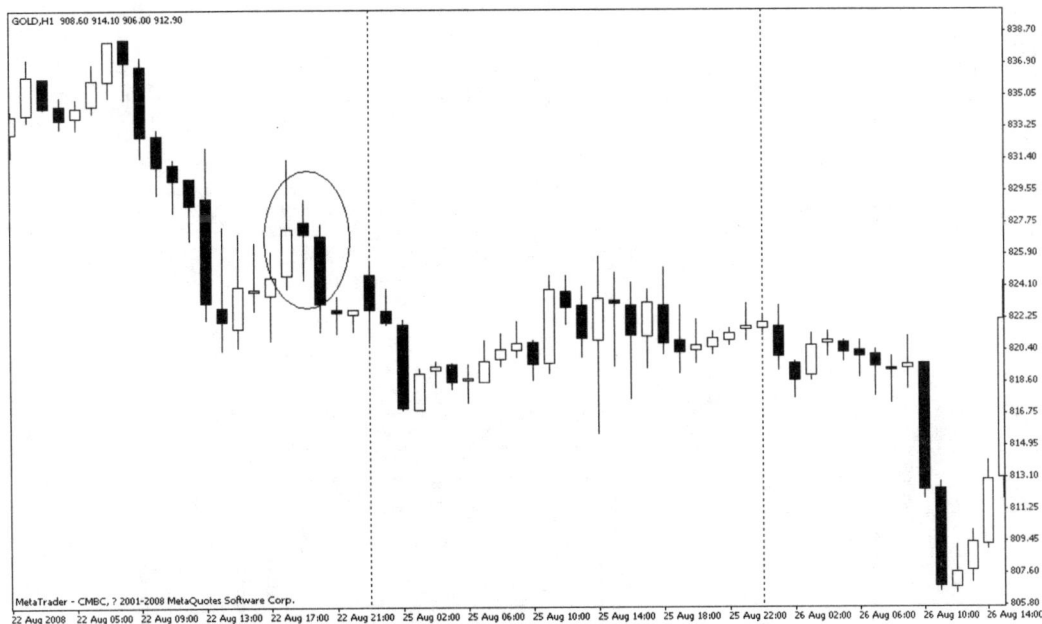

图 3-49 黄昏之星（1）

（2）图 3-50 是黄金小时走势图，其中已经对一个下降波段进行了斐波那契分割，请你描述分割的具体做法和得到的斐波那契线谱的具体水平有哪些，同时查看哪个水平的阻力被确认，最后请你以一个交易者的身份描述你的进场分析流程。

对下降趋势中的波段进行斐波那契分割，应该以该波段的高点为水平1，低点为水平0，如图 3-51 所示。本例中由此划分所得的具体斐波那契水平有 0、0.236、0.382、0.5、0.618、0.764 和 1。此波下跌后的反弹在 0.764 水平处出现黄昏之星，此局部看跌信号确认了 0.764 处的阻力有效，于是我们应该在此黄昏之星后面一根 K 线进场做空，见位进场做空之后我们应该立即在 0.764 水平之上放置初始止损点。

图 3-50　找出黄昏之星形态

图 3-51　黄昏之星（2）

　　我们应该把黄昏之星和早晨之星结合起来学习，这两个形态都是非常强烈的局部反转信号，不光是可以把这两个信号作为激进交易者的单独信号，也能够很好地与我们的见位进场法结合得到更为强大的信号。交易之道不在于谋求更多的机会，而在于

找到那些更可靠的机会，而看涨吞没、看跌吞没与早晨之星、黄昏之星正是这样的可靠机会。第六节我们将详细介绍早晨之星在见位进场策略中的重要角色。

像鳄鱼一样等待机会，给出致命一击，而不是随时出击，盲动无疑是不断给对手制造机会。

第六节　重要的反转 K 线（4）：早晨之星

　　早晨之星与黄昏之星一样是少数几种多 K 线组合，但是其对市场的解读效力要强于许多其他复杂的组合。早晨之星与黄昏之星一样，表征了市场转折的微观形态，这就是"正向发散—收敛—反向发散"。**早晨之星的一般形态和特别形态如图 3-52 所示，其教科书定义如下：市场走了一段下跌行情，然后出现一根实体相对较大的阴线，接着出现了一根收敛 K 线，也就是**实体较小的 K 线，实体颜色并不重要，关键是实体部分一定要小，如果是一颗十字星则成了早晨之星的特殊形态，也被称为"早晨十字星"，小实体 K 线之后出现一根上涨的大实体 K 线，也就是一根阳线，此阳线实体相比阴线实体应该差不多。如果大实体阴线和大实体阳线之间的小实体 K 线超过了两根，则可以看成是变异的早晨之星。

早晨之星与黄昏之星一样，表征了市场转折的微观形态，这就是"正向发散—收敛—反向发散"。

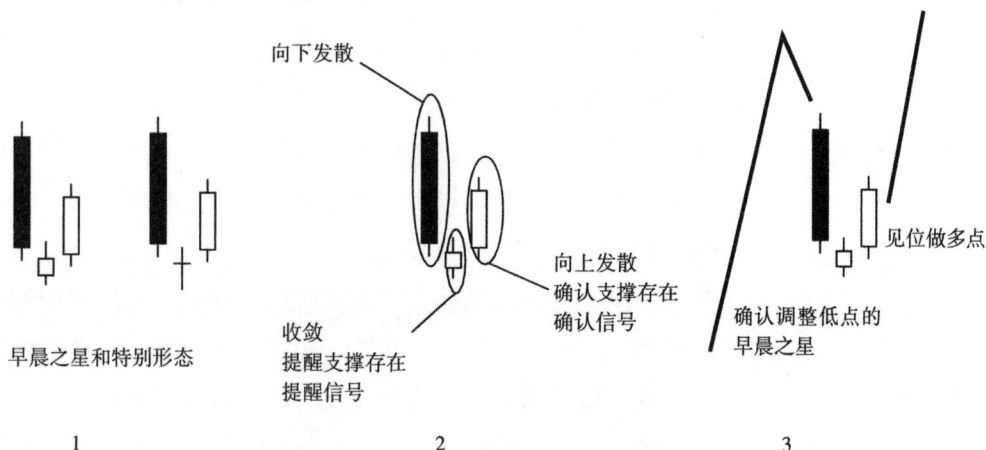

向下发散

向上发散
确认支撑存在
确认信号

见位做多点

收敛
提醒支撑存在
提醒信号

确认调整低点的
早晨之星

早晨之星和特别形态

1　　　　　　　　　　2　　　　　　　　　　3

图 3-52　早晨之星的一般形态和特殊形态

弄清楚了早晨之星的定义，我们来解释一下早晨之星的具体构成和相应的技术含义，请看图3-52。早晨之星的第一部分是一个下跌走势的延续，这是一个发散信号，表明市场继续维持下跌，接着第二部分至少是一根小实体K线，表明市场对目前的下跌走势开始怀疑和犹豫，市场进入暂时的均衡状态，小实体K线无论阴阳效力都一样，小实体K线的出现表明市场可能处于一个潜在的支撑位置上。早晨之星的第**三部分是一根大实体阳线**，这个大实体K线是相对第二部分的K线实体大小而言，不过其实体部分越大则效果越好。此大实体阳线的出现确认了支撑的有效性，这是一个确认信号，以向上发散的形式告诉交易者市场局部走势反转了。

在我们的交易策略中，也就是见位做多交易策略中，早晨之星位于次低点，是上升趋势回调过程中的低点，通过结合其他手段，比如斐波那契比率，或者说是震荡指标（处于超卖位置）能够更好地把握进场做多交易的机会。进场后的初始止损放置在早晨之星最低点之下，也可以从支撑线的角度来放置，具体的放置方法要考虑三点：第一，支撑线之下；第二，布林带下轨之下；第三，潜在风险不超过资本的2%~8%，具体金额根据自己的需要和策略特性来定。

我们还是先从形态的识别开始，带领读者从具体的行情走势中去识别早晨之星，**鲜活的例子胜过一大堆无用的定义和概念**。黄金现货交易和现货保证金交易中的早晨之星与黄金期货交易中的早晨之星是否存在差别呢？你可以从下面的内容来了解这一点，对比找出差异是交易者初入市场时需要完成的第一个任务，找出黄金走势与股票走势的差异，找出风险控制方法在不同交易品种上的差异。菜鸟之所以菜是因为他们眼中看不到差异，高手之所以高是因为他们眼中充满了共性。菜鸟眼中的不是共性，而是死板的理论，**要迈向高手巅峰，就必须先去寻找差异性，然后去寻找共性**。用技术分析股票和黄金既是相同的，也是不同的，看你处在什么阶段，如果你刚入门没几天就大谈特谈技术分析可以适用于任

小实体K线的出现表明市场可能处于一个潜在的支撑位置上，这是一个提醒信号。

凡事多问为什么，这是高手的入门级运用。

何市场和品种，只能表明你还真没有入门。

1. 黄金保证金（现货市场）中的早晨之星

黄金现货市场和保证金市场的早晨之星通常很紧凑，这是因为现货市场中的跳空极少的原因，所以一根 K 线的收盘价往往是下一根 K 线的开盘价。在现货走势中，早晨之星往往叠加了看涨母子或者是看涨吞没，这是由于大实体阴线与小实体 K 线的实体部分重叠，或者是大阳线的实体部分与小实体 K 线的实体部分重叠。

图 3-53 是一个典型的早晨之星走势，处于一段下跌走势的末端，严格说是第二波下跌的大部分都是该早晨之星。早晨之星对于那些纯 K 线交易者而言是一个很好的进场做多信号，他们奉行高抛低吸的抓顶兜底交易模式，而早晨之星往往可以带来一段客观的上涨走势，哪怕趋势往下也是如此。但是，我们不会去介入最低点的早晨之星，即使介入也是用很少比例的资金，这种做法不是我们的常规盈利手段，而是锦上添花的手段。

图 3-53 黄金保证金（现货市场）中的早晨之星（1）

上面这个例子是一般的早晨之星，我们来看看黄金现货走势中的变异早晨之星，如图 3-54 所示。如果你能把握我们交给你的"敛散形态分析理论"，则无论一种 K 线形态怎么变，你都可以把握住其核心的技术含义和交易要点。早晨之星由三部分组成，

第一部分和第三部分是单一的 K 线，代表发散形态，而第二部分则可以是多根小实体 K 线，但是不要超过 5 根，否则就可能变成顶位的进场点。下面这个变异的早晨之星的收敛部分是由两根小实体 K 线组成，如果你仔细地看会发现，这两根 K 线恰好构成了一个看涨吞没形态。本例中的变异早晨之星叠加了看涨吞没形态，这使得其确认的支撑的效力增强，胆大的交易者可以单凭此入场做多。初始止损应该放在下影线的下方，影线往往代表某种支撑或者是阻力，具体而言上影线是阻力象征，而下影线则是支撑象征，大家可以对照本例和 MT4 软件中的具体行情看看这一说法，不过光凭这一理论是无法确认真正的阻力和支撑的，还需要借助其他技术手段加强其效力。

图 3-54　黄金保证金（现货市场）中的早晨之星（2）

看完了黄金现货走势中的早晨之星，接下来看看黄金期货走势中的早晨之星，注意与现货黄金走势中的早晨之星比较异同。

2. 黄金期货中的早晨之星

下面我们给出两张图，先来看图 3-55，这张图圈注了两个早晨之星形态，第一个形态是较为典型的黄金期货走势中的早晨之星，第二个形态则是非典型的黄金期货走势中的早晨之星。由于第一个早晨之星有显著的下影线，而第二个早晨之星则没有下影线，所以前者较后者对支撑的确认效力强，反过来也可以认为前者面临的支撑要强于后者。

图 3-55　黄金期货中的早晨之星（1）

　　再来看图 3-56 中的圈注形态，这是一个变异的早晨之星。其中收敛部分是由两根小实体 K 线组成的，第一根 K 线将是后面会提到的锤头形态，其下影线是非常明显的支撑象征。这个变异的早晨之星叠加了一个锤头形态，激进的交易者可以单凭此入场做多交易，不过我们在通常情况下都选择做一个保守的交易者。

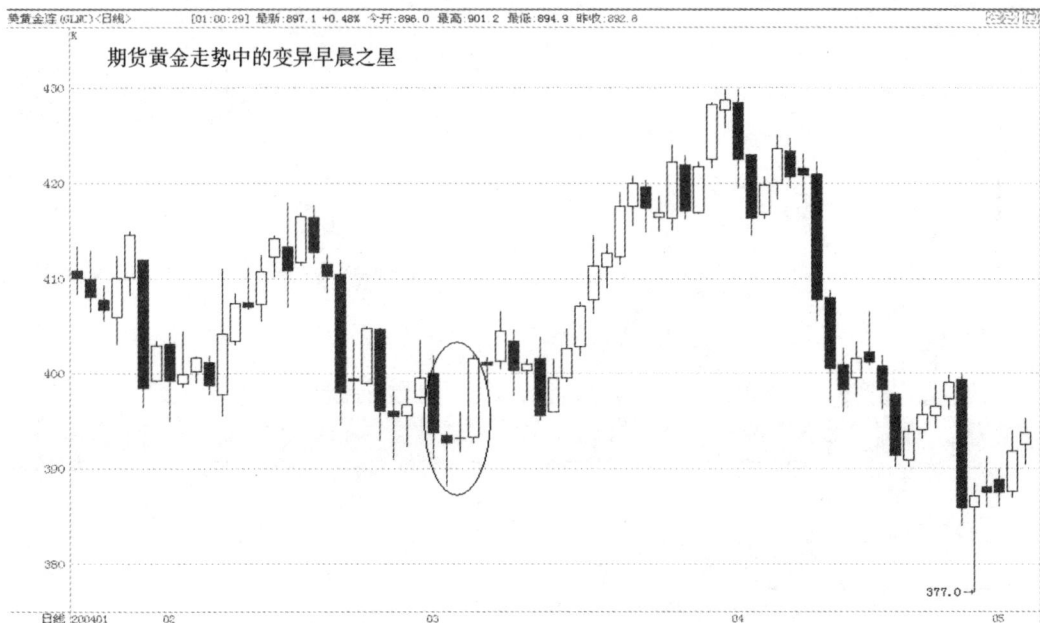

图 3-56　黄金期货中的早晨之星（2）

知道了在具体行情走势中去识别早晨之星后，现在我们需要掌握早晨之星涉及的具体见位交易策略。具体分为两部分，第一部分是斐波那契见位交易策略，第二部分是通道见位交易策略。大家关键要掌握第一部分，因为后面的中篇主要以此为核心展开，本书的策略集中于此，效力在此；第二部分主要是为了拓展大家的思维，使得大家能够明白见位交易存在很多不同形式，各自都能有所继承和创新。

3. 斐波那契见位交易策略中的早晨之星

我们来看两个斐波那契见位交易中使用早晨之星确认支撑有效的例子，在不少情况下，早晨之星的收敛部分都存在后面提到的锤头形态，也就是实体部分较小，而下影线较长的 K 线，如果你是一个相对激进的见位交易者，可以在早晨之星的向上发散部分没有形成时，仅凭其中的锤头形态就进场，这种方法相对激进，最好还是等待早晨之星的部分形成，然后在早晨之星后的第一根 K 线进场交易。

下面我们来看第一个例子，请看图 3-57，这是黄金 1 小时走势图，市场先走了一段上升走势，然后开始回调，我们在回调迹象出现时对第一上升波段进行斐波那契分割，得到斐波那契谱线，具体水平位置请看图 3-57。得到斐波那契谱线之后，我们只需要静待市场来确认哪根支撑线有效。最终市场以一个早晨之星 K 线组合确认了 0.618 水平支撑的有效性，于是我们在此早晨之星后的第一根 K 线进场交易，持有多头头寸。

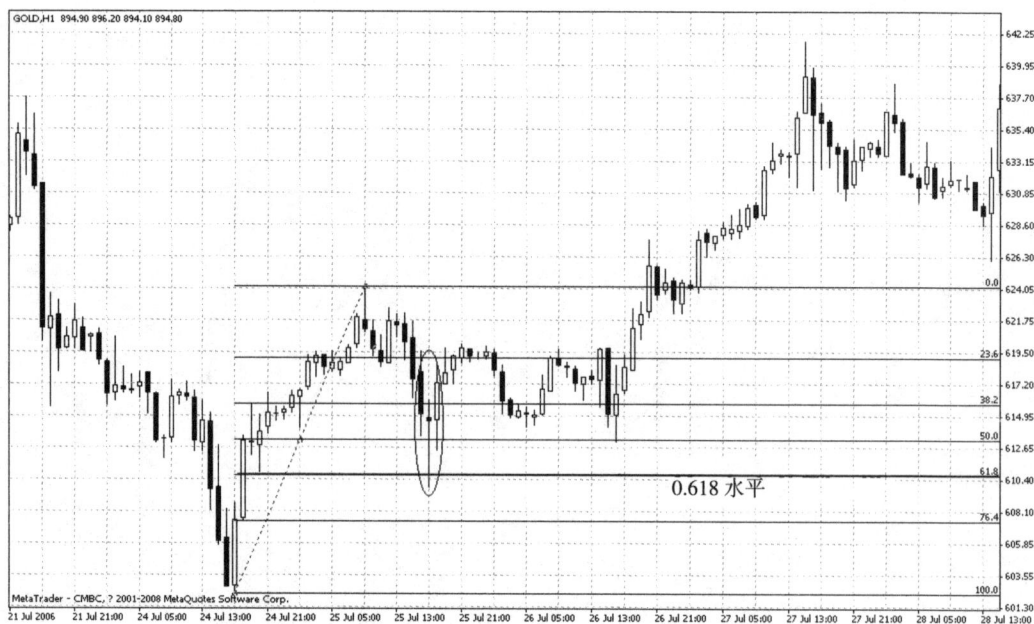

图 3-57 斐波那契见位交易策略中的早晨之星（1）

进场同时，我们将初始点放置在 0.618 水平之下，并结合资金管理规则和布林带噪声过滤功能。在这里随便提一下初始止损之后的止损设定，这时候最好采用跟进止损，跟进止损也需要考虑三个要素：第一，支撑阻力水平；第二，资金管理比率；第三，布林带外轨水平。**虽然我们在自己的某些交易专著和随笔中提到了目标止盈法，但是在实际交易中我们都不这样操作，**而是采用跟进止损，在我们眼中，出场只有一种，利润兑现和亏损截短都是采用止损，没有止盈的做法。

> 跟进止损需要考虑三个要素：第一，支撑阻力水平；第二，资金管理比率；第三，布林带外轨水平。

　　下面我们来看第二个利用早晨之星确认斐波那契支撑水平的例子，请看图 3-58，这是黄金 30 分钟走势图。市场首先有一段上升走势，这是斐波那契见位做多进场的一个前提。然后，市场出现了调整的迹象（调整还未完全展开），我们就可以对此段上升走势进行斐波那契分割，得到斐波那契线谱。采用的斐波那契线谱一定要尽量简单，一般只采用那些非常高效的水平，我们这里都显得复杂了些。得到斐波那契线谱之后，我们就可以等待市场的确认了，市场给出了一个变异

图 3-58　斐波那契见位交易策略中的早晨之星（2）

的早晨之星，如图 3-58 圈注的一个形态，此时我们可以入场做多了，止损放置在被变异早晨之星确认的 0.382 水平之下，不过市场并没有立即拉升，而是做了第二个早晨之星确认。第一个早晨之星给予我们清楚的交易信号，而第二个早晨之星则只是帮助我们进一步确认而已。

见位交易不是百分之百的准确，这正是我们设定初始止损的原因，任何一种交易策略如果不涉及出场策略，则都不能算得上一种策略，任何一种交易技巧和建议如果没有给出明确和完备的出场条件则基本可以看作对交易没有实际绩效。

除了作为新势力出现的斐波那契见位交易法，还有一直为教科书倡导的通道见位交易策略，下面我们来看看这种"正统"的见位交易策略中早晨之星的运用。

4. 通道见位交易策略中的早晨之星

通道走势在日内交易中很少见到，不过如果单从趋势线的角度来看倒是有很多走势受到倾斜趋势线的制约。我们虽然以通道策略为主题，但是主要考察通道的核心部分——倾斜趋势线。见位进场讲求顺势，因此通道的非趋势线部分不是我们考察的对象。先来看第一个利用早晨之星确认上升通道支撑的例子，如图 3-59 所示。这是黄金 1 小时走势图，我们根据最近相邻的两个波段低点画出上升趋势线，然后以波段高点做此上升趋势线的平行线，则得到上升通道，于是我们等待金价在跌落到上升通道下边沿时的支撑有效信号。此后，金价跌到此通道的上升趋势线边沿，并以早晨之星确认了此支撑的有效性，于是我们在早晨之星后的第一根 K 线处入场做多，并将初始止损放置在入场点对应的上升趋势线该段之下。在本例中的早晨之星实则为特殊形态，也就是早晨十字星，这种信号的局部看涨反转效力要比普通的早晨之星强。

所有交易都要有限制风险的手段。

图 3-59　通道见位交易策略中的早晨之星（1）

我们接下来看第二个利用早晨之星确认上升通道支撑有效的例子，如图 3-60 所示，这是黄金 1 小时走势图。我们首先找出最近两个波段的低点，其次画出上升趋势线，最后找一个其间的波段高点做出此上升趋势线的平行线，这就得到上升通道。接

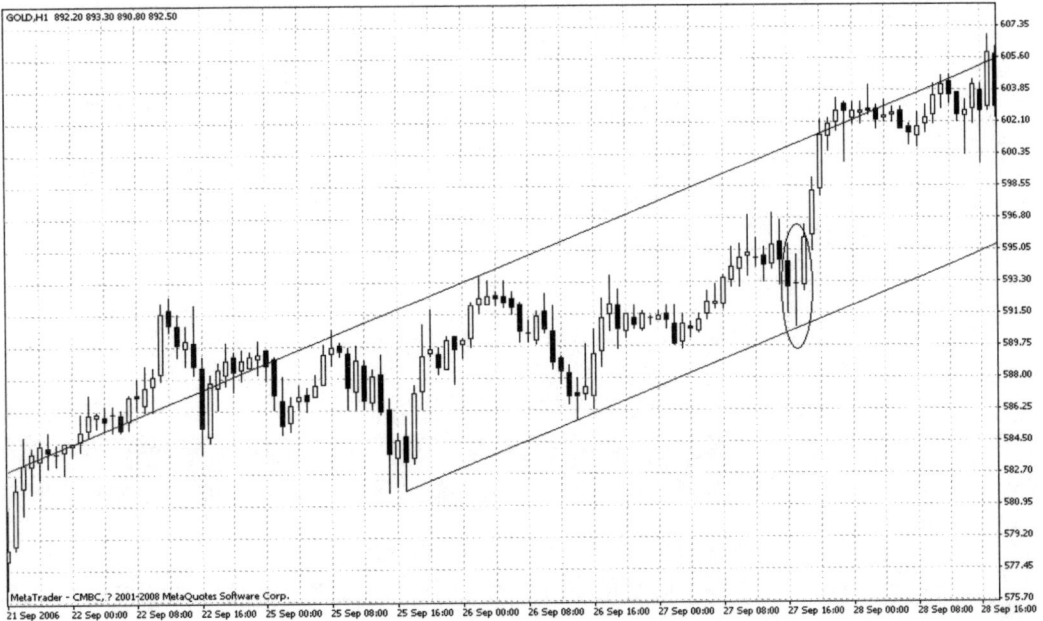

图 3-60　通道见位交易策略中的早晨之星（2）

下来要做的就是等到金价跌到上升通道下边沿处出现确认支撑有效的价格信号，市场确实在触及上升趋势线时做出了一个早晨之星的形态，这一形态确认了上升趋势线支撑的有效性，于是我们在早晨之星后一根 K 线进场做多，并将初始止损放置在进场点对应这段上升趋势线之下。本例中的早晨之星也是特殊形态，也就是早晨十字星。

早晨之星将市场局部反转微观化了，任何一个走势反转都必然经历"正向发散—收敛—反向发散"三个阶段，而这正是黄昏之星和早晨之星的技术结构。收敛提醒了潜在反转的可能，而反向发散则确认了这种可能，从而为交易者的进场打开大门。

接触了早晨之星的形态定义，也学习了利用早晨之星去确认见位做多位置的策略，下面是时候展开简单的练习了。

没有相应练习的学习手册不是好的老师，我们力求用一些简单且恰当的练习来引导本书读者大量地去运用和实践本书中的材料。**这里不是提倡应试性学习，也不是提倡研究性学习，而是应用性学习，在学中用，在用中学。**我们有两个针对早晨之星的练习，请你拿起笔来认真写下你的答案，这比知道答案本身更为重要。

（1）请看图 3-61，图中显示的是黄金 5 分钟走势图，请你找出图中的一个标准早晨之星形态（注意，其之前的走势要有较为明显的下降），并用文字描述早晨之星的技术形态和技术结构。

对于第一道习题，我们给出大致的解答，如果你没有动笔则实在没多大必要看这里的解答。如果你仅仅想知道问题的答案，那么翻阅本小节前面的理论部分就可以得到最好的解答。如图 3-62 所示，我们圈注出了标准的早晨之星，当然你可能在图中找到另外的"形似神不似"的早晨之星，但是它们往往都不符合全部定义要求，其中一个"准早晨之星"缺乏明显的下跌趋势前奏。早晨之星的技术形态要点是：第一，处于下跌走势之后；第二，由 3 根到 5 根左右的 K 线组

在学中用，在用中学！

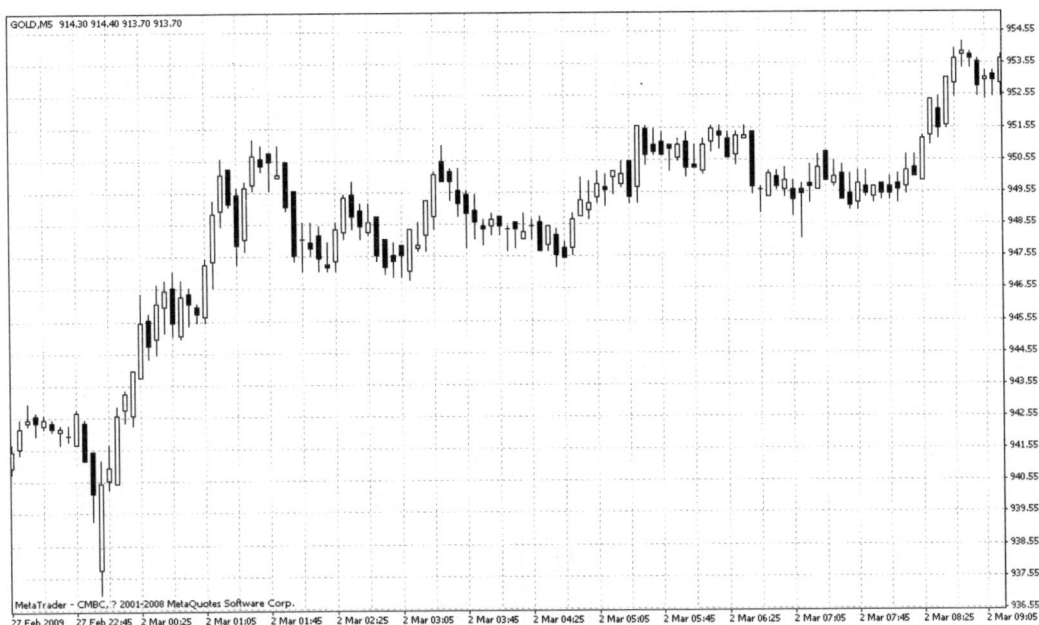

图 3-61　找出早晨之星

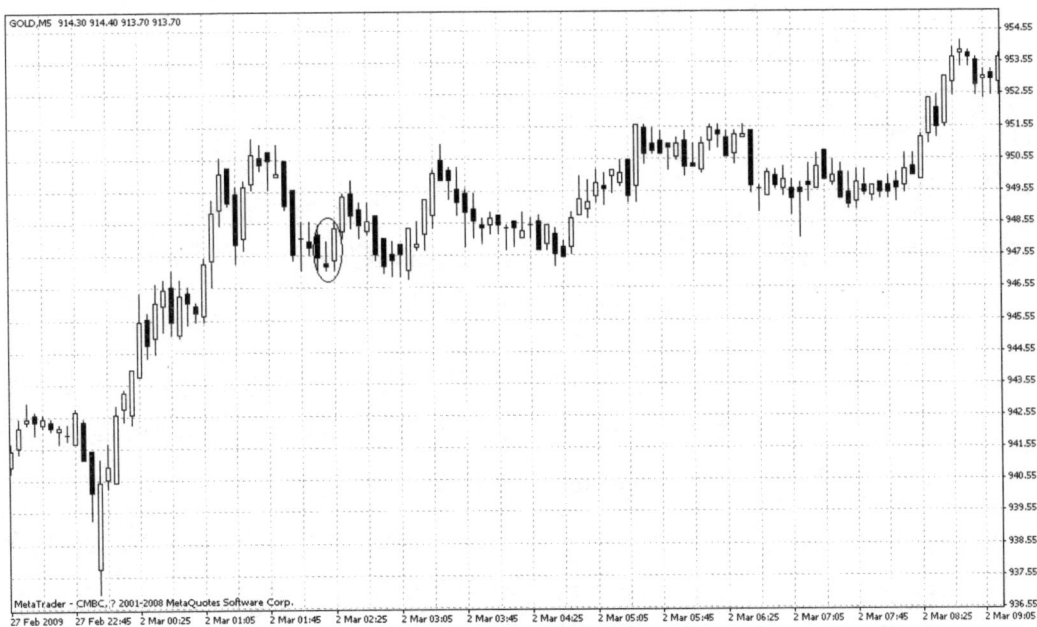

图 3-62　早晨之星

成，第一根 K 线是实体较大的阴线，最后一根 K 线是实体较大的阳线，其间则是小实体的 K 线，颜色不论；第三，小实体 K 线位于大阳线和大阴线的下端。早晨之星的技术结构是"向下发散—收敛—向上发散"，收敛是提醒信号，提醒潜在支撑位置存在，

向上发散是确认信号，帮助交易者确认支撑有效，于是可以在第二个 K 线进场做多。

（2）请看图 3-63，这是黄金 5 分钟走势图。请你描述图 3-63 中斐波那契线谱的绘制过程，写出本线谱中的所有水平位置，查看哪个水平被确认支撑有效，找出发出确认信号的 K 线形态，描述进场的程序。

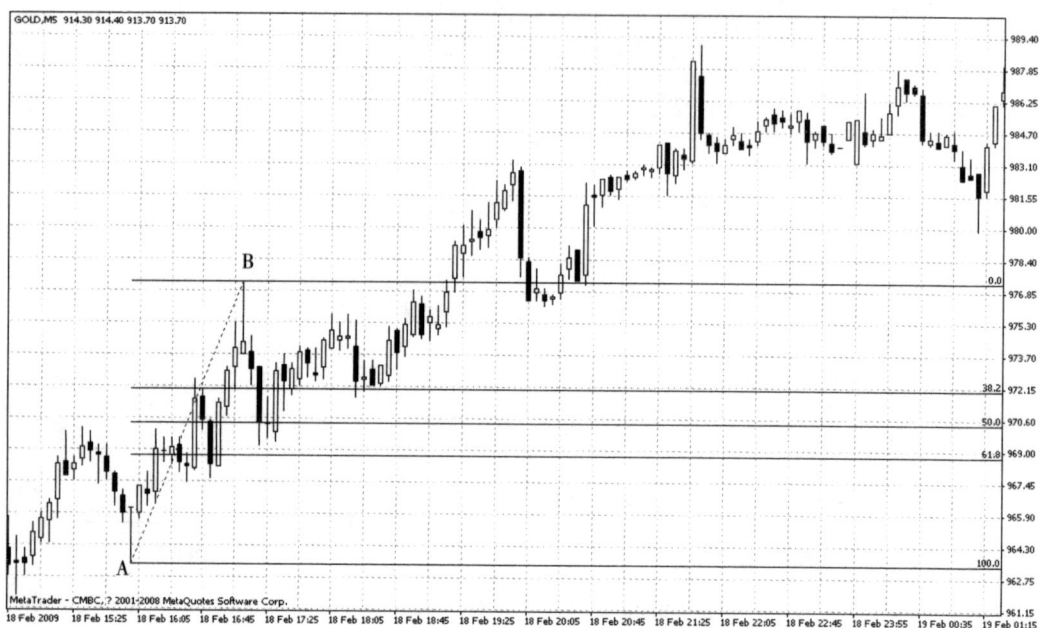

图 3-63　找出早晨之星

现在我们来解答第二道习题，如图 3-64 所示。斐波那契线谱的绘制过程是，在 MT4 软件的菜单中选取斐波那契回撤线，鼠标选取 A 点，再取 B 点，等到图 3-64 所示的斐波那契线谱，该线谱的主要水平是 1、0.618、0.5、0.382、0。在本例中，0.618 或者是 0.5 水平被确认有效（倾向于采用 0.618），后面我们再来谈一种解决办法，这个办法在我们的高级斐波那契交易策略中有涉及。具体的见位做多交易进场之前，首先寻找有回调迹象的上升波段，然后做出斐波那契线谱，等待市场来告诉你该怎么操作，如果市场一直下跌，并没有出现确认支撑有效的 K 线形态，则不**进场**。在本例中，金价在

等待市场来告诉你该怎么操作！先做出一些预判，然后等待市场出现你预估的信号。

124

0.618附近出现了一个早晨之星，确认了此处的支撑有效，于是我们在早晨之星之后的第一根K线入场做多，初始止损放置在0.618水平之下。

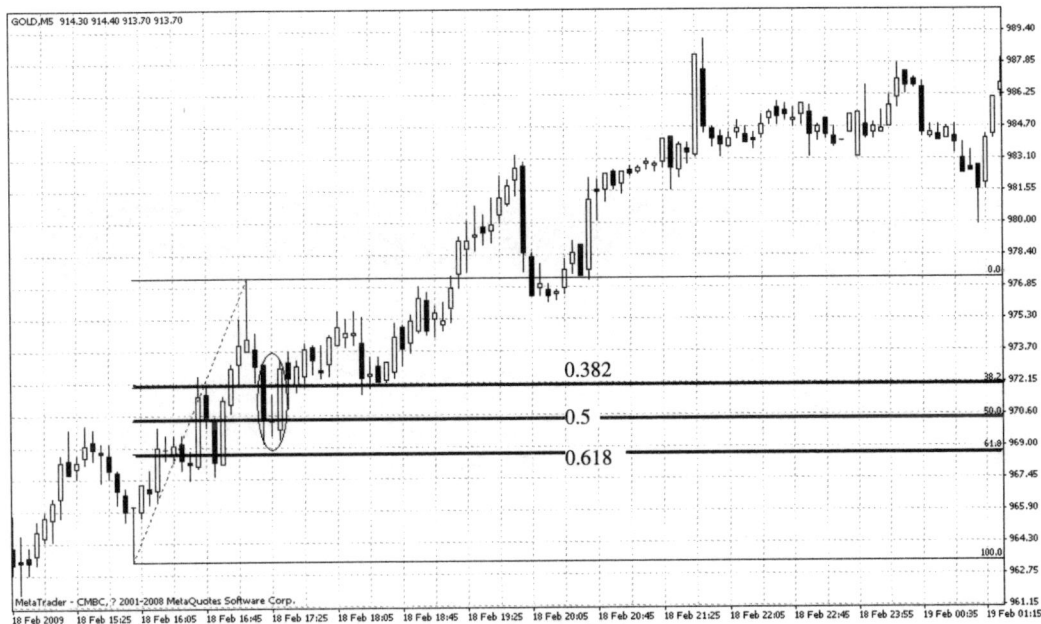

图3-64 早晨之星

在上例中，早晨之星的最下端处于0.5~0.618，非常严格的标准下，很难区分是哪条水平线发生了支撑作用，这是使用斐波那契见位进场法会遇到的常见问题。为了解决这一问题，我们有时候也利用斐波那契带来代替斐波那契线，也就是发挥支撑阻力作用的不再是某一水平，而是某个水平区域。根据我们的实践，市场最平凡的局部反转发生在0.382~0.618这个区域上，所以我们有时候查看金价是否在此区域出现了局部反转K线，如图3-65所示，这个区域我们称为"斐波那契带"，英文名称为"Fibo Bands"或者是"Phibands"。这种斐波那契见位交易策略很好地简化了交易者的分析，提高了效率，虽然会错过一些机会，但不会错过非常重要的机会。

《斐波那契高级交易法》一书有详细的介绍。

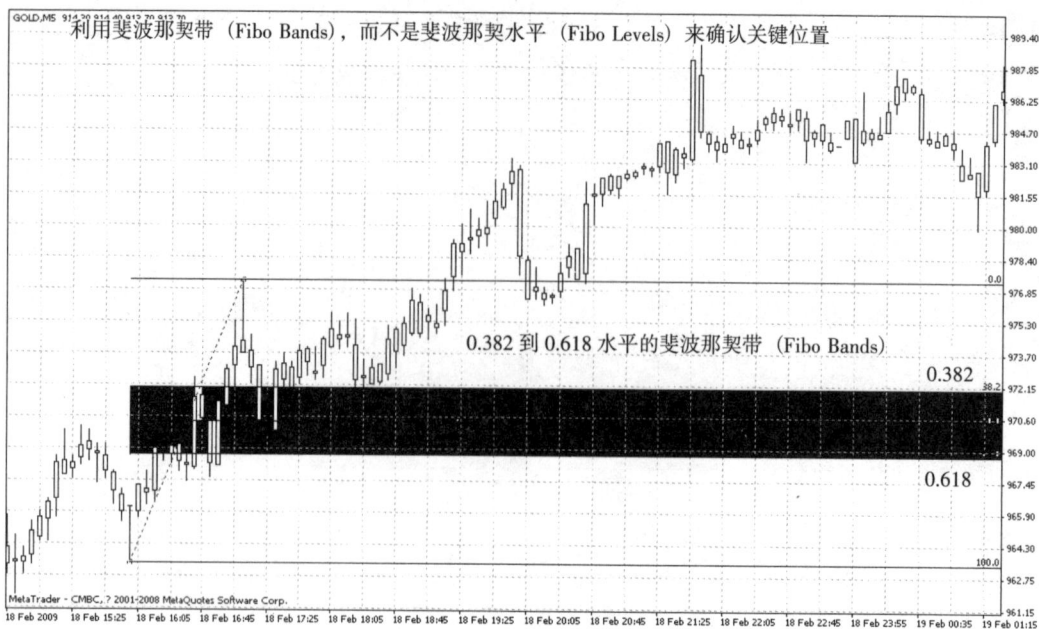

图 3-65　斐波那契带

第七节　重要的反转 K 线 (5)：流星

趋势向上，则称为仙人指路；趋势反转向下，则称为流星。

　　流星形态是指实体部分极小，而上影线很长，至少是实体部分的 2~3 倍，流星形态发生之前的走势必须是上涨走势。如果一个流星形态的实体部分是一根线，也就是说开盘价等于收盘价，则被称为"墓碑十字"。流星形态过后，市场倾向于下跌，而**不成功的流星形态便被称为"仙人指路"**，所以教科书所谓的流星形态多少有点马后炮的味道。流星形态的一般形式如图 3-66 所示，实体部分可以是阴线，也可以是阳线，重要的是实体部分和上影线的长度关系。

　　流星的上影线标志着某种形式的阻力存在，这是我们在之前提到过的观念，这种阻力标志本身不具有任何实操价值，只有与其他技术信号结合才能产生真正的进出场信号。流星在我们的理论体系中仅仅被当作是收敛形态，并不能发出确

流星	收敛形态 提醒阻力的存在	提醒反弹高点可能出现，需要 确认信号来确认
1	2	3

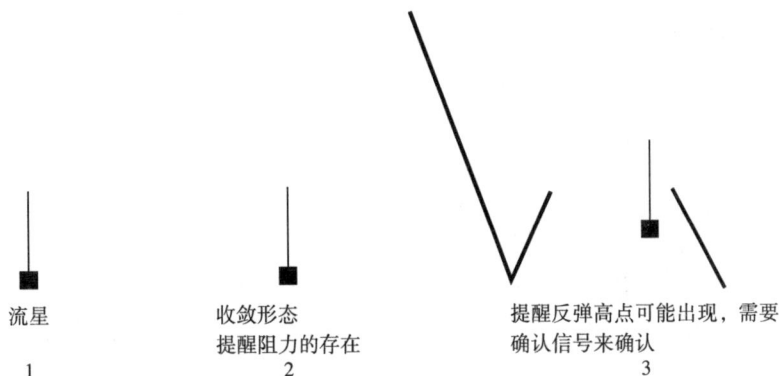

图 3-66 流星形态

认信号，在我们的实际操作中流星提醒我们阻力存在，但是还需要一个实体较大的阴线来确认这种阻力。简言之，我们需要在一个收敛提醒信号之后紧跟一个发散确认信号。

流星在股票日线走势中经常被当作是头部大顶的明显标志，不少书中都详列这样的图片，但其实很多类似形态由于没有引发下跌而被忽略。在黄金见位交易中，我们采用流星作为一种典型的提醒信号，偶尔也作为激进的交易者把它权且当作一个"准确认信号"。下面我们先来看看实际黄金走势中的流星形态，然后再结合两种典型的见位交易策略对流星形态的利用做出说明，最后给出一些相应的练习题。

1. 黄金保证金（现货市场）中的流星

现货黄金走势非常流畅，如行云流水般，这与期货黄金走势有比较大的差异。下面我们来看两个现货黄金走势的例子。首先看第一个例子，如图 3-67 所示，这是黄金的 1 小时走势图，其中圈注了一个流星形态，虽然存在下影线，但是相对于如此长的上影线而言显得较短，所以我们可以忽略掉。这个流星形态出现在一个次高点，比较符合见位进场的条件，不过其与此后的一根小实体阴线构成了看跌母子形态，此后并没有明显的向下发散形态，所以操作起来不太符合保守见位交易者的要求。这个例子中的流星形态是阳线，下面一个例子中的流星形态则是阴线。

第二个黄金现货走势中的流星如图 3-68 圈注所示，这是黄金日线走势图。这是一个实体为阴线的流星形态，此后的下跌大实体阴线确认了流星形态提醒的阻力。不少交易者和技术分析教科书撰写者都倾向于认为阴线流星比阳线流星的指示作用更好，对此我们持有一定的保留意见，也许是分析者的心理原因吧。

图 3-67 黄金保证金（现货市场）中的流星（1）

图 3-68 黄金保证金（现货市场）中的流星（2）

2. 黄金期货中的流星

在期货走势中影线和跳空都不是陌生的形态，期货中顶部出现流星，上升趋势中

也出现"准流星",所以在黄金期货的实际分析和操作中,流星后的 K 线往往决定了交易者是否采取流星的反转提醒。下面是两个黄金期货中的流星形态实例,先看第一个实例,如图 3–69 所示,这是黄金的日线走势图。图中圈注了流星形态,这恰好是一个全局顶点,长长的上影线在行情走过之后看来昭示着趋势的反转,不过我们更倾向于以流星后的大实体阴线确认趋势反转。

跳空缺口对于风险控制是一个不利的因素,因为损失可能在你的预期之外,损失有可能超出你的管理能力。

图 3–69 黄金期货中的流星(1)

上例中的流星是阴线实体,第二个例子中的流星是阳线实体,如图 3-70 所示,这也是黄金的日线走势图,同样我们作为保守交易者也通常倾向于以该流星后的阴线作为局部转势确认信号。

我们已经接触了黄金现货走势和期货走势中的流星形态实例,下面我们转入本节的正论部分,这就是流星形态在斐波那契见位交易策略和通道见位交易策略中的运用。先来看我们重点关注的斐波那契见位交易策略与流星形态的阻力确认策略。

图 3-70　黄金期货中的流星（2）

3. 斐波那契见位交易策略中的流星

在斐波那契见位交易策略中，流星作为波段反弹高点的提醒信号往往不是单独存在，它往往是作为黄昏之星的收敛部分而存在。当然，有时候我们也会以流星形态作为确认阻力的单独使用手段，比如下例中（见图 3-71），如果我们要等待一个向下发散形态，则需要等待三根 K 线之后，因为包括流星在内的连续三根 K 线其实都是收敛形态，它们提醒了潜在阻力的存在，这就是 0.5 水平。如果你的视野更大些，将流星前面一根 K 线和后面三根 K 线综合起来看，你会发现这是一个变异的黄昏之星，有着明显的"向上发散—收敛—向下发散"模式。由上面这些分析看来，K 线作为识别支撑阻力线的工具其实也会遇到很多错综复杂的情况，这时候形态到底是哪一个倒不是最重要的问题，交易者应该把焦点重新放回到风险管理本身。具体到这个而言，**交易者选择上述哪种形态判断并不重要，重要的是能够对应于某一个判断制定合理的初始止损计划和进一步的仓位管理计划。**

技术手段作为风险管控手段的角色更多一些。

130

图 3-71 斐波那契见位交易策略中的流星

由于流星并不是一种单独的保守确认信号，所以我们在斐波那契见位交易中往往把它看作是某个更大形态的一部分。在见位做空交易中，我们往往利用"向上发散—收敛—向下发散"或者是"向上发散—向下发散"来确认潜在的阻力，而在见位做多交易中，我们往往利用"向下发散—收敛—向上发散"或者是"向下发散—向上发散"来确认潜在的支撑。

接下来我们来看通道见位策略中流星形态的使用。

4. 通道见位交易策略中的流星

我们通常在下降通道中使用流星形态，这是因为我们是顺势交易者，如果我们在上升通道中采用流星形态，则我们至少部分程度上是逆势，哪怕我们仅仅利用它来平仓。这里有两个下降通道采用流星和其后大阴线结合起来确认下降趋势线阻力有效的例子（见图 3-72 和图 3-73），由于流星在策略中不单独作为确认局部反转的信号，所以不再详解下面两个例子，大家可以将流星看作一个提醒阻力存在的信号，然后去寻找其他向下发散的确认阻力存在信号。

从本节开始，你就需要脱离单纯的纸面练习，将本书中的知识运用于实践，去看黄金当下走势中可以运用本书的地方。

图 3-72　通道见位交易策略中的流星（1）

图 3-73　通道见位交易策略中的流星（2）

第八节　重要的反转 K 线（6）：锤头

锤头与流星恰好是对应的 K 线形态：锤头出现在下跌趋势之后，而流星则还是上涨趋势之后；锤头的下影线很长，而流星的上影线很长；锤头几乎没有上影线，而流星几乎没有下影线；锤头是一个支撑提醒信号，流星则是一个阻力提醒信号（这呼应了前面提到的一个观点：上影线表征阻力，下影线表征支撑）；作为提醒信号，锤头需要后续的实体阳线来确认做多，流星需要后续的实体阴线来确认做空。

锤头的一般形态如图 3-74 所示，其实体可以是阳线，也可以是阴线，教科书理论认为阳线实体的锤头看涨意味更浓。锤头出现之前市场一定要处于显著的下跌走势，锤头本身的实体长度应该少于阴线长度的 1/2，甚至 1/3。从技术结构而言，锤头的长下影线代表空头的失败，较短的实体表明市场处于暂时的平衡中，这种平衡是空方力量减弱，多方力量增强的缘故，至于此后打破平衡的是哪一方，需要下一根 K 线来确认。**锤头提醒了交易者存在可能的支撑，而进一步的证据有待市场给出。**

在我们的见位交易策略体系中，锤头一般用于次低点的支撑水平提醒，对于较为激进的交易者而言则可以单凭此采取进场行动，不过仓位应该尽可能轻些。下面就来看看黄金现货和期货走势中的锤头形态个案。

1. 黄金保证金（现货市场）中的锤头

图 3-75 是黄金 30 分钟走势图，其中圈注了两个锤头，第一根是阳线，第二根则相当于一个十字星，这种下影线特别长，而上影线可以忽略的十字星被称为"蜻蜓十字"，这个文学意味**浓重的词汇描述了**犹如蜻蜓点水般的 K 线形态。其

锤头出现在某一技术支撑位，同时利好数据公布，然后黄金处于上升趋势中，这是不是一个胜算率和报酬率都很高的进场做多时机？

下影线特别长，而上影线可以忽略的十字星被称为"蜻蜓十字"。

133

实，图 3-75 中两个锤头形态都与其前后的 K 线组成了变异和标准的早晨之星。

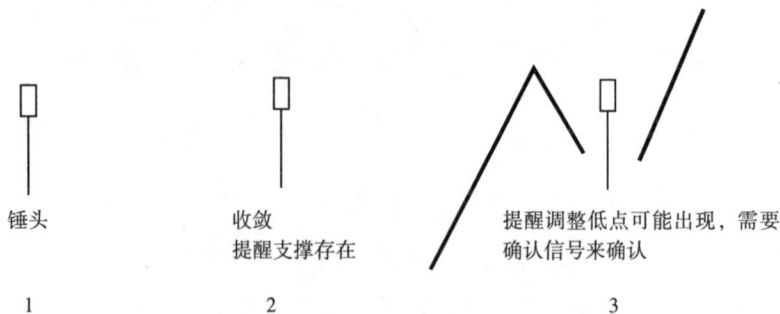

图 3-74　锤头

图 3-75　黄金保证金（现货市场）中的锤头（1）

　　再来看图 3-76，其中圈注了两处锤头形态。第一处的锤头形态与之前的大实体阴线结合成看涨孕十字形态，而第二处的锤头形态与前后的大实体 K 线结合成早晨之星形态。两个锤头又恰好处于一个小型的双底中，恰好是双底的两个低点。

　　接下来，我们来看黄金期货走势中具体的锤头形态。

2. 黄金期货中的锤头

　　黄金期货的长上影线比较普遍，长下影线也是如此。图 3-77、图 3-78 展示了黄金期货走势中的锤头形态。图 3-77 中圈注的锤头也被称为"蜻蜓十字"，其特点是收盘

价等于或者几乎等于开盘价。图 3-77 中的锤头处于一个三重底部，而图 3-78 中的锤头则处于一个双底的右底，但又更像是空头陷阱形态，因为这个锤头形态以影线而不是实体下破了前期低点。

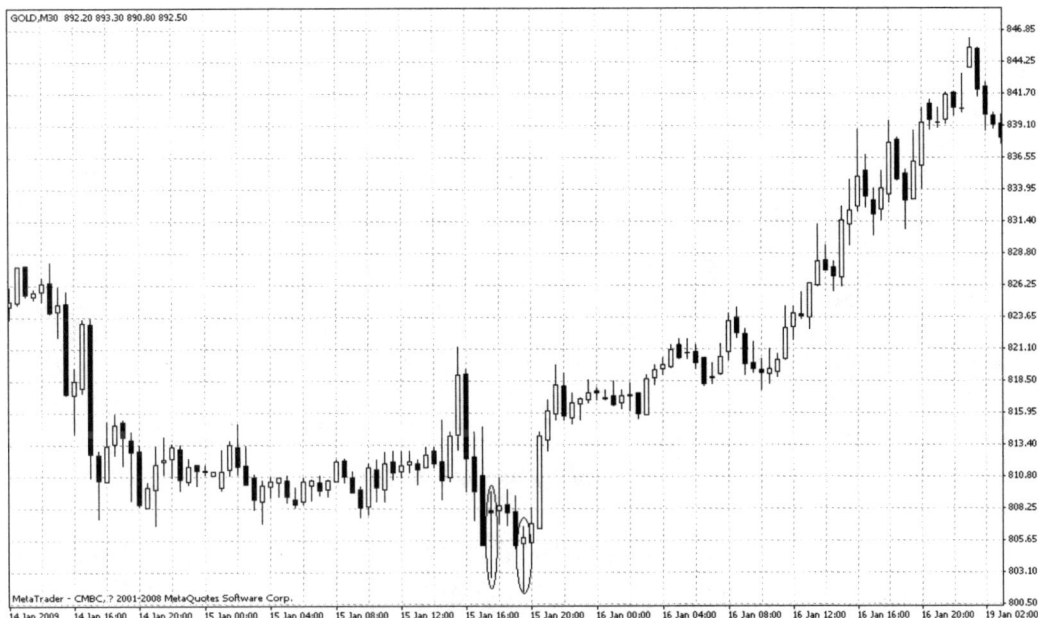

图 3-76　黄金保证金（现货市场）中的锤头（2）

图 3-77　黄金期货中的锤头（1）

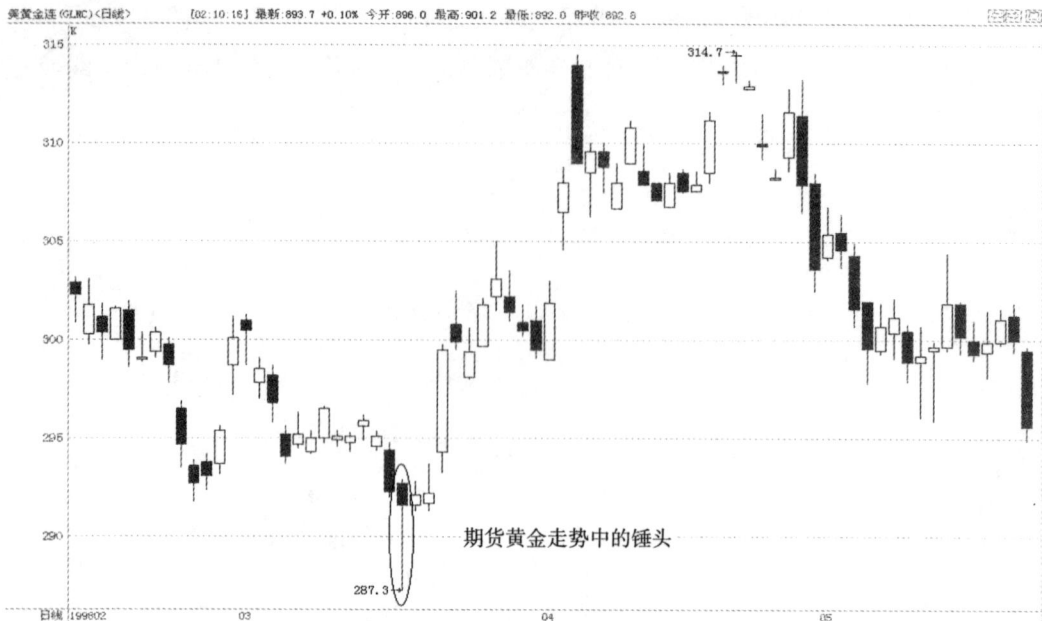

图 3-78　黄金期货中的锤头（2）

下面我们就来看看斐波那契见位交易策略和通道见位交易策略中锤头形态的运用。

3. 斐波那契见位交易策略中的锤头

我们展示两个在斐波那契见位交易策略中使用锤头形态的例子。第一个例子如图 3-79 所示，这是黄金 30 分钟走势图。一波上涨走势（期间有顶位交易机会出现）之后，金价出现了下跌调整，价格两度触及 0.618，第一次下跌后形成了一根小实体 K 线，紧接着出现了一根中阳线，然后是小阴线，一个局部流星，两个锤头（圈注的阴锤头之后还有一个阳锤头），一根小实体阳线，接着才是一根大阳线。所以圈注的锤头恰好构成了空中小双底的右底，共同确认了 0.618 水平的支撑有效。讲到这里需要提醒一下，**有时候不光是 K 线形态会确认支撑阻力水平**，包括一些西方的技术形态也能够作为确认信号，比如双底、双顶、三重底和三重顶等。

形态并不仅仅是 K 线形态。

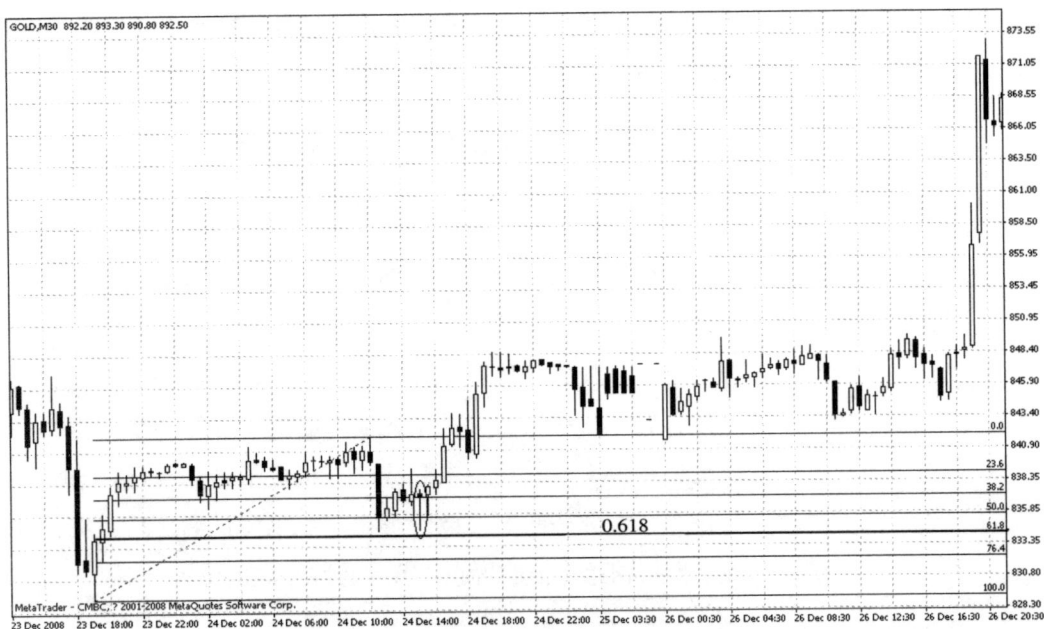

图 3-79　斐波那契见位交易策略中的锤头（1）

有时在一个上升趋势的调整中，也会有数次较小的调整，如下面这个例子，这也是黄金 30 分钟走势图。图 3-80 中标注了两处锤头形态，分别确认了 0.5 水平和 0.382 水平的支撑有效。但在实际交易中，我们会以第一个锤头作为进场提醒信号，而第二

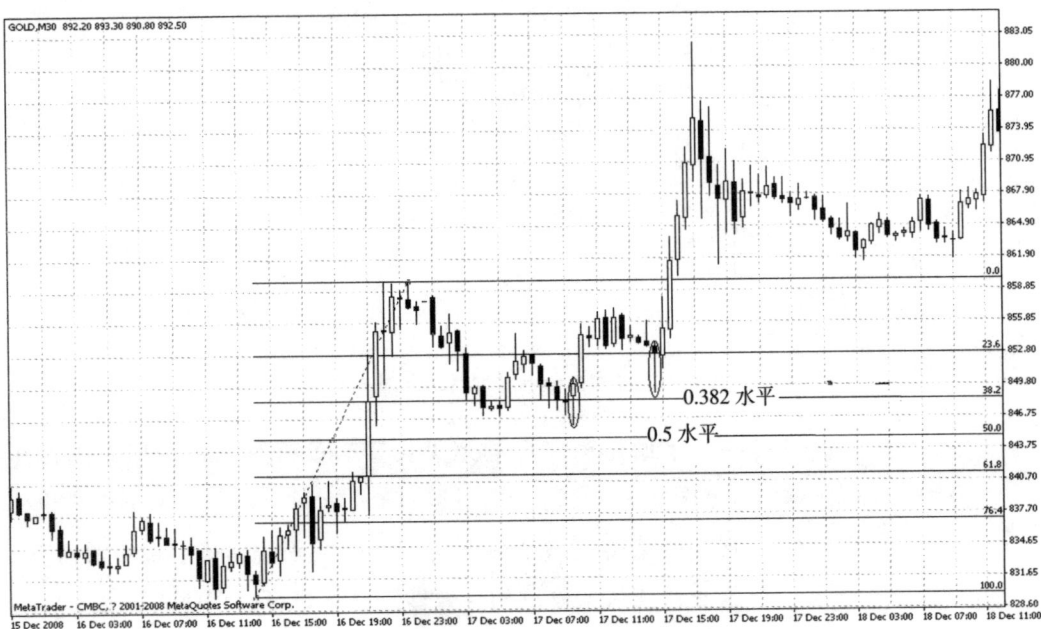

图 3-80　斐波那契见位交易策略中的锤头（2）

个锤头顶多算是加仓信号或者持仓信号。初始止损放置在 0.5 水平之下。

4. 通道见位交易策略中的锤头

在通道见位交易策略中锤头的阴线往往会刺穿上升趋势线，从而造成空头陷阱，下面两个例子中就有这种现象。请看第一个例子，如图 3-81 所示，这是黄金 30 分钟走势图，锤头形态在触及上升趋势线之后发出了提醒支撑存在的信号，紧接着的一根中阳线确认了此支撑有效。这里还要注意的一点是，此锤头与其后的中阳线共同构成了看涨吞没形态，这是一个"收敛—向上发散"形态。在见位进场之后，我们应该立即把初始止损放置在上升趋势线相应的位置之下。

图 3-81　通道见位交易策略中的锤头（1）

空头陷阱从技术面上来讲往往是此后的走势确认的。

下面是第二个通道见位交易策略利用锤头形态的例子（见图 3-82），这个例子类似于上面这个例子，其下影线也构成空头陷阱。这个锤头与其后的中阳线构成看涨吞没形态，这直接确认了支撑的有效性，交易者可以据此入场做多，并将初始止损放置在进场点对应的上升趋势线之下。

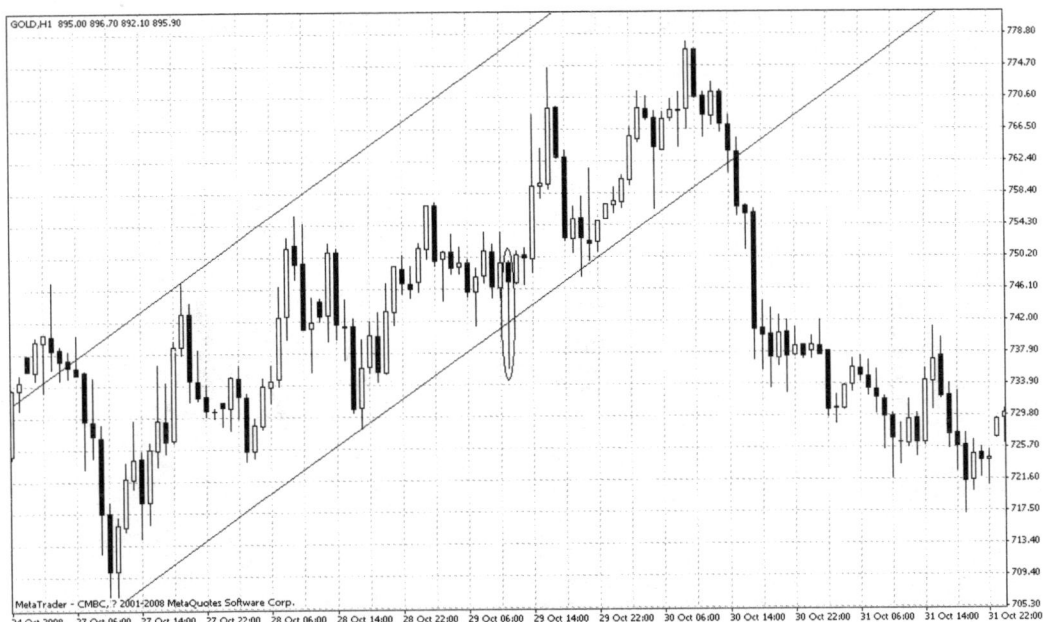

图 3-82　通道见位交易策略中的锤头（2）

第九节　重要的反转 K 线（7）：乌云盖顶

乌云盖顶是一种没有收敛形态（见图 3-83），也就是没有充当过渡性角色的小实体 K 线的 K 线组合，第十节要提到的刺透形态也是如此。乌云盖顶是由两根中等以上实体大小的 K 线构成，前一根 K 线是阳线，后一根 K 线是阴线。乌云盖顶出现之前的金价走势要求是上升的，这是第一个要点。第二个要点是此阴线的实体下端要低于阳线实体的中线。阴线实体的上端要高于阳线实体的上端，这是一个争议较多的技术要点，因为有时候某些交易者认为阴线的开盘并不重要，收盘相对于此前 K 线的位置水平才是有意义的。乌云盖顶与刺透形态是典型的没有收敛形态的 K 线组合，但这并不妨碍它们在见位交易中如此高的效力。乌云盖顶的阳线是一个向上发散形态，而紧接其后的阴线则是一个向下发散形态，这个形态直接确认了阻力的存在。乌云盖顶是一个局部高点的高效确认信号，不过相对看跌吞没形态而言则要差不少，为什么呢？单从形态来看，看跌吞没可以看成是乌云盖顶的特殊形态，也就是**阴线实体下端不仅低于阳线实体的中线，而且还低于阳线实体的下端，看跌吞没是乌云盖顶的极端形式，向下**

乌云盖顶是一个局部高点的高效确认信号，不过相对看跌吞没形态而言则要差不少。

发散的力度更大，对于阻力的确认力度更高。

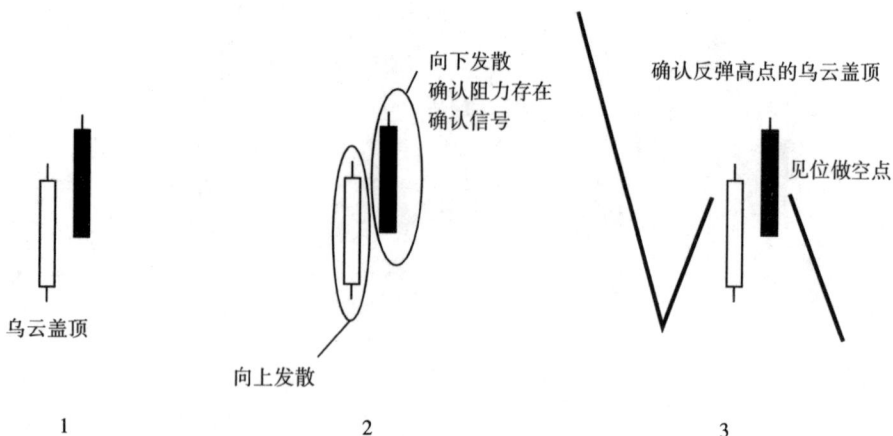

图 3-83 乌云盖顶

在我们的见位交易策略中，乌云盖顶出现在次高点，作为确认反弹最高点的工具出现。金价从高处跌落，然后出现了一定程度的反弹，反弹没有创出新高，同时出现了乌云盖顶形态，这就表明了局部高点，于是我们可以进场进行做空交易，将初始止损放置在乌云盖顶之上的一定位置，如果你学习了**斐波那契见位交易策略**和布林带的相关知识，那么你可以在止损的技术要求上做到更好。

根据前面几节的惯例，我们从具体黄金走势中的乌云盖顶形态识别开始，进而演示具体见位交易策略中乌云盖顶形态的运用。

斐波那契见位交易策略结合财经日历使用可以达到极致效果。

1. 黄金保证金（现货市场）中的乌云盖顶

由于黄金现货市场中的跳空较少，所以一根 K 线的收盘价往往就是下一根 K 线的开盘价，这样我们往往会对黄金现货市场走势中的乌云盖顶技术要点做一些改变，一种改变是不要求阴线的实体上端高于阳线的实体上端，这种改变允许阴线实体上端与阳线实体上端一样高，或者是阴线实体上端

较阳线实体上端更低。这种改变使得乌云盖顶与一种特定的
K 线组合类似，这种 K 线组合我们称为价配，就是两根 K 线
的实体上端或者下端位于同一水平，又或者是两者的最高价
或是最低价位于同一水平。

　　我们在这里还是针对传统的乌云盖顶形态展开，请看下
面这个例子（见图 3-84），这是黄金 1 小时走势图，图中圈注
了乌云盖顶形态，请注意这个乌云盖顶处于全局高点，而此
前的一个高点则是一个看跌吞没形态，此后一个高点则是一
个不那么标准的看跌吞没形态。传统的 K 线交易者通常把这
种 K 线形态当作是一个进场做空的信号，在个股走势上也许
这样做的胜算率很高，但是在黄金交易中这种做法的风险很
大，特别是在放宽了乌云盖顶的技术要点之后。

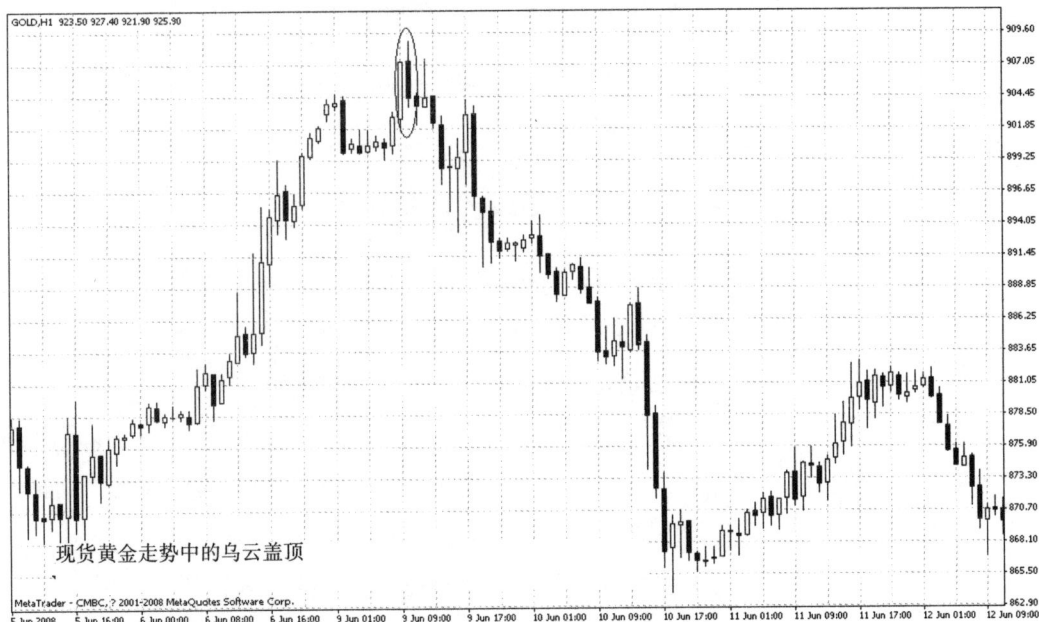

图 3-84　黄金保证金（现货市场）中的乌云盖顶（1）

　　下面是第二个黄金现货走势中乌云盖顶的例子（见图
3-85），这也是黄金 1 小时走势图，图中圈注了乌云盖顶形
态，这是一个双顶处出现的乌云盖顶，这个乌云盖顶确认的
阻力在此后的右顶形成过程中发挥了巨大的作用。

双顶叠加看跌反转 K 线组
合，效力倍增！

141

现货黄金走势中的乌云盖顶

图 3-85　黄金保证金（现货市场）中的乌云盖顶（2）

现货黄金市场走势中的乌云盖顶形态我们已经看得差不多了，下面我们来看黄金期货走势中的乌云盖顶形态。

2. 黄金期货中的乌云盖顶

黄金期货走势中的跳空较多，上海期货交易所的黄金期货合约跳空比美金合约的跳空更多，前者的跳空主要体现于 K 线之间的缺口，而后者的跳空则主要体现为一根 K 线收盘价和下一根 K 线的开盘价之间的缺口。请看下面这个黄金期货走势中的乌云盖顶形态，图 3-86 是黄金期货日线图走势。此例中的阴线实体的向下攻击力度不是很大。

我们再看一例黄金期货走势中的乌云盖顶（见图 3-87），这个乌云盖顶其实确认了前期高点构成的阻力，这也是一种见位交易策略，与那种**单纯的抓顶兜底的逆势策略有很大的区别**，这种方法是在前期重要的低点和高点附近与市场方向相反操作，有 K 线来确认这些前期低点和高点构成的阻力是否有效使得这种策略的胜算率很高，同时风险也很好控制，潜在报酬更高。

见位交易其实是趋势中的回撤进场。

142

图 3-86　黄金期货中的乌云盖顶（1）

图 3-87　黄金期货中的乌云盖顶（2）

　　掌握了乌云盖顶的基本形态特征并接触了几个实例之后，我们现在需要把这里的知识加入一个更加综合的策略中，我们从斐波那契见位交易策略和通道见位交易策略两个角度来演示这种综合过程。

3. 斐波那契见位交易策略中的乌云盖顶

斐波那契线谱为交易者提供了一组潜在的支撑阻力线，这与前期高点、低点和成交密集区提供的潜在支撑阻力线具有相同的技术价值，那么怎么去确认哪一条水平线才是真正的支撑或者阻力呢？K 线可以发挥最大的确认价值，因为它是一种高灵敏度的指标，可以用于感应市场的压力水平。由于斐波那契线谱往往包括了 0 和 1 两个水平，而这两个水平一般是前期的高点和低点（或者是低点和高点），所以我们采用斐波那契线谱基本上就能找出绝大多数的潜在支撑阻力水平。我们给出上面这段话，是想让你明白见位交易策略的两个必要构件背后隐藏的技术原理，现在我们进入到有关乌云盖顶斐波那契见位交易策略的演示中，请看图 3-88，这是黄金 1 小时走势图，首先我们找出一波下跌走势的高点和低点，然后以高点为水平 1，低点为水平 0 进行斐波那契分割，得到斐波那契线谱，然后等待价格反弹到某一水平出现局部反转确认信号，之后价格在 0.5 水平出现了一个乌云盖顶形态，这就确认了反弹的高点，我们在乌云盖顶之后的一根 K 线入场交易做空，并将初始止损放置在 0.5 水平之上，在这个例子中我们也可以利用斐波那契带，将 0.382~0.618 水平的地带化为潜在的阻力区，而乌云盖顶形态恰好在此区域出现，于是确认此区域阻力的有效，于是我们进场放空。

图 3-88　斐波那契见位交易策略中的乌云盖顶（1）

再来看第二个利用乌云盖顶形态确认斐波那契水平线阻力的实例，请看图 3-89，这是黄金日线走势图。第一步是找到一个确立了局部低点的下跌波段，然后以此波段做斐波那契分割，得到斐波那契线谱，**交易者接下来要做的事情就是去等待市场告知哪里是真正的阻力**，在哪里入场。在本例中，金价在 0.382 水平处出现了乌云盖顶形态，确认了此处的阻力有效，于是我们在乌云盖顶形态之后的一根 K 线入场做空，并将初始止损放置在 0.382 水平线之上。

先做好计划，然后等待市场进入伏击圈。孙子兵法有云：以虞待不虞者胜。

图 3-89　斐波那契见位交易策略中的乌云盖顶（2）

风险我们可以控制，利润就看市场怎么给了，这是纯技术交易者必须懂得的一句话，寻找见位进场位置的最主要目的是便于控制风险，控制风险首先是靠合理的初始止损，其次是靠高胜算率的进场位置。无论是斐波那契见位交易进场，还是通道见位交易进场都是如此，下面我们就接着这个话题看看通道见位交易策略中乌云盖顶形态的使用。

4. 通道见位交易策略中的乌云盖顶

通道策略的核心在于首先确立趋势线，下降通道则是首先确立下降趋势线，通道策略的重点就在于关注金价在趋势线附近的表现。现在我们来看看如何去运用这点，请看图 3-90，这是黄金 1 小时走势，根据近期两个高点后做出下降趋势线，然后等待金价反弹到此线附近的表现。当金价触及此下降趋势线，也就是下降通道的上边沿之后出现了乌云盖顶形态，确认了此下降趋势线的阻力有效，于是我们在此乌云盖顶形态之后的一根 K 线进场做空，并在乌云盖顶对应的下降趋势线之上设定初始止损点。

图 3-90 通道见位交易策略中的乌云盖顶（1）

再来看第二个例子，请看图 3-91，这是黄金 1 小时走势图，首先找出近期相邻的两个高点画出下降趋势线（此处下降通道下轨的作图和分析省略，以后的例子相同，我们专注于通道策略中倾斜趋势线部分），然后等待市场本身告诉我们该怎么操作，一种情况是市场以持续 K 线形态突破此下降趋势线，另一种情况是市场以反转 K 线确认此下降趋势线。市场在本图圈注处出现了乌云盖顶形态，确认了下降趋势线的阻力有效，于是我们在此乌云盖顶形态之后的一根 K 线进场做空，并将初始止损设置在乌云盖顶形态对应这段下降趋势线之上。

图 3-91　通道见位交易策略中的乌云盖顶（2）

第十节　重要的反转 K 线（8）：刺透形态

刺透形态是乌云盖顶形态的孪生姐妹，刺透形态位于一段下跌走势之后，是局部低点的表征信号。我们**先来看刺透形态的技术要点**，在一段下跌走势之后出现了一根实体阴线，**然后出现一根实体阳线**，这两根 K 线一般要求是中等以上实体大小，阳线实体低点低于阴线的实体低点，也就是阳线的开盘价低于阴线的收盘价，而阳线的实体高点高于阴线实体的中线，也就是阳线的收盘价位于阴线实体中线以上，如图3-92 所示。

刺透形态的技术结构是这样的：一个向下发散形态接着一个向上发散形态，阳线确认了支撑位置的有效，作为一个确认信号告诉交易者进场的机会存在。在顺势而为的交易策略中，我们一般在次低点进场做多，而不是力图在最低点进

刺透形态没有看涨吞没效力强。

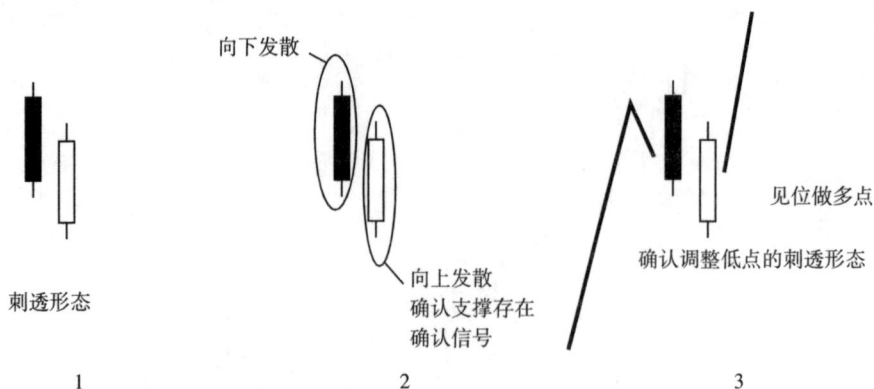

图 3-92 刺透形态

（图中文字）向下发散 / 向上发散 确认支撑存在 确认信号 / 见位做多点 / 确认调整低点的刺透形态 / 刺透形态 / 1 2 3

场做多，最后这种想法既不现实也不符合统计科学，所以我们在见位做多交易中采用刺透形态确认一个次低点的存在，而不是用它来确认一个最低点的存在。

我们先来看一些黄金走势中具体的刺透形态。

1. 黄金保证金（现货市场）中的刺透形态

刺透形态在黄金现货市场走势中不太常见，原因与乌云盖顶形态一样，这里不再赘述。看涨吞没比刺透形态的局部低点确认效力强，看涨吞没也可以看作是刺透形态的一种极端发展，也就是阳线收盘价不仅高于阴线实体中线，还高于阴线的开盘价。

请看图 3-93，这是黄金 1 小时走势图，其中圈注了一个刺透形态，这个形态位于最低点，确认了一个支撑位置，此后金价二度下探的时候明显受到了此支撑的作用。

再来看一个现货黄金走势中刺透形态的实例，如图 3-94 所示，这是黄金 1 小时走势，图中圈注了刺透形态，市场于此刺透形态出现后见底回升，刺透形态确认了市场某个潜在的支撑作用存在。这个图中还有玄机，这就是刺透形态的两根 K 线都有下影线，而刺透形态之后的两个 K 线则没有下影线，这反映了市场力量对比的变化及支撑作用的强化。

看了黄金现货走势中的刺透形态，下面我们来看黄金期货走势中的刺透形态，通过两者不同黄金品种体现出来的刺透形态，我们可以发现技术分析特殊性的一面，这就是交易者要注意区分不同品种技术走势的差异性。

图 3-93　黄金保证金（现货市场）中的刺透形态（1）

图 3-94　黄金保证金（现货市场）中的刺透形态（2）

2. 黄金期货中的刺透形态

黄金期货走势中的刺透形态往往较为符合刺透形态的传统定义，股票市场则更是

如此。请看图 3-95，这是黄金期货日线走势图，图中圈注的是一个刺透形态。在刺透形态的传统定义中刺透形态的影线部分并不重要，但是这并不妨碍我们把影线加入到刺透形态的分析中，本例中的刺透形态就是由具有显著影线的两根 K 线组成，根据前述的影线分析方法，你能得出什么有意义的结论呢？我们把这个问题留给读者思考，答案是什么并不重要，重要的是能够从中养成一种"思考市场细微现象"的习惯。

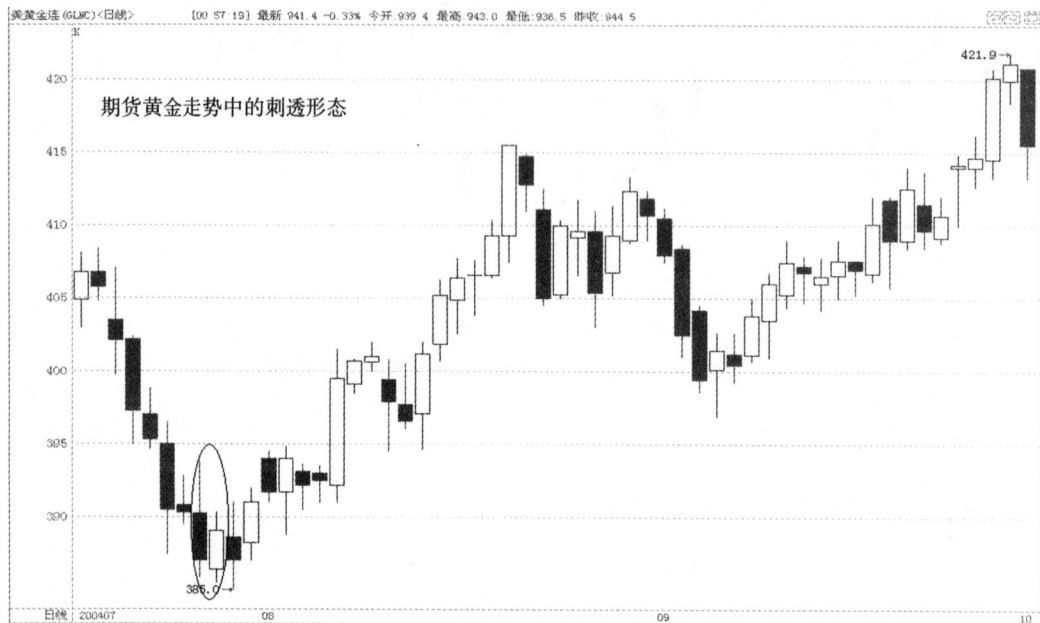

图 3-95　黄金期货中的刺透形态（1）

我们再来看第二例黄金期货走势中的刺透形态，如图 3-96 所示，这是黄金期货日线走势图，图中圈注的刺透形态是一个非常典型的例子，而且这个刺透形态出现在次低点，也就是上涨趋势的调整低点，这比较适合我们的见位交易策略。

看完了刺透形态的实例，下面我们再来看具体的见位交易策略中是如何利用刺透形态确认进场位置的吧！

3. 斐波那契见位交易策略中的刺透形态

我们这里演示两个利用刺透形态确认斐波那契水平线的例子，先来看第一个例子，如图 3-97 所示，这是黄金 1 小时走势图。找到一段出现调整苗头的上升波段，进行斐波那契分割，高点为 0 水平，低点为 1 水平，得到斐波那契线谱，然后我们就坐等市场本身来告诉我们哪个水平是有效的支撑所在。市场调整到 0.5 处出现了某种 K 线确

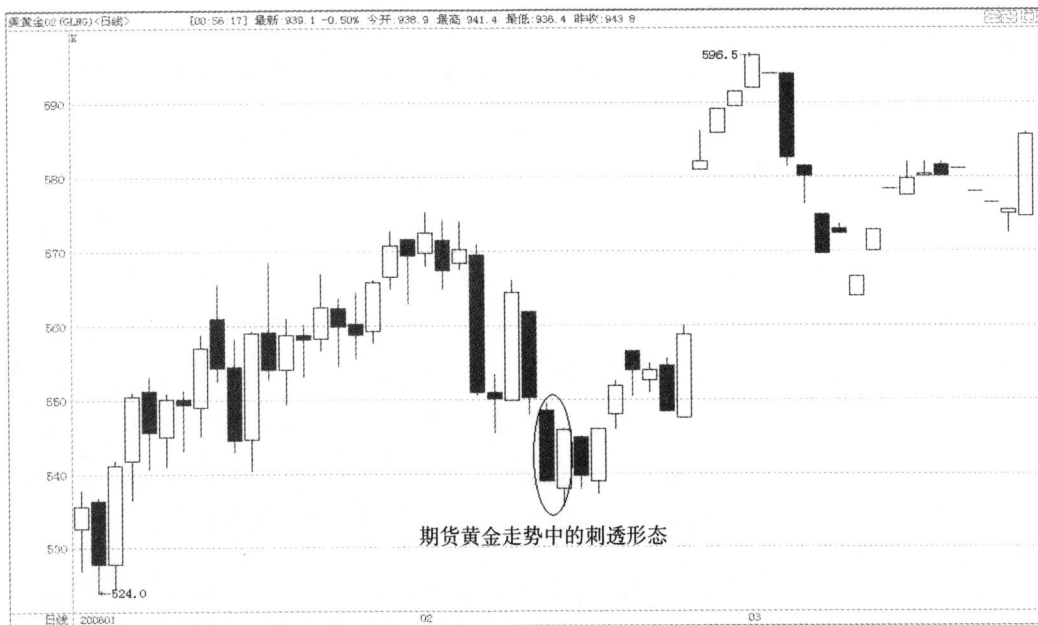

图 3-96 黄金期货中的刺透形态（2）

图 3-97 斐波那契见位交易策略中的刺透形态（1）

认信号，我们进场做多，止损放置在 0.5 水平之下，不久市场继续调整，并加大了调整幅度，并在 0.764 处出现了刺透形态，于是我们再度进场做多，并将初始止损放置在 0.764 水平之下，这次交易则较为成功。从这个例子中，我们要告诉读者的是：不要去

你有预案，也有备案，然后等待市场告诉你采用预案还是备案。

随意更改自己的进场策略，除非你的修改是根据足够的客观交易结果；**严格按照市场告诉你的去操作，不要自行其是**。

上面一例利用刺透形态进行见位做多交易的实例稍显曲折，下面来看一例较为顺利的操作。请看图 3-98，这是黄金现货 1 小时走势图，首先对一段出现调整苗头的上升波段进行斐波那契分割，以上升波段的高点为 0 水平，低点为 1 水平，得到斐波那契线谱。然后等待市场告知我们下一步的操作该怎么样。市场在触及 0.5 水平时出现了刺透形态，于是我们进场做多，并将初始止损放置在 0.5 水平之下，随着行情的发展我们移动此止损跟进，移动止损时需要找出支撑位置，布林带下轨所在位置以及查看是否符合资金管理比率。

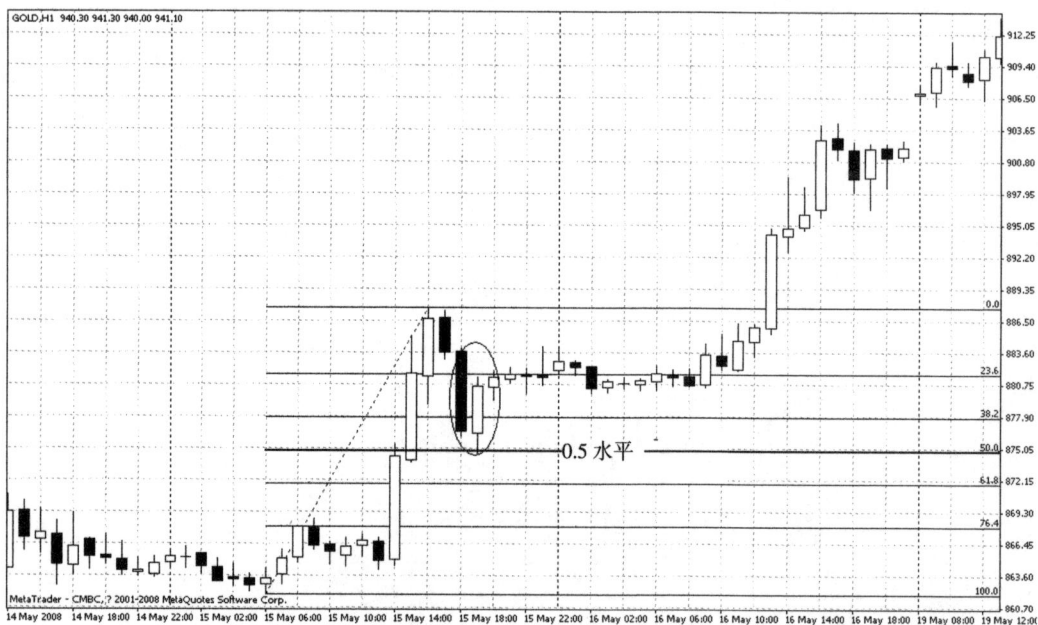

图 3-98　斐波那契见位交易策略中的刺透形态（2）

刺透形态在斐波那契见位交易策略中不是很普遍，在通道见位交易策略中也是这样。下面我们就来看看通道见位交易策略中的刺透形态使用吧！

4. 通道见位交易策略中的刺透形态

这里有两个例子来演示通道见位交易策略中刺透形态的利用，先看第一个例子，如图 3-99 所示，这是黄金现货 1 小时走势图。我们找到近期同级别的两个相邻波段低点，做出上升趋势线，然后做出其平行轨道。做出上升通道之后，我们等待市场跌到上升通道下轨，不久金价跌到了上升趋势线附近，并且出现了刺透形态，于是我们在刺透形态之后的一根 K 线处入场做多，并将初始止损放置在刺透形态对应的那段上升趋势线之下。

图 3-99 通道见位交易策略中的刺透形态（1）

接着，我们再来看第二个通道见位交易利用刺透形态的实例，如图 3-100 所示，这也是黄金 1 小时走势图，做出上升趋势线，我们等待市场在触及上升趋势线之后出现某种确认形态，要么以持续下跌 K 线形态确认趋势转变，要么以反转 K 线形态确认支撑有效。市场最终以两个邻近的刺透形态确认了上升趋势线的支撑有效，我们在第一个刺透形态形成后入场做多，并将止损放置在刺透形态对应的上升趋势线之下。

图 3-100　通道见位交易策略中的刺透形态（2）

第十一节　只能用作提醒信号的次要反转 K 线： 母子形态

在本课的最后一节，我们要向读者介绍最后一个 K 线局部反转信号，这个信号在我们的见位交易策略中并不能给出确认交易进场的信号，**只能作为一种提醒信号**。但这个形态在传统 K 线理论中一直被认为是比较重要的反转信号，于是我们出于折中的考虑，把这个形态作为"次要反转 K 线"放置在本课最后一节来介绍。

母体是提醒信号！

我们首先介绍母子形态的技术要点。母子形态分为看涨母子形态和看跌母子形态，先以看涨母子形态为例介绍其技术要点和技术结构，请看图 3-101，看涨母子出现之前的市场走势是下跌，然后出现一根实体较大的阴线，接着出现一根实体较小的阳线，如果第二根 K 线的开盘价和收盘价几乎相

等，则又被称为看涨孕十字形态，这是一种特殊的看涨母子形态。看涨母子形态的第一根阴线是向下发散部分，第二根阳线则是一个收敛形态，提醒交易者存在支撑，从这点出发则要求交易者还要等待看涨母子形态之后的一根向上发散的阳线才能进场做多交易。看涨母子在我们的见位交易策略中一般是次低点的确认手段，但是它还不能完全确认，准确而言只是一个提醒信号，我们还需要进一步的确认信息方能入场，整个看涨母子可以看成是下跌走势趋于收敛的结果。

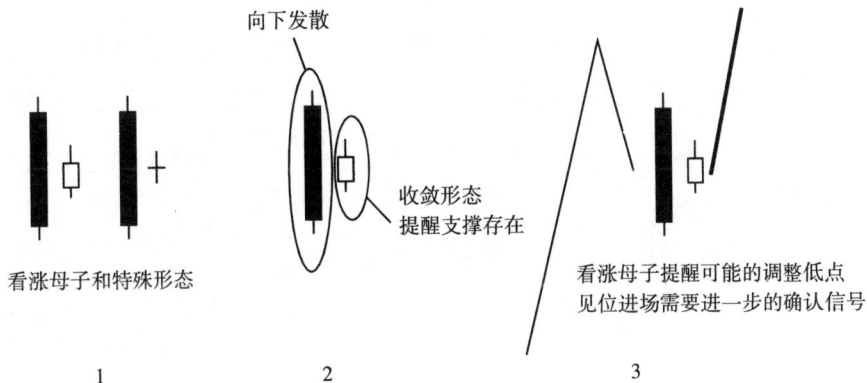

图 3-101　看涨母子形态

　　介绍完看涨母子形态，下面我们来介绍看跌母子形态。看跌母子形态处于一段上升走势之后，市场出现了一根实体较大的阳线，接着出现了一根实体较小的阴线，也可以是一根十字线，如果是后面这种情况则又被称为"看跌孕十字线"，如图 3-102 所示。看跌母子形态由一根实体较大的阳线和一根实体较小的阴线组成，其中的阳线是一个向上发散的形态，而阴线则是一个收敛形态，提醒交易者可能存在阻力。看跌母子形态往往要与此后的下跌阴线结合才能发出明确的进场做空信号，这是见位交易策

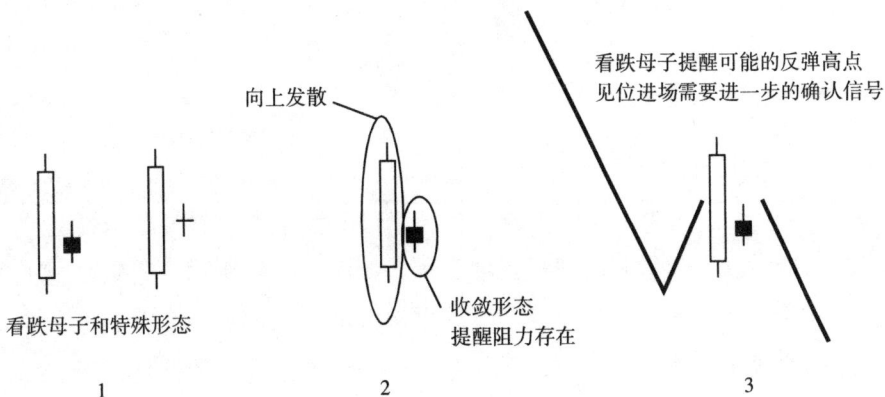

图 3-102　看跌母子形态

略的一个要求。看跌母子形态提醒了一个可能的反弹高点，但是还需要进一步的确认信息。

　　了解了看涨母子形态和看跌母子形态的技术要点和结构，我们下面开始进入与实际操作关系更近的部分，首先是带大家认识一些真实行情走势中的母子形态，其次是学会利用母子形态确认斐波那契水平和通道有效，最后是进行一些简单的强化练习。

1. 黄金保证金（现货市场）中的母子形态

　　请看图 3-103，这是黄金现货 1 小时走势图，图中圈注了两个母子形态，第一个母子形态并不是市场的局部低点，而第二个母子形态才是市场局部低点。按照我们的部分要求来看，只有看涨母子形态之后出现了中等以上实体的阳线才能确认母子形态的局部低点含义，也才能进场做多。本例中的最后一个母子形态之后紧接着一根阴线，可以看作是确认失败，而第二个母子形态之后则紧接着一根阳线，可以看作是成功确认了看涨母子给出的支撑水平。

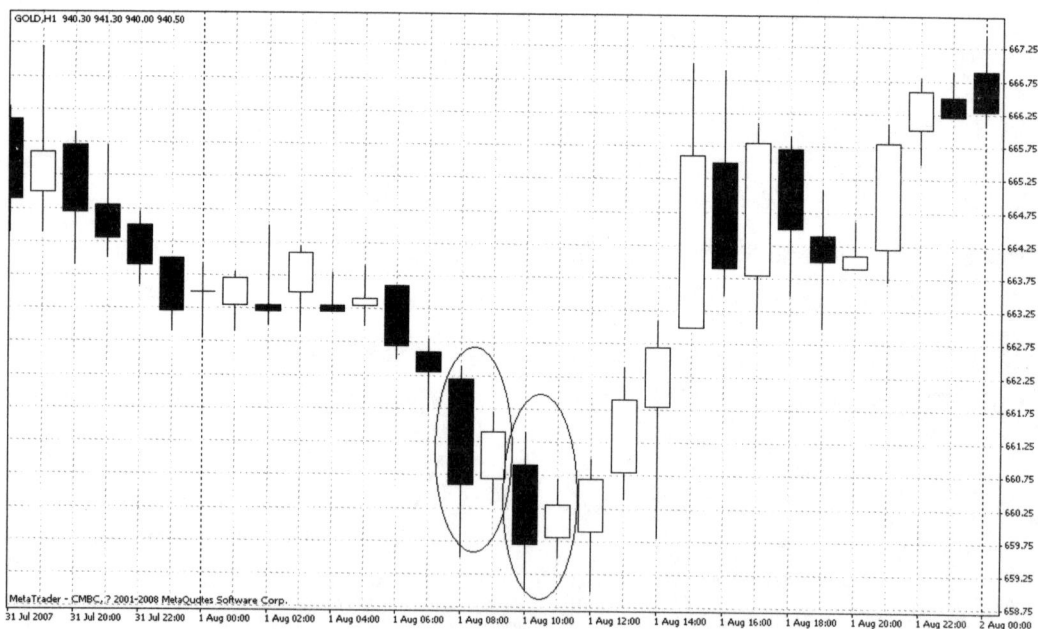

图 3-103　黄金保证金（现货市场）中的母子形态（1）

　　再来看一例看涨母子形态的现货黄金实例，如图 3-104 所示，这是黄金 1 小时走势图。金价在构筑一个最低点后爬升，然后再次下跌，出现了一个看涨母子形态，此母子形态之后出现了一根阳线，可以看作是一个确认支撑有效的信号，于是我们可以见位进场做多。

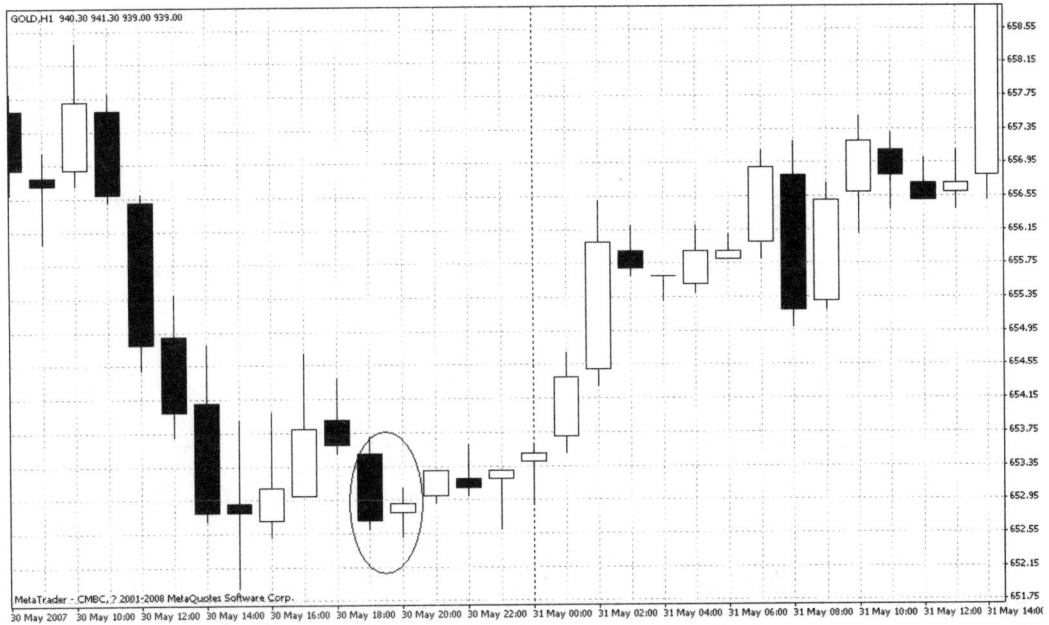

图 3-104 黄金保证金（现货市场）中的母子形态（2）

看了两个看涨母子形态的例子之后，我们再来看两个看
跌母子形态的例子，请看图 3-105，这是黄金 1 小时走势图。
在一段上升走势之后，金价出现了看跌母子形态，而且此后
出现了一根大阴线，确认了看跌母子提醒的阻力水平有效。

大实体线是确认信号！

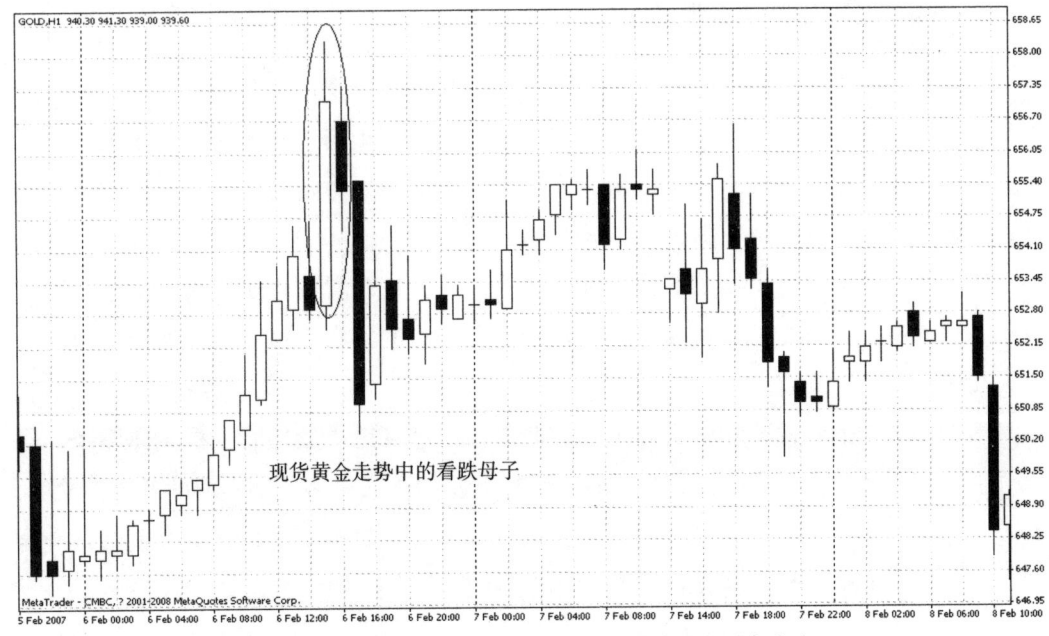

现货黄金走势中的看跌母子

图 3-105 黄金保证金（现货市场）中的母子形态（3）

我们再看一例现货黄金走势中的看跌母子形态，如图 3-106 所示，这是黄金 1 小时走势图，市场在突破横盘后不久就出现了看跌母子形态，接着出现了一根大实体阴线，这就确认了看跌母子提示的阻力水平有效。

图 3-106　黄金保证金（现货市场）中的母子形态（4）

2. 黄金期货中的母子形态

黄金期货走势中的母子形态更多，不少母子形态让恪守正统 K 线理论的交易者手忙脚乱，因为母子形态并不是一个"合格"的局部反转形态。在出现了母子形态之后市场有一半的可能是继续此前的走势，有一半的可能是发生走势的反转。下面四个例子都是看涨母子形态，请看图 3-107 至图 3-110。

图 3-107 中的看涨母子形态出现在一个次低点，这个看涨母子出现之后紧接着出现了一根大实体阳线，这就确认了看涨母子形态提示的潜在支撑有效，所以本例完全符合我们的见位进场要求。

图 3-108 中的看涨母子形态则位于最低点，不过其后也紧接着一根实体阳线，如果你是一个纯 K 线交易者则可以在此轻仓小幅度止损买入做多。细心的读者还会发现，在此看涨母子之后的上升行情中的调整低点是以早晨之星确认的，这个位置却是符合我们见位进场策略的前提要求的：在次低点寻找见位做多的机会。

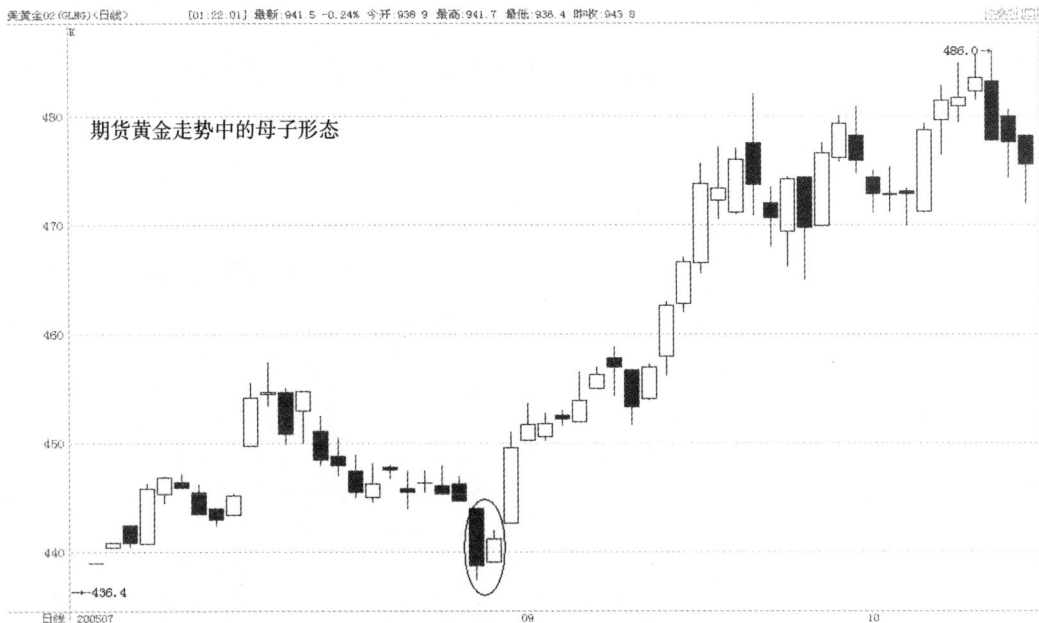

图 3-107　黄金期货中的母子形态（1）

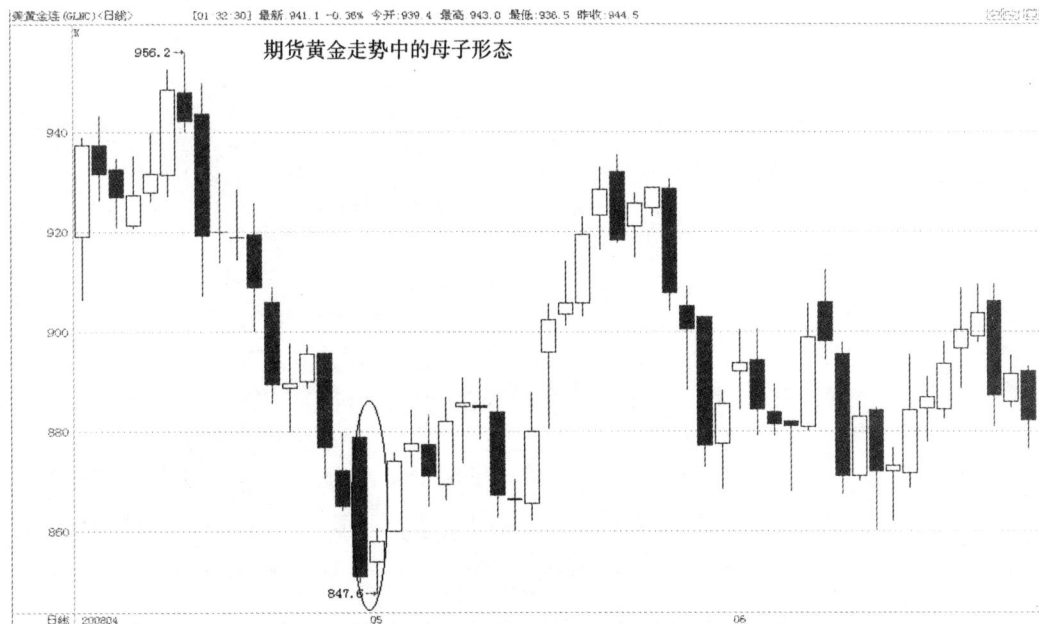

图 3-108　黄金期货中的母子形态（2）

　　图 3-109 中的看涨母子形态则位于前期低点附近，不过一定程度上构成了一个空头陷阱，在空头交易失败后，交易者可以利用此看涨母子形态把握做多的机会。不过，本例中的看涨母子形态需要变通来看，因为小实体阳线之后连续接着好几根实体更小

的 K 线，从我们的敛散理论来看，小实体阳线开始的收敛还在持续，所以可以将大实体阴线后的所有小实体 K 线都看成是看涨母子形态中的"子部分"，这就是一个变异的看涨母子形态，符合母子形态的根本技术结构——"向下发散—收敛"。如果你照搬正统 K 线中的理论，则可能会发现市场太复杂了，找不到合乎规格的 K 线组合。但是，如果你**能够以"形态敛散理论"来变通理解 K 线的各种形态**，则你可以发现很多市场有效信号。

万法归宗，化繁为简！越不繁，越不凡！

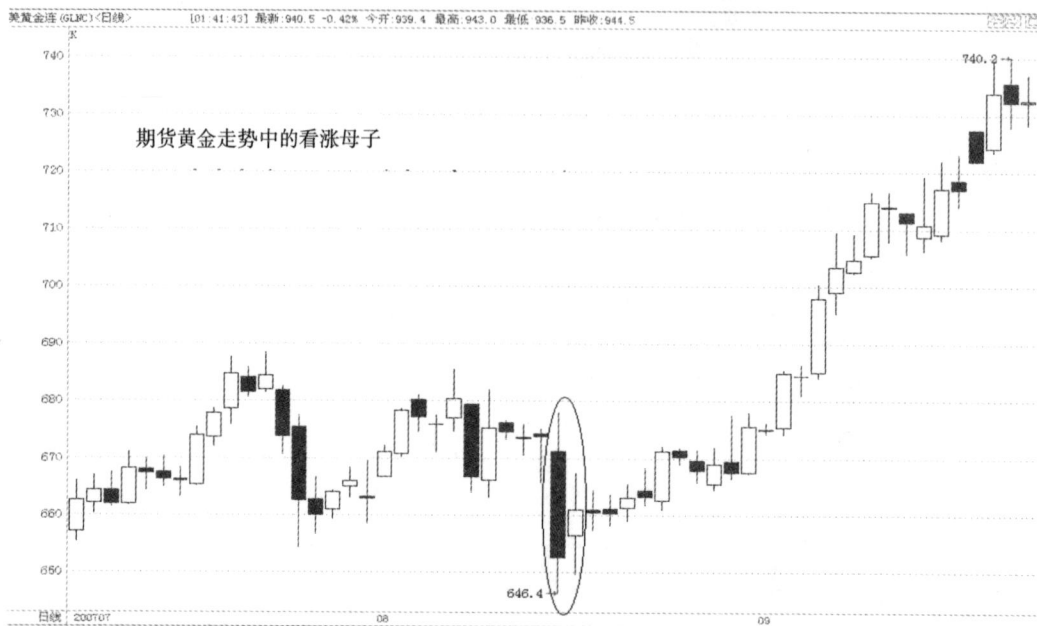

图 3-109　黄金期货中的母子形态（3）

　　图 3-110 中圈注了两个看涨母子形态，第一个看涨母子形态按照我们的分析理论是没有被确认支撑有效的失败形态，因为其后紧跟了一根阴线。第二个看涨母子形态则被后续的阳线确认成功发出了支撑信号。

　　看了这么多真实走势中的母子形态，下面我们应该更进一步，看看如何在具体的见位交易策略中采用母子形态，首先演示母子形态在斐波那契见位交易策略中的使用。

图 3-110 黄金期货中的母子形态（4）

3. 斐波那契见位交易策略中的母子形态

斐波那契见位做多交易采用看涨母子，而斐波那契见位做空交易则采用看跌母子。先来看看涨母子在斐波那契见位交易策略中的使用，第一个例子如图 3-111 所示，这是黄金现货的日线走势图，当市场出现了一段上升走势并且有回调迹象时我们对此上升波段进行斐波那契分割，以此波段的高点为 0 水平，波段的低点为 1 水平，得到斐波那契线谱。然后等待市场走势自动确认某一斐波那契水平有效，在本例中市场以看涨母子形态触及 0.5 水平，但是此后的 K 线却是一根阴线，按照我们的理论这样的看涨母子给出的提醒信号未被确认，不过这根阴线之后又出现了一根阳线，且有看涨吞没的势头，于是我们可以凭此进场做多，并将初始止损放置在 0.5 水平之下。

再来看第二例看涨母子形态的例子，如图 3-112 所示，这是现货黄金日线走势图。当市场走出一段上升走势且有调整迹象之时我们以该上升波段的高点为 0 水平，上升波段的低点为 1 水平进行斐波那契分割，得到斐波那契线谱。然后等待市场自身来告诉我们哪个水平的支撑有效，或者说市场是否还有上升迹象。本例中，市场在 0.618 水平处出现了看涨母子形态，提醒了 0.618 水平的支撑可能有效，而此后的一根大阳线则确认了此支撑有效，于是我们在此大阳线之后进场做多，将止损点放置在 0.618 水平之下。

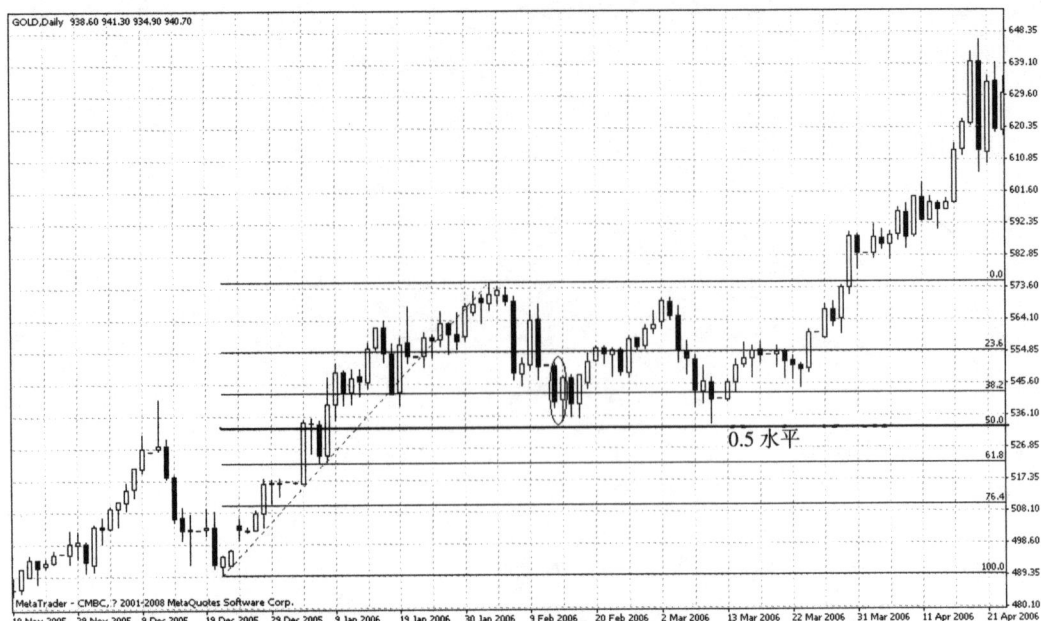

图 3-111 斐波那契见位交易策略中的母子形态（1）

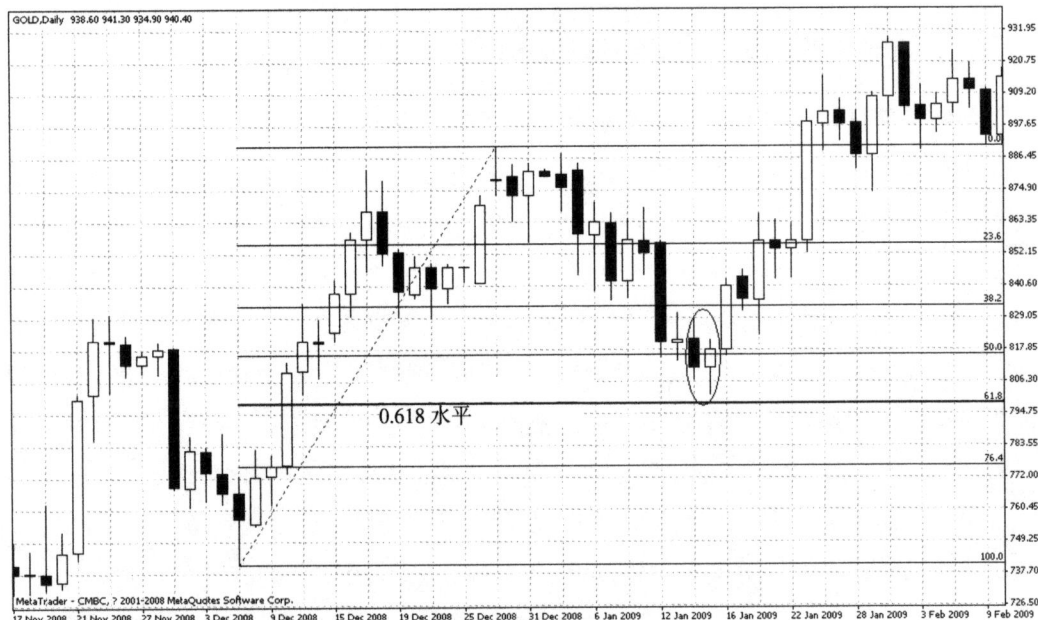

图 3-112 斐波那契见位交易策略中的母子形态（2）

看涨母子与见位做多有关，下面我们来看与见位做空有关的看跌母子，下面是第一个实例（见图 3-113），这是黄金日线走势图。找到一段下跌走势，该走势出现了反弹迹象，于是我们以此下降波段的高点为 1 水平，低点为 0 水平，进行斐波那契分割，

得到斐波那契线谱，接下来就是等待市场本身来告诉我们下面的行情会怎么走。金价反弹到 0.618 水平出现了看跌母子形态，而其后的一根大阴线则确认了此看跌母子发出的提醒信号有效。看跌母子是收敛形态，是提醒信号，提醒交易者存在潜在的阻力，其后的大阴线则是发散形态，是确认信号，帮助交易者确认了此阻力水平的有效。于是，我们在大阴线之后的一根 K 线入场做空，止损放置在 0.618 水平之上，不过由于此例中止损幅度过大，这笔交易也许应该放弃，这就是技术分析之后的风险结构分析淘汰了一笔备选的交易。

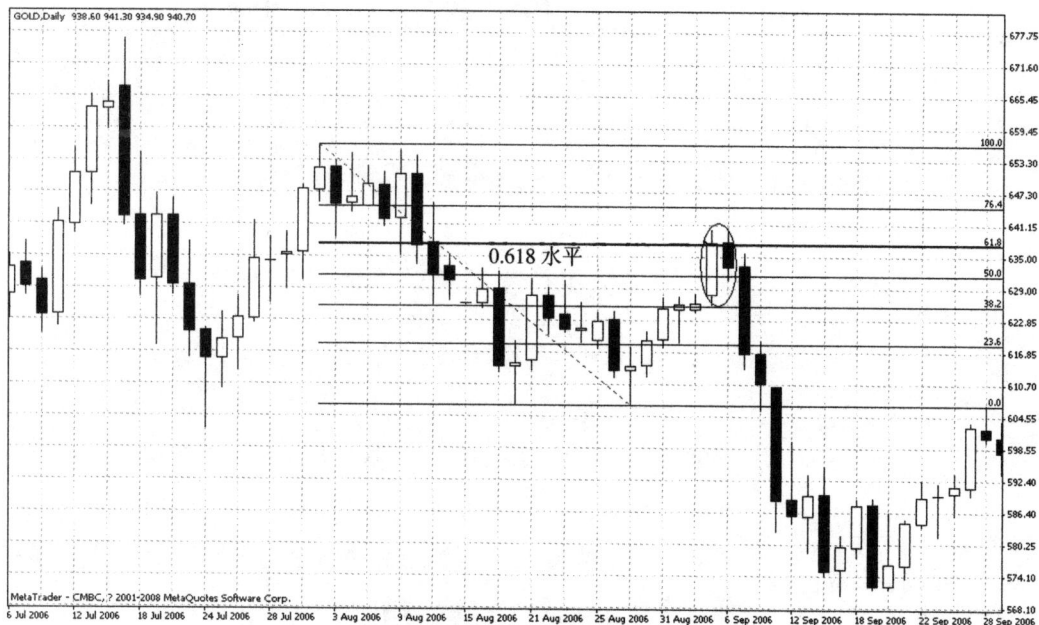

图 3-113　斐波那契见位交易策略中的母子形态（3）

　　下面是看跌母子的第二个见位交易实例，请看图 3-114，这是黄金现货 1 小时走势图。交易者进行斐波那契分析后等待市场走势的确认，金价反弹到 0.764 水平，出现了看跌母子形态，这就提醒交易者注意潜在的阻力水平可能有效，具体而言**就是让交易者注意 0.764 这个水平位置**。看跌母子之后出现了一根中等阴线，构成一个发散形态，确认了 0.764 水平的阻力有效。于是，我们在此确认阴线之后的一根 K 线入场做空，并将初始止损放置在 0.764 水平之上。

0.764 与 0.786 两个点位非常接近，选用一个即可。

图 3-114　斐波那契见位交易策略中的母子形态（4）

4. 通道见位交易策略中的母子形态

利用母子形态帮助交易者进行通道见位交易策略，这是一个非常好的做法，下面我们就从黄金现货和期货方面分别举实例说明。请看图 3-115，这是黄金 1 小时走势图。我们以相邻低点做出上升趋势线，并以其做平行线得到上升通道的上轨，接下来则等待市场走势确认这一上升趋势线的支撑有效。市场在跌到上升趋势线附近时出现了看涨母子形态，同时以大阳线确认，于是我们进场做多，并在看涨母子下设定相应的初始止损。市场后来的发展虽然不尽如人意，但是这次交易仍旧是正确的。这里大家需要明白什么是正确的交易，什么是错误的交易。赚钱的交易不一定是正确的交易，而亏钱的交易不一定是错误的交易。

再来看第二个利用母子形态帮助交易者进行通道见位进场策略的例子，如图 3-116 所示，这是黄金 1 小时走势图。交易者做出下降通道之后，等待金价反弹到下降趋势线，也就是下降通道的上轨处，查看其形态表现。在本例中，金价

赚钱的交易不一定是正确的交易，而亏钱的交易不一定是错误的交易。

反弹到上轨处出现了看跌母子形态，而且其后一根阴线确认了此阻力水平有效，于是交易者在确认阴线之后进场做空，将初始止损放置在看跌母子形态对应的这段下降趋势线之上。

图 3-115　通道见位交易策略中的母子形态（1）

图 3-116　通道见位交易策略中的母子形态（2）

最后，我们来看黄金期货走势中利用通道见位策略的例子，请看图3-117，这是黄金期货日线走势图。我们根据上升通道的一般规则做出两条轨道，然后等待市场在此通道的上升趋势线处出现局部反转看涨信号。金价触及上升趋势线时出现了看涨母子形态，该形态提醒了潜在的支撑有效性，其后的阳线则确认了此支撑的有效性，于是我们进场做多，将初始止损放置在看涨母子对应的这段上升趋势线之下。

图3-117 通道见位交易策略中的母子形态（3）

母子形态是一个次要的K线信号，因为它不能提供完整的见位交易信号，而且其出错的概率不低。虽然如此，但是由于它是传统K线理论中较为重要的一种形态，所以我们还是在本课对其进行了详细的介绍。

【开放式思考题】

在研读完第三课的内容之后，可以进一步思考下列问题。虽然这些问题并没有固定的标准答案，但能够启发思考，跳出来看某些观点。

（1）本课提到"见位进场是绝大多数黄金交易者都应该掌握的技巧，而K线则是帮助交易者准确确定见位进场位置的重要手段"。那么，除了K线之外，还有什么能够帮助我们确定见位进场点呢？

提示：斐波那契点位、震荡指标极端值、基差极端值、成交量极端值等。除了这些之外，你认为一些网站提供的多空对比和持仓对比有效吗？

（2）本课提到"如果你想用尽可能多的阻力线去捕捉所有的交易机会，则结果是你什么都捕捉不到，学会舍弃一些不重要和能力之外的机会，专注于重要和能力之内的机会，这才是交易的上善之道！"那么，什么是不重要的机会呢？什么是能力之外的机会呢？

提示：大行情绝对是重要的机会，**什么决定大行情呢？货币属性！** 至于能力之外的机会，这个就需要自我反省了——你的能力圈究竟是怎样的？**交易日志和绩效统计可以看出你当下的能力圈。**

【进一步学习和运用指南】

（1）见位进场的一些具体策略可以进一步阅读《黄金高胜算交易》和《斐波那契高级交易法》。《黄金高胜算交易》中重点介绍的一种策略其实就是见位进场为主，通过叠加"三屏分析"、驱动分析和心理分析，你可以显著提高胜算率和报酬率。现在动手试一下吧，每次增加一个过滤器，然后积累足够的样本，看看效果如何。

（2）fxtrade.oanda.com 和 www.forexfactory.com 等网站上提供了现货黄金保证金交易的散户多空比例走势，观察一下它们在关键点位的特征。

（3）看下斯坦利·克罗（Stanley Kroll）的相关著作，他的一些重点进场策略其实就是见位进场法。

第四课

黄金交易中的破位进场法和持续 K 线

见位进场是近年来兴起的一种进场策略，正统的趋势交易者倾向于采用破位进场，之所以有这种差别最为主要的原因有两点：第一是由于日内交易的出现使得交易者倾向于采用更为激进的进场方式，因为日内交易比日间交易更适合见位进场，而且日内交易者倾向于抓住更多的机会，日内走势也更为反复和震荡；第二是由于不少交易者受到广泛流传的趋势跟踪，特别是突破交易法的影响使得假突破越来越多。虽然见位交易现在风头正盛，但仍旧不能忽视破位交易的效力，当今不少大师级的交易者仍旧恪守破位进场的原则，特别是期货交易者，哪怕他知道 10 次突破有 7 次都有可能是假的，但是仍旧坚持这 10 次突破都进场，成功后加仓，毕竟对于假突破与真突破并没有十分灵验的识别方法。

破位进场是我们本课介绍的**主题之一，而主题中的主题则是持续 K 线在破位进场中的运用。持续 K 线在传统 K 线理论中的重要性较低**，也不是交易大众关注的焦点，因为他们认为 K 线理论就是教人识别最高点和最低点的，所以反转 K 线形态才能引起他们的兴趣。由于对持续 K 线的忽视，使得人们的注意力由趋势跟随变为预测顶底，这也是绝大多数 K 线交易者失败的原因之一。破除那种 K 线能够识别顶底的观念才能引导大家走向 K 线交易的正途。

破位进场不太符合人类的天性，而见位交易则比较符合

> 由于对于持续 K 线的忽视，使得人们的注意力由趋势跟随变为预测顶底，这也是绝大多数 K 线交易者失败的原因之一。

人类的天性，虽然破位交易没有满足人类抓最高点和最低点的热情，但是却以次高点和次低点抓住了人类的部分欲望。破位交易是大师级人物的专利，因为只有他们才能从内心里适应这种方法、认可这种方法、掌握这种方法、发展这种方法。为了符合人类的天性倾向，我们将见位进场放在了本书的前面，而将破位进场放在了见位进场的后面，希望读者在掌握见位进场之后能够"大胆买高，卖在更高"。以前期的高点、低点、进场点作为参照基准，这是不少交易者失败的另外一个原因。

本课第一节详细剖析破位进场的概念和技术要点，在与见位进场的对比中让我们感悟到两者之间的异同。接下来的几个小节则着眼于介绍具体的持续K线在破位交易中的运用。每小节都会涉及黄金现货和期货中的持续K线形态识别，也就是三种具体的破位交易策略：第一种是"域内日"破位交易策略；第二种是鞍马破位交易策略；第三种是传统R/S破位交易策略。传统R/S也涉及见位交易策略，但是我们之前一课并没有提到这一策略，也就是没有提到传统R/S见位交易策略，原因有两个：第一，斐波那契见位交易中的0水平线和1水平线相当于前期高点和低点构成的传统阻力线或者支撑线；第二，传统R/S见位交易容易误用，从而逐渐变成了反趋势的顶底交易。

本课的学习要点是：

第一，掌握破位进场的基本概念，特别是其中的一般技术要点。

第二，掌握各种主要K线持续形态的识别技巧。

第三，掌握"域内日"破位交易策略中持续K线的运用，域内日破位交易相对复杂一些，需要查看两个时间框架的内容，所以不作重点掌握。

第四，掌握鞍马破位交易策略，鞍马破位交易策略相对简单一些，所以应该作为破位交易的重点掌握策略。

第五，掌握传统R/S破位交易策略，这种破位应该算得上是一切破位交易策略的"老祖宗"，任何一种高级破位交易策略中都可以看到这种传统破位交易策略的影子。

第一节 破位进场的基本概念

见位进场我们在前面一课已经做了深入的介绍，本课我们主要介绍破位进场，要了解破位进场的基本概念就需要与见位进场放在一起做比较。破位进场是最为古老的进场方法，之所以能够流传久远最为根本的原因在于这种方法本身的无穷生命力，这

也是因为它与市场的最根本结构密切相关。只要有参与者进到某个品种中交易，则价格必然发生运动，而运动最基本的形式是"N"字，因为只有这样事物才能运动，这也符合哲学基本的**原理——否定之否定规律**，也就是事物的发展是以波浪式形态前进的，经历"发散—收敛—再发散"的过程。

我们分别对上升走势和下降走势中的破位进场进行说明。交易涉及出场，单单是进场不能称为交易，不过假定我们以进场的方法命名交易，则交易可以分为"见位交易"和"破位交易"。

先来看上升趋势中的破位进场，请看图 4-1。市场上升到 A 点之后出现了下落，在 B 点处止跌继续上升，B 点处的止跌往往都与某一斐波那契水平的支撑发挥作用有关（当然斐波那契水平的支撑作用其实只能看作是"温度计的刻度"，真正让市场止跌的因素来自于市场情绪），而 K 线的反转形态能够帮助我们提前确认支撑的有效。B 点之后往往是见位交易者进场的关键阶段，而破位进场做多者需要等待更加有利的上升信号，见位进场做多者倾向于认可激进的做多信号，而破位进场做多者则倾向于认可保守的做多信号。创出新高被认为是趋势向上的标志，也就是说市场会倾向于继续上升走势，在突破前期高点 A 时，破位做多者会采取行动，这时候 C 点的破位进场就确立了。点 A 在斐波那契线谱中可能处于 0 水平，也就是 AB 段回撤的起点，被分割上升波段的终点。所以，破位交易者采用的观察水平也是斐波那契线谱，只不过他们观察的是 0 和 1 水平而已。破位进场之前，交易者就应该把进场位和放置初始止损点的价格幅度搞清楚，如果进场点和初始止损点的幅度过大，大得超过了资金管理的比率，则应该放弃这笔交易。**举例而言，如果进场点和初始止损点引发的亏损额占到交易资本的 10%，则交易者从理论上来讲应该放弃这笔交易。**

价格运动最基本的形式是"N"字！

破位进场之前，交易者就应该把进场位和放置初始止损点的价格幅度搞清楚，如果进场点和初始止损点的幅度过大，大得超过了资金管理的比率，则应该放弃这笔交易。

上升走势中的见位与破位交易

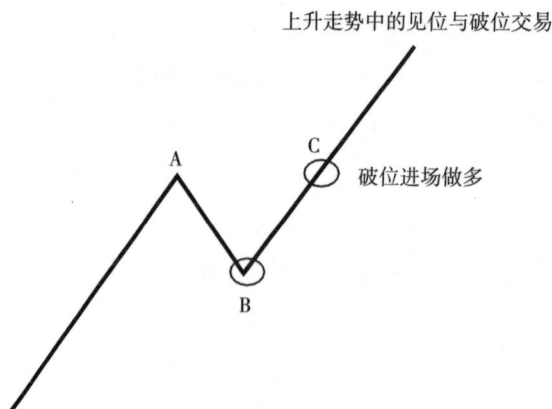

图 4-1　上升趋势中的见位和破位

一个策略的报酬风险比越高，也就是潜在报酬比潜在风险大，则其可以动用的资金百分比也就越多；一个策略的胜算率越高，也就是盈利可能比亏损可能更大，则其可以动用的资金百分比也就越多。

　　破位交易的初始仓位应该较见位交易轻，主要原因是破位交易的初始止损点一般放置在 B 点之下，只有较为激进的做法才会放置在 A 点和 B 点之间。而见位交易的初始止损点一般也放置在 B 点之下。由于破位交易通常要承担比见位交易更大的潜在风险，在相同的潜在利润前提下，其报酬风险比更差，加之两种方法的胜算率相同，则破位进场应该运用更少的仓量。这点从凯利公式就可以知道，凯利公式用文字可以这样描述：**一个策略的报酬风险比越高，也就是潜在报酬比潜在风险大，则其可以动用的资金百分比也就越多；一个策略的胜算率越高，也就是盈利可能比亏损可能更大，则其可以动用的资金百分比也就越多。**由于破位交易的潜在风险比见位交易的潜在风险更大，所以倾向于持有更轻的初始仓位。不过，我们交易界的朋友也有相反的看法：破位交易的潜在利润可能高于见位交易，拿做多交易为例，B 点附近进场的见位交易者，其潜在利润有可能就是 C 点，而 C 点附近进场的破位交易者则可能面临更大的利润空间；另外，见位进场不太符合趋势的根本特征，这就是创出新高或者新低，所以可能是在趋势衰退后才进场，胜算率可能要低些，因为 A 点跌到 B 点，B 点的回升只是反弹，只有超过 A 点高度，市场的趋势才能看涨，所以见位交易的胜算率反而较低。

　　从这位朋友的分析中，我们发现对于破位进场和见位进

场的优劣之别并没有明显的结论，而且每个市场的趋势特征还存在差别，所以大家只能同时重视这两种进场策略，将出场当作最后的砝码。

上面已经介绍了上升走势中的破位进场策略，下面我们来介绍下降走势中的破位进场策略，也就是破位做空的进场策略。其实，走势的分辨并不重要，因为我们可以通过仓位和出场位置的选择来管理交易，弥补自己趋势分析能力的不足。下降走势中的破位进场也需要与见位进场综合起来掌握，请看图 4-2。

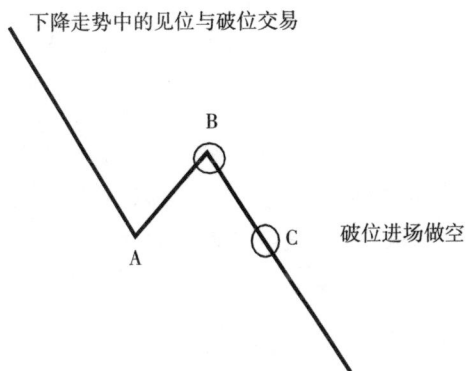

图 4-2 下降趋势中的见位和破位

市场先有一段下降走势，然后在 A 点反弹，反弹到 B 点结束，B 点很可能出现一些 K 线看跌反转形态，同时还是某一斐波那契水平所在。B 点附近恰好是见位做空的进场点，但是破位做空者还在关注市场能够跌破 A 点，这点往往是斐波那契线谱的 0 水平。由于假突破日益增加，所以我们需要通过运用 K 线技术（在股票市场上还要加上"成交量和分时图"）来甄别突破的有效性，假突破往往很短。假突破有两种情况，这两种情况都是因为市场突破之后乏力，缺乏后续力量继续推动市场：第一种情况是市场主力利用假突破制造陷阱，比如空头陷阱，诱捕空头，他们往往虚晃一枪，当然不可能制造持续时间很长的突破状态，因为他们的资金成本不允许这么做，制造持续时间很长的突破需要非常大的资金实力，这也是不太容易做到的；第二种情况是市场大众同时大仓量介入以至于突破之后没有力量来继续推动市场。股票市场中比较好理解的两种情况：第一种情况是 K 线以影线突破，而且成交量没有放大；第二种情况是 K 线往往也是以影线突破，但是成交量放大过大。一般适度放量才是真正的突破。**在外汇市场我们一般不能利用成交量，成交量受到时区影响很大，只能利用 K 线来甄别突破的真假，提高破位进场的胜算率。**在做空交易中，破位进场在图 4-2 的 C 点附近，也就是低于 A 点的某一水平处，初始止损则一般放置在 B 点之上，较为激进的交易者

结合财经日历和数据发布，你就能大致区分真假突破。

则放置在 B 和 C 点之间，放置初始止损点时还要考虑资金管理要求和过滤市场噪声的要求。

我们已经向大家展示了破位进场的两种基本情况：上升走势中的破位进场和下跌走势中的破位进场，下面我们初步演示下破位进场在两种非常有效的交易策略中的使用。一种破位交易策略是"域内日"突破交易策略，如图 4-3 所示。"域内日"类似于母子形态，但还是有一些差别，"域内日"是指一天波幅涵盖了次日（也可能是接连几日）的波幅，比如一天价格在 875.1~876.7 区间波动，而次日的波动区间则是875.5~876.5。简言之，前日的最高价高于次日的最高价，前日的最低价低于次日的最低价。图 4-3 中圈注的形态就是"域内日"，无论是西方日内交易名家伯恩斯坦还是外汇分析名家凯西·莲恩都非常重视"域内日"突破策略。"域内日"突破策略要求交易者首先找到一个"域内日"，然后以波幅较小这天的最高点作为破位进场做多的基点，以最低点作为破位进场做空的基点。

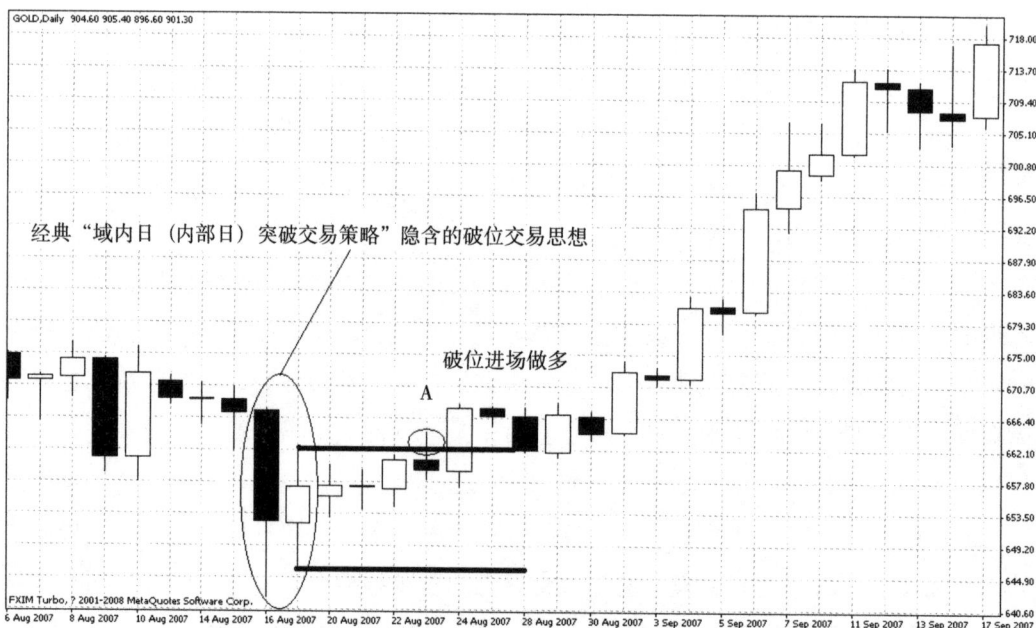

图 4-3　域内日策略

在上面这个例子中，波幅较小这天的最高点设定的破位做多点被触发，一个破位交易者可能会在图 4-3 的 A 点附近入场，做多止损通常放置在域内区间的中部。

"域内日"交易策略是一种特例，其一般形式是鞍马突破交易策略，两者都是以波动率突变为基础的策略。任何趋势的发动都是由"收敛"变为"发散"，而一个突破交易者就是要抓住这个"节点"或者说"临界点"。

对于波动率侦测非常有效的技术指标莫过于布林带和 ATR，而布林带更胜一筹，因为它利用了统计学离差的相关概念，能够帮助交易者更好地利用市场波动率的运用。如果要我们从这么多技术指标选择两种，我们选择布林带和斐波那契线谱。布林带一直是我们交易辅助工具的最爱之一，而鞍马式突破交易策略则是基于布林带的运用，请看图 4-4。图中叠加了布林带，利用它帮助我们寻找波动率异动的"节点"，同时还需要借助一些水平线来帮助我们观察突破点。水平线的设置是移动的，而且存在一点的主观性。布林带开始收口时，我们寻找现价开始 5~8 根 K 线的最高价和最低价设定破位做多点和破位做空点。请看图 4-4 中的两个例子，第一个例子是找出布林带收口后横盘走势中近期 5 根 K 线中的最低点和最高点，然后分别以 B 水平线和 A 水平线标注，之后只需要等待价格金价自身的走势来告诉交易者应该往哪个方向操作，在第一个例子中金价跌破了 B 水平线，于是交易者应该按照鞍马式突破交易策略进场做空，止损一般放置在 A 水平线上，激进的交易者则放置在 A 和 B 之间的位置。第二个例子

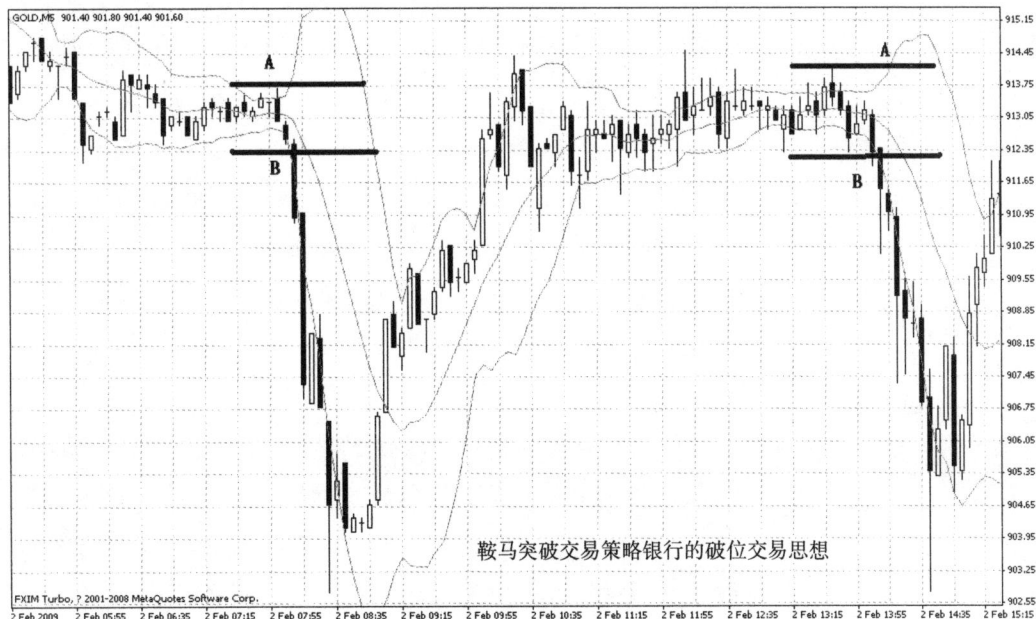

图 4-4　鞍马突破策略

也是这样的操作策略。但是，大家需要注意的是，无论是这里的鞍马式突破交易策略，还是之前的"域内日"突破交易策略，在我们的体系结构内都需要经过 K 线来过滤突破信号，这涉及本课的核心内容，这就是持续 K 线在破位交易策略中的运用。

出场法更不能忽视，短板是墨菲效应发生的地方。

交易进场的方式不外乎"见位进场"和"破位进场"两种最基本的方式，大家如果能够对两种进场方式有深入的掌握，则**可以做出非常的交易成就来**。同时，交易出场的方式也不外乎两种：第一种是一般交易大众倾向采用的"前位出场法"，第二种是少数成功交易者倾向采用的"后位出场法"。在开始下一节的正文之前，我们在此对读者进行一点关于出场的简单传授。前位出场法基于一个信念，那就是我们可以预测市场趋势的大致结束的目标价位，所以前位出场法又被称为目标价格出场法，这种出场方式不是由市场走势自身来告诉交易者是否应该了结头寸。采用这种出场方式的交易者一般认为自己能够有极大的概率抓住市场的转折点，所以这种出场方式与市场中失败大众的思维方式类似。利用斐波那契延伸水平预测市场目标价位一度成为很流行的技术，但是这绝非交易的正途。我们只能在这样几种情况下利用目标价格出场法：第一，如果你是复合式头寸，则可以在某个目标价位出掉部分头寸；第二，如果你基于市场统计找出了标准差很小的平均波幅，则可以以此波幅作为目标价格。其实，在一般情况下第二种情况现实中做到的可能性不大，因为它需要交易者能够发现市场驱动因素强度的变化，也就是限于市场平均波幅发生大幅变动之前，发现驱动市场活跃度的因素发生了变化。

后位出场法则着眼于跟随市场，让市场来告诉我们什么时候趋势结束了，这种出场方法与跟进止损是同一种方法，也就是等待市场价格走势来告诉你该出场了。后位出场法有时候显得很滞后，也就是损失了大半利润之后才出场，所以必须找到一种显得不那么滞后的后位出场法。

通过价格来出场的方法就是上面两种，也就是预定一个价格目标出场，通常是根据支撑阻力目标、利润目标、日均波幅、斐波那契延伸水平等来确定，而另外一种方法则是等待价格回撤到一定幅度决定出场，比如回撤百分比、上升走势中跌破支撑线（下降走势中跌破阻力线）等。

除了利用价格来作为出场判断的方法，还可以利用基于价格的技术指标，比如移动平均线和其他趋势指标，甚至震荡指标，这些方法的效果并没有直接基于价格的方法好，而且也可以归入前位出场法和后位出场法两者之中。震荡指标往往被用于前位出场法，而趋势指标则往往被用于后位出场法。

除了价格，**成交量是市场可以利用的另外一个维度的信息，黄金现货市场很难利用这个指标，因为没有一个可以提供全球即时现货黄金成交水平的信息平台。**不过股票市场中成交量是一种非常好的技术手段，通过成交量的放量和缩量来判断低点和高点，这是一种同步出场法。另外，我们可以把 K 线和斐波那契延伸线（或者是其他分析潜在支撑阻力水平的工具）结合起来识别出场点，这种方法也是同步出场法，因为这种出场法比前位出场法稍慢，但是比后位出场法更快。

对于复合式头寸采用者而言，可以分批进场，分批出场，这样就可以同时使用两种以上的进场方法和两种以上的出场方法。由于出场关系交易成败，因此出场的一个关键是向后位出场法靠拢，也就是如果你采用复合式头寸出场，则应该在后位出场法上出掉部分仓位，也就是必须将后位出场法作为其中的一种出场策略。出场是最重要的交易环节，要花最大的精力琢磨这个环境，先给大家提个醒！

表 4-1 总结了出场方法和进场方法，后面的章节将详细剖析出场方法，这里先大致了解一下。

黄金期货市场可以利用成交量和持仓量变化信息。上海黄金期货交易所和 COMEX 都有有效的成交量和持仓量数据可以使用。

表 4-1　进场和出场

交易过程	保守	中性	激进
常用出场方法	后位出场法	同位出场法	前位出场法
常用进场方法	破位进场法	顶位进场法	见位进场法
常用确认K线	持续K线	水平K线	反转K线

上述出场法的具体知识请查看本书后面部分，上述进场法中关于顶位进场法的相关知识请查看后面的章节。下面几个小节将从持续K线形态角度传授破位进场的诀窍，我们就从具体的破位进场方法开始吧。

第二节　重要的持续K线（1）：大阳线

大阳线是最为重要的持续K线形态之一，也是最简单的持续K线形态之一，其他持续K线都是在此基础上形成的。阳线是收盘价高于开盘价的K线，大阳线是一种相对称谓，主要指其实体部分（收盘价和开盘价之间的部分）大于走势中其他大部分K线的实体，如图4-5所示。大阳线非常显著，在股票、期货、外汇和黄金走势中都是重要的持续形态，有一些股票交易者利用大阳线来识别市场的底部，如果配合成交量变化，这种方法的有效率还是很高的。

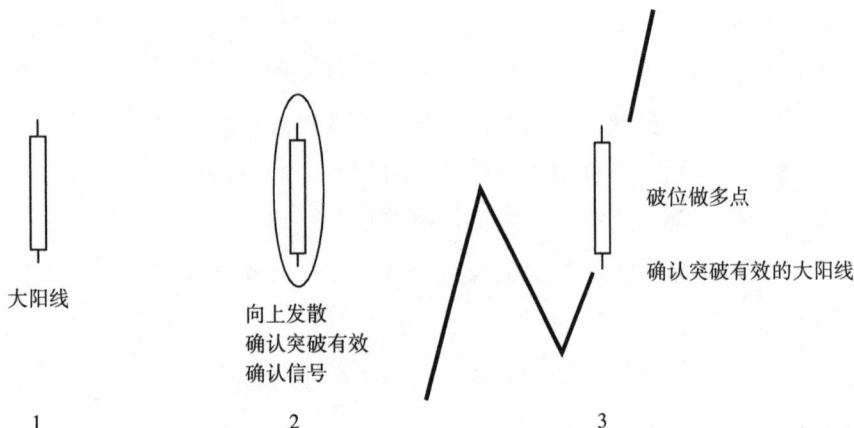

图 4-5　大阳线

大阳线从技术形态来讲是一种向上发散形态，它表征了向上的走势，同时表明其向上贯穿区域的阻力是无效的，突破是有效的，所以它往往作为突破有效的确认信号。

当我们进行破位进场交易时，往往会利用大阳线作为向上突破有效的标志，并在大阳线创出新高时进场做多，止损一般放置在近期波段低点的下方。下面我们先带大家去看看黄金现货走势和期货走势中的大阳线形态，然后向大家传授如何利用大阳线形态进行具体的破位进场交易，最后会带大家进行一些简单的巩固练习，下面就开始我们的学习之旅吧！

1. 黄金保证金（现货市场）中的大阳线形态

大阳线仅凭肉眼观察就可以识别出来，这是 K 线形态中最为简单的一种形态，请看图 4-6，这是黄金 1 小时走势图，图中圈注了两处较为明显的大阳线，它们都处在一段涨势的中间靠近开始的位置，也就是它们往往倾向于一段涨势的前半段出现，它们出现之后市场往往还又上涨一段。大阳线的这种运行规律也告诉大家一个道理，那就是不管大阳线使得市场价位看起来多高，都不能在大阳线出现之后立即做空，这是最典型的非理性做空行为，仅仅是因为价位在交易者看来过高就进行做空交易。下面三个大阳线形态基本都处在突破某一关键阻力线的位置处，这就发挥了我们所谓破位交易的作用。

图 4-6 黄金保证金（现货市场）中的大阳线形态（1）

我们再来看图 4-7，这是黄金日线走势图。图中圈注了多达四处的大阳线，每根阳线之后市场都至少又上涨了一根阳线，单单是这条规律就能为交易者带来不少价值。

现货黄金走势中的大阳线

图4-7　黄金保证金（现货市场）中的大阳线形态（2）

大阳线并不复杂，所以我们也不用费太多的唇舌来描述它，我们赶紧看看黄金期货走势中的大阳线形态吧！

2. 黄金期货中的大阳线形态

商品期货走势中那些特别明显的K线，具体而言就是大阳线，往往都是每年1~3波单边行情启动的重要标志。黄金期货每年走势规律与商品期货那种每年1~3波中级行情的规律有区别，这主要是因为黄金期货与现货的联动关系，更为重要的是黄金不是纯粹的商品。尽管这样，**大阳线仍旧是黄金期货上涨走势中上半段的一种特有标志，如图4-8所示，这是黄金期货日线走势图**，其中圈注了一根较为明显的大阳线，标志着一波上涨走势还要持续下去。

我们再来看第二个例子，请看图4-9，这是黄金期货日线走势图，其中圈注了一根大阳线，这根大阳线也是处在涨势的前半段，当然也不全是这样。不过这里要澄清一个问题，所谓大阳线是和相邻走势中的K线比较而言，是个相对的概念。

黄金期货每年走势规律与商品期货那种每年1~3波中级行情的规律有区别，这主要是因为黄金期货与现货的联动关系，更为重要的是黄金不是纯粹的商品。

现货黄金走势中的大阳线

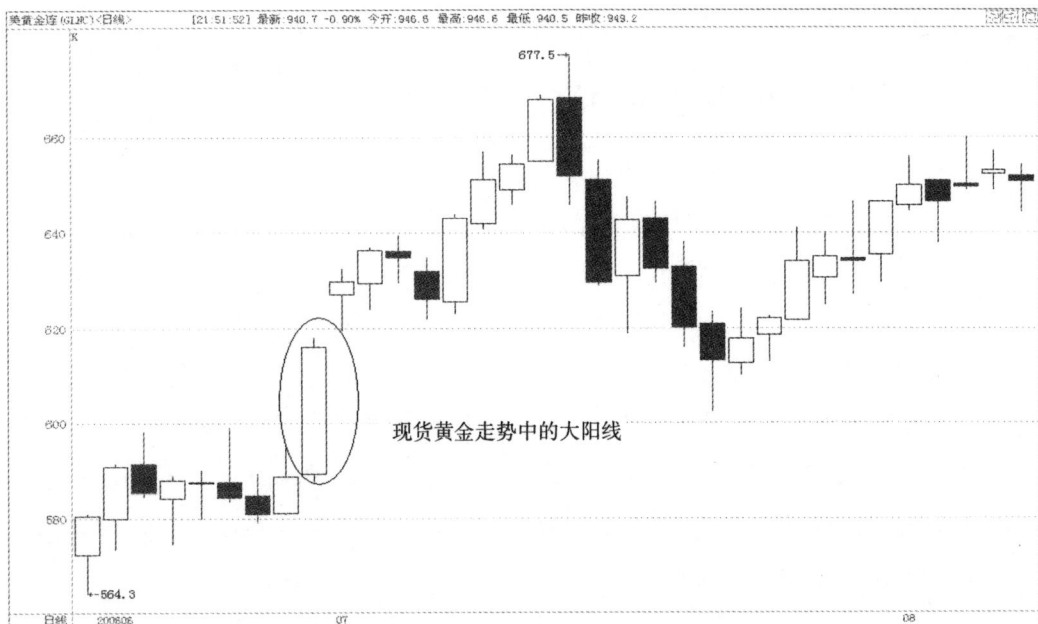

图 4-8　黄金期货中的大阳线形态（1）

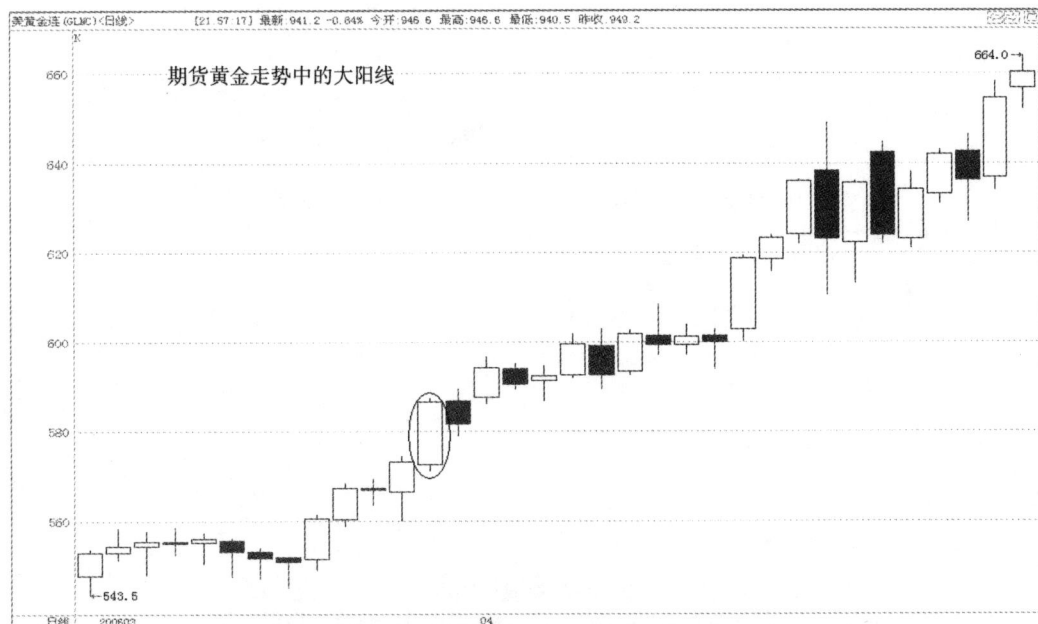

期货黄金走势中的大阳线

图 4-9　黄金期货中的大阳线形态（2）

通过展示黄金现货和黄金期货走势中的大阳线，我们对于大阳线已经有了非常直观的认识，下面我们开始接触大阳线在具体交易策略中的运用。我们这里介绍的破位交易策略，严格说是进场交易策略：第一种是"域内日"破位交易策略；第二种是鞍

马式破位交易策略；第三种是传统 R/S 破位交易策略。

3."域内日"破位交易策略中的大阳线形态

"域内日"破位交易涉及两重时间框架：第一重时间框架是日线，用于帮助我们发现"域内日"模式。第二重时间框架是小时图，用于确认破位走势有效，以便管理具体的交易。我们下边给出两个例子用以说明"域内日"破位交易，请先看第一个例子。

首先，我们需要在日线走势图上找到一个"域内日"模式，如图 4-10 所示，这是黄金日线走势图。如果一日的高点在次日的高点之上，而低点在次日低点之下，则我们就定义这两天构成一个"域内日"。当然可能是两个"域内日"叠加在一起，本例就是如此。第二天是第一天的"域内日"，第三天是第二天的"域内日"，这种情况下我们可以选择第三日的最高点和最低点作为突破的基准，但最好还是选择两个"域内日"的最高点和最低点作为突破的基准。

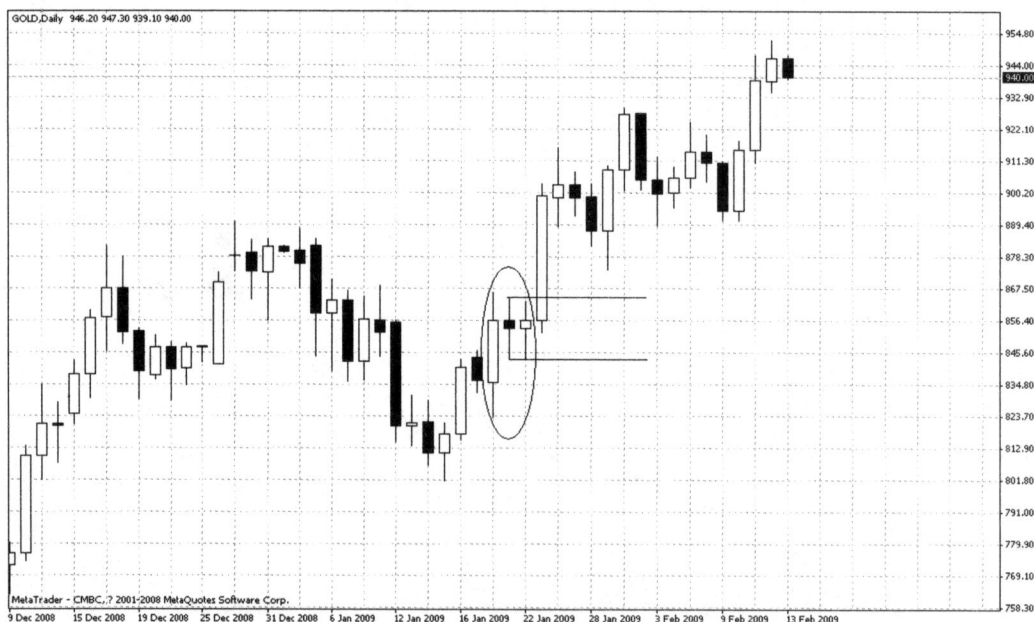

图 4-10 "域内日"破位交易策略中的大阳线形态（1）

一旦从日线图上找到了"域内日"，并且确定了破位观察的上下基准，则我们可以在小时走势图上画出这两条基准线，然后等待价格的有效破位。请看图 4-11，这是对应于图 4-10 的黄金 1 小时走势图。在小时图上做出破位基准线后，价格来回在此区间内波动，最后以一根大阳线突破上基准线，这就确认了向上突破的有效性，于是我们

在此大阳线之后进场做多，并将初始止损放置在"域内日"的中线之下一点。

图 4-11 "域内日"破位交易策略中的大阳线形态（2）

下面我们再来看第二个例子，第一步还是确认最近两天（或者说几天）的走势是一个"域内日"模式，如图 4-12 所示，这是黄金日线走势图。然后，我们找到"域内日"最高价和最低价，记住了价位水平。

图 4-12 "域内日"破位交易策略中的大阳线形态（3）

其次，我们在小时图走势上标出上下基准线，然后等待市场的有效突破，如图 4-13 所示。最后市场单边小幅上扬之后以大阳线突破上基准线，此信号确认了向上突破有效，于是我们在大阳线之后一根 K 线进场做多，并将初始止损放置在"域内日"区间的中线之下一点。

图 4-13 "域内日"破位交易策略中的大阳线形态（4）

"域内日"突破交易是杰克·伯恩斯坦等竭力推荐的策略，其有效性根源于市场周期性的"收敛—发散"，一个存在交易的市场一定会有这样的周期，而不会始终处于收敛或者发散状态。立足于这种敛散周期的交易策略很多，最基本的一种就是鞍马式破位交易策略，当然海龟交易采用的周规则也是此例中的一员。

4. 鞍马破位交易策略中的大阳线形态

鞍马破位交易策略在外汇市场的运用很广泛，因为外汇市场的周期性"收敛—发散"很有规律，通常澳大利亚—亚洲市场呈现收敛状态，而欧洲—美洲则呈现发散状态，所以根据亚洲市场的收敛来设定突破基准，等待欧美市场的突破。鞍马式破位交易策略需要利用布林带来帮助识别收敛状态，同时也可以利用布林带来帮助设定基准线。通常，我们**会等待布林带收**口，出现了至少 5 根横盘整理的 K 线，然后我们会等待选择处于布林带之外的 K 线最高点和最低点用于设定突破基准线，所谓布林带之外，

是指 K 线的最高点或者是最低点，而不是整个 K 线在布林带之外。设定突破基准线之后，我们需要等待金价以持续 K 线形态突破一边基准线和布林带轨道，通常基准线后于布林带轨道被突破。

布林带收口表明波动率下降，持续一段时间之后，趋势出现的概率增加了。

　　下面我们来看几个利用大阳线进行鞍马破位交易策略的实例。图 4-14 是第一个实例，这是黄金 1 小时走势图。其中有两处可以设定基准线的横盘整理，同时这两处设定的突破基准线都被大阳线突破确认有效，我们把初始止损点设定在两基准线构筑区域的中线之下或者是布林带中轨之下。

图 4-14　鞍马破位交易策略中的大阳线形态（1）

　　第二个例子如图 4-15 所示，这也是黄金 1 小时走势图。由于价格极端收敛使得位于布林带下轨的最低价没有出现，所以我们变通地用位于布林带中轨之下的最低价来构筑下破的基准线。然后找到布林带上轨之上的 K 线最高点，构筑上破基准线。构筑完上下基准线之后，我们就等待市场来告诉我们有效的突破，本例中市场最终以大阳线向上突破，于是我们在此大阳线之后的 K 线进场做多，并将初始止损放置在

布林带中轨之下或者是基准区域中线以下。本例中，在大阳线向上突破之前，市场也以小实体 K 线向上破位几次，但是这不符合我们确认有效突破的原则，也就是没有以持续 K 线向上破位，这样我们就用 K 线过滤市场无效的突破，无效突破体现在时间上就是持续时间短，体现在空间上就是突破幅度有限，如果是股票的话，则成交量没有适度放大（对于无量涨停的个股则另作他论）。

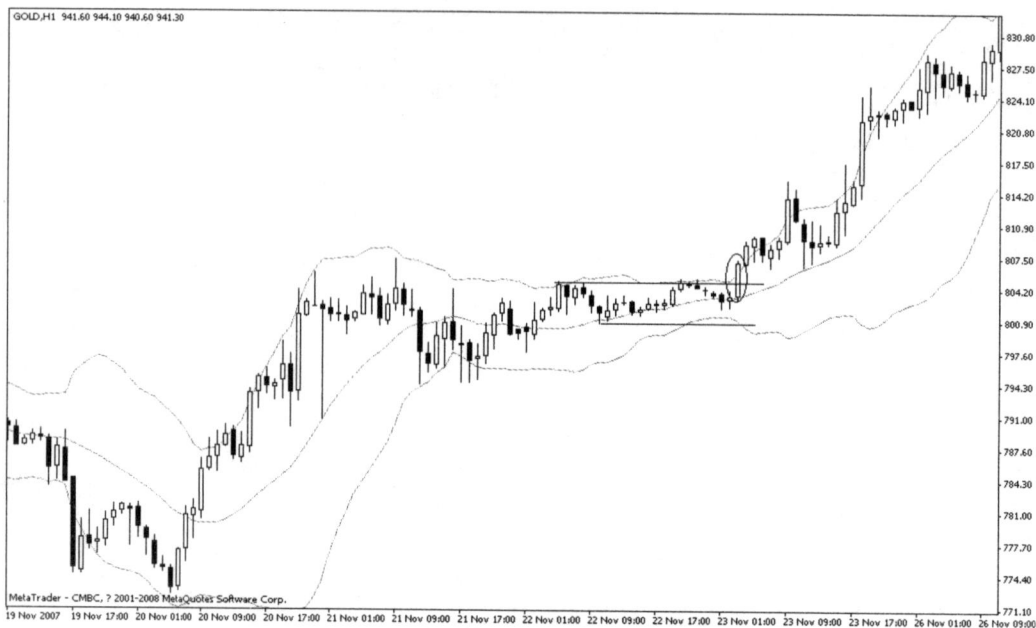

图 4-15　鞍马破位交易策略中的大阳线形态（2）

第三个例子如图 4-16 所示，此图是黄金 1 小时走势图，我们可以很容易在横盘一段时间之后找到位于布林带上轨之上的 K 线最高点，由此设定上破基准线，但是很长一段时间市场并没有给出下破基准线，我们权且以盘整区内最低点设定下破基准线。上破基准线的大部分要处于布林带外轨之上，突破时则必须处于布林带上轨之外，下破基准线的大部分要处于布林带下轨之下，突破时则必须处于布林带下轨之下。最后市场以大阳线突破上基准，于是我们在大阳线之后一根 K 线入场做多，并将初始止损放置在布林带中轨之下或者是基准区域中线之下。

在鞍马式破位交易进场中，基准线的设定不是最重要的，甚至可以说是不重要的，关键是用什么去确认突破基准线有效以及如何设定初始止损点。在鞍马式交易中布林带可以帮助你进行很好的观察，可以作为一种辅助的突破基准线。

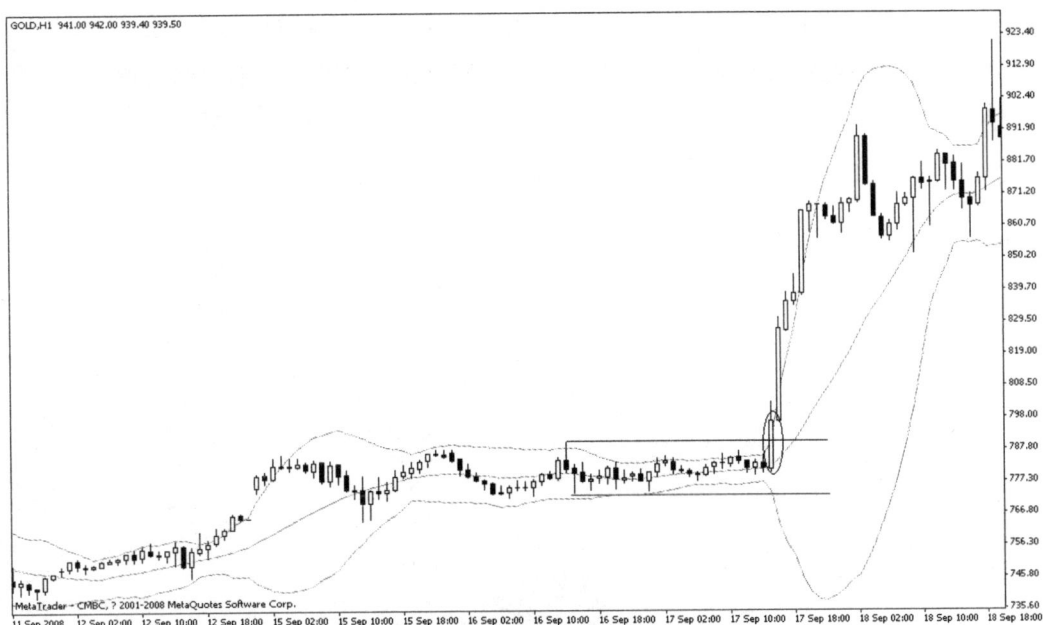

图 4-16　鞍马破位交易策略中的大阳线形态（3）

5. 传统 R/S 破位交易策略中的大阳线形态

　　R/S 是"阻力水平或支撑水平"的缩写，R 代表阻力水平，S 代表支撑水平。所谓传统的 R/S 水平，就是指前期高点、前期低点、前期成交密集区构成的支撑阻力水平，这与斐波那契线谱构成的支撑阻力水平相区别，也与江恩各种线谱构成的支撑阻力水平相区别。我们在讲见位交易策略的时候，省略了这部分，其实见位交易策略也可以利用反转 K 线去识别一些传统 R/S 构筑的反转水平位置，之所以不这样去传授大家是因为这种方法太容易滋生出逆势操作的习惯，不过大家可以将其他见位交易策略中的思路移植到传统 R/S 见位交易策略中去，比如一个黄昏之星在前期高点价格水平处出现，则可以轻仓做空，止损放置在前期高点之上**一些价位上**。

> 可以将其他见位交易策略中的思路移植到传统 R/S 见位交易策略中去。

　　下面我们来看几个利用大阳线进行传统 R/S 破位交易策略的实例。请先看图 4-17，这是黄金 1 小时走势图，图中标注了两处前期高点构成的阻力线，一处是 R1，一处是 R2。

第一处突破被确认有效进场后不久价格开始大幅下落，很快就触及我们的初始止损，因为初始止损一般放置在前期高点之下或者是近期低点之下，由于近期低点太远，所以放置在前期高点之下。第二处突破被大阳线确认有效之后，我们在此后一根 K 线入场，初始止损放置在前期高点之下，也就是 R2 之下。

图 4-17　传统 R/S 破位交易策略中的大阳线形态（1）

我们再来看一个例子，请看图 4-18，这是黄金 1 小时走势图。我们首先找到近期的高点或者低点，极少用到成交密集区来设定突破基准。我们会利用行情软件上的画图工具做出该点的水平线，在本例中就是利用前期高点画出阻力线 R，然后等待价格突破，在实际交易中也会寻找一个支撑线，如果本书将全部过程的每个阶段分别截图，则会显得相当冗余，于是我们选择将最终走势图作为示范。本例中，金价走势最终以一根大阳线向上突破 R 构成的阻力，于是我们在此大阳线之后一根 K 线进场，大阳线是确认信号，而此进场 K 线是进场信号。初始止损设定在 R 水平线之下一点。

图 4-18　传统 R/S 破位交易策略中的大阳线形态（2）

第三节　重要的持续 K 线（2）：大阴线

掌握了大阳线在各种具体破位交易策略中的运用，再来学习大阴线在这些策略中的使用就相对容易了。阴线是收盘价低于开盘价的 K 线，而大阴线则是相对于走势相邻的其他 K 线而言，其开盘价和收盘价之间的距离更大的 K 线，如图 4-19 所示。

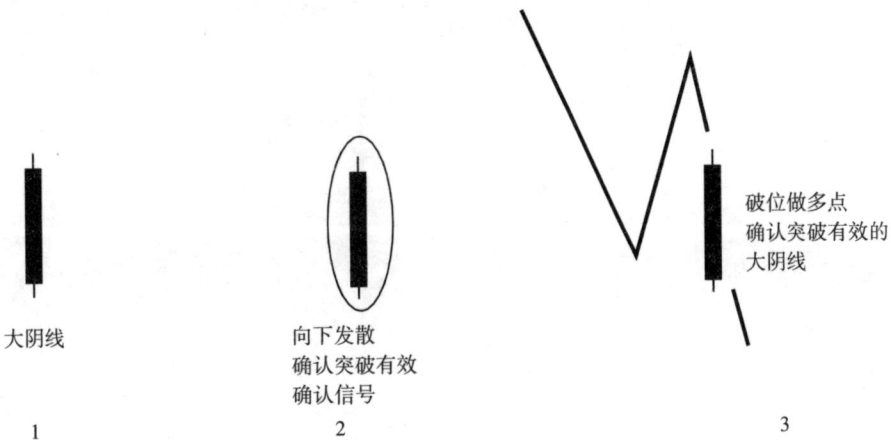

大阴线

1

向下发散
确认突破有效
确认信号

2

破位做多点
确认突破有效的
大阴线

3

图 4-19　大阴线

189

大阴线从技术结构上看是一种最为典型的向下发散形态，也是最简单的向下发散形态，它确认了向下突破的有效性，所以是一个确认信号，紧跟它之后的一根K线是进场信号。大阴线作为主要的持续形态，可以用于确认向下破位的有效，而进场做空后的止损点往往放置在被跌破的支撑线的上方，部分情况下也可以放置在不远的近期高点之上。下面我们还是从走势实例中先对大阴线有一些直观的技术性了解，接着我们再从具体的三个破位策略中掌握它的运用：第一，如何在"域内日"破位做空交易中利用大阴线；第二，如何在鞍马破位做空交易中利用大阴线；第三，如何在传统R/S破位做空交易中利用大阴线。

> 大阴线作为主要的持续形态，可以用于确认向下破位的有效，而进场做空后的止损点往往放置在被跌破的支撑线的上方，部分情况下也可以放置在不远的近期高点之上。

1. 黄金保证金（现货市场）中的大阴线形态

与大阳线一样，大阴线不会出现在一段顺向走势的末端，具体而言：大阳线一般不会出现在一段上升走势的末端，大阴线一般不会出现在一段下跌走势的末端。

我们来看几个大阴线的例子，请先看第一个例子，如图4-20所示，这是黄金1小时走势图。图中圈注了一根较为

现货黄金走势中的大阴线

图4-20　黄金保证金（现货市场）中的大阴线形态（1）

显著的大阴线，其后的走势如行云流水一般。正如我们前面提到的一样，所谓大阴线必须是基于一段走势而言，没有绝对的大阴线的模型，只有与前后走势中的 K 线相比较才能知道什么是真正的大阴线，同时大阴线出现在一段下跌走势之中往往表明跌势还没有结束，千万不能因为市场跌得厉害，就认为市场跌到位了。

再来看第二个例子，请看图 4-21，这是黄金小时走势图，图中圈注了两处，这两处的形态是相反的，第一处的三根阴线，其实体越来越小，呈现"渐短"态势，而第二处的三根阴线，其实体则是越来越长，呈现"渐长"态势。不管如何，这两例中的**大阴线之后市场都有一定幅度的下跌**，这又再一次告诫交易者，不能"接掉下来的刀子"，所谓的"刀子"就是指大阴线。

阴线实体越来越短，表明下跌的速率越来越小，加速度为负，局部反转可能性大；阴线实体越来越长，表明下跌的速率越来越大，加速度为正，局部持续可能性较大。不过，结合驱动面更好。

图 4-21　黄金保证金（现货市场）中的大阴线形态（2）

上面这两个例子除了让我们了解了大阴线的不可止跌性，还让我们知道了通过实体大小来了解市场运动的加速度状态，以及其与局部反转或者持续的关系，下面我们再来看看黄金

期货走势中的大阴线形态。

2. 黄金期货中的大阴线形态

请看图 4-22，这是黄金期货日线走势图，图中圈注了两处，第一处圈注了一根大阴线，其后的市场走势有停顿和反抽，不过反抽形成的较长上影线表明市场上行的阻力较大，这根大阴线之后的走势仍旧是以下跌为主的。第二处圈注了三根阴线，这三根阴线的实体逐渐变长，整体来看表明下跌在加速，最后一根大实体阳线之后的市场走势也有停顿，不过主流还是下跌。

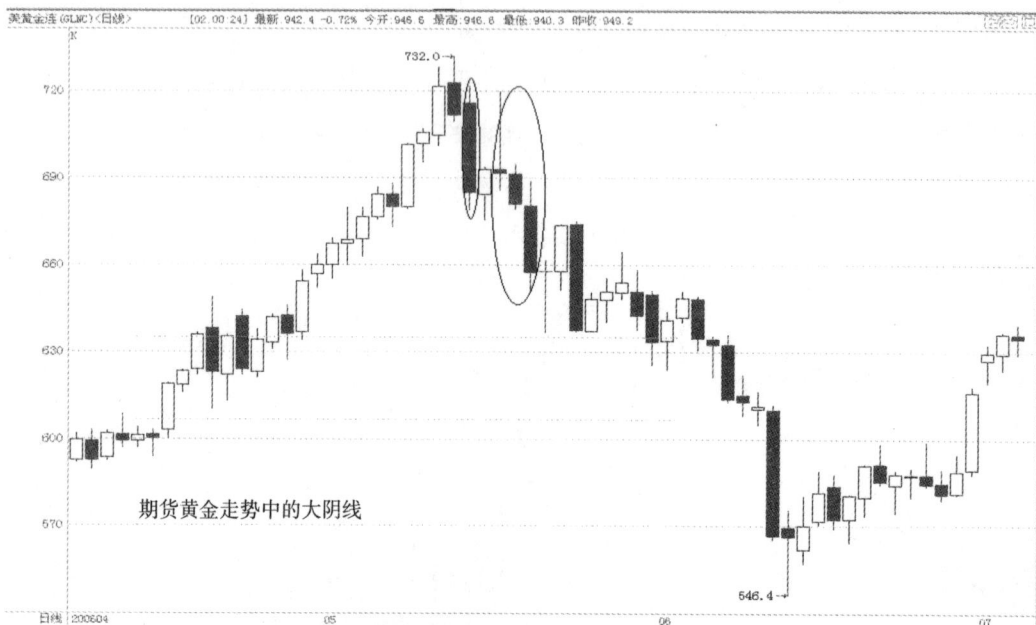

期货黄金走势中的大阴线

图 4-22　黄金期货中的大阴线形态（1）

我们再来看一例，如图 4-23 所示，这也是黄金期货的日线走势图。其中圈注了一处，这是单一的大阴线，它出现之后市场保持继续下跌的走势，从图 4-23 中大家还可以了解一个比较有用的原理——"对称原理"。上涨趋势的成交密集区与前面的下跌走势的成交密集区对应，而下跌走势的成交密集区与前面的上涨走势的成交密集区对应。大阴线下跌之后市场出现横盘，横盘的位置与之前上涨过程中横盘的位置对应，读者可以去看看黄金和其他金融品种的历史走势图，从中可以发现不少相邻的上下走势和下上走势都具有这种对称性，这个"对称原理"对于实际交易操作有什么用处呢？最大的用处在于我们对即将到来的调整会有心理准备，能够正确对待持仓过程中的震荡

走势。如果你从事几回真实的交易，你会发**现震荡走势对于持仓交易者而言无异于慢性折磨，它耗费你的精力，打击你的信心**。你掌握了"对称原理"则无异于掌握了市场中的一种普遍结构，这种结构会给你的操作带来极大的便利，对你的交易信心也有很大的提升。

震荡走势处于波动率下降的状态。

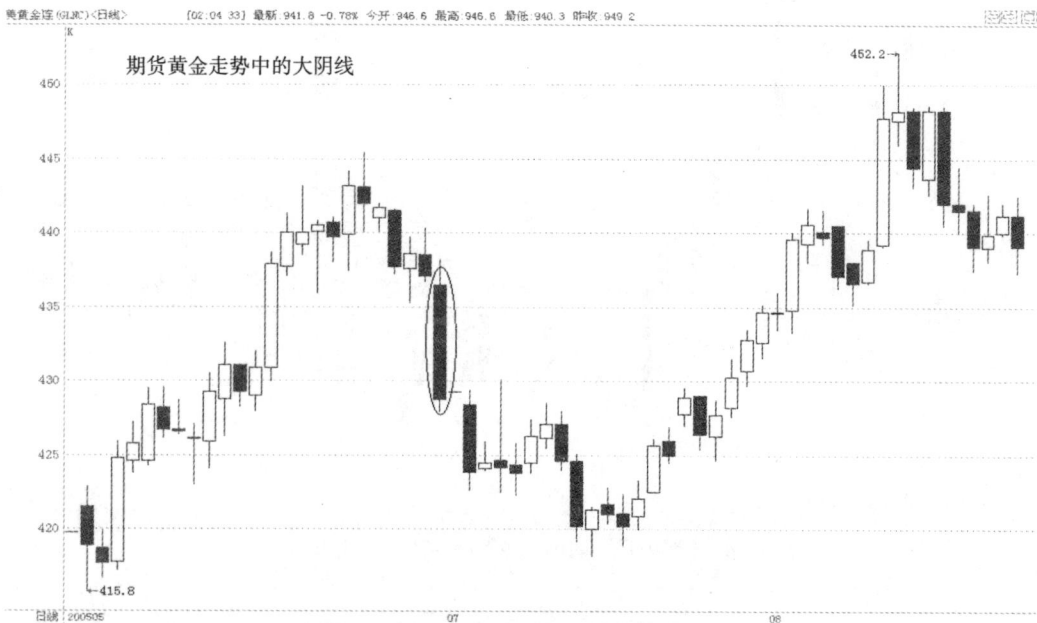

图 4-23 黄金期货中的大阴线形态（2）

对具体黄金走势中的大阴线和相关形态知识有初步的了解之后，我们需要进一步将其纳入实战的范畴，下面我们就从"域内日"破位交易策略、鞍马破位交易策略和传统 R/S 破位交易策略三个角度演示大阴线作为持续 K 线的用法。

3."域内日"破位交易策略中的大阴线形态

这里我们演示两个"域内日"的破位进场策略，两个"域内日"模式如图 4-24 所示，分别圈注为 A 和 B。需要注意的是，在正式的交易中，交易者也需要先在日线图上查看最近两天的走势，看看是否出现了所谓的"域内日"模式，关于此模式的定义和标准模型可以翻看本书前面的部分，这

域内日波动率降低，预估下潜在的突破驱动因素更有利把握真突破。

里不再赘述。找到日线走势上的"**域内日**"之后，我们找出其域内部分的最高点和最低点，然后去日线图上利用画线工具标注出这两个水平。

图 4-24 "域内日"破位交易策略中的大阴线形态（1）

我们首先标注出了 A"域内日"的域内部分的高点价位和低点价位，如图 4-25 所示，这是黄金 1 小时走势图。标注出来以后，交易者就要密切关注金价在两个基准水平上的行为，首先市场向上跳空，然后以一根大阴线结束突破，由于是以阴线向上突破，所以向上突破无效，接着市场返回区域后，以大阴线跌破下基准线，这就确认了向下突破的有效性，于是我们在大阴线之后的一根 K 线入场做空，并将初始止损放置在域内空间中线之上一些。

我们再来看 B"域内日"被识别出来之后，交易者在黄金 1 小时走势图上的操作。请看图 4-26，我们首先将域内区间的最高价位和最低价位在小时图上用画线工具标注出来，如图 4-26 所示。其次就是等待市场自身的行动来告诉我们，应该怎样持仓和进场。市场在开盘后不久就以大阴线跌破了

下基准线，于是我们进场做空，并将初始止损设定在域内区间中线之上一些。

图 4-25　"域内日"破位交易策略中的大阴线形态（2）

图 4-26　"域内日"破位交易策略中的大阴线形态（3）

"域内日"破位交易策略是一种基于日间波动率差异的破位策略，而鞍马破位交易策略则是一种基于小时图波动率差异的破位策略，当然鞍马破位交易策略也可以用于更小的时间结构，比如 15 分钟图和 5 分钟图，下面我们就来看看大阴线在鞍马破位交易策略中的运用。

4. 鞍马破位交易策略中的大阴线形态

我们用两个例子来说明鞍马破位交易策略中的大阴线运用。请看第一个例子，如图 4-27 所示，这是黄金 1 小时走势图。在进行鞍马破位交易时，我们需要先查看最近的黄金 1 小时图走势是否出现了一定时间的收敛，一般要求 5 根以上的横盘，然后你再查看盘整部分的 K 线位于布林带上轨之上部分的最高价和位于布林带下轨之下部分的最低价，以此分别做出上基准线和下基准线。有时候需要变通处理，因为就我们的鞍马破位交易策略而言，基准线的设定并不是最关键的部分，所以精确性要求不高，我们策略的核心部分集中于利用持续性 K 线来确认突破有效。本例中我们设定上下基准线之后，等待市场有效突破确认。最后，市场以大阴线跌破此下基准线，这就确认了向下突破的有效性，我们应该在此大阴线之后一根 K 线进场做空，并将初始止损点设定在布林带中轨之上或者是基准空间中线之上。当然，在大阴线出现之前市场也有小实体 K 线，甚至阳线跌破过下基准线，但是这些都不是持续型 K 线，所以无法确认

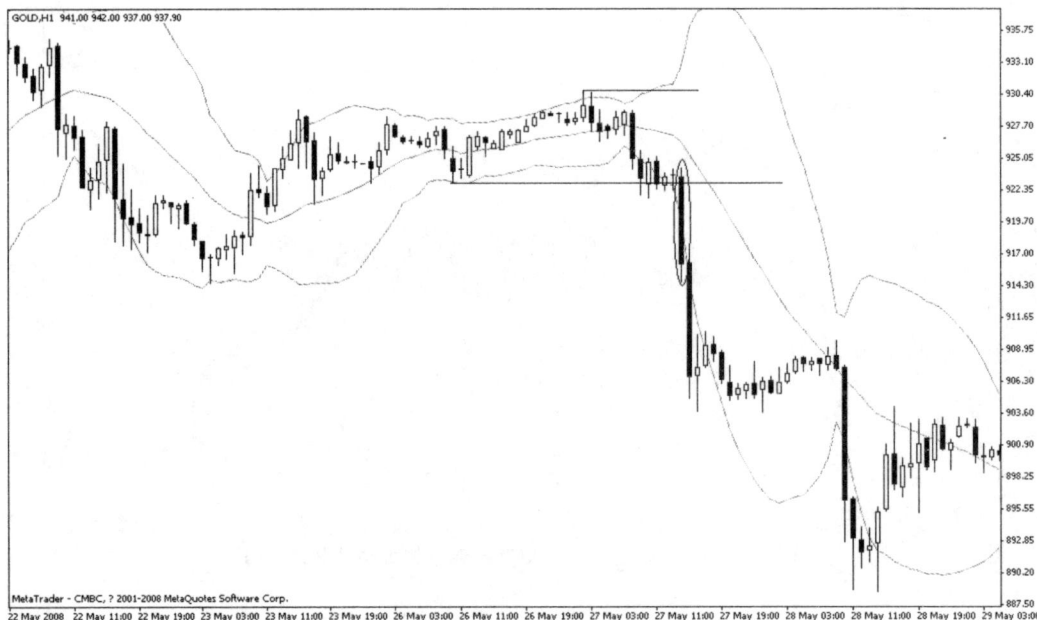

图 4-27　鞍马破位交易策略中的大阴线形态（1）

或者说不能高效确认向下突破的有效性。

我们再来看第二个例子，请看图 4-28，这是黄金 1 小时
走势图，根据鞍马破位交易的基本要求我们做出冷上下基准
线，请注意一个地方：我们在做下基准线时并没有采用很远
处那根部分在布林带下轨之外的 K 线的最低点，而采用了近
期最低点，这说明了在进行鞍马突破交易时上下基准线的确
定并没有严格的准则，但是确认突破有效却非常严格。这反
映我们在所有破位进场交易时重视破位的有效程度超过破位
设定本身。为什么这样呢？**最关键的原因在于如果我们想要
战胜其他投机客，就必须将注意力放在不同的地方，比如当
绝大多数投机客注重预测时，我们注重跟随；当绝大多数投
机客注重市场的涨跌时，我们注重进场；当绝大多数投机客
注重进场时，我们注重出场；当绝大多数投机客注重如何设
定破位标准时，我们注重设定破位有效的标准；当绝大多数
投机客注重分析行情时，我们注重仓位管理，如此等等。交
易的每个环节也存在竞争，当太多人注重每个环节的时候，
这个环节能够带来的利润就下降了，所以我们应该在把握每**

如果我们想要战胜其他投机客，就必须将注意力放在不同的地方。

图 4-28　鞍马破位交易策略中的大阴线形态（2）

个交易环节的基础上着力于被市场忽略了的环节。在本例中，我们重视突破有效的标准胜过突破的标准，在设定突破标准之后，市场以大阴线跌破了下基准线，于是我们在大阴线之后的一根 K 线入市做空，并将止损放置在布林带中轨之上或者是基准区域的中线之上。这里需要强调一点，要验证一个基准线是否有效，可以通过查看近期布林带外轨是否在两条基准线之外，有效的基准线应该处于近期布林带之外。

"域内日"破位交易和鞍马破位交易是最近 20 年发展起来的破位交易策略，下面我们介绍一下传统 R/S 破位交易策略中大阴线的使用。

5. 传统 R/S 破位交易策略中的大阴线形态

阻力支撑破位交易策略，简称 R/S 破位交易策略，传统 R/S 破位策略以前期低点、前期高点和前期成交密集区构筑的支撑阻力线作为破位基准，下面我们演示两个传统 R/S 破位交易策略，两个例子都与支撑线破位进场有关，第一个例子涉及现货黄金 1 小时走势，请看图 4-29。在实际交易中，我们需要查看离最近走势最近的显著低点和高点，在本例中我们找到一个显著低点，然后利用画图工具做出水平线，标注为 S，意为支撑线。之后我们等待市场以持续 K 线跌穿，这样我们进场做空，或者市场以反转 K 线触及，这时我们进场做多。突破很多，假突破更多，如何识别真突破才是破位交易策略的关键，而 K 线则是一个很好的工具。在本例中，市场最终以一根大阴线跌破了支撑线，我们在此大阴线之后一根 K 线入场做空，将初始止损放置在支撑水平 S 上。大阴线作为 K 线持续形态确认了跌破有效。

我们再来看第二个大阴线确认跌破有效的例子（见图 4-30），这是一个黄金期货交易中的例子，这是黄金期货走势图。找到近期一个显著的阶段性底部，利用画线工具做出水平支撑线，等待市场来告诉交易者应该如何操作，市场先是以影线轻微下破支撑线，之后下破两根 K 线才以大阴线下破

突破很多，假突破更多，如何识别真突破才是破位交易策略的关键，而 K 线则是一个很好的工具。

支撑线，大阴线实体下破支撑线，这时才能确认下破有效。

图 4-29　传统 R/S 破位交易策略中的大阴线形态（1）

图 4-30　传统 R/S 破位交易策略中的大阴线形态（2）

第四节　重要的持续 K 线（3）：看跌覆盖

看跌覆盖，又名下跌覆盖，其与看跌吞没在单纯形态上没有什么区别，具体的差异在两种形态之前的走势。看跌吞没要求其出现之前的走势为上升走势，而看跌覆盖则要求其出现走势之前的走势为下降走势。看跌覆盖的一般形式如图 4-31 所示，在下跌走势中出现了一根小阳线，然后接着一根大阴线，大阴线的实体上端高于小阳线实体上端，同时大阴线实体下端低于小阳线实体下端，从技术形态上而言与看跌吞没基本一致。

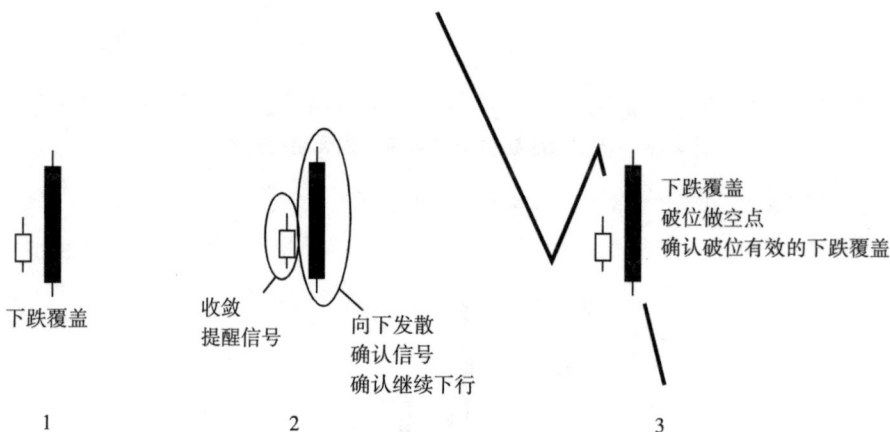

图 4-31　看跌覆盖

看跌覆盖中的小阳线是一个收敛信号，在下跌走势中出现的收敛表明市场处于休息状态，也是一种暂时的平衡状态，此后价格运行方向往往取决于收敛之后的发散方向，在看跌覆盖中大阴线向交易者指明了打破暂时平衡之后的市场走向，这就是继续下跌。大阴线是一个向下发散的确认信号，确认市场继续下行。因此，市场以看跌覆盖跌破某处支撑往往表明市场在此支撑附近短暂犹豫之后选择继续下行，看跌覆盖可以看作是不那么"干脆"的突破走势。看跌覆盖中的大阴线是确认向下破位有效的关键，所以看跌覆盖中对破位确认最关键的部分是这根大阴线。对于喜欢简单的交易者而言，破位交易以大阴线作为唯一标志是一个很好的做法，不过在这样操作之前还是应该对市场的复杂性有一定的直观了解。

下面我们就先从现货和期货黄金市场走势中具体的看跌覆盖吞没开始，然后转入三种具体向下破位交易策略的演示。

1. 黄金保证金（现货市场）中的看跌覆盖

看跌覆盖与利用 K 线进行趋势判别密切相关，趋势判断方法中有一种根据阴线和阳线平均实体大小来甄别趋势的方法，这种方法前面已经仔细介绍过了。这里简单温习一下：**如果近期阳线的实体明显大于阴线的实体，则趋势倾向于上升，如果近期阴线的实体明显大于阳线的实体，则趋势倾向于下降。**看跌覆盖是后一种情况的缩影，所以其象征着局部的下降走势。

K 线是已经发生了的表象！

请看实例，图 4-32 是黄金 1 小时走势图，图中圈注了两处看跌覆盖，它们之后的走势都是继续下降，所以从局部的意义来讲看跌覆盖确实是一种持续形态，而且是持续下跌的形态。不过，本例中的看跌覆盖并不位于某一支撑位置附近，准确而言是出现在支撑位置上方，而本例中充当验证下破位有效的 K 线是一根相对较大的阴线。

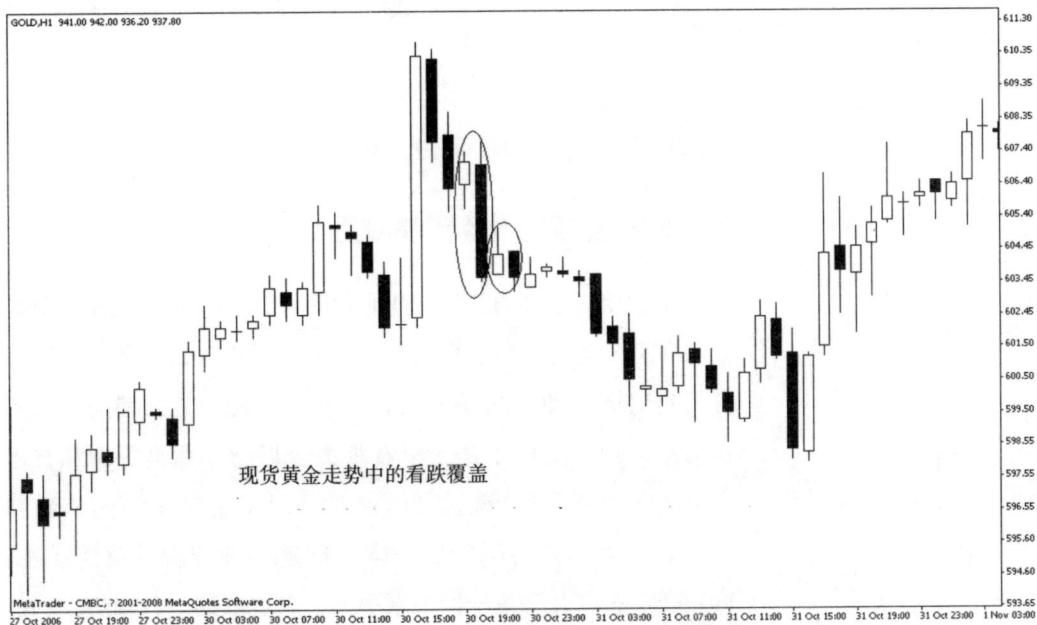

图 4-32 黄金保证金（现货市场）中的看跌覆盖（1）

我们再来看第二个实例，请看图 4-33，这是黄金日线走势图。图中圈注了两处形态，第一处的形态虽然不是看跌覆盖，但是与看跌覆盖一样，属于"收敛—向下发散"技术结构，所以从我们形态敛散分析理论的角度出发，这种形态与看跌覆盖的技术含义其实一样，所以也可以作为向下破位有效的确认手段。第二处的形态是标准的看跌覆盖，其继续看跌的技术意义从事后来看非常明显。

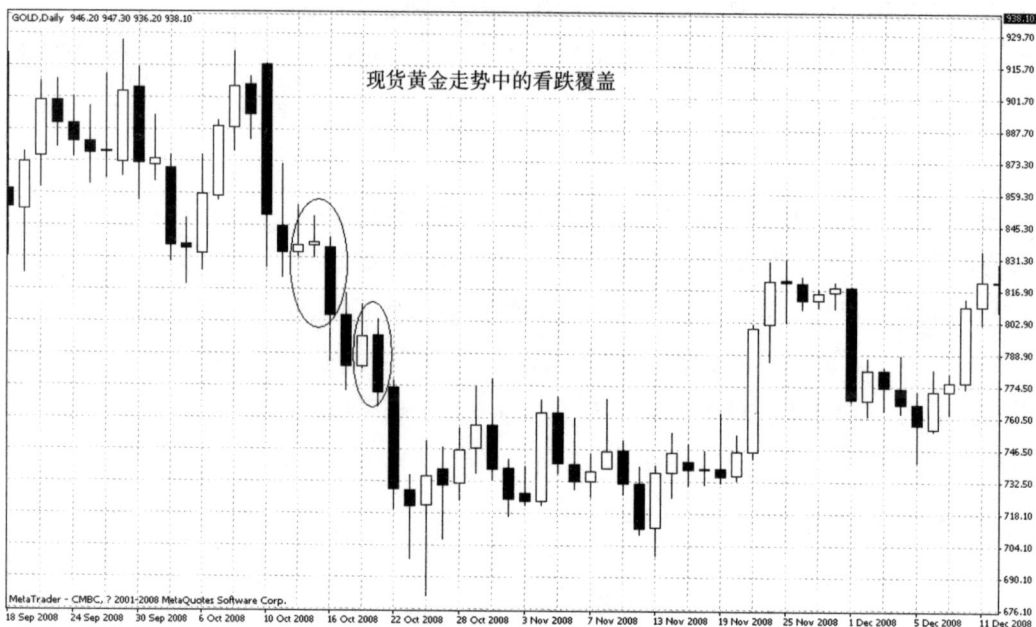

图 4-33　黄金保证金（现货市场）中的看跌覆盖（2）

2. 黄金期货中的看跌覆盖

黄金期货走势的趋势特征非常明显，所以 K 线甄别趋势的方法在黄金期货走势上特别有效，请看图 4-34，这是黄金期货日线走势图，图中圈注了三处：第一处是一个典型的看跌覆盖形态；第二处则不是一个看跌覆盖形态，而是一个从技术含义上等价于看跌覆盖的形态，我们可以把它看成是看跌覆盖形态；第三处与第二处一样，**也是一种准看跌覆盖形态。**这三个形态都几乎位于同一水平上，与之前的上升趋势中的成交密集区遥相呼应，这再次展示了"对称原理"的奇特效果。

亚当理论中，对称原理被奉若神明，其实大可不必，只是一个部分时间有效的现象而已。

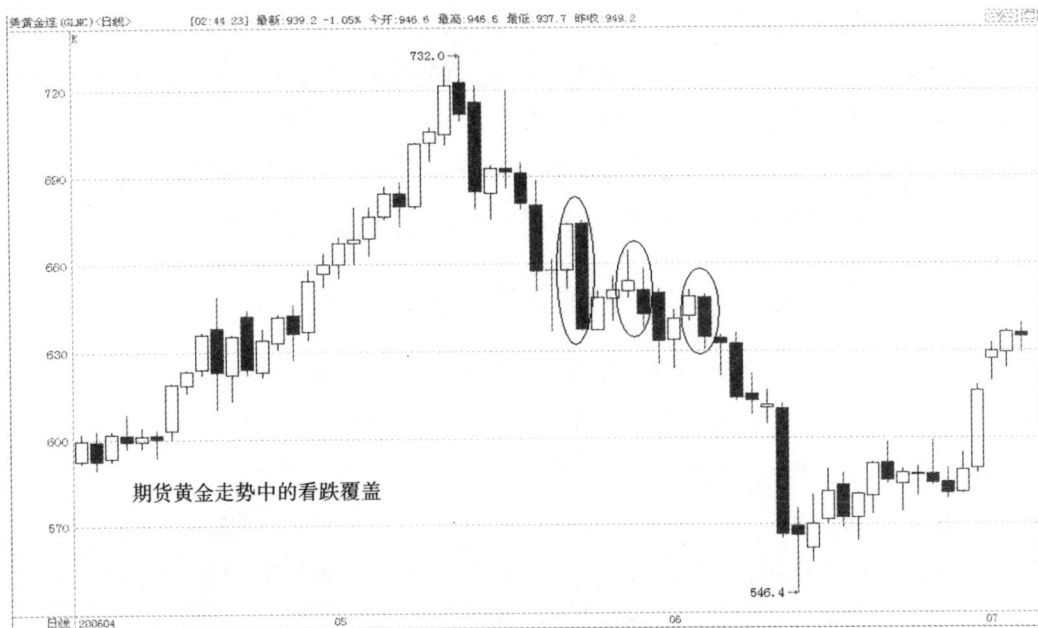

图 4-34　黄金期货中的看跌覆盖（1）

再来看一些看跌覆盖的实例，请看图 4-35，这是黄金期货日线走势图，图中圈注了两处看跌覆盖：第一处看跌覆盖是变异形式，因为其收敛部分是由多根小实体共同组成的，从敛散形态分析的角度来看，变异看跌覆盖与标准看跌覆盖一样都是"收

图 4-35　黄金期货中的看跌覆盖（2）

敛—向下发散"结构。第二处则是不太标准的看跌覆盖形式，因为这个形态出现在一个不太明显的上升走势之后，不过这并不影响它的局部看跌意味，如果你认为它是一个看跌吞没，则是看跌反转，如果你认为它是一个看跌覆盖，则是持续看跌。

对看跌覆盖形态有一些基本的了解和掌握之后，我们可以介入具体的破位策略演示，大家的注意力要集中于如何利用看跌覆盖确认向下破位的有效性。

3. "域内日"破位交易策略中的看跌覆盖

"域内日"破位交易策略中的看跌覆盖出现相对较少，交易者可以直接用大阴线跌破来确认向下破位有效，而不用在乎其是单一大阴线形态，还是看跌覆盖形态。我们这里仅举一例来演示看跌覆盖在"域内日"破位交易策略中的使用。

请看图 4-36，这是黄金日线走势图。在"域内日"破位交易策略中，我们要在日线图上查找近两天是否出现了典型的"域内日"模式。本例中找到的"域内日"如图 4-36 中圈注，我们找出其域内区间的高点和低点，并在相应的 1 小时黄金走势中用画线工具标出相应的水平线。

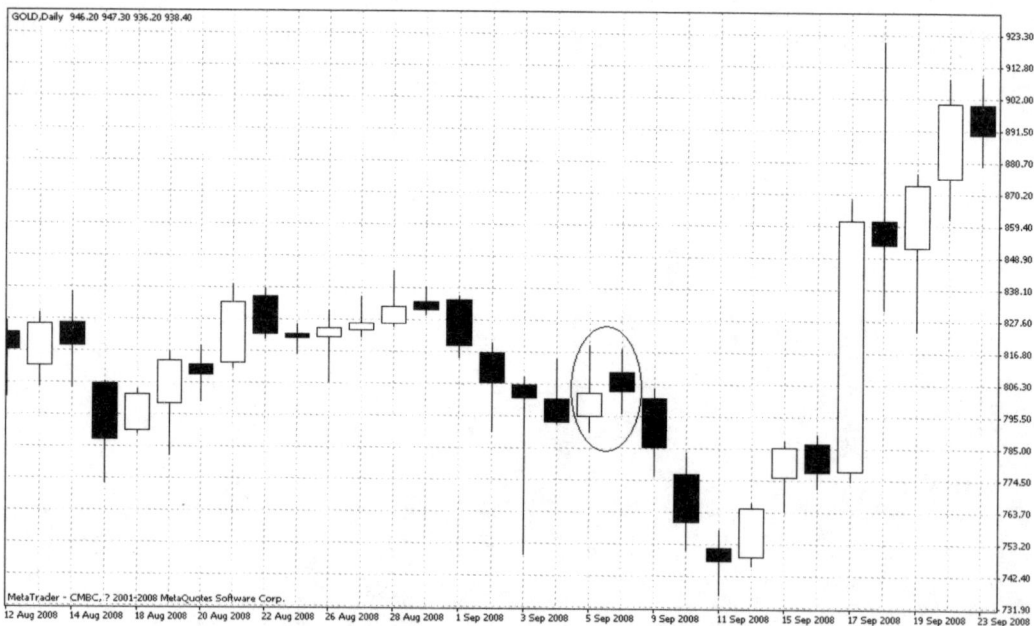

图 4-36 "域内日"破位交易策略中的看跌覆盖（1）

我们把找到的"域内日"的域内区间最高点和最低点标注在相应的更低时间框架上，如图 4-37 所示。确定破位上下基准线之后，我们静待市场来告诉我们什么持仓方向是最可能盈利的，是报酬最高的。市场短期内出现顶位走势，靠近下基准线运行，期间多次破位，但是其 K 线形态都非持续性 K 线，不久之后一个准覆盖形态向下破位，于是我们在此准覆盖形态之后一根 K 线入场做空，并将初始止损放置在域内区间中线以上。不过此例中，由于破位时看跌覆盖的阴线实体部分基本位于下基准线之上，所以其确认破位有效性的功能要打个折扣，更为稳健的做法是等待更明显的破位有效信号，本例中就是准看跌覆盖之后的一根大阴线，可以以此阴线作为确认向下破位有效的工具。

图 4-37　"域内日"破位交易策略中的看跌覆盖（2）

4. 鞍马破位交易策略中的看跌覆盖

鞍马破位交易策略中，利用看跌覆盖确认下破下基准有效是较为常见的情况，因为市场容易在上下基准线附近发生盘整走势，这时候等真正的破位发生则容易形成看涨覆盖和看跌覆盖的破位。

请看图 4-38，这是黄金 1 小时走势图。按照鞍马破位交易策略的规则，我们首先查看近期走势是否形成了盘整，如果是的话则寻找盘整区域内的最高点和最低点，大致以此形成上下基准线，然后等待市场发生有效突破。最后市场在徘徊几根 K 线之后

以看跌覆盖下破下准线。有效的下破要求是以实体部分下破，而不是影线下破，同时要求下破K线整体的实体够大。我们在下破覆盖之后的一根K线入场时做空，并将止损放置在布林带中轨之上或者是基准区间中线以上。

图4-38 鞍马破位交易策略中的看跌覆盖

5. 传统 R/S 破位交易策略中的看跌覆盖

传统 R/S 破位策略中经常会看到市场以看跌覆盖跌破某一支撑水平，我们下面演示两个实例。先看第一个实例，请看图4-39，这是黄金5分钟走势图，前期低点构成支撑线，然后市场以看跌覆盖跌破此支撑线水平，于是我们在此看跌覆盖之后的一根K线入场时交易，并将初始止损设定在此支撑线水平之上。

我们再来看第二个例子，请看图4-40，这是黄金日线走势图，前期低点作为观察下破位的支撑线，市场反复以影线下破此支撑之后不久市场就以看跌覆盖跌破此支撑线。于是，我们在看跌覆盖之后入场做空，并将初始止损放置在此支撑线 S 之上。

图 4-39　传统 R/S 破位交易策略中的看跌覆盖（1）

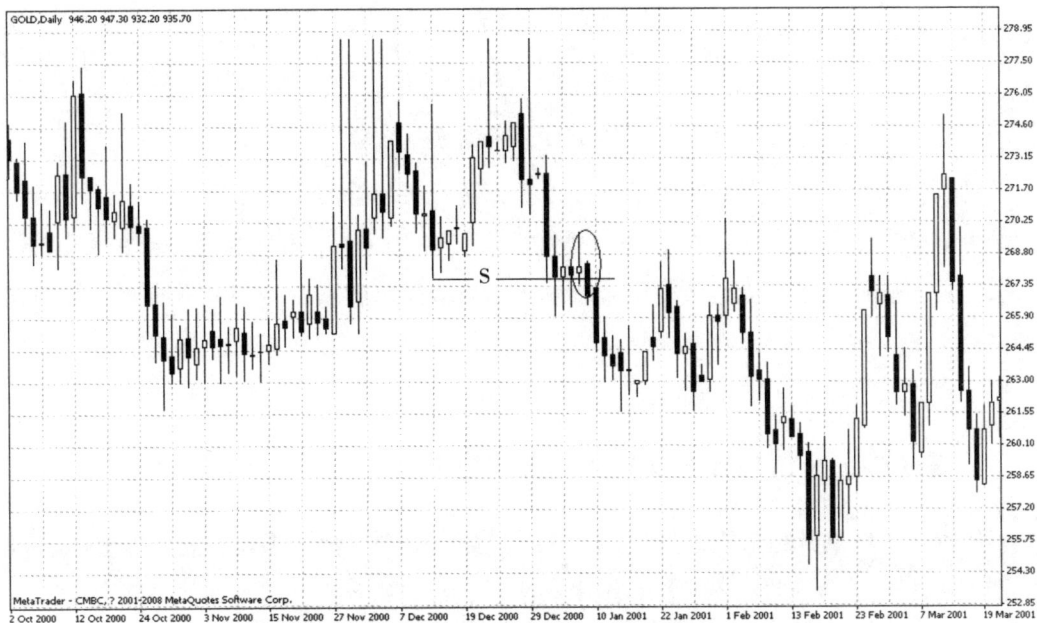

图 4-40　传统 R/S 破位交易策略中的看跌覆盖（2）

第五节　重要的持续 K 线（4）：看涨覆盖

看涨覆盖与看跌覆盖是相反的形态，看涨覆盖与看涨吞没的形态类似，不过其定义中有一点与看涨吞没相反：**看涨吞没要求其出现之前的走势应该是下降的，而看涨覆盖则要求其出现之前的走势应该是上升的**（见图 4-41）。看涨覆盖，又名上升覆盖，由两根 K 线组成，第一根 K 线是小阴线，而第二个 K 线是大阳线，其变异形态可以由多根小阴线和一根大阳线组成。大阳线的实体上端高于小阴线的实体上端，大阳线的实体下端低于小阴线实体下端。看涨覆盖之后的局部走势倾向于继续上升。

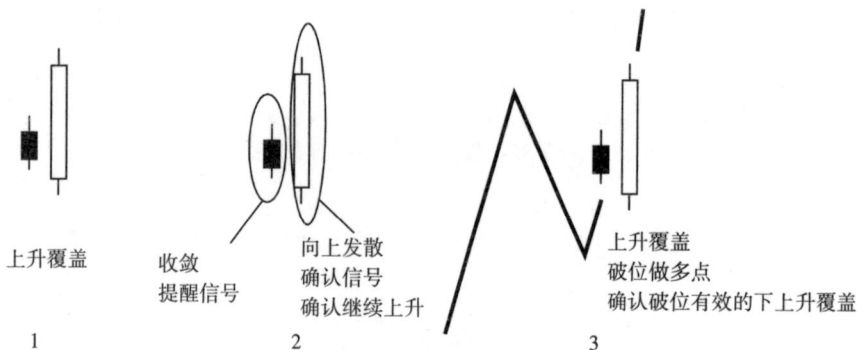

图 4-41　看涨覆盖

看涨覆盖的小阴线属于收敛形态，提醒交易者市场会给予一个交易的机会，而大阳线则属于向上发散形态，确认了市场局部走势继续向上。看涨覆盖在破位交易中，主要是用于确认市场对阻力线的突破有效，比如市场以看涨覆盖突破了前期高点构筑的阻力水平，则我们应该在看涨覆盖之后一根 K 线进场做多，并将止损放置在此阻力水平下方，或者是近期波段低点。

1. 黄金保证金（现货市场）中的看涨覆盖

看涨覆盖在上升趋势中进场看到，只要趋势向上则必然会出现多处看涨覆盖，请看图 4-42，这是黄金日线走势图，图中圈注了三处 K 线形态，有标准的看涨覆盖，也有准看涨覆盖，所谓的准看涨覆盖，也就是与看涨覆盖的技术结构相同，等价于看涨覆盖的形态。看涨覆盖的技术结构是"收敛—向上发散"，准看涨覆盖就是与此技术结构相同的形态。

现货黄金走势中的看涨覆盖

图 4-42　黄金保证金（现货市场）中的看涨覆盖（1）

再来看时间结构较短的现货黄金走势中的**看涨覆盖**，请看图 4-43，这是现货黄金 5 分钟走势图，图中圈注了多达 5 处的看涨覆盖或者是准看涨覆盖形态，你能用笔分别对它们

看涨覆盖也叫看涨吞没，看跌覆盖也叫看跌吞没。

现货黄金走势中的看涨覆盖

图 4-43　黄金保证金（现货市场）中的看涨覆盖（2）

进行标注并指出哪些是看涨覆盖，哪些是准看涨覆盖吗？

2. 黄金期货中的看涨覆盖

看了黄金现货走势中的看涨覆盖形态，我们再来看看黄金期货走势中的看涨覆盖形态，图 4-44 是黄金期货日线走势图，图中圈注了多处看涨覆盖和准看涨覆盖，我们发现看涨覆盖可以作为趋势甄别的微观信号，连续三个看涨覆盖的出现往往表明趋势往上，如果看涨覆盖在 1~3 个则表明局部走势向上。

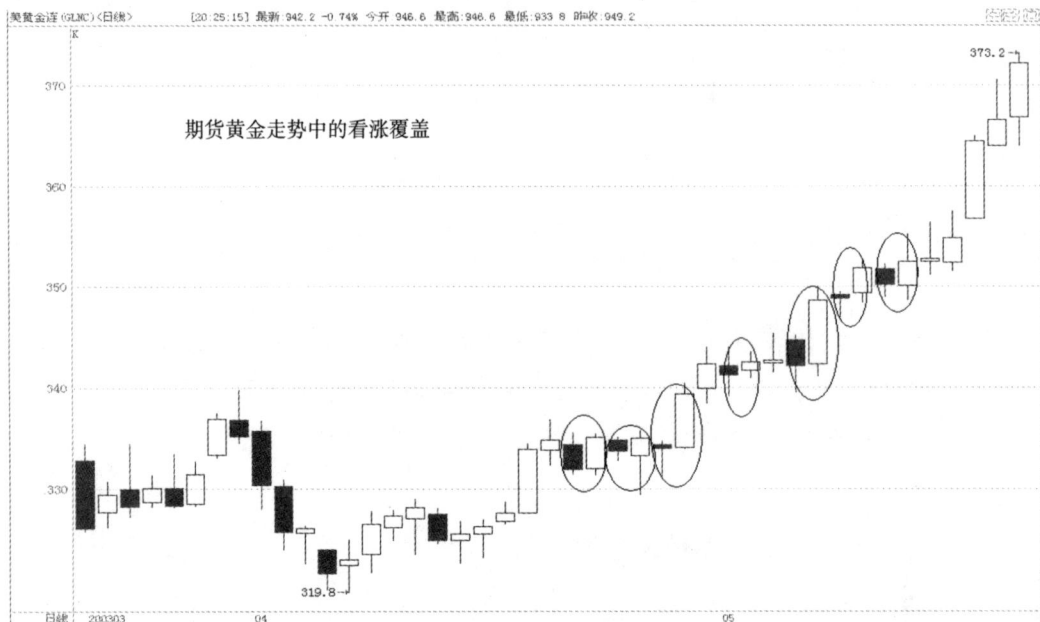

图 4-44　黄金期货中的看涨覆盖（1）

"收敛—向上发散"和"向上发散—收敛"出现的顺序不一样，对交易者的含义都不一样，图 4-45 是黄金期货日线走势图，第一处是代表"向上发散—收敛"结构的看跌母子，第二处是代表"收敛—向上发散"结构的看涨覆盖。看跌母子其实未必看跌，这是我们前面就已经反复强调的一个问题，因为其真正的方向指示往往取决于其后一根 K 线的形态，本例中看跌母子之后的一根 K 线是阳线，所以这个看跌母子反而释放出了看涨意味。第二处的看涨覆盖则是一个变异看涨覆盖，因为它的收敛部分是由两根 K 线构成的，它明确发出了局部看涨的信号。

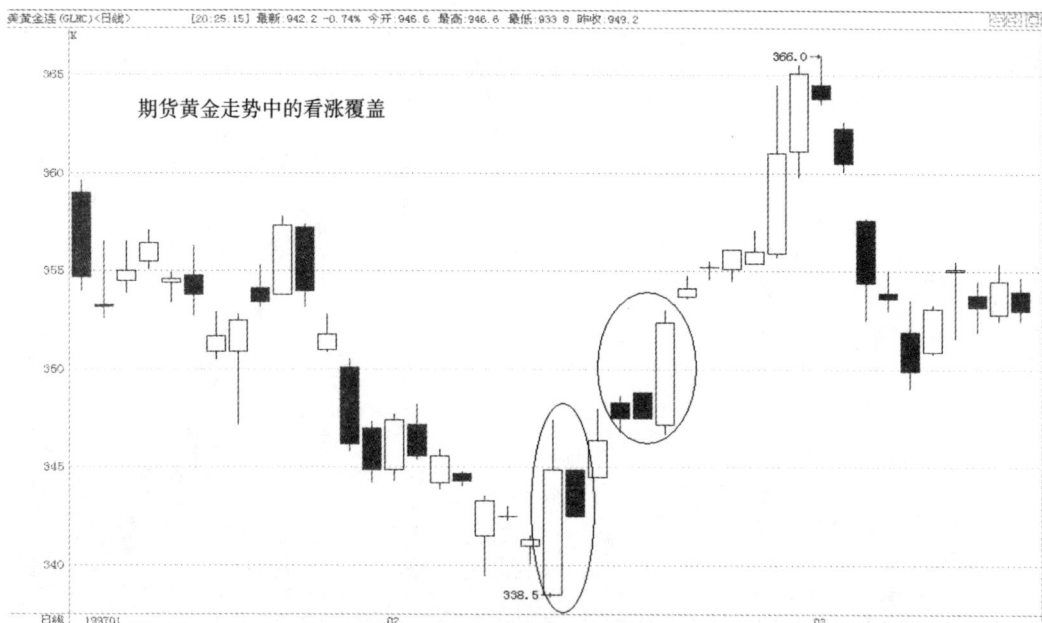

图 4-45 黄金期货中的看涨覆盖（2）

对于看涨覆盖的形态识别和与其他形态的关系我们已经做了充分的介绍和区分，下面我们开始进入本小节的核心部分——如何利用看涨覆盖进行具体的破位交易，请看下面三个具体破位策略中看涨覆盖的作用。

3."域内日"破位交易策略中的看涨覆盖

"域内日"破位交易策略中的看跌覆盖如何运用，我们在前面一个小节已经详细介绍了，这里对比介绍看涨覆盖如何帮助"域内日"破位交易者识别有效的向上突破。找到最近两天走势中出现的"域内日"，本例中的"域内日"模式圈注在图 4-46 中，这是黄金现货日线走势图，找到域内区间的最高点和最低点，然后在对应的小时图上标注出这两个价位。

如图 4-47 所示，将域内区间标注在小时图上，价格走势以大量小实体 K 线突破此水平位（这其实是后面将谈到的"顶位"进场机会），不过从破位角度来讲这些都不是有效的破位，此后有一根中等实体 K 线上破上基准，我们可以进场做多，并将止损放置在域内区间中线之下。如果你觉得这根实体 K 线比起区间内的其他 K 线算不上实体较大的一类，则你可以等待市场发出更加明确的进场信号，市场不久之后给出了看涨覆盖信号，你可以以此信号入场做多，并将初始止损点放置在域内区间中线之下。

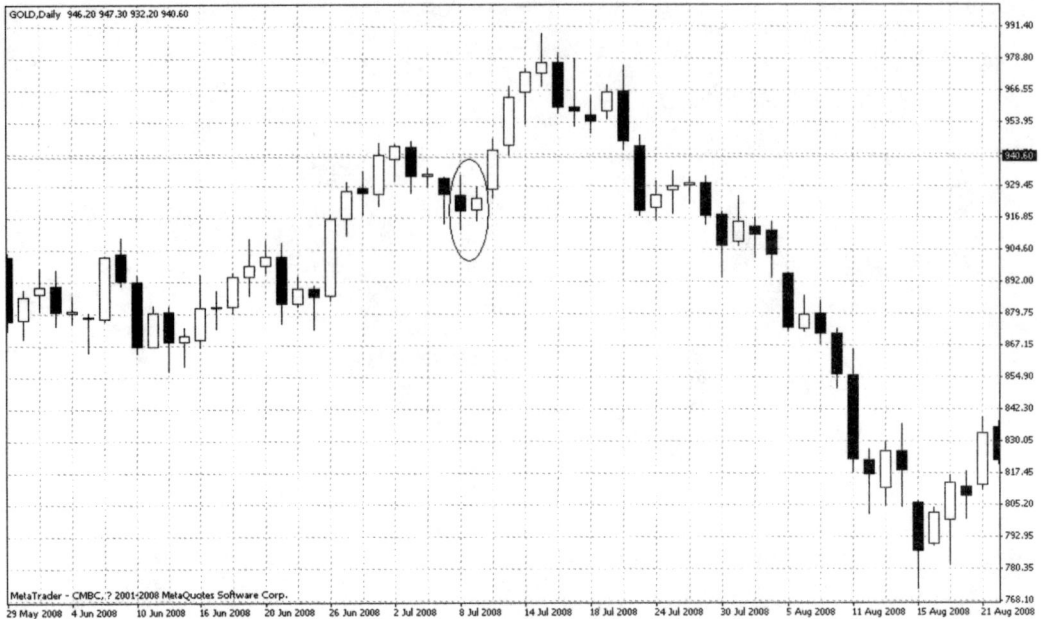

图 4-46 "域内日" 破位交易策略中的看涨覆盖（1）

图 4-47 "域内日" 破位交易策略中的看涨覆盖（2）

4. 鞍马破位交易策略中的看涨覆盖

下面我们来看如何利用看涨覆盖形态确认鞍马破位的有效性，请看图 4-48，这是

黄金 1 小时走势图，我们以鞍马突破策略中确定上下基准线的方法画出上破位的基准线和下破位的基准线，然后等待市场来告诉我们应该如何去操作。市场首先以大阴线跌破了下基准线，也就是图中 A 圈处，于是我们进场做空，并将初始止损放置在基准区间的中线之上。不过，市场很快在下跌走势猛烈反弹，最终触发止损，走势开始掉向多头，此后市场以看涨覆盖突破上基准线，也就是图中的 B 圈处，于是我们在看涨覆盖之后的一根 K 线进场做多，并将初始止损放置在基准区间中线之下。

图 4-48　鞍马破位交易策略中的看涨覆盖

　　在利用包括鞍马破位策略在内的所有破位策略时，交易者需要明白一个问题，那就是没有百分之百过滤假突破的方法，所以我们介入的破位交易中肯定有不少是假突破，这也是我们**每笔交易都要设定初始止损的原因**之一。即使这样，我们仍旧需要严格按照自己的交易策略去操作，而不能任意更改策略的条件。只有经过充分的样本统计之后，才能对特定的交易策略进行修改。

最终的安全网就是仓位管理。限制投入本金，分散操作品种，控制单个品种的仓位，设定严格的初始止损都是为了建立这一安全网。

5. 传统 R/S 破位交易策略中的看涨覆盖

下面我们来看传统的 R/S 策略中如何去运用看涨覆盖识别有效的向上突破，请看第一个例子，图 4-49 是黄金 1 小时走势图。在寻找向上破位交易机会时，我们需要查看市场近期是否有 N 字走势，而三个波段的最后一个向上波段还在发展阶段，如果有这样的走势，我们可以用前期的高点作为水平阻力线，然后观察市场靠近此线之后的表现。本例中我们以前期高点做出水平阻力线，市场之后以十字星和小阳线突破过此线，但是按照我们的策略来讲都不算有效突破，所以不能入场做多。不久之后，市场以看涨覆盖形态再度突破此阻力线，于是我们在看涨覆盖之后的一根 K 线处入场做多，并将初始止损放置在此阻力线之下。

图 4-49 传统 R/S 破位交易策略中的看涨覆盖（1）

我们再来看第二个例子，图 4-50 是黄金 1 小时走势图，本例中我们以前期高点做阻力线，标注为 R，然后等待市场在此线附近的信号。如果市场在此阻力线附近出现诸如看跌吞没等局部反转形态，我们就进场做空，如果市场在此阻力线附近出现诸如看涨覆盖等局部持续形态，我们就进场做多。本例中市场首先出现了看跌吞没，于是我们进场做空，并将止损放置在阻力线之上，不过看跌吞没之后的一根 K 线反而形成了一个看涨覆盖形态，于是我们马上平掉空仓，反手做多，并将初始止损放置在 R 线之下。

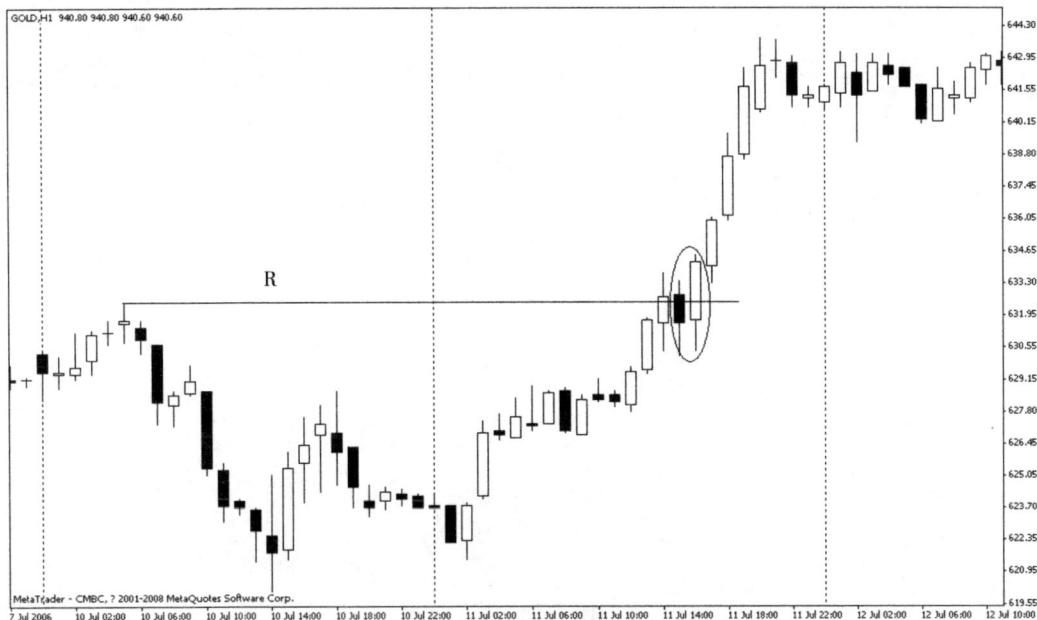

图 4-50　传统 R/S 破位交易策略中的看涨覆盖（2）

第六节　次要的持续 K 线（5）：缺口

　　无论是黄金现货走势，还是美国市场的黄金期货走势，其缺口相对其他期货品种而言都比较少见，而上海的黄金期货走势则有较多的缺口走势。缺口分为上升缺口和下跌缺口，也被称为向上跳空和向下跳空，其一般的含义是指两个相邻的 K 线之间存在价格空隙，也即是两根 K 线没有重叠的部分，价格区域不连续，**如图 4-51 所示。下跌缺口通常可以等价看成是向下发散形态**，而上升缺口通常可以看成是向上发散形态，所以缺口也与大实体 K 线一样，是一种确认信号。

　　市场以下跌缺口向下突破支撑线往往是进场做空的好时机，而市场以上升缺口向上突破阻力线往往是进场做多的好时机。不过，黄金市场并不像其他市场那样可以频繁地利用缺口作为突破有效的确认信号。所以我们把缺口当作是次要的 K 线持续形态。

　　市场以下跌缺口向下突破支撑线往往是进场做空的好时机，而市场以上升缺口向上突破阻力线往往是进场做多的好时机。

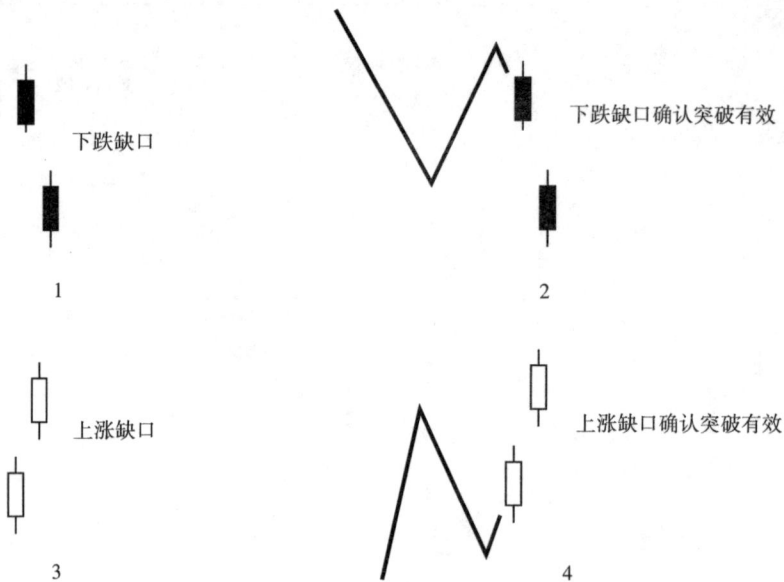

下跌缺口

1

下跌缺口确认突破有效

2

上涨缺口

3

上涨缺口确认突破有效

4

图 4-51　缺口

1. 黄金保证金（现货市场）中的缺口形态

黄金现货市场中的向上缺口相当少，一般缺口都存在于周末和周一的开市时间，此时由于市场要消化周末的新闻和数据，所以可能会出现向上跳空或者向下跳空的走势。请看图 4-52，这是现货黄金 1 小时走势图，图中圈注了一个向上缺口。这个缺口

图 4-52　黄金保证金（现货市场）中的缺口形态（1）

位于市场的次低点，一般被认为是突破缺口，也就是位于趋势初始阶段的缺口。

除了突破缺口之外，还有持续缺口和衰竭缺口，持续缺口位于趋势的中段，而衰竭缺口则位于走势的末端，请看图 4-53，这是现货黄金日线走势图，图中标注了 A、B、C 三处缺口，A 属于上升缺口，B 属于下跌缺口，而 C 也属于上升缺口，三者都属于衰竭缺口。缺口中三种类型有两种预示着市场会继续此前的走势，这就是突破缺口和持续缺口，但是现货黄金日间走势中缺口往往属于衰竭缺口，这点要起引注意。由于这个原因，我们在现货黄金的日间走势上很少利用缺口作为有效破位的确认工具。

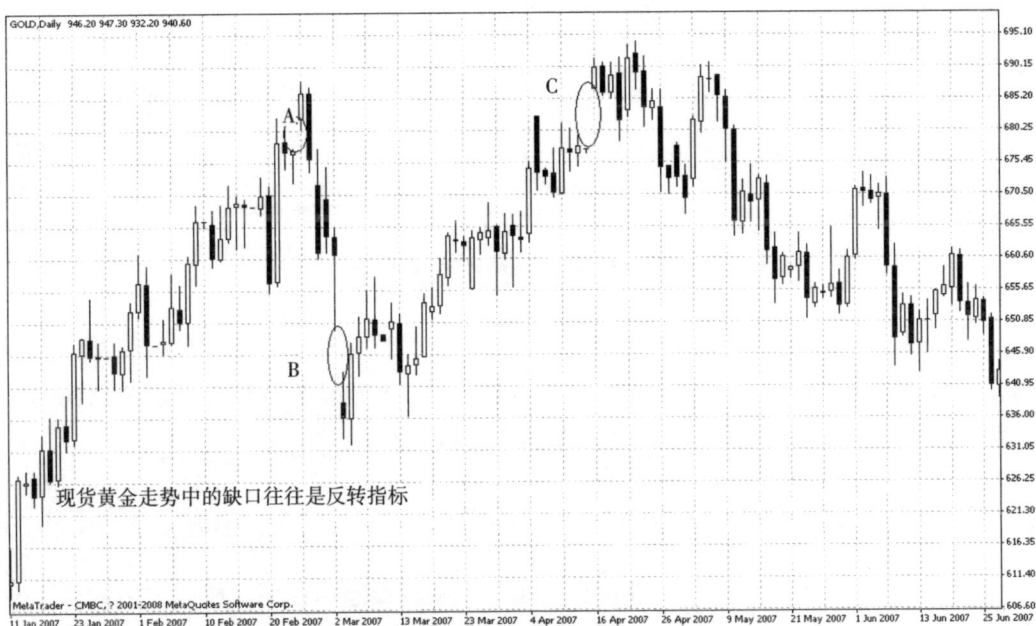

图 4-53 黄金保证金（现货市场）中的缺口形态（2）

2. 黄金期货中的缺口形态

黄金期货中的缺口要明显多于现货走势，最为主要的原因还是因为国际现货黄金交易，特别是现货保证金交易是 24 小时全天候交易，所以不太会出现缺口，而黄金期货的开市时间有限，大段闭市时间处于消息公布时段，所以缺口相对较多。请看图 4-54，这是黄金期货日线走势图，图中圈注了大量的缺口，以下跌缺口为主，也有少量的上升缺口。缺口可以当作实体 K 线看待，一般看作是发散形态。期货黄金走势中的缺口一般是持续缺口和突破缺口，所以缺口方向与后市走势大多一致，适合作为持续指标使用。

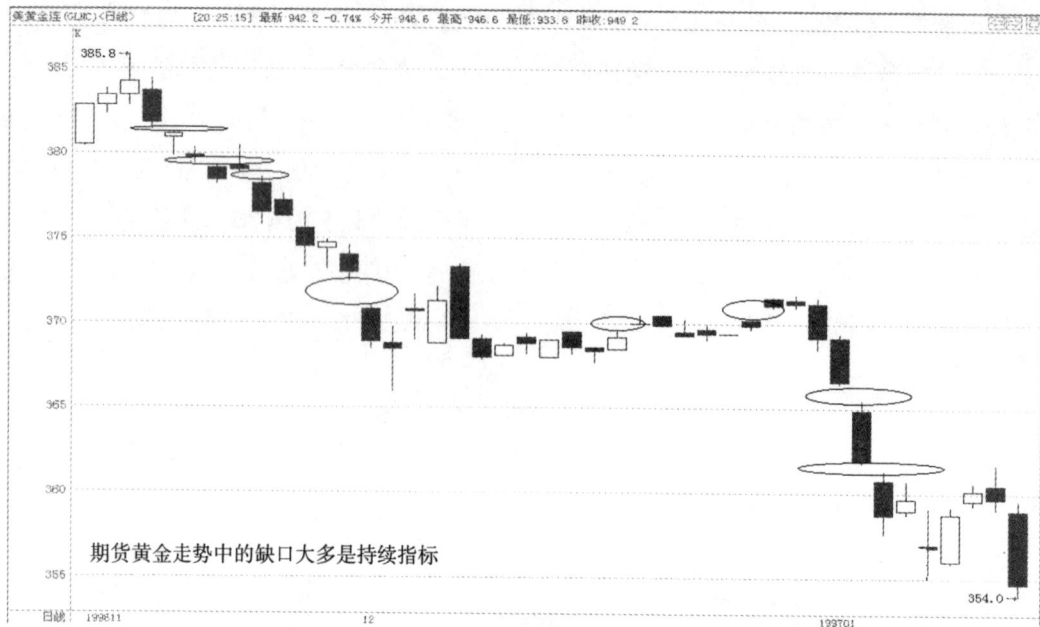

图 4-54　黄金期货中的缺口形态

　　缺口在黄金破位交易策略中的使用非常少，这里只作理论上的掌握，略知一二即可，不要花费太多的精力和时间去琢磨如何利用缺口来确认有效的破位。下面我们通过简单的例子来演示一下具体破位交易策略中缺口形态的运用。

3. "域内日"破位交易策略中的缺口形态

　　首先，我们来看"域内日"破位交易策略中缺口形态的使用。按照"域内日"破位策略的步骤，我们要在黄金走势日线图上寻找最近两天的"域内日"模式。本例中的"域内日"模式如图 4-55 圈注所示，接着需要找出"域内日"模式的域内区间的最高点和最低点价位。

　　其次，在对应的黄金小时图（见图 4-56）走势上标注出域内区间的最高价位和最低价位分别作为上破基准和下破基准。完成上述这些步骤之后，我们就需要等待市场告诉我们应该向哪个方向操作了。最后，市场以上升缺口突破上基准线，于是我们进场做多，并将初始止损放置在域内区间的中线之下。通常而言，利用缺口确认"域内日"有效破位的机会非常少，可以忽略不计，所以这里大家只要作理论上的掌握即可。

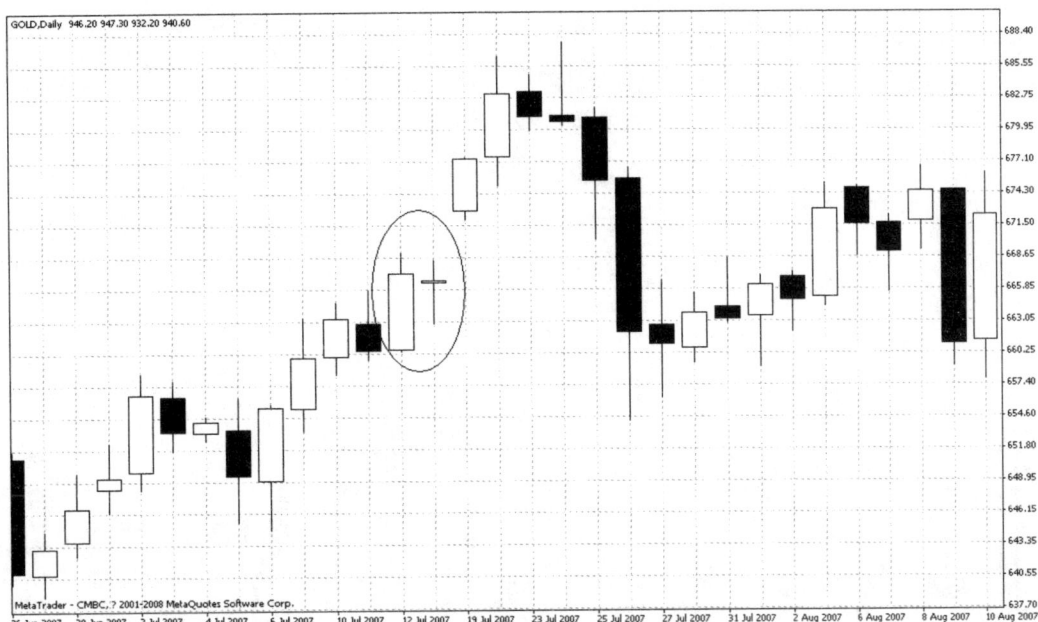

图 4-55　"域内日"破位交易策略中的缺口形态（1）

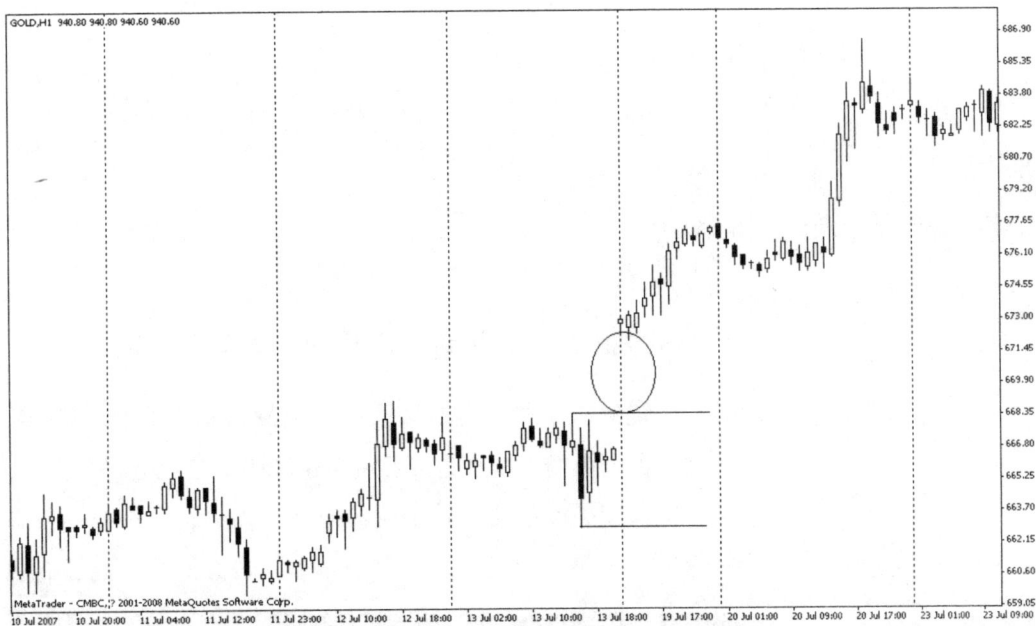

图 4-56　"域内日"破位交易策略中的缺口形态（2）

4. 鞍马破位交易策略中的缺口形态

鞍马破位交易策略中使用缺口形态的机会要多些，因为黄金走势上的突破布林带

外轨的缺口出现频率稍高，同时出现衰竭缺口的概率稍低，所以可以利用缺口作为破位有效的确认工具。请看图 4-57，这是现货黄金日线走势图，在一段布林带收缩之后，我们确认了上基准线和下基准线，然后等待市场来告诉我们操作方向，最后市场以上升缺口突破了上基准线，于是我们进场做多，并将初始止损放置在基准区间中线之下。

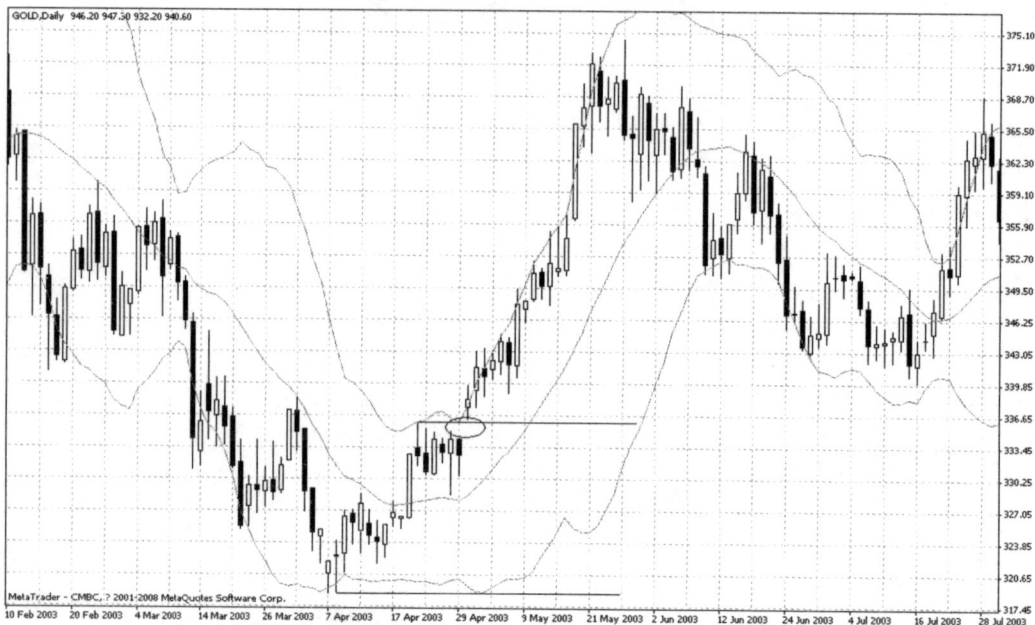

图 4-57　鞍马破位交易策略中的缺口形态

5. 传统的 R/S 破位交易策略中的缺口形态

传统的 R/S 破位交易策略中利用缺口形态的机会很多，不过在黄金市场，特别是现货黄金市场中机会就变得很少了。由于缺口突破的机会在黄金交易中并不多见，所以我们仅举一例以便完整我们整个破位交易体系，也方便读者**能够有思想准备以便应付这种极少出现的形态**。请看图 4-58，这是黄金日线走势图，以近期高点为阻力线 R，然后等待市场的有效突破，市场最终以上升缺口突破此阻力线水平。于是，我们在上升缺口之后的一根 K 线入市做多，并将初始止损点放置在阻力线 R 之下。

美黄金连(GLNC)〈日线〉　[20:25:15] 最新 942.2 -0.74% 今开 946.6 黑高 946.6 黑低 933.8 即收 949.2

图 4-58　传统 R/S 破位交易策略中的缺口形态

【开放式思考题】

在研读完第四课的内容之后，可以进一步思考下列问题。虽然这些问题并没有固定的标准答案，但能够启发思考，跳出来看某些观点。

（1）本课提到"假突破有两种情况，这两种情况都是因为市场突破之后乏力，缺乏后续力量继续推动市场：第一种情况是市场主力利用假突破制造陷阱，比如空头陷阱，诱捕空头，它们往往虚晃一枪，当不可能制造持续时间很长的突破状态，因为他们的资金成本不允许这么做，制造持续时间很长的突破需要非常大的资金实力，这也是不太容易做到的；第二种情况是市场大众同时大仓量介入以至于突破之后没有力量来继续推动市场"。假突破的"假"针对大多数人而言，迷惑的是大多数玩家，这就是市场运作的原理。那么，如何从心理面判断一个突破的真假呢？一个突破是假突破的置信度可以从什么数据去判断呢？

提示：**越是在大众预期之外的突破，越可能是真突破。"超预期"的盘口往往是最有价值的盘口**，这是我们在股票投机上提出的一条定律，在任何交易中都实用。当几乎所有人都期待某种突破时，要么反转，要么大幅洗盘后才会走出持续行情来。

（2）本课提到"交易的每个环节也存在竞争，当太多人注重每个环节的时候，这个环节能够带来的利润就下降了，所以我们应该在把握每个交易环节的基础上着力于被

市场忽略了的环节"。超额利润的根源是什么？是什么导致了超额利润的产生？又是什么导致了超额利润的消失？

提示：**拥挤带来了超额利润的消失，无论是筹码还是策略上的拥挤，莫不如是。**

【进一步学习和运用指南】

（1）突破是趋势的必要条件。

（2）突破是趋势持续性的特征；真突破数量少，是趋势稀缺性的体现。

（3）突破而作，作很容易，识别真突破很难。

（4）可以进一步阅读《股票大作手操盘术》《股票作手回忆录：顶级交易员深入解读》《海龟交易法则》。想一下，为什么有些策略在有些时代如此有效，在另外一些时代就会失效，策略的周期性根源于什么？结合【开放式思考题】第 2 题。

第五课

黄金交易中的包括 K 线的多重过滤法

黄金交易，特别是短线交易基本依靠对价格的分析，有时候也会进行粗略的市场情绪分析。技术手段由于在短线交易中的便捷性而广受欢迎，不过不少交易者在采用技术分析的时候往往犯下**一些基本的错误，其中最典型的第一个错误**是使用两个以上等价的技术分析手段进行分析，最典型的第二个错误是不懂得利用两种以上的技术分析手段去验证同一个信息，对信息进行过滤，去掉错误概率较高的信息。

多重过滤法是技术分析的一个基本原则，利用非等价的技术指标来相互验证是非常好的做法，最简单的多重过滤方法是将一个趋势指标和一个震荡指标结合起来使用，而一个违背多重过滤方法的做法是将一个趋势指标和其他趋势指标，或者一个震荡指标和其他震荡指标用于同一目标。

在技术分析中增加不等价或者说不共线性的一个技术分析手段就对分析结果施加了一个额外的约束条件，自然符合整个筛选条件的机会就大幅度下降了。在本课中，我们主要是介绍那些包括了 K 线的多重过滤方法，而这套多重过滤方法主要用于黄金短线交易。

在本书前面几课的内容中，我们介绍的策略基本上都可以当作两重以上的过滤方法，比如将支撑阻力水平与 K 线结合起来。而本课主要是对以 K 线为重点的多重过滤方法进行一个全面的总结和演示。本课的内容十分丰富，基本涵盖了

多重过滤法是技术分析的一个基本原则。

黄金交易中各种包括 K 线的两重过滤法，如果你在此基础上加入其他不等价的技术手段则升级为三重，甚至四重过滤法。一般情况下，过滤法不能超过五重，否则就存在过度优化的危险。本课第一节从 K 线与趋势线的双重过滤介绍起，包括直边趋势线和移动平均线与 K 线结合的双重过滤，最后会介绍空头陷阱和多头陷阱与 K 线结合的双重过滤方法。第二节则介绍较为常用的震荡指标与 K 线结合的双重过滤，包括区间、背离、交叉三种震荡信号与 K 线信号的结合使用，这些方法曾经被国外交易大师单独当作策略使用，最常见的是超卖超买信号来过滤 K 线信号。第三节则着重从形态的角度来利用 K 线过滤，西方技术分析的主要形态会用到 K 线作为过滤手段，所以这小节的主要内容是演示 K 线和西方技术形态的双重过滤。第四节将 K 线信号与波浪理论结合起来使用，主要是将艾略特波浪理论与 K 线信号结合起来使用。

本课的学习要点是：

第一，重点掌握水平趋势线与 K 线信号的结合使用，这与本书介绍的斐波那契分析策略比较靠近。

第二，重点掌握 K 线技术在西方技术分析形态中的运用，比如双顶和双底中利用 K 线来提高分析形态走势的能力。

第三，掌握顶背离和底背离与 K 线信号的结合使用。

第四，了解 K 线在艾略特波浪理论分析中的运用程序。

第一节　黄金交易中的 K 线和趋势线双重过滤

趋势线是直接在主图上标注的趋势指标，趋势线分为两大类：第一类是直边趋势线，包括水平趋势线和倾斜趋势线；第二类是曲边趋势线，主要是指各类移动平均线，以及一些移动通道。直边趋势线中的水平趋势线只需要一个点就能确定，所以其参数极少，而倾斜趋势线则需要两个点才能确定，所以其参数要多些，在效果相同的前提下交易者应该采用水平趋势线为主。曲边趋势线，特别是移动平均线，包括简单移动平均线、指数移动平均线等的运用则更为广泛，主要体现为葛氏八法。

1. 水平趋势线和 K 线双重过滤

首先，我们来看水平趋势线和 K 线的双重过滤方法。水平趋势线基本与传统 R/S

的外延重合，水平趋势线以**前期高点和低点的水平延伸线为主构成。有时候，少部分交易者也将斐波那契线谱中的某些水平，比如 0.5** 当作是水平趋势线，不过就通常看法而言，后者应该属于支撑线或者阻力线（R/S），而不是通常所谓的水平趋势线。趋势线都在既有价格的一侧，而不是位于价格内部。

　　水平趋势线主要分为两类：第一类是支撑线，简称为 S；第二类是阻力线，简称为 R。我们在此前的传统 R/S 破位策略中对此有间接的介绍，这里我们就水平趋势线与 K 线的双重过滤方法做一些总结。

　　利用水平趋势线和 K 线进行破位或者是见位交易，需要找到近期走势中的高点和低点，然后做出两者的水平延伸线。做出这两条水平线之后，就应该等待市场触及它们，市场触及它们之后的表现分为三种：第一种出现明显的局部反转信号，比如一些典型的反转 K 线形态，我们应该在此反转 K 线形态之后的一根 K 线进场交易，如果是做空，则应该把初始止损放置在阻力线之上，如果是做多，则应该把初始止损放置在支撑线之上；第二种出现了明显的局部持续信号，比如一些典型的持续 K 线形态，我们应该在此持续 K 线形态之后的一根 K 线进场交易，如果是做多，则应该把初始止损放置在被突破的阻力线之下，如果是做空，则应该把初始止损放置在被突破的支撑线之上；第三种是没有明显的局部反转信号，也没有明显的持续信号，则不做进场打算，或者是轻仓见位交易，如果是做空，则应该把初始止损放置在阻力线之上，如果是做多，则应该把初始止损放置在支撑线之上。

　　利用 K 线进行 R/S 破位确认，并进场交易，这是我们前面一课已经介绍过的方法，下面我们主要演示一下利用 K 线进行 R/S 见位确认并交易的方法。请看图 5-1，这是黄金 1 小时走势图。找到最近走势的高点，然后做出此高点的水平趋势线，图中标注为 R，然后等待市场在此水平趋势线 R 的表现，之后不久市场在此趋势线附近出现看跌吞没（之后还接

利用水平趋势线和 K 线来发现市场机会不是最近才出现的方法，但是却是交易大众使用极少的方法。

着出现一根流星形态，不过这根流星完成时，我们已经进场了），于是我们在此后一根K 线进场交易，并将初始止损点放置在此水平趋势线 R 之上，接着等待市场走势来告诉我们接下来的操作。

图 5-1　水平趋势线和 K 线双重过滤（1）

　　下面我们再来看另外一个利用水平趋势线和 K 线进行过滤的例子，请看图 5-2，这是黄金 1 小时走势图，图中标注了一处水平支撑线，黄金价格在此附近的表现是我们操作的依据：如果金价在此水平趋势线 S 附近出现了局部反转 K 线，则我们应该进场做多，并将初始止损放置在此水平支撑线的下方；如果金价在此水平趋势线 S 附近出现了局部持续 K 线，则我们应该进场做空，并将初始止损放置在水平支撑线的上方；如果没有出现明显的 K 线形态，则我们就不应该采取行动。在本例中，金价最终在水平趋势线 S 处出现了早晨之星，于是我们就应该进场做多，并将初始止损放置在这条水平趋势线的下方。按照传统的破位理论，早晨之星的阴线部分向下突破支撑线时就算破位，但是这样的破位太多了，自然就会出现不断止损的情况，所以我们需要采取一些方法对破位信号进行过滤，这就是利用 K 线形态进行突破信号的过滤。

图 5-2　水平趋势线和 K 线双重过滤（2）

2. 斜边趋势线和 K 线双重过滤

水平趋势线和 K 线的结合使用我们在上面已经做了比较详细的归纳，下面我们就斜边趋势线和 K 线的双重过滤进行一些归纳。斜边趋势线包括两种形式，上升趋势线和下降趋势线。上升趋势线是由相邻或者相近的波段低点来确定的一条直线。**从传统交易派来看，上升趋势线起着支撑的作用，预示着未来的趋势，从现代交易派来看，上升趋势线则是管理交易和控制风险的工具。** 下降趋势线是由相邻或者相近的波段高点来确定的一条直线。从传统交易派来看，下降趋势线起着阻力的作用，预示着未来的走势，从现代交易派看来，下降趋势线则是管理交易和控制风险的工具。

斜边趋势线在我们的体系中采用的机会稍小，因为它比起水平趋势线的确立要复杂些，而且主观性要比水平趋势线强，交易效果也未必有斜边趋势线好。不过，在日间交易上斜边趋势线往往带给我们很好的交易机会。下面我们就来看一个例子，图 5-3是黄金日线走势图。交易者首先找出最近特定走势的两个高点，然后以这两个高点做出下降趋势线，本例中就是以 A 点和 B 点做出下降趋势线，然后等待金价走势反弹到该趋势线附近的表现。金价从 B 点猛烈下跌之后出现了大幅度反弹，反弹到下降趋势线附近时出现了流星和黄昏之星的叠加形态，这确认了下降趋势线的阻力有效，如果是某类持续形态向上突破了下降趋势线，则确认了突破的有效性。在本例中，在黄昏

之星出现之后，我们就应该进场做空，并将初始止损点设定在下降趋势线之上。然后等行情发展到一定的幅度之后跟进止损。第一次跟进止损一般以初始幅度计量，而此后的跟进止损则需要根据天然的支撑阻力位置和资金管理条件来计量。

图 5-3　斜边趋势线和 K 线的双重过滤（1）

　　下面我们再来看一个上升走势中利用上升趋势线和 K 线局部反转形态进行双重过滤的例子。请看图 5-4，这是现货黄金的日线走势图。交易者在利用上升趋势线和 K 线进行双重过滤之前应该先找到近期的两个显著低点，然后做出上升趋势线，观察 K 线在此线附近的表现。在本例中，我们以 A 点和 B 点做出上升趋势线，然后等待价格回调到该线附近。从 B 点附近上升之后，金价上升了很长的一段，之后出现了回落，于是我们等待金价跌到上升趋势线附近的表现。如图 5-4 所示，金价在上升趋势线附近出现了看涨吞没，于是我们在看涨吞没之后的一根 K 线入场交易，并将初始止损放置在该上升趋势线之下。

　　我们再来看一个利用上升趋势线和 K 线进行双重过滤的例子，请看图 5-5，这是现货黄金日线走势图。交易者找到上升走势的两个低点，然后做出上升趋势线，在本例中 A 点和 B 点就是做出上升趋势线所需要的两个低点。做出上升趋势线之后，我们就观察金价在该上升趋势线的表现。不久之后，金价在此上升趋势线附近出现了看涨吞没形态，于是我们在此形态之后进场做多，并经初始止损放置在此上升趋势线之下，

不久之后市场在邻近处出现了又一处的看涨吞没形态，不过此时我们已经持仓，所以这个信号对我们意义不大，如果此前仓位很轻，则这个可以看成是增加仓位的信号，不过一般不采用，毕竟市场上升的幅度带来的浮动盈利还不足以支持加仓。

图 5-4　斜边趋势线和 K 线的双重过滤（2）

图 5-5　斜边趋势线和 K 线的双重过滤（3）

倾斜趋势线的两种情况——上升趋势线和下降趋势线与K线的结合，我们已经作了较为详细的总结，读者在使用这种双重过滤技术的时候，应该以K线为主，倾斜趋势线为辅。这种建议似乎与趋势第一的原则相悖，但实际并非如此，因为顺势而为的要点在于"顺"这个字，至于"势"的判断则更多的是带有一定局限性和主观性的东西。"势、位、态"要素中，趋势是最不容易确定的东西，所以往往需要在"位"和"态"这层比较容易的因素分析上多下功夫，弥补趋势分析的不足。趋势分析是必不可少的环节，但是却不是我们在实际操作中可以依赖的环节，我们经常需要利用位置和形态分析以及资金管理来对趋势假设进行管理，也许一时半会你不会明白这是什么意思，但是如果你能够交易上一两年的话，应该会感到一种豁然开朗的感觉。

纯技术的趋势分析重在利用趋势，而非预判趋势。

3. 移动均线和K线双重过滤

最后，我们演示下趋势线中另外一大类与K线配合得到的双重过滤法，这就是移动平均线与K线搭配得到的双重过滤的方法。移动平均线有不少种类，比如SMA、EMA和JMA等，其实这些线的成像效果都差不多，也就是说在图上的表现都是差不多的，上述这种分类是以平均算法不同而不同，我们还有另外一种分类，这就是根据采用的关键价位的差别，大多数平均线采纳收盘价，少部分采用最高价与最低价的平均价，而我们则经常采用开盘价，关键价位数据无非就是开盘价、收盘价、最高价和最低价四者或者是它们的某种组合而已。

在交易界对移动平均线的期数参数的最优值有很多的探讨，现在最为普遍的观点认为斐波那契数字能够较好地体现市场的规律，这些数字之间存在各种黄金率关系，或者是斐波那契比率关系，也许与市场的发展规律存在特定的拟合关系。所谓斐波那契数字，来自于斐波那契数列：1，1，2，3，5，8，13，21，34，55，89，144，233，377…斐波那契数列

的后面一个数字由之前两个数字相加得到。

在日线图上我们经常采用 144 期移动平均线，这一般是中期趋势的代表，所以我们将它当作是直边趋势线之外的曲边趋势线。下面我们就从做多和做空的角度出发，看看这条移动平均线与 K 线的结合使用效果。先从做多交易的角度来演示 144 期移动平均线与 K 线结合的双重过滤法，请看图 5-6，这是黄金日线走势图。通常我们会寻找那些金价靠近均线时的机会，然后等待 K 线给我们一个明确的形态信号，告诉我们此均线的支撑是否有效：如果 K 线在此均线靠上的位置出现了局部反转形态，则我们应该进场做多，并将初始止损放置在 144 期移动平均线之下；如果 K 线以持续下跌形态穿越了此均线，则我们应该进场做空，并将初始止损放置在 144 期移动平均线之上。本例中，金价跌至 144 期移动平均之后出现了看涨吞没，于是我们进场做多，并将初始止损放置在均线之下。设定止损点时要考虑资金管理要求和过滤市场噪声要求，而初始止损设定后要根据市场发展移动该止损。

图 5-6　移动均线和 K 线双重过滤（1）

下面是我们演示利用 144 期移动平均线和 K 线的双重过滤法做空的例子，我们在本书叙述的几乎所有策略都能融入到你的具体交易策略中，这样双重过滤法就会变成三重过滤法、四重过滤法和五重过滤法。请看图 5-7，这是现货黄金 5 分钟走势图，圈注了五处，第一处没有标出字母，大家可以自己琢磨下第一处为什么不能作为见位做

正确的策略必然会出现亏损，而且其亏损的次数往往接近盈利的次数，这使得交易者往往在尝试一个正确的策略不久之后就放弃这个策略了，认为这个策略的胜算率不及预期高。

空的信号。现在来看 A 处，这是一个乌云盖顶形态，交易者在 114 期移动平均线见这个形态之后可以进场做空，并将初始止损点放置在移动平均线之上，至少应该高于阴线的上影线的一定幅度（可以利用布林带来帮助进一步过滤市场噪声）。进场之后，**市场又出现了流星（B 处）和 C 处，C 处与我们没有标注那个形态是不是一样的呢？留给读者自己去思考。** 市场如我们预期一样下跌，之后反弹，我们利用跟进止损出场（出场方法请看本书后面的课程）。市场再次触及 144 期移动平均线，见 D 处，这次是一个变异的黄昏之星形态，于是我们再次进场做空，并将止损设定在 144 期移动平均线之上，其后的持仓过程我们就省略了，然后市场第二次回升到 E 处这次出现了一个乌云盖顶形态，于是我们按照第一次的操作，进场做空，按照一般规则设定初始止损点，之后市场小幅下探之后就出现了急剧拉升，我们的止损被触发。很多交易者很纳闷，一个止损了的交易策略还有什么学习的必要呢？其实，正确的策略必然会出现亏损，而且其亏损的次数往往接近盈利的次数，这使得交易者往往在尝试一个正确

图 5-7　移动均线和 K 线双重过滤（2）

的策略不久之后就放弃这个策略，认为这个策略的胜算率不及预期高。**交易学习属于随机强化，与人类绝大多数学习过程存在差别。人类面临的绝大多数学习过程是一致强化，所谓一致强化，就指正确的行为会得到激励，而错误的行为会得到惩罚。**所谓随机强化，是指正确的行为不一定会得到激励，而错误的行为不一定会得到惩罚，正确行为得到预期收益高于错误行为预期收益。

4. 破位陷阱和 K 线双重过滤

突破交易发展到一定时期出现了分化，这是因为传统突破交易陷入了困境，在渐短的时间结构上，突破交易屡屡碰壁。为了应付这种困境，分化出了三种新形式的交易思维：第一种思维试图去区分真突破和假突破，通过这种区分保住突破交易的内核——突破而作；第二种思维则放弃了日内交易等较短时间结构的操作，退守破位交易擅长的日间交易等较长时间结构的操作；第三种思维则是反过来利用假突破，这就是所谓的"**空头陷阱和多头陷阱交易**"。

最早提出空头陷阱和多头陷阱这个概念的人并不高明，高明的是提出交易空头陷阱和多头陷阱的人，不过究竟谁先想到这个妙招众说纷纭。空头陷阱和多头陷阱交易概念的提出至少有 20 年的历史了，但是世界上绝大多数交易者并不从事这类策略，他们一般固守传统的突破交易，或者是完全放弃突破交易，转而以见位交易作为主要方法。

空头陷阱和多头陷阱的高概率识别方法是及时进行陷阱交易的关键，K 线形态与水平趋势线结合起来可以快速地甄别空头陷阱和多头陷阱。通过利用 K 线来甄别真假突破，我们可以对大多数空多陷阱进行见位交易。K 线可以把大部分假突破转化为见位交易的机会。下面我们就来看看相关的例子。

第一个例子涉及利用看跌吞没交易多头陷阱，请看图5-8，这是黄金 5 分钟走势图。现货黄金走势在达到一个高点

海龟交易法失败后，出现了海龟汤，专杀突破交易者。

233

之后出现了回落，然后向上突破了前期高点，不过我们注意到，突破的首根阳线的实体基本在前期高点之下，接着的第二根突破 K 线则是十字星，这个也非持续 K 线形态，于是我们等待市场接下来的表现。为什么要等待呢？第一，市场没有显著的持续形态向上突破前期高点；第二，市场没有明显的局部反转形态确认前期高点构成的阻力。这个十字星只是一个提醒信号，提醒交易者前期高点构成阻力可能有效，但是并不能帮助交易者确认这一阻力有效。所以，我们选择等待，等待市场给出一个坚决的方向信号。十字星之后，出现了一根大阴线，这根阴线是一个向下发散形态，确认了方向朝下，它与十字星构成了特殊的吞没形态。于是，我们进场做空，将初始止损点放置在前期高点之上。

图 5-8　破位陷阱和 K 线双重过滤（1）

第二个例子是利用早晨之星来确认空头陷阱，请看图 5-9，这是现货黄金 5 分钟走势图。市场向下运动创出第一个低点，然后回升，没有创出新高，所以定性为反弹，市场再度下行跌破前期低点，这时候交易者应该怎么操作呢？是否应该像传统突破交易要求的那样操作呢？答案是我们应该观察突破时市场的具体表现，在本例中，第一根突破的是大阴线，但是其突破部分为阴线，所以不是有效突破的信号。接着，一根 K 线接力突破前期低点，但是很快拉回收盘，形成一根锤头形态 K 线，这使得我们开始注意是否市场会反转，因为锤头是一个提醒信号。此锤头之后出现一根实体大阴线，确认前期低点构成的支撑有效，于是我们进场做多，将初始止损点放置在前期低点之下，并要考虑过滤市场噪声和资金管理原则。

图 5-9 破位陷阱和 K 线双重过滤（2）

第三个例子涉及市场反复突破的情况，请看图 5-10，这是黄金 5 分钟走势图。市场上升之后形成了图中的第一个高点，然后市场下跌，在一根小实体阳线（收敛形态，

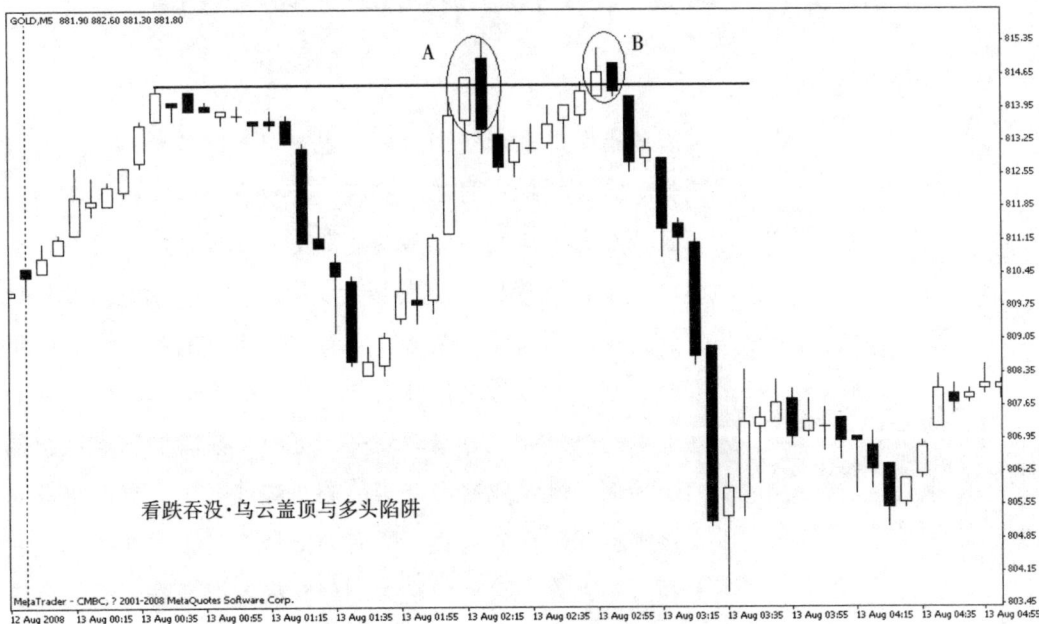

图 5-10 破位陷阱和 K 线双重过滤（3）

提醒支撑可能存在）和一根较大实体阳线（发散形态，确认支撑存在）之后，市场再度上升。市场在 A 处突破前期高点构成的阻力，我们跟进做多，并将止损放置在前期高点之下某个符合资金管理要求和过滤市场噪声要求的位置，之后市场很快以一根大阴线跌破此支撑，这根大阴线与前面那根阳线形成一个看跌吞没形态，由于明显的信号改变，如果我们初始止损还没有被触及的话，看到这种信号也应该及时出场了。然后我们顺势做空，并将止损放置在此看跌吞没的最高点之上一些位置，之后市场再度上冲，B 处面临的阻力已经不是 A 处面临的阻力水平了，而应该把 A 处的看跌吞没的最高点看成形成的新阻力。B 处没能突破 A 处设定的新阻力，并且以一个乌云盖顶终结了上升，其高点也没能触及 A 处看跌吞没的高点，更不用说触及我们的初始做空止损了，于是我们继续持仓，然后则是根据市场的下跌幅度不断移动跟进止损。

第二节　黄金交易中的震荡指标双重过滤

震荡指标是大众使用最多，也是引来非议最多的一个技术指标。震荡指标本身的一些特点导致它极容易被初学者误用，甚至在有多年交易经验的业余交易爱好者那里震荡指标滥用也成了普遍现象。震荡指标为什么会被误用或滥用呢？最关键还跟震荡指标的某些特点有关：市场的震荡走势占了大部分时间，所以震荡指标会给人以正确率很高的假象，而人性追求的就是高胜算率。**震荡指标将交易者的思维从全局引向了局部，慢慢就被市场当前的走势催眠了**，自然也就忘了价格本身和价格的趋势，所有的交易都是集中在抓顶兜底了，而且其胜算率很高。**绝大部分交易者把高胜算率的方法等同于正确的交易方法，这正是绝大多数交易者永远无法入**

市场的震荡走势占了大部分时间，所以震荡指标会给人以正确率很高的假象，而人性追求的就是高胜算率。

门的原因。**高胜算率的方法与震荡指标密切相关，着眼于市场局部；高报酬率的方法与趋势指标密切相关，着眼于市场整体。**交易者在使用高胜算率方法的时候不断得到正面刺激，然后少数的负面刺激使得整个账户亏空，这种反差使得交易者会认为震荡交易方法本身没有问题，因为如此高胜算率的方法怎么会有问题呢？一定是自己的心态和水平有问题。如此就反复地在低水平上徘徊不前。

　　本小节我们从震荡指标的基本用法开始，主要涉及的是三项基本的用法：区间、交叉和背离。接下来则是将这三种用法与 K 线结合起来对行情走势进行过滤筛选。区间和交叉是两种使用最广的震荡指标信号，也是被误用最多的信号，这两种信号在新手那里很有市场，因为这两种用法比较简单和明确，容易上手而且胜算率很高。背离则是相对用得较少的震荡指标用法，我们这里的背离专门指的是震荡指标和金价走势之间的背离，其实背离还有其他类别，总的来说背离分为以下几种：第一，技术指标和价格走势的背离；第二，基本面和技术面的背离；第三，品种走势之间的背离；第四，心理面和技术面的背离等。我们这里针对的是震荡指标与价格走势的背离，这种震荡指标的用法比起其他两种用法更能发现趋势的转折。

　　下面我们就开始从震荡指标的基本用法开始吧。

1. 震荡指标的基本用法

　　震荡指标和趋势指标是相对的，震荡指标一般在副图中出现，常见的震荡指标有RSI、KD、KDJ、Demark、ROC 等，我们以最常见的 stochastic oscillator，也就是随机震荡指标作为示范来说明震荡指标的第一个用法，这就是区间。如图 5-11 所示，震荡

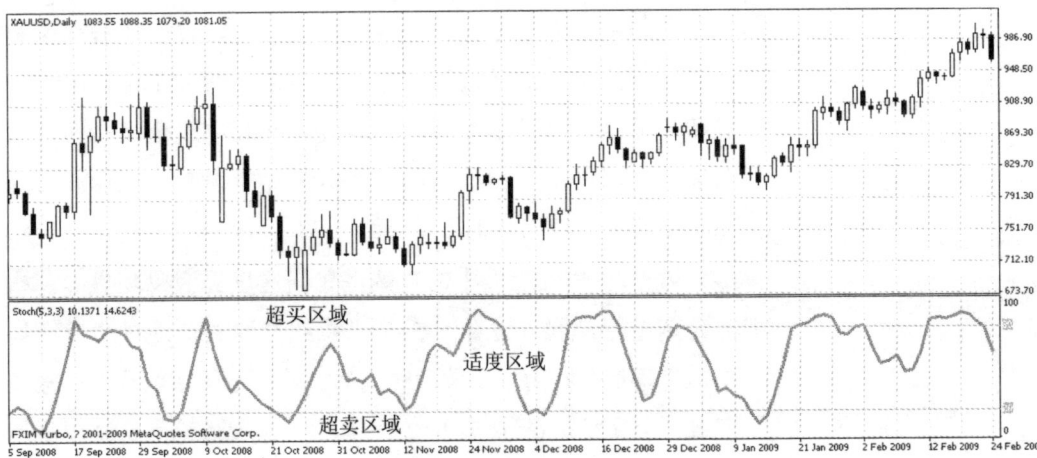

图 5-11　震荡指标的区域

指标一般可以划分为三个区域，最上面的区域被定义为"超买区域"，最下面的区域被定义为"超卖区域"，中间的区域被定义为"适度区域"。错误的见位交易方法以这种区域信号作为买卖的依据，最为简单的做法是在"超卖区域"做多，在"超买区域"做空，在"适度区域"持仓。

我们通常借用震荡指标来寻找进场时机，而不是借用它来甄别走势，在见位交易中，如果做多，我们会倾向于在被超卖确认的局部反转看多 K 线之后买入；如果做空，我们会倾向于在被超买确认的局部反转看空 K 线之后卖出。在破位交易中，如果做多，我们则不会过于在乎当时的价格是不是处于超买区域；如果做空，我们则不会过于在乎当时的价格是不是处于超卖区域。总而言之，我们会在确认了趋势之后，准备进场的时候考虑到震荡指标的区域信号，这只是一个辅助确认进场时机的工具，可以有，可以无，有更好，没有也无所谓。

震荡指标其实是一个很好的心理指标，因为国外有交易计量专家发现，市场调查得到的情绪指数与震荡指标的走势高度拟合，这表明震荡指标其实是一个市场心理指标，在没有趋势的盘整市场，参与大众心理的些许变化就会带来市场的起伏，而在单边市场的时候，大众的高亢情绪可以一直处于较高的水平。

震荡指标除了区间这种最常见的用法之外，还有交叉和背离两种用法。交叉包括两种基本类型和两种基本情况：金叉和死叉是两种基本类型，而两线交叉和中线交叉是两种基本情况。两种基本类型与两种基本情况组合起来就形成了四种典型例子，我们分别简单介绍一下。

第一，两线交叉中的金叉。我们这里仍旧以随机震荡指标为例进行说明，请看图 5-12。两线交叉在均线中也有所运用，道理是相同的，所谓两线金叉，就是指较短期线上穿**较长期线**，金叉是市场动能向上的特征，一般是看涨意味浓厚，不过市场有时候会交叉之后死叉，马上又再度金叉，在股票交易

"梅开二度"是一种更为有力的看涨信号。

界这种情况被称作"梅开二度",是一种更为有力的看涨信号。

图 5-12 两线交叉中的金叉

第二,两线交叉中的死叉。两线死叉恰好与两线金叉相反,不过交易者应该对此也有了一定的了解,所以不再赘述,请看图 5-13。一般的死叉没有二度死叉的看跌意味浓,所以如果单纯利用死叉来进行交易的话,应该找寻那些二度死叉的情形。

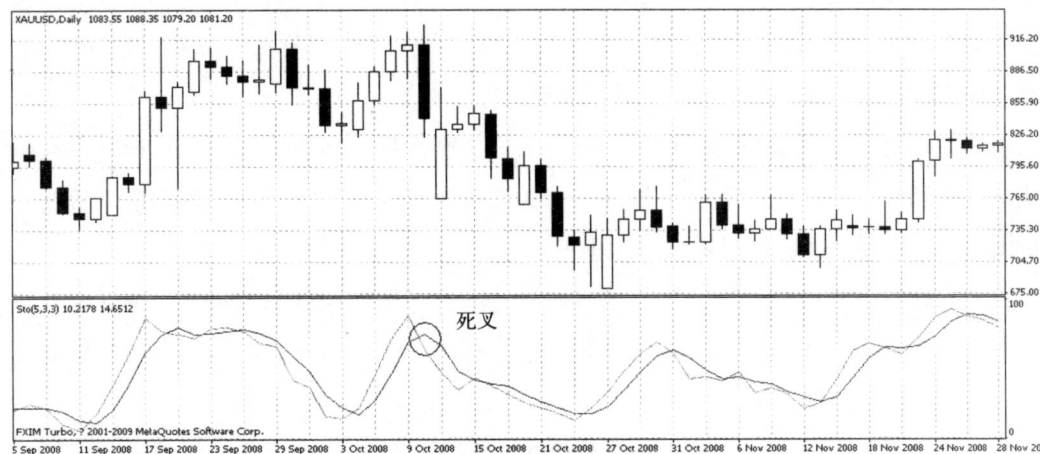

图 5-13 两线交叉中的死叉

第三,中线交叉中的金叉。有些震荡指标以 0 线作为中线,0 线之上是正值区间,0 线之下是负值区间,比如 MACD,这种情况下的金叉就是指信号线上穿中线 0 轴。另外一些震荡指标则以 50 为中线,因为其整个取值在 0~100,比如 RSI,这种情况下的金叉就是指信号线上穿 50 轴。这里需要做一点补充的是,MACD 在中国内地交易界被认为是趋势指标,但是在西方交易界则被倾向认为是震荡指标,典型例子就是 MACD

在西方著名分析平台 MT4 被归纳为震荡指标。

第四，中线交叉中的死叉。中线死叉与中线金叉恰好相反，在 0 轴为中线的情况下，比如 MACD，信号线下传 0 轴被认为是死叉，具有看跌意味。而在以 50 轴为中线的情况下，比如 RSI，信号线下穿 50 轴被认为是死叉，具有看跌意味。

这里需要补充一个知识点，也就是所谓的"二度原理"，无论是超卖、超买，还是金叉、死叉，乃至于下面要接着讲的顶背离和底背离，如果两次相同信号靠近时间非常近，则其本身具有的意味就会增强。如接连的两次超卖、接连的两次超买、接连的两次金叉、接连的两次死叉、接连的顶背离、接连的底背离等。"二度原理"告诉交易者信号重复得到的效力大于单一信号，大家不要小瞧了这一原理，我们曾经看到一本两三百页的证券交易书籍专门来论述这一原理，也就是这本书就花了两三百页来讲这么一个问题。

接着，我们再来看震荡指标与金价走势之间的背离信号。背离信号的顶底提示功效要强于区间信号，背离在交易中的运用并不像区间和交叉那样被广泛使用，这也许是其效力高于这两者的原因之一。震荡指标的背离一般以 MACD 和 RSI 为典型代表，我们以 MACD 为例，混沌交易法创始人比尔·威廉姆就试图利用 MACD 与价格走势的背离来识别艾略特波浪理论的三浪和五浪，可见 MACD 背离的业界地位不低。背离包括顶背离和底背离，我们这里只讲得到广大交易者认可的一般顶背离和一般底背离，其他还存在诸如什么隐含背离等，这里就略去了。

一般顶背离就是价格连创新高，而指标（如震荡指标和成交量指标）却并没有相应地创出新高。这表明市场处于顶部的可能性较大。指标通常是动能的象征，价格创出新高而动能跟不上，明显就是后劲不足。

一般底背离就是价格连创新低，而指标（如震荡指标和成交量指标）却并没有相应地创出新低。这表明市场处于底部的可能性较大。指标是动能的象征，价格创出新高而动能跟不上，明显就是后劲不足。

除了区间、交叉和背离三种常用的震荡指标用法，或者广义来讲是指标用法之外，还存在着离度和指标形态分析两种不常用的方法。所谓离度，是指两个信号线或者是均线和价格之间的空间关系，如果离得较远被称为乖离，如果靠得较近则被称为适离，乖离之后两者要靠近，适离之后两者要分开。所谓指标形态分析，是指利用西方形态分析的主要手段，如趋势线等，以及西方形态的主要模型，如双顶和双底等，对指标信号线的走势进行分析，比如利用阻力线分析 MACD 信号线的走势，这种方法使用的人较少，所以其有效率较高。

下面几个小节我们就来演示如何利用上述三种主要的震荡指标策略来配合 K 线形态,将两者搭配起来对行情走势进行双重过滤。

2. 区间信号和 K 线双重过滤

利用区间信号和 K 线形态对走势阶段进行分析定性是广为交易界老手掌握的技术,不过对于新手而言,这还是一个比较陌生的领域。因为新手倾向于单独看待每一项技术,将市场割裂起来看待,所以他们倾向于 K 线分析是 K 线分析,指标分析是指标分析,看了不少所谓证券投资教科书之后,他们的这种倾向更是根深蒂固,不可动摇。我们认识不少初学者在听信了一些所谓大师的经验之谈之后,只看 K 线,**其他什么指标都不看。其实,凡事都有一个肯定—否定—否定之否定的过程**,如果一来就想登峰造极,这是不现实的。六个包子的寓言很好地说明了这点:一个人在饭馆吃了六个包子后饱了,他后悔花了这么多钱,认为还不如直接吃第六个包子。问题的关键是没有前面五个包子,哪里来的第六个包子呢?所以,初学者还是应该对指标和 K 线的联合使用有深入的掌握,在此基础上才能有所谓的提高和扬弃。

下面我们来看几个牵涉震荡指标区间信号和 K 线信号双重过滤的例子。请看第一个例子,如图 5-14 所示,这是黄金 5 分钟走势图。图中的 A 处是一个锤头 K 线,其对应着超卖信号,锤头提醒着可能的支撑存在,也就是可能的局部低点,而超卖信号也有同样的作用,两者来自于不同的分析维度,符合不共线性原则,所以叠加得到的局部低点信号更加有效,我们可以利用这两者的叠加信号来过滤一些进场做多决策。B 处是一个看涨吞没和变异早晨之星的叠加,K 线信号的叠加使得其信号强度大于单一 K 线形态,更为重要的是该叠加信号对应于震荡指标的超卖信号,所以信号强度再上一个级别。从 A 和 B 两处的实例,我们可以得到一些关于超卖区间信号和 K 线结合起来使用的感觉,这样的直观印象对进一步的实

进步是一个逐步的过程,量变多于质变。

际运用非常有益。

图 5-14　区间信号和 K 线双重过滤（1）

第二个例子涉及看跌吞没和超买区间信号的结合使用，请看图 5-15，这是黄金 5 分钟走势图。图中的看跌吞没确认了局部高点，而看跌吞没对应的随机震荡指标则刚

图 5-15　区间信号和 K 线双重过滤（2）

好处于超买区域，进一步确认了局部高点。交易者甚至可以利用 K 线和随机震荡指标配合起来过滤一些其他的信号，比如过滤趋势线、过滤均线信号、过滤斐波那契信号等，所以我们本书的方法可以移植和融合到你的个人交易系统中，本书的方法好比是"即插即用"的模块，可以增强你交易系统的效能。

第三个例子则是流星形态与震荡指标超买信号的搭配使用，请看图 5-16，这是黄金 5 分钟走势图。流星提醒了可能的局部高点存在，而对应于流星的震荡指标信号线则处于超买区间，这就进一步加强了流星形态带来的信号效能。

图 5-16　区间信号和 K 线双重过滤（3）

利用震荡指标来过滤 K 线信号一度被看作是对 K 线信号效力的提升，最早采用这种方法之一的一位西方技术分析师认为 K 线的许多虚假信号可以通过震荡指标区间信号来过滤，其实就我们的经验来看 K 线和震荡指标区间信号的结合，更多的是对其他技术信号进行双重过滤，震荡指标与 K 线都属于局部走势分析工具，所以利用震荡指标过滤 K 线信号的实际价值并不大。

3. 背离信号和 K 线双重过滤

我们要演示的第二种震荡指标和 K 线信号双重过滤法是背离信号与 K 线双重过滤，关于背离更深入的理解可以参看其他专门研究此领域的技术分析专著，我们认识的外

汇分析师和股票分析师中有专门以此作为策略工具的，从这里可以看出这个工具在分析界（不是交易界）的受欢迎程度。请看下面第一个例子，这是一个底背离与K线信号结合的例子，请看图5-17，这是现货黄金日线走势图。本例中利用的震荡指标是MACD，可以看到金价的第二个底部要比之前的底部更低，而对应的震荡指标却是第二个底部要比之前的底部更高。这就是一个底背离，背离是研究两者之间的关系，所以与区间信号和交叉信号存在很大的差别，后面两者主要是研究震荡指标本身。背离本身一个相互验证的信号，相比其他震荡指标的信号，这个信号的整体性观念更强些，所以更容易产生高效的交易信号。

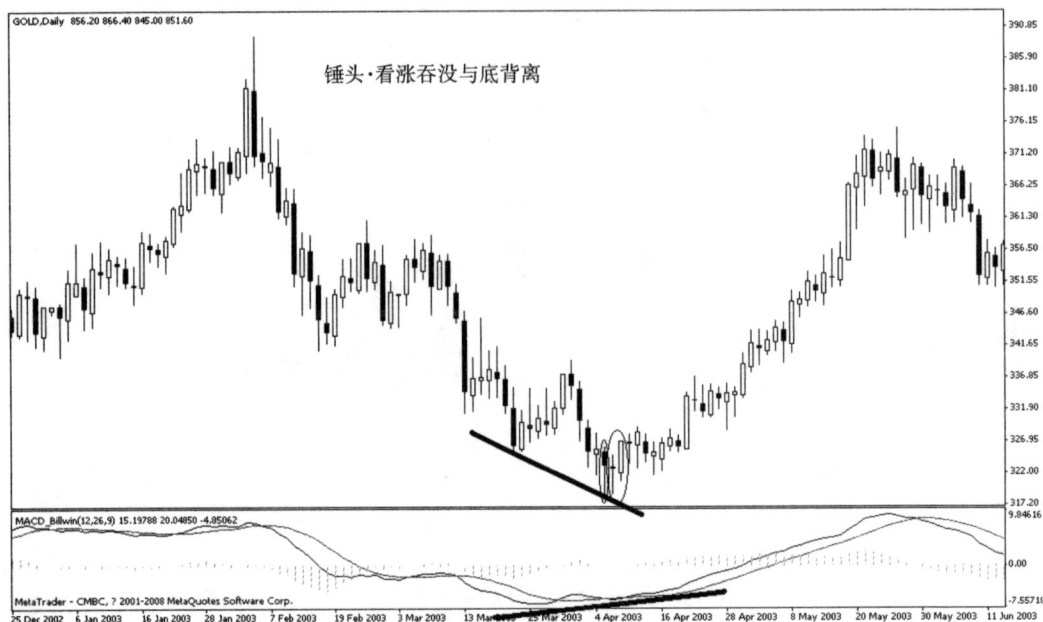

图5-17　背离信号和K线双重过滤（1）

　　在下面这个底背离中，还存在局部的支撑信号，这就是第二个底部出现了锤头和看涨吞没这两种局部低点确认信号，这样底背离这种准全局底部信号就得到了局部反转K线信号的支撑，这样就形成了K线和背离信号的双重过滤法。

　　我们来看第二个例子，顶背离和K线信号的结合使用，请看图5-18，这是现货黄金5分钟走势图。顶背离的第二个价格高点要高于前一个价格高点，而对应的震荡指标信号线则是走低，或者说第二个信号线高点低于前一个价格高点。顶背离与底背离一样是一个准全局信号。在本例中，价格的第二个高点存在一个流星形态，这就进一步确认了顶背离信号的可靠性。

图 5-18　背离信号和 K 线双重过滤（2）

对于背离信号的定义和使用，存在许多小的流派，我们建议读者在掌握本书传授策略的基础上对背离信号进行全面的梳理，首先可以从背离的类别开始，比如价格和技术指标的背离，**技术面和基本面的背离**，品种走势之间的背离，指数走势之间的背离（道氏理论的核心内容之一就是两个指数的背离是趋势反转信号）等，然后再对每个类别的背离进行深入的研究。

> 背离交易法我们有机会会专门讲一讲。

4. 交叉信号和 K 线双重过滤

交叉信号与区间信号一样，是技术指标使用中最没有技术含量的技术，它们的用法如此简单和明了，而且胜算率如此高，使得初学者趋之若鹜。下面我们仅从两线交叉的角度介绍交叉信号与 K 线的双重过滤法，中线交叉信号与 K 线双重过滤法的运用可以很容易由此推广得到。请看第一个例子（见图 5-19），这是现货黄金 5 分钟走势图。本例中采用 MACD 双线交叉作为代表，一个看涨吞没出现时对应着 MACD 双线的金叉信号，请看图 5-19。这样两个信号就得到

了相互验证和加强，也可以利用交叉信号和 K 线对其他信号进行双重过滤。

图 5-19　交叉信号和 K 线双重过滤（1）

第二个例子则是关乎 MACD 双线死叉与 K 线形态的配合使用，请看图 5-20，这是黄金日线走势图，图中黄昏之星和乌云盖顶与 MACD 信号线死叉对应，两者相互验证

图 5-20　交叉信号和 K 线双重过滤（2）

和强化。当你掌握了震荡指标交叉信号与 K 线的搭配使用之后，你可以将此策略用于对其他信号的双重过滤。

第三节 利用 K 线来完善黄金交易中的西方技术图形应用

西方技术分析主要是两部分：第一部分是指标，这是机械化和定量化交易倾向的体现；第二部分是形态，主要是一些图形，主要分为持续形态和反转形态，持续形态与调整进程有关系。限于篇幅，我们**在本小节就不再详细介绍西方技术图形的构造和定义了**，本小节主要是从东方技术分析精髓 **K 线**的角度来看待一些西方技术图形中的有效突破特征。西方技术图形都与斐波那契比率存在瓜葛，艾略特波浪走势中的各个形态与传统技术图形密切相关，大多等价，所以可以将艾略特波浪理论看作是西方技术图形分析的集大成者，而加特力波浪理论中的各种形态，比如蝴蝶形态，其形态内部也存在诸多斐波那契比率关系。**如果剔除西方技术图形中的斐波那契比率成分，则西方技术的图形分析就失去了重要的支柱。**我们这里不会去介绍西方技术图形中的斐波那契比率关系，相关知识可以查阅艾略特波浪理论，加特力波浪理论和传统西方技术图形的相关知识。

如果剔除西方技术图形中的斐波那契比率成分，则西方技术的图形分析就失去了重要的支柱。

1. 三角形与 K 线

三角形分为水平三角形和倾斜三角形，水平三角形分为上升三角形和下降三角形，以及对称三角形。倾斜三角形有时候是趋势的终点形态，有时候是趋势的起点形态，从艾略特波浪理论出发，倾斜三角中的五个子浪的亚结构如果是三浪调整形态，则倾斜三角是起点形态，被称为引导三角形，倾斜三角中的五个子浪的亚结构如果是五浪推动形态，则被

称为终结三角形。

如果你被上述定义和关系搞糊涂，那就把这些繁冗的东西扔到一边。西方技术形态分析里面有一条不变的规则：不管是持续形态，还是反转形态，其最终的意义取决于价格往哪个方向突破。从这个规则出发，所谓的上升三角形完全可能因为价格选择向下突破，而成为"下降三角形"；而所谓的下降三角形也完全可能因为价格选择向上突破，而成为"上升三角形"。这条规则使得甄别真假突破变成了整个传统西方技术图形分析的核心，在图形边界上的真突破决定了图形的涨跌意义。

我们首先来看一个对称三角形的例子，请看图 5-21，这是现货黄金 5 分钟走势图，其中用直边趋势线标示出了该对称三角形的边界，在此对称三角形的末端价格出现了突破，前面若干次突破都是影线跌破了下边界，按照我们之前关于有效破位的定义，这种突破不能当作有效下破位。最后，金价以大阴线跌破了下边界，这可以看成是有效下破位，于是我们进场做空，并将初始止损设定在该对称三角形的上边界之上的合理范围之内。其实，从进场分类法的角度而言，这种进场属于破位进场法。这个例子将西方技术分析形态与东方的 K 线形态结合起来使用，当然利用 K 线还可以帮助非常激进的短线交易者交易大型形态内部的次级波浪，以这个对称三角形为例，其内部的每个次级顶部基本存在看跌反转 K 线形态，而其内部的每个次级底部基本存在看涨反转 K 线形态。

图 5-21　三角形与 K 线（1）

第二个例子涉及上升三角形，请看图 5-22，这是现货黄金 5 分钟走势图，我们以两条趋势线标示出了上升三角形的上下边界。市场曾经以影线和阴线三次上破上边界（水平趋势线，阻力线），也以影线一次下破下边界（倾斜趋势线，上升趋势线），不过这些都不是有效突破。最后市场以一根大阳线的实体部分上破水平趋势线，这是有效突破，于是我们进场做多，并将初始止损放置在上边界或者下边界之下的恰当范围内。按照我们本书传授的进场策略，这种方法相当于是破位进场法。

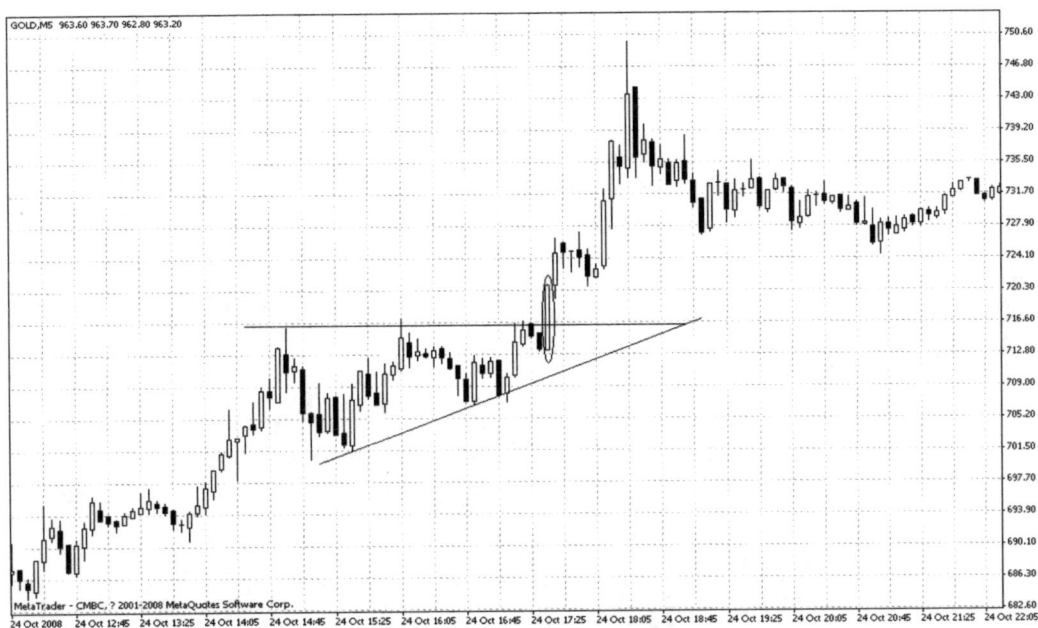

图 5-22 三角形与 K 线（2）

2. 双重顶底与 K 线

三角形的涨跌意义往往取决于市场最终选择的破位方向，而双重底和双重顶的涨跌意义则在其定义中已经被很好地确定了。下面我们着重从双底和双顶与 K 线相互验证的角度来探讨和分析交易之道，也就是说双峰反转（双顶和双底统称为双峰反转）与 K 线的双重过滤方法。

首先，我们来传授双底形态与 K 线的交互验证和双重过滤策略。请看图 5-23，这是现货黄金 5 分钟走势图。矩形标注了双底形态，可以发现双底的内部结构中存在不少的 K 线反转和持续形态，我们这里只拿其内部的 K 线反转形态作为例子说明，在形态两个底部都有对应的 K 线看涨反转形态，比如 A 处和 B 处的流星形态，以及 A 处流星和前后大阴线和大阳线组成的早晨之星形态，这些帮助交易者确认了第一个底部。

而 C 处和 D 处的看涨吞没则确认了前一底部构成的支撑有效，进而确认了第二个底部，这样双底基本确认。激进的交易者此时就进场交易了，这相当于见位进场做多，保守的交易者还需要等待市场向上突破颈线，也就是双底间顶构成的阻力线。金价多次以影线上破颈线，不过这并不符合有效突破的要求，于是需要等待进一步的破位行为，最终市场以一根大阳线的实体部分向上突破颈线阻力，于是我们进场做多，这相当于破位进场做多。如果是在第二个底部见位进场做多，我们则需要把初始止损点设定在两个底部下面一定范围内，如果是在突破颈线之后破位进场做多，我们则需要把初始止损点放置在颈线之下一定范围内。

图 5-23 双重底与 K 线

我们接着来看双顶形态与 K 线的交互验证，请看图 5-24，这是现货黄金 5 分钟走势图。在双顶的第一个顶部，流星形态与其交互验证。并且该流星与其后两根 K 线组成了一个黄昏之星形态，进一步确认了局部高点。之后，金价小幅回落之后出现了再度上攻，于是形成了第二个顶部，这时候 B 处的看跌吞没形态确认了这个顶部，也相当于确认了第一个顶部的阻力有效，于是激进交易者可以在这个位置进场做空，并将初始止损放置在双顶之上一定范围内。保守交易者则应该等待金价走势跌破双顶的颈线。最后，市场以一根大阴线向下突破颈线，于是交易者可以进场破位做空，并将初始止损放置在颈线之上合适的范围之内。

图 5-24　双重顶与 K 线

交易有不少方法，上面的双顶和双底就存在两种交易策略，激进的交易者倾向于见位进场，在双顶形态还没有定型时就入场做空，而保守交易者倾向于破位进场，在双顶形态完全形成并下破颈线之后入场做空。从这里可以发现，任何一个形态结构都存在两种以上的进场策略，所以大家没有必要追求唯一正确的策略和最完美的策略，这是违背市场实质的想法和做法，最终得不偿失。

3. 亚当夏娃顶底与 K 线

当趋势由向上转为向下时，容易出现亚当夏娃顶，也就是说第二顶比第一顶更低，高点**逐渐降低，从趋势甄别学的角度来看就是趋势向下了。当趋势由向下转为向上时，容易出现亚当夏娃底**，也就是说第二底比第一底更高，低点逐渐抬升，从趋势甄别学的角度来看就是趋势向上了。

亚当夏娃顶除了上述这种必要特征之外，还有一个附加特征，这就是亚当顶比夏娃顶更尖锐，而夏娃顶比亚当顶更圆缓。同样的是亚当底比夏娃底更尖锐，而夏娃底比亚当底

亚当夏娃顶也被称为高低顶，亚当夏娃底也被称为低高底，这种形态与 N 字顶和 N 字底基本等价，反映了趋势的改变。

更加圆缓。

在掌握了上述关于亚当夏娃顶底的形态定义之后，我们将其与K线形态结合起来相互验证。请看图5-25，这是亚当夏娃顶，第一个顶就是亚当顶，A处的看跌母子略微验证了该处所处的局部高点位置，第二个顶就是夏娃顶，B处的看跌吞没则验证了该处的局部低点位置。注意两顶之间的谷底出现了一个早晨之星形态，该局部看涨形态确认了该处的低点存在。在形成了夏娃顶后不久，市场以大阴线下破颈线，于是交易者可以进场做空，并将初始止损点放置在颈线之上的合理范围内。

图5-25　亚当夏娃顶与K线

接下来，我们来看亚当夏娃底，请看图5-26，这是现货黄金5分钟走势图，其中矩形标注了一个亚当夏娃底。亚当底处有一个看涨母子，其后一根大阳线确认了此看涨母子提醒的支撑水平，所以这一K线形态组合确认了亚当底的存在。夏娃底则是一个看涨吞没形态来确认的。稍微需要注意一下的是两底间顶是由一个不太明显的乌云盖顶形态确认的。稍微激进的交易者可以在夏娃底这个次低点进场做多，这是一个见位做多点，而稍微保守的交易者则可以在市场有效突破颈线之后再入场做多，最终市场以一根大阳线的实体向上突破颈线的阻力，于是交易者可以通过破位进场法介入，将初始止损点放置在此颈线之下一定范围内。

GOLD,M5 943.50 943.50 943.10 943.20

MetaTrader - CMBC, ? 2001-2008 MetaQuotes Software Corp.

颈线

大阳线升破

图 5-26　亚当夏娃底与 K 线

第四节　利用 K 线来改进黄金交易中的波浪理论实践

　　本节也许是最吸引初学者的一个小节，因为波浪理论被看成是"预测派"的集大成者，也是西方技术形态分析和比率分析的集大成者。失败的交易者都倾向于寻找能够告诉自己未来市场微小波动的秘密指标，"交易的圣杯"似乎就在此指标中。波浪理论则可以看成是终极指标的**替身，因为以艾略特波浪理论为主的波浪图式往往被认作是市场的根本结构和路线图**。以波浪理论进行交易应该给自己留有余地，也就是说应该给自己定下止损。不设止损是绝大多数波浪理论运用者的通病，为什么会这样呢？因为他们认定市场肯定会按照某种理论和自己的观念走下去。这违背了卡尔·波普关于有限理性的观点，也就是说没有理论能够完全认识世界，如果一种理论声称自己是万能和终极的真理，则一定是不可证伪

　　波浪图式是市场存在的某种普遍规律的表现，而不是普遍规律本身，这也解释了为什么波浪规律会有例外，而且波浪规律本身也存在很多变种。

的，也就是不科学的，不能产生实际效益的。波浪图式是市场存在的某种普遍规律的表现，而不是普遍规律本身，这也解释了为什么波浪规律会有例外，而且波浪规律本身也存在很多变种。正确的态度是将波浪图式看成一种概率分析工具，并能结合其他工具一同提高交易的胜算率和报酬率。本小节就试图将K线技术和艾略特理论为主的波浪理论结合起来对市场走势判断进行过滤。

波浪理论中最为典型和有市场影响力的两派是艾略特波浪理论和加特力波浪理论，艾略特波浪理论倾向于研究市场中的比较规则的驱动浪结构，而加特力波浪理论则倾向于研究市场中的不那么规则的调整浪结构。艾略特波浪图式以"5-3结构"为代表，而加特力波浪图式以"蝴蝶结构"为代表。我们主要是以艾略特波浪理论与K线的搭配使用为主要例子。

下面我们示范一个利用艾略特波浪理论进行交易的实例，请看图5-27，这是一个典型的艾略特波浪走势，这个走势出现在现货黄金1小时走势图上。这是一个典型的"5-3结构"，市场以5浪走完向上趋势，然后进行了a、b、c三浪调整。其中AB段是1浪驱动浪，BC段是2浪调整浪，CD段是3浪驱动浪，DE段是4浪调整浪，EF段是5浪驱动浪，最后FG段，GH段，HI段分别是a、b、c三个终极上升趋势的调整浪。

图5-27 典型的艾略特波浪走势

我们对这个交易过程进行分析，这里需要注意的一点是：由于调整浪相对于驱动

浪更为不规则，所以风险更大，因此我们在实际操作中一般不操作较短时间结构内的调整浪。在本例中，由于是黄金 1 小时走势图上的艾略特波浪走势，所以我们基本不会操作这种时间结构上的波浪走势。

交易的第一步是确认第一浪，此时我们并不知道这是一个新的艾略特"5-3 结构"的开始，所以我们一般按照通常的见位交易方法进行操作。请看图 5-28，我们在一段向下走势之后发现了一个变异的早晨之星形态，也就是图中 A 处，此处靠近前期低点，这个形态无疑确认了此前低点构成的支撑有效，于是我们可以见位进场做多，并将初始止损放置在前期低点之下。同时我们以大横盘区域的最高点作为一个潜在的出场点，这是一个同位出场点，也就是说我们会等待 K 线在此位置上形成局部反转信号再出场，如果是持续 K 线向上突破持续，我们则继续持仓，并将止损由此前的初始止损点移动到该潜在同位出场点之下。

图 5-28 确认第一浪

持有多仓之后，市场果然上升到目标价位出现看跌母子形态，于是我们平仓出场。然后我们反过来假定此前的这波上涨是一浪，如果是三浪的话应该比大横盘之前的那段上涨更大幅度，至少是一样的幅度。我们预计金价会继续下跌到一浪的 0.382~0.618 水平，如图 5-29 所示。之后价格先后在 0.5 和 0.618 附近形成局部反转形态，我们在第一处局部反转信号，也就是在 0.5 附近出现看涨吞没之后就入场轻仓做多，并将止损

设定在该看涨吞没最低点之下足够的幅度之内，此后价格稍作反弹，继续下跌，跌到 0.618 附近时恰好触及了我们的止损，于是我们被迫出场，此后金价却在 0.618 附近形成了变异的早晨之星形态，于是我们再次进场做多，并将初始止损放置在此变异早晨之星形态的下方。

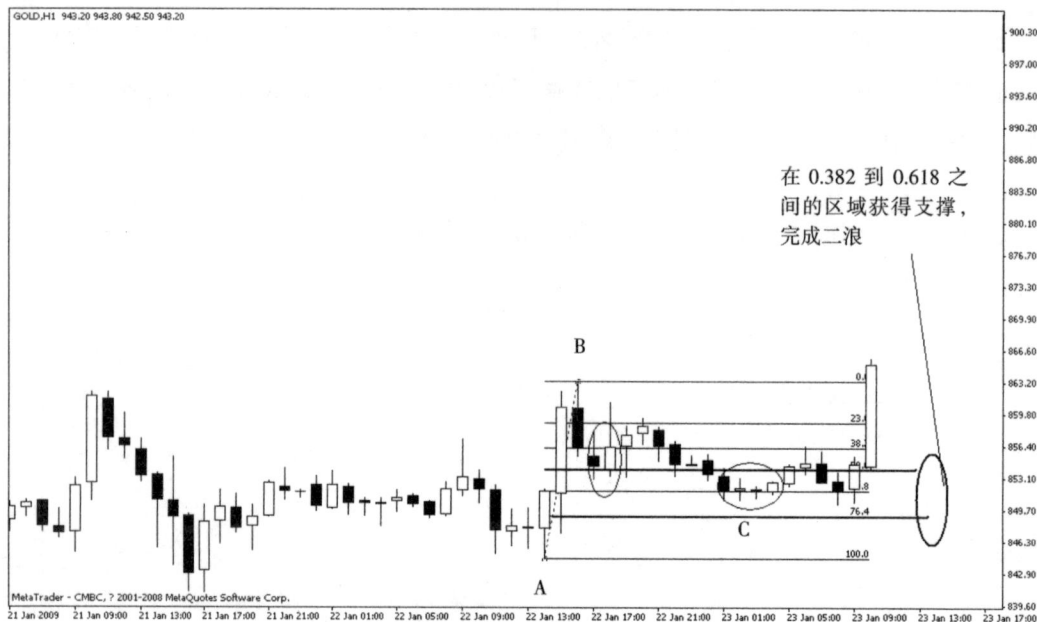

在 0.382 到 0.618 之间的区域获得支撑，完成二浪

图 5-29 二浪的完结

现在我们将 AB 段假定为一浪，则从 C 点出发作 AB 段的斐波那契延伸，这些工具可以从 MT4 软件上的画线工具中找到。最后价格在一浪的 1.618 倍处出现了流星形态，但是由于四浪不能与一浪重叠，所以此时终结三浪的概率很小，于是我们了结一半多头，并将止损移动到一浪顶之下，也就是 B 点水平趋势线之下（见图 5-30）。

此后金价继续上升，在一浪的 2.618 倍处出现了变异的黄昏之星形态，其实此形态之前也有一近似的黄昏之星，由于不太标准故忽略（如果读者按照我们敛散分析法，则应该在此准黄昏之星形成后就出场，请读者想想看为什么应该这样），于是我们在变异的黄昏之星形成后了结一切多头头寸（见图 5-31）。这里补充一点题外话：艾略特波浪理论为交易者同位出场（至于同位出场法的具体定义可以参看本教材后面部分）提供了目标位置，但是如果不接受 K 线等辅助信号的确认，则艾略特波浪理论就变成了为交易者提供出场目标的前位出场法，后面这种情况使得交易者在价格达到该目标时就出场，而不管市场是否有继续突破的表现。

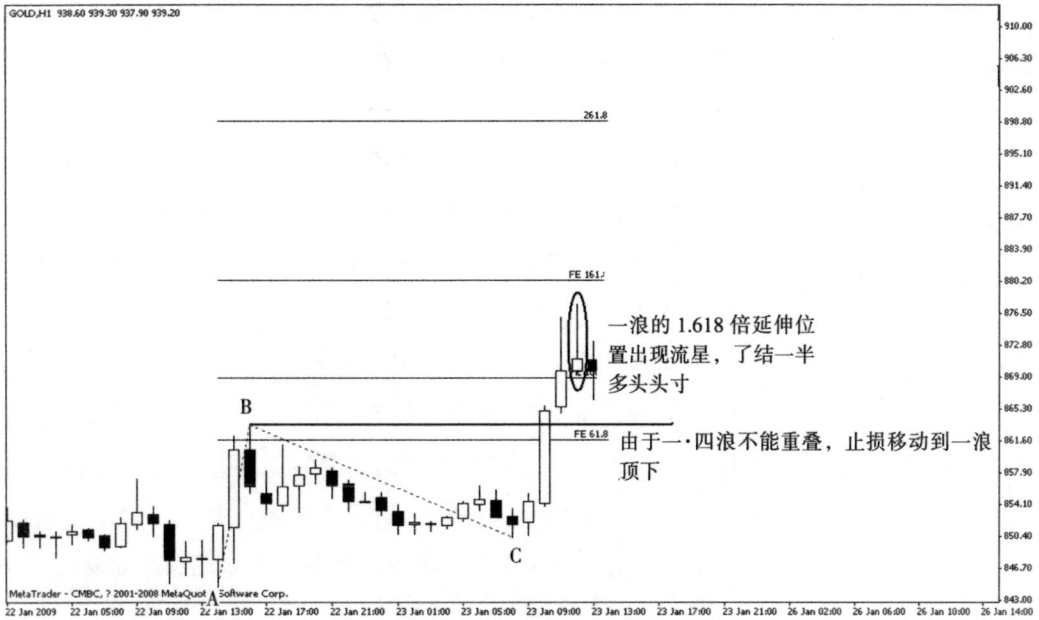

图 5-30　可能的三浪目标

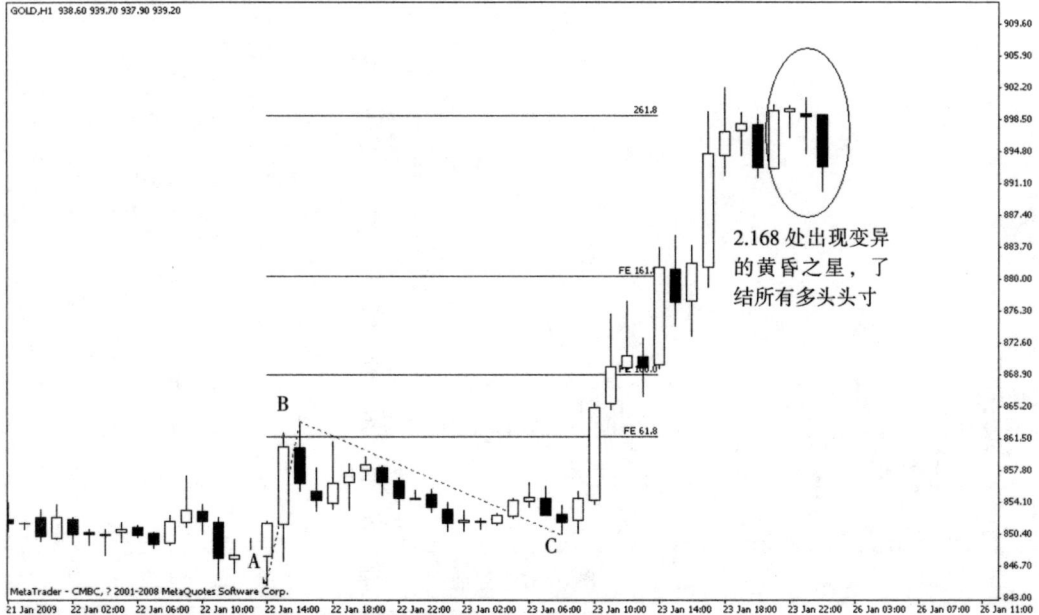

图 5-31　三浪

　　此后如果你想对第五浪进行操作，则可以等待四浪的形成，由于五浪很可能比一浪还短，它往往是最短的一波驱动浪，所以我们可能放弃这段交易。不过这里我们还是对第五浪交易进行简要的提示（见图 5-32）。如果你在四浪终点处见位介入五浪，则需要查看三浪之后调整的终点，这时候你可以查看是否在三浪某一斐波那契线水平出现了局部反转看涨的K线形态，如果一直没有这种形态的话你则需要等待金价回升后创出新高的破位进场机会。**不过，如果你能够善加利用本书独创的敛散分析工具，则无论如何都能找到见位交易机会。五浪的潜在出场点一般是一浪起点到三浪终点的0.382倍到0.5倍之间，**你需要等待市场在这些关键斐波那契延伸水平的表现，在本例中市场在0.382水平附近出现了黄昏之星和流星的叠加形态确认了0.382水平阻力的有效性，如果我们有多头头寸就应该平仓，如果我们是激进的交易者，愿意交易调整浪，则也可以在此处做空，并将初始止损放置在此黄昏之星最高点之上，同时还要考虑资金管理比率和过滤市场噪声的要求。

如果你在四浪终点处见位介入五浪，则需要查看三浪之后调整的终点，这时候你可以查看是否在三浪某一斐波那契线水平出现了局部反转看涨的K线形态，如果一直没有这种形态的话，你则需要等待金价回升后创出新高的破位进场机会。

图 5-32　五浪

下面我们再来看一个利用艾略特波浪图式和K线形态相互确认进行交易的实例，请看图5-33。在行情完成之后我们会发现这是一个双底突破走势，不过市场在进行第二个底部的时候，我们就可以进行见位做多交易了。此后的交易和分

析就不再赘述了，可以看图 5-34 至图 5-37，价格走势和图中文字说明了一切。

图 5-33　确认第一浪

图 5-34　交易第三浪

图 5-35　可能的第三浪目标

图 5-36　交易第五浪

图 5-37　顶部出逃

【开放式思考题】

在研读完第五课的内容之后，可以进一步思考下列问题。虽然这些问题并没有固定的标准答案，但能够启发思考，跳出来看某些观点。

（1）本课提到"交易学习属于随机强化，与人类绝大多数学习过程存在差别。人类面临的绝大多数学习过程是一致强化，所谓一致强化就是指正确的行为会得到激励，而错误的行为会得到惩罚。所谓随机强化是指正确的行为不一定会得到激励，而错误的行为不一定会得到惩罚，正确行为得到预期收益高于错误行为预期收益"。如何克服随机强化带来的负面效应呢？

提示：如何提升反馈的有效性和及时性？

（2）本课提到"最早提出空头陷阱和多头陷阱这个概念的人并不高明，高明的是提出交易空头陷阱和多头陷阱的这个人"。那么，如何高效地识别空头陷阱和多头陷阱呢？

提示：心理层面比驱动层面更加有效。持仓极端值、共识预期高度一致（舆情和媒体可以看出来）、利多不涨或者利空不跌等。这些都是经验之谈，你还能提出哪些？

【进一步学习和运用指南】

（1）K 线就是一个局部信号，你可以用趋势指标来过滤，也可以用震荡指标来过

滤。还可以利用斐波那契点位、成交量和持仓量来过滤。不过这些思路都狭窄了一点，尝试用非技术变量来过滤K线。

（2）关于K线，理论派集大成者的书可以进一步看下，比如史蒂夫·尼森（Steve Nison）的书，不过最重要的是通过实践去检验和完善。

（3）K线形态如何量化呢？K近邻算法和神经网络算法都是比较好的工具。

第六课

黄金交易中 K 线形态的可靠性

　　K 线的测市功能一方面饱受诟病，另一方面又受到了不少忠实信徒的追捧。其实，K 线是市场局部运动的心理图表，反映了市场的群体心理，也可以看成是多空对比的博弈图表。不管你如何看待这个工具，你都必须明白，K 线就其组合形态而言是一个分析市场局部运动的工具，一定要铭记"局部"两字。

　　第一种错误的做法是将 K 线组合用作全局的判断，也就是不注意 K 线组合的局限性，这种做法多半忽视了真正的**趋势分析，将 K 线组合形态当作趋势的完全代表，这样的交易者在股、汇、期市场中都有很多，不仅仅是黄金市场。**

　　第二种错误的做法是不重视 K 线分析局部信息的功能。一般交易者在趋势判断上和进场位置选择上判断非常到位，但是实际进场效果却非常不好，关键是没有把握住进场的时机。K 线对于进场和出场时机把握很有用处，不少交易者忽视了这点，他们认为 K 线对于具体进场时机选择的功能没有什么大不了的，只要方向看准了，在哪进场都是一样的。其实，K 线能够为交易者选择更为精确的进场机会，对于出场时机把握也是其他工具不可替代的。

　　K 线组合的认知和使用存在上述两种误区，我们避免踏入这种误区只是代表我们正确看待和使用 K 线的开始。真正要用好 K 线，精确地使用 K 线，还要对 K 线的可靠性有所了

> K 线就其组合形态而言是一个分析市场局部运动的工具，一定要铭记"局部"两字。

解，本课虽然短小，但是对于K线使用者而言，却是必不可少的。综观海内外关于K线的成千上万本书籍，很少有对K线本身的可靠性和效率进行验证的，一则品种差异，二则时段差异，但是这并不是可以搪塞的理由。交易涉及资金的得失，对于从来没有分析其有效性的工具盲目顺从，是所有初级交易者的通病。不少股民一头钻进技术分析指标大全里，好像这些指标真的有效一样，其实真正有效的指标恐怕不到5%，而且这5%还要正确使用才能有效果。K线就属于这5%的范畴，但是K线往往被误用，所以即使这5%的管用的东西你攥在手里也未必发挥其功用，何况你执迷不悟于一些害人的技术指标。

本课的学习要点分为两部分：第一部分分析K线可靠性的衡量标准；第二部分介绍我们对K线在黄金交易中有效性的初步评级。

第一节　黄金交易中的K线形态可靠性衡量标准

K线在黄金短线交易中的可靠性如何去衡量呢？标准是什么呢？其实，我们首先要了解的是为什么要具备这样一个标准，这样一个标准对于交易的实际意义如何？K线是否有效，需要一个标准来衡量，因为只有树立了这样的标准才能够对K线信号的有效性进行评级，也才能够专注于极少数的优势信号，从而提高自己交易的胜算率和风险报酬率。

K线的可靠性分解为两个方面，第一是作为预测日内趋势的日K线的可靠性；第二是作为确认日内短线进场时机的K线的可靠性。第一种K线是日K线，我们从日K线上看出次日的趋势概率分布，然后指定次日的日内方向。请看图6-1，日线走势上金价出现了黄昏之星，那么次日的日内交易策略应该是逢高做空的，或者是跌破做空的。黄昏之星是否

K线的可靠性分解为两个方面，第一是作为预测日内趋势的日K线的可靠性；第二是作为确认日内短线进场时机的K线的可靠性。

具备这样的**次日预测**功能，可靠性有多高，这就是K线可靠性的第一个方面，也就是"次日测市的可靠性"。

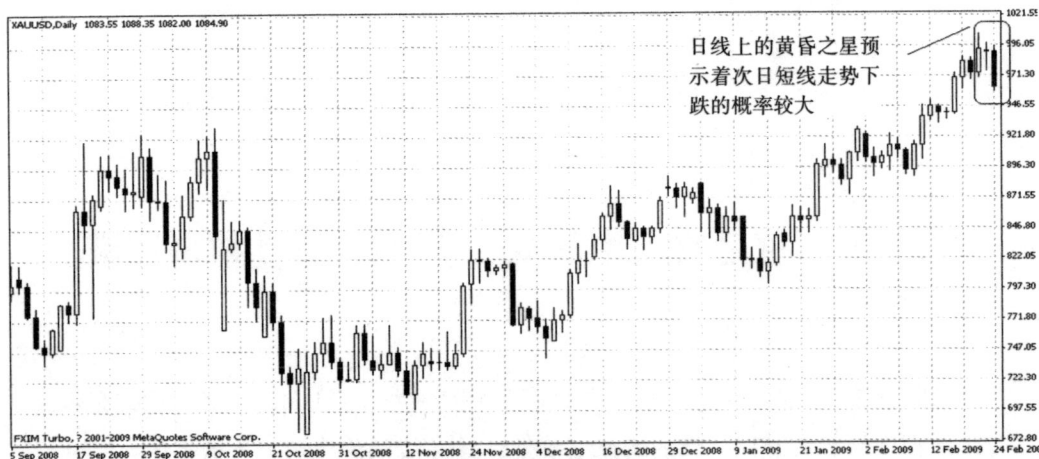

图6-1 预测次日走势的日K线

K线的第二种可靠性涉及确认进场时机（包括出场时机）的可靠性，也就是说我们要看当下是不是很好的进场时机，市场趋势和潜在的进场位置我们都知道了，进场时机自然也就知道了。短线交易的日内K线就是发挥这个功能的，如果你看了本书后面的"势、位、态"分析理论，就知道这里是利用K线的"态"分析功能。请看图6-2，

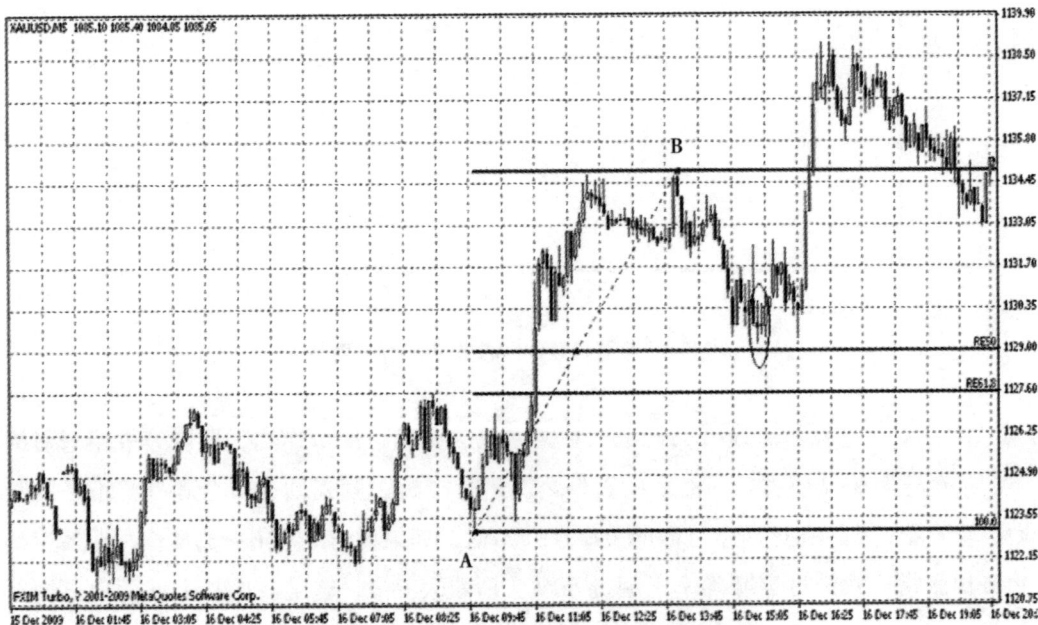

图6-2 确认当下交易机会的5分钟K线

趋势向上，潜在进场位置为斐波那契回调水平 0.5，附近出现了变异的早晨之星，确认了进场做多的时机有效。这里的早晨之星是有效性，因为它的"当下确认的可靠性"得到了证实，但是这只是一个例子，其他的大多数情况是否也是这样的？

判断 K 线的可靠性，主要是从上述两个方面展开："次日测市的可靠性"和"当下确认的可靠性"，如果 K 线组合在这两方面的评分高，则是一个相当不错的工具。

第二节　黄金交易中的 K 线形态可靠性初步评级

K 线形态主要分为两类：持续性 K 线和反转性 K 线。G.L.Morris 对它们的有效性进行过一定程度的定量研究，他的研究主要是针对 K 线的测市功能，他提出在不进行其他趋势判断的情况下单纯用 K 线进行趋势预测的准确率接近 50%，与丢硬币差不多，而且反转 K 线的准确率稍微低于持续 K 线，如图 6-3 所示。

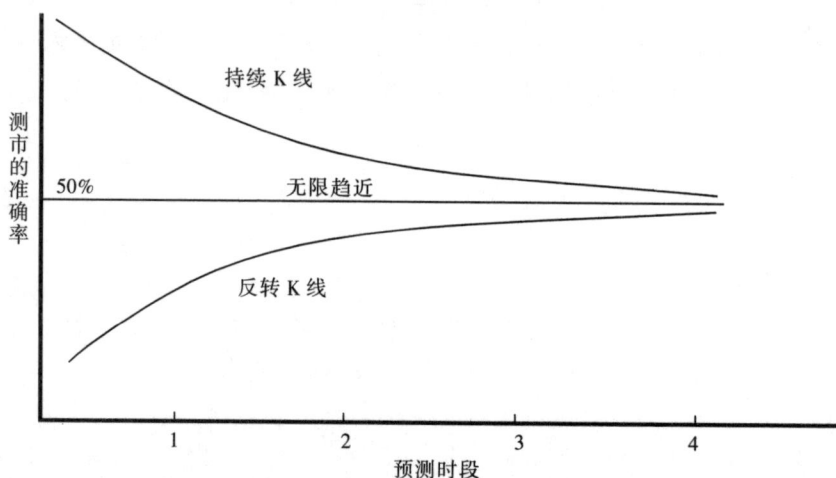

图 6-3　忽略趋势分析的 K 线测市准确率

其实 K 线作为局部分析工具，只对极近期的实况有提示作用，所以一般用来对当下的情况进行确认或者是对此后的短期情况进行推断。就我们在黄金和外汇市场的长期经验来看，K 线在这两个方面的可靠性并不低，如果像 G.L.Morris 那样作为非短期的趋势预测指标，则肯定准确率不超过 50%。请看表 6-1，这是我们从上述两个方面对主要 K 线形态的评级，最高评级为第一级别，也就是效率最高，最可靠的。

表 6-1 K 线形态的可靠性评级

级别	看涨形态	看跌形态
第一级别	看涨吞没	看跌吞没
	早晨之星	黄昏之星
第二级别	锤头	流星
	底部十字星	顶部十字星
第三级别	看涨母子	看跌母子
	倒锤头	吊颈
	刺透形态	乌云盖顶
	大阳线	大阴线
	看涨覆盖	看跌覆盖

【开放式思考题】

在研读完第六课的内容之后，可以进一步思考下列问题。虽然这些问题并没有固定的标准答案，但能够启发思考，跳出来看某些观点。

（1）本课提到"不管你如何去看待这个工具，你都必须明白，K 线就其组合形态而言是一个分析市场局部运动的工具，一定要铭记'局部'两字"。如果说日 K 线和小时 K 线属于局部指标，那么周 K 线、月 K 线呢？

提示：拳无定式！明白每一种说法的背景和前提，也就懂了它的局限性。

（2）本课提到"在不进行其他趋势判断的情况下单纯用 K 线进行趋势预测的准确率接近 50%，与丢硬币差不多，而且反转 K 线的准确率稍微低于持续 K 线"。为什么，反转 K 线胜算率低于持续 K 线呢？

提示：一段走势由无数点构成，反转点只有两个。

【进一步学习和运用指南】

（1）量化的程度决定了学习和进化的效率。

（2）**没有掌握规律的东西，我们称之为艺术。掌握了规律的东西，我们称之为科学。作为"努力追赶者"，你选择科学还是艺术？作为"既得利益者"，你宣扬科学还是艺术？**以无法为有法，确实境界高，不过对于还没有入门的人而言，无疑是障眼法。交易是艺术还是科学，你选择了什么立场呢？任何领域都是分阶层的，阶层决定立场。

（3）推荐进一步阅读朱迪亚·珀尔（Judea Pearl）的《为什么：关于因果关系的新科学》（*The Book of Why*）和道格拉斯·W. 哈伯德（Douglas W. Hubbard）的《数据化决策》（*How to Measure Anything*）。

中 篇
黄金交易中的斐波那契技术

一定会惊奇地发现自然界的各种具体现象背后潜在的斐波那契比率构筑的秩序。

——罗伯特·费雪

自然生长的数学：斐波那契比率

如果说 K 线代表了微观领域的市场力量结构，那么斐波那契比率则代表了微观领域的市场秩序结构。所谓斐波那契比率其实主要是指与斐波那契数列相关的比率，**最重要的比率是 0.618 和 0.382，有时候 0.5 也被纳入这个体系中，当一组重要的斐波那契比率集合起来作为金融市场分析工具的时候，就被称为斐波那契线谱。**在《斐波那契高级交易法：外汇交易的波浪理论与实践》中，我们推荐了一种较为特别的斐波那契线谱精简过滤法，但这只是上百种斐波那契线谱用法的一种，在本课中我们着力介绍的是斐波那契比率交易的一般知识，主要是斐波那契回调率和延伸率的使用，以及如何将斐波那契蕴含的三段论思想与趋势识别技术结合起来使用。

在国内关于斐波那契技术的专著很少，关于 K 线的书和常用技术指标的书则是汗牛充栋，如果将斐波那契技术深入和全面的讲解，无疑是对国内交易者们的一次盛宴。斐波那契技术应该是西方技术分析的最精华，正如蜡烛图技术是东方技术分析的最精华一样。当然，有些读者或许会提到金融易学，认为这个比蜡烛图高明，我们想说的是群众也许更有发言权，蜡烛图技术和斐波那契技术不是这几年才有的，也不是几个人在检验和评判，其效果是有目共睹的。

我们本篇主要是介绍斐波那契技术，以便为下篇的综合

斐波那契技术应该是西方技术分析的最精华，正如蜡烛图技术是东方技术分析的最精华一样。

运用打下基础，全书的目的是将斐波那契技术与 K 线技术结合起来，发挥最好的研判作用，当然最后的实际效果最终取决于良好的仓位管理策略，这个也是到下篇才会提到的问题。斐波那契技术也可与交易技术结合起来使用，不一定非得跟 K 线技术结合，当然就我们的经验而言，斐波那契技术与 K 线的结合是非常好的策略，毕竟 K 线技术注重当下，而斐波那契技术注重过去和未来。

让我们一起步入斐波那契的殿堂，这是一个被专家誉为"左侧交易"的神奇工具，其在交易界的地位正在蒸蒸日上，通常的均线系统，特别是副图指标已经逐渐力不从心了。那还等什么呢？我们开始吧。

本课的学习要点是：第一，斐波那契回调比率的运用。第二，斐波那契延伸比率的运用。

第一节　一个主宰性的比率

如果说是阴阳法则在支配的话，那么阴阳法则是按照黄金分割率在衍生万物的，也就是说以 0.618 为主的斐波那契比率是宇宙生长与发展的比率，是宇宙的动态比率。把一条线段分割为两部分，使其中一部分与全长之比等于另一部分与这部分之比。其比值是一个无理数，用分数表示为 $(\sqrt{5}-1)/2$，取其前三位数字的近似值是 0.618。由于按此比例设计的造型十分完美，因此称为黄金分割率，或者是斐波那契比率，当然由这个比率还可以推出其他的斐波那契衍生比率。 这个数值的作用不仅体现在诸如绘画（主要达·芬奇的名作蒙娜丽莎，请看图 7-1）、雕塑、音乐、建筑等艺术领域，而且在管理、工程设计等方面也有不可忽视的作用。自然界当中更是随处可以看到斐波那契比率的影子：

人的高度×肝脏到地面的高度＝1.618（见图 7-2）

肩膀到指尖的距离×肘关节到指尖的距离＝1.618

臀部到地面的距离×膝盖到地面的距离＝1.618

蜂巢里雄蜂∶雌蜂＝1.618

2000 多年前，古希腊雅典学派的第三大算学家欧道克萨斯首先提出黄金分割。所谓黄金分割，指的是把长为 L 的线段分为两部分，使其中一部分对于全部之比，等于另一部分对于该部分之比。黄金分割在文艺复兴前后，经过阿拉伯人传入欧洲，受到

图 7-1　蒙娜丽莎画像中的斐波那契比率

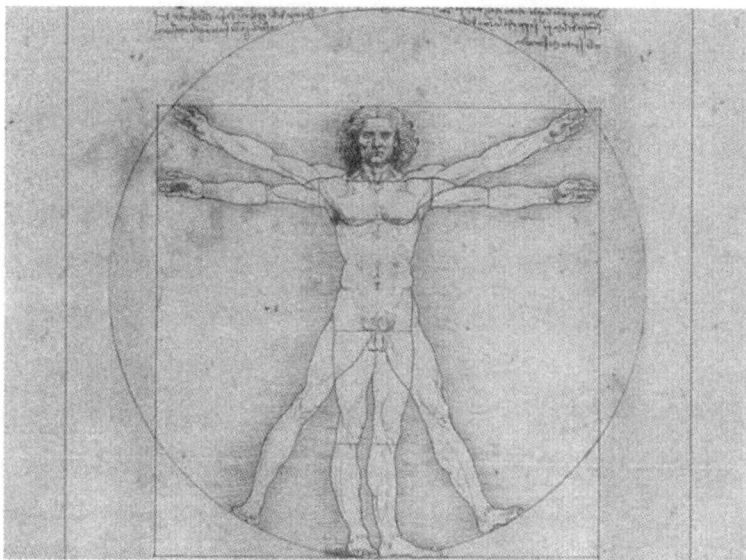

图 7-2　人体上的斐波那契比率

了欧洲人的欢迎，他们称之为"金法"，17 世纪欧洲的一位数学家，甚至称它为"各种算法中最为宝贵的算法"。这种算法在印度被称为"三率法"或"三数法则"，也就是我们现在常说的比例方法。

其实有关"黄金分割"，我国也有记载。虽然没有古希腊的早，但它是我国古代数学家独立创造的，后来传入了印度。经考证，欧洲的比例算法是源于我国而经过印度由阿拉伯传入欧洲的，而不是直接从古希腊传入的。

因为它在造型艺术中具有美学价值，在工艺美术和日用品的长宽设计中，采用这一比值能够引起人们的美感，在实际生活中的应用也非常广泛，建筑物中某些线段的比就科学地采用了黄金分割，舞台上的报幕员并不是站在舞台的正中央，而是偏在台上一侧，以站在舞台长度的黄金分割点的位置最美观，声音传播得最好。就连植物界也有采用黄金分割的地方，如果从一条嫩枝的顶端向下看，就会看到叶子是按照黄金分割的规律排列着的。在很多科学实验中，选取方案常用 0.618 法，即优选法，它可以使我们合理地安排较少的试验次数找到合理的和合适的工艺条件。正因为它在建筑、文艺、工农业生产和科学实验中有着广泛而重要的应用，所以人们才珍贵地称它为"黄金分割"。

1. 斐波那契数列与交易

让我们首先从一个数列开始，它的前面几个数是：1、1、2、3、5、8、13、21、34、55、89、144…这个数列的名字叫作"斐波那契数列"，这些数被称为"斐波那契数"。特点是即除前两个数（数值为 1）之外，每个数都是它前面两个数之和。

斐波那契数列与黄金分割有什么关系呢？**经研究发现，相邻两个斐波那契数的比值是随序号的增加而逐渐趋于黄金分割比的。即 $f(n)/f(n-1) - 0.618\cdots$** 由于斐波那契数都是整数，两个整数相除之商是有理数，所以只是逐渐逼近黄金分割比这个无理数。但是当我们继续计算出后面更大的斐波那契数时，就会发现相邻两数之比确实是非常接近黄金分割比的。

一个很能说明问题的例子是五角星（见图 7-3）。五角星是非常美丽的，我们的国旗上就有五颗，还有不少国家的国旗也用五角星，这是为什么？因为在五角星中可以找到的所有线段之间的长度关系都是符合黄金分割比的。正五边形对角线连满后出现的所有三角形都是黄金分割三角形。

外汇市场是一个群体行为的发生场所，同时也是整个宇宙的一部分，斐波那契比率是整个宇宙秩序的一部分，在宇宙中的任何事物中得到体现，所以斐波那契比率必然以各种或隐或现的方式体现在金融产品的价格走势中。

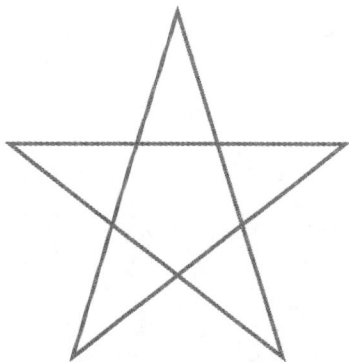

图7-3　正五星

　　由于五角星的顶角是36°，这样也可以得出黄金分割的数值为2Sin18°。黄金分割点约等于0.618∶1，是指把一线段分为两部分，使得原来线段的长跟较长的那部分的比为黄金分割的点。线段上有两个这样的点，利用线段上的两黄金分割点，可做出正五角星。

　　斐波那契比率怎么会与交易扯上关系呢？首先，外汇市场是一个群体行为的发生场所，同时也是整个宇宙的一部分，斐波那契比率是整个宇宙秩序的一部分，在宇宙中的任何事物中得到体现，所以斐波那契比率必然以各种或隐或现的方式体现在金融产品的价格走势中，无论是股票市场，还是黄金市场都是如此。斐波那契比率主要体现在金融市场走势的时间和空间两个维度，但以空间维度的运用最多。在斐波那契比率的空间维度运用中，波段和波段之间的价格幅度是最主要的研判对象，本课的第二节对这方面的问题进行一定程度的介绍。

2. 斐波那契比率和 π

　　如果说宇宙间最神奇的比率，除了斐波那契比率之外，就是 π 了。圆周率是一个常数，是代表圆周和直径的比例。它是一个无理数，即是一个无限不循环小数。但在日常生活中，通常都用3.14来代表圆周率进行计算，即使是工程师或物理学家要进行较精密的计算，也只取值至小数点后约20位。π 是第16个希腊字母，本来它是和圆周率没有关系的，但大数学家欧拉从1736年开始，在书信和论文中都用 π 来代表圆周率。既然他是大数学家，所以人们也有样学样地用 π 来表圆周率了。圆周率与斐波那契比率一样，广泛存在于自然界中，著名的麦田圈中也出现了象征 π 的图像（见图7-4，美国北卡罗来纳州退休的天体物理学家迈克·里德称这个麦田怪圈则象征着精确到小数点后9位的圆周率近似值3.141592654，图形中心附近的一个小点，其实就是小数点，

见图7-5的解释），而麦田圈绝大部分都是自然现象。

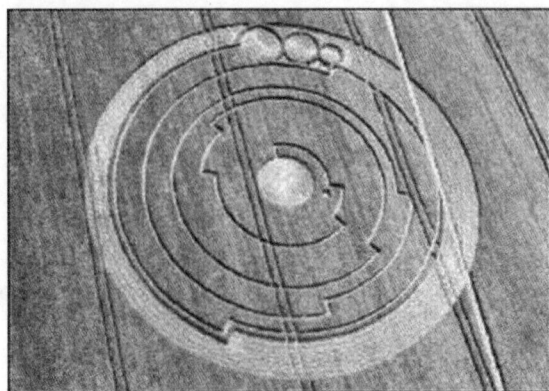

图7-4　英国威尔特郡劳顿村巴布里堡的麦田怪圈

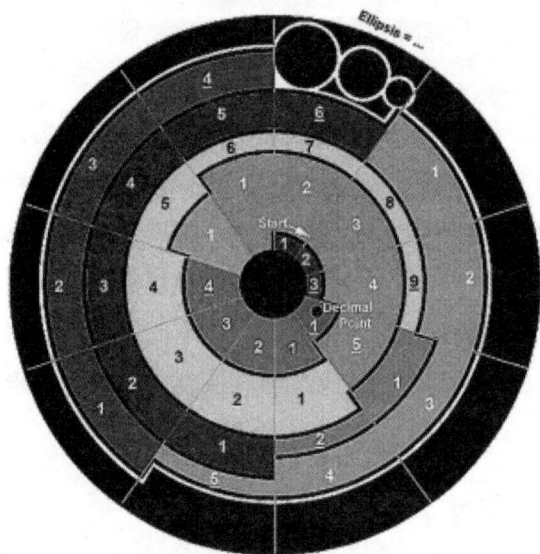

Barbury Castle Crop Circle
1 June 2008，Bartey
Indicates the Value of π
π=3.141592654…

图7-5　迈克·里德的剖析图

　　金融市场中用得最多的两种比率，第一是斐波那契比率，第二是π，关于斐波那契比率市场上有不少运用者，但是对于π率，运用的人就非常少了，这方面比较出名的国内人士有两位，第一位是张鸿林先生，著有《时空法则—股市数理应用》一书，第二位是肖卿灿先生，著有《万能测顶底宝典：股票、期货、外汇市场内在规律运行规律突破性的发现》，他们发现金融标的价格或者是时间周期与π率存在有规律的常数关

系。从实际运用的角度来看，这类理论给出的潜在反转点并不唯一，所以很难作为交易进场的依据，只能当作提供的一个"潜在位置"，需要我们借助于其他诸如 K 线这样的指标去确认这一"位置"的可靠程度。这类工具本身并没有错，错在运用他们的人，因为这类工具其实只告诉了可能的多个转折点，你不能单凭预测就咬定市场会这样走，更为重要的是，这些预测涉及的基本是入场点，没有谈出场点。怎样才能更好地运用这些工具呢？第一，找到一种方法用于进一步确认唯一的进场点，提供进场的胜率，筛选掉那些胜率较低的预测点；第二，设定恰当的止损，具体的策略和方法参考《外汇短线交易的 24 堂精品课》一书；第三，时刻想着"进场后如何出场？出场的条件是什么？或者说出场的价位是什么"？

不过，从一项交易者的角度来看，过于复杂的比率运用是有害无益的。

3. 一个"万能"的顶底法则

我们这里先介绍下肖卿灿的万能顶底公式，我们选择了其中最贴近于实战需要的部分，设定一个波段显著低点或者高点，为 P，则新的一个高点或者低点为 Kπ，Kπ 的几个比较有效的取值如表 7-1 所示，这个方法的关键用途还是提供多个潜在的反转点，与单纯的斐波那契方法类似，存在的共同问题仍旧是如何筛选出唯一点，并且管理好风险。

表 7-1　万能顶底公式的重要数值

P 为波段低点，预测高点		P 为波段高点，预测低点	
0.9π	2.827	π/6	0.524
2.6π	8.168	π/8	0.393
5.2π	16.336	π/16	0.196
7.5π	23.562		

张鸿林先生的 π 顶底公式主要是测算时间的，如下式所示，这个公式的要点在于可以根据一个历史性的低点或者高点测算出另外一个低点或高点的间隔天数，间隔天数一般是314 的整数倍，加、减一两天左右。

股市转折周期点的间隔天数（日）＝n100π（n 为整数）

上述两种利用 π 进行分析的方法，无论是哪一种都存在一个比较严重的问题，这就是涉及的组合或者说可能性太多。如果你是一个短线交易者，则运用这两种方法的意义不大，因为在一个价格波幅较小的范围内进行多个价格水平显得不合时宜，众多阻力分布在一个狭小的价格范围之内就使得这种分析毫无价值了。如果你是一个长期交易者，或者说你愿意捕捉那些超越日线，以月度为单位的重大转折行情，则这种方法对于你挑选潜在的反转点就非常有意义了。万能的东西比平常的东西具有更多的局限性，正因为可以用于一切情况，自然不是每种情况都能运用得好。顶底的预测很容易让人步入忽视风险管理的误区，这是我们在书中一直告诫大家的观点。

第二节　基本斐波那契比率和基本的斐波那契比率工具

斐波那契的基本分析比率有哪些？有哪些分析工具可以利用这些比率呢？这是本小节需要解决的问题。一般而言，选择正确斐波那契工具的作用比选择正确斐波那契比率的作用大，毕竟很多时候价格走势的特点决定了工具的选择。在国外，比较出名的斐波那契分析工具专著是 *The Fibonacci Trader Tools and Strategies for Trading Success*，大家有空的话可以直接去亚马逊买来看看，主要内容是斐波那契分析基本原则、斐波那契数列的运用原则、斐波那契比率在回调和扩展中的运用、斐波那契通道、斐波那契椭圆、斐波那契螺旋以及斐波那契时间目标分析等。当然，好多工具在现有的交易分析平台上无法实现，如果依靠手工的话则效率极低，吃力不讨好还不如采取其他方法，所以我们本书注重于绝大多数平台都能实行的，同时又是比较有效的斐波那契分析方法。

1. 基本的斐波那契分析比率

基本的斐波那契分析比率比较多，但是比起理论上存在的斐波那契比率就少了不少。斐波那契比率都可以利用斐波那契数列中的两个数字得到，比如：

$13/21 = 0.618$

$55/34 = 0.618$

$34/21 = 1.618$

$55/34 = 1.618$

21/55＝0.382

13/34＝0.382

一些斐波那契的衍生比率则可以利用基本斐波那契比率运算得到，比如：

0.618 的平方根＝0.786

1.618 的平方根＝1.172

0.382×2＝0.764

另外，0.5 也常常加入斐波那契分析比率中成为默认的一员。在黄金和外汇交易中，用得比较多的斐波那契比率是下面这些，有些是在斐波那契回撤分析中用得比较多，另外一些则在斐波那契扩展分析中用得比较多，还有不少是两种情况都频繁的运用：

0.111	11.1%
0.236	23.6%
0.382	38.2%
0.5	50%
0.618	61.8%
0.764	76.4%
0.786	78.6%
0.809	80.9%
1.00	100%
1.272	127.2%
1.618	161.8%
2.00	200%
2.382	238.2%
2.618	261.8%
4.236	423.6%

在黄金日内交易中，我们采用得比较多的是 0.382~0.618 这个区域，其中包括 0.5 水平回撤。之所以这样去操作，主要是应对市场发展的不规则性，也就是说市场往往以不规则的走势来体现所谓的斐波那契比率，如果你局限在具体的一个非常精确的价位上则很可能带来误判和损失。准确导致预测，预测导致自大，自大导致损失，这是大家在黄金和外汇交易中必须要注意的一个问题。

2. 基本的斐波那契比率分析工具和实例

斐波那契分析工具基本都是用来提醒支撑阻力点的，或者说潜在的转折点，你懂得了这点也就不会滥用它们，自然也就可以避免风险了。

第一，斐波那契弧线。斐波那契弧线的运用基于一个显著的上升或者下降波段，然后会以波段末端这个点为中心，以波段为半径，也就是单位 1，做出符合斐波那契比率的弧线，如图 7-6 所示。

图 7-6　斐波那契弧线

第二，斐波那契扇形线。斐波那契扇形线运用得非常少，如图 7-7 所示，也是需要寻找一个显著的上升或者下降波段，然后分割，由于效果不佳，我们这里不做详细介绍，大家大概了解有这么一种工具即可，感兴趣的朋友可以参考**《斐波那契高级交易法》**。

第三，斐波那契回撤线，这种工具的效率非常高，在画出线谱之前需要在当下行情附近找到一个显著的下降或者上升波段，然后以其为单位 1，进行斐波那契分割，如图 7-8 所示，A 点为波段的起点，B 点为波段的终点。做出回撤线的目的是看价格从 B 点反弹后会不会在某个特定的回撤线附近构筑波段顶部，从而进行做空操作。

《斐波那契高级交易法》针对外汇，《高抛低吸》针对股市，都是关于斐波那契技术的专著。

图 7-7　斐波那契扇形线

图 7-8　斐波那契回撤线

　　第四，斐波那契扩展线，斐波那契扩展线比较复杂，很多软件本身的设置都违反了斐波那契扩展线分析的原则，特别是国内很多股票软件。斐波那契扩展其实要求以两个相连的波段确定出三个端点，然后以第一个波段为单位 1，以第三个端点为起点，进行斐波那契投射。请看图 7-9，AB 为单位 1，C 点为起点，也就是 0 点，然后从 C 点投射出垂直距离为 k×AB 的水平线，其中的 k 为一个特定的斐波那契比率。斐波那契扩展线的使用稍显复杂，效果虽然不及斐波那契回撤线，但是比起其他几种工具，则效果明显好很多。

　　第五，斐波那契时间周期，如图 7-10 所示。确定第一根价格线，然后每逢斐波那契数字则标出一根垂直线，从理论的角度而言，这些对应的价格线倾向于是极点，也就是波段的高点或者低点，但实际操作中价值较少，还不如螺旋历法（我们目前对于

螺旋历法的主要介绍集中于《外汇交易圣经》一书，以后会陆续分享更深入和广阔的研究，比如广义螺旋历法、π周期、二十四节气周期、江恩理论等时间周期理论在金融市场上的运用）的实际效果。

图 7-9　斐波那契扩展线

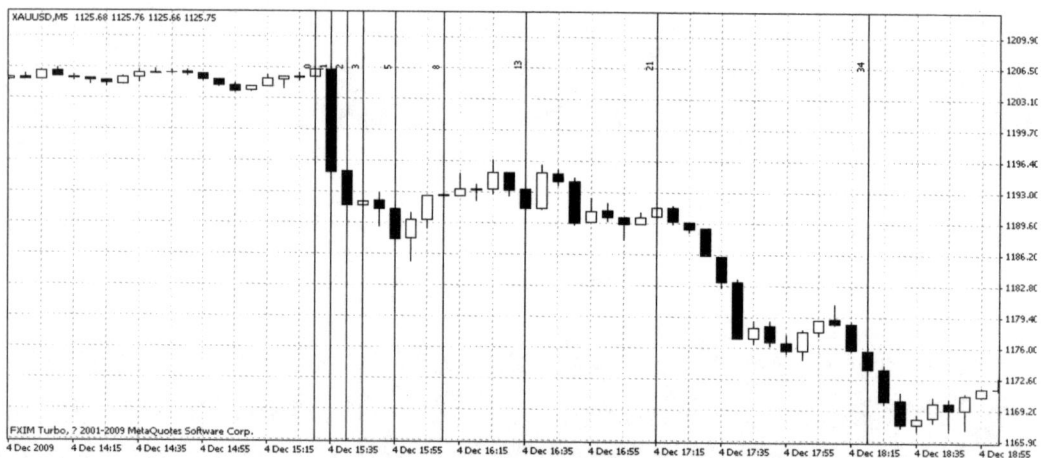

图 7-10　斐波那契时间周期

　　第六，斐波那契隧道。这个工具的运用比较复杂，与斐波那契螺旋差不多，实际效果有待考证，感兴趣的读者可以参考 MT4 的操作手册，这个手册网上是可以找到的，里面有具体的操作指南，只有分析的要点确实可供参考的不多，所以大家只能自己摸索了。一般而言，掌握好斐波那契回调分析和扩展分析即可，少数人可以结合螺旋历法研究、钻研下斐波那契时间周期。

3. 江恩比率与斐波那契比率的异同

江恩以八等分为重要的比率，也就是从 1/8、2/8 到 7/8，其中特别重要的比率是 0.25（2/8）、0.75（6/8）以及 0.5（4/8），如图 7-11 所示。其中的 0.5 与斐波那契比率重叠，由此可见 0.5 回撤的重要性。0.25 与斐波那契比率 0.236 比较近，而 0.75 与斐波那契比率 0.764 比较接近。在《斐波那契高级交易法》一书中我们融合了江恩比率和斐波那契比率，以 0.25、0.382、0.618 以及 0.75 为主。

图 7-11　江恩比率分析法

【开放式思考题】

在研读完第七课的内容之后，可以进一步思考下列问题。虽然这些问题并没有固定的标准答案，但能够启发思考，跳出来看某些观点。

本课中提到"从一项交易者的角度来看，过于复杂的比率运用是有害无益的"。

提示：在黄金日内交易中，我们采用得比较多的是 0.382 到 0.618 这个区域，其中包括了 0.5 水平回撤。这样操作主要是为了应对市场发展的不规则性，也就是说市场往往以不规则的走势来体现所谓的斐波那契比率，如果你局限在具体的一个非常精确的价位上则很可能带来误判和损失。准确导致预测，预测导致自大，自大导致损失，这是大家在黄金和外汇交易中必须要注意的一个问题。

【进一步学习和运用指南】

（1）螺旋历法、斐波那契时间序列、江恩历法等在实践中的表现都差强人意，那么

如何让周期的理念在实践中有效落地呢？从情绪周期的角度去运用要更好一些。

（2）有报道称："福汇通过统计 9 万多名使用福汇集团交易平台的零售客户的买卖盘情况，推出了外汇投机情绪指数（SSI）报告，该指数不仅具有地域上的广泛性，更是代表了中小投资者的投资方向，而自推出以来其准确程度也震惊了整个业界的分析人士。通过这份报告可以发现一个十分有趣的现象，每当这些散户看好后市，后市就会下跌，看空反而上扬。这不难理解，散户都是亏损最多的那一类，因此**当众多散户都参与的市场阶段就是市场即将反转的时候，或者说行情就要完结。**由此可见，SSI 实际上就是一个大众心理的甄别器。"在哪里可以看到这个指标呢？https：//www.dailyfxasia.com/sentiment 可以看到这个情绪指标，不过现在改名为 IG 情绪指数了。

（3）另外还有一个窥探散户情绪的来源，这就是如下网址：https：//www.oanda.com/lang/cns/forex-trading/analysis/open-position-ratios。

黄金交易中斐波那契回调比率的运用

斐波那契回调比率是我们最为推荐的斐波那契交易工具，这是一个简单的工具，更为可贵的是不仅简单而且有效。在中国内地交易界，无论你是做什么交易的，都可以用上这套方法，而不仅仅局限于本书的主题——黄金。其实，本书有两大法脉：东方的蜡烛图技术和西方的斐波那契技术，在股票、外汇、期货等交易上都在发挥着巨大的影响力。任何一项技术中都必然有关键部分和相对次要的部分，斐波那契回调率工具也是如此。我们将重要的斐波那契回调比率按照分析效能分为几个档次，从弱回调比率开始，一直到强回调比率，像 0.5 这些强回调比率就属于支撑阻力效能非常显著的档次。除了重要的斐波那契回调比率之外还有次要的斐波那契回调比率。斐波那契回调比率的单独运用并不能取得很好的交易效果，最好能够与其他互补的工具结合起来使用才行，比如我们本书上篇提到的 K 线技术。

本课的学习要点主要是斐波那契强回调比率的使用。

第一节　主要的斐波那契回调比率运用

所谓的斐波那契回调比率是指价格在既有走势上出现调整时将用到的，以便确认调整结束的斐波那契比率。重要的斐波那契回调比率是那些以有效支撑阻力出现频率较高的比率，当然这里面也有效率高下之分，下面我们就一一以实例的方式介绍这些比率。之所以用实例的方式展开，一方面是为了展示这些比率的普遍性和实用性，另一方面是为了让大家对如何使用这些比率有更为直观的认识和体验。

1. 弱回调比率 0.236 水平的黄金交易实例

0.236 是比较弱的斐波那契回调比率，行情发展之后的轻微回调一般会以 0.236 为阻力/支撑。无论是强劲的上升波段，还是下降波段都会存在一定程度的休整行为，否则行情就无法继续上扬。0.236 这个比率不太好用，因为市场往往不太可能真正在这个位置恢复走势，所以利用修正在此入场的可能性很小。更为重要的是，金价在这个位置往往也会做一些停留，如果你认为这是修正结束的标志，匆忙入场则很可能导致糟糕的结果。对于 0.236 调整，我们做一些了解即可，一般不要在短线交易中运用。**下面我们来看几个实例，第一个实例是上升走势中的 0.236 回调**，请看图 8-1，金价从 896.50 附近上扬，到了 905.3 附近出现调整，调整到 0.236 附近出现了刺透形态，这是一个 K 线看涨反转形态，进一步确认了 0.236 的支撑有效，这是一个很好的见位进场点。

> 0.236 这个比率不太好用，因为市场往往不太可能真正在这个位置恢复走势，所以利用修正在此入场的可能性很小。

图 8-1　弱回调比率 0.236 水平的黄金交易实例（1）

第二个实例是一个下降金价走势中的反弹行为，请看图 8-2。金价从 339 附近下跌，一直到 281 附近才止跌，然后反弹，反弹到 0.236 附近出现了看跌母子形态，确认了 0.236 阻力的有效性，这是一个很好的见位进场做空策略。

图 8-2 弱回调比率 0.236 水平的黄金交易实例（2）

2. 半强回调比率 0.764 水平的黄金交易实例

0.764 是一个在英镑兑美元走势中经常发挥作用的斐波那契比率，在黄金走势上也经常可以见到它的身影，比起 0.236，这个比率出现的频率更高，实战价值也更高。理论归理论，我们来看一些实例。第一个实例请看图 8-3，这是现货黄金 5 分钟走势图，金价从 922.5 跌到 913.0 附近，然后出现了大幅度的反弹，到了 0.764 这个水平出现了滞涨现象，同时 K 线为看跌母子，确认了这个进场做空机会。

第二个实例请看图 8-4，这也是现货黄金 5 分钟走势图。金价从 840 附近下跌，到 836 附近止跌，跳空反弹，触及 0.764，拉出一根长长的上影线，确认了该斐波那契水平阻力的有效性。

第三个实例请看图 8-5，这也是现货黄金 5 分钟走势图。金价从 730 附近上扬到 734.5 附近，然后出现了大幅的下跌，在 0.764 水平出现了止跌迹象，对应的价格线出现了较长的下影线，确认了此斐波那契回调水平支撑的有效性。

图 8-3　半强回调比率 0.764 水平的黄金交易实例（1）

图 8-4　半强回调比率 0.764 水平的黄金交易实例（2）

图 8-5 半强回调比率 0.764 水平的黄金交易实例（3）

第四个实例如图 8-6 所示，金价从 801 附近上扬，涨到 811 附近开始调整，跌到 0.764 水平出现了变异的早晨之星 K 线，确认了该支撑水平的有效性，于是出现见位进场的机会。至于什么是"见位进场"，大家可以从下篇的相关内容中学习到，这里就不

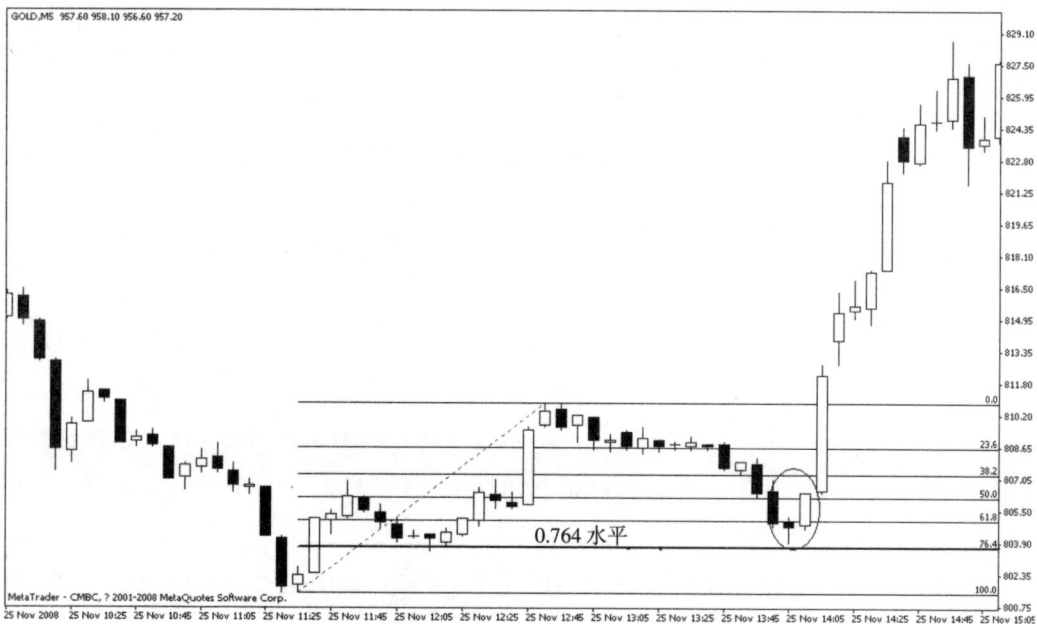

图 8-6 半强回调比率 0.764 水平的黄金交易实例（4）

多说，等你看完后面的内容再回过头来看就明白了。

3. 半强回调比率 0.382 水平的黄金交易实例

我们来看属于半强档次的回调比率，这个比率经常出现在外汇和黄金走势上，所以大家要特别注意。我们来看一些实例，第一个实例请看图 8-7。这是黄金的 5 分钟走势，金价从 892 上涨到 914 附近，然后出现了回调，注意在 0.382 水平附近出现了双底，第一个底以刺透形态确认，第二个底以看涨母子确认。

图 8-7　半强回调比率 0.382 水平的黄金交易实例（1）

第二个实例请看图 8-8。金价从 901 附近迅速上涨，到 911.50 附近出现回落，跌到 0.382 水平才获得支撑。一个看涨母子确认了 0.382 水平的支撑有效，进场机会形成。

第三个实例请看图 8-9。金价从 800 附近上涨，一直涨到 814 附近，然后出现了下跌，并在 0.382 附近出现了看涨吞没确认了此处的支撑有效，进场机会出现。

第四个实例请看图 8-10。金价从 926 附近下跌，跌到 916 附近出现了反弹，然后股价在 920 附近受到阻力，此处恰好是 0.382 水平，一根流星 K 线和一个黄昏之星组合确认了此处的阻力有效。

第五个实例请看图 8-11。金价从 831.5 附近下跌，跌到 822 附近出现反弹，反弹到 825 附近回落，乌云盖顶组合确认了 0.382 水平阻力有效，进场做空的机会形成。

图 8-8　半强回调比率 0.382 水平的黄金交易实例（2）

图 8-9　半强回调比率 0.382 水平的黄金交易实例（3）

图 8-10　半强回调比率 0.382 水平的黄金交易实例（4）

图 8-11　半强回调比率 0.382 水平的黄金交易实例（5）

第六个实例请看图 8-12。金价从 724.5 下跌，跌到 715 附近开始反弹，反弹到 718.5 附近出现了一颗流星，确认了此处 0.382 水平线阻力的有效性。

图 8-12 半强回调比率 0.382 水平的黄金交易实例（6）

4. 强回调比率 0.618 水平的黄金交易实例

0.618 对于交易者而言意义重大，因为比起 0.236 和 0.382，这个比率的调整幅度比较显著，不会被"骗钱"。不少修正明明在 0.382 处完成，恢复趋势不久马上又展开修正，所以**容易造成进场失误，而 0.618 则不太会出现这种情况**。下面我们就来看一些具体的实例，希望大家从实例中获得直观的感受，并能对具体运用有所体悟。

第一个实例请看图 8-13。金价从 910 附近下跌，跌到 902.5 附近止跌，然后开始迅速反弹，几次冲到 0.618 附近都出现了滞涨现象，K 线组合也确认了此处阻力水平的有效性。

第二个实例请看图 8-14。金价从 868.50 下跌，跌到 863.5 附近出现反弹，反弹到 0.618 处出现了流星线，初步确认了此处的阻力有效，于是见位进场做空的机会初步出现。

0.618 和 0.764/0.786 非常有效。

293

图 8-13　强回调比率 0.618 水平的黄金交易实例（1）

图 8-14　强回调比率 0.618 水平的黄金交易实例（2）

　　第三个实例请看如图 8-15 所示。金价从 832.5 附近下跌，跌到 829.5 附近出现反弹，反弹到 831.45 附近出现了墓碑十字和流星线，恰好确认了此处 0.618 阻力线的有效性。

图 8-15　强回调比率 0.618 水平的黄金交易实例（3）

第四个实例请看图 8-16。金价从 832 附近上涨，涨到 834.5 附近出现了回落，回落到 0.618 水平获得支撑，一根长长的下影线就表明了这种支撑的有效。

图 8-16　强回调比率 0.618 水平的黄金交易实例（4）

第五个实例请看图 8-17。金价从 782 上涨，涨到 794 附近开始调整，跌到 788 附

近出现小实体 K 线，确认了此处 0.618 和 0.5 的支撑位置有效。

图 8-17　强回调比率 0.618 水平的黄金交易实例（5）

第六个实例请看图 8-18。金价从 761.5 上涨，涨到 774.30 附近出现了回调，跌到 0.618 附近出现了支撑迹象，也就是长长的下影线，看涨反转 K 线和 0.618 结合起来就

图 8-18　强回调比率 0.618 水平的黄金交易实例（6）

可以提供很好的进场做多机会。

5. 强回调比率 0.5 水平的黄金交易实例

一个期货交易同行最拿手的就是利用 0.5 回撤进场交易，这是我们利用得最多的斐波那契回调比率。所以，也要多介绍一些实例，这些实例是信手拈来，绝不是花了好多时间才穿凿附会来的，这点大家可以放心。无论是在股票走势上，还是黄金走势，乃至期货走势、债券走势，以及外汇走势都可以频繁看到 0.5 回撤位置发挥作用。下面，我们就来看一些例子吧。第一个实例请看图 8-19。金价从 933.50 附近上涨，涨到 940 附近出现了调整，跌到 0.5 水平获得支撑，然后恢复上涨，不久之后再度下挫，在 0.382 附近获得支撑，最终恢复上涨趋势。

图 8-19　强回调比率 0.5 水平的黄金交易实例（1）

第二个实例请看图 8-20。金价从 807.5 附近开始上涨，涨到 814.75 附近出现大幅回落，在 811.50 附近获得支撑，此处恰好是 0.5 水平线。

第三个实例请看图 8-21。金价从 775.5 附近下挫，跌到 767 附近出现反弹，反弹到 771 附近出现了大量小实体 K 线，其中有两处为乌云盖顶，一处为黄昏之星，确认了此处 0.5 回调位的阻力有效。另外，关于小实体 K 线和大实体 K 线的更加深入的分析可以参考《黄金高胜算交易》一书的前半部分。

图 8-20　强回调比率 0.5 水平的黄金交易实例（2）

图 8-21　强回调比率 0.5 水平的黄金交易实例（3）

　　第四个实例请看图 8-22。金价从 788 附近下跌，跌到 777 附近出现反弹，反弹到 0.5 水平线处出现长影线，确认了该处的阻力有效。

图 8-22　强回调比率 0.5 水平的黄金交易实例（4）

第五个实例请看图 8-23。金价从 823 下跌，跌到 816.5 附近出现反弹，反弹到 819.5 附近出现了流星线，确认了 0.5 水平线处的阻力有效，见位进场做空的机会出现。

图 8-23　强回调比率 0.5 水平的黄金交易实例（5）

第六个实例请看图 8-24，金价从 750 附近的高位下跌，跌到 735.9 附近反弹，反

弹到 753 附近出现了流星线，由此确认此处 0.5 水平的阻力有效，提供了一次较好的进场做空机会。

图 8-24　强回调比率 0.5 水平的黄金交易实例（6）

第二节　次要的斐波那契回调比率运用

次要斐波那契回调比率使用的频率很低，原因有三个：第一个原因是有效充当支撑阻力的概率低；第二个原因是与其他重要的斐波那契比率靠得很久，没有必要同时采用；第三个原因是回调幅度非常小，比如 0.191，靠近 0 线，或者是回调幅度非常大，比如 0.809，靠近 1 线，用来进行进场意义不大。不过，为了增长大家的见识，以及便利长线交易者，我们还是列出这些次要的斐波那契回调比率，并佐以实例，让大家在以后拓展时有所指引。

1. 次要回调比率 0.191 水平的黄金交易实例

0.191 这个比率除非是在很大的时间框架上采用，否则意义不大，因为市场进场 20%幅度以内的修正几乎是随时都在进行的动作。以 0.191 作为调整后的见位进场位置

过于冒险，这个价位与追涨比起来优势并不明显，与突破交易比起来则显得可靠性更低。不过，为了便于大家了解我们还是提出来认识一下，请看图 8-25，金价从 1123.45 开始上涨，涨到 1132.10 出现回调，回调到 0.191 附近止跌，出现了看涨吞没，确认了此处的支撑有效，激进的交易者可以轻仓介入做多。

图 8-25　次要回调比率 0.191 水平的黄金交易实例

2. 次要回调比率 0.809 水平的黄金交易实例

回调比率 0.809 与 0.191 是成对出现的，也是斐波那契比率中少见的一组，不过国内的股票软件却经常看到。就交易的实际价值来看，0.809 的价值要高于 0.191。不过，与其采纳 0.809 还不如采用 1 作为进场参考点。

我们来看一个实例，请看图 8-26。金价从 1132 附近下挫，跌到 0.809 水平附近止跌回升。

图 8-26　次要回调比率 0.809 水平的黄金交易实例

3. 次要回调比率 0.786 水平的黄金交易实例

0.786 是一个与 0.764 比较接近的比率，一般采用了 0.764 就不采用 0.786 了，况且 0.764 与江恩比率 0.75 较近，可以同时兼顾上述三个比率。我们来看 0.786 的一个实例，请看图 8-27。金价从 A 点上涨到 B 点，跌到 0.786 水平附近获得支撑，转而上升。

图 8-27　次要回调比率 0.786 水平的黄金交易实例

第三节　斐波那契回调比率的相关练习

回顾过去，把握未来。

斐波那契回调率这个工具关键要用，用了才能会，而不是会了才去用。其实，这个工具无所谓秘诀，你用这个工具对历史的走势回溯一遍，把几年，甚至十几年的小时图、分钟图上的波段进行分析，你就会找到最有效的回调率和最有效的用法。

如何分析呢，我们来看一个实例，请看图 8-28，在国际黄金现货走势上找到 2009 年 4 月 20 日到 6 月 3 日这个日线波段。请以此进行回调分析，看看哪个水平的斐波那契回调

线起着支撑作用。

图 8-28 国际黄金现货日线走势

根据分析我们可以发现：0.618 回调线在发挥支撑作用，如图 8-29 所示，你可以按照这个思路去回溯历史，找出最有效的三条回调线。

图 8-29 0.618 回调线在起作用

【开放式思考题】

在研读完第八课的内容之后，可以进一步思考下列问题。虽然这些问题并没有固定的标准答案，但能够启发思考，跳出来看某些观点。

（1）本课提到"无论是在股票走势上，还是黄金走势，乃至期货走势、债券走势，以及外汇走势都可以频繁看到 0.5 回撤位置发挥作用"。那么，是不是我们在见位交易

中应该重点注意 0.5 回撤出现的信号呢？

提示：有舍才有得。利用斐波那契回撤点位进场，可以先从极少数高效信号入手。

（2）如何将回撤比率与数据发布或者新闻结合起来使用呢？

提示：关键点位附近有技术企稳迹象，如果叠加消息发布，那么效果更好。**既定数据的发布节奏其实是另外一种不可忽视的重要周期。**

【进一步学习和运用指南】

（1）如果你想要在当前交易的时间框架下找到出现频率最高的回撤比率，那么自己去统计是非常重要的工作。在《斐波那契高级交易法》一书中，我们提出了"活跃波"的概念和量化定义，你可以在此基础上利用 Excel 或者 Matlab 对黄金的回撤规律进行统计。

（2）如果你缺乏统计软件操作技能，那么可以手动统计一下 0.382~0.682 这个区域回撤成功的概率是多少。前提是至少应该有 100 个样本用于分析。

黄金交易中斐波那契延伸比率的运用

斐波那契延伸比率又被称为扩展比率，讲的是三个波段之间的关系，第一个波段和第三个波段是趋势波段，第二个波段是修正波段。第一个波段和第二个波段是已经完成的波段，第三个波段是发展中的波段。第一个波段作为单位1，第二个波段的终点作为第三个波段的起点，也就是投射点，以此投射点和单位1推算第三波段可能的终点，这就是斐波那契延伸比率的主要意义。通常而言，斐波那契回调比率更适合进场操作，而斐波那契延伸比率则更适合出场操作；斐波那契回调比率要求价格在最近历史波幅中展开，而斐波那契延伸比率则没有这个要求，所以可以对创新高或者新低范围的价格进行投射；斐波那契回调线谱只需要两个点就能确定下来，而斐波那契延伸线谱则需要三个点才能确定下来。

斐波那契延伸比率有很多，其效能也有高低之分，排除市场的特殊性，一般而言以1倍延伸、1.618倍延伸、2.618倍延伸的效能最强。当然，某些市场也有自己的特别之处，支持除此之外某个比率。我们在运用斐波那契比率的过程中，斐波那契回调比率主要采用0.5和0.618，在某些品种上也采用0.382~0.618；在斐波那契延伸比率上则主要采用1倍延伸、1.618倍延伸和2.618倍延伸。大家可以先按照我们这个经验去操作，短线采用这五个比率就足够了，如果是大时间框架和大价格幅度的操作则可以加上一些其他比率。

主要的斐波那契延伸比率除了上述的1倍、1.618倍和2.618倍外，还有1.382、1.236、0.618和0.382等。除了主要的斐波那契延伸比率外，还有次要的斐波那契延伸比率，比如4.236、2倍、2.382等。在短线交易中，太大的延伸比率和太小的延伸比率我们一般不采纳作为出场目标；太大了不符合日内波幅规律，日内要达到这个比率的概率极小，概率上不支持；太小了作为"出场目标点"，长期下来会造成过低的盈亏比，也就是不理想的风险报酬比，不符合交易长期获利的原则。

最后再补充一点，斐波那契回调比率一般作为"见位进场"的工具，而斐波那契延伸比率一般作为"前位出场"的工具。所谓的"见位进场"也就是调整末期进场，本书的下篇会讲到，所谓的"前位出场""破位进场"和"定位进场"，采纳的**出场方式则是综合性的**，必然包含"后位出场"，也可以包括"同位出场"和"前位出场"。关于出场方式的更加全面的论述，可以参考《外汇短线交易的24堂精品课：面向高级交易者》一书的最后一课。下面我们转入本课的主题，关于斐波那契延伸比率的用法。

本课的学习要点主要是强斐波那契延伸比率的使用。

> 斐波那契回调比率一般作为"见位进场"的工具，而斐波那契延伸比率一般作为"前位出场"的工具。

第一节　主要的斐波那契延伸比率运用

主要的斐波那契比率一般在交易分析软件中用得比较多，在艾略特波浪分析或者是加特力波浪分析中也被广泛使用。即使都是重要的斐波那契延伸比率，也不见得在市场中出现的频率一样高，有些延伸比率虽然出现的比率高，但是使用起来意义确实不大，因为它们"框定"的要么行情属于鸡肋走势，要么长期下来违背了交易获利的基本原理。0.382，甚至有些人提出来的0.236延伸比率就属于这类，严格来讲甚至0.618在日内交易中也要谨慎使用。**最佳的日内交易工具不仅要考虑可靠性，而且还要考虑照此长期操作是否违背合理的风险报酬率**。综合这两个要求来看，在斐波那契延伸比率中，1倍延伸、1.618倍延伸和2.618倍延伸是符合的。日内交易应该以这三个比率为主，然后根据市场和品种的具体特点予以变通和增减。

1. 弱延伸比率 0.382 水平的黄金交易实例

0.382 与 0.618 是最为大众熟悉的斐波那契比率，或者是黄金率，它们不光在回调分析中得到使用，在延伸分析中也得到使用。之前已经介绍了这两个比率在回调分析中的运用，这里介绍一下在延伸分析中的运用，大家了解即可，重点掌握本小节最后三个延伸比率的运用。请看图 9-1，金价从 A 点 906 处上扬，然后升至 B 点，回调到 C 点，然后从 C 点升至 AB 段的 0.382 倍延伸处，金价在此水平位置附近出现了看跌吞没，证实了此处的阻力有效。做多交易者应该谨慎对待这个信号，至少应该减仓。

图 9-1 弱延伸比率 0.382 水平的黄金交易实例

2. 弱延伸比率 0.618 水平的黄金交易实例

0.618 在短线交易中的运用要显著多于 0.382，下面我们就来看一些实例吧。第一个实例请看图 9-2。金价从 953.5 附近的 A 点下挫，跌到 948 附近的 B 点止跌，然后反弹到 950.5 附近的 C 点，之后继续下跌。我们以 AB 段为单位 1，以 C 点为起点进行斐波那契延伸分析。金价发展到 0.618 延伸水平处出现了看涨吞没和十字星的叠加，确认此处的支撑有效，于是我们应该减轻空头仓位，或者是了结一切空头仓位。

第二个实例请看图 9-3。金价从 891.5 附近的 A 点开始上涨，涨到 B 点后开始调整，调整形成低点 C 点。我们以 AB 段为单位 1，以 C 为起点进行斐波那契延伸分析，

得到斐波那契延伸线谱。当金价升至 898.5 附近时出现了流星形态，长长的上影线确认了此处 0.618 水平阻力的有效性，于是我们应该谨慎对待手头的多头仓位。

图 9-2　弱延伸比率 0.618 水平的黄金交易实例（1）

图 9-3　弱延伸比率 0.618 水平的黄金交易实例（2）

第三个实例请看图 9-4。金价从 908.5 附近的 A 点开始上涨，涨到 913.5 附近的 B 点时开始修正，跌到 911.5 附近的 C 点形成早晨之星。我们以 C 点为起点，以 AB 段为单位 1，进行斐波那契延伸分析，得到了相应的斐波那契延伸线谱。当金价到达 61.8 时，K 线出现了流星形态，于是多头的减仓或退出决定做出了。

图 9-4　弱延伸比率 0.618 水平的黄金交易实例（3）

第四个实例请看图 9-5。金价从 896 附近的 A 点开始上涨，涨到 B 点后开始下跌，最低跌到 C 点便开始企稳。我们以 AB 段为单位 1，以 C 点为起点进行斐波那契延伸分析。得到斐波那契延伸线谱后，等到金价自己的运动告诉我们哪一条水平线的阻力有效。最后，金价停留在 0.618 水平。

第五个实例请看图 9-6，金价从 A 点 767.5 附近暴跌，到 B 点有了一次像样的反弹，反弹高点为 C。以 AB 段为单位 1，以 C 点为起点进行斐波那契延伸分析，得到相应的线谱。当金价继续下跌时，我们等待金价在特定的斐波那契延伸水平上的表现。最终，金价在 0.618 水平线处显示获得支撑。于是，空头应该减仓出场，多头可以尝试着微量建仓。

第六个实例请看图 9-7。金价从 A 点 744.5 附近暴挫到 B 点 736.5 附近，然后展开反弹，达到 C 点。当金价刚从 C 点下跌时，我们以 C 点作为起点，以 AB 段作为单位 1 进行斐波那契延伸分析。得到延伸线谱之后，等待金价来确认其中唯一有效的支撑水

平。最后，金价在0.618水平附近出现了下影线很长的K线，于是确认了此处的支撑有效。空头操作者应该减轻仓位或者是清仓。

图9-5　弱延伸比率0.618水平的黄金交易实例（4）

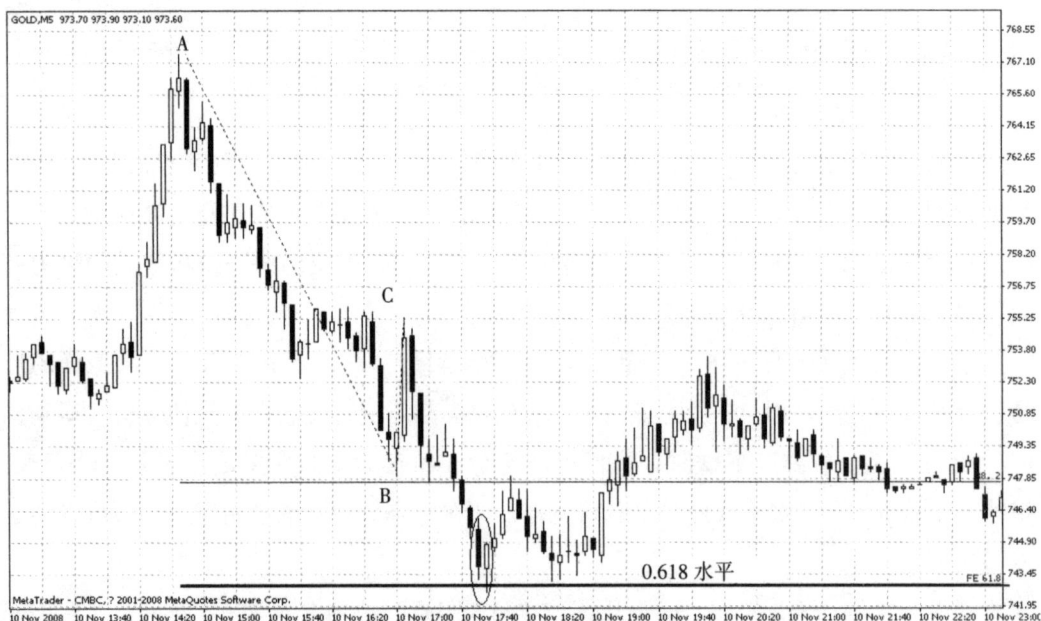

图9-6　弱延伸比率0.618水平的黄金交易实例（5）

图 9-7 弱延伸比率 0.618 水平的黄金交易实例（6）

3. 半强延伸比率 1.236 水平的黄金交易实例

半强延伸比率主要有两个，分别为-1.236 和 1.382，在艾略特波浪理论中，这两个比率用得也比较多，主要是用来从 1 浪推断 3 浪的幅度。我们先来看 1.236 延伸水平的实例吧！第一个实例请看图 9-8 所示。金价从 934 附近的 A 点起涨，升到 B 点开始第一波的调整，调整到 C 点之后继续上涨。以 AB 段为单位 1，以 C 点为起点进行斐波那契延伸分析，得到线谱。接下来，便是等待金价自己告诉你何处是真正的阻力。当金价升到 1.236 附近的时候，出现了不少上影线 K 线，确认此处的阻力有效，于是我们应该减仓或者清仓。最终，金价在大幅下跌之后出现了上涨，一直到 1.618 水平处才开始真正的反转。

第二个实例请看图 9-9。金价从 906 附近的 A 点下跌，到 898.5 附近的 B 点止跌回升。反弹到 C 点附近出现了快速回落。于是，我们在 C 点处，以 AB 段为单位 1 进行斐波那契延伸分析，得到延伸线谱。接着，我们等待金价自己的走势来告诉我们何处是有效的支撑。之后，金价跌到 1.236 水平处立刻大幅回升，形成很长的下影线，确认此处的支撑有效，于是空头应该马上减轻仓位。

图9-8　半强延伸比率1.236水平的黄金交易实例（1）

图9-9　半强延伸比率1.236水平的黄金交易实例（2）

第三个实例请看图9-10。金价从910附近的A点下跌，跌到B点后短期内展开两次反弹，第二次反弹更高，形成C点。C点形成后，价格逐渐走低。于是，我们在C点处，以AB段为单位1进行斐波那契延伸分析。得到线谱后，等待市场价格的自行确认。C 点形成后，价格一路下跌，跌到 898 附近出现下影线很长的 K 线，确认此处的支撑有效，此处恰好是斐波那契延伸水平 1.236。空头交易者应该适当减仓，甚至清仓。关于**仓位调整的思路，可以参考凯利公式和帝娜仓位管理模型**，详细内容参考本书最后一课和《外汇短线交易的 24 堂精品课：面向高级交易者》的专门章节，这里就不再赘述。

> 仓位管理是最后的安全网，也是进攻的撒手锏。

图 9-10　半强延伸比率 1.236 水平的黄金交易实例（3）

　　第四个实例请看图 9-11。金价从 738.50 附近的高位下跌，跌势中走出下降 N 字，趋势性质良好。跌到 B 点处出现了反弹，反弹高点为 C 点。之后，金价转而有下跌的迹象（这种情况下，一般见到向上分形，就可以进行向下的斐波那契延伸分析）。于是我们在 C 点处，以 AB 段为单位 1 进行斐波那契延伸分析。得到线谱后，我们等待金价的自行确认，让金价过滤出真正的支撑。金价跌到 1 倍延伸出有显著的支撑迹象，出现了早晨之星。见到这个迹象，空头就应该减仓了，甚至清仓。最终，金价是在 1.236 倍延伸处出现反转的。

313

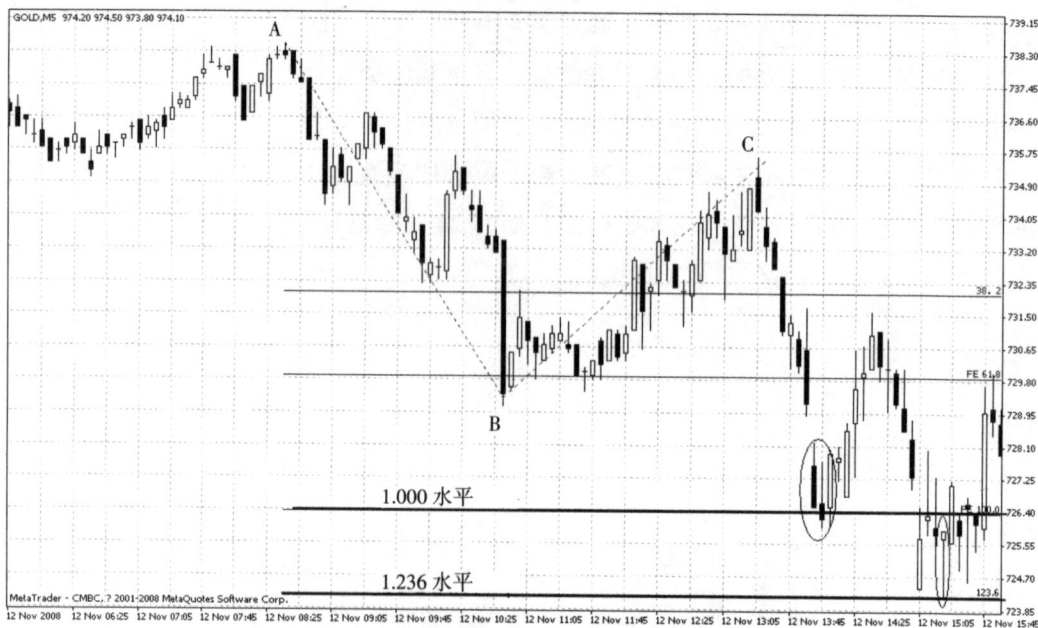

图 9-11　半强延伸比率 1.236 水平的黄金交易实例（4）

4. 半强延伸比率 1.382 水平的黄金交易实例

1.382 比 1.236 更为常见，也更被斐波那契交易者所熟悉，两者靠得很近，日内交易者有时可能会发现价格同时在两者附近出现反转。一般而言，选择 1.382 即可。下面，我们来看一些 1.382 处反转的实例。

第一个实例请看图 9-12。金价从 944.50 附近的 A 点跳空下跌到 B 点，然后迅速反弹到 C 点，开始显露下降趋势恢复迹象。于是，我们以 C 点为起点，以 AB 段长为单位 1 进行斐波那契延伸分析，得到斐波那契延伸线谱。线谱得到后，我们等待金价自己确认有效的支撑位置。如图 9-12 所示，金价恢复下降趋势后，大幅下挫，跌到 1.382 附近出现了看涨孕十字星，确认了此处的支撑有效。

第二个实例请看图 9-13。金价从 910 附近的 A 点开始上涨，涨到 921.5 附近的 B 点开始调整，B 点处恰好是变异黄昏之星组合。调整到 C 点处，一根大阳线拉起来。我们以 AB 为单位 1，以 C 点为起点进行斐波那契分析，得到斐波那契延伸线谱。此后，金价在 1.382 水平出现了流星形态，确认了此处的阻力有效，于是多头应该在此处了结部分或者全部头寸。

第三个实例请看图 9-14。金价从 745.5 附近的 A 点开始下跌，跌到 B 点出现了微幅的反弹，形成高点 C，然后拉出一根阴线，此时我们以 AB 段为单位 1，以 C 点作为

314

斐波那契延伸分析的起点，得到斐波那契延伸线谱。金价跌到 1.236 处有所表现，最终跌到 1.382 才反转。像这样的例子比较多，日内交易比较棘手的情况就在这里。

图 9-12　半强延伸比率 1.382 水平的黄金交易实例（1）

图 9-13　半强延伸比率 1.382 水平的黄金交易实例（2）

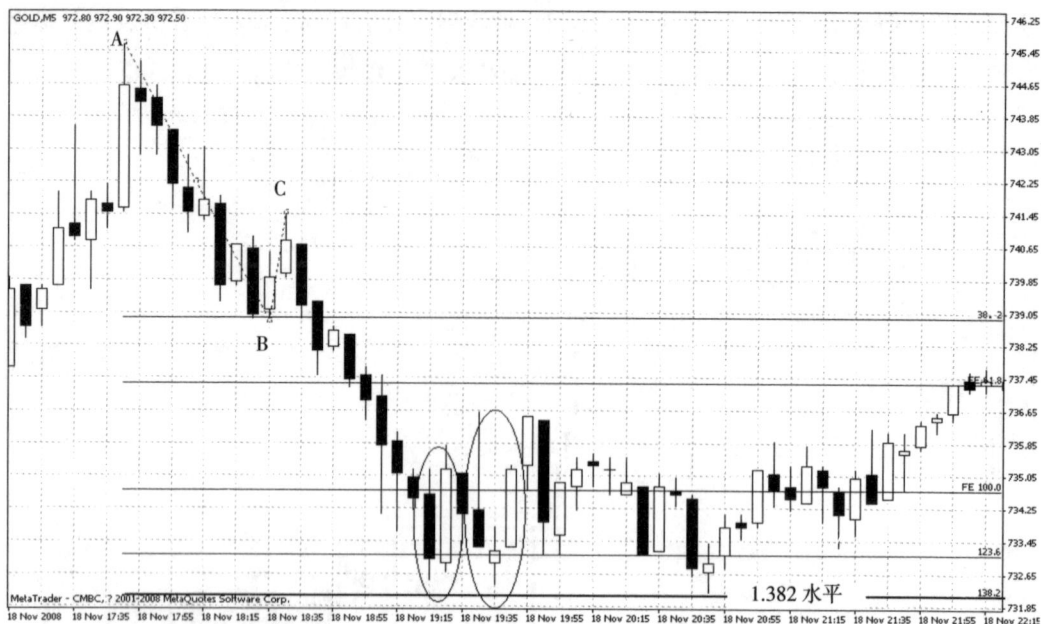

图 9-14　半强延伸比率 1.382 水平的黄金交易实例（3）

　　第四个实例请看图 9-15。金价从 697.5 附近的 A 点起涨，然后在 B 点回落调整，C 点形成锤头后，开始显露出趋势恢复迹象。以 AB 段为单位 1，以 C 点作为 0 点进行斐波那契延伸分析，得到线谱。金价最终在 1.382 水平附近出现了看跌吞没形态，确认此阻力有效。当然这个过程中，1.236 也起到一定阻力作用。

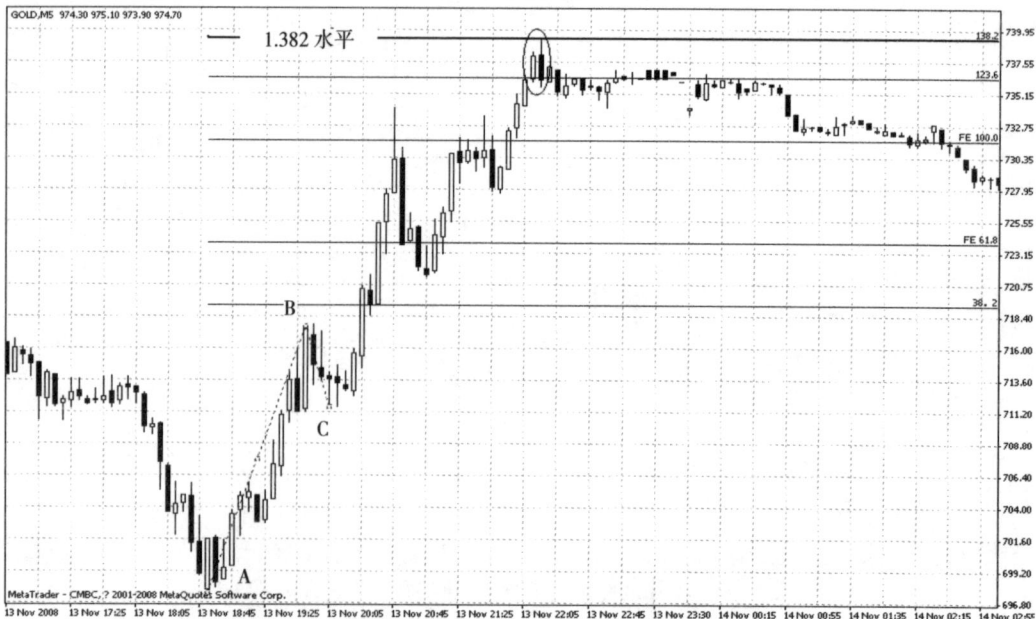

图 9-15　半强延伸比率 1.382 水平的黄金交易实例（4）

第五个实例请看图 9-16，国际现货黄金价格 5 分钟走势图。金价从 730.5 附近上涨，到 734.5 附近的 B 点回落，C 点形成早晨之星。以 AB 段为单位 1，以 C 点为 0 水平进行斐波那契延伸分析，得到斐波那契线谱。此后，金价的发展在 1.382 处形成双顶最终反转。当然，金价发展过程中，1 倍延伸也发挥了显著的阻力作用。由此也展现了整个斐波那契延伸比率的功效。

图 9-16　半强延伸比率 1.382 水平的黄金交易实例（5）

第六个实例请看图 9-17。金价从 719 附近上涨，到 B 点出现乌云盖顶，进而下挫，下跌到 C 点处开始反转上涨。在上涨势头刚显露的时候，或者说向下分形的时候，我们以 C 点为起点，以 AB 段为单位 1 进行斐波那契延伸分析。得到线谱后，静待价格自己的发展和验证。此后，金价上扬到 1.382 水平位置附近出现了看跌十字孕线，进而确认了此处的阻力有效。

5. 强延伸比率 1.000 水平的黄金交易实例

1 倍比率受到了市场和交易大师们的一致善待，有很多人在或明或暗地利用这一比率进行交易，**国内外都有，他们从来不会声明这只是众多斐波那契比率中的一个，他们一般将其改头换面后作为"新理论"和"新发现"使用**。下面，我们来看一些具体的实例。第一个实例请看图 9-18。金价从 938.5 附近的 A 点开始上涨，涨到 944 附近

1 倍比率出现概率较高。

的 B 点，然后出现较大幅度的修正走势。跌到 940 附近的 C 点，缓慢筑底之后，有上涨趋势。于是，我们在 C 点，以 AB 段为单位 1 进行斐波那契延伸分析，得到斐波那契延伸线谱。

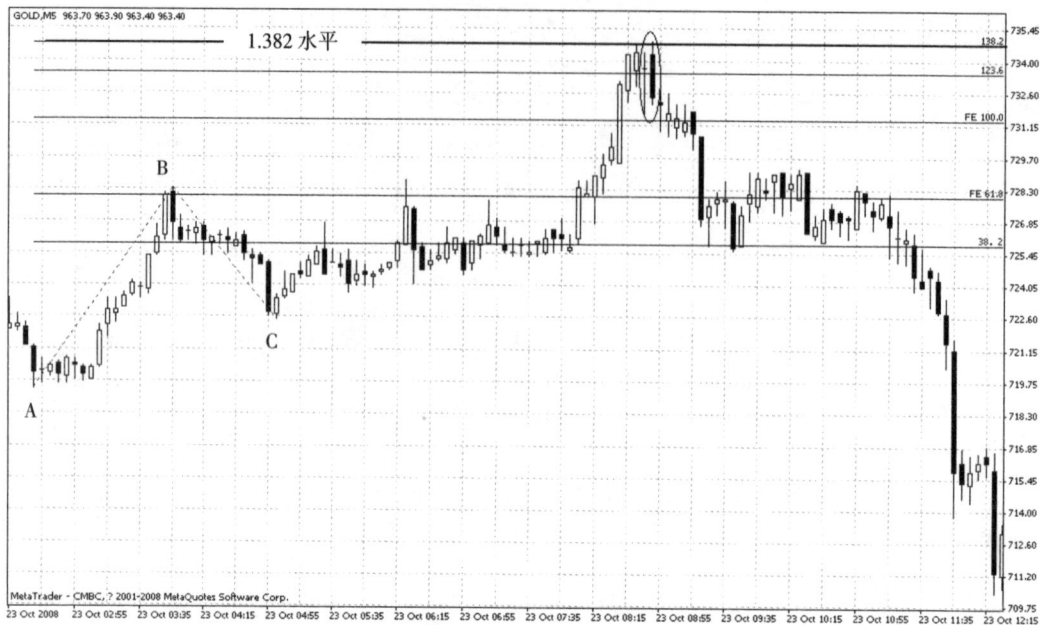

图 9-17　半强延伸比率 1.382 水平的黄金交易实例（6）

图 9-18　强延伸比率 1.000 水平的黄金交易实例（1）

等待金价上升到一个显著的阻力位时进行多头减仓或者是多头建仓的操作。此后汇价两度在 1 倍延伸处止步，也证明了此处的阻力存在，证明了 1 倍延伸处的阻力有效，于是计划中的操作展开了。

　　第二个实例请看图 9-19。金价从 941.5 附近的 A 点上涨，涨到 950 附近的 B 点开始进入调整。B 点出现的黄昏之星是调整开始的标志，此后金价一路下跌，直到在 C 点出现了早晨之星的调整结束标志。于是，我们在 C 点处，以 AB 段为单位 1 进行斐波那契延伸分析，得到线谱。此后，金价一路上扬到 1 倍水平处，出现了看跌吞没叠加形态，于是确认了此处的阻力有效。

图 9-19　强延伸比率 1.000 水平的黄金交易实例（2）

　　第三个实例请看图 9-20。金价从 935 附近的 A 点开始上涨，涨到 B 点后出现了回调。调整到 C 点出现了看涨母子，于是我们在 C 点以 AB 段为单位 1 进行斐波那契延伸分析。此后金价上升到 1 倍延伸处，出现了流星线，由此确认了此处的阻力有效。于是，空头交易者应该逢高减仓，甚至清仓。

　　第四个实例请看图 9-21。金价从 905 附近的 A 点处开始上涨，涨到 B 点就开始调整，调整到 C 点后又恢复上涨趋势。我们以 C 点作为起点，以 AB 段为单位 1 进行斐波那契延伸分析，得到斐波那契线谱，当金价涨到 1 倍延伸水平处时出现了流星形态，于是确认了此处的阻力有效。

图 9-20 强延伸比率 1.000 水平的黄金交易实例（3）

图 9-21 强延伸比率 1.000 水平的黄金交易实例（4）

第五个实例请看图 9-22。金价从 926.5 附近的 A 点开始下跌，跌到 B 点处获得支撑，反弹到 C 点处。C 点处出现了黄昏之星，于是我们以 C 点为起点，以 AB 段为单位 1 进行斐波那契延伸分析，得到斐波那契线谱。当金价跌到 910 附近的 1 倍延伸水平处时出现了早晨之星形态，确认了此处的支撑有效，于是空头应该减仓或者清仓。

图 9-22　强延伸比率 1.000 水平的黄金交易实例（5）

第六个实例请看图 9-23。金价从 904 附近的 A 点开始上涨，涨到 B 点后出现了修正，修正到 909.5 附近的 C 点时出现了回升走势，于是我们以 C 点为起点，以 AB 段为

图 9-23　强延伸比率 1.000 水平的黄金交易实例（6）

单位 1 进行斐波那契延伸分析。得到斐波那契延伸线谱后，金价升至 922 附近时出现了流星形态，叠加看跌母子形态，此处恰好是 1 倍延伸水平。流星形态的出现确认了此处的阻力有效，于是交易者应该减轻多头仓位，空头交易者则应该等待进一步的信号正式进场操作。

　　第七个实例请看图 9-24。金价从 734 附近的 A 点上涨到 740 附近的 B 点，之后出现了深幅回调。下跌到 736 附近的 C 点形成刺透形态。于是，我们在 C 点以 AB 段为单位 1，进行斐波那契延伸分析，得到延伸线谱。之后，金价上涨到 1 倍延伸水平处，金价在此水平附近出现了流星形态，确认了此水平的阻力有效。

图 9-24　强延伸比率 1.000 水平的黄金交易实例（7）

　　第八个实例请看图 9-25。金价从 751.5 附近的 A 点开始上涨，涨到 771.5 附近的 B 点，然后进行修正。最终在 C 点附近出现了拉升性的阳线，于是我们在 C 点以 AB 段为单位 1 进行斐波那契延伸分析，得到线谱。金价升至 1 倍延伸处时出现了乌云盖顶形态，确认了此处的阻力有效。实际交易中的走势比较复杂，有时在达到真正的转折位置之前就会出现途中的大幅修正，而这些修正也往往与附近的斐波那契水平有关。

　　第九个实例请看图 9-26。金价从 750.5 附近的 A 点下跌，跌到 736 附近的 B 点后出现了反弹，高点出现在 743.5 附近的 C 点，在 C 点附近金价形成黄昏之星。于是我们在 C 点以 AB 段为单位 1 进行斐波那契延伸分析，得到线谱。当金价跌到 1 倍延伸

水平处出现了锤头，确认此处的支撑有效。

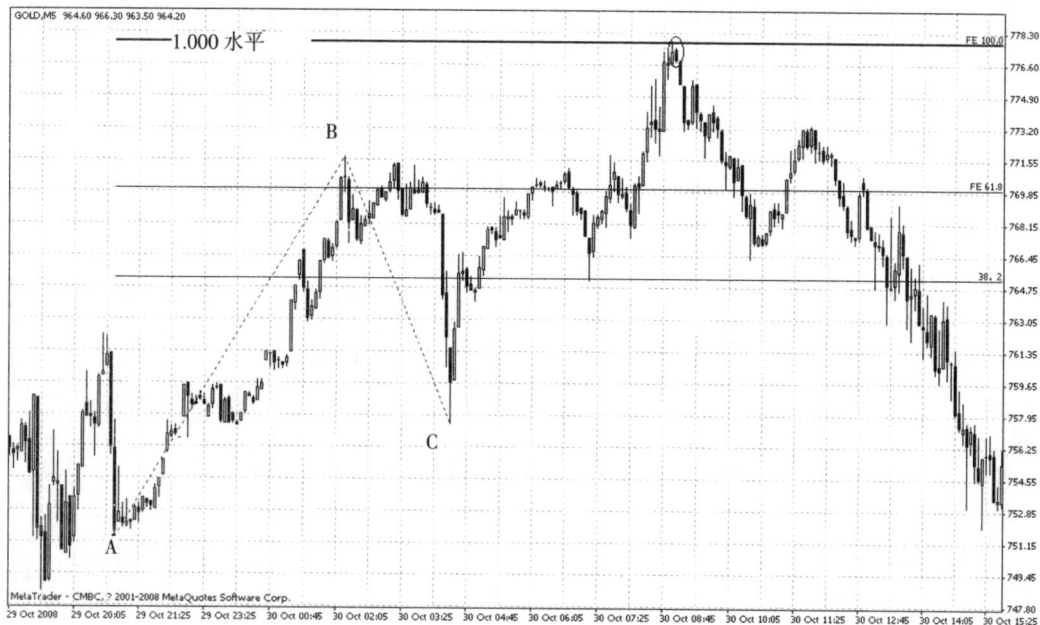

图 9-25 强延伸比率 1.000 水平的黄金交易实例（8）

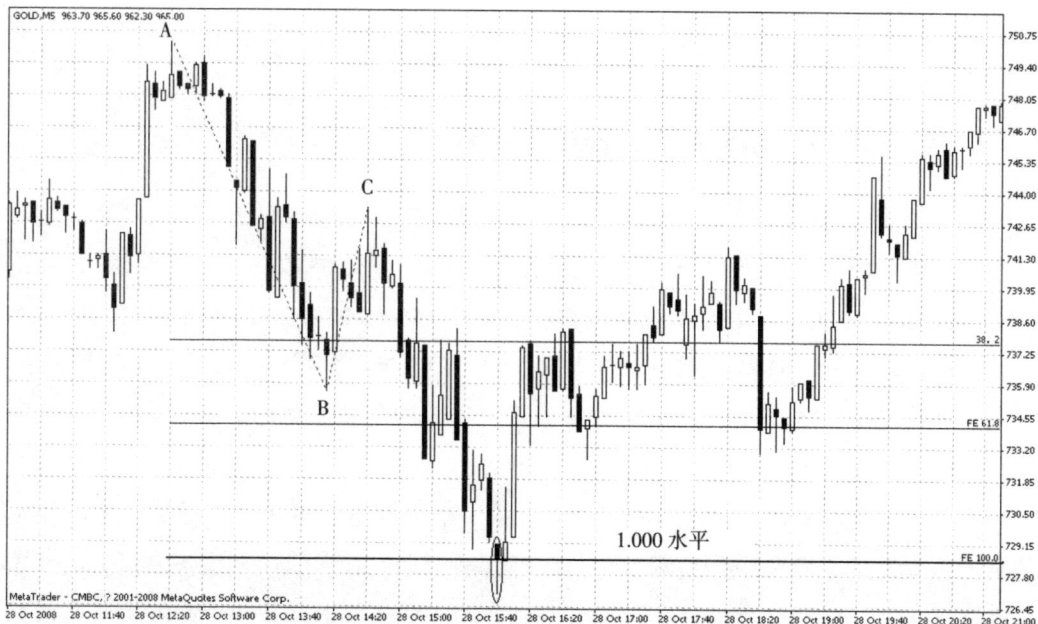

图 9-26 强延伸比率 1.000 水平的黄金交易实例（9）

第十个实例请看图 9-27。金价从 712.5 附近的 A 点上涨，涨到 735 附近的 B 点出现了流星线，稍后出现了变异的黄昏之星。金价稍微下跌，就在 C 点附近出现了锤头

形态。于是我们在C点以AB段为单位1进行斐波那契延伸分析。得到斐波那契延伸线谱之后，等待金价触及某个水平之后出现信号。最终金价上涨到1倍延伸水平处出现了黄昏之星，稍后小双顶则进一步证明了此处的阻力有效。

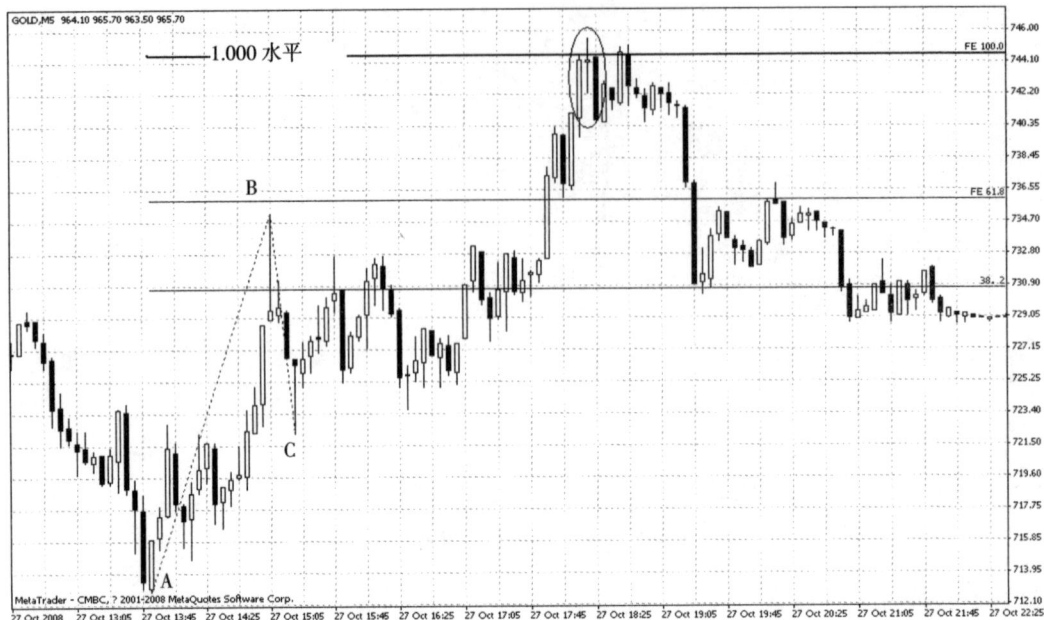

图9-27　强延伸比率1.000水平的黄金交易实例（10）

6. 强延伸比率1.618水平的黄金交易实例

1.618是最典型的斐波那契比率，或者说最典型的黄金率。对于接触艾略特波浪理论不多的人而言，1.618比率被认为是波浪理论的代表比率之一。就实际运用而言，1.618延伸比率确实是一个非常重要的比率，原因有三个：第一，1.618有效的频率确实比较高；第二，1.618作为盈利目标非常符合风险报酬率的要求，不像0.382等比率，长期下来铁定是亏损；第三，1.618比率离任何重要的斐波那契延伸比率都有一定的距离，不存在可替代性和重叠。

下面，我们就来看一些具体的实例吧，第一个实例请看图9-28。金价从946附近的A点开始下跌，跌势中多空双方斗争激烈，从众多的长影线就知道买卖双方的斗争力度有多强烈。跌到B点附近，金价反弹到C点，C点留下长长的上影线。于是我们在C点以AB段为单位1进行斐波那契延伸分析，得到线谱。此后，等待金价自己的表现。金价缓慢跌到942.5处，出现了流星和变异的早晨之星，确认了此处的支撑有效。

图 9-28 强延伸比率 1.618 水平的黄金交易实例（1）

第二个实例请看图 9-29。金价 732 附近的 A 点开始上涨，在 736 附近的 B 点步入调整，调整到 733 附近的 C 点开始出现看涨吞没，于是我们在 C 点以 AB 段为单位 1 进行斐波那契延伸分析。之后，金价在 1.618 附近形成显著的乌云盖顶形态，确认了此处阻力有效。

图 9-29 强延伸比率 1.618 水平的黄金交易实例（2）

第三个实例请看图 9-30。金价从 946 附近的 A 点开始下跌，这个下跌位置由流星叠加黄昏之星标识出来。金价跌到 941 附近的 B 点，B 点出现了长下影线和早晨之星，金价随即反弹到 944 附近的 C 点，不久向下恢复跌势。我们在 C 点以 AB 段为单位 1，做斐波那契延伸线。得到线谱后，可金价继续下跌，在 1.236 水平附近有微幅反弹，此后一直到 1.618 才真的止步。

图 9-30　强延伸比率 1.618 水平的黄金交易实例（3）

第四个实例请看图 9-31。金价从 945 附近的 A 点下跌，一直到出现了小实体 K 线和长下影线的 B 点才反弹，反弹到 C 点，出现了看跌母子，价格没有很快下跌，而是在 942 附近出现了长时间的横盘。于是我们在 C 点以 AB 段为单位 1 进行斐波那契延伸分析。得到斐波那契延伸线谱之后，等待金价自己的表现。金价在 1.382 和 1.618 处都受到了支撑，当真正起作用的是 1.618 倍延伸。

第五个实例请看图 9-32。金价从 912.10 附近的 A 点开始下跌，跌至 902 附近的 B 点出现倒锤头反弹，反弹到 C 点出现看跌母子，于是我们在 C 点以 AB 段为单位 1 进行斐波那契延伸分析。此后，金价从 C 点一路狂跌，一直跌到 1.618 水平才出现了四根下影线极其长的 K 线，同时叠加变异的早晨之星，这些 K 线形态确认了此处的支撑有效，这又是一例 1.618 延伸水平有效的实例。这样的实例在金价走势中很多，当然在其他主要的金融产品中也很多，只要大家把包括 1.618 在内的三个关键延伸水平搞明

白，自然就能获得对市场走势的深刻洞见，加上恰当的仓位管理，盈利也不是什么太难的事情。

图 9-31　强延伸比率 1.618 水平的黄金交易实例（4）

图 9-32　强延伸比率 1.618 水平的黄金交易实例（5）

第六个实例请看图 9-33。金价从 736.5 附近的 A 点一路上涨，涨到 B 点出现了黄昏之星，开始回落。回落到 C 点出现早晨之星，于是我们在 C 点以 AB 段为单位 1 进行斐波那契延伸分析，得到斐波那契线谱。此后，金价一路上涨，直到 1.618 水平附近出现明显的流星形态，确认此处的阻力有效。

图 9-33　强延伸比率 1.618 水平的黄金交易实例（6）

第七个实例请看图 9-34。金价从 723.55 附近的 A 点上涨，一直到 B 点出现回落，跌至 C 点处出现流星形态，于是以 C 点为起点，以 AB 段为单位 1 进行斐波那契延伸分析。得到线谱之后，等待价格自己的表现。不久之后，金价涨到 1.618 附近出现了流星形态叠加黄昏之星，后来又形成小双顶，这些形态叠加起来都表明了 1.618 处的阻力有效。

第八个实例请看图 9-35。金价从 738.5 附近的 A 点开始下跌，跌到 B 点出现了早晨之星，金价反弹到 C 点附近出现了看跌母子和流星以及吊颈等看跌 K 线。我们以 C 点为起点，以 AB 段作为单位 1 进行斐波那契延伸分析，得到线谱之后，等待金价自己的表现。不久之后，金价分别在 1.382 和 1.618 处获得显著的支撑。两个延伸水平的效力可见一斑。

第九个实例请看图 9-36。金价从 739.5 附近的 A 点一路下跌，跌至 723.5 附近的 B 点出现了支撑。之后，金价跌跌撞撞地上涨，涨到 C 点出现了十字星叠加黄昏之星，

于是我们在 C 点以 AB 段为单位 1 进行斐波那契延伸分析。
此后，金价在 1.618 附近显示出强支撑，确认了该水平的支撑
有效。

1.618 是大家最熟悉的延伸/扩展比率之一。

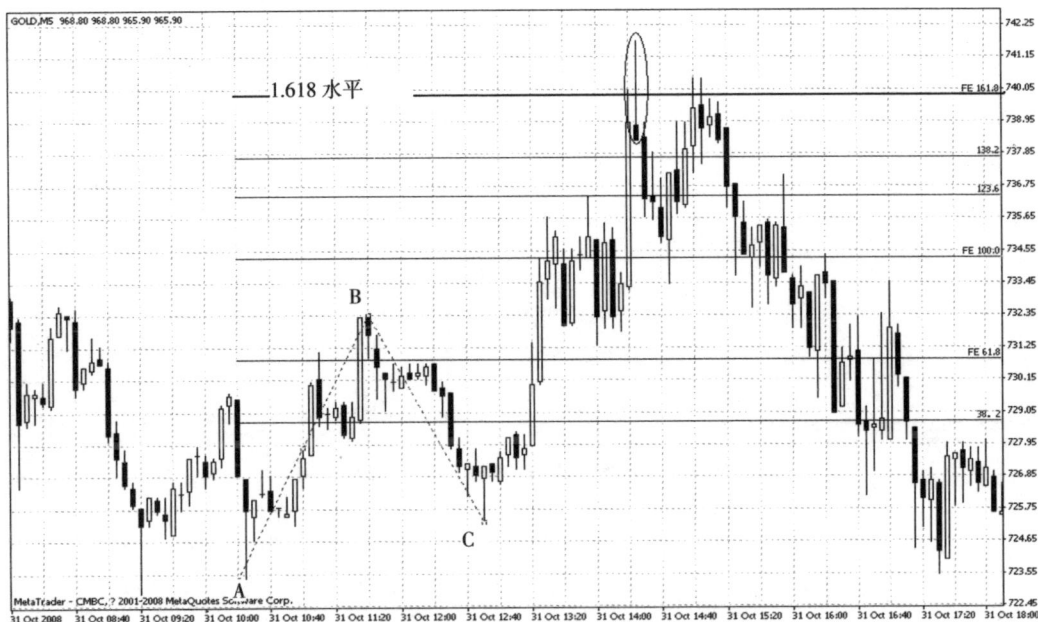

图 9-34 强延伸比率 1.618 水平的黄金交易实例（7）

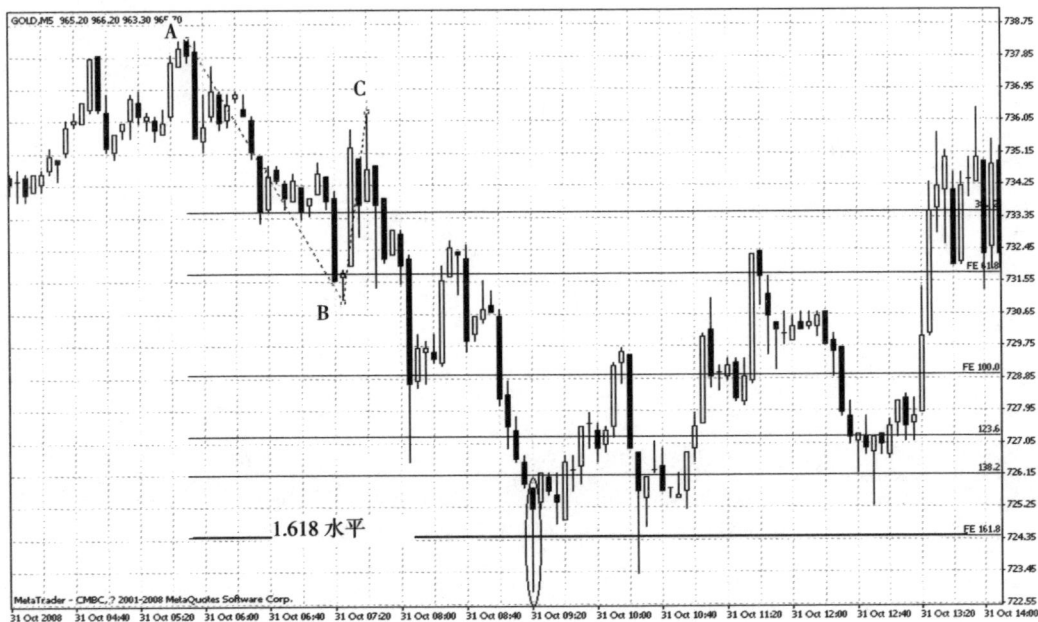

图 9-35 强延伸比率 1.618 水平的黄金交易实例（8）

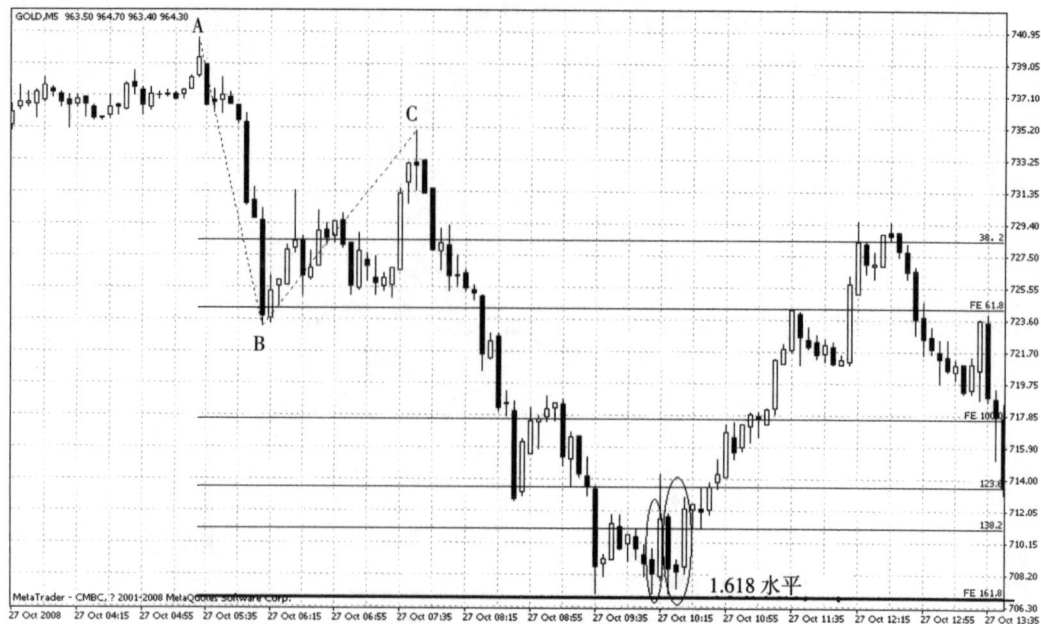

图 9-36　强延伸比率 1.618 水平的黄金交易实例（9）

第十个实例请看图 9-37。金价从 1128.40 附近一路下跌，跌到 B 点出现支撑，然后反弹到 C 点处出现黄昏之星。于是，我们以 C 点为起点，以 AB 段为单位 1 进行斐波那契延伸分析。此后，金价在 1.618 水平处获得很强的支撑，可见 1.618 水平位置的重要意义。

图 9-37　强延伸比率 1.618 水平的黄金交易实例（10）

7. 强延伸比率 2.618 水平的黄金交易实例

就短线交易而言，能用到 2.618 说明你把握行情的功力非常之高。如果你能很好地控制止损幅度，同时能够恰当地运用 2.168 这个比率，那么你的交易一定做得很顺利。

下面，我们就来看金价在 1.618 延伸水平处的表现。第一个实例请看图 9-38。金价从 942 附近的 A 点一路上涨，到 B 点处出现了看跌吞没。之后，金价微幅下跌，跌到 C 点开始构筑圆形底部。于是，我们以 C 点为起点，以 AB 段为单位 1 进行斐波那契延伸分析。之后，金价升至 2.618 水平出现了看跌吞没和较大幅度的回调。此例中，金价在上涨过程中，还一度显示 1 倍延伸和 1.618 倍延伸的阻力作用。

图 9-38　强延伸比率 2.618 水平的黄金交易实例（1）

第二个实例请看图 9-39。金价从 741.5 附近的 A 点一路下跌，跌到 B 点出现了看涨母子（这是一种弱反转形态，其后的金价反转可能性比看涨吞没更小），金价小幅反弹到 C 点，出现了看跌母子，于是我们以 C 点为起点，以 AB 段为单位 1 进行斐波那契延伸分析。得到延伸分析线谱之后，等待金价的发展。虽然在 1.618 处金价收出了很长的下影线，但是此后的大实体阴线表明此处并非真正的支撑（关于提醒信号和确认信号的区分可以参考《黄金高胜算交易》一书的讲解）。最终，金价在 2.618 附近出现了真正的反转。

图 9-39　强延伸比率 2.618 水平的黄金交易实例（2）

第三个实例请看图 9-40。金价从 741 附近的 A 点下跌，跌到 B 点出现了看涨吞没，金价反弹到 C 点，然后出现了看跌吞没，于是我们在 C 点以 AB 段为单位 1 进行斐波那契延伸分析，最终金价是在 2.618 附近出现了真正意义的转折。

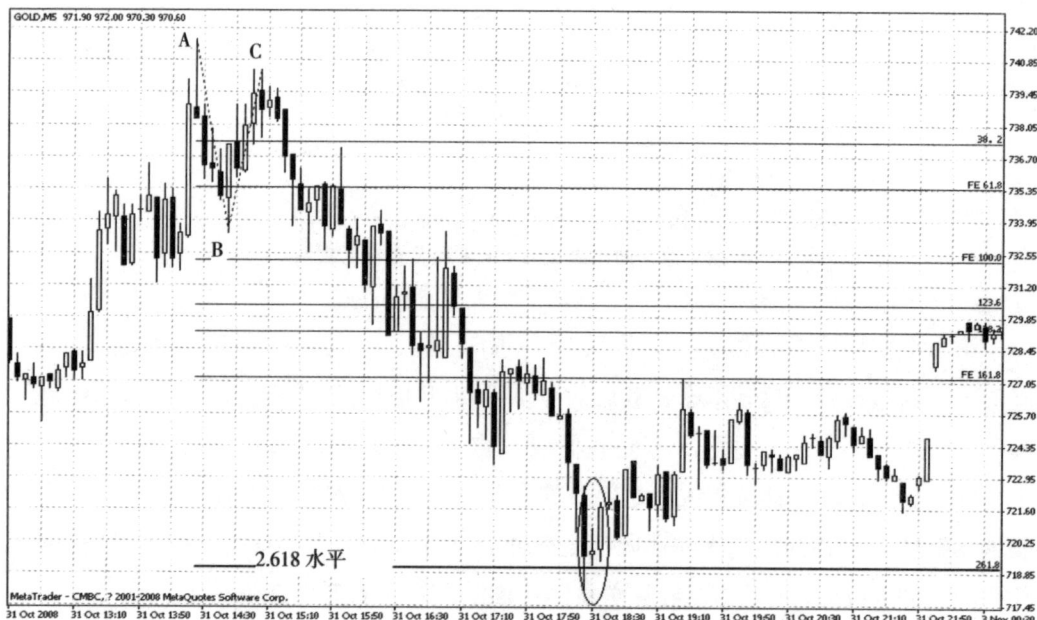

图 9-40　强延伸比率 2.618 水平的黄金交易实例（3）

第二节　次要的斐波那契延伸比率运用

次要的斐波那契延伸比率在除黄金之外的市场，以及除短线之外的操作框架上应该更有用处，在黄金短线交易上我们不主张采纳这一体系。次要的斐波那契延伸比率一般属于比较大幅度的比率，日内交易中不太好利用这些比率进行研判，相对而言，理论价值比实践价值更大，这可能**也是艾略特波浪理论面临**的困境。当然，理论价值更大，但并不代表没有实践价值，至少理论价值的分量更重一些。次要延伸比率主要包括 4.236、2 以及 2.382 等，下面我们就来逐一介绍。

大幅延伸往往是基本面重大变化造成的。

1. 次要延伸比率 4.236 水平的黄金交易实例

4.236 相对其他次要比率而言，实际意义要大些，主要是出现频率高，而且与其他斐波那契延伸比率的距离较远，不会相互替代。我们来看几个金价在 4.236 水平附近表现的实例。第一个实例请看图 9-41，金价从 899 附近逐步上涨，到 B 点处下跌，跌到 C 点（注意 A、B、C 三点的高度关系，B 点最高，C 点其次，A 点最低，最不理想的情况下 A 点和 C 点是一样的价位），我们进行斐波那契延伸分析。最终可以看到金价在 924.5 附近的水平出现了流星叠加黄昏之星形态，下跌由此展开。

第二个实例请看图 9-42。金价从 743.5 附近的 A 点开始逐步上涨，涨到 B 点出现变异的黄昏之星开始回落，跌到 C 点出现看涨母子，进行斐波那契延伸分析，得到斐波那契线谱，可以看到金价一路走高，在 1.236 和 1.618 附近都出现了调整，但最终在 4.236 止步。

图 9-41　次要延伸比率 4.236 水平的黄金交易实例（1）

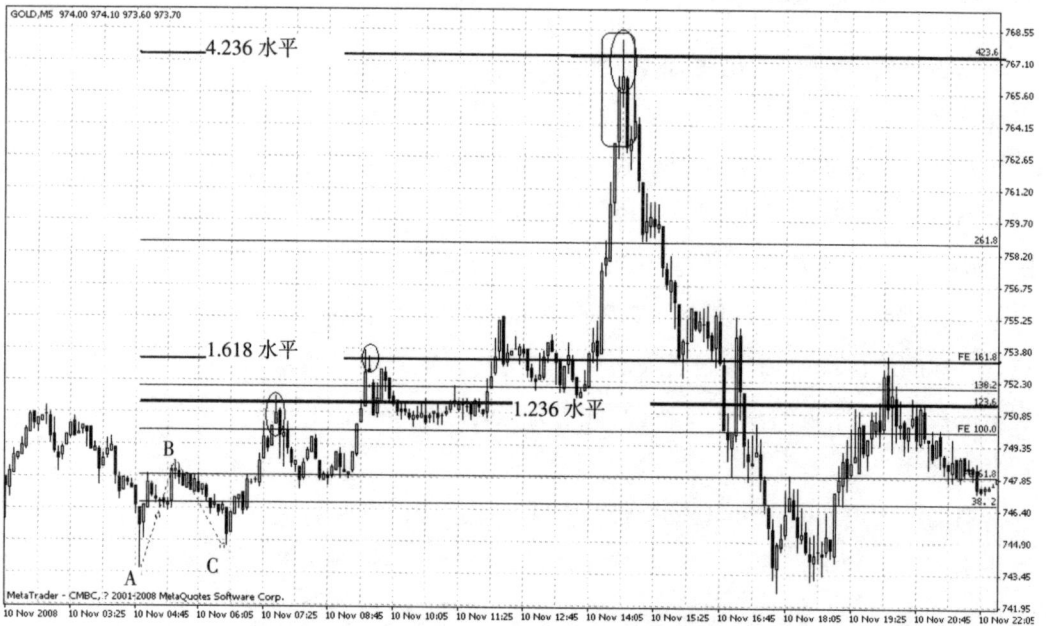

图 9-42　次要延伸比率 4.236 水平的黄金交易实例（2）

　　第三个实例请看图 9-43。金价从 722 附近的 A 点一路上涨，涨到 B 点出现了变异的黄昏之星，之后金价开始修正，跌到 C 点出现很多反转看涨形态，于是我们进行斐波那契延伸分析，得到斐波那契延伸线谱，之后金价最终在 4.236 处反转。

图 9-43 次要延伸比率 4.236 水平的黄金交易实例（3）

2. 次要延伸比率 2.000 水平的黄金交易实例

2 倍延伸比起 1 倍延伸出现的频率就少多了，我们这里简单介绍一下，请看图 9-44，金价从 1209 附近一路下跌，跌到 B 点的 1186 处反弹，反弹到 C 点后继续恢复跌势，可以看到最终跌势是在 2 倍延伸附近停止的。

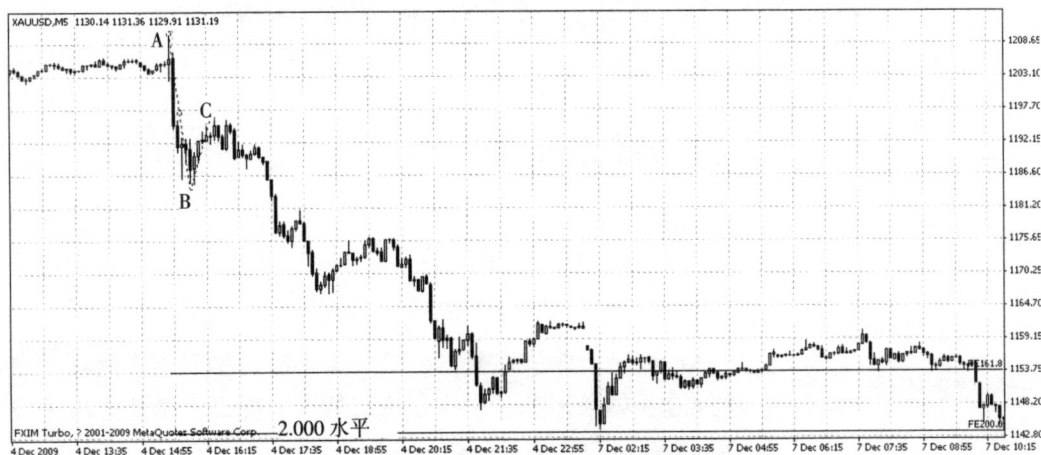

图 9-44 次要延伸比率 2.000 水平的黄金交易实例

3. 次要延伸比率 2.382 水平的黄金交易实例

2.382 延伸用得更少，理论上有探讨的价值，实际上很少用到，特别是在日内交易中，当然不排除其他交易品种有用到的机会更大。请看图 9-45，这个就不详细介绍了，想必经过前面的解释，这张图应该很容易看懂。

图 9-45　次要延伸比率 2.382 水平的黄金交易实例

第三节　斐波那契延伸比率的相关练习

前两节看了这么多的实例，对于斐波那契延伸的三点定位应该有所了解了。需要补充的是：在选择 C 点时一般遵循"最近，最显著"的原则，也就是最近的一个波段端点和最显著端点。对于斐波那契有延伸（扩展）的比率水平和三点定位我们的读者应该没有什么问题了，**这个练习只想问大家一个问题，如果你把这个问题搞清楚了，那么正确地做出斐波那契延伸位置是没有问题的**，请看图 9-46，请问 A、B、C 三点的位置关系是怎么样的？前面的小节已经有答案了，不知道你仔细看过没有。

在选择 C 点上一般遵循"最近，最显著"的原则，也就是最近的一个波段端点和最显著端点。

336

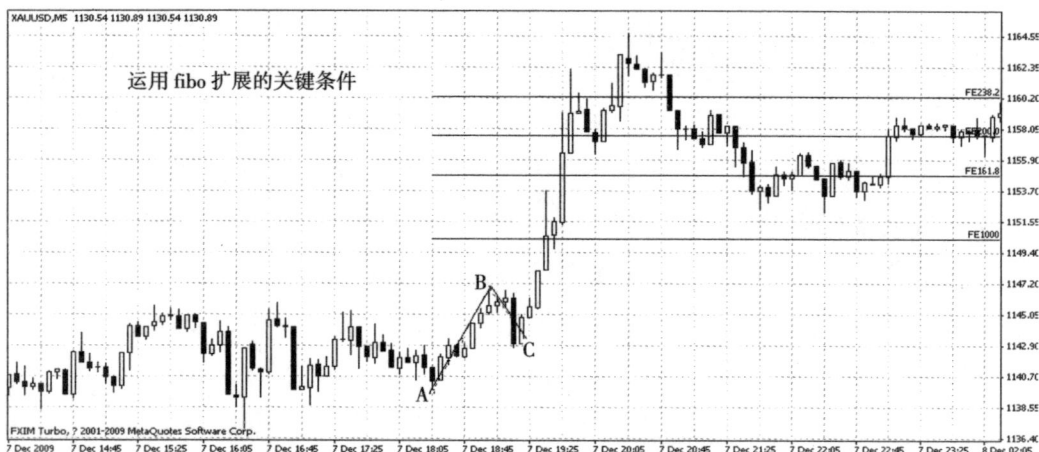

图 9-46 A、B、C 三点的位置关系

其实在上升走势的 A 点应该是第一个点，也是最低点，而 B 点是第二个点，同时是最高点，C 点不应该比 B 点高，也不应该比 A 点低，是第三个点。

在下降走势中的 A 点应该是第一个点，也是最高的一个点，而 B 点是第二个点，同时是最低点，C 点不应该比 B 点低，也不应该比 A 点高，是第三个点。

建议你仔细琢磨这个答案。

【开放式思考题】

在研读完第九课的内容之后，可以进一步思考下列问题。虽然这些问题并没有固定的标准答案，但能够启发思考，跳出来看某些观点。

（1）延伸/扩展比率在什么样的驱动面或者心理面条件下更容易发挥作用呢？

提示：散户仓位极端值、利好不涨、利空不跌等，可以从这些角度去分析和探索。如何看散户仓位的极端值呢？IG 情绪指数等可以参考，详见本书附录的黄金分析信息分析列表，包括与黄金相关的一些外汇网站。

（2）本课在一个实例中提到"当金价跌到 910 附近的 1 倍延伸水平处时出现了早晨之星形态，确认了此处的支撑有效，于是空头应该减仓或者清仓"。那么，在实际操作中是否可以仅仅依赖斐波那契延伸点位和 K 线形态出场吗？

提示：前位出场或者同位出场，必须与跟进止损一起发挥作用。为什么呢？

【进一步学习和运用指南】

（1）最后一次利空兑现叠加斐波那契向上延伸点位，则是进场做空的好机会。

（2）最后一次利多兑现叠加斐波那契向下延伸点位，则是进场做空的好机会。

（3）**斐波那契延伸点位在交易艾略特波浪第三浪启动或者五浪后反转时非常有用。建议进一步阅读艾略特波浪和加特力波浪的相关书籍**。下面是一些深入研究的相关读物：①《艾略特名著集》；②《斐波那契高级交易法：外汇交易中的波浪理论和实践（第三版）》；③《艾略特波浪理论：市场行为的关键》。

（4）点位、形态都属于结构的范畴，一个伟大的黄金交易者必须在结构的基础上注重逻辑和周期。黄金的驱动逻辑就是多重属性，而其周期则有许多层次，比如季节性走势、日内走势等。

其他斐波那契技术的运用

斐波那契水平线，包括回调率和延伸率是我们主要采用的斐波那契工具，这项工具主要用于甄别市场的进场位置或者是出场位置，是我们"势、位、态"分析体系中的核心成分，起着枢纽的作用，如果没有这项要素，我们即使判断出市场的趋势也不知道如何下手，即使知道当下 K 线组合的含义，进场之后也找不到放置初始止损点的恰当位置。斐波那契技术主要用来确定空间上的位置，而螺旋历法主要用来确定时机，或者时间上的位置，而本书上篇介绍的 K 线技术则是用来确认位置和时机的。除此之外，你最好能够对趋势有专门的甄别技术，这个将在第十一课有所提及，一旦你整合了"势、位、态"三个要素的分析，你将无往不胜。

斐波那契水平线与斐波那契弧线的功用是一样的，甚至用法也是一样的，只是形状有差别而已，在某些分析软件上提供了斐波那契弧线，但是绝大多数软件都只提供了斐波那契水平线，没有提供弧线。宁少勿多，"势、位、态"分析的工具每个维度1~2件工具足矣，多了也许准确率上去了，但交易效率却大大地降低了，而且系统的适应性也差了，不容易适应市场趋势性质的转变，这是不少优秀的机械交易系统最后不了了之的原因。斐波那契弧线的运用是本课介绍的重点，大家明白弧线和水平线其中一个操作原理就行了，不要在真正分析的时候两者都一块上，意义不大，有那个精力不如把驱动分析和心理分析做精细一点，这样反而能够提高自己对趋势的把握水平。

除了斐波那契弧线外，本课我们还要介绍一下斐波那契时间周期与螺旋历法的关系，斐波那契时间周期在一些短线书籍中有提到，但是实际运用并不理想。真正用得比较多的是日线结构上的螺旋历法，现在螺旋历法已经发展到门派并出的时代，但是国内这方面的人才和研究都很少，真正的高手更是凤毛麟角。斐波那契分析法没有艾略特波浪理论研究的人多，螺旋历法的研究者更少。本书的重点是 K 线技术和斐波那

契方法，至于螺旋历法本书也无法全面介绍，在《外汇交易圣经》一书中有小篇幅的介绍，可以参考一下，如果你想深入学习这方面的理论应该找相关书籍专研一下。螺旋历法是斐波那契技术与天文学结合后在金融走势上的运用，所以本书要提到它，但是又不会深入。下面，我们就正式步入非主流斐波那契分析工具的学习吧。

本课了解即可，没有重点内容。

第一节　斐波那契弧

斐波那契弧的构造原理可以说出一大堆来，基本上就是以特定波段长作为单位 1，以斐波那契比率乘以此单位 1，得到的半径来做弧线，弧线的用法与斐波那契回调水平线一样。下面，我们就来看一下简单的实例，主要以常见的三种比率为例：0.382、0.5 和 0.618。

1. 弧线 0.382 比率水平的黄金交易实例

0.382 回撤在外汇市场中并不少见，很多时候你用斐波那契回调水平线得到的结果与利用斐波那契弧线得到的结果是一致的。第一个实例请看图 10-1，金价从 1008 附近的 A 点开始下跌，跌到 933 附近的 B 点。我们以 AB 段为单位 1，做出斐波那契弧线（全球通行的 metatrader 4.0 平台（简称 MT4）提供了这一工具，大家可以从网上免费

图 10-1　弧线 0.382 比率水平的黄金交易实例（1）

下载该软件，使用说明也可以从网上下载），最终可以看到金价在 0.382 这条弧线附近受到阻力压制下跌。

第二个实例请看图 10-2。金价从 879 附近的 A 点下跌，跌到 829 附近的 B 点，以 AB 段为单位 1，做出斐波那契弧线。最终，金价在 0.382 弧线附近受到了阻力，进而下跌。

图 10-2　弧线 0.382 比率水平的黄金交易实例（2）

第三个实例请看图 10-3。金价从 908 附近的 A 点下跌，跌至 863 附近的 B 点。以 AB 段为单位 1，画出斐波那契弧线，最终，金价在 0.382 弧线处受到阻力，继而大跌。

图 10-3　弧线 0.382 比率水平的黄金交易实例（3）

第四个实例请看图 10-4。金价从 850 附近的 A 点上涨，涨到 894 附近的 B 点开始调整。我们以 AB 段为单位 1，画出斐波那契弧线。可以看到金价最终在 0.382 弧线附

近获得支撑，最终恢复上升。

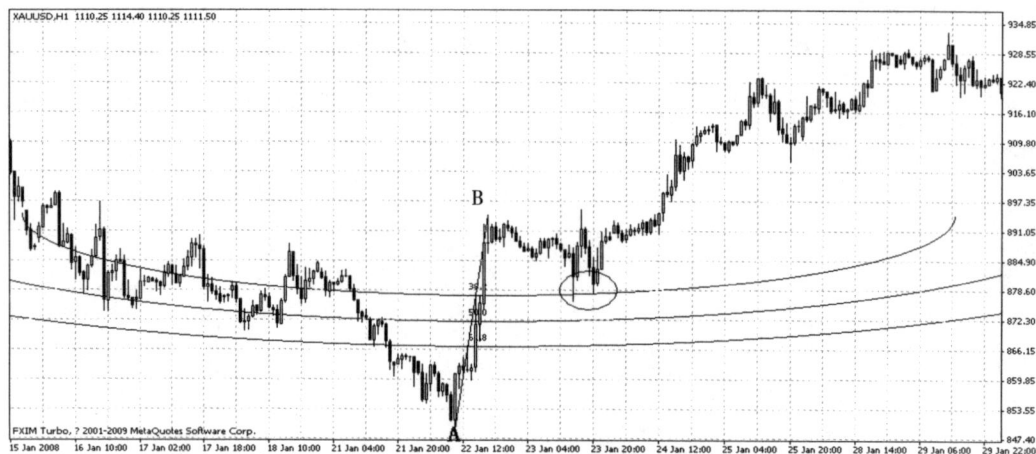

图 10-4　弧线 0.382 比率水平的黄金交易实例（4）

2. 弧线 0.5 比率水平的黄金交易实例

0.5 比率水平的斐波那契弧线出现频率要比 0.382 高一些，但是高不了多少，有时候价格就在这两个水平之间来回震动。我们来看一些 0.5 比率斐波那契弧线的实例，第一个实例如图 10-5 所示。金价从 929 附近的 A 点下跌，中间有所反弹，但是这并不妨碍我们将其当作一个完整的下降波段，跌到 894 附近的 B 点才开始反弹。以 AB 段为单位 1，画出斐波那契弧线，最终金价在 0.5 弧线附近受到阻力转而下跌，注意是什么 K 线标注了这一阻力的存在，这就是"态"对"位"的确认。

图 10-5　弧线 0.5 比率水平的黄金交易实例（1）

第二个实例如图 10-6 所示。金价从 867 附近的 A 点开始下跌，跌得很快除了中途横盘整理一下外下跌迅猛。跌到 803 附近的 B 点才开始展开反弹。最终反弹到 0.5 附近，其实是在 0.5 和 0.618 之间受到强大的阻力，黄昏之星 K 线标注了这一阻力的有效。此后，金价迅速恢复跌势。在实际交易中，特别是日内交易中，我们一般采用狭窄的斐波那契区域来替代斐波那契水平，常用的区域有 0.382 到 0.618，或者是 0.5 到 0.618。在《斐波那契高级交易法》一书中可以看到这样的策略，这样做的目的是为了适应市场走势的模糊性和变异性。

图 10-6　弧线 0.5 比率水平的黄金交易实例（2）

第三个实例如图 10-7 所示。金价从 845 附近的 A 点一路上涨，涨到 882 附近的 B 点出现了调整。以 AB 段为单位 1，画出斐波那契弧线。最终，金价在 0.5 弧线上得到支撑。此处的 K 线并不是黄昏之星，因为黄昏之星之前的走势必须是上升的，这是一

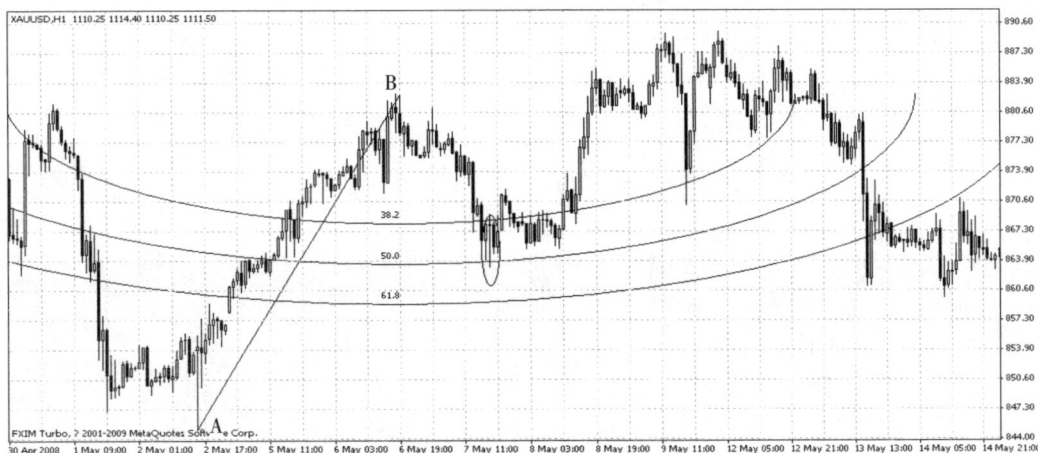

图 10-7　弧线 0.5 比率水平的黄金交易实例（3）

个前提。

第四个实例如图 10-8 所示。金价从 897 附近的 A 点开始上涨，最终涨到 930 附近的 B 点，并开始出现横盘调整。我们以 AB 段为单位 1，画出斐波那契弧线。最终，金价在 0.5 比率弧线处获得支撑，之后一路上扬。

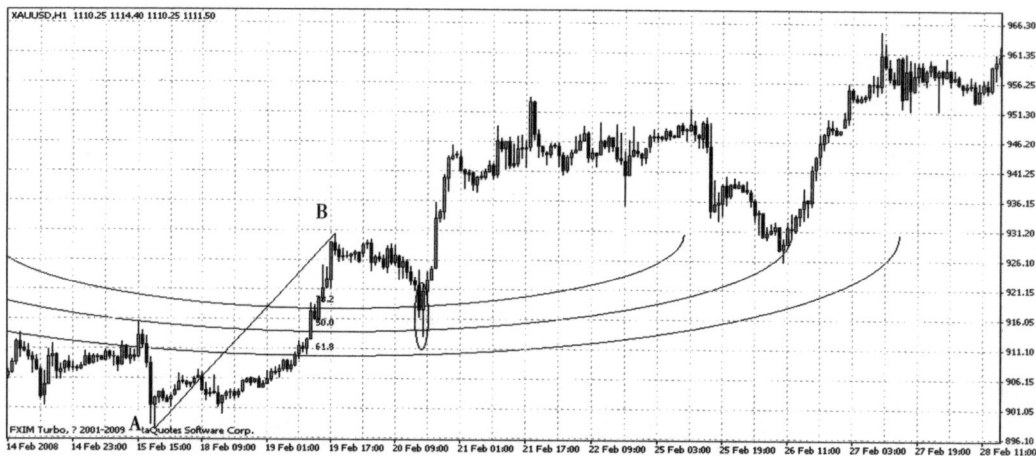

图 10-8　弧线 0.5 比率水平的黄金交易实例（4）

3. 弧线 0.618 比率水平的黄金交易实例

0.618 比率的斐波那契弧线也经常被使用，效力高低与水平线差不多，正因为这样一般都用 0.618 水平线代替弧线进行分析，况且很多平台本来就不提供斐波那契弧线分析工具。下面，我们来看两个利用斐波那契 0.618 弧线进行支撑/阻力分析的实例。第一个实例请看图 10-9，金价从 860 附近的 A 点开始上涨，涨到 894 附近的 B 点开始调

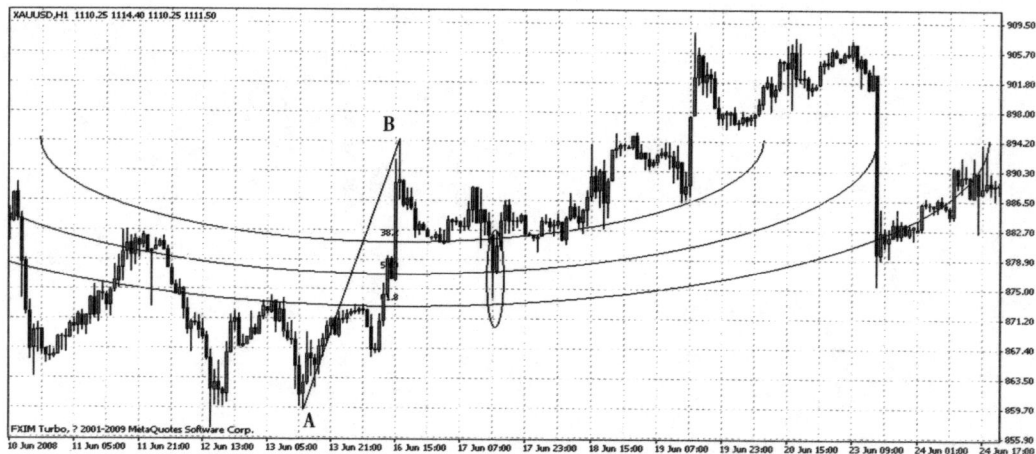

图 10-9　弧线 0.618 比率水平的黄金交易实例（1）

整，十字星叠加黄昏之星标志着调整的开始。我们以 AB 段为单位 1 画出斐波那契弧线，可以看到此后金价在 0.618 弧线附近获得了支撑，转而向上，恢复上涨走势。

第二个实例请看图 10-10。金价从 902 附近的 A 点开始上涨，涨到 939 附近的 B 点开始调整。以 AB 段为单位 1，画出斐波那契弧线。此后，金价在 0.618 附近出现了早晨之星，确认了此处的支撑有效。

图 10-10　弧线 0.618 比率水平的黄金交易实例（2）

第二节　斐波那契时间线

斐波那契时间线其实就是以斐波那契数列来标识某一根 K 线开始的一系列 K 线。斐波那契数列是 1，1，2，3，5，8，13，21，34，55，89…找到一根有着波段最高价或者最低价的 K 线，标示为第 1 根，则此后的波段高点或者低点就有可能出现在第 N 根 K 线上，这个 N 为斐波那契数列中的数字。斐波那契时间线在不少国内证券书籍和国外证券书籍上都有广泛的使用，其实际绩效恐怕与这些书介绍的相差甚远，**如果市场真的这么简单，那大家都是赢家，市场是输家了。如果市场是输家，这个市场早就关闭了。既然市场不是输家，那大家就是输家，既然大家是输家，则市场肯定不会像这些书说的那么简单。不排除有个别时候，市场真的按照斐波那契数列在运行。**

如果市场真的这么简单，那大家都是赢家，市场就是输家了。如果市场是输家，这个市场早就关闭了。

1. 斐波那契时间线的基本概念

斐波那契时间线就是将斐波那契数字用于分析价格走势，当确定了一个起点 K 线之后，此后的转折点就落在了属于斐波那契数字的那些 K 线上。怎么用斐波那契时间线呢？第一步，找到最高点或者最低点，如图 10-11 所示，这个点一定是分形所在，也就是说五根蜡烛线中间一根的最高价高于其他四根蜡烛线的最高价。当然，蜡烛线也可以用美国线代替。第二步，如图 10-12 所示，将极点当天的 K 线设定为 1，将此前一个交易日设定为 0，后面的根据斐波那契数列来确定。

图 10-11　斐波那契时间线运用第一步

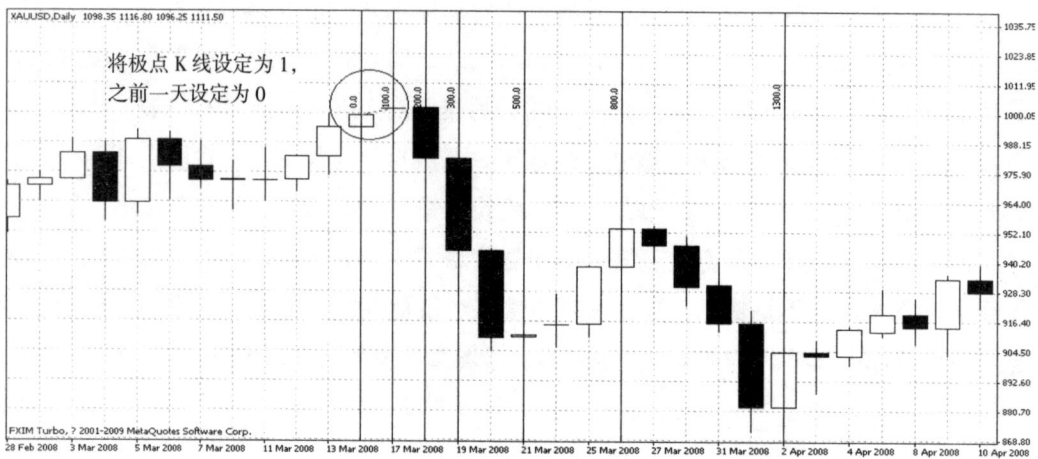

图 10-12　斐波那契时间线运用第二步

这种理论认为，此后市场的转折与这些标注出来的价格线有很高的相关性。

2. 螺旋历法与斐波那契时间线

市场是否存在某种周期，很早之前人们就开始在猜测，江恩是其中的佼佼者。江恩的理论被引入中国后，主要与二十四节气结合，与朔望月结合。这些周期有个特点就是等距，也就是说每个周期的长度是对称的、相等的，如图 10-13 所示。按照这种思路去找市场周期并没有完全错，但也没有完全对，因为这样的周期没有考虑变异性和复杂性，如果市场单纯重复一个等距周期，早晚会被所有人识破，这种思路比斐波那契时间线还简单。当然，二十四节气、太阳黑子周期、潮汐周期等对于人类的情绪会有影响，甚至**对价格有直接的影响，但是它们的精确度还不足以产生足够的交易价值，至少现有的理论是这样的**。在时间周期上，嘉璐兰螺旋历法应该是没有人能够望其项背，精确度极高，不过主要局限于日线交易，对于日内交易没有直接的指导作用，不过可以为日内交易的方向导航。

如果市场单纯重复一个等距周期，早晚会被所有人识破。

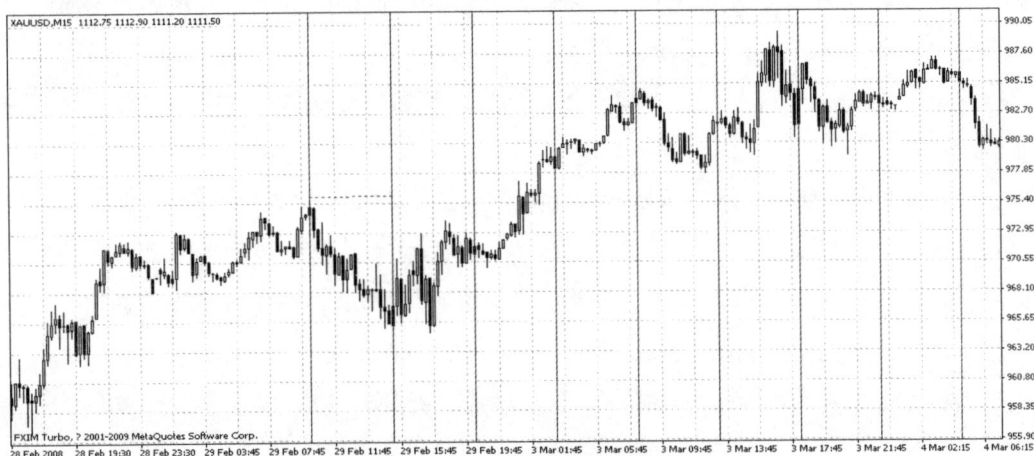

图 10-13 等距周期

螺旋历法与 K 线技术、斐波那契技术并列为三大经典分析技术。螺旋历法是用斐波那契数字（1、2、3、5、8、13、

21、34…）的开方乘以月球围绕地球一周的天数（即农历一个月）得到的天数。公式 $B_n = E\sqrt{F_n}$，即周期日数是月球从圆到缺一循环时与费氏方根的乘积。E 是太阴月周期 29.5306 天。螺旋历法认为当市场运行到以上天数时就会出现逆转。螺旋历法的基本公式就是螺旋从中心开始按费氏比率 1.618 向外发展，它的形状从不改变。螺旋的大小由中心点和起始点决定，每当螺旋旋转一周，它就可增长 1.618 倍。

螺旋历法的这个公式除了采用斐波那契数字外，还可以采用卢卡斯数字，除了采用太阴月 29.5306 天外，还可以采用太阳月 30.4368 天。

其实，无论是螺旋历法还是我们之前谈到的其他周期理论和市场结果理论，斐波那契比率 Φ（或者斐波那契数列）与圆周率 π 是与市场结构和周期最相符合的神奇比率。宇宙的主宰比率是 Φ 和 π。关于螺旋历法，可以参考的资料不多，这与加特力波浪理论一样，我们准备在有空的时候就此专题做一次文献专题整理，奉献给大家。不过，螺旋历法的运用比斐波那契比率分析法有更多的路要走，有更多的困难要克服。

【开放式思考题】

在研读完第十课的内容之后，可以进一步思考下列问题。虽然这些问题并没有固定的标准答案，但能够启发思考，跳出来看某些观点。

（1）本课提到"斐波那契技术主要用来确定空间上的位置，而螺旋历法主要用来确定时机，或者是时间上的位置……"那么，能够利用黄金的日内走势规律确定时间上的位置吗？在日内黄金走势容易出现拐点的时间点有哪些？

提示：到 www.kitco.com 上寻找一下相关的栏目和研究文章。这个网站很注重日内走势的规律。

（2）本课中提到"如果市场真的这么简单，那大家都是赢家，市场是输家了。如果市场是输家，这个市场早就关闭了。既然市场不是输家，那大家就是输家了，既然大家是输家，则市场肯定不会像这些书说的那么简单"。那么，一条策略能够盈利的一个前提条件是什么呢？你能从这段话中归纳出盈利的必要前提吗？

提示：与绝大多数人的策略相反，只是形式。实质呢？

【进一步学习和运用指南】

关于黄金的周期，有许多说法：

（1）美元和美国国债的**低点之间的**间隔周期一般为 3 年，股票为 7 年，**黄金则为 4**

年或 8 年（Safecity）。

（2）黄金比较明显的季节性规律是"**3 月跌，9 月涨**"。过去 44 年黄金的月度表现显示，黄金在第一季度的表现呈先涨后跌的走势，刚踏入新的一年，黄金通常能够迎来开门红，但接下来的 3 月却是黄金全年表现中最糟糕的月份，过去四十多年里在 3 月的平均跌幅高达 0.87%。9 月则是黄金表现最佳的月份（Casey Research FX168）。

（3）黄金期货在每年 1~2 月，也就是春节前后平均有录得 2% 以上的涨幅，在随后的第二、第三季度则呈现出调整的状态，季节性规律较为明显（金十数据）。

第十一课

斐波那契技术和趋势识别技术

斐波那契技术应该说是技术分析领域的伟大创举，当初引进斐波那契比率也就是黄金率到交易领域的人定是一个奇才。有历史可考的人物里面，艾略特应该是第一人，他在道氏的基础上发展了三段论，将定量化研究引入其中。而嘉璐兰则将斐波那契数列和天文历法在金融市场的运用推高到了极致。最终，斐波那契技术和螺旋历法横空出世，不过两个经典理论的实际运用远远落后于理论研究。关键的原因是进行理论研究的人大多以分析师的角色上阵，自然这些理论的运用指南就很落后了，如果进行艾略特波浪理论和螺旋历法研究的人是每天拿真金白银操作的人，那么这两个理论很快就会进入实战层面。K 线技术之所以在实际运用领域这么风行，不光是因为它具备最根本的二元思维，重要的是一开始它就被日本商人作为一种争取利润最大化的技术，而不是一种学术研究。真正将 K 线技术推向学术高峰的是美国人，但是实践的精髓恐怕永远在日本人手中。

在 K 线技术发展史的经验和教训可以用来指导斐波那契技术和螺旋历法技术的发展，我们一定要走实践推动技术发展的路子，而不是停留在自圆其说和马后炮式的推演中。 中国人自己研究出来的一些分析技术，比如金融易学、J 形图基本与江恩理论、TPO 理论比较接近，作为一种分析技术，一定要符合交易需要，**纯粹的分析技术对于交易没有促进作用，除非它能提供明确的进场点和出场点，同时还能符合胜算率、风险报酬率以及周转率等方面的要求。** 斐波那契技术的发展应该朝着能够提供进场位置和出场位置，能够符合"势、位、态"要求的方向发展。关于"势、位、态"的具体内容，本书已经有分散而充分的叙述了：K 线技术主要是用于"态"的确认，当然也可以侦测出"位"，比如十字星线标注了支撑阻力位置，也可以甄别趋势，比如我们本课将讲到的根据 K 线数量和大小对比来判断趋势；斐波那契技术主要用于"位"的确认，当然也可以作为趋势判断的方式，主要是与 N 字结构配合起来使用，在《斐波那契高级交易法》一书中提到的高级策略就是利用斐波那契来甄别趋势，同时确定进场和出场位置。螺旋历法其实也是用来确定位置的，或者说时机。交易过程包括行情分析和仓位管理两个重大部分，目前市面上的交易书籍绝大多数都在讲行情分析，稍微精深一点的就会讲进场点，至于出场点和更全面的仓位管理往往都不涉及，这方面的书也不好卖。行情的技术分析归纳起来就是三个字："势、位、态"，忽略其中任何一个方面都是**不完整的**。首先，确定趋势，这不是最可靠的步骤，但却是必要的步骤；其次，寻找进场和出场位置；最后，等待价格形态确认此趋势以及进场和出场位置有效。当然，出场的操作比进场更复杂，往往需要在进场之前就有明确的安排，这个安排不一定是具体的价位，但一定是具体的条件。本书的前一部分介绍了分析"态"的方法，这就是东方技术分析精髓的 K 线技术，也介绍了分析"位"的方法，这就是西方技术分析精髓的斐波那契技术，可以简称为 F 线技术，也就是 fibo 技术，也有叫作 phi 技术的。那么，我们有必要专门开辟一课内容介绍"势"方面的分析技术，这就是本课的内容，我们对所有的趋势分析技术进行一次综合概述。总而言之，当你明白了"势、位、态"的分析哲学，同时掌握了数种"势、位、态"的分析手段，则你可以以任何组合搭配构筑你自己的分析系统，无论你交易的是黄金，还是股票、外汇、期货、债券、权证、期权，甚至地产和收藏品等，这些都不重要了。重要的是你做到了"以不变应对万变"，手握"势、位、态"三要素的牛耳，坐看全球金融市场的风起云涌。

本课的学习要点是了解传统的趋势识别技术，掌握 N 字法则。

行情分析不仅仅是技术分析，但是本书只介绍了技术分析，至于黄金的其他分析方式，特别是基本分析，或者说驱动分析，请参看《黄金高胜算交易》这本内部教程改编的正式出版物。

第一节 N 字法则

N 字法则是我们确定趋势用到的最基本的法则，定义一个趋势也是根据这个法则，当价格呈现 N 字运行时，或者说当价格创出新高时，这个方向上的趋势就被确认了。利用 N 字直接进行趋势研判是高手返璞归真的做法，在真正掌握这种做法之前，必须对传统的趋势识别方式有深入的体会。所以本小节，我们先对传统的趋势识别方式进行一个概览，经过这个概览你也不会痴迷于某一种趋势分析方式了，也不会被纷繁复杂的各种趋势分析方式迷惑了。

1. 趋势识别的传统方式（1）：直边趋势线

直边趋势线是非常重要的一种趋势识别方式，从罗伯特·爱德华和约翰·迈吉的扛鼎之作 *Technical analysis of stock trends* 开始，这种方法逐渐固定了下来。指标趋势线适合于较为理性的市场状况，单独使用时看起来的效果比实际效果要好很多，因为这种技术设计的进场可靠性不高，同时出场也存在很大问题。"一把直尺走天下"一度成为某些交易者引以为豪的话，金融市场比这个要残酷很多，直边趋势线作为一种甄别和标识趋势的手段尚且算理解了这种残酷性，那些以直边趋势线来预测市场的人则完全忽视了市场的残酷性。直边趋势线作为甄别趋势的手段尚可，作为管理交易的手段尚可，作为预测手段恐怕就不如斐波那契技术了，甚至比不上螺旋历法。

不管如何，直边趋势线技术在突破交易中表现还不错，所以我们有必要将这种最古老的趋势甄别方法放到第一位来介绍。直边趋势线分为两种，下降直边趋势线（见图 11-1）和上升直边趋势线（见图 11-2）。下降直边趋势线需要在波段的开始寻找两个走低的高点进行连接；上升直边趋势线则需要在波段的开始寻找两个走高的低点进行连接。最纯粹的直边趋势线使用者会这样使用它：当金价在下降直边趋势线下方的时候进行做空交易，交易的时机一般选择金价靠近下降趋势线时，也就是反弹时进场，属于见位进场做空，止损设定在下降直边趋势线之上；当金价在上升直边趋势线上方的时候，进行做多交易，交易的时机一般选择金价靠近上升直边趋势线时，也就是调整时进场，属于见位进场做多，止损设定在上升直边趋势线之下。

图 11-1　下降直边趋势线

图 11-2　上升直边趋势线

除两点确定的倾斜趋势线外，还有一种单点确定的水平趋势线，如图 11-3 和图 11-4 所示，这种趋势线实质上更倾向于作为"位"的确定手段。水平趋势线分为水平支撑线和水平阻力线两类。支撑线用于做多交易进场位置选择和初始止损放置，助力

线用于做空**交易进场位置选择和初始止损放置。当然，这两种水平趋势线也可以用作出场使用。**当作为进出场位置时，往往还需要 K 线或者西方技术形态的确认。从直边趋势线这个实例我们可以发现，一种技术分析手段可能跨越"势、位、态"分析中的两个要素以上。这里需要提醒的是趋势指标往往作为"势"分析的工具，而震荡指标往往作为心理分析的工具，也可以作为替代"位"分析的工具。整个行情分析包括驱动分析、心理分析和行为分析，而行为分析又分为"势、位、态"三维，在《外汇短线交易的 24 堂精品课：面向高级交易者》和《外汇交易三部曲》中我们有更加详细的交易流程介绍，特别是《外汇交易三部曲》这本书。另外，我们推出的交易领域里**程碑著作《交易学》将对主要交易领域的行情分析进行详细讲解**。如果你想节省精力的话，可以直接阅读《黄金高胜算交易》和本书即可。

关于支撑线与进场的关系，这里补充讲一点，如图 11-3 所示，一般等待金价调整回到支撑线附近再进场，这就是典型的见位进场做多，初始止损设定在此支撑线下合适的范围

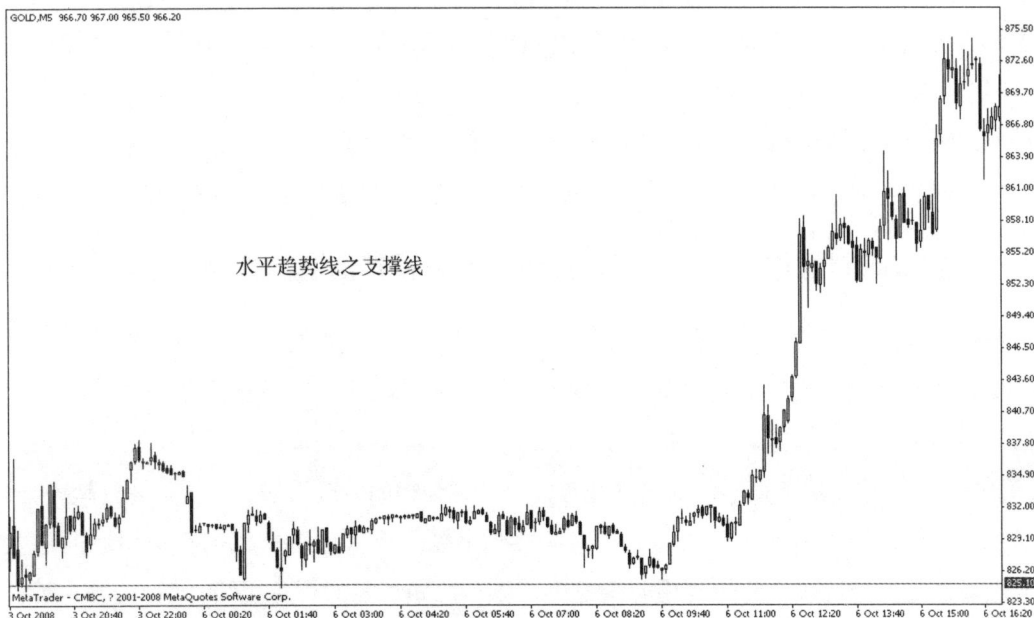

> 趋势指标往往作为"势"分析的工具，而震荡指标往往作为心理分析的工具，也可以作为替代"位"分析的工具。

> 整个行情分析包括驱动分析、心理分析和行为分析，而行为分析又分为"势、位、态"三维。

图 11-3　水平支撑线

内。而阻力线与进场的关系如图 11-4 所示，一般等待金价反弹升到阻力线附近再进场，这就是典型的见位进场做空，初始止损设定在此阻力线上合适的范围内。

图 11-4　水平阻力线

如果是破位进场，则往往等待价格向上突破阻力线进场做多，等待价格向下跌破支撑线进场做空。突破确认有效之后才能进场，确认的手段很多，有用 K 线形态的，有用突破幅度的，有用突破持续时间的，有用成交量的，有用其他趋势指标过滤的等。另外，阻力线和支撑线是可以相互转化的，如图 11-5 所示。所以，特定位置水平一般标注为 R/S，表明既可以作为阻力，也可以作为支撑（R 代表阻力，S 代表支撑）。

2. 趋势识别的传统方式（2）：移动平均线和其他趋势指标

除了直边趋势线，还有曲边趋势线，通常利用移动平均线来分析，当然也存在其他形式的曲边趋势线。移动平均线和其他趋势指标是西方技术分析为了最初解决买卖信号而开发出来的，随着市场的发展和分析技术参透率的提高，移动平均线等趋势指标已经丧失了作为买卖信号的作用，逐步变成一种纯粹的分析手段，主要是分析趋势。

利用单根均线来寻找市场的变盘点在某些市场分析人士手中仍旧在使用，但是大的趋势是市场分析人士开始利用均线组来工作。比如著名的鳄鱼组线，如图 11-6 所示就是由三根均线构成的，在 MT4.0 软件上可以免费利用这个指标。除了鳄鱼组线外还

有顾比均线组也是由多根均线组成。均线识别趋势主要是利用所谓的位置关系，也就是如果短期均线在长期均线之上则是上升趋势，短期均线在长期均线之下则是下降趋势。除此之外，趋势的强弱也可以由均线之间的距离来衡量，为此 MACD 指标被发明

图 11-5 支撑线与阻力线的转换

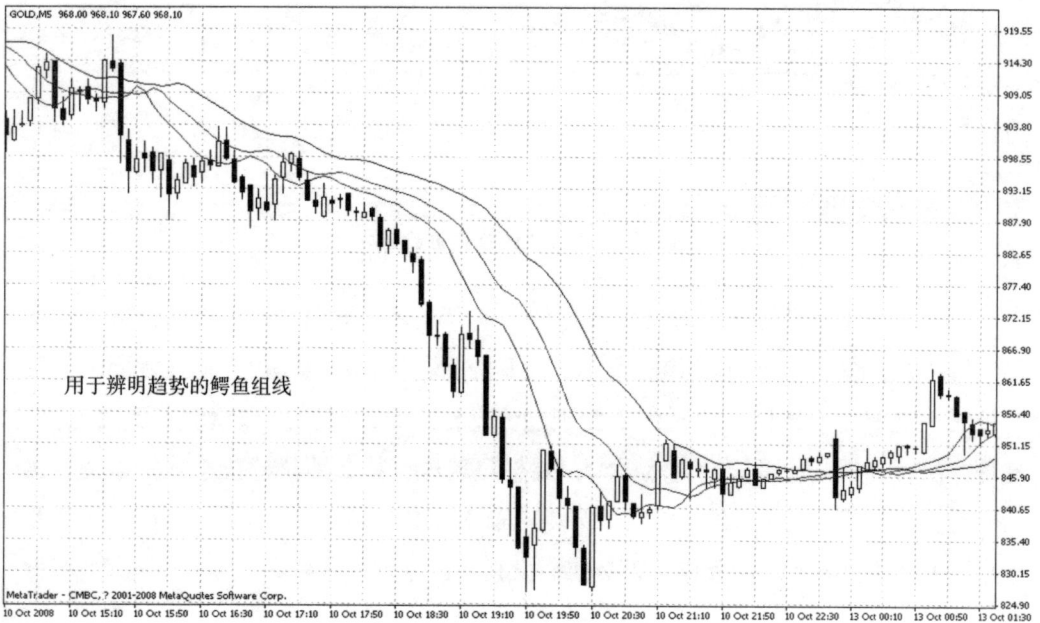

图 11-6 鳄鱼组线

出来了。这个指标的发明人是一位专职的交易指标和系统销售商，交易绩效并不见长，营销能力更高一筹。

MACD（见图 11-7）最初利用均线间的距离来衡量趋势的减弱和增强，从而获得比单纯均线和均线组更早的洞见，此后又在此基础上增加了新的平均线，对距离本身进行平滑。MACD 的用法主要是穿越、交叉和背离。穿越也就是信号线穿越零轴，交叉就是两条信号线之间的交叉，背离就是柱线或者是信号线与价格之间的背离。一般而言，短期信号线在零轴之上代表趋势向上，短期信号线在零轴之下代表趋势向下。也可以利用信号线之间的关系来确定趋势，甚至将交叉、背离以及穿越综合起来为趋势打分。

图 11-7　MACD 表征趋势

除了均线和均线的衍生物 MACD 之外，还存在其他类型的趋势指标，著名的有抛物线指标，如图 11-8 所示。**趋势指标一般是滞后指标，这就是说它们通常要求价格反映持续一定幅度或者用一段时间来甄别趋势，他们是通过强度和幅度来甄别趋势的，这种方法存在误判的可能性自然很大，要想超越这点就必须超越技术分析本身，秘密已经写在《外汇短线交易的 24 堂精品课：面向高级交易者》一书中了。这本书竟然被极少数人认为是学术理论著作，想必他们没有真正进行过交易。**

GOLD,M5 967.80 967.90 967.40 967.50

抛物线指标表征的趋势

MetaTrader - CMBC, ? 2001-2008 MetaQuotes Software Corp.

图11-8 抛物线表征趋势

3. 趋势识别的传统方式（3）：大时间结构

著名的三重系统，或者说三屏系统为什么这么出名，关键的一点就在于它利用大时间结构更好地帮**交易者厘清了趋势，获得了整体观**。趋势之别的第三种传统方式就是大时间结构。将分析的视野扩大，将分析的时间拉长，这样就能更清楚地看到真相，当你专注于一个局部的时候，你也失去了看清这个局部的能力，著名的贝茨疗法也认为当眼睛盯住一个事物的时候，往往很难看清楚，交易中又何尝不是如此。

当你在5分钟图上交易的时候，你至少应该看看更高一级的价格走势，如图11-9所示，最好的方式是将两者一同放在分析界面上。又假如你在1小时图上交易，则应该至少看看日线图上的走势，如图11-10所示。

看似简单得多的时间结构图片，其实能够极大增强你对其他交易者的洞见。**有两种分析思路，现在没有得到重视，使得使用它们的人获得了极高的洞察力和绩效，这就是跨时间分析和跨空间分析**。所谓跨时间分析也就是多时间结构分

趋势指标一般是滞后指标，这就是说它们通常要求价格反映持续一定幅度或者用一段时间来甄别趋势，它们是通过强度和幅度来甄别趋势的，这种方法存在误判的可能性自然很大，要想超越这点就必须超越技术分析本身。

当你专注于一个局部的时候，你也失去了看清这个局部的能力。

359

图 11-9　黄金 1 小时走势和 5 分钟走势

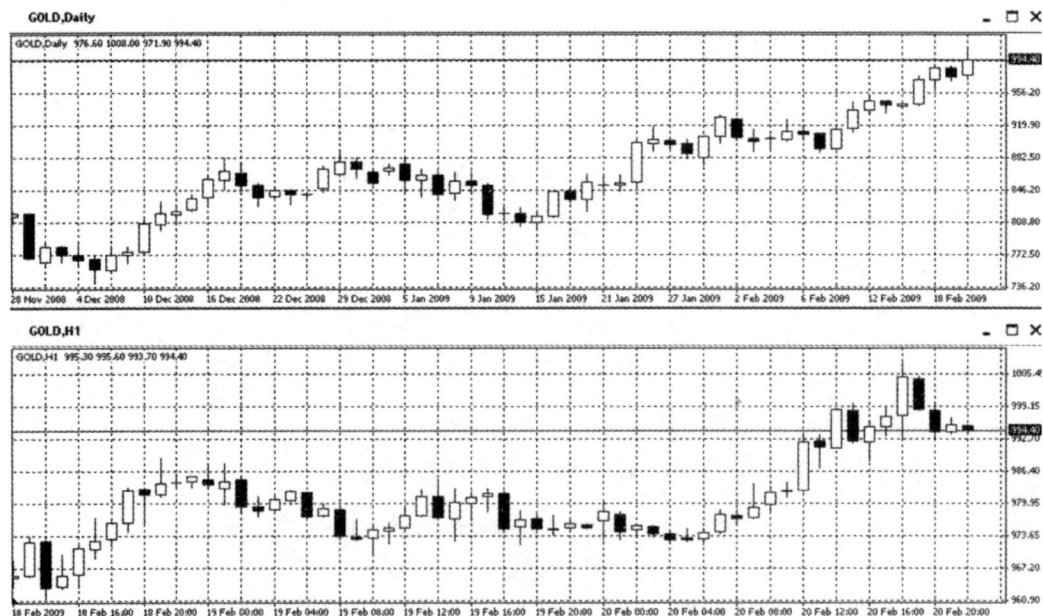

图 11-10　黄金 1 日走势和 1 小时走势

析，也就是我们这里提到的大时间结构，当然更进一步来讲还要有更小的时间结构。所谓跨空间分析也就是跨市场分析、市场间分析，它们得到了马丁·普林格和约翰·墨菲的支持。跨市场分析和跨时间分析都能极大地增强你对趋势的解读，甚至超越趋势

本身，能让你对时机也有很好的感觉。

4. 趋势识别的传统方式（4）：X%法则

根据价格计算出来的趋势指标无非就是根据价格波动的幅度和持续时间来识别趋势，有些交易者直接为过滤趋势行为设定一个幅度，这就是百分比法则，当金价运行超过多少百分比的时候，就认为趋势在这个方向上形成了。这类趋势识别方式在中国台湾著名分析人士杨基鸿先生的分析策略中用得较多，我们称之为X%法则。也就是当价格从低点上涨X%就认为向上趋势形成，当价格从高点下跌X%就认为向下趋势形成。这个X具体有多大呢，一般定为10%，如图11-11所示，也有定为12%的，如图11-12所示，其实具体是多少并不重要，你可以定为20%，也可以定为8%。重要的是：第一，理解幅度确定趋势的分析思路；第二，找到某一个市场趋势中蕴含的X参数。

图11-11 10%上涨确认上升趋势

5. 趋势识别的传统方式（5）：K线多空对比

K线不仅作为"形态"识别工具，还可以作为位置识别工具，同样也可以作为趋势的识别工具。正因为这样才使得某些高手只看K线就能分析清楚市况到底如何。其实，利用K线甄别趋势在单边走势中非常方便，在震荡走势中却存在很多假信号，这

图 11-12　12%上涨确认上升趋势

也是技术分析的一个难题。

　　那么，如何利用 K 线进行趋势分析呢？主要是从两个方面进行分析，第一个是数量；第二个是实体大小。我们首先来介绍从数量甄别趋势的原理，如图 11-13 所示，

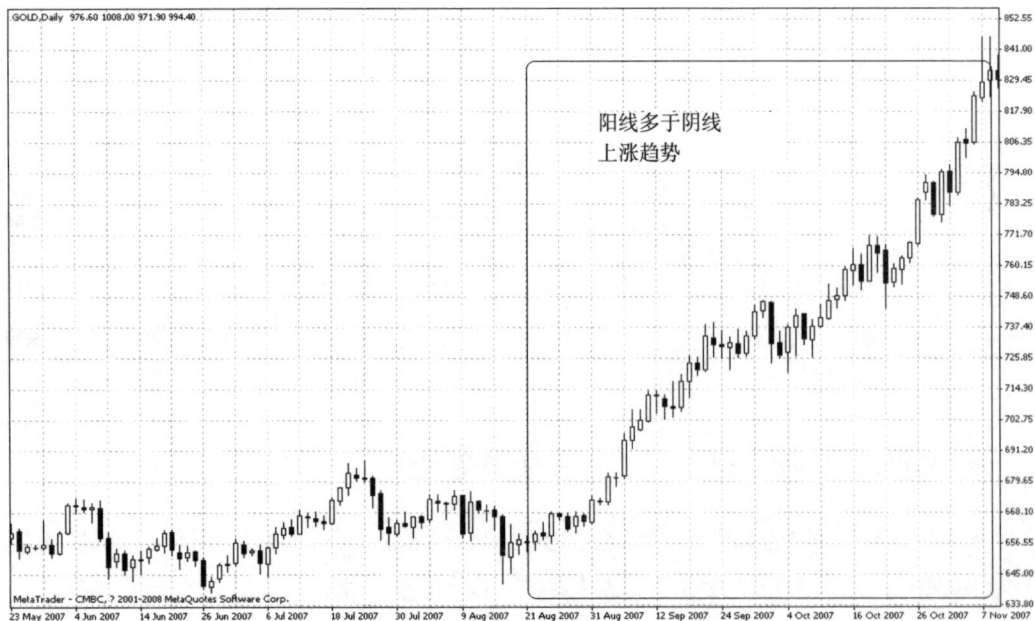

图 11-13　阳线多于阴线表征上涨趋势

当一段走势中的阳线多于阴线的时候，趋势向上，假设此趋势继续的话，则后市趋势仍向上（注意，这里存在一个假定，这个假定是技术分析的一个前提，但是这个前提不一定是正确的，正确与否取决于技术分析的东西）；当一段走势中的阴线多于阳线的时候，趋势向下，如图 11-14 所示，假定此趋势继续的话，则后市趋势仍向下。

图 11-14　阴线多于阳线表征下降趋势

除了利用阳线和阴线的相对数量来研判趋势外，我们还可以利用 K 线实体大小来研判，具体而言就是：当一段走势中的阳线实体普遍大于阴线实体的时候，此段走势的趋势向上，如图 11-15 所示，假如趋势继续，则后市趋势仍旧向上；当一段走势中的阴线实体普遍大于阳线实体的时候，此段走势的趋势向下，如图 11-16 所示，假如趋势继续，则后市趋势仍向下。

6. 趋势识别的传统方式（6）：OX 图法

在技术分析中，某些技术是专门为趋势而生的，这些技术分析主要从改变价格表达方式入手，比如 TPO 图和 J 图，以及我们这里要介绍的 OX。OX 图本来与蜡烛图和线图并驾齐驱，后来逐渐淡出市场，其中一个重要原因是这种交易方式的资金周转速度很慢，既不符合人类的天性，也不符合经纪商的喜好，加上相应的技术指标达不到，自然也就兴盛不起来了。OX 图的最大特点就是针对趋势，它也是通过对波幅施加基准

图 11-15　阳线大于阴线表征上升趋势

图 11-16　阴线大于阳线表征下降趋势

关于 OX 图可以参考《外汇交易进阶》中的图表介绍。

来过滤震荡走势和单边走势，**突破交易法与 OX 图天生一对**。对于 OX 图，没有很好的软件支持，博易大师的 OX 图并不符合要求，最好自己手绘，关于 OX 图我们这里就做这么多介绍，大家可以自己找一些资料研究一下。这个方法算得上是

技术分析的怪胎，这个怪胎目前仍在少数高手那里承传，特别是期货交易者，因为商品期货的大行情持续性很强，一年有 1~3 波小行情，每隔几年有中等行情，特别适合用 OX 图来分析。

7. 趋势识别的传统方式（7）：周规则

周规则的名气之大在交易界无人不晓，特别是理查德·丹尼斯在此基础上创造了绩效奇迹和缔造了海龟传奇之后更是如此。这个规则就是找出 20 个交易日的最高点和最低点，以此作为趋势发动的基准，如图 11-17 所示。当价格突破 20 日高点的时候，趋势向上；当价格突破 20 日低点的时候，趋势向下。当然你可以为突破设定一些过滤标准。在周规则之外，有一些新的分析策略诞生，比如 130 日规则，其实与周规则相同。

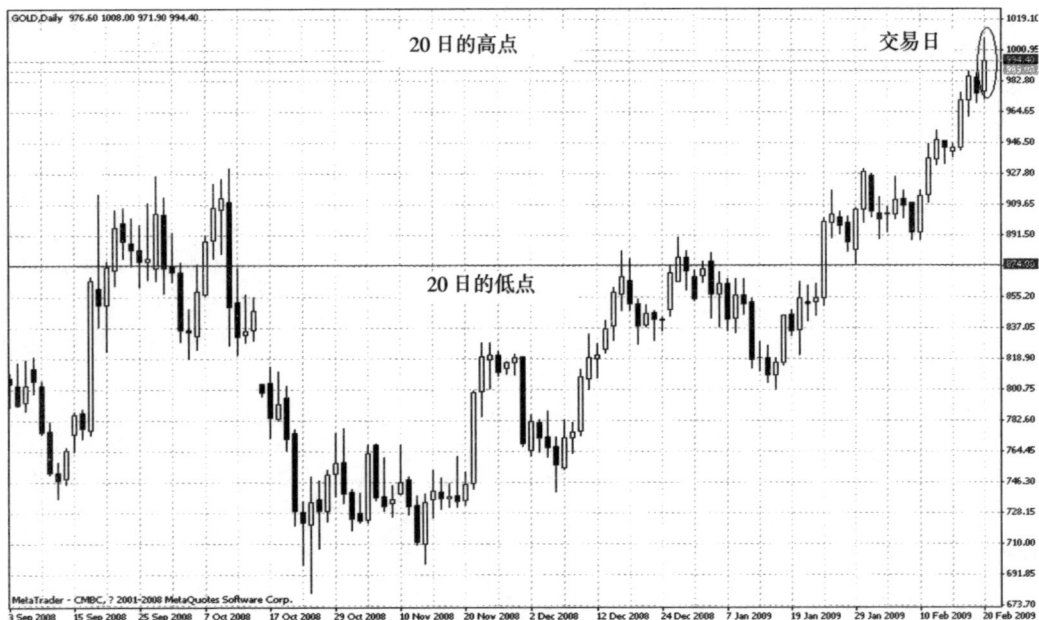

图 11-17　周规则

8. 化繁为简的趋势识别之道：N 字法则

我们在黄金交易中秉着"精简实用"的根本原则，利用"奥卡姆剃刀"去掉多余的东西，所有关于市场趋势的判别都可以利用我们这里提到的方法，这就是——N 字法则。价格的运动是以 N 字的方式展开的，如图 11-18 所示。同时，如果时间结构点越高，这种运动方式越明显，如图 11-19 所示。

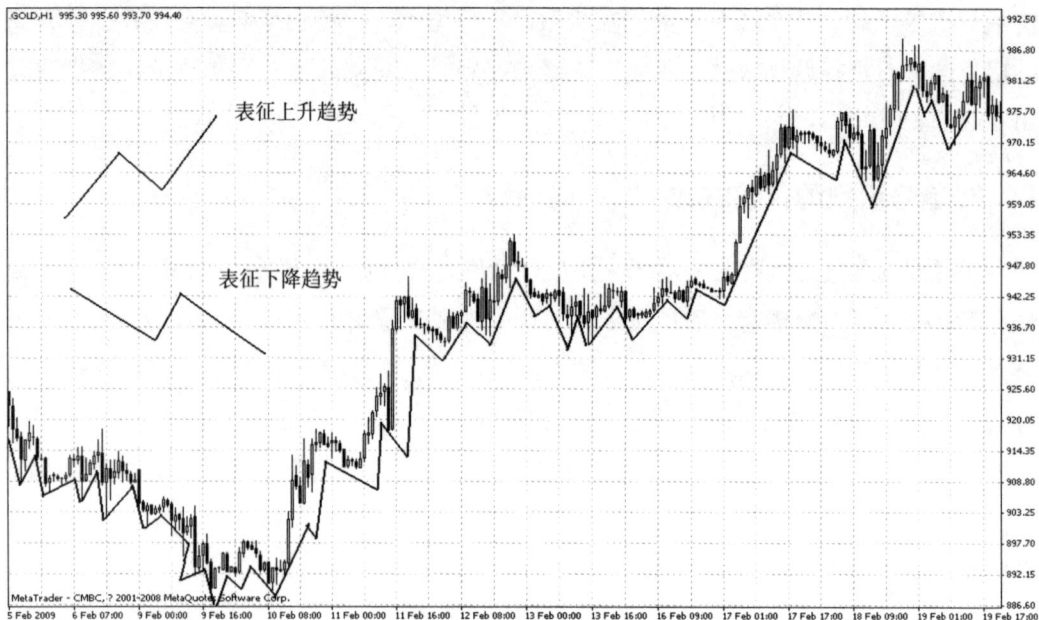

图 11-18　上升 N 字和下降 N 字

图 11-19　时间结构与 N 字的效力

什么是 N 字法则？突破理论可以看作是 N 字理论的一个运用，比尔·威廉姆的分形理论也可以看作是 N 字理论的复杂化。我们下面分两种情况来讲解 N 字法则，第一种情况是用 N 字法则判定上升趋势，第二种情况是用 N 字法则判定下降趋势。

首先，我们来看如何利用 N 字法则来判定金价的上升趋势。在我们进行黄金交易时，**第一个要确定的是交易的方向，具体而言就是做多，还是做空**，对于短线交易者而言，交易的方向可能不是最重要的，毕竟短线交易的持仓时间较短，而金价在短期内的变化也常常给人反复无常的感觉，所以短线交易中，交易方向的判断并不是最为重要的。况且，交易者对交易方向的把握存在难度，一个交易老手未必比新手在判断市场方向上高人一等，之所以能够在市场中生存和盈利，最为关键的是他们能够区分"假定的方向"和"事实的方向"，当市场的实际运行没有否定"假定的方向"时，就将"假定的方向"等同于"事实的方向"，一旦市场的运动否定了"假定的方向"，则我们就要迅速做出调整，知道"假定的方向"不是"事实的方向"。

交易的过程就是一个"假定—验证"的过程，止损点是否触及就是你的假定是否成立的关键。交易不可能没有方向，你假定方向是上还是下都不重要，重要的是假定一个方向，定下验证你假定正确与否的规则（止损设置），然后等待市场去确认。因此，N 字法则并不是说市场出现了这样的模式就一定会上升（或者下降），而是说上升的概率较大。

大家需要明白一个道理，当你把一个单边走势当作一个震荡走势时，你要么会失去大赚的机会，要么你会犯下难以弥补的错误；但是，当你把一个震荡走势当作一个单边走势时，你要么屡屡因为止损赔上手续费，要么一直无法获利也无法止损、处于持仓的慢性折磨中。关键的一个问题是：如果现在没有很好的方法预先区分一个发展中的市态是单边还是震荡，所以你只能做出三种选择：第一，将一切市态假定为单边市；第二，将一切市场假定为震荡市；第三，将部分市态假定为震荡市，部分市态假定为单边市。就理想主义而言，第三种方法是不少"大师"宣扬的，就现实主义而言，由于区分单边市和震荡市不在人类的能力范围之内，所以第三种方法肯定也会将震荡市当成单边市，这样就会犯上述的错误，第二种方法就更不用说了。

价格的运动是以 N 字的方式展开的。

367

第二节　波段确认与分形

　　波段的确认涉及分形，价格走势分形最初是由混沌操作法创始人比尔·威廉姆确定的。波段的衔接一般以正向—反向—正向的 N 字结构出现，这就好比三段论或者说否定之否定规律。本小节我们主要谈一下波段的确认问题，顺便也谈一下其他涉及波段的问题。

1. 否定之否定规律与波段的确认

　　道氏理论最基本的结构是三段的，艾略特最基本的结构也是三段的，N 字趋势理论最基本的结构也是三段的。在艾略特波浪理论中，推动浪都是以五个子浪的形式发展，而调整浪则是以三个子浪的形式发展。三个波段首尾相接，形成一个完整的走势，这个走势可以是单边的，也可以是区间的。第一个波段是肯定走势，第二个波段是否定走势，第三个波段是否定之否定走势，市场的心理状态往往也配合着三段走势转换人，如图 11-20 所示。那么第一个波段是怎么确定的呢？这个就要涉及分形了，一个向上分形和一个向下分形确认一个波段，如果向上分形在前而向下分形在后则被定义为

　　道氏理论最基本的结构是三段的，艾略特最基本的结构也是三段的，N 字趋势理论最基本的结构也是三段的。三段论是宇宙演化的逻辑！

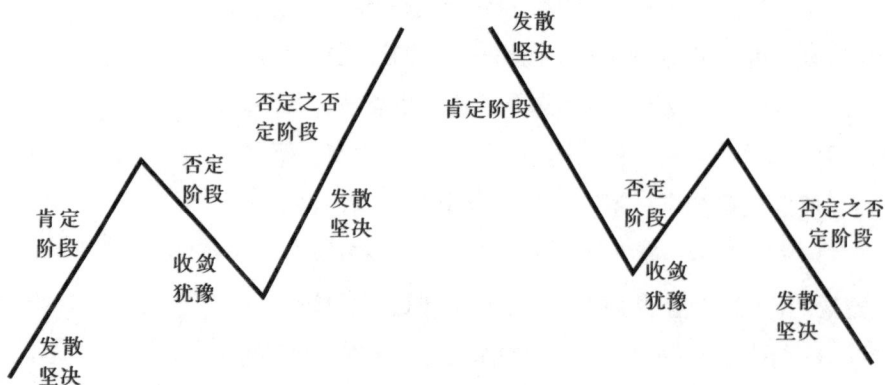

图 11-20　三段论

下降波段，如果向下分形在前而向上分形在后则被定义为上升波段。

2. 分形

分形定义了波段，那么什么是分形呢？关于分形最为简洁和清晰的定义是比尔·威廉姆的定义，这个定义使得他在交易界获得了永久的地位。分形的基本构造需要至少5个价格线，中间这根价格线的最高价高于周围四根价格线时定义为向上分形（见图11-21），当中间这个价格线的最低价低于周围四根价格线时定义为向下分形。通过寻找一个向上分形和一个向下分形，同时向上分形在上，向下分形在下，则你可以确定一个波段的存在。

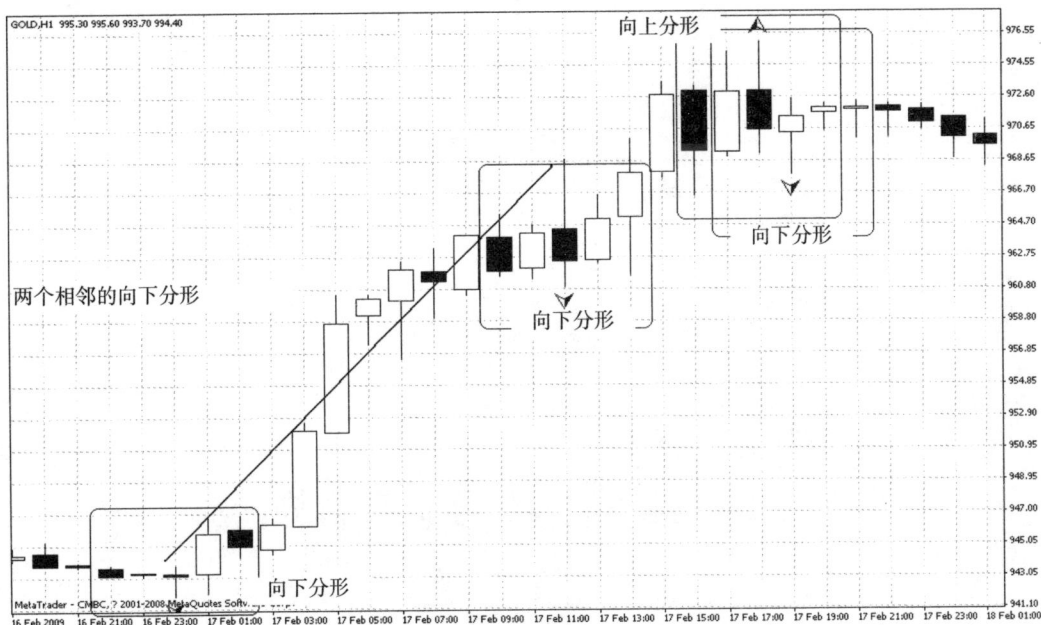

图 11-21　分形

3. 趋势的稀缺性和持续性

趋势是持续的，也就是说会超出一定的幅度，这个持续是有前提的，也就是说导致趋势的因素一直存在或者说发挥作用。趋势的持续性是技术分析三大前提之一，这个持续性也是众多经典交易策略获利的根本原因，无论是杰西·利弗摩尔还是理查德·丹尼斯的策略都是基于这种持续性，一旦持续性消失足够的时间，他们就会遭受重大挫折，例如理查德·丹尼斯交易生涯的晚期，由于趋势跟随交易策略的扩展，**市场变得更加复杂，趋势变得更加稀缺**，本来趋势就比较稀缺，所以趋势跟踪策略的胜算率从

趋势的持续性是技术分析
三大前提之一，这个持续性也
是众多经典交易策略获利的根
本原因，无论是杰西·利弗摩
尔还是理查德.丹尼斯的策略
都是基于这种持续性，一旦持
续性消失足够的时间，他们就
会遭受重大挫折。

一个低位到另一个低位，以至于累计获利都成为难题。趋势
一直都很稀缺，从金融市场建立开始，现在变得越来越稀缺
了，震荡走势成了主导如图 11-22 所示。但是我们仍旧不能
对单边走势掉以轻心，因为一次不设止损的区间交易碰上单
边走势就容易让我们前功尽弃。**如何应对趋势的稀缺性？这
个秘密就是超越技术分析！**

图 11-22　趋势的稀缺性

第三节　推动波与回撤波及趋势识别

推动波和回撤波是市场运动的主要方式，在单边市场中
两种方式交替出现，在震荡市场中一般只有后者出现。艾略
特波浪理论应对单边市场，而加特力波浪理论则是应对震荡
市场。不管是艾略特的波浪理论，还是加特力的波浪理论都
是以斐波那契比率 Φ 为基础的。本小节我们主要谈一下 N 字
法则与斐波那契的关系。

1. N 字法则中的推动波与回撤波

金价的走势是以三段论的形式展开的，如图 11-23 所示。当金价趋势向上时，推动浪也是向上的，**推动浪的特点是能够创出新高或者新低，如果不能则属于调整浪，或者说回撤波**。当金价以 N 字形式发展的时候，推动波和回撤波就包含在里面了，也就是说市场运动的基本形式是三段的。N 字就包括了这三段，自然也就体现了艾略特波浪理论和加特力波浪理论等一切关于市场结构的理论。如果你想要分析市场的结构和趋势，就应该牢牢地把握"三段论"。另外，态和位与此 N 字也有密切关系，下篇会讲到进场策略相应的几种位置，大家可以看看其与 N 字结构的关系。

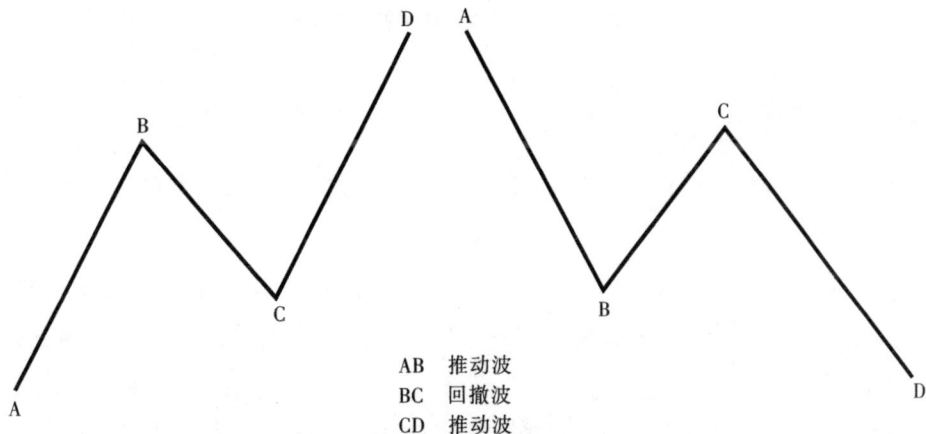

AB	推动波
BC	回撤波
CD	推动波

图 11-23　推动波与回撤波

2. 斐波那契回调线谱与 N 字法则

N 字的第二波一般遵循斐波那契回调比率，如图 11-24 所示，重要的比率是 0.382、0.5 和 0.618 等。而 N 字的第三波一般遵循斐波那契扩展比率。我们之前出版过《解套绝招：斐波那契四度操作法》和《短线法宝：神奇 N 字结构盘口操作法》两本书，这两本书是介绍股票短线操作的，一本讲斐波那契，另一本讲 N 字结构，怎么结合起来使用呢？这里谈到的东西应该对你有一定的指导作用：你可以利用斐波那契比率来精确化你的 N 字操作。

①A—B 的 38%回撤
②A—B 的 50%回撤
③A—B 的 62%回撤

①A—B 的 38%回撤
②A—B 的 50%回撤
③A—B 的 62%回撤

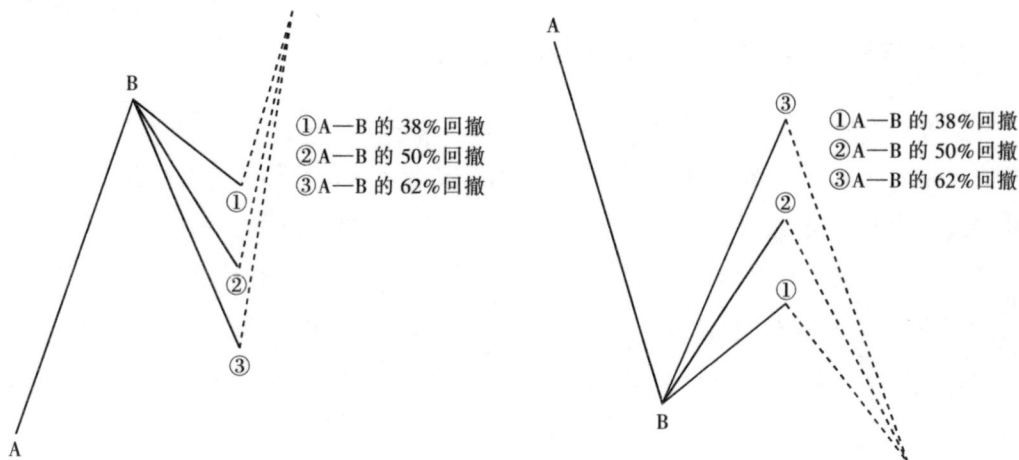

图 11-24　N 字结构与斐波那契回调重要比率

【开放式思考题】

在研读完第十一课的内容之后，可以进一步思考下列问题。虽然这些问题并没有固定的标准答案，但能够启发思考，跳出来看某些观点。

（1）本课提到"出场的操作比进场更复杂，往往需要在进场之前就有明确的安排，这个安排不一定是具体的价位，但一定是具体的条件"。出场的复杂性主要体现在什么地方呢？

提示：出场往往是复合式的，后位出场是必要成分。

（2）本课提到"当你把一个单边走势当作一个震荡走势时，你要么会失去大赚的机会，要么你会犯下难以弥补的错误……"大行情中未能大赚的关键问题是什么？

提示：没有加仓！

【进一步学习和运用指南】

（1）关于趋势的一些有益观点可以进一步阅读比尔·威廉姆（Bill Williams）的《证券交易新空间》（*New Trading Dimensions*）和安德烈亚斯·F. 克列诺（Andreas F.Clenow）的《趋势交易》（*Following The Trend*）。

（2）关于 N 字结构，可以进一步阅读乔·罗斯（Joe Ross）的相关著作和《短线法宝：神奇 N 字结构盘口操作法（第三版）》。

黄金短线交易的24堂精品课 下册

第3版

超越K线战法和斐波那契技术

Beyound Candlesticks
Charts and Fibos

魏强斌　欧阳傲杰

王　浩　————————　著

经济管理出版社
ECONOMY & MANAGEMENT PUBLISHING HOUSE

图书在版编目（CIP）数据

黄金短线交易的24堂精品课：超越K线战法和斐波那契技术/魏强斌，欧阳傲杰，王浩著. —3版.
—北京：经济管理出版社，2021.1
ISBN 978-7-5096-7710-0

Ⅰ. ①黄⋯　Ⅱ. ①魏⋯　②欧⋯　③王⋯　Ⅲ. ①黄金市场—投资—基本知识　Ⅳ. ①F830.94

中国版本图书馆 CIP 数据核字（2021）第 022018 号

策划编辑：勇　生
责任编辑：勇　生　刘　宏
责任印制：赵亚荣
责任校对：陈　颖

出版发行：经济管理出版社
　　　　　（北京市海淀区北蜂窝 8 号中雅大厦 A 座 11 层　100038）
网　　址：www. E-mp. com. cn
电　　话：（010）51915602
印　　刷：唐山昊达印刷有限公司
经　　销：新华书店
开　　本：787mm×1092mm/16
印　　张：20.25
字　　数：372 千字
版　　次：2021 年 8 月第 3 版　2021 年 8 月第 1 次印刷
书　　号：ISBN 978-7-5096-7710-0
定　　价：138.00 元（上、下册）

目　录

上　册

上篇　黄金交易中的 K 线技术

第一课　K 线的哲学 ················· 003

　　金融交易讲求顺应市场趋势，而道家的修身养性讲求顺应宇宙大道。主观遵从客观，这是道家哲学的一个根本，也就是金融交易的一个根本，有多少交易者因为强求市场行情而亏损，固执于一己之见往往是失败黄金交易者的典型症状。K 线源于道家的阴阳哲学，讲求的也是一个逐流顺势，不要主观去设定市场的走势和波段，这与传统波浪理论和江恩理论的使用者存在天壤之别，更与市面上那些预测顶底的玄幻技术大相径庭。

第一节　道家哲学和辩证法 ················· 004

第二节　波动率和敛散性：K 线和布林带 ················· 022

第三节　K 线照亮黄金交易者的道路 ················· 029

第四节　"势、位、态"三要素与 K 线 ················· 041

第二课　基于 K 线图金价趋势的识别 ················· 047

　　西方技术分析按理说应该受到西方分解思维的影响而更加倾向于局部思维，而日本技术分析则应该受到东方整体思维的影响更加倾向于全局思维。但是，真实的情况却恰恰相反，西方技术分析关于趋势分析的方法很多，而东方技术分析关于趋势分析的方法则相对较少。东方人似乎更喜欢在金融交易中寻求"一叶而知秋"的技术，也许这是一种全息思维方法。

第一节　利用西方技术分析识别金价趋势 ················· 048

第二节　利用 K 线技术识别金价趋势 ················· 056

第三课　黄金交易中的见位进场法和反转 K 线 ································ 061

李小龙被尊为"武之圣者"，其截拳道弟子布满全球，他被认为是 20 世纪影响世界的中国人，这样一位被认为"蛮力"领域的超凡之辈其实也是位沉浸哲学的好学之徒。索罗斯被誉为"打败英格兰银行的金融大鳄"，要知道他正是为了完成其哲学家的梦想而跨入金融领域的，并以哲学上的反身性理论处理交易金融实务。诸如此类的人物太多了，所以轻视交易哲学的想法和做法都是不可取的，即使有些小成就也不足以成为缔造传奇的交易大师。每个在实战领域取得非凡成功的交易者都有自己一套可以表达的交易哲学。交易哲学决定了你交易能力的潜在高度，而交易策略则决定了你交易能力的实际高度。潜在高度制约实际高度。

第一节　金价 K 线中的提醒信号、确认信号和交易信号 ·············· 063

第二节　见位进场的基本概念 ························ 065

第三节　重要的反转 K 线（1）：看跌吞没 ·················· 072

　　1. 黄金保证金（现货市场）中的看跌吞没 ·············· 073

　　2. 黄金期货中的看跌吞没 ··················· 076

　　3. 斐波那契见位交易策略中的看跌吞没 ·············· 078

　　4. 通道见位交易策略中的看跌吞没 ················ 082

第四节　重要的反转 K 线（2）：看涨吞没 ·················· 088

　　1. 黄金保证金（现货市场）中的看涨吞没 ·············· 089

　　2. 黄金期货中的看涨吞没 ··················· 091

　　3. 斐波那契见位交易策略中的看涨吞没 ·············· 093

　　4. 通道见位交易策略中的看涨吞没 ················ 095

第五节　重要的反转 K 线（3）：黄昏之星 ·················· 100

　　1. 黄金保证金（现货市场）中的黄昏之星 ·············· 101

　　2. 黄金期货中的黄昏之星 ··················· 103

　　3. 斐波那契见位交易策略中的黄昏之星 ·············· 105

　　4. 通道见位交易策略中的黄昏之星 ················ 108

第六节　重要的反转 K 线（4）：早晨之星 ·················· 113

　　1. 黄金保证金（现货市场）中的早晨之星 ·············· 115

　　2. 黄金期货中的早晨之星 ··················· 116

　　3. 斐波那契见位交易策略中的早晨之星 ·············· 118

　　4. 通道见位交易策略中的早晨之星 ················ 120

第七节　重要的反转 K 线（5）：流星 ·················· 126

1. 黄金保证金（现货市场）中的流星 ⋯⋯⋯⋯⋯⋯⋯⋯⋯⋯⋯ 127

2. 黄金期货中的流星 ⋯⋯⋯⋯⋯⋯⋯⋯⋯⋯⋯⋯⋯⋯⋯⋯⋯⋯ 128

3. 斐波那契见位交易策略中的流星 ⋯⋯⋯⋯⋯⋯⋯⋯⋯⋯⋯⋯ 130

4. 通道见位交易策略中的流星 ⋯⋯⋯⋯⋯⋯⋯⋯⋯⋯⋯⋯⋯⋯ 131

第八节　重要的反转 K 线（6）：锤头 ⋯⋯⋯⋯⋯⋯⋯⋯⋯⋯⋯⋯ 133

1. 黄金保证金（现货市场）中的锤头 ⋯⋯⋯⋯⋯⋯⋯⋯⋯⋯⋯ 133

2. 黄金期货中的锤头 ⋯⋯⋯⋯⋯⋯⋯⋯⋯⋯⋯⋯⋯⋯⋯⋯⋯⋯ 134

3. 斐波那契见位交易策略中的锤头 ⋯⋯⋯⋯⋯⋯⋯⋯⋯⋯⋯⋯ 136

4. 通道见位交易策略中的锤头 ⋯⋯⋯⋯⋯⋯⋯⋯⋯⋯⋯⋯⋯⋯ 138

第九节　重要的反转 K 线（7）：乌云盖顶 ⋯⋯⋯⋯⋯⋯⋯⋯⋯⋯ 139

1. 黄金保证金（现货市场）中的乌云盖顶 ⋯⋯⋯⋯⋯⋯⋯⋯⋯ 140

2. 黄金期货中的乌云盖顶 ⋯⋯⋯⋯⋯⋯⋯⋯⋯⋯⋯⋯⋯⋯⋯⋯ 142

3. 斐波那契见位交易策略中的乌云盖顶 ⋯⋯⋯⋯⋯⋯⋯⋯⋯⋯ 144

4. 通道见位交易策略中的乌云盖顶 ⋯⋯⋯⋯⋯⋯⋯⋯⋯⋯⋯⋯ 146

第十节　重要的反转 K 线（8）：刺透形态 ⋯⋯⋯⋯⋯⋯⋯⋯⋯⋯ 147

1. 黄金保证金（现货市场）中的刺透形态 ⋯⋯⋯⋯⋯⋯⋯⋯⋯ 148

2. 黄金期货中的刺透形态 ⋯⋯⋯⋯⋯⋯⋯⋯⋯⋯⋯⋯⋯⋯⋯⋯ 149

3. 斐波那契见位交易策略中的刺透形态 ⋯⋯⋯⋯⋯⋯⋯⋯⋯⋯ 150

4. 通道见位交易策略中的刺透形态 ⋯⋯⋯⋯⋯⋯⋯⋯⋯⋯⋯⋯ 153

第十一节　只能用作提醒信号的次要反转 K 线：母子形态 ⋯⋯⋯⋯ 154

1. 黄金保证金（现货市场）中的母子形态 ⋯⋯⋯⋯⋯⋯⋯⋯⋯ 156

2. 黄金期货中的母子形态 ⋯⋯⋯⋯⋯⋯⋯⋯⋯⋯⋯⋯⋯⋯⋯⋯ 158

3. 斐波那契见位交易策略中的母子形态 ⋯⋯⋯⋯⋯⋯⋯⋯⋯⋯ 161

4. 通道见位交易策略中的母子形态 ⋯⋯⋯⋯⋯⋯⋯⋯⋯⋯⋯⋯ 164

第四课　黄金交易中的破位进场法和持续 K 线 ⋯⋯⋯⋯⋯⋯⋯⋯⋯⋯ 169

见位进场是近年来兴起的一种进场策略，正统的趋势交易者倾向于采用破位进场，之所以有这种差别最为主要的原因有两点：第一是日内交易的出现使得交易者倾向于采用更为激进的进场方式，因为日内交易比日间交易更适合见位进场，而且日内交易者倾向于抓住更多的机会，日内走势也更为反复和震荡；第二是不少交易者受到广泛流传的趋势跟踪，特别是突破交易法的影响使得假突破越来越多。

第一节　破位进场的基本概念 ⋯⋯⋯⋯⋯⋯⋯⋯⋯⋯⋯⋯⋯⋯⋯⋯ 170

第二节　重要的持续 K 线（1）：大阳线 ································· 178

　　1. 黄金保证金（现货市场）中的大阳线形态 ··················· 179

　　2. 黄金期货中的大阳线形态 ································· 180

　　3. "域内日"破位交易策略中的大阳线形态 ··················· 182

　　4. 鞍马破位交易策略中的大阳线形态 ······················· 184

　　5. 传统 R/S 破位交易策略中的大阳线形态 ··················· 187

第三节　重要的持续 K 线（2）：大阴线 ························· 189

　　1. 黄金保证金（现货市场）中的大阴线形态 ··················· 190

　　2. 黄金期货中的大阴线形态 ································· 192

　　3. "域内日"破位交易策略中的大阴线形态 ··················· 193

　　4. 鞍马破位交易策略中的大阴线形态 ······················· 196

　　5. 传统 R/S 破位交易策略中的大阴线形态 ··················· 198

第四节　重要的持续 K 线（3）：看跌覆盖 ······················· 200

　　1. 黄金保证金（现货市场）中的看跌覆盖 ··················· 201

　　2. 黄金期货中的看跌覆盖 ································· 202

　　3. "域内日"破位交易策略中的看跌覆盖 ····················· 204

　　4. 鞍马破位交易策略中的看跌覆盖 ························· 205

　　5. 传统 R/S 破位交易策略中的看跌覆盖 ····················· 206

第五节　重要的持续 K 线（4）：看涨覆盖 ······················· 208

　　1. 黄金保证金（现货市场）中的看涨覆盖 ··················· 208

　　2. 黄金期货中的看涨覆盖 ································· 210

　　3. "域内日"破位交易策略中的看涨覆盖 ····················· 211

　　4. 鞍马破位交易策略中的看涨覆盖 ························· 212

　　5. 传统 R/S 破位交易策略中的看涨覆盖 ····················· 214

第六节　次要的持续 K 线（5）：缺口 ························· 215

　　1. 黄金保证金（现货市场）中的缺口形态 ··················· 216

　　2. 黄金期货中的缺口形态 ································· 217

　　3. "域内日"破位交易策略中的缺口形态 ····················· 218

　　4. 鞍马破位交易策略中的缺口形态 ························· 219

　　5. 传统的 R/S 破位交易策略中的缺口形态 ··················· 220

第五课　黄金交易中的包括 K 线的多重过滤法 ·············· 223

多重过滤法是技术分析的一个基本原则，利用非等价的技术指标来相互验证是非常好的做法，最简单的多重过滤方法是将一个趋势指标和一个震荡指标结合起来使用，而一个违背多重过滤方法的做法是将一个趋势指标和其他趋势指标，或者一个震荡指标和其他震荡指标用于同一目标。在技术分析中增加不等价或者说不共线性的一个技术分析手段就对分析结果施加了一个额外的约束条件，自然符合整个筛选条件的机会就大幅度下降了。

第一节　黄金交易中的 K 线和趋势线双重过滤 ············· 224

    1. 水平趋势线和 K 线双重过滤 ···················· 224

    2. 斜边趋势线和 K 线双重过滤 ···················· 227

    3. 移动均线和 K 线双重过滤 ······················ 230

    4. 破位陷阱和 K 线双重过滤 ······················ 233

第二节　黄金交易中的震荡指标双重过滤 ··············· 236

    1. 震荡指标的基本用法 ·························· 237

    2. 区间信号和 K 线双重过滤 ······················ 241

    3. 背离信号和 K 线双重过滤 ······················ 243

    4. 交叉信号和 K 线双重过滤 ······················ 245

第三节　利用 K 线来完善黄金交易中的西方技术图形应用 ····· 247

    1. 三角形与 K 线 ····························· 247

    2. 双重顶底与 K 线 ··························· 249

    3. 亚当夏娃顶底与 K 线 ························· 251

第四节　利用 K 线来改进黄金交易中的波浪理论实践 ········· 253

第六课　黄金交易中 K 线形态的可靠性 ··················· 263

K 线在黄金短线交易中的可靠性如何去衡量呢？标准是什么呢？其实，我们首先要了解的是为什么要具备这样一个标准，这样一个标准对于交易的实际意义如何？K 线是否有效，需要一个标准来衡量，因为只有树立了这样的标准才能够对 K 线信号的有效性进行评级，也才能够专注于极少数的优势信号，从而提高自己交易的胜算率和风险报酬率。

第一节　黄金交易中的 K 线形态可靠性衡量标准 ·········· 264

第二节　黄金交易中的 K 线形态可靠性初步评级 ·········· 266

中篇 黄金交易中的斐波那契技术

第七课 自然生长的数学：斐波那契比率 ······················· 271

如果说是阴阳法则在支配的话，那么阴阳法则是按照黄金分割率在衍生万物的，也就是说以 0.618 为主的斐波那契比率是宇宙生长与发展的比率，是宇宙的动态比率。把一条线段分割为两部分，使其中一部分与全长之比等于另一部分与这部分之比。其比值是一个无理数，用分数表示为 $(\sqrt{5}-1)/2$，取其前三位数字的近似值是 0.618。由于按此比例设计的造型十分完美，因此称为黄金分割率，或者是斐波那契比率。

第一节 一个主宰性的比率 ································· 272
    1. 斐波那契数列与交易 ·························· 274
    2. 斐波那契比率和 π ···························· 275
    3. 一个"万能"的顶底法则 ····················· 277
第二节 基本斐波那契比率和基本的斐波那契比率工具 ······· 278
    1. 基本的斐波那契分析比率 ····················· 278
    2. 基本的斐波那契比率分析工具和实例 ··········· 280
    3. 江恩比率与斐波那契比率的异同 ··············· 283

第八课 黄金交易中斐波那契回调比率的运用 ············· 285

斐波那契回调比率是我们最为推荐的斐波那契交易工具，这是一个简单的工具，更为可贵的是不仅简单而且有效。在中国内地交易界，无论你是做什么交易的，都可以用上这套方法，而不仅仅局限于本书的主题——黄金。其实，本书有两大法脉：东方的蜡烛图技术和西方的斐波那契技术，在股票、外汇、期货等交易上都在发挥着巨大的作用。

第一节 主要的斐波那契回调比率运用 ··················· 285
    1. 弱回调比率 0.236 水平的黄金交易实例 ········· 286
    2. 半强回调比率 0.764 水平的黄金交易实例 ······· 287
    3. 半强回调比率 0.382 水平的黄金交易实例 ······· 290
    4. 强回调比率 0.618 水平的黄金交易实例 ········· 293
    5. 强回调比率 0.5 水平的黄金交易实例 ··········· 297
第二节 次要的斐波那契回调比率运用 ··················· 300
    1. 次要回调比率 0.191 水平的黄金交易实例 ······· 300
    2. 次要回调比率 0.809 水平的黄金交易实例 ······· 301

3. 次要回调比率 0.786 水平的黄金交易实例 …………………………… 302

第三节　斐波那契回调比率的相关练习 …………………………………… 302

第九课　黄金交易中斐波那契延伸比率的运用 …………………………… 305

斐波那契回调比率一般作为"见位进场"的工具，而斐波那契延伸比率一般作为"前位出场"的工具。所谓的"见位进场"也就是调整末期进场，本书的下篇会讲到，所谓的"前位出场"、"破位进场"和"定位进场"，采纳的出场方式则是综合性的，必然包含"后位出场"，也可以包括"同位出场"和"前位出场"。

第一节　主要的斐波那契延伸比率运用 …………………………………… 306

1. 弱延伸比率 0.382 水平的黄金交易实例 …………………………… 307

2. 弱延伸比率 0.618 水平的黄金交易实例 …………………………… 307

3. 半强延伸比率 1.236 水平的黄金交易实例 ………………………… 311

4. 半强延伸比率 1.382 水平的黄金交易实例 ………………………… 314

5. 强延伸比率 1.000 水平的黄金交易实例 …………………………… 317

6. 强延伸比率 1.618 水平的黄金交易实例 …………………………… 324

7. 强延伸比率 2.618 水平的黄金交易实例 …………………………… 331

第二节　次要的斐波那契延伸比率运用 …………………………………… 333

1. 次要延伸比率 4.236 水平的黄金交易实例 ………………………… 333

2. 次要延伸比率 2.000 水平的黄金交易实例 ………………………… 335

3. 次要延伸比率 2.382 水平的黄金交易实例 ………………………… 336

第三节　斐波那契延伸比率的相关练习 …………………………………… 336

第十课　其他斐波那契技术的运用 ………………………………………… 339

宁少勿多，"势、位、态"分析的工具每个维度 1~2 件工具足矣，多了也许准确率上去了，但交易效率却大大地降低了，而且系统的适应性也差了，不容易适应市场趋势性质的转变，这是不少优秀的机械交易系统最后不了了之的原因。

第一节　斐波那契弧 ………………………………………………………… 340

1. 弧线 0.382 比率水平的黄金交易实例 ……………………………… 340

2. 弧线 0.5 比率水平的黄金交易实例 ………………………………… 342

3. 弧线 0.618 比率水平的黄金交易实例 ……………………………… 344

第二节　斐波那契时间线 …………………………………………………… 345

1. 斐波那契时间线的基本概念 ………………………………………… 346

2. 螺旋历法与斐波那契时间线 ·················· 347

第十一课　斐波那契技术和趋势识别技术 ·················· 351

在K线技术发展史的经验和教训可以用来指导斐波那契技术和螺旋历法技术的发展，我们一定要走实践推动技术发展的路子，而不是停留在自圆其说和马后炮式的推演中。中国人自己研究出来的一些分析技术，比如金融易学、J形图基本与江恩理论、TPO理论比较接近，作为一种分析技术，一定要符合交易需要，纯粹的分析技术对于交易没有促进作用，除非它能提供明确的进场点和出场点，同时还能符合胜算率、风险报酬率以及周转率等方面的要求。斐波那契技术的发展应该朝着能够提供进场位置和出场位置，能够符合"势、位、态"要求的方向发展。

第一节　N字法则 ·················· 353

  1. 趋势识别的传统方式（1）：直边趋势线 ·················· 353

  2. 趋势识别的传统方式（2）：移动平均线和其他趋势指标 ·········· 356

  3. 趋势识别的传统方式（3）：大时间结构 ·················· 359

  4. 趋势识别的传统方式（4）：X%法则 ·················· 361

  5. 趋势识别的传统方式（5）：K线多空对比 ·················· 361

  6. 趋势识别的传统方式（6）：OX图法 ·················· 363

  7. 趋势识别的传统方式（7）：周规则 ·················· 365

  8. 化繁为简的趋势识别之道：N字法则 ·················· 365

第二节　波段确认与分形 ·················· 368

  1. 否定之否定规律与波段的确认 ·················· 368

  2. 分形 ·················· 369

  3. 趋势的稀缺性和持续性 ·················· 369

第三节　推动波与回撤波及趋势识别 ·················· 370

  1. N字法则中的推动波与回撤波 ·················· 371

  2. 斐波那契回调线谱与N字法则 ·················· 371

下　册

下篇　黄金交易高级技术的综合运用实例

第十二课　K 线和整体技术面 ·········· 375

中医不仅将人看成一个整体，还将人与宇宙看成一个整体，中医的高级理论——五运六气学说就是从大环境来看待疾病的发展。交易也是一个整体，不仅将分析方法看成一个整体，还要将交易中的人涉及的一切看成一个整体。很多人做交易不成功，原因并不是简单的方法问题，但是绝大多数人就认为是简单的方法问题；很多人做交易不成功，原因也不是简单的心态问题，但是绝大多数人就认为是简单的心态问题。

第一节　中医的整体观念与阴阳辨证 ·········· 376

1. 顶底之辨与失败者的迷思 ·········· 376

2. 中医的整体观念与 NLP 的逻辑层次 ·········· 378

3. 黄金交易分析中的 K 线：整体观念与阴阳辨证 ·········· 379

第二节　如何做到顺势而为：截短亏损，让利润奔腾 ·········· 380

1. 舒服的，是错误的 ·········· 380

2. 报酬风险率与胜算率 ·········· 381

3. 归结为一点：出场 ·········· 383

第三节　趋势的识别 ·········· 386

1. 三法宝：N 字法则、N% 法则、N 期法则 ·········· 386

2. 适当借助于大时间框架：三屏系统 ·········· 387

第十三课　K 线和斐波那契技术的综合运用示范 ·········· 391

斯蒂芬·尼森的 K 线技术虽然很系统，但是却未必贴近交易的实际需要，主要是因为他注重局部的 K 线形态信息，而忽视了市场的整体。虽然，他也讲究综合互参，但是仍旧摆脱不了他作为分析师的角色。分析师是交易员的信息挖掘者，可以帮助交易员高效率地收集信息和处理信息，但最终判断还是由交易员担纲。分析师最大的特点是对于具体的进场和出场不太关心，对于具体交易结构的风险报酬特征缺乏职业嗅觉。本课的目的是告诉大家如何从交易员的角度去"分析和交易"，所有的分析最终都服务于交易，所有的分析都必须具有交易的特色。

第一节　最为重要的步骤是出场 ·········· 392

1. 止损与止盈 ·········· 394

2. 跟进止损是最符合市场实际的方法 ·· 395

3. 利用分仓出场综合跟进止损和目标止盈法 ···························· 395

4. 利用蜡烛线确认潜在进场位置和出场位置 ···························· 396

第二节 见位交易技术的入场 ·· 396

1. 见位交易与微幅止损入场 ·· 397

2. 潜在的"位"：斐波那契水平谱系 ······································ 398

3. 确认"见位"的重要技术：反转K线 ·································· 399

4. 见位交易技术示范 ·· 403

第三节 破位交易技术的入场 ·· 406

1. 破位交易与小幅止损入场 ·· 406

2. 潜在的"位"：前期高点和前期低点 ·································· 407

3. 确认"破位"的重要技术：持续K线 ································ 408

4. 破位交易技术示范 ·· 408

第十四课 "势、位、态"思想主导下的系统交易方法 ········· 413

"势、位、态"作为技术分析或者市场行为分析的最精练总结，有助于我们从纷繁复杂的技术分析领域中理出头绪来，有利于我们甄别技术的实际价值，有助于我们构造自己的技术分析体系。无论你此前学习和运用的是什么样的技术分析方法，在掌握了"势、位、态"三要素之后，都能够更好地提升自己的分析水平。

第一节 顺势者昌，逆势者亡 ·· 414

第二节 位：四种位置对应四种交易进场策略 ······························ 415

1. 大众情人：见位交易 ·· 417

2. 传统瑰宝：破位交易 ·· 418

3. 新兴势力：顶位交易 ·· 420

4. 无处可守：间位交易 ·· 421

第三节 K线是确认潜在位置是否有效的有力武器 ························ 423

第四节 以"势、位、态"分析，以"凯利公式"计划，以"机械思维"

交易，以"统计思维"总结 ·· 428

1. 识别交易结构："势、位、态"分析 ·································· 429

2. 设计交易策略："凯利公式"之下的资金管理方略 ················ 431

3. 执行交易计划：对抗人性中的祸根 ···································· 431

4. 完善交易系统：定期升级你的武器 ···································· 432

续篇　超越技术分析

第十五课　黄金驱动分析的框架与步骤 ················· 437

驱动因素为什么重要呢？对于想要同时提高胜算率和风险报酬率的交易者而言，只有搞透彻了驱动因素才能确认适合自己的格局和走势。驱动因素是"因"，行为因素是"果"，行情本身只是"现象"，导致行情发生的原因才是"本质"。相关性只是现象层面的研究对象，而因果性才是本质层面的研究对象。

第一节　黄金驱动分析的框架（1）：驱动层次和三种属性 ·········· 440

第二节　黄金驱动分析的框架（2）：风险—收益矩阵 ·········· 456

第三节　黄金驱动分析的步骤 ···················· 459

第十六课　最关键的指标：风险偏好 ··················· 465

通过风险和收益特征我们可以"定位"一个具体的金融标的在整个资产市场的位置，而市场参与者们对风险的态度变化决定了他们会选择什么样风险特征的产品。我们知道了跨市场资金流动的根本原因在于"趋利避害"，风险情绪高的时候以"趋利"为主，因为对风险容忍度很高，风险情绪低的时候以"避害"为主。资金往哪里走？如果你仅仅是想知道资金在大类资产的配置倾向，基本上知道风险偏好即可。

第一节　恐慌指数 VIX ························· 467

第二节　国债 CDS 和国债利差 ···················· 477

第三节　信用利差和高息差货币对 ·················· 480

第四节　其他风险偏好指标 ······················ 484

第五节　战争带来的风险厌恶 ···················· 488

第十七课　货币属性 ·························· 493

今天的黄金仍旧具有货币属性，这并不全是历史的惯性，更准确地说这是由黄金本身的特性所决定的，不以某一利益团体的意志为转移。虽然目前世界上没有一个国家采用金本位制，但是欧美大国的官方储备还是以黄金为主。黄金作为货币的属性不是单凭人为力量就能抹去的，随着全球纸币的滥发，随着地缘政治的日益动荡，随着经济滞胀的到来，黄金的货币属性将日益显著。

第一节　美元和国债 ·························· 497

第二节　欧元 ····························· 504

第三节　商品货币 ··························· 505

第十八课　投资属性 ··· 509

股票价格上涨如果是贴现公式的分子驱动的话，那么黄金会受到冷落，除非通胀也显著上涨；股票价格上涨如果是贴现公式的分母驱动的话，那么黄金会受到追捧，这个时候所有资产的价格都会向上重估，因为货币相对贬值。

第一节　各类黄金挂钩投资标的 ··· 511

第二节　股市与黄金走势 ··· 517

第十九课　商品属性 ··· 521

商品是没有利息收入的，黄金作为商品也是一样的情况，通货膨胀率是商品的"利息"，而利息是纸币作为存款的收益，因此只有当预期通胀率高于名义利率的时候，商品的收益才能超过纸币。我们知道，一个国家货币的购买能力，是由物价指数决定的。当一国的物价越稳定时，其货币的购买能力就越稳定。相反，通胀率越高，货币的购买力就越弱，这种货币就越缺乏吸引力。如果美国和世界主要地区的物价指数保持平稳，持有现金也不会贬值，又有利息收入，必然成为投资者的首选。

第一节　原油 ·· 525

第二节　CRB ··· 530

第三节　铜 ·· 536

第四节　贵金属 ·· 539

第二十课　黄金心理分析的框架和步骤 ······················· 547

不管怎么样，如果不能首先确定好"题材"，也就是焦点，则我们是很难进行心理分析的。也许我们可以从多空情绪调查、分析师情绪调查、黄金期货持仓等角度看出黄金当下的多空情绪，但是要真正把握市场的动向，要前瞻性地把握市场，则必须明了市场关注的"题材"，而且还要对此前关注的"题材"以及即将关注的"题材"有一定的把握。一般便于我们操作的方法是将每天的主要题材写在对应的日线蜡烛图上，同时将当天的走势在盘后补充上去。

第一节　参与主体 ·· 551

第二节　黄金市场的心理分析框架 ··· 553

第三节　黄金心理分析的原则和步骤 ··· 555

第二十一课　心理分析的工具 ··································· 559

一个好的心理分析工具应该体现出市场的涨跌情绪，而且最好能够给出涨跌情绪涉及的参与群体，但是目前的心理工具一般很难满足上述这些要求，很难具备上述的特征，现在的心理工具一般只是告诉黄金交易者们的看涨和看跌倾向，所以我们还需要利用这些心

理工具进一步挖掘，只有回答了有关"题材"（焦点）的问题才能达到心理分析的真正目的。

第一节　黄金 ETF ……………………………………………………… 560

第二节　CFTC 持仓报告 ……………………………………………… 562

第三节　央行黄金储备动向 …………………………………………… 571

第二十二课　致人而不致于人：分析师和交易者的主要盲点 ……… 575

当你进行零和博弈的时候，要以利用对手的非理性为主，同时要觉察自己的非理性。觉察带来超越，觉察带来解放，觉察可以避免我们踏入自我设定的陷阱。先立于不败之地，而后求胜，如果从本课的视角出发这里面包含两层意思：第一层意思是避免因为自己的非理性出现重大判断失误，这就是"立于不败之地"，只有你的心态是平静和平衡的，你才不会有偏见和执着，这样你的判断和行为才是理性而明智的；第二层意思是抓住对手盘因为不理性的判断和行为而带来的机会。

第一节　没有反思就没有进步：导致我亏损的习惯 …………………… 576

第二节　分析师和交易者的主要盲点 ………………………………… 586

第三节　桥水掌门人自述的最大秘诀 ………………………………… 597

第四节　源自中国古典医学的 EFT …………………………………… 602

第二十三课　黄金走势的季节性规律和日内规律 …………………… 613

由于印度是黄金消费的大国，所以印度的节日通常会影响金价的短期走势，由于西方和印度的节日集中于第一季度和第四季度，所以黄金在年末和年初容易走强，而阶段性底部往往出现于年中，特别是 6 月和 7 月，这对于把握买卖黄金的时机而言是非常有价值的知识。

第一节　黄金走势的季节性规律 ……………………………………… 614

第二节　黄金走势的日内规律 ………………………………………… 617

第二十四课　黄金短线交易的完整流程 …………………………… 621

高手和老师的作用在于启迪你，给予你一个观察的重点，让你明白应该往什么方向去走。如果完全靠自己去总结，那么弯路是必然的；如果完全照搬书本，那么弯路就会很多；如果完全不看书，也不总结，自己在那里毫无章法凭着感觉操作，那就永远回不到正路上了。

第一节　分析与交易的流程 …………………………………………… 624

第二节　仓位管理 ……………………………………………………… 627

第三节　复盘 …………………………………………………………… 630

附　录 ·· 637

第一节　黄金保证金的基本概念 ······································· 637

第二节　上海期货交易所黄金期货标准合约及规则 ·········· 638

第三节　MT4 软件使用指南 ·· 639

第四节　文华财经交易软件使用指南 ······························· 660

第五节　1792~2013 年黄金价格走势和大事件标注图 ········ 669

第六节　原油与黄金 ·· 670

第七节　黄金分析常用网址 ··· 674

下 篇
黄金交易高级技术的综合运用实例

> 我们花大量的时间来击败市场，却花太少的时间来克服我们自己的弱点。
>
> ——马丁·普林格

K 线和整体技术面

本书讲了两个关键的分析技术，第一个是东方技术分析精髓，也就是 K 线技术；第二个是西方技术分析精髓，也就是斐波那契技术。两者可以说是整个技术分析的精髓所在。从本课开始，我们就要介绍如何将这两个技术结合起来使用了，在真正地综合使用展开前，我们必须澄清一个误区，也就是 K 线的局限性。在我们的实践中有这样一种倾向，企图通过一根 K 线或者是一个 K 线组合对整个市场趋势有深刻的掌握，好听一点说就是能够"一叶知秋"，这种想法在 K 线运用上非常普遍，几乎每个散户都有这种想法，他们奢望能够按照书上讲的 K 线形态和组合就能厘清当下市场的涨跌倾向，这是错误的，因为 K 线形态和组合都是反映局部信息，K 线不能代表整体。在本课中，我们会重提一些技术分析界的老话题，比如抄底和逃顶问题。

从 K 线讲到技术面的整体，就要谈到趋势问题，因为整体而言趋势是技术分析的第一个要素，在"势、位、态"三要素分析中排第一位。什么是趋势？这个问题不重要，要顺应趋势，这个问题也不重要。重要的是"如何"顺应趋势，如何顺势而为。这将是本课第二节要深入的问题。

如何顺应趋势谈完以后，我们会在第十一课的基础上介绍趋势的识别问题。三者分别从不同的维度衡量趋势的存在。整体而言，N 法则可以概括"势"的特性；R/S 可以概括

趋势识别存在三个法宝，也就是 N 法则，包括 N 字法则、N% 法则和 N 期法则。

"位"的特性；敛散可以概括"态"的特性。至于分析基础上的进场和出场，则涉及帝娜进场三式和帝娜出场三式，进场和出场的介绍可以在本书最后两课找到，同时可以参考《外汇短线交易的 24 堂精品课：面向高级交易者》一书。**趋势识别除了利用 N 法则外，还应该利用"跨时间分析"和"跨市场分析"，这种跨市场分析是基于纯粹的行为面。本课的学习要点是三 N 法则和两跨分析。**下面，我们就进入本课的精彩内容吧！

第一节　中医的整体观念与阴阳辨证

中医讲究整体辨证，这个辨证并非"辩证"，不少黄金交易者之所以失败，最关键的原因在于不善于从整体看问题，喜欢凭借某一个诀窍就把分析完成了，甚至完成交易本身。K 线的最大误用就是失去整体观念。

1. 顶底之辨与失败者的迷思

很多人喜欢找市场的绝对顶点和绝对底部，这是人类天性的体现，属于对金融市场估计不足，对人类的能力和自己的能力估计过高。如果你是一个能够严格止损，同时能够很好地管理仓位的大行情交易者，则进行抓顶兜底交易并不为过，保罗·琼斯就是这样的高手。但是，**剔除非技术分析方法，一般人抓到顶部和底部的概率较小，所以抓顶兜底的胜算率极低，**如果没抓着逆着趋势去做了，风险报酬率也就不合理，你往往冒着极大的风险在追求极小的利润，说白了就是调整中做空，反弹中做多，你以为自己聪明，其实是小聪明，因为你忽视了整个走势，忽视了风险最小利润最大的交易方向，这叫"一叶障目，不知泰山"。

下面我们就具体分析一下抓顶兜底交易中的胜算率和风险报酬率不合理问题。第一种情况请看图 12-1。金价处于上涨趋势，如果你在上涨走势中做多，除了顶部 A 点会直接导致亏损外，其他位置都有很高的胜算率，也就是除顶点外，在其他价位主要控制好出场，则胜算率很高。这表明如果你在上涨走势中抓顶，胜算率极其低，因为绝对的顶部只有一个，如果你抓的是调整，那么你将冒着极大的上涨风险追求极小的盈利空间，也就是风险报酬率不合理。所以，面对一段上涨走势，你去抓顶就意味着很低的胜算率和很差的风险报酬率，代入凯利公式，得出的结果就是不持仓。

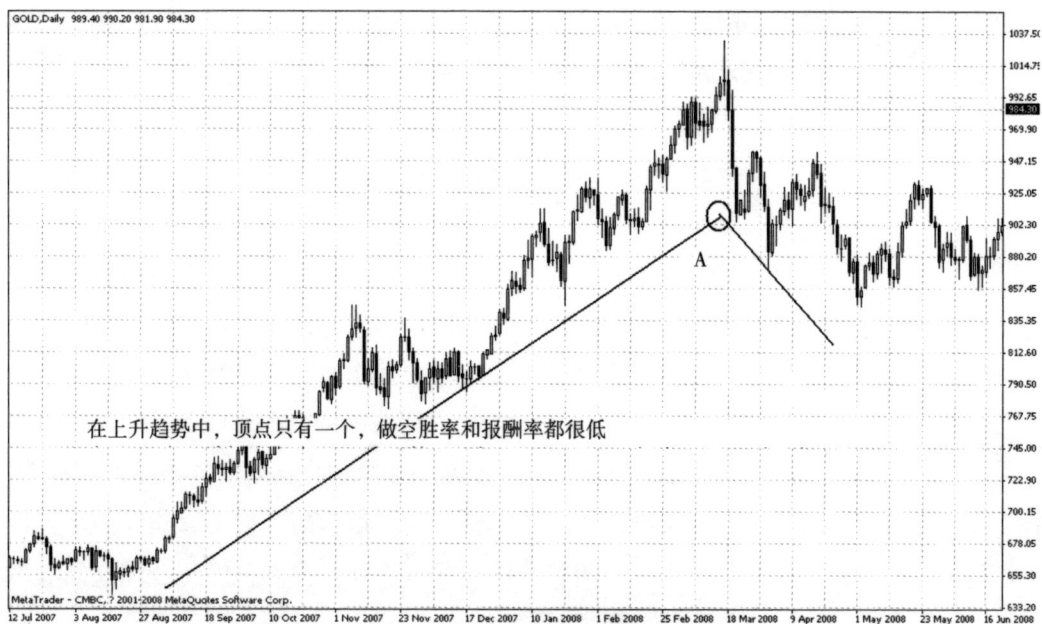

图 12-1　上升趋势中的做空

第二种情况请看图 12-2。金价处于下跌趋势中，如果你在下跌走势中做空，除了底部会直接导致亏损外，其他位置都有很高的胜算率，也就是除底点外，在其他价位主要控制好出场，则胜算率很高。这表明如果你在下跌走势中兜底，胜算率极其低，

图 12-2　下降趋势中的做多

因为绝对的底部只有一个，如果你抓的是反弹，那么你将冒着极大的下跌风险追求极小的盈利空间，也就是风险报酬率不合理。所以，面对一段下跌走势，你去兜底就意味着很低的胜算率和很差的风险报酬率，代入凯利公式中，得出的结果就是不持仓。

如果你不看胜算率和风险报酬率，往往对抓顶和兜底抱有过高的希望，一看胜算率和风险报酬率你才知道如此做往往都显得不明智。真正的兜底抓顶交易者都是在趋势发起的初段，也就是符合 N 字法则的第一段走势出手，即使这时仍旧需要轻仓。也有极少数利用见位交易手法进行操作的高手，看到关键位置附近的价格发出信号的时候，以极轻的试探性仓位介入，随着行情朝着自己方向发展再加到合理仓位。如果你单单利用 K 线在日内交易中寻找抓顶兜底的机会，面对的胜算率和风险报酬率也极其差，即使抓对了，也往往抓到了修正行情，赚少赔多，赚的次数少，额度也少。除非你在日线上利用 K 线，情况要好一些。

2. 中医的整体观念与 NLP 的逻辑层次

中医不仅将人看成一个整体，还将人与宇宙看成一个整体，中医的高级理论——五运六气学说就是**从大环境来看待疾病的发展。交易也是一个整体，不是将分析方法看成一个整体，而是要将交易中的人涉及的一切看成一个整体**。很多人做交易不成功，原因并不是简单的方法问题，但是绝大多数人就认为是简单的方法问题；很多人做交易不成功，原因也不是简单的心态问题，但是绝大多数人就认为是简单的心态问题。为什么我们找不到正确的交易方法，为什么我们不能执行正确的交易策略，为什么我们总是与市场走势相反，这些都是由于你内心深处的信念造成的，某些信念甚至是人类天性具有的。追求高胜算率这种天性是很多交易者失败的根源，重视行情分析忽视进出场点也是很多交易者失败的根源，重视进场忽视出场更是很多交易者失败的根源。试问，

交易是一个整体！

当下的交易类书籍有几本不是在谈行情分析，但是又有几本在谈进场，特别是出场呢？在一个错误的方向上越走越远，又有几个人知道呢？又有几个人提醒你呢？

交易是一个整体，这里面很多东西制约着你，用西方现代新兴心理学——神经语言程式学（NLP）的逻辑层次图来剖析这个问题非常适合，请看图12-3。金融交易是否成功取决于行为和环境（市场）是否发生盈利的组合，由于市场是不能主动改变的（你不是庄家），所以只能依靠改变自己的行为，而要改变自己的交易行为，就要培养起交易的能力，而交易的能力与交易者的信念密切相关。一个追求高胜算率不注重合理风险报酬率的交易者怎么能够接受一个趋势跟踪的交易策略呢？一个追求快速翻倍的交易者怎么会对价值投资策略感兴趣呢？最终决定一个人交易绩效的除市场外，就是交易者自己的信念，由于市场不被我们所控制，所以只能通过调整自己的信念来顺应市场。

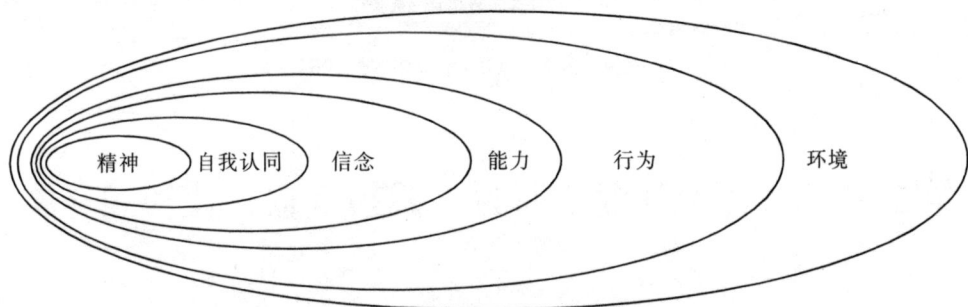

图12-3 神经语言程式学的逻辑层次

3. 黄金交易分析中的 K 线：整体观念与阴阳辨证

市场的任何一个层面都可以剖析为阴阳二元，交易者的任何一个层面也可以剖析为阴阳二元，在本书的前面部分大家看到了这样的思路。既然宇宙能够通过阴阳很好地理解和把握，为什么市场和交易不能呢？

在黄金短线交易中，整体观念容易被漠视，这是许多短线交易者的通病，K线形态和震荡指标容易让交易者陷入局部走势，从而被催眠，形成错误的决策，导致输给市场。要从整体上看待K线的阴阳含义，从整体上看待K线，看看更大结构的K线，看看相关金融产品价格的K线，看看黄金当下走势对应水平的历史K线，你会明白更多。这样你就超越了简单的当下的K线组合，超越了局限性的阻碍。总之，你要将局部的阴阳和走势中的阴阳，提升到整个交易中去，如图12-4所示，利用阴阳思想剖析有关交易的一切！

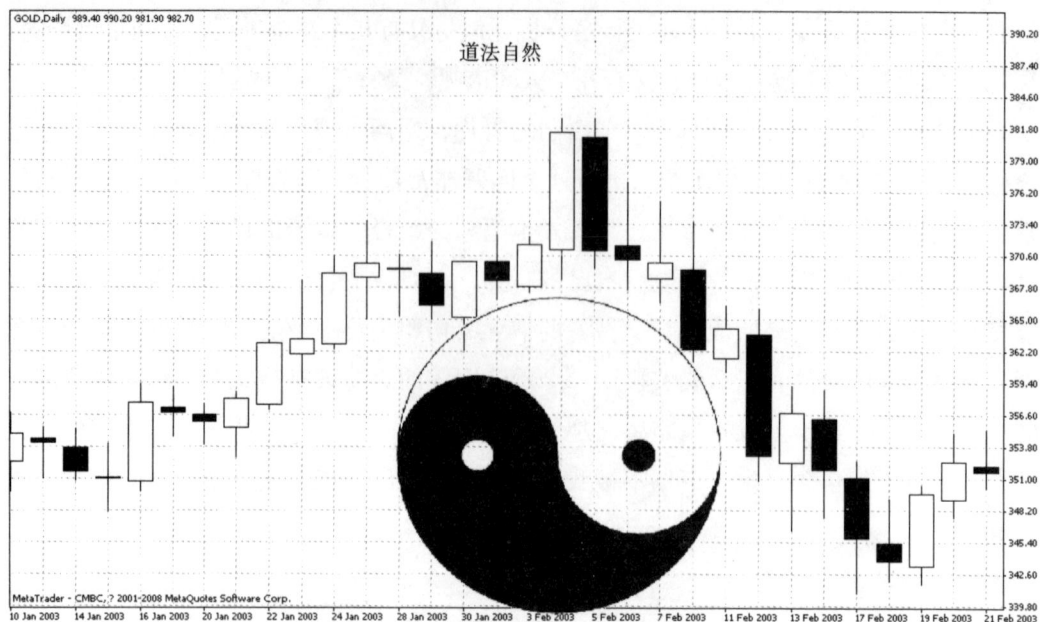

图 12-4　局部的阴阳和走势中的阴阳

第二节　如何做到顺势而为：截短亏损，让利润奔腾

"交易的秘诀是顺势而为"，这是任何一个菜鸟都说得出来的"空话"。关于市场交易的真相是"'如何'比'应该'更重要"。为什么要做到顺势而为？如何做到顺势而为？我们之所以追求顺势而为，是因为顺势而为可以显著提高我们的胜算率，提升我们的盈亏比（风险报酬率）；如何做到顺势而为呢？这个话题涉及"势、位、态"三个分析要素，以及进场和出场。**提高你的胜算率和风险报酬率，比顺势而为更值得大家记住！** 因为这是一个具有具体指导意义的说法，顺势而为不能算错误的说法，但是它提供不了具体的指导，也无法告诉你怎么去做。**通过恰当的"势、位、态"分析，找到恰当的机会，利用合理的进出场（仓位管理）完成预期的合理胜算率和风险报酬率。** 在本节，我们就来谈如何做到顺势而为：截短亏损，让利润奔腾（换种说法就是：提高风险报酬率，约等于平均盈利除以平均亏损)！

1. 舒服的，是错误的

在接触交易十几年后，你还是会发现，舒服的交易往往都是错误的交易！当进场

不久的头寸变得有浮动盈利的时候，我们此时往往迫不及待地落袋为安，这使得盈利的头寸通常不能够充分地发展，特别是当有限的几次单边大行情出现时，长期这样操作使得平均盈利下降了；进场后头寸开始出现浮动亏损，我们开始有些慌张了，不过很快又抱着坚定的信心，价格返回来的希望很大，并且浮动亏损越大，我们越是这样认为，长期这样操作使得平均亏损提高了。平均盈利下降，平均亏损提高，除非你能做到100%的胜算率，否则长期下来都是亏损的。

要长期做到100%的胜算率是不可能的，如果做到了你也不存在平均亏损了，只要你不是100%把握能赢，总存在**机会让你前功尽弃，这就是金融市场永远迷幻之处。因为一笔交易而声名狼藉的交易者很多，而且很多都是大牌交易者。**

"截短利润，让亏损奔腾"的做法让我们觉得很舒服，但是这样的舒服是有很高代价的。因为违背了顺势而为的要求："截短亏损，让利润奔腾"。在金融交易中，要做正确的事情很难，因为正确的事情往往是不舒服的事情。再举一个实例，从众，跟大众在一起让我们觉得非常安全，所以我们也就不会去洞察，也不能洞察到大众的盲点和特点。舒服的做法是跟随大众，但这往往是错误的做法。我们的感觉是我们交易成功的反向指标，这点大家可以记住！

在金融市场中，大众盲点意味着利润和亏损，谁的利润？当然是特立独行者的利润！谁的亏损？当然是大众的亏损。

2. 报酬风险率与胜算率

人的天性是追求胜算率，所谓胜算率就是盈利交易笔数占总交易笔数的比例，追求每单获利是每个初次从事交易的人的通性。无论是基本面还是技术面都无法准确预测行情的波段走势，所以要得到一个较高的胜算率就要通过"快速兑现浮动利润，让浮动亏损自动抹平"的手段达到，也就是"截短亏损，让利润奔腾"的做法。在实际操作中，这种策略会满足交易者的成就感，但是要不了多久就往往会因为几笔甚至一笔交易功亏一篑，不仅到手的利润会亏出去，连本金往往也保不住。这类交易者往往会在这笔亏损的单子上不停

逆势加仓，所以账户很快就被赔光。

但是这类交易者往往并不认为自己这种交易策略有问题，因为他们的胜算率高蒙蔽了他们，他们认为自己是运气不好。其实正是这种策略本身带来了"坏运气"。市面上不少交易类的书籍都是不做交易的人写的，即使是做过交易，也**肯定**不是成功的交易者。我们所见的长年成功的交易者（价值投资和套利交易除外）都具有较低的胜算率，一般在 30%~50%，这里面有辽宁籍的外汇保证金短线交易者，有湖南籍的权证和期货短线交易者，有身在美国的黄金保证金和黄金期货短线交易者。如果你看见一个胜率超过 80%，而且能够持续 5 年累计盈利（有连续可靠交易账单）的交易者，那么你一定要告知我们。

"截短亏损，放足盈利"会保证交易者的潜在报酬相对于潜在风险更高，也就是一个较高的报酬率。我们所见的成功短线交易者的报酬率都大于 1，也就是潜在风险与潜在利润之比小于 1，从技术图表上来讲就是进场点到初始止损点的距离小于利润空间。我们所见的成功短线交易者（我们的成功定义为账户价值是累计增长的，而不是赚钱的单子有多少）的胜算率基本很难跨过 50% 的门槛，短期内可能超越 50%，但是中长期会拉平到 50% 以下。要大幅度提高胜算率，就要"截短利润，让亏损奔腾"，而要显著提高报酬率，就要"截短亏损，让利润奔腾"。报酬率和胜算率在一定空间内呈明显的反比关系，从我们经验来讲这个空间的胜算率在 0.4~1。

我们将报酬率和胜算率的关系用图 12-5 表示出来，这幅图的内容经过一些初步的统计检验和长时间的经验论证，美**国系统交易专家佩里·考夫曼在这方面有一些定量的研究。图 12-5 表达我们的经验和观点，是我们独创的**，也表达了我们对读者的一种热望。从中可以看到报酬率，也就是潜在利润除以潜在风险的值，这个值的范围从 0 到无穷大，而胜算率也就是盈利交易笔数占总交易笔数的比例，这个值的范围从 0 到 1。成功短线交易者报酬率大于等于 1，胜算率在 0.3~0.5，

如何超越反比曲线？请看超越篇的详细分解。

失败短线交易者报酬率小于等于 1, 胜算率大于 0.5 的区域。

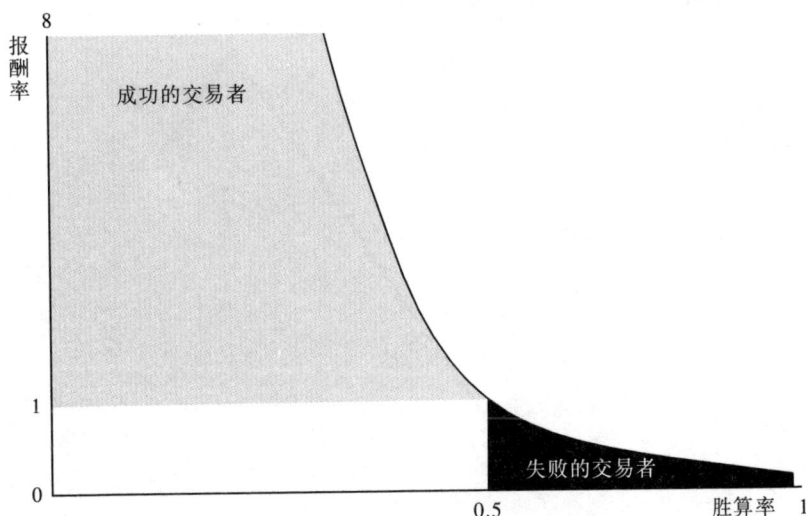

图 12-5 胜算率和报酬率的反比关系

3. 归结为一点: 出场

如何顺势而为? 截短亏损, 让利润奔腾。无论是截短亏损, 还是让利润奔腾都涉及出场, 所以关于如何做到顺势而为, 最关键的是"搞好你交易的出场!"在《黄金高胜算交易》一书中我们介绍了帝娜交易学习法则, 具体如下:

帝娜交易学习法则一 交易位置的学习曲线是边际收益递增的, 而交易方向的学习曲线是边际收益递减的。

帝娜交易学习法则二 出场位置比进场位置更为重要, 在不具备出场能力或者不清楚出场条件前, 不要入场交易。

第一个法则我们这里就不解释了, 大家应注意第二个法则。这个法则要求交易者先重视出场, 再重视进场, 甚至我们要求交易员先练习出场, 再练习进场。出场是决定你是否符合交易盈利原则, 是否符合"顺势而为"客观要求的关键。

出场为什么重要? 理论上的意义讲了, 因为它决定风险报酬率, 决定是否提高平均盈利, 降低平均亏损。下面, 我们结合交易的场景来讲讲, 讲通了, 你就不糊涂了, 不糊涂了就能从市场生态金字塔上下来。交易者都无法事先 100% 确定市场的真实趋势, 甚至要做到长期保持 70% 以上都很难, 所以我们分四种情况讨论, 第一种情况是市场趋势向上, 我们也做多了; 第二种情况是市场趋势向上, 我们却做空了; 第三种情况是市场趋势向下, 我们也做空了; 第四种情况是市场趋势向下, 我们却做多了。

下面，依次分析上述四种情况。

第一种情况是市场趋势向上，我们也做多了，如图 12-6 所示。

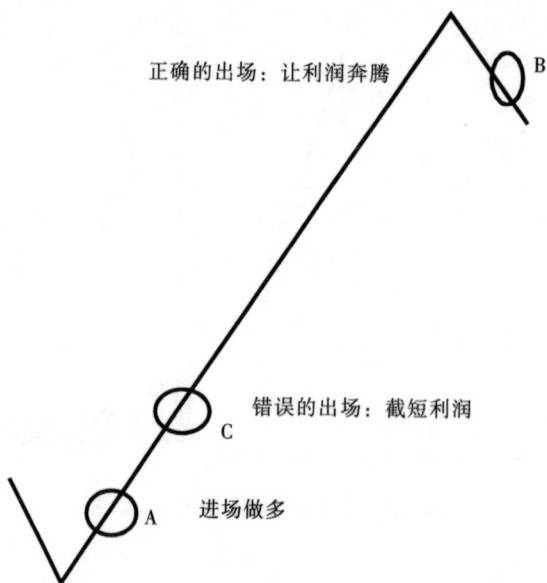

正确的出场：让利润奔腾

B

错误的出场：截短利润

C

A   进场做多

图 12-6　上升趋势做多交易中的正确出场

第二种情况是市场趋势向上，我们却做空了，如图 12-7 所示。

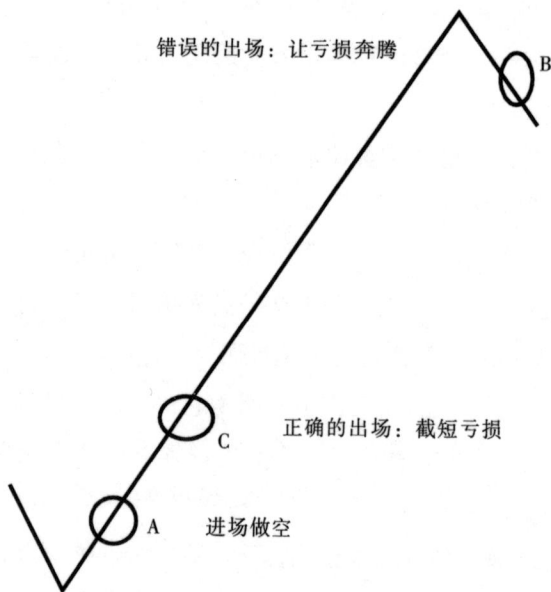

错误的出场：让亏损奔腾

B

C

正确的出场：截短亏损

A   进场做空

图 12-7　上升趋势做空交易中的正确出场

第三种情况是市场趋势向下，我们也做空了，如图 12-8 所示。

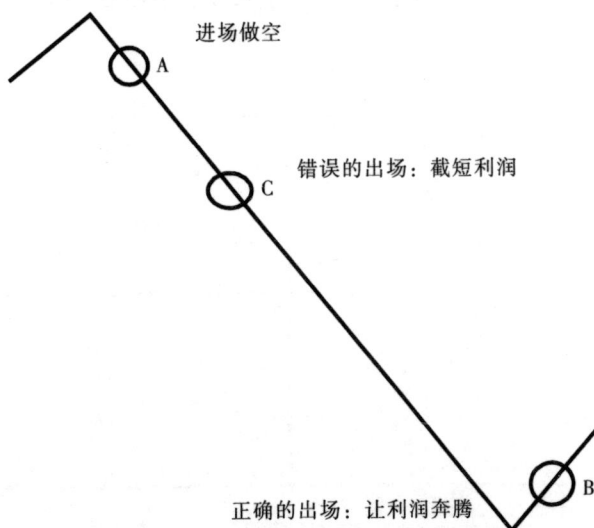

进场做空

A

错误的出场：截短利润

C

正确的出场：让利润奔腾

B

图 12-8　下降趋势做空交易中的正确出场

第四种情况是市场趋势向下，我们却做多了，如图 12-9 所示。

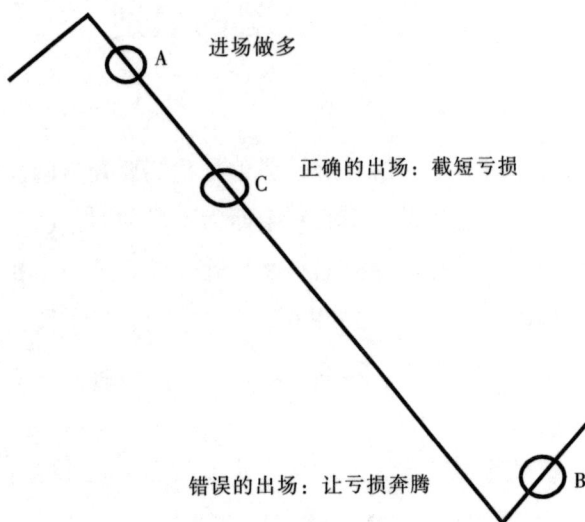

进场做多

A

正确的出场：截短亏损

C

错误的出场：让亏损奔腾

B

图 12-9　下降趋势做多交易中的正确出场

看了上述四种情况之后，大家应该能够直观地了解正确出场可以"截短亏损，让利润奔腾"，错误的出场则会"截短利润，让亏损奔腾"。所以，正确的出场是顺势而为的关键，顺势而为要求顺势的时候放足盈利，逆势的时候及时改正，所以除了顺势而为，还要逆势而不为。

出场重要，进场也重要，哪个更重要呢？从上面顺势而为的分析可以看出前者恐怕更重要一些。关于进场和出场谁重要，大家看图 12-10 应该有更加清晰的认识（这个矩阵不计入交易成本）。

图 12-10　进场位置和出场位置交易绩效矩阵

第三节　趋势的识别

如何顺势是我们要知道的，如何分辨趋势也是我们要知道的。**如何顺势在我们的把握范围之内，而如何分辨趋势是我们心有余而力不足的对象**。不过，尽管如此我们仍需要对趋势进行识别，这是行情分析的必要步骤，没有这一步我们就无法为头寸确定方向，交易也就无从谈起。不过，如果采用纯技术的分析手段来分析日内趋势，基本上与丢硬币的概率差不多。当然，如果学会利用诸如跨时间分析和跨空间分析等手段来增强趋势识别能力，也是大有可为的。

本节我们将介绍趋势甄别的三法宝和两个重要视角，三个法宝是 N 法则的展开，两个视角是跨维度分析的展开。

1. 三法宝：N 字法则、N% 法则、N 期法则

我们在第十一课介绍了趋势识别的一系列方法，最终推崇 N 法则，因为这个法则最简单，效率也与其他趋势识别方法差不多，甚至比其他方法能够更快地抓住趋势的开始一段。但是，光靠 N 字法则还不够，于是我们汲取一些客观、简洁和高效的方法

形成 N 法则。N 法则包括三个部分：第一是 N%法则，也就是行情从低点上涨超过 N%
就确认趋势上行（反之亦然），这个根据品种来定，黄金趋势应该以 10%为准，如果是
日内交易则要小得多；第二是 N 字法则，也就是价格呈现三段式发展，并且第三波创
出新高或者新低；第三是 N 期法则，也就是价格突破 N 期的高点或者跌破价格 N 期的
低点。三个趋势确认法宝的关系如图 12-11 所示，这三个法则最好结合起来用，用于
甄别趋势的形成，在具体选择参数的时候要考虑市场特点。

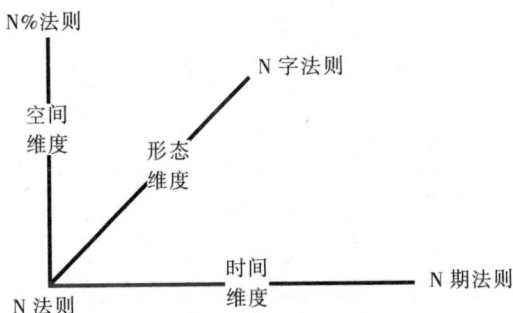

图 12-11　N 法则的三个维度

怎么结合起来用呢？设定 N%为 10%，设定 N 期为 13 日，则当价格形成向上 N
字，同时从底部上涨 10%，价格突破 13 日以来最高价时确定上涨趋势确立，接下来就
是考虑寻找进场位置和时机了。

2. 适当借助于大时间框架：三屏系统

仅靠 N 法则还不够，我们最好能够利用三屏系统（见图 12-12 和图 12-13），分析
更大一级时间框架的走势，这个时候你可以变换参数利用 N 法则对较大一层时间结构
进行分析。交易界常用的三屏系统就是跨时间分析的典范。通常而言，你需要为你分
析的品种（这里是黄金）准备三个时间结构，第一个是你交易的结构，第二个是你分
析的结构（要高一些），第三个是你把握整体大势的结构（最高）。当然，也有分析和
交易时一个结构，利用一个低结构把握具体进场点，利用一个高结构把握大势，这个
要看个人习惯，一般而言至少要求一个时间结构比交易结构高，从而获得对趋势的更
好洞见。

除了跨时间分析可以提高你对趋势的洞见之外，作为纯技术分析者，你还可以看
看与黄金相关度高的市场走势，比如原油期货、美元指数、CRB 指数等走势，这种跨
市场分析，或者说跨空间分析对于提高你对趋势的把握也非常有用。总而言之，如果
你善于利用 N 法则和跨越分析，则你的趋势分析将非常棒。

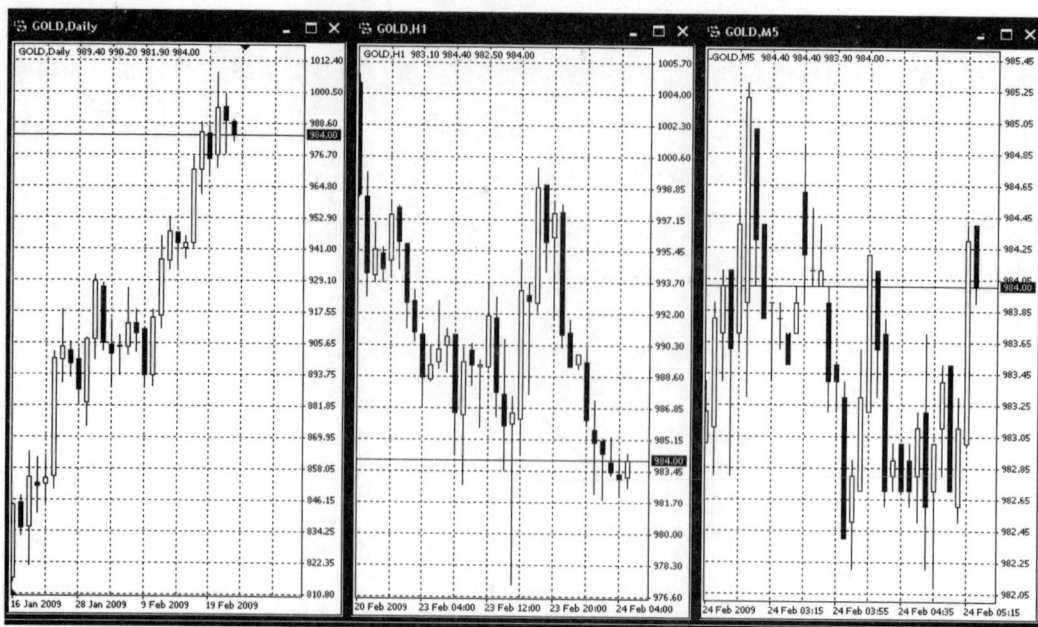

图 12-12　三屏系统（1）——跨时间分析

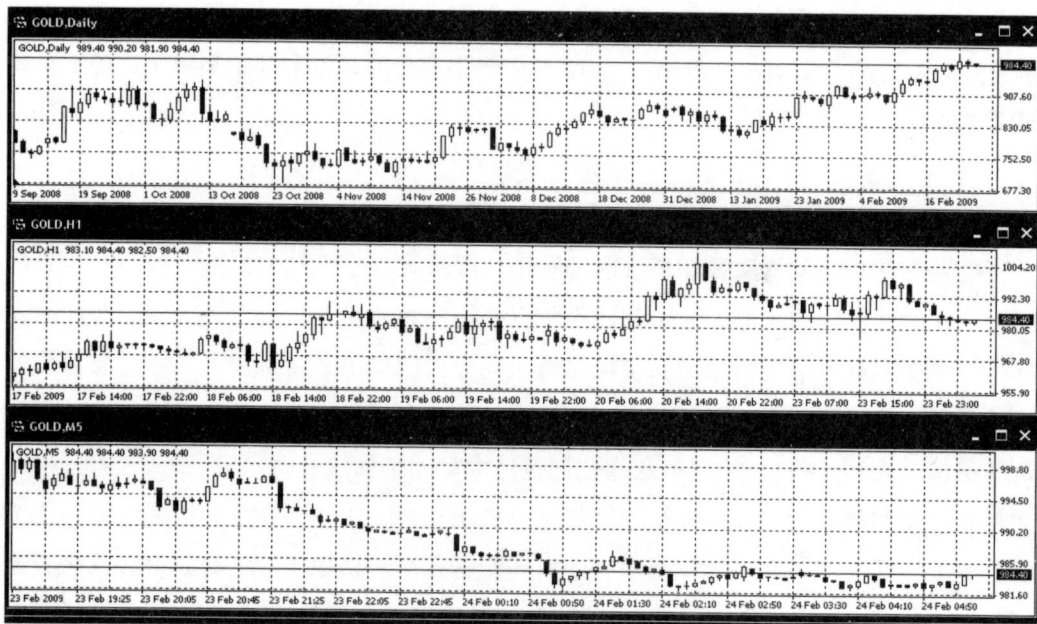

图 12-13　三屏系统（2）——跨时间分析

【开放式思考题】

在研读完第十二课的内容之后，可以进一步思考下列问题。虽然这些问题并没有固定的标准答案，但能够启发思考，跳出来看某些观点。

（1）本课提到"趋势识别除了利用 N 法则之外，还应该利用跨时间分析和跨市场分析……"在这两种分析中，谁更为重要呢？

提示：跨时间分析！

（2）本课提到"剔除非技术分析方法，一般人抓到顶部和底部的概率较小，所以抓顶兜底的胜算率极低"。试着从情绪周期的角度解释一下。

提示：顶部附近市场是最乐观的，底部附近市场是最悲观的，趋势终端大家存在显著分歧。你认为大多数抓反转的人是在上述什么情况下进场的呢？在市场分歧的时候，他们往往才敢操作，但这个时候胜算率和回报率却是最差的。

【进一步学习和运用指南】

（1）建议阅读一下市场心理学方面的专业和通俗读物，比如居斯塔夫·勒庞（Gustave Le Bon）的《乌合之众——群体心理学》（*Psychologie Des Foules*）和查尔斯·麦凯（Charles Mackay）的《疯狂之众》（*Extraordinary Popular Delusions and the Madness of Crowds*），以及约翰·R. 诺夫辛格（John R.Nofsinger）的《投资心理学》（*The Psychology of Investing*）。

（2）关于跨市场分析和交易，建议进一步阅读约翰·J. 墨菲（John J. Murphy）的相关著作。

第十三课

K 线和斐波那契技术的综合运用示范

本书主要是将斐波那契技术和 K 线技术运用于黄金交易，在《黄金高胜算交易》一书中，我们对 K 线进行了提炼，并根据"势、位、态"原理设计了两个黄金短线交易系统，这两个系统的最初模型被欧阳傲杰所使用。在本书中，我们提供构建一个完整黄金系统所需要的最好素材，并告诉你一个优秀的交易系统需要具备的条件和要素。按照我们指引的道路，你必定发展出适合自己的交易策略，最后你将晋升为资深交易者。

我们提供的素材主要是 K 线技术和斐波那契技术，简称 K 技术和 F 技术，最终你需要学会将它们组合起来使用，这样才能避免 K 线技术的局限性和 F 技术的任意性。斯蒂芬·尼森的 K 线技术虽然很系统，但是却未必贴近交易的实际需要，主要是因为他注重局部的 K 线形态信息，而忽视了市场的整体。虽然，他也讲究综合互参，但是仍旧摆脱不了**他作为分析师的角色。分析师是交易员的信息挖掘者，可以帮助交易员高效率地收集信息和处理信息，**但最终判断还是由交易员担纲。分析师最大的特点是对于具体的进场和出场不太关心，对于具体交易结构的风险报酬特征缺乏职业嗅觉。本课的目的是告诉大家如何从交易员的角度去"分析和交易"，所有的分析最终都服务于交易，所有的分析都必须具有交易的特色。

说来说去，分析师和交易员究竟在什么地方存在差别呢？

分析师着重的是行情，而交易员着重的是仓位，与行情相关的涨跌，与仓位相关的进出，也就是进场和出场。

注意这里的交易员可不是仅仅负责执行上级指令的事务性人员，而是真正拍板控制仓位的人。**分析师注重的是行情，而交易员注重的是仓位，与行情相关的涨跌，与仓位相关的进出，也就是进场和出场。**本课从交易员的角度出发来综合运用 K 线技术和斐波那契技术，也就是交给大家如何利用 K 线和斐波那契技术寻找进场点和出场点。在学会进场之前，出场更为重要，如何出场将是我们首要介绍的内容。讲完出场理论后，我们就要介绍具体的两种最常见的进场方法：见位进场和破位进场。出场是最重要的，也是最容易被忽视的，这是老手面临的情况，也是新手面临的情况，或许可以说是绝大多数交易者终生都忽视的问题。但是对于新手来讲，他们对学习进场可能更为热切，所以本课介绍进场的篇幅明显多于出场的篇幅。

本章的学习要点是：第一，掌握跟进止损的策略和分仓进出的策略。第二，掌握见位进场策略。第三，掌握破位进场策略。

第一节　最为重要的步骤是出场

出场不是很重要，而是最重要。之所以重要是因为你的交易绩效本身几乎取决于出场，同时你的绝大多数竞争者却最不注重出场。出场为什么重要？前面的课程已经介绍过，这里就不赘述了。本节主要介绍如何正确地出场，面对千奇百怪的出场方式，你可能从来没有进行过分析和归纳。**如果你将所有的卖出策略都收集起来归纳，那么你的交易功力将大增。**就我们有限的经验而言，出场方式可分为四个大类，其中有三个存在合理性，当然你可能会误用它们，而另外一个出场方式则是绝对不合理的，但能够给你带来暂时的盈利。

正确的三种出场方式，我们称为帝娜出场三式，如图 13-1 和图 13-2 所示。下面我们介绍一下三种出场方式的一些具体代表。前位出场法是在行情发展还没有到出场位置就设定了出场点，比如利润目标法、具体价格法、斐波那契延伸目标等。同位出场法则是当下行情刚好处于出场位置，比如震荡指标超买超卖法、天量卖出法等，而斐波那契技术加上 K 线形态的出场也属于此类。后位出场法也就是我们经常用到的初始止损和移动跟进止损，这些止损位置都在现有价位发展的后方，故名为"后位出场法"。

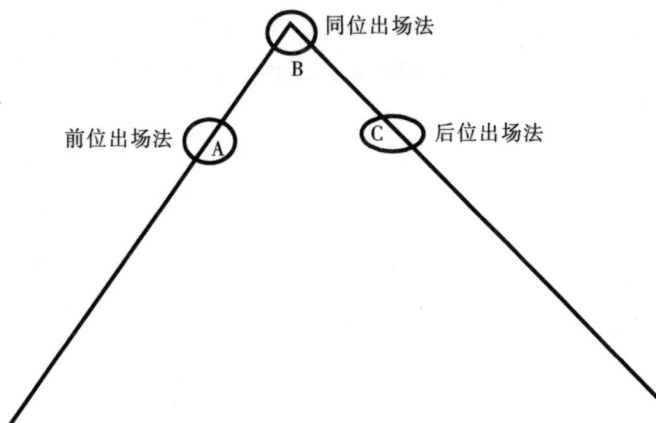

图 13-1　上升趋势中的帝娜出场三式

　　后位出场法适合于强劲的单边走势，是当年杰西·利弗摩尔最推崇的出场方法，即使是初学者也一样能看出"截短亏损，让利润奔腾"与后位出场法的紧密关系。在日内交易中，前位出场法是必不可少的，当然这还与市场的波动特征关系密切。但是，前位出场法的目标应该避免降低长期的平均风险报酬率，所以较近的斐波那契延伸目标一般不予采用，即使它们非常出色也会导致我们错失那些"本垒打"交易。同位出场法实际上采取了一些验证价格极点的额外手段，比如成交量、市场情绪等，往往是几种手段的合成，不过这个出场法也经常发出误报信息，将一些行情发展过程中的小幅修正当作趋势反转。在日内交易中，除非你的手续费足够低，否则采用同位出场法的代价会很大，因为你的出场会很频繁，自然进场也就频繁了。

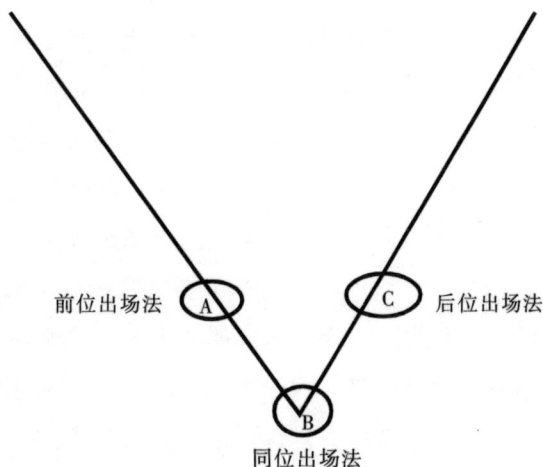

图 13-2　下降趋势中的帝娜出场三式

失败的交易者通常不采取上述三种出场方式，他们倾向于另外一种出场方式，我们称之为"进位出场法"。如图13-3所示，所谓"进位出场法"就是"获利就出，浮亏就捂"，当浮亏极大的时候，就被迫出场。这种出场方式体现了"截短利润，让亏损奔腾"的特征。

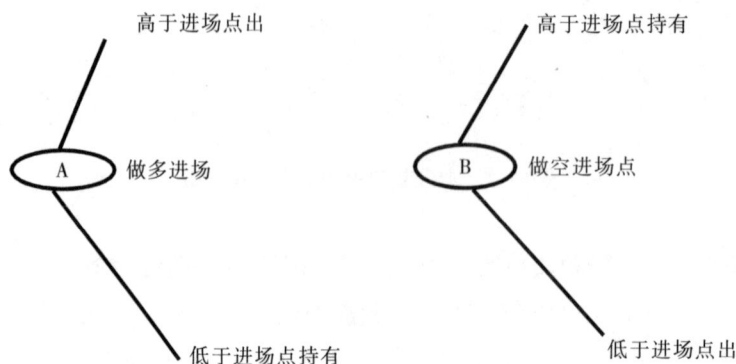

高于进场点出

A   做多进场

低于进场点持有

高于进场点持有

B   做空进场点

低于进场点出

图13-3　错误的出场方法

1. 止损与止盈

止损和止盈是大家做交易时听得最多的两个词语，SL是止损的符号，TP是止盈的符号，但是英语里面没有"止损"这种说法，人家说的是"兑现"，看似只是说法的不同，实际上背后的交易素养差了很大一截。

止损属于后位出场法，止盈属于前位出场法。止损是必需的，这个是大家必须记住的一点，关于止损有很多规则，总的来说有四条：第一条，任何交易必须止损，巴菲特的交易一样该如此，谁违反谁倒霉，违反客观规律就要受到惩罚，巴菲特当年在纺织厂上的交易就是明证；第二条，止损必须设定在临界点外侧，也就是说当你进行做空交易的时候，止损点设定在阻力之上，当你进行做多交易的时候，止损点设定在支撑之上；第三条，止损必须符合风险控制条例，这个跟破产率有关，也就是说单笔亏损额要在一个比率之内；第四条，止损尽量过滤市场走势的毛刺，也就是不规则波动，市场噪声。

止盈涉及的方面很多，有波幅统计、斐波那契比率、波浪理论和江恩理论等，基本上在这个方面我们不敢有"打包票"的理论。止盈这种说法具有误导性，我们尽量少用，不可否认的是在外汇日内交易中，特别是占80%时间的日内震荡走势中，如果不设定恰当的利润，最后将是竹篮打水一场空。

2. 跟进止损是最符合市场实际的方法

黄金走势，特别从 4 小时以上的走势看，**最近这七八年还是倾向于单边的。其实，黄金也属于大宗商品**，自然存在"单边主义"倾向，汇率涉及两个国家的方方面面，受控在区间内波动也属正常。正因为黄金的这种单边走势强劲，所以跟进止损可能是最符合市场实际的方法，因为黄金比外汇更符合当年杰西·利弗摩尔面临的市场。

跟进止损其实与突破进场是一个大量，人们认为趋势的特点是超越某个波动幅度，也即是波幅超过均值，离差很大，所以通过设定一个临界点来捕捉这种异常波动。

在单边走势市场，跟进止损可以说是唯一的出场策略；在剧烈波动的市场，跟进止损也必不可少，但是要与前位出场和同位出场结合起来使用。总而言之，在任何一种市况下跟进止损和初始止损，也就是后位出场都是必不可少的！

3. 利用分仓出场综合跟进止损和目标止盈法

某些市场会让那些固执于单一跟进止损的交易者垂头丧气，比如外汇市场日内交易。《25 位顶尖外汇交易员（1）：5 分钟动量交易系统》的作者关天豪提供了解决这一困境的思路，这就是分仓出场法。一部分仓位采用前位出场法，一部分仓位采用后位出场法。他的做法是让一半的仓位在等于风险幅度的利润目标处了结，然后利用移动平均线作为跟进止损基准。这个方法是通过分仓来平衡交易者心理矛盾的：一方面想要赚大钱，让利润奔腾；另一方面又担心盈利变成亏损。同时，这种分仓出场的策略也可以应对单边走势和震荡走势交替的市场。

分仓体现了"仓位微调"的思想，不同的仓位与不同的出场方法结合，不同的仓位与不同的进场方法结合，这样你的交易行为就具有极大的弹性了，可以面对市场的趋势性质的二元情况。

跟进止损可能是最符合市场实际的方法，因为黄金比外汇更符合当年杰西·利弗摩尔面临的市场。

分仓是将仓位至少分为两个部分，分仓后可以采用同样的进场和出场策略，也可以采用不同的进场和出场策略，这个是绝大部分分仓交易者忽略的一个实用技巧，这个技巧既可以平衡你的心理，也可以平衡市场的走势特征。

4. 利用蜡烛线确认潜在进场位置和出场位置

进场位置并不是唯一的，当你用 R/S 分析技术找到一些进场位置的时候，市场并不领情，这是许多交易者面临的困境。当市场趋势向上的时候，我们在某些支撑位置进场做多，但是市场很快大幅跌破这些支撑位置，迅速触及我们的初始止损；当市场趋势向下的时候，我们在某些阻力位置做空，但是市场很快大幅升破这些阻力位置，迅速触及我们的初始止损。这种进场时的尴尬和窘迫可以通过 K 线来改变，我们可以利用看跌反转 K 线来确认有效的进场做空阻力位，可以利用看涨反转 K 线来确认有效的出场做多支撑位。R/S 分析找出了恰当的"位"谱，然后 K 线形态找出当下唯一的进场点。

除了用于进场确认外，K 线在出场方面也具有很大的意义，我们下面结合帝娜出场三式进行介绍。第一，K 线确认后位出场点。当市场走势向上，我们持有多头仓位，此后价格跌破了下方的支撑位置，并且是以实体大阴线跌破的，收盘于此支撑水平下方，这就确认了此后位出场点的有效性；当市场走势向下，我们持有空头仓位，此后价格突破了上方的阻力位置，并且是以实体大阳线升破的，收盘于此阻力水平上方，这就确认了此位出场点的有效性。第二，K 线确认同位出场点。有 A、B 两种情况，情况 A 是单独使用看跌反转 K 线确认做多出场点，或者使用看涨反转 K 线确认做空出场点。情况 B 是将 K 线反转形态与其他指标结合，快速判断出场点，比如 K 线与成交量，K 线与斐波那契技术等。第三，K 线确认前位出场点，主要是与 R/S 结合使用，这点与同位出场有重合。总之，K 线可以确认各类出场点的有效性，但是一般不会将跟进止损附加 K 线条件，后位出场法具有绝对性，价格跌破这一价位就要出场，不会考虑其他条件。

第二节　见位交易技术的入场

在前面一节我们已经介绍了关于出场的比较全面的技巧和知识，从本节开始，我

们将会介绍进场技术。如何进场这是大家最感兴趣的事情，进场意味着"自己控制市场的美好幻觉"，而出场意味着"自己顺应市场的严酷现实"。进场主要包括三种方式，我们这里具体分析和演示的有两种，本节介绍第一种：见位交易技术，下一节介绍第二种：破位交易技术。

1. 见位交易与微幅止损入场

见位进场比破位进场的止损幅度要小很多，请看图 13-4，这是见位进场时的要点。无论是见位进场还是破位进场，在真正介入之前都必须对盈利目标有合理或者保守的估计，得到合理的风险报酬率和胜算率之后，才能采取正式的进场操作。

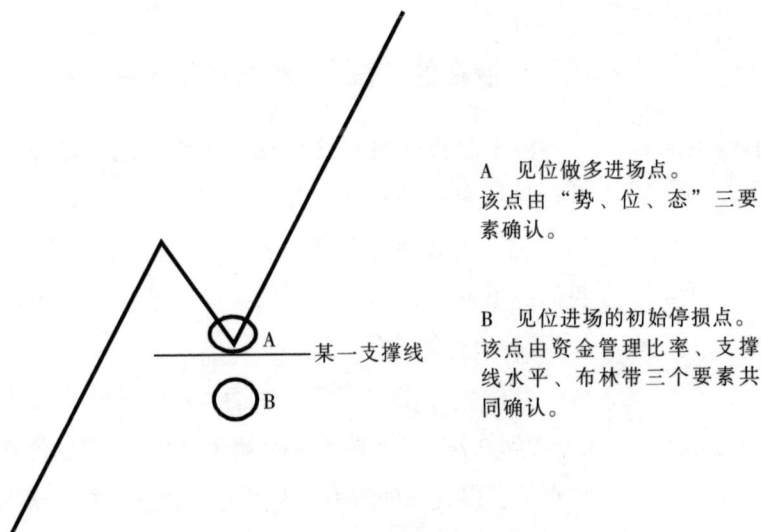

A 见位做多进场点。该点由"势、位、态"三要素确认。

B 见位进场的初始停损点。该点由资金管理比率、支撑线水平、布林带三个要素共同确认。

某一支撑线

图 13-4 见位进场做多

当你预判金价趋势向上，同时价格调整到支撑线附近时，你就可以采用见位进场做多策略。在传统的见位进场策略上，我们要求 K 线验证此支撑位置有效。初始止损放置在此支撑水平之下，具体的放置点需要考虑我们前述的止损要件。

当你预判金价趋势向下，同时价格反弹到阻力线附近时，你就可以采用见位进场做空策略，如图 13-5 所示。在传统的见位进场策略上，我们要求 K 线验证此阻力位置有效，也就是在此水平附近出现看跌反转 K 线。初始止损放置在此阻力线水平之上，具体的放置点需要考虑我们前述的止损要件。

A　见位做空进场点。
该点由"势、位、态"三要素决定。

B　见位进场的初始停损点。
该点由资金管理比率、支撑线水平、布林带三要素共同确认。

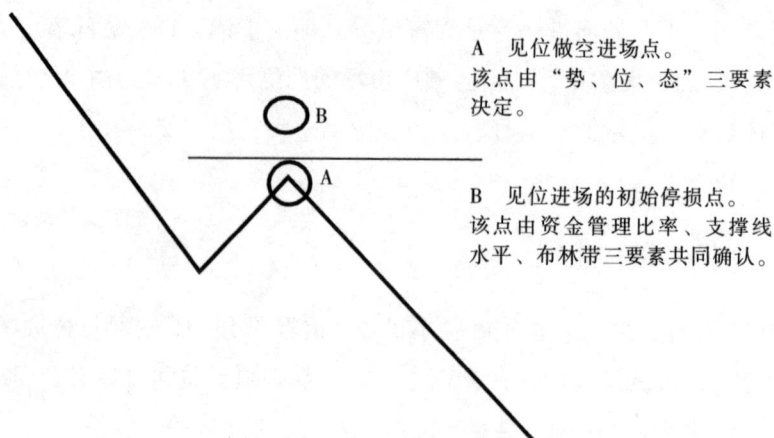

图13-5　见位进场做空

2. 潜在的"位"：斐波那契水平谱系

"由于趋势的研判往往在人的能力范围之外"，这句话是有前提的！

由于趋势的研判往往在人的能力范围之外，所以我们在进行见位交易的时候，着重从"位"和"态"入手。见位交易"位"主要是斐波那契线谱，当然也有其他的R/S水平，我们这里就不介绍了，可以参考其他技术分析著作掌握，比如约翰·迈吉的著作。

见位做多的"位"，如图13-6所示。在上涨走势中，0.382到0.764的回调水平都属于"位"。当金价真正回调到这些水平获得支撑的时候，见位进场做多的机会就来了。

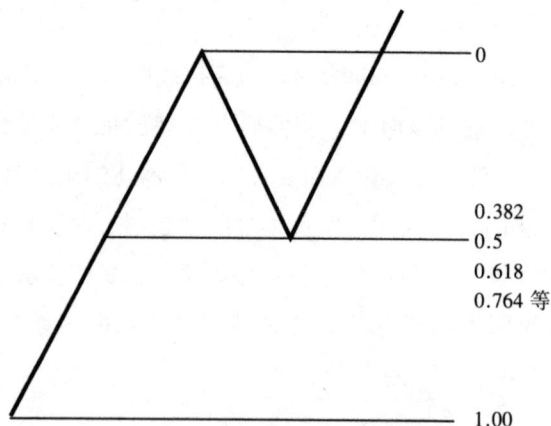

0
0.382
0.5
0.618
0.764 等
1.00

图13-6　上升走势回撤的斐波那契关键水平

见位做空的"位",如图 13-7 所示。在下跌走势中,0.382 到 0.764 的回调水平都属于"位"。当金价真正反弹到这些水平受到阻力的时候,见位进场做空的机会就来了。

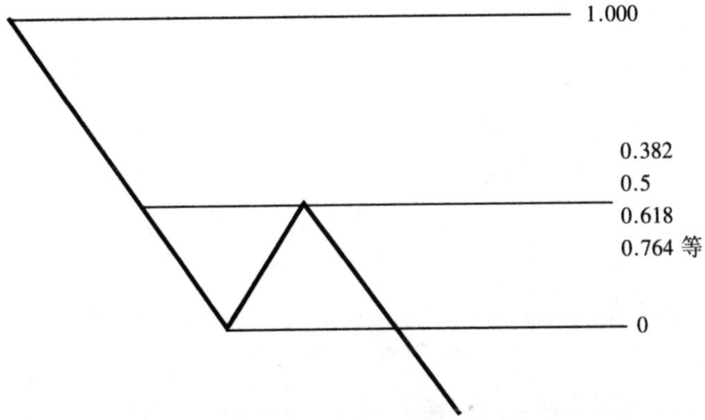

图 13-7 下降走势回撤的斐波那契关键水平

当一段上升走势或者下降走势开始修正的时候,你就应该做出斐波那契回调水平,然后等待 K 线的确认。能够确认见"位"的 K 线将在下一节做一次总的介绍。

3. 确认"见位"的重要技术:反转 K 线

当我们以一段走势为单位 1,为当下修正中走势画出斐波那契线谱的时候,见位交易的"位"就已经完成了。接下来,我们需要等待价格在某一个斐波那契回调水平附近呈现出特定的反转 K 线形态。**如果我们需要见位进场做多,则需要在支撑线等待金价出现看涨反转 K 线;如果我们见位进场做空,则需要在阻力线等待金价出现看跌反转 K 线。**由于本书上篇已经对反转 K 线进行了逐一的介绍,所以这里就不再赘述,只是将重要反转 K 线的常见形态一并列出,请看图 13-8 至图 13-19。

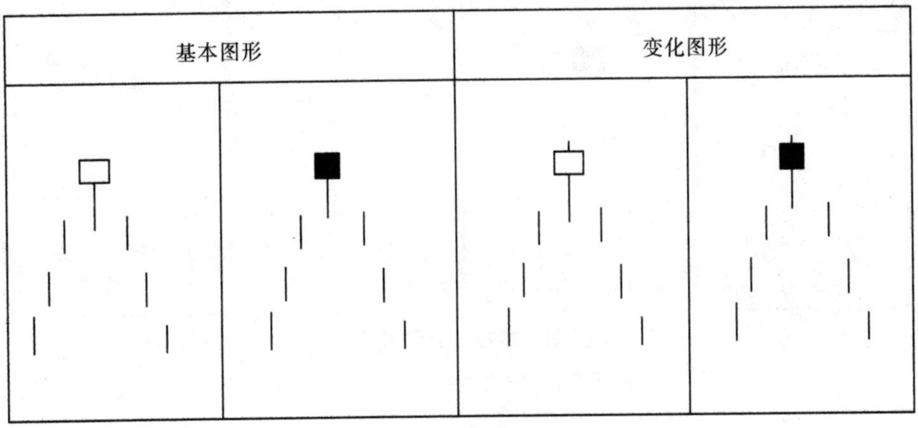

图 13-8 吊颈形态

基本图形		变化图形	

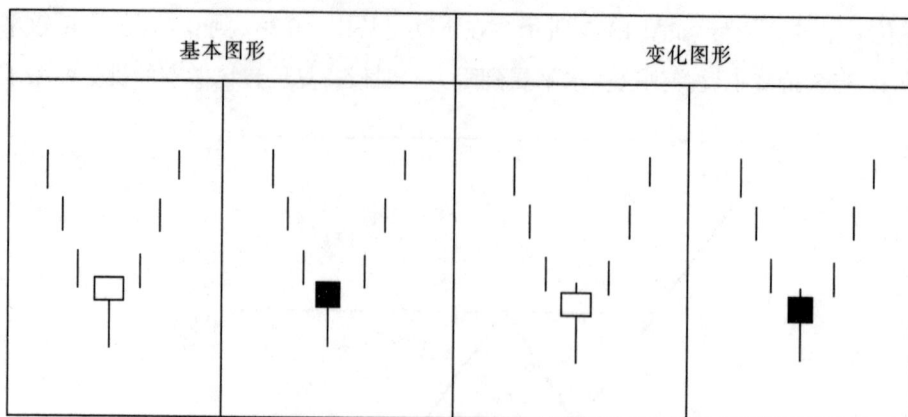

图 13-9　锤头形态

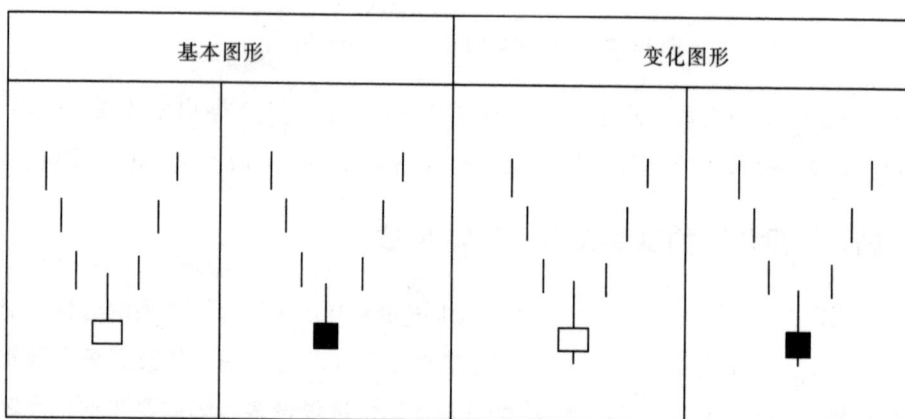

基本图形		变化图形	

图 13-10　倒锤头形态

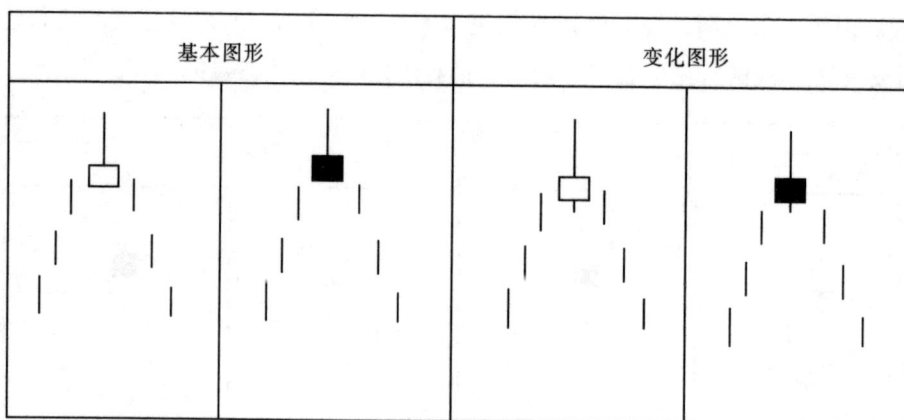

基本图形		变化图形	

图 13-11　流星形态

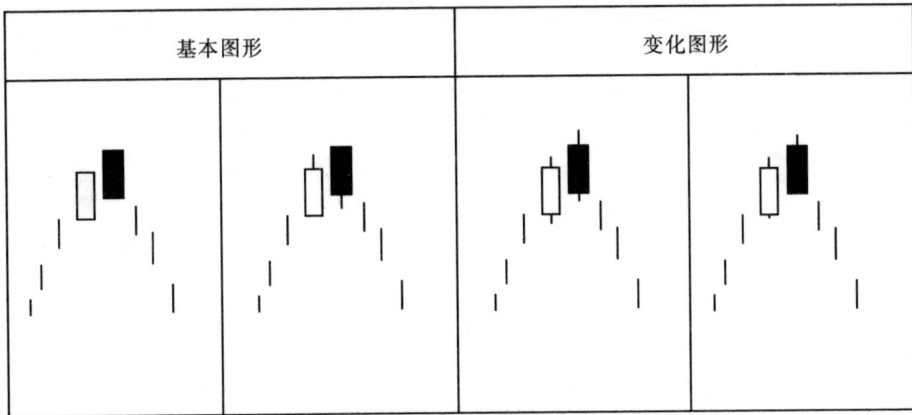

图 13-12　乌云盖顶形态

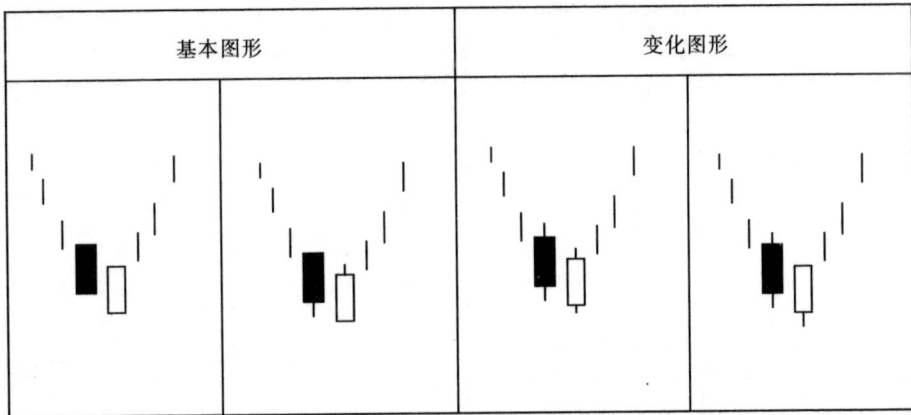

图 13-13　刺透形态

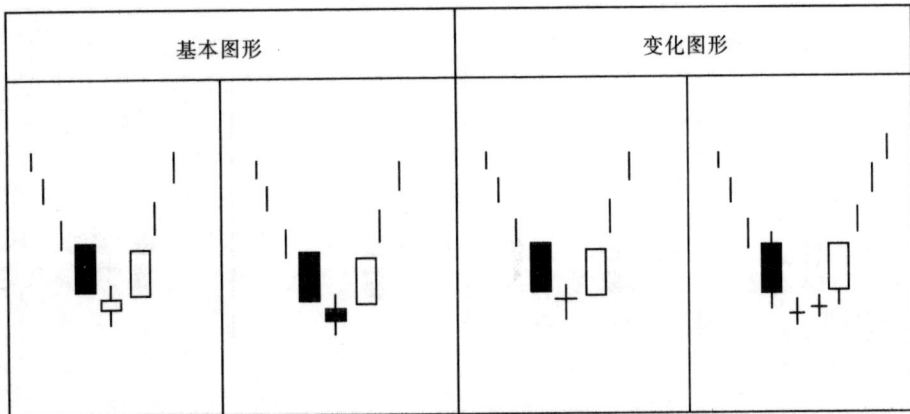

图 13-14　早晨之星形态

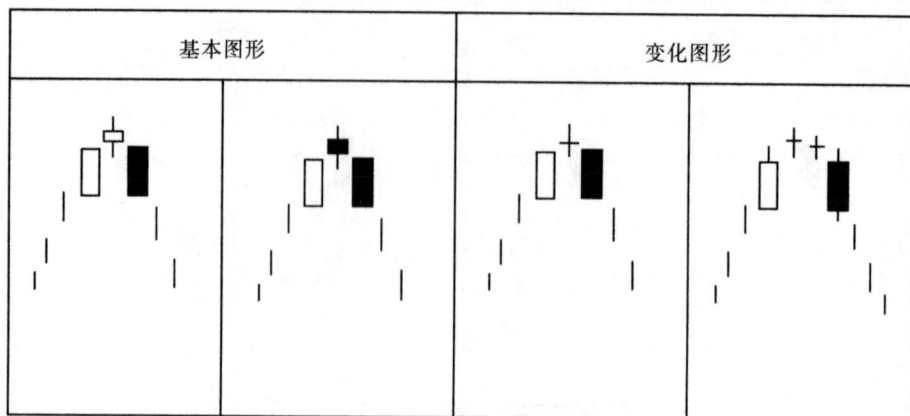

图 13-15　黄昏之星形态

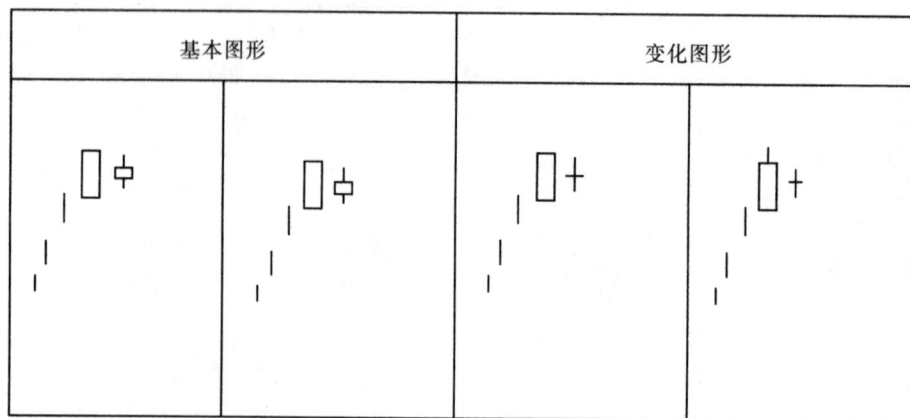

图 13-16　母子看跌形态

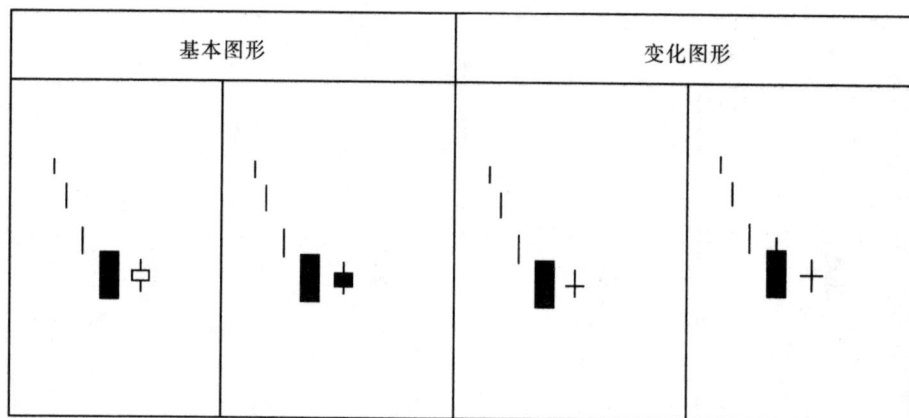

图 13-17　母子看涨形态

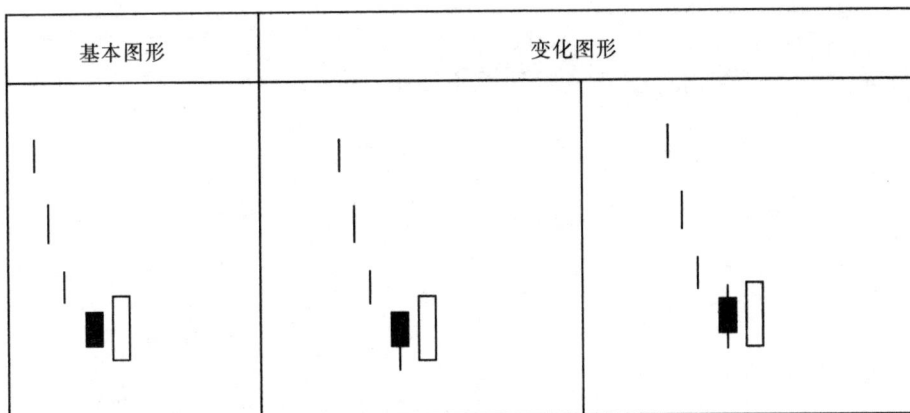

图 13-18　看涨吞没形态

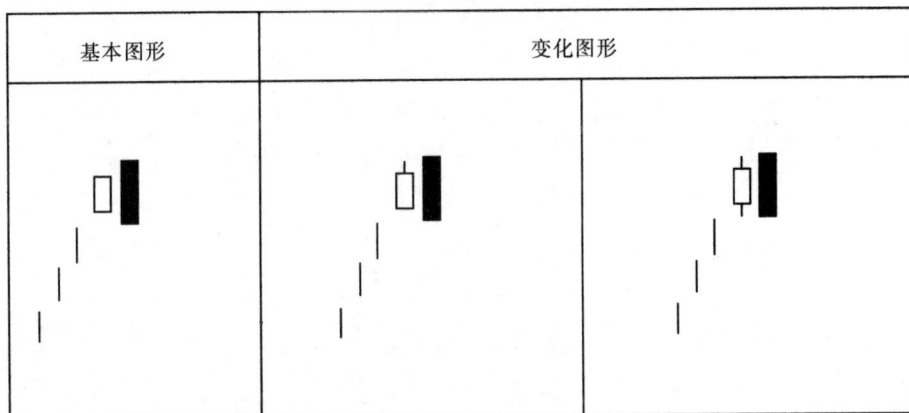

图 13-19　看跌吞没形态

4. 见位交易技术示范

关于斐波那契技术和 K 线技术结合起来的见位进场交易，我们在本书上篇的每一课都有专题结合介绍；在斐波那契的技术介绍中，其实我们也已经涉及了见位交易的实例，主要是在斐波那契回调线一课。下面，我们就给两种技术赋予相同的权重，进行综合性的介绍。

请看图 13-20，金价从 1225 附近一路下跌，跌到 1135 附近出现了强劲的反弹，于是我们以下跌波段为单位 1，得到斐波那契回调线谱。此后，金价反弹到 0.382 水平附近出现了黄昏之星，确认了 0.382 水平的阻力有效，于是我们进场做空，止损放置在 0.382 水平之上合适位置，这就是典型的利用斐波那契技术和 K 线技术见位进场。进场做空后，金价一路走低，如图 13-21 所示。

图 13–20　见位交易技术示范（1）

图 13–21　见位交易技术示范（2）

　　在本节结束之前，我们需要补充一点，关于非常激进的见位交易法，就是在最高点附近见位做空，如图 13–22 和图 13–23 所示。还有就是在最低点附近见位做多。由于这种方式胜算率很低，所以一般轻仓进行，不是普通的见位交易，因为之前没有一段显著的预备行情。

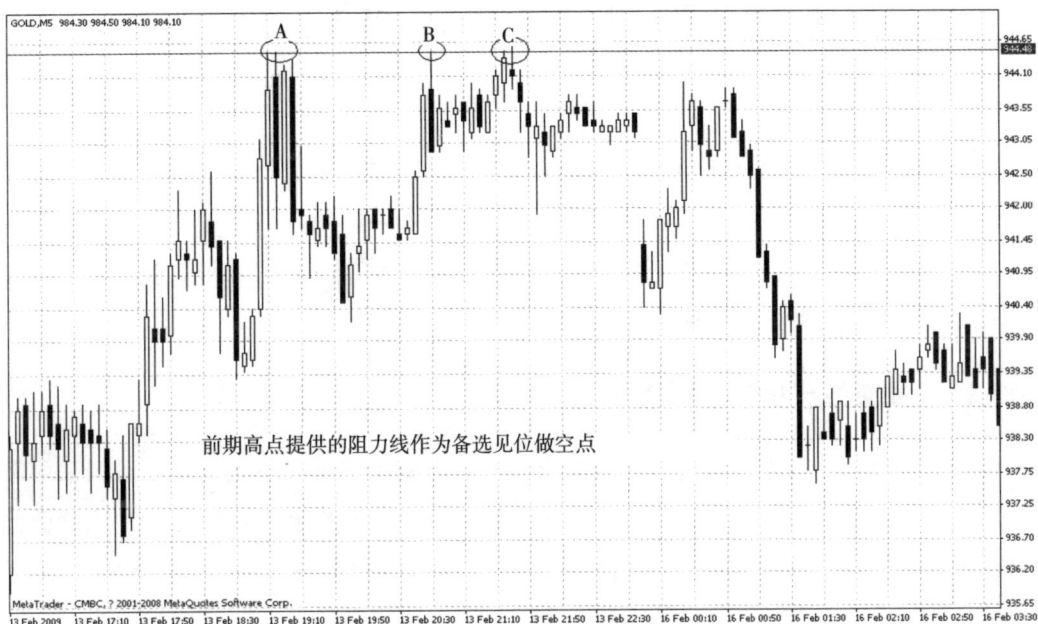

图 13-22　前期高点作为备选做空点（1）

图 13-23　前期高点作为备选做空点（2）

第三节 破位交易技术的入场

破位进场是最古老的交易方式，也是顺势而为的最主要交易方式。破位进场简单来讲就是突破前高做多，跌破前低做空，但如何判断突破的真假和效力则是一个很复杂的问题。本节中，我们将详细介绍破位进场的关键所在：如何识别关键位置，如何确认某一个位置的突破是否有效。

1. 破位交易与小幅止损入场

当你预判金价趋势继续向上，同时价格刚好突破了阻力线不久，你就可以采用破位进场做多策略，如图 13-24 所示。在传统的见位进场策略上，我们要求 K 线验证此突破有效。初始止损放置在此关键水平之下，具体的放置点需要考虑我们前述的止损要件。

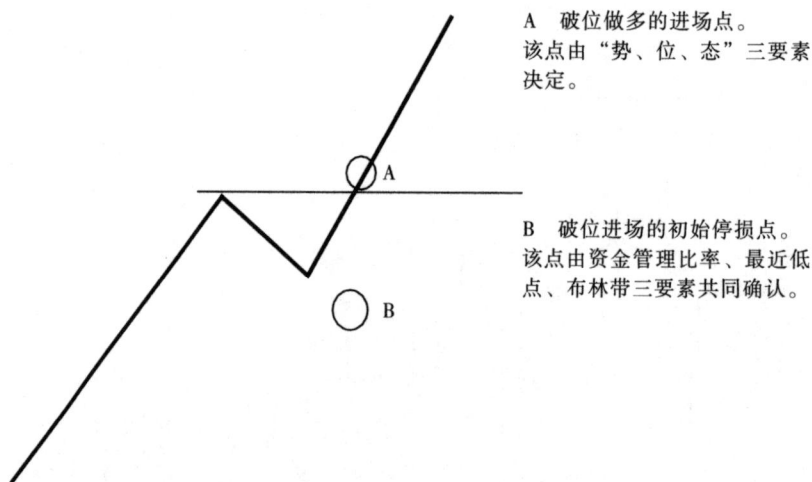

A 破位做多的进场点。
该点由"势、位、态"三要素决定。

B 破位进场的初始停损点。
该点由资金管理比率、最近低点、布林带三要素共同确认。

图 13-24 破位进场做多

当你预判金价趋势继续向下，同时价格刚好跌破了支撑线不久，你就可以采用破位进场做空策略，如图 13-25 所示。在传统的见位进场策略上，我们要求 K 线验证此跌破有效。初始止损放置在此关键水平之上，具体的放置点需要考虑我们前述的止损要件。

A 破位做空进场点。
该点由"势、位、态"
三要素确认。

B 破位进场的初始停
损点。
该点由资金管理比率、
最近高点、布林带三要
素共同确认。

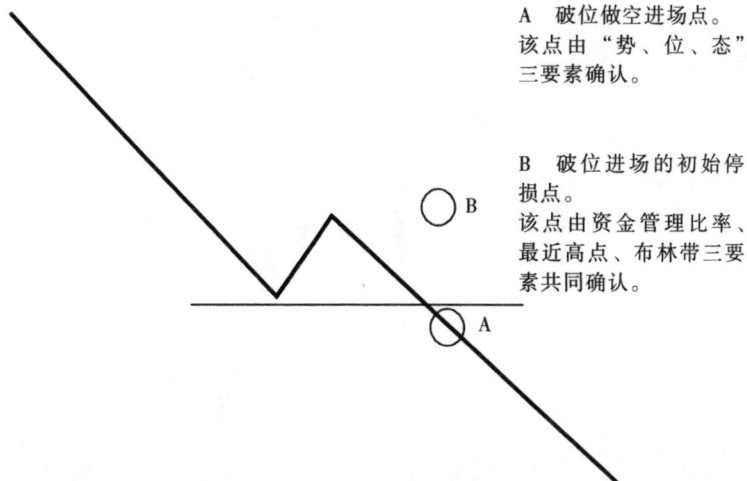

图 13-25 破位进场做空

2. 潜在的"位": 前期高点和前期低点

如何确定破位进场的"位"呢? 这个"位"与见位进场的"位"存在差别, 破位的"位"主要是前期的高点或低点。我们具体介绍几种破位情况: 第一种情况是前期高点作为备选的破位做多点, 如图 13-26 所示。前期高点 A 构成阻力线, 当 K 线突破此阻力线时, 破位进场做多。第二种情况是前期低点作为备选做空点, 如图 13-27 所示。前期低点 A 构成支撑线, 当 K 线跌破此支撑线时, 破位进场做空。

图 13-26 前期高点作为备选做多点

图 13-27　前期低点作为备选做空点

3. 确认"破位"的重要技术：持续 K 线

在我们的进场策略中，价格突破或者跌破前期高点或低点，并不一定表明破位进场时机成熟，也就是说这样的破位未必有效，在进场前对破位走势进行筛选是必要的。当持续性 K 线作为破位价格线出现的时候，这样的破位有效性更高一些，比如大阳线向上破位（见图 13-28，B 处大阳线突破 A 处高点的阻力线），大阴线向下破位（见图 13-30，B 处大阴线跌破 A 处低点的支撑线）。如果不是大实体阳线或大实体阴线突破，则后市继续前进的可能性很少，如图 13-29 和图 13-31 所示的小实体线突破。

4. 破位交易技术示范

关于 K 线技术与其他技术结合起来的破位进场交易，我们在本书上篇的第四课有专题结合介绍。下面我们进行一次总结性的操作演示。

请看图 13-32，金价在一个区间内长时间横盘，然后突破 A 点的阻力水平，突破的时候是大阳线实体部分直接向上贯穿，表明此处突破的有效性较高，于是在此大阳线收盘后不久进场做多。进场做多后，金价一路走高，如图 13-33 所示。

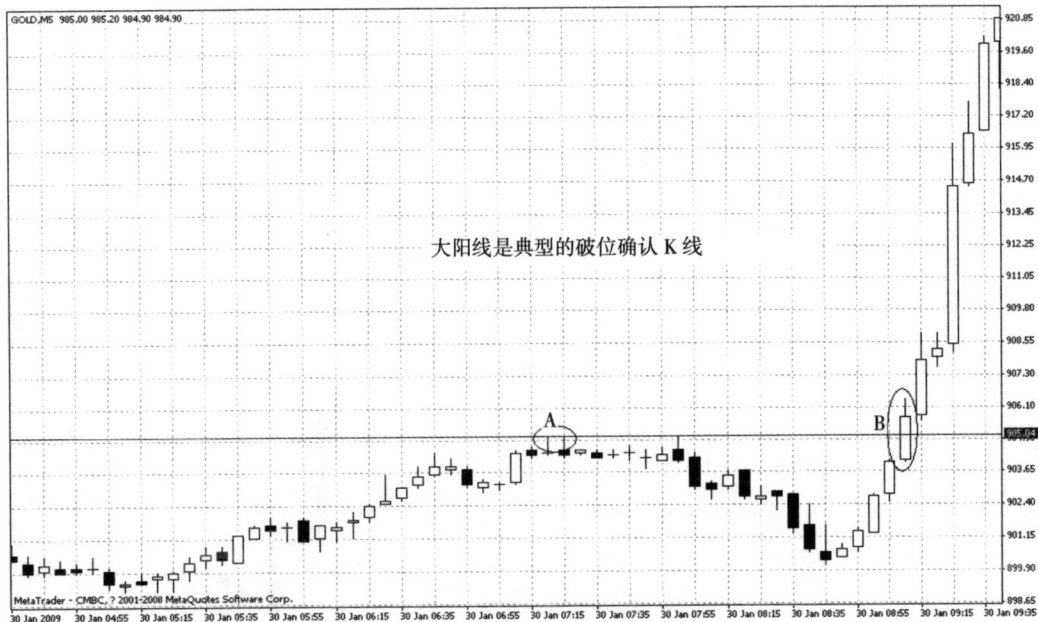

图 13-28　大阳线确认向上破位有效

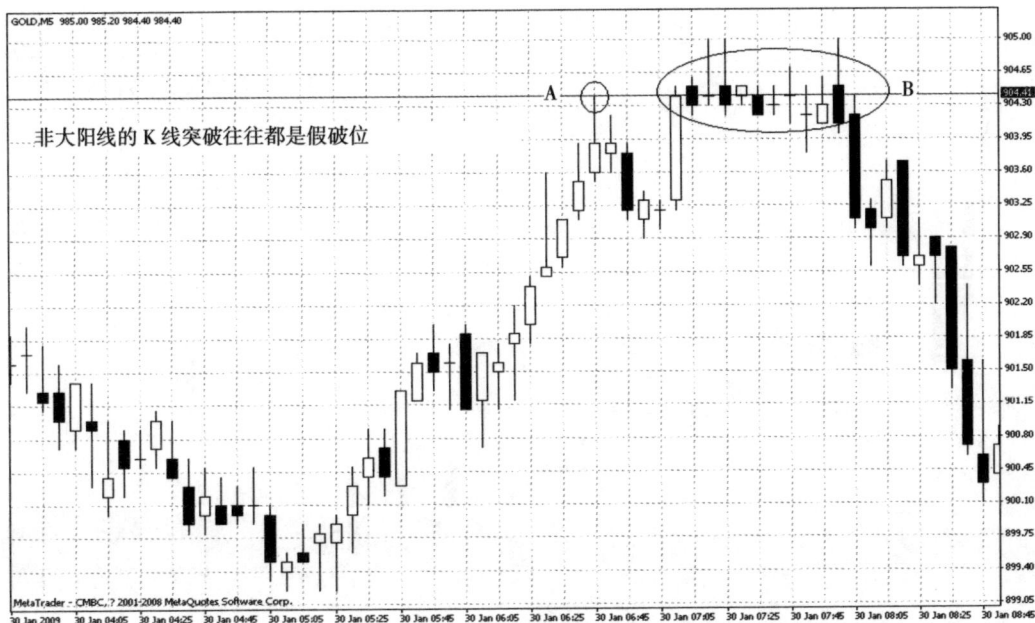

图 13-29　非大阳线向上破位一般无效

大阴线是典型的破位确认 K 线

图 13-30　大阴线确认向下破位有效

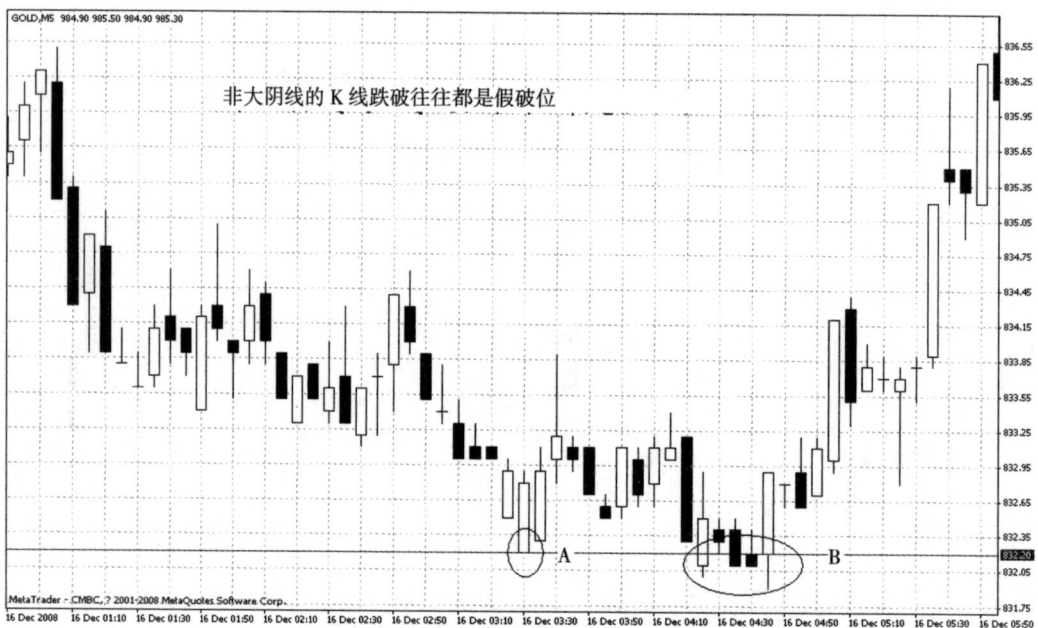

非大阴线的 K 线跌破往往都是假破位

图 13-31　非大阴线向下破位一般无效

图 13-32　破位交易技术示范（1）

图 13-33　破位交易技术示范（2）

【开放式思考题】

在研读完第十三课的内容之后，可以进一步思考下列问题。虽然这些问题并没有固定的标准答案，但能够启发思考，跳出来看某些观点。

（1）本课提到"如果你将所有的卖出策略都收集起来归纳，那么你的交易功力将大增"。为什么卖出策略对绩效的影响这么大呢？

提示：从优化风险报酬率和期望值的角度出发来思考。

（2）本课提到"见位进场比破位进场的止损幅度要小很多"，那为什么许多伟大的趋势交易者还是倾向于破位进场呢？比如，J.L. 和理查德·丹尼斯。为什么加码倾向于在破位，而非见位呢？

提示：突破是趋势的必要性质。

【进一步学习和运用指南】

（1）从现在开始，自己总结一下所知的全部离场策略，并且逐一在黄金交易中进行一段时间的尝试，对效果进行排序。

（2）对排名前五的理论进行变异和交叉，或者复合，看看效果有无提升。

"势、位、态"思想主导下的系统交易方法

整本书围绕黄金短线交易讲解了主要用于判断"位"的斐波那契技术，以及用于确认"位"的K线技术，也就是"态"方面的分析技术，对于趋势分析也有专门的涉及，在本课，我们有必要对行为分析的三个要素"势、位、态"进行一些回顾，当然，这些总结还是围绕黄金短线交易展开的，也并不排斥作为其他交易品种的指南。

"势、位、态"作为技术分析或者市场行为分析的**最精练总结**，有助于我们从纷繁复杂的技术分析领域中理出头绪来，**有利于我们甄别技术的实际价值**，有助于我们构造自己的技术分析体系。无论你此前学习和运用的是什么样的技术分析方法，在掌握了"势、位、态"三要素之后，都能够更好地提升自己的分析水平。

趋势分析是技术分析方法的第一个要素，方法很多，前面大家学习了传统的各种趋势分析方法，也学习了我们提出的三N法则（N字法则、N%法则和N期法则），最终我们建议大家采用三N法则来识别趋势，比起均线和其他复杂的趋势指标可能更简单、有效。当年均线刚被发明出来的时候确实比现在有效，随着渗透率提高，均线的价值大打折扣，虽然比起其他技术指标好很多，但是仍旧不够有效。

位置分析是技术分析方法的第二个要素，一旦给出一个明确的趋势判断之后（上、横盘、下），接着就必须确定可能

趋势分析是与前面的驱动分析和心理分析紧密衔接的。

413

的几个经常位置了，一般做多进场是在有效的支撑和无效的阻力附近，而做空进场则是在有效的阻力和无效的支撑附近。斐波那契线谱（包括高点和低点）是位置分析的最强大工具。

形态分析是技术分析方法的第三个要素，一旦趋势明确，潜在位置确定，则等待金价在潜在位置给出确认信号，这个信号往往依靠 K 线来获得。当然西方技术图形也是可以考虑的对象，比如小型的双顶和双底等。

一旦"势、位、态"分析完成，接下来就是根据凯利公式敲定具体的仓位问题了，进场和设定初始止损是同时进行的。下面，我们就对"势、位、态"系统分析主导下的黄金短线交易进行一定程度的综合概括。

本课的学习要点包括"势、位、态"的综合性思维和运用以及交易的流程。

第一节　顺势者昌，逆势者亡

黄金短线交易者的第一步是甄别趋势，如何做到呢？这里面涉及两个方面：第一个方面是如何提高判断的正确率；第二个方面是如何及时修正自己的错误判断，提高改正效率。第一个方面的问题主要是通过遵循三 N 法则来解决，如图 14-1 所示，金价从 800 附近上涨，从底部已经上来一定幅度（符合 N%），同时持续了一些时间（符合N 期），最重要的低点附近形成了首个上升 N 字，从这三个方面来看，趋势向上，这就

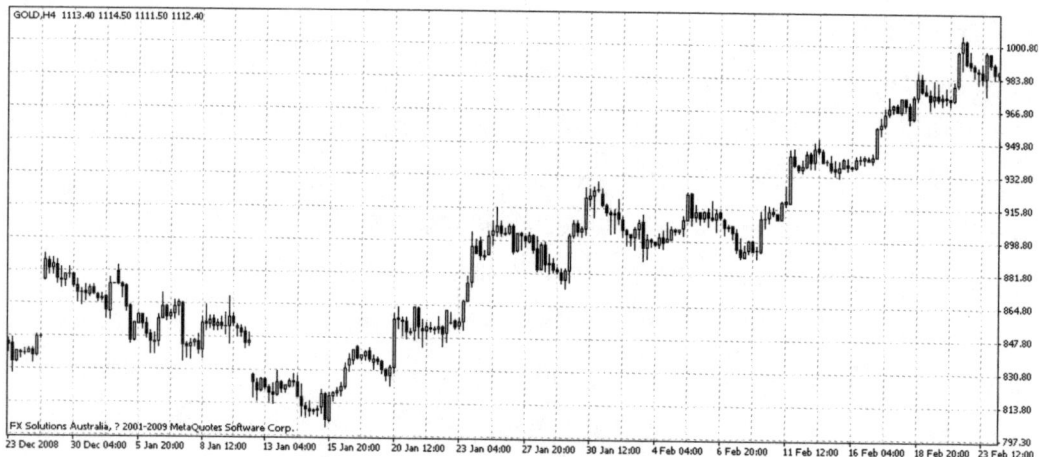

图 14-1　空头的墓地

是一个判断趋势的效率问题。但是，如果你的判断与此相反，金价不断往上升，如果你又没有通过设定恰当的止损来提高自己的改正效率，则这段强劲的单边走势就是个"墓地"。

顺着趋势去交易，包括两层意思，第一层意思是更准确地分出趋势，第二层意思是违背趋势及时改正，判断正确就要坚持到市场告诉你相反信息。

第二节 位：四种位置对应四种交易进场策略

黄金交易的进场策略其实远不止前面详细介绍的两种，除了见位进场和破位进场外，还有顶位进场和间位进场等。我们将趋势分析的方法归结为"三 N 法则 + 两跨越"，而位置分析主要分为两种类型：支撑位置 S 和阻力位置 R，在这两种位置的基础上存在四种具体的进场方法，这就是我们这里要全面总结的内容。

假如你进行的是做多交易，如图 14-2 所示，则你进场的方式分别有四种，第一种就是当价格回调到支撑线时买进，如图中的 A 点和 E 点，这就是见位进场做多；第二种就是当价格升至阻力下方横盘整理的时候，如图中的 C 点，这就是顶位进场做多；第三种就是当价格突破上方阻力的时候，如图中的 D 点，这就是破位进场做多。前述三种方法都是存在一定合理性的进场方法，第四种方法则是当价格位于两条阻力水平

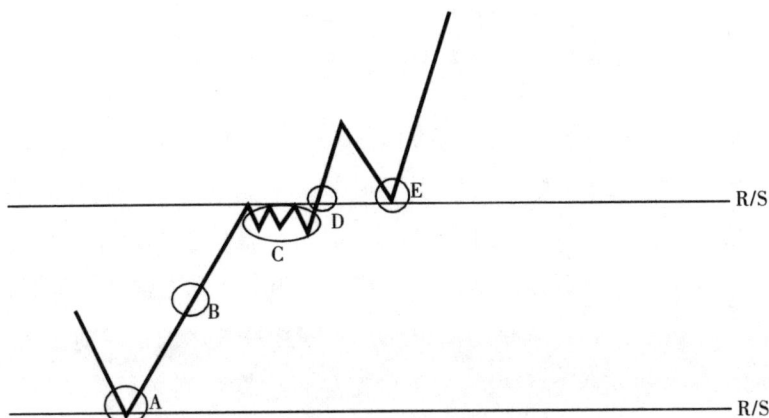

上升趋势中的四种进场位置

见位进场点 A、E　　　　破位进场点 D
顶位进场点 C　　　　　　间位进场点 B

图 14-2　上升趋势中的四种进场位置

之间，离任何一个水平位置都较远的时候，如图中的 B 点所示，这就是间位进场做多，是不合理的进场做多方式，但绝大多数黄金短线交易者都是这样去操作的。

假如你进行的是做空交易，如图 14-3 所示，则你进场的方式可分为四种，第一种就是当价格反弹到阻力线时卖出，如图中的 A 点和 E 点，这就是见位进场做空；第二种就是当价格跌至支撑上方横盘整理的时候，如图中的 C 点，这就是顶位进场做空；第三种就是当价格跌破下方支撑的时候，如图中的 D 点，这就是破位进场做空。前述三种方法都是存在一定合理性的进场方法，第四种方法则是当价格位于两条阻力水平之间，离任何一个水平位置都较远的时候，如图中的 B 点所示，这就是间位进场做空，是不合理的进场做空方式，但绝大多数黄金短线交易者都是这样去操作的。

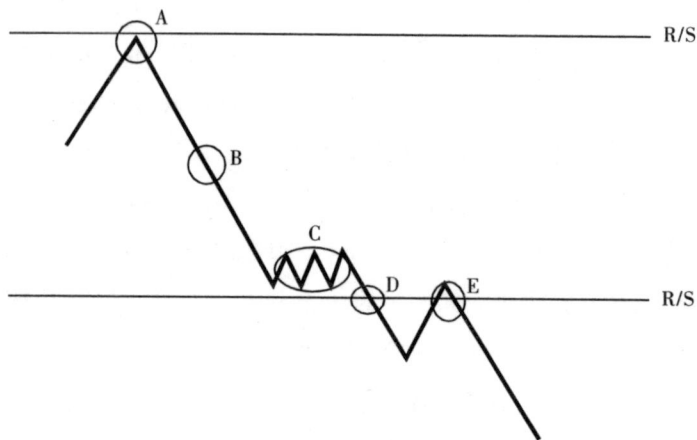

下降趋势中的四种进场位置
见位进场点 A、E　　　破位进场点 D
顶位进场点 C　　　　　间位进场点 B

图 14-3　下降趋势中的四种进场位置

上述四种分类方法是我们对进场方式的总结，在交易界还有一种流行较为久远的进场方式，就是所谓的左侧交易和右侧交易，如图 14-4 所示。在价格还没有掉头反转之前就进场逆"市"交易（主观还是想顺"势"的），这就是左侧交易；在价格已经掉头形成转折点之后才进场，这就是右侧交易。其实左侧交易和右侧交易只是间位交易的两种形式而已，左侧交易是在调整初期介入，右侧交易是在调整末期介入，左侧交易不是我们赞成的见位进场策略。当然，某些交易者也将左侧交易看成是见位进场，将右侧交易看成是破位进场。左侧交易和右侧交易的分类比较模糊，对于交易的指导意义不大，因为它强调的是转折点，而不是我们进场分类强调的"位"。转折点比起支撑阻力，显得更加虚无缥缈。

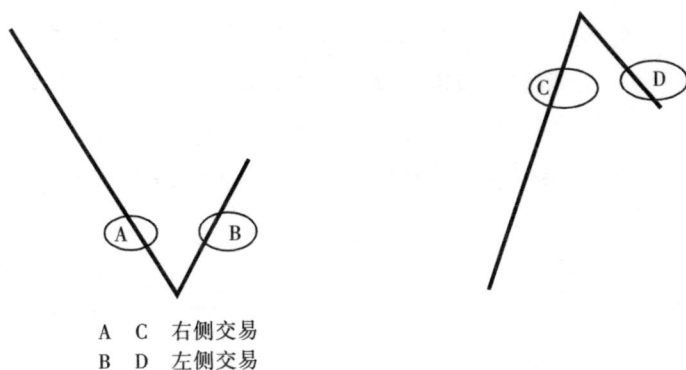

A C 右侧交易
B D 左侧交易

图14-4 左侧交易和右侧交易

下面，我们就对四种进场策略进行总结性的概述，大家可以结合前面K线的内容、斐波那契技术的内容，以及本课"势、位、态"的内容进行掌握。

1. 大众情人：见位交易

见位交易受到了最广大交易者的追捧，因为它比较符合人类的天性，也确实能够显出交易的研判功底和时机把握能力。在看涨交易中，见位进场如图14-5所示，上升趋势中价格会以波浪的形式上扬，逐步上台阶，"推动—调整"交替出现，调整的末期就是见位进场做多的时机，初始止损（甚至移动止损）都设定在即时生效的支撑线之下。

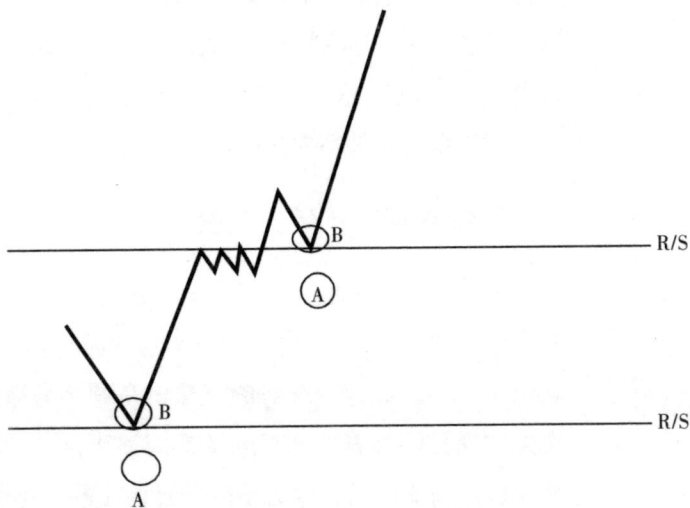

上升趋势中的见位进场交易
进场点B 初始止损点A

图14-5 上升趋势中的见位进场

417

　　在看跌交易中，见位进场如图 14-6 所示，下降趋势中价格会以波浪的形式下挫，逐级往下走，"推动—调整"交替出现，反弹的末期就是见位进场做空的时机，初始止损（甚至移动止损）都设定在即时生效的阻力线之上。

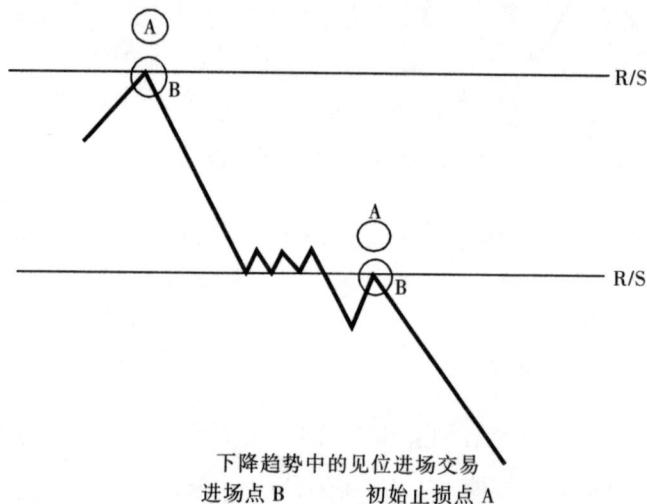

下降趋势中的见位进场交易
进场点 B　　　　　初始止损点 A

图 14-6　下降趋势中的见位进场

　　见位进场一般容易逆势进场，为了避免这种情况需要做到三点：①进行跨市场分析和跨时间框架分析，也就是"两跨分析"；②前面没有形成一个完整 N 字突破走势就不进场；③以反转 K 线，特别是较高效的两三种反转 K 线作为识别见位有效的工具，总而言之就是"势、位、态"分析要到位，三要素进场的条件都要达成。

2. 传统瑰宝：破位交易

　　破位交易是老祖宗传下来的，是交易界开山祖师杰西·利弗摩尔当初传下来的"把式"。N 字突破其实就是破位，所以破位交易中已经存在顺势的意味，从这个角度来看破位交易比见位交易的胜算率和报酬率都应该更高，但这种进场方法在现代广为流传后，效力下降，**日内交易中骗线的突破很多。在恪守传统的基础上，我们应该对破位交易进场反思和提高。**目前这方面的改进工作主要集中在任何确认突破有效上，大

N 字突破其实就是破位，所以破位交易中已经存在了顺势的意味。

家可以拓展思维，看看有没有其他的路子可以拓展。

在看涨交易中，破位进场如图14-7所示，上升趋势中价格会以波浪的形式上扬，逐步向上创出新高，"推动—调整"交替出现，价格有效上穿阻力位置就是破位进场做多的时机，初始止损（甚至移动止损）都设定在即时生效的支撑线之下。

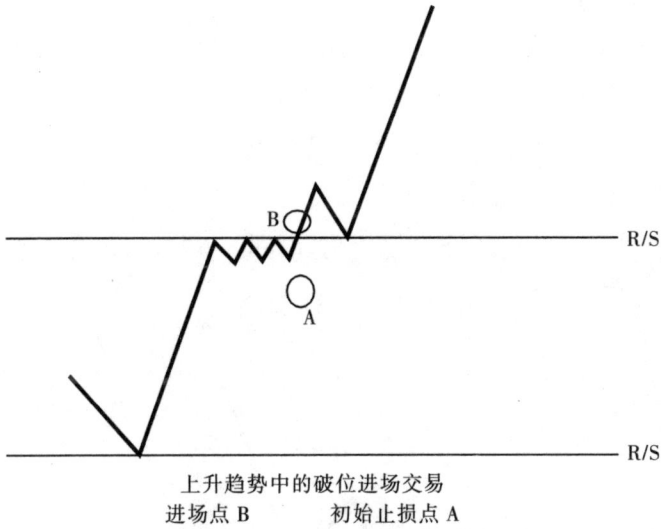

上升趋势中的破位进场交易
进场点 B　　　初始止损点 A

图 14-7　上升趋势中的破位进场

在看跌交易中，破位进场如图14-8所示，下降趋势中价格会以波浪的形式下跌，逐步向下创出新低，"推动—调整"交替出现，价格有效下穿支撑位置就是破位进场做空的时机，初始止损（甚至移动止损）都设定在即时生效的阻力线之上。

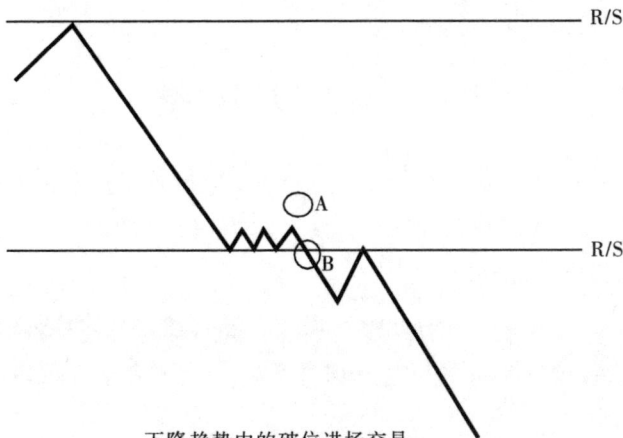

下降趋势中的破位进场交易
进场点 B　　　初始止损点 A

图 14-8　下降趋势中的破位进场

如果你是破位进场的话，特别是第一次进场，那么止损幅度不要设得过小，仓位要轻，因为这是"试探性"仓位。同时，最好以黄金日线图上的重大高点和低点作为突破交易的基准，日内的小波动极点作为破位交易的可靠性较低。

3. 新兴势力：顶位交易

顶位交易是最近二十多年才兴起的进场策略，期货交易中一些顶尖大师研究出了这一交易思路，也就是期货长期横盘，然后上涨至箱体上边界顶住盘整，后市突破上涨的概率极大。在外汇市场和黄金市场这样的情形也不少见，由此发展出顶位进场法。

在看涨交易中，顶位进场如图 14-9 所示，上升趋势中价格会以波浪的形式上扬，逐步向上创出新高，有时价格会在前期阻力附近逗留一段时间，这就是顶位进场做多的时机，初始止损设定在此整固走势之下。

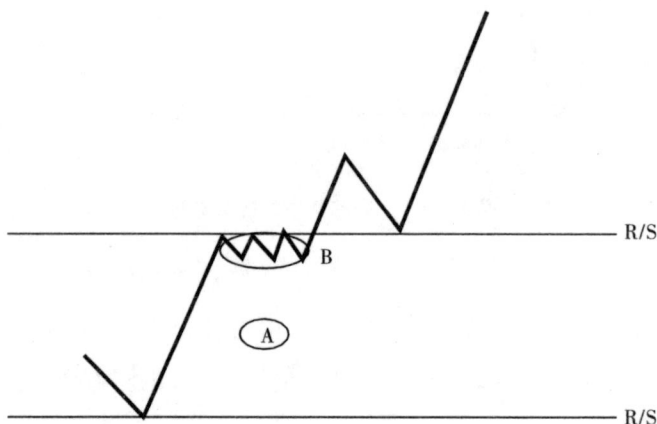

上升趋势中的顶位进场交易
进场点 B　　初始止损点 A

图 14-9　上升趋势中的顶位进场

在看跌交易中，顶位进场如图 14-10 所示，下降趋势中价格会以波浪的形式下跌，逐步向下创出新低，有时价格会在前期支撑附近逗留一段时间，这就是顶位进场做空的时机，初始止损设定在此整固走势之上。

顶位进场作为不受大众注意的进场方式，前途无量，有望成为第三大合理进场策略，与见位进场和破位进场分庭抗礼。这种进场方式还有很多可供发展潜质的地方，大家不妨自己多多思考。

上述三种交易策略是合理的交易策略，不过要注意一个问题，要预防一种行情走势，那就是在某个关键位置附近行情反复很多次，对于止损较小的交易者甚至止损较

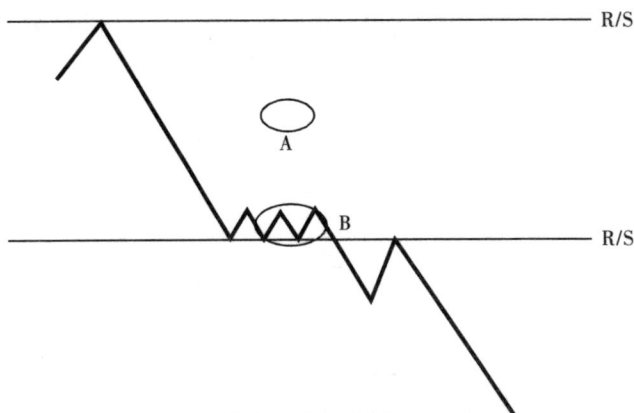

下降趋势中的顶位进场交易
进场点 B   初始止损点 A

图 14-10 下降趋势中的顶位进场

大的交易者都极具危害，连续亏损多次在这种情况下也很正常，为了避免这种情况要对某一个位置在一个交易周期（一般是一天）的交易次数进行限制，一般是两次，最好一日一次。道理是这样的，如果真的是一波单边走势，则越是强劲的走势，出现这种情况的概率越小，自然进场不用两次以上就能抓住行情了；相反，越是持久的震荡走势，则出现这种情况的概率越大，自然进场两次以上也抓不住行情。所以，**一个交易者应该限制自己一个交易日内在某一关键位置交易的次数，同时设定合理的止损。**当交易者对自己的交易行为施以限制的时候，这种限制包括空间和时间上的，这样也就获得了更高的胜算率。

4. 无处可守：间位交易

不合理的进场方式却是让交易者感到最舒服的进场方式，追涨杀跌分为理性的和不理性的，不合理的追涨杀跌就是不理性的，何谓不理性的追涨杀跌呢？没有可供防守处就追杀进去，这就是不合理的，间位进场就是这样的情况。

离上下的阻力支撑都很远，也就是说此处进场没法设定合理的初始止损，这样的进场点就是间位进场点。上涨走势中，如图 14-11 所示，有时候我们看到价格处于大涨之中，

不要过小，也不要过大，这个是有规则的，可以参考《外汇短线交易的24堂精品课：面向高级交易者》一书。

421

此时都是拉大阳线（其实，这是表明这附近没有阻力支撑，孙子兵法所谓的通地，多空双方都可以大肆进退的价位区域），你迫不及待追了进去，结果价格大幅度调整，你耐不住退出来了。

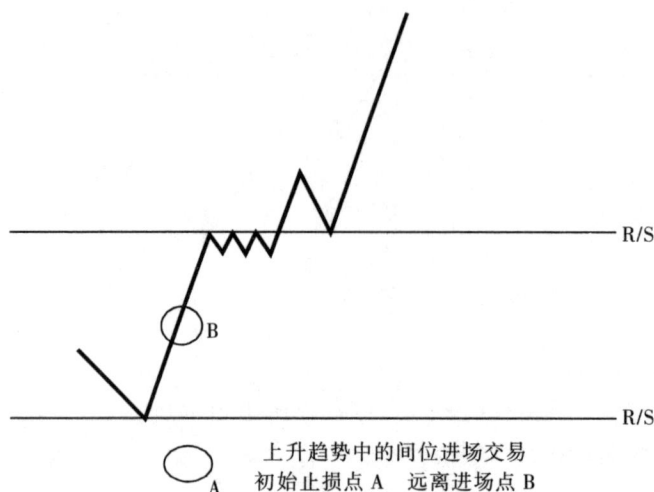

上升趋势中的间位进场交易
初始止损点 A　远离进场点 B

图 14-11　上升趋势中的间位进场

下跌走势中，如图 14-12 所示，有时候我们看到价格处于大跌之中，此时都是拉大阴线，你迫不及待杀了进去，结果价格大幅度反弹，你耐不住退出来了。

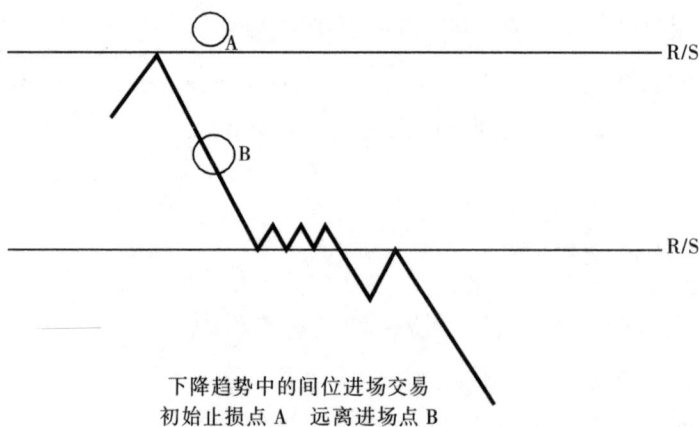

下降趋势中的间位进场交易
初始止损点 A　远离进场点 B

图 14-12　下降趋势中的间位进场

间位进场是一个相对概念，相对于你的合理止损幅度而言，如果在此进场的止损幅度超越了合理范围则一定是间位进场，要么减轻仓位，要么选择更靠近 R/S 的进场点。

第三节 K 线是确认潜在位置是否有效的有力武器

进场不仅基于四种位置关系，还涉及进一步的确认问题，也就是让"价格自己说话"问题。K 线是价格的语言之一，也是最主要的语言，我们应该学会将此语言与斐波那契分析工具结合起来使用。在本节，我们就来介绍一下 K 线和四种位置的关系。如果你对这节的内容有深入的了解，则此后你对 K 线的看法将超越一般人，洞察力也将有很大的提高。

K 线与见位的关系如何呢？一般而言，价格确认支撑或者阻力有效的时候，会出现转折性的 K 线信号，具体而言，就是在支撑附近出现看涨反转的 K 线，阻力附近出现看跌反转的 K 线。下面，我们来看实例，请看图 14-13。金价从低位开始慢慢爬升，在 A 处形成一个高点，此价位成为一个 R/S，此后价格在 B 点处回调，跌到此 A 价位构成的 R/S，并形成了早晨之星，这就是一个很好的见位进场做多机会，因为 K 线确认了此见位的有效性。此后，金价又在 C 点形成一个顶点，价格稍作回调之后继续上涨，然后再度下跌，跌至 D 点构成的支撑附近形成变异的早晨之星，确认了此支撑位

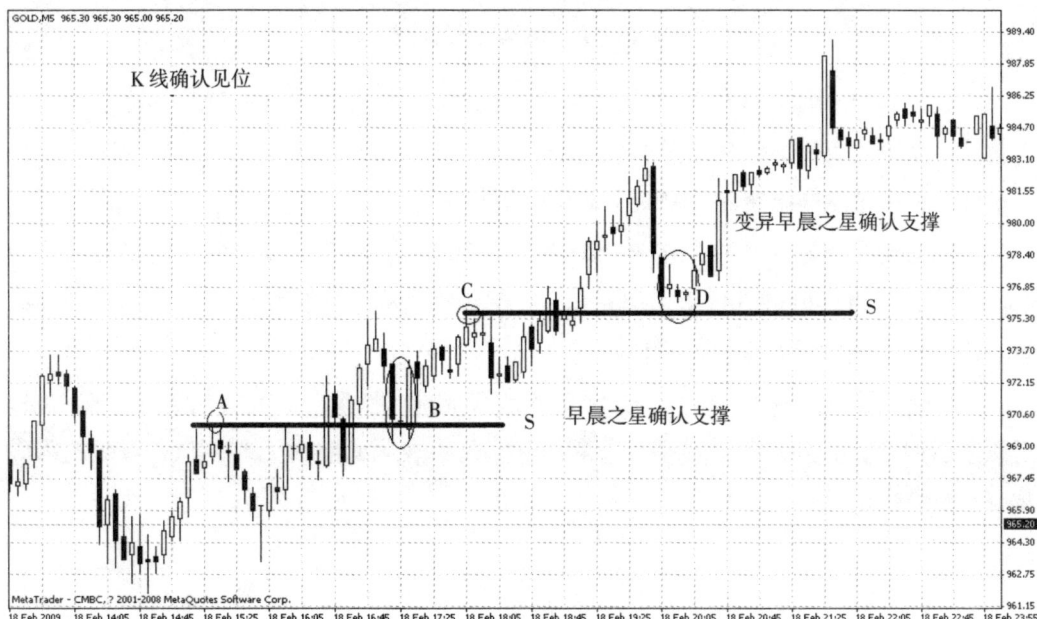

图 14-13 K 线确认见位（1）

置的有效，也就是确认此见位的有效性。

我们再来看一个下跌过程中，利用见位进场做空的实例，也就是 K 线确认见位做空的例子，请看图 14-14。A 点是一个显著的低点，形成 R/S 水平，此后价格四次反弹到这个阻力位置，第一次以黄昏之星确认，第二次以流星确认，第三次以变异的早晨之星确认，第四次以乌云盖顶确认。

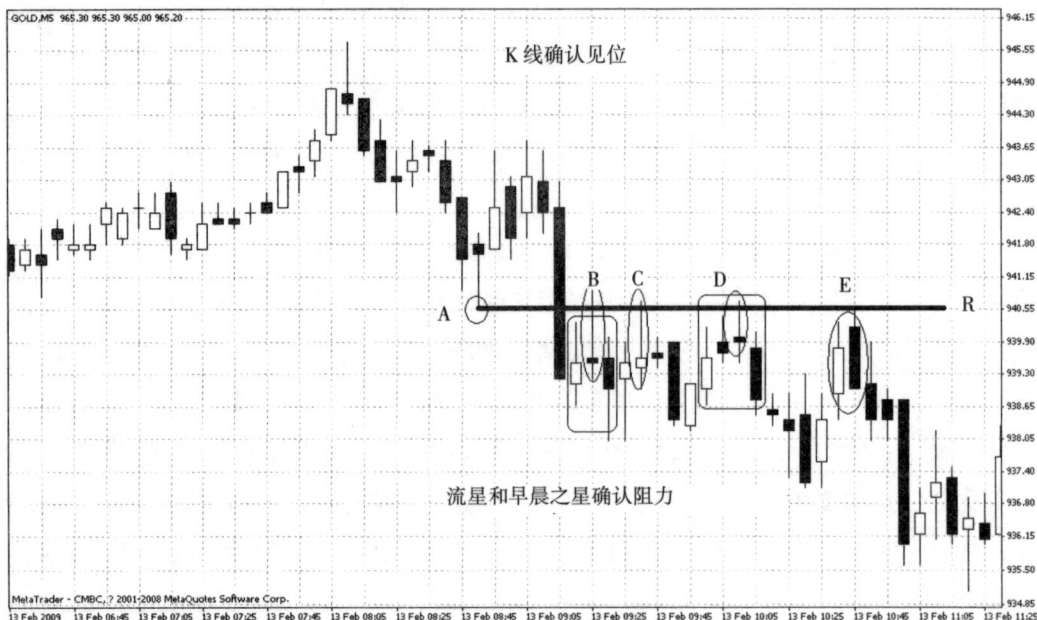

图 14-14　K 线确认见位（2）

接着，我们来看 K 线确认破位的用法，首先是上涨走势中的实例，请看图 14-15。金价从 917 附近上涨，涨到 A 点回落，此后 A 点成为 R/S 水平位置，之后，在 B 点处金价以一根大阳线向上突破，确认了此处破位有效。

再来看金价下跌走势中的 K 线确认破位，请看图 14-16，A 点处的低点构成了一个支撑位置（当然也可以是阻力位置），在 B 点处金价以大阴线跌破此支撑，跌破有效。这就是 K 线对下跌破位的确认。

K 线确认顶位请看图 14-17。金价在 A 点形成阶段性高点，此高点形成 R/S。价格下跌之后回升，升到此阻力水平，长期顶着盘整，表明此阻力无效，越是有效的阻力越是很快将价格弹开。这些小实体 K 线密集群确认了顶位做多有效。

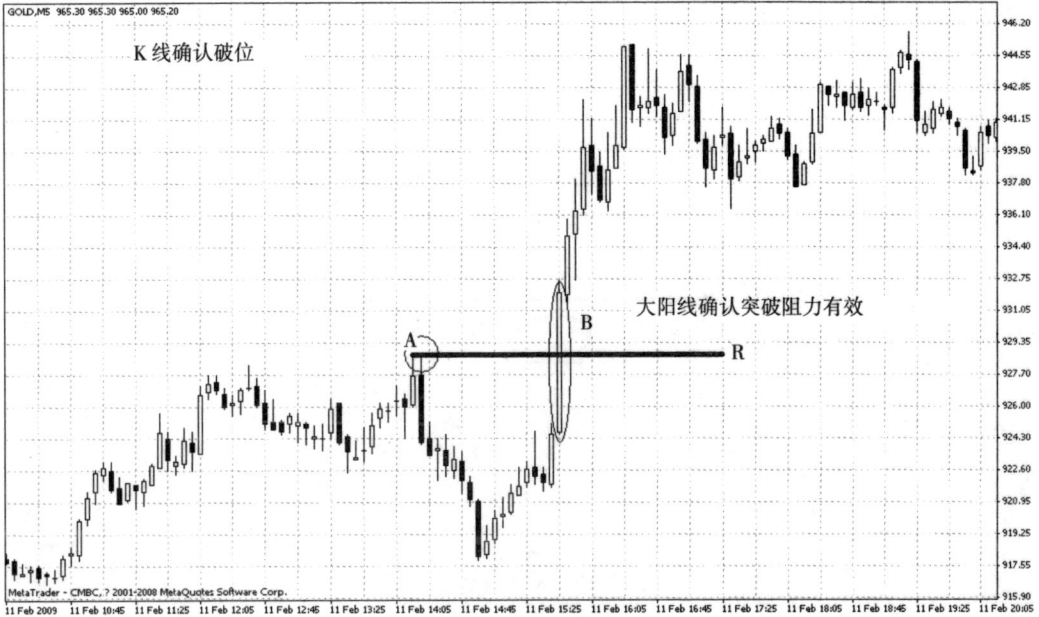

图 14-15 K 线确认破位（1）

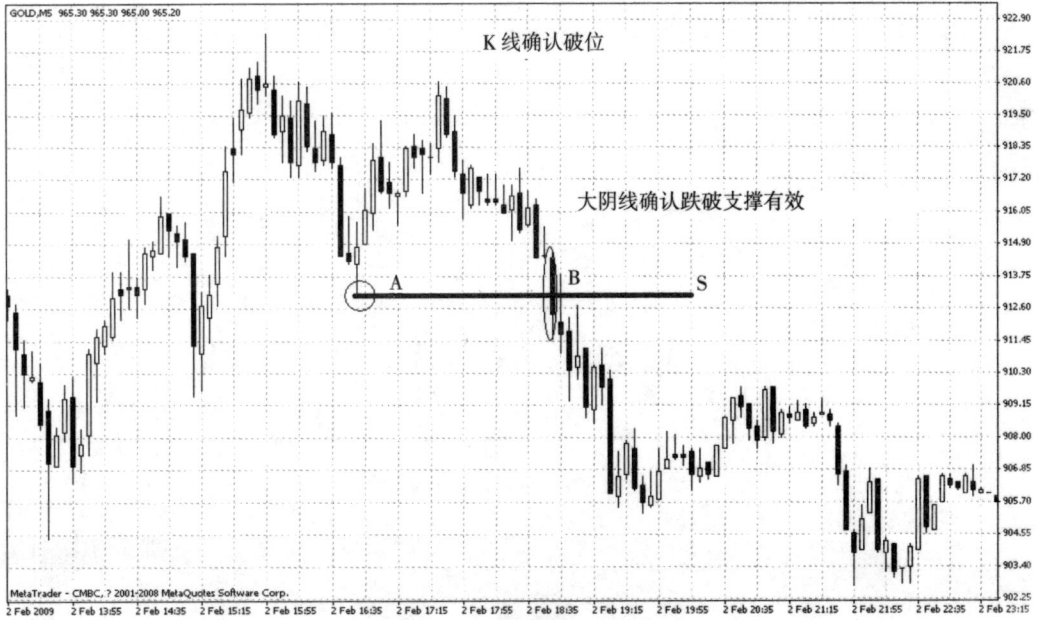

图 14-16 K 线确认破位（2）

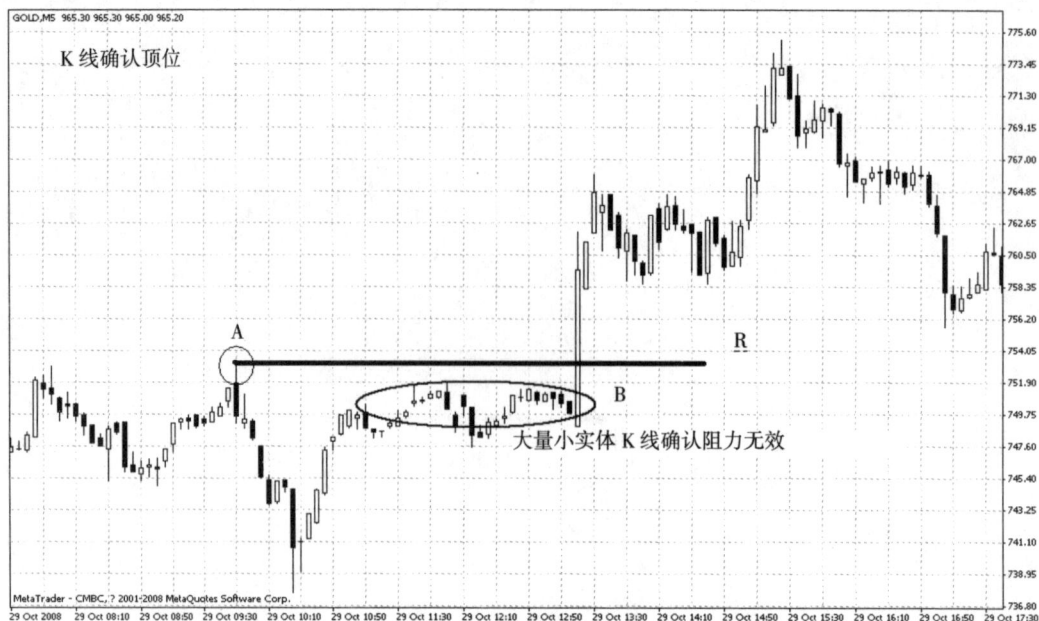

图 14-17　K线确认顶位（1）

下跌走势中的有效顶位如何被K线所确认呢？请看图14-18，A点的价格构成了支撑，之后价格"短期内"反复触及这个位置，表明此位置的支撑力很弱，更为重要的是，最近的E点处价格贴着支撑位置运行，进一步表明支撑无效，此做空顶位被确认。

图 14-18　K线确认顶位（2）

间位的确认也可以借助 K 线，只是 K 线确认间位是为了帮助我们规避错误的进场位置。远离 R/S 的价位区域总是被价格很快滑过，所以下跌多呈现大阴线，如图 14-19 所示，上涨多呈现大阳线，如图 14-20 所示。

图 14-19　K 线确认间位（1）

图 14-20　K 线确认间位（2）

将"位"和"态"结合起来运用，我们才知道如何进场和出场，"态"是最终"扣动扳机"时需要搞清楚的信号，而"位"则是需要最先搞清楚的信号。

第四节　以"势、位、态"分析，以"凯利公式"计划，以"机械思维"交易，以"统计思维"总结

做黄金短线交易与其他品种的交易在流程上并没有太大的差异，所以本课最后的总结也适合于外汇交易、股票交易和期货交易。任何交易都必须具有系统性的观念才能取胜，为什么一些交易者可以成功，而另外一些交易者只能无功而返呢？最关键的一点在于前者能从自己的失败中找到自己的局限性，打开视野，看到自己忽略的环节，最终使整个交易的蓝图呈现在自己面前。控制论和信息论对于交易者提高自己的交易水平有很大的启发作用，金观涛先生的《系统的哲学》和《控制论与科学方法论》值得每一位立志交易的人学习。如果你想成为一个交易高手的话，投资心理学和系统论是必须学习的，其他的可以通过实践和反思来获得，只有关于投资心理和系统思维的东西是最不可或缺的。很多人的交易**水平停滞不前都是因为缺乏有效的反馈机制，他们没有对自己的交易学习和实践历史进行很好的**评估。直到今天，你仍旧可以在一些书店看到那些宣扬错误观念的证券类交易书籍，这类书籍的最大特点是对交易的系统性只字不提，对于交易的完整流程一无所知，毫不涉及出场的策略，对于仓位管理避而不谈，它们在谈论什么时候会上涨，什么时候会下跌。在我们看来能够从技术图形上预测什么时候会涨，什么时候会跌并不是一件困难的事情，难就难在预测正确。**短线交易中存在太多的谬误，谬误的传播源于失败的人和成功的市场。**

在本节，我们将对整个交易流程进行刻画，这张蓝图是

短线交易中存在太多的谬误，谬误的传播源于失败的人和成功的市场。

超越技术分析的蓝图，或许你会感到不可思议：交易之前完成这么多的分析可能吗？其实，当你熟练之后，并不困难。

1. 识别交易结构："势、位、态"分析

真正完整的交易始于对市场性质的认识，而这离不开对驱动市场因素的理解。南斯拉夫战争之前的黄金市场和之后的黄金市场的走势特征如此截然不同，震荡到单边是什么造成的呢？从驱动分析的角度来看，是由于全球地缘政治环境的改变，主权国家并不能完全在国际社会的影响下实施自己的主权，后"冷战"格局开始形成。关于驱动分析一般短线交易可以不必涉及，如果能够融入短线交易则对趋势的把握将相当有利。关于这部分的内容可以参考《黄金高胜算交易：解密黄金交易的行为因素和驱动因素》一书。

分析完驱动因素接着分析市场情绪，反向意见理论这个时候将发挥很大的作用，但是不是任何时候都可以悖逆大多数人的意见的，背离的分析方法是主要的分析方法，黄金期货持仓报告是需要了解的，多空调查是需要了解的，你还可以统计主要机构对黄金走势的看法。驱动分析和心理分析可以帮助我们更好地理解市场的趋势特征，究竟是单边还是震荡。接下来，行情分析，也就是本书的主旨内容，主要是从"势、位、态"三个维度对行情进行概率分析，得出特定的风险回报率/胜算率的分布。然后**将行为分析得到的这些概率分布代入到凯利公式中算出大致的仓位，交易就被执行了，最终需要定期地总结，这就是系统的反馈**，以便保证系统自我完善和演进，整个交易流程如图 14-21 所示。

在短期交易中，使用纯技术分析还是可以的，但效果肯定比不上混合性的分析，也就是我们在图 14-21 中介绍的流程，关于这点我们对"那些号称技术分析必须纯正，不能与基本分析互参的说法"嗤之以鼻，原因很简单，我们身边的顶尖高手有几个是纯技术分析的？关于驱动分析的内容本书不再赘述，主要是传授行为分析的知识和技巧。关于行为分

在超越篇我们会给大家完整地重构这一流程，2008 年到 2016 年，我们将自己第一线交易的新体会囊括进来，教学相长，与时俱进。

析的三要素"势、位、态"，我们想用下面的表格进行归纳和总结，请看表 14-1。"势"的分析主要是围绕甄别单边走势和震荡走势，一般技术分析很难预测，只能确认或者说定义。"势"的分析主要采用三 N 法则和两跨分析，有条件的交易者可以参考螺旋历法操作。

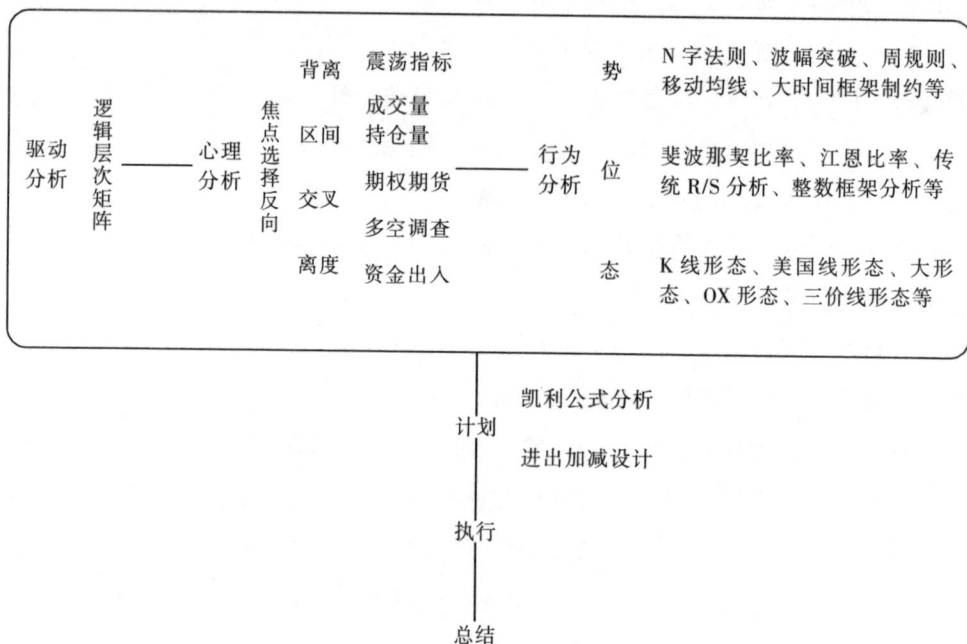

图 14-21　全方位交易流程图

表 14-1　"势、位、态"三要素

要素	工具	分析要素
势	三 N 法则（N 字，N%，N 期）	单边 VS 震荡
	两跨（跨时间分析，跨空间分析）	
	螺旋（螺旋历法）	
位	斐波那契水平线	支撑 VS 阻力
	中线（前日波幅中点）	
	波幅（日均波幅和离差）	
态	K 线（价态）	收敛 VS 发散
	成交量（量态）	

"位"的分析主要是围绕找出支撑和阻力位置展开的，我们运用的最主要工具是斐波那契水平线和中线，以及日均波幅和相应的离差，对于本书的读者而言掌握好斐波那契回调线和斐波那契延伸线即可。

"态"的分析主要是围绕价格和成交量来展开的，对于黄金而言主要是价格，以 K

线为主的工具是主要的分析手段。

按照这个流程去分析短期黄金走势，你就会看得更加清楚，但看得清楚未必表明你能正确操作，只对行情分析是绝对不够的，还需要根据分析得到的市场报酬率/胜算率结构，按照"凯利公式"的相关原理来设定仓位。

2. 设计交易策略："凯利公式"之下的资金管理方略

行情分析是交易的基础，但不是核心，核心是什么？核心是仓位管理，因为市场机会具有不同的胜算率/风险报酬率分布，面对不同的分布需要采用不同的仓位控制措施。仓位管理比较成熟的策略还是"凯利公式"，具体如下：

$F = [(R+1) W - 1]/R$

其中，F 为仓位，R 为风险报酬率，W 为胜算率。

R 可以通过潜在进场点到保守利润目标距离的绝对值除以潜在进场点到止损位的绝对值得到，两个出场点加上进场点就可以确定一笔潜在交易的仓位（见图 14-22），如果仓位不为正，则这笔交易铁定是不能做的。胜算率一般建议采用 30%~50% 的区间值，因为长期来看你很难战胜这个比率。

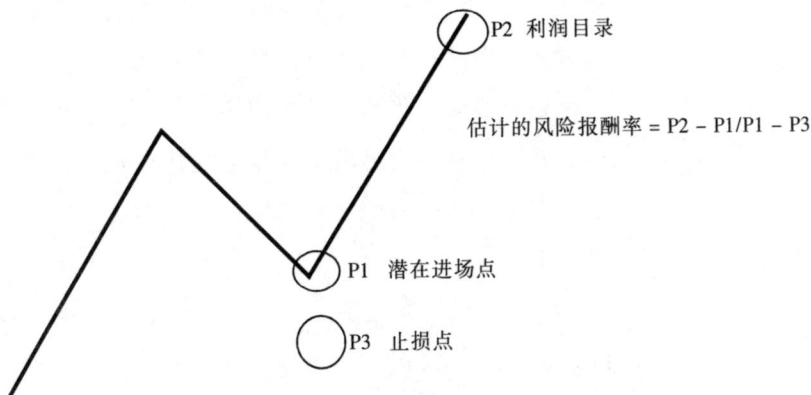

P2 利润目录

估计的风险报酬率 = P2 − P1/P1 − P3

P1 潜在进场点

P3 止损点

图 14-22　风险报酬率估计

3. 执行交易计划：对抗人性中的祸根

交易中最难对付的是自己，因为你的行为受制于你的信念和习惯，而交易的成败取决于你的行为如何顺应市场，最终行为要顺应市场，必须使得你的信念和习惯顺应市场。江恩理论和波浪理论给了绝大多数交易者一种幻觉，感觉自己能够凌驾于市场之上。

人性中的祸根有很多，交易者都需要克服，如果你从外面去寻找提高的对象，你就错了，唯有将交易所得到的所有反馈信息都用到内省自己深层心理上才能得到确实

提高。行情分析完成了，这对于绝大多人很容易，仓位计划也确定了，这并不难，只要你按照"凯利公式"去死板计算，经验很容易产生局限性。但是，无论你多么聪明，多么有经验，这些都无法代替你的意志力和执行力，而这恰好是交易者所必需的。自律是所有交易者永远都缺乏的要素。当行情分析和仓位设定结束后，执行不执行，执行到什么水平，长期交易中执行程度如何，这些都是要害环节。

怎么提高执行力度，一句话——"计划你的交易，交易你的计划"！《外汇交易圣经》一书中有许多提高执行力度的交易表格，大家可以翻来看看，做出自己的交易表格，打印出来，复印几十份备用。

4. 完善交易系统：定期升级你的武器

"计划你的交易，交易你的计划"还不够，你还需要定期反思整个交易、一段时期的交易，这就是对你长期发展最重要的步骤：完善你的交易系统。为了完成这一步，你必须随时对交易做好记录，将行情分析结论和图表、仓位计算、交易计划、最终走势图和绩效记录在案，这样你才有反思，而不是玄思。**很多交易者十几年都没什么长进，原因在于没有详细而完整的交易记录可供反思**，这类交易者在中国老股民中比比皆是。

最后，记住我们的忠告：以"势、位、态"框架进行分析，以"凯利公式"计划，以"机械思维"交易，以"统计思维"总结，如果你能够循着这个道路去发展你的交易策略，你将无往而不胜，黄金短线交易不是你的终点，而是你的起点。交易界没有老师，只有永恒的修行！交易不仅是生计和事业，更是一种修行，市场在给我们照镜子，告诉我们哪些地方需要完善，正常的人都是有很多人格缺陷的，成功的交易者需要超越自己，超越人类的普遍缺陷，才能晋升到最高成就者的行列！

你必须随时对交易做好记录，将行情分析结论和图表、仓位计算、交易计划、最终走势图和绩效记录在案，这样你才有反思，而不是玄思！

【开放式思考题】

在研读完第十四课的内容之后，可以进一步思考下列问题。虽然这些问题并没有固定的标准答案，但能够启发思考，跳出来看某些观点。

（1）本课提到"'势、位、态'作为技术分析或者说市场行为分析的最精练总结，有助于我们从纷繁复杂的技术分析领域中理出头绪来，有利于我们甄别技术的实际价值，有助于我们构造自己的技术分析体系"。在这三者中，谁最重要？理由是什么？

提示：取决于交易类型。

（2）本课提到"要预防一种行情走势，那就是在某个关键位置附近行情反复很多次，对于止损较小的交易者甚至止损较大的交易者都极具危害，连续亏损多次在这种情况下也很正常，为了避免这种情况要对某一个位置在一个交易周期（一般是一天）的交易次数进行限制，一般是两次，最好一日一次。道理是这样的，如果真的是一波单边走势，则越是强劲的走势，出现这种情况的概率越小，自然进场不用两次以上就能抓住行情了；相反，越是持久的震荡走势，则出现这种情况的概率越大，自然你进场两次以上也抓不住行情。所以，一个交易者应该限制自己一个交易日内在某一关键位置交易的次数，同时设定合理的止损"。**震荡走势和单边走势有哪些显著的差异特征可以用来帮助我们区分两者？**

提示：思考这个问题本身就可以彻悟许多最根本的交易思路。

【进一步学习和运用指南】

（1）根据自己的经验，将"顶位进场"的技术特征进一步细化，写下来，然后进行样本验证。

（2）思考一下"顶位进场"的驱动面和心理面背景。

续　篇
超越技术分析

无论过去、现在还是未来，复合的事物总会具有属性且会发生变化。

——巴坦加里

黄金驱动分析的框架与步骤

第十四课是围绕行为分析（技术分析）这个主题展开的，对于短线交易而言这是必须掌握的部分，因为短线交易对于风险控制和进场点与出场点要求更高。但是，如果想要解除"胜算率—风险报酬率反比曲线"的魔咒，则还需要在分析的前端进行驱动分析和心理分析。**对手盘会怎么想？资金会往哪里流动？** 这些属于心理分析的范畴，在"续篇"的后续课程中我们将会详细地介绍与黄金相关的心理分析，不过在此之前我们更需要了解和掌握的是驱动分析。因为驱动因素其实为所有参与者提供了一个大的博弈格局，任何人只能想着如何从格局中选择对自己最有利的行动。简而言之，**驱动因素影响甚至决定了对手会怎么想，资金会往哪里流动。**

驱动因素为什么重要呢？对于想要同时提供胜算率和风险报酬率的交易者而言，**只有搞透彻了驱动因素才能确认适合自己的格局和走势。** 驱动因素是"因"，行为因素是"果"。行情本身只是"现象"，导致行情发生的原因才是"本质"。**相关性只是现象层面的研究对象，而因果性才是本质层面的研究对象。** 从现象去找规律只能让人误入歧途，把握本质方能以不变应万变。技术分析缺乏科学的基础和严密的逻辑，属于经验层面，并非完全可靠的框架。但是，我们也不能否定技术分析/行为分析在短线交易中的优势和重要性。我们要做的是不局限于技术分析，要**超越技术分析**。

> 资金流动的可持续性比资金流动的方向更为重要。可持续性导致趋势的出现，趋势提供了复利的机会，而复利是交易者最好的朋友。

> 在分析师和交易者这个圈子，遇到很多小有名气的同行，他们经常会将"相关性"当作行动指南，甚至在样本只有两三个的情况下也这样做，结果可想而知。

> 超越之道在于"觉察"，当你跳出来看技术分析的时候，你就已经处在超越的道路上了。

437

相关性一度是跨市场分析的圭臬，这种只看价格相关性的做法有很大的局限性。黄金的走势有时候显得很诡异，比如美元涨的时候它会跌，但是某些时候美元涨的时候它也会涨。又比如，风险厌恶上升的时候黄金有时候会涨，有时又会跌。再比如，黄金有时候与大宗商品同涨跌，某些时候又会与大宗商品反方向而行。如果我们仅从相关性的角度去预判黄金，则犯错的概率很高，而且会让人越来越迷茫，但是如果我们从因果的角度去预判黄金，**就可以知其所以然，自然也就能对看似矛盾的现象做出透彻而前瞻的研判了。**

当然，人的认知能力是非常有限的，努力探寻因果关系是一种态度和行为，实际上我们只能把握局部和阶段性的相对因果关系，这就意味着犯错是不可避免的。但是，如果我们一上来就将"相关性"等"伪因果关系"当作努力探寻的目标，那么我们往往就会直接往非理性的道路上走。非理性的对手盘通俗来讲就是"韭菜"。

驱动分析帮助我们走出迷雾，打破魔咒，超越技术。驱动分析是行为分析的前端，我们在续篇中的重点就是驱动分析，本课我们将要介绍的是黄金相关驱动分析的框架和步骤，这是续篇的主题。后面几课我们都是围绕这一框架和步骤展开的，具体阐述某一要素或者某一步骤。当然，所有的分析要达到高效就不能不落实到"人"的分析上，这就是心理分析，驱动因素最终作用于人，而人采取行动则体现为行为因素，这就是价格等技术走势。无论我们做驱动分析还是做行为分析，其根本着眼点都是要搞清楚人是怎么想的，又会怎么做。

如果说心理过程是一个黑箱的话，那么作用心理过程的驱动因素以及因为心理决策带来的行为和结果则是我们推断黑箱内发生过程的两个信息来源（见图 15-1）。我们通过观察和分析驱动因素以及价格行为，进而推断出此前和当下的市场参与者心理过程，在此基础上进一步预判其未来的想法。我们经常唠叨"对手盘"，什么是对手盘？对手盘的实质就是**那些对市场有影响的、具有代表意义的交易者。**我们关注的不是他/她的身高、长相，而是他们在市场中的动机和能力，以及预期。我们来看一个具体的例子，2015 年 11 月 6 日，美国 10 月非农就业数据公布，这是驱动面的动向，而价格放量暴跌，这是行为面的动向，我们通过这两个层面的变化可以推断市场心理过程，那就是市场预期美联储 12 月开始加息的

利用非理性的对手盘是盈利的根本机制。对手盘的非理性状态是有规律的，这点我们将在本书后面的部分详细展开。金融交易的赢家是理性的，输家也是非理性的。当然，单次盈亏不能区分输家和赢家。我们通过系统的分析可以避免自己的非理性，同时识别和利用对手盘的非理性，这就是盈利的根本机制。

可能性极高（见图 15-2）。

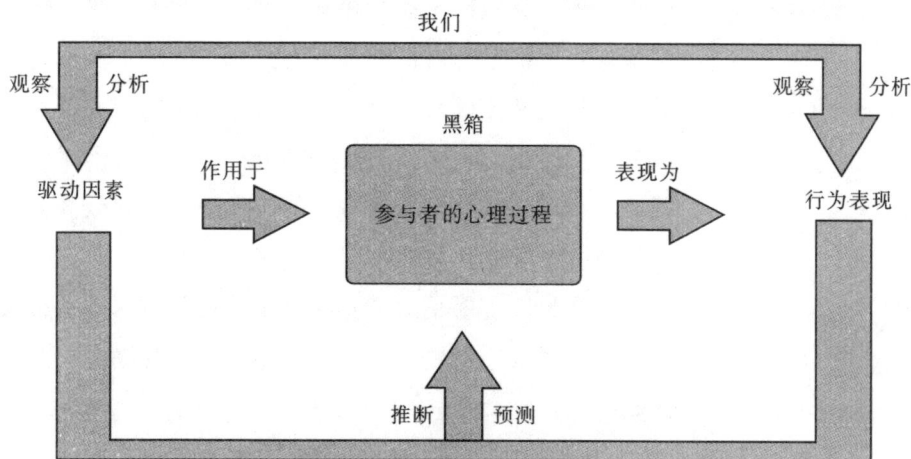

图 15-1　通过两端揣摩黑箱中的过程

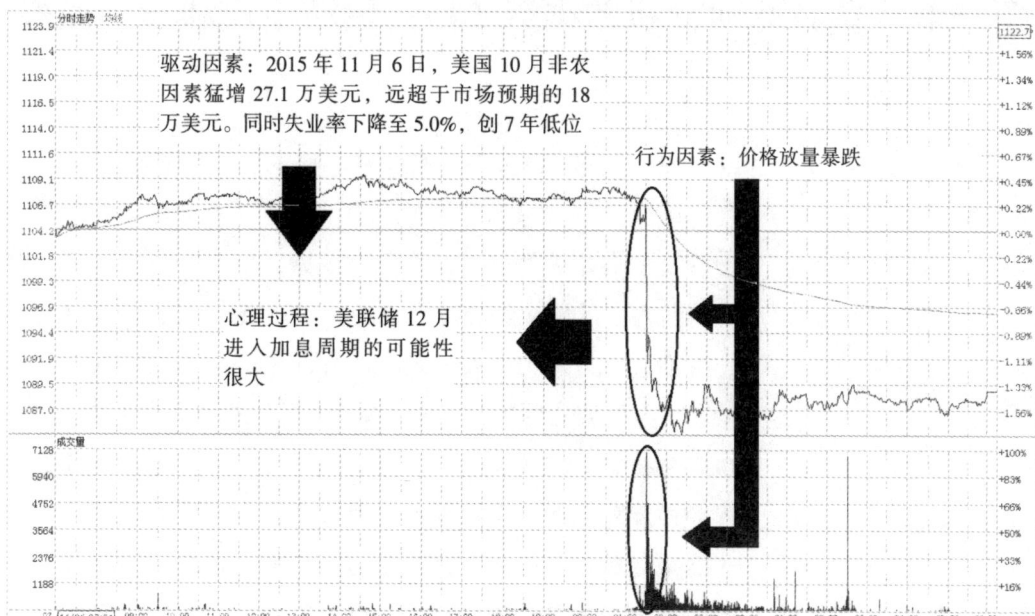

图中文字：

驱动因素：2015 年 11 月 6 日，美国 10 月非农因素猛增 27.1 万美元，远超于市场预期的 18 万美元。同时失业率下降至 5.0%，创 7 年低位

行为因素：价格放量暴跌

心理过程：美联储 12 月进入加息周期的可能性很大

图 15-2　通过两端推断心理过程的实例

所以，下单是非常容易的，仓位管理也是可以定量化、机械化的。但是在做分析的时候，一定是一种**系统的思维**。这种系统思维最粗浅的层次是在技术层面，最高层次是融合了驱动分析、心理分析和行为分析的。有读者会纳闷，既然心理过程不能直接观察到，为什么还有一个心理分析？其实，

非理性思维的根本特征就是非辩证法的、非系统的。也就是说没有用"全面、发展、联系"的系统流程来观察和思考、决策和判断。当然，没有任何思维可以做到绝对理性，现实的思维总是处于绝对理性和绝对非理性之间。我们所能

做的就是尽可能地理性，这就是一个交易者"立于不败之地"的一个要点，而科学的仓位管理则是另外一个要点。整体而言，就是从两个过程去把握胜局，一是分析过程，二是交易过程。

心理分析就是驱动分析和行为分析的枢纽，也就是两者的落脚点。正因为我们不能直接观察到参与者的心理过程，或者说很难观察到参与者的心理过程，所以我们只能通过观察一下外部特征来推断参与者的心理过程和预期。在续篇后面的部分我们会谈到关于黄金的心理分析，这个部分是与前面的行为分析和驱动分析紧密联系的，在分析的时候我们要作为一个整体来对待。

上面我们主要是对"超越技术分析"做了一些衔接性的介绍，下面我们就要进入正题，即"黄金驱动分析的框架和步骤"。

第一节　黄金驱动分析的框架（1）：驱动层次和三种属性

分析的框架决定你的格局和视野，而格局有多大决定了你的成就有多大。一个人再会琢磨对手盘，如果选择了较小的格局，也不过是小聪明。什么是聪明？聪明讲的是善于算计人心。什么是智慧？智慧讲的是善于算计格局。小聪明和大智慧的区别在于是不是从一个较大的格局出发看问题和解决问题。

在我们的《黄金高胜算交易》和《外汇短线交易的24堂精品课》于2009年首次出版后，有一些不良的作者在写作白银等交易类相关书籍时几乎完全照搬了书中的分析框架，其中就包括了这里提到的"驱动层次"，后来经过我们律师的严正交涉，对方做出了赔礼道歉和相应的经济赔偿。这个"驱动层次"框架主要用在外汇和贵金属的分析上，我们的《白银短线交易的24堂精品课》也会详细介绍这一框架。**为什么别人会抄袭我们的这个框架？为什么我们会不厌其烦地介绍这一框架？最为简单的一点就是这一框架很好用，很有效。**市场中绝大多数贵金属分析师和交易者在研判黄金基本面的时候，往往都是"只见树木，不见森林"。换而言之，就是被不断公布的数据和消息，以及事件牵着鼻子走，往往是针对单一的驱动因素进行所谓的利空还是利多的判断，这就是形而上学。

投机是零和游戏，那么投资是不是零和游戏，严格来讲也是零和游戏。为什么这样说呢？投机是针对"做出来的蛋

糕"的瓜分,而投资则还涉及"未来做出来的蛋糕"的瓜分。很多人讲过,投资是挣公司未来的收益流。如果一个人能够准确判断出一家公司未来的收益流,那么他即使选择卖出,也会精确地折算出现在的合理价格。什么是理性的卖出者?他能够将未来收益精确贴现到现在,比如5元一股,那么他只会接受大于等于5元的出价。那么什么又是理性的买入者呢?他也能够精确算出合理价格,也是5元一股,那么他只会接受小于等于5元的出价。最后,均衡价格就是5元,也就是说如果双方都是理性的话,那么就不能以高于5元的价格成交,也不能以低于5元的价格成交。只有买入者是非理性的时候,卖出者才能以高于5元的价格卖出。同样,只有卖出者是非理性的时候,买入者才能以低于5元的价格买入。巴菲特就是一个经常等待非理性卖出者的买入者,他赚的钱就来自于卖出者的非理性预估。这类非理性的卖出者其实损失了未来的收益,他们如果是理性的话就不会卖给巴菲特。所以,从这个过程我们看出一点,那就是投资也是零和游戏,那些因为不理性而将股票折价卖给巴菲特的人其实是损失了一部分收益的,这就是投资也是"零和博弈"的理由。

无论你是对黄金投资还是投机,都是参与零和博弈,如果你"只见树木,不见森林",那么必然输掉这场博弈。**只要你有资金持有头寸,那么你就在参与这场博弈,这场博弈就会持续进行。**如果你大多数时间,基本上都处于非理性状态,那么账户持续亏损就是必然的。如何克服你的非理性,克服你的形而上学思维呢?这就是我们的"驱动层次"框架。这是我们对黄金进行驱动分析时最重要的框架之一。另外一个最重要的框架则是"风险—收益矩阵",将在下一节介绍。在这一框架中我们会给出影响黄金价格的六个层次,以及与这六个层次相关联的黄金属性。黄金在三重"身份"之间变化,以至于当面对同类事件冲击的时候,它会表现出不同的反应,某些情况下甚至是截然不同的。

黄金驱动层次图包括几个范畴的内容,我们逐一进行介

投资者偏重从估值的角度去理解市场,投机者偏重从筹码的角度去理解市场。从整体出发要求我们不偏废两者,既要研究估值,也要研究筹码。驱动面研究估值为主,心理面和行为面研究筹码为主。黄金怎么估值?黄金不是有三种属性吗?作为国债怎么估值,作为股票怎么估值,作为商品怎么估值,这样一提醒你应该清楚了吧。

为什么这么多人不愿意进行基本分析？绝大多数人发现面对各种矛盾的信息和观点无从下手。"归类"是筛选的第一步，通过归类我们可以排定重要性，同时将同一种类的信息合并起来分析和理解。

绍（见图15-3）。第一个范畴的东西是六类驱动黄金价格的事件因素。**在这个市场上每天都有很多消息传播，除非你能够快速归类，否则就会被海量信息给"淹死"**。为什么这么多交易者不看基本面？很关键的一点就是"看了之后无所适从"。一是因为信息量太大，根本无法消化；二是因为矛盾的看法较多，看上去都有或多或少的理由。怎样解决这一问题呢？如果我们能够将映入眼帘的信息快速归类，贴上重要等级标签，那么问题就解决了大半。

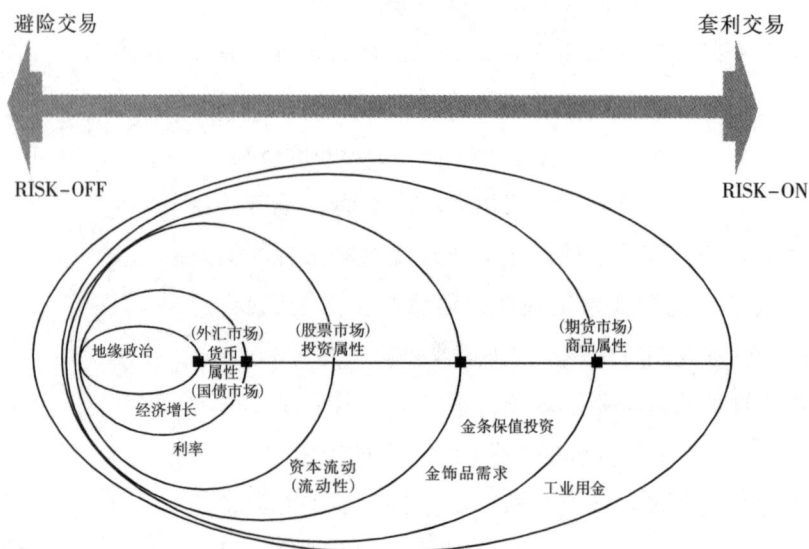

图15-3 黄金的驱动层次

要事第一，毕竟我们的精力和时间资源是稀缺的，要想最大化绩效，必须有轻重缓急之分。

如果要做大趋势，那么我们只需要关注**排名前三的事件类型即可**。分清楚了"轻重"，那么处理信息时就能把握"缓急"。驱动层次图第一范畴的六种类型的事件按照重要性排序，依次为：第一，地缘政治；第二，经济增长；第三，利率；第四，资本流动；第五，金饰品需求和金条保值投资；第六，工业用金。什么是重要性？如何具体落实到分析中？比如刚发生一起地缘政治事件和一起金饰品需求事件，前者是利多黄金的，后者是利空黄金的，绝大多数情况下前者的利多分量远远胜过后者的利空分量。

国际黄金是以美元作为计价单位的，其他货币计算的金

价往往是折算的，因此地缘政治事件中我们最关心的是与美国相关的地缘政治大变动。因为涉及美国的地缘政治重大事件往往标志着"美元成色"的阶段性变化，为什么这样说呢？"美元成色"与美国财政密切相关，当财政赤字大幅增加的时候，"美元成色"趋于下降。那么什么情况下美国政府的财政赤字容易大幅增加呢？这就是美国卷入战争的时候。

原油是超级战略物资，现代经济就是建立在它之上的，因此主要产油国的地缘政治重大变化往往会影响到整个市场的经济稳定运行，全球经济乱了，政治军事问题就来了，黄金自然会跟着反应。另外，**原油价格会极大影响全球通货膨胀水平**，而金价自然也会对通胀水平做出反应，这属于商品属性的东西，后面会详细地介绍，这里不多说。

我们再归纳一下地缘政治层面要关注的两个要点：第一个要点是美国地缘大战略的动向，第二个要点是主要产油国地缘政治的重大变化。黄金短线需要关注这些大动向吗？答案是需要关注，真正的短线高手必然是"大处着眼"的，否则"小处着手"往往被行情"剁手"。

黄金以美元计价，美元的价值影响了金价，那是不是只有地缘政治能够影响美元价值呢？也不是，**美国经济相对其他主要经济体的增长率，特别是相对欧元区的增长率预期如何会极大地影响美元价值**，而这又会影响到金价，这个我们将在后面的货币属性里面详细地介绍。

谈到美国经济，自然就牵涉到了第二层次的"经济增长"。正如上面谈到的一样，美国经济增长情况直接关系"美元成色"，进而关系到金价，但这一传导路径并非唯一。**在经济衰退的早期，由于金价主要受商品属性主导，所以金价这个时候会下跌。但是随着经济衰退加重，甚至步入经济危机的境况，这个时候金价反而会大涨，这时候就是货币属性主导了**。经济增长遭到破坏，纸币信用侵蚀，这个时候黄金就成为保护财富的有效手段。所以，在那些经济爆发危机的国家，黄金受到追捧。不过，如果你操作的是美元计价的国际

沙特阿拉伯、俄罗斯、美国和伊朗四国的产油量排序2015年开始处于显著的动态变化中。伊朗油气总储量是世界第一的，但是产量却不是。

443

黄金，那么你就需要盯紧美国是不是处于经济危机的前夕。

　　除了盯紧美国经济，也要盯紧那些持有大量黄金储备的国家和地区、组织（见表15-1），因为这些国家如果处于政府显著赤字或者债务违约前后的话也可能抛售黄金来获取急需的资金，比如苏联曾经大量抛售黄金来进口粮食，这导致了金价显著下跌。

表15-1　2015年世界各国和地区、组织黄金储备排名

排名	国家或组织	黄金储备（吨）	黄金占外汇储备（%）
1	美国	8133.50	72.60
2	德国	3384.20	67.80
3	国际货币基金组织	2814.00	1
4	意大利	2451.80	66.60
5	法国	2435.40	65.60
6	俄罗斯	1207.70	13.00
7	中国	1054.10	1.10
8	瑞士	1040.00	7.70
9	日本	765.2	2.50
10	荷兰	612.5	57.20
11	印度	557.7	6.90
12	土耳其	514.9	16.00
13	欧洲央行	504.8	27.60
14	葡萄牙	382.5	72.80
15	委内瑞拉	367.6	70.20
16	沙特阿拉伯	322.9	1.80
17	联合王国	310.3	11.20
18	黎巴嫩	286.8	22.70
19	西班牙	281.6	22.40
20	奥地利	280	43.70
21	比利时	227.4	36.20
22	菲律宾	195.3	9.90
23	哈萨克斯坦	193.4	27.00
24	阿尔及利亚	173.6	3.70
25	泰国	152.4	4.00
26	新加坡	127.4	2.00
27	瑞典	125.7	8.30
28	南非	125.2	10.70
29	墨西哥	122.7	2.50
30	利比亚	116.6	4.80
31	希腊	112.5	71.30
32	国际清算银行	111	1
33	韩国	104.4	1.20

续表

排名	国家或组织	黄金储备（吨）	黄金占外汇储备（%）
34	罗马尼亚	103.7	10.80
35	波兰	102.9	4.20
36	伊拉克	89.8	5.50
37	澳大利亚	79.9	6.00
38	科威特	79	9.20
39	印度尼西亚	78.1	2.80
40	埃及	75.6	19.70
41	巴西	67.2	0.80
42	丹麦	66.5	3.60
43	巴基斯坦	64.5	18.10
44	阿根廷	61.7	8.00
45	芬兰	49.1	18.60
46	玻利维亚	42.5	11.40
47	白俄罗斯	41.5	35.60
48	保加利亚	40.1	9.20
49	西非经济货币联盟	36.5	11.50
50	马来西亚	35.8	1.30
51	秘鲁	34.7	2.20
52	斯洛伐克	31.7	32.20
53	阿塞拜疆	30.2	8.20
54	叙利亚	25.8	5.90
55	乌克兰	23.9	15.10
56	斯里兰卡	23.2	11.20
57	摩洛哥	22	4.40
58	阿富汗	21.9	11.70
59	尼日利亚	21.4	1.80
60	塞尔维亚	17.5	5.90
61	乔丹	17.1	4.30
62	塞浦路斯	13.9	58.10
63	孟加拉国	13.8	2.50
64	柬埔寨	12.4	8.20
65	卡塔尔	12.4	1.20
66	厄瓜多尔	11.8	13.10
67	捷克	10.6	0.80
68	哥伦比亚	10.4	0.90
69	毛里求斯	8.9	9.70
70	老挝	8.9	32.40
71	加纳	8.7	7.70
72	塔吉克斯坦	8.6	67.40
73	巴拉圭	8.2	4.70

续表

排名	国家或组织	黄金储备（吨）	黄金占外汇储备（%）
74	缅甸	7.3	4.00
75	危地马拉	6.9	3.60
76	马其顿	6.8	9.80
77	萨尔瓦多	7.3	8.40
78	突尼斯	6.8	3.30
79	拉脱维亚	6.6	7.80
80	爱尔兰	6	14.50
81	立陶宛	5.8	25.10
82	莫桑比克	5.4	6.80
83	尼泊尔	4.9	3.20
84	巴林	4.7	3.10
85	文莱达鲁萨兰国	4.6	5.10
86	吉尔吉斯斯坦	4	8.60
87	斯洛文尼亚	3.2	12.40
88	阿鲁巴	3.1	18.40
89	匈牙利	3.1	0.30
90	波斯尼亚和黑塞哥维那	3	2.50
91	加拿大	3	0.20
92	蒙古	2.9	7.00
93	卢森堡	2.2	10.60
94	冰岛	2	1.90
95	巴布亚新几内亚	2	3.30
96	特立尼达和多巴哥	1.9	0.70
97	海地	1.8	6.00
98	阿尔巴尼亚	1.6	2.50

利率是第三层次的影响因素，最为重要的是美元的实际利率，这个会在后面的投资属性和商品属性中详细谈到。股票可以因为上市公司的业绩收入而产生股息，债券也存在固定收益，房地产可以产生租金收入，那么黄金的增值因素是什么呢？黄金只能作为保值的手段，即使金融创新很难让黄金产生类似股票的红利。绝大多数黄金只能躺在保险箱里等待货币贬值的出现，当纸币币值稳定的时候，存款的利率往往让黄金相形见绌。对于国际金价而言，美联储的利率政策是需要特别关注的。利率政策往往具有周期性的特点，加息周期和降息周期就是对这类周期的一般定义。美联储的利率

大周期赚大钱！

上升是不是金价就一定跌，这个未必，因为美联储控制的是短期的名义基准利率，而不是实际利率。如果名义利率的提升远逊于通胀率，那么金价就不会跌，反而会涨。

利率是一个基本的估值基准，一切未来收益流的贴现都要考虑长期基准利率水平，因此一切资产的价值都会受到利率的影响。当利率变动的时候，一切资产的吸引力都会相应发生变化，这些资产相对于黄金的吸引力也会发生变化，这自然就会极大地影响金价的变化。比如**利率上升**，在其他因素不变的情况下，上市公司贴现值是下降的，股价是下降的。如果此时又处于加息周期中，而且上市公司业绩是不变甚至下滑的，那么股票就没有什么吸引力了，这个时候黄金有没有吸引力呢？如果通胀还在上升，那么黄金相对于股票就有很大的吸引力，黄金类股票相对于消费类股票也有很大的吸引力。

资金流动或者说流动性因素是我们分析黄金时要考虑的第四层因素，什么时候流动性会异常宽裕？第一，实体经济缺乏很好的投资机会，这个时候就会出现流动性过剩。第二，在第一点的基础上如果货币政策非常宽松，那么就会加剧流动性过剩的局面。**实体经济没有赚钱的机会，那么就只能靠投机赚钱了，这就是玩击鼓传花的游戏，到资产价格上玩游戏**。黄金的年度增量相比存量是很少的，因此可以看成是短期供给刚性的资产，这类资产最容易称为击鼓传花对象。所以，在这种情况下股票和黄金一起涨，黄金和普洱茶一起涨并不是什么怪事。

第五层次和第六层次涉及对实物黄金的直接需要，"中国大妈"狂买金饰品之类的新闻对国际金价有没有影响？这个影响肯定是有的，不过相比前面四个层次的因素，这个影响是较短期的。关于黄金在年内存在季节性规律，这在本书后面的课程中也会讲到，这个**季节性规律与印度的实物黄金需求关系明确**。印度的重大节日会刺激实物黄金的需求，这个具有季节性规律，另外还要考虑**印度政府对黄金进出口的政**

在经济处于复苏和繁荣期的时候，利率上升与股价上升是同步的，这是因为风险偏好上升，减小了贴现的分母，而上市公司业绩预期上升，增大了分子，这就抵消了利率上升的负面影响。

资产泡沫产生的时机你知道了，大钱能不能赚到？

策变化。次贷危机和欧债危机之后，印度经济也疲弱，加上印度贸易顺差本来就不行，所以印度政府很介意黄金进口导致的贸易逆差扩大。为了平衡国际收支和稳定汇率，印度政府时不时地会对黄金进出口政策进行干预，这个对国际金价有一些立竿见影的短期影响，对于短线黄金投机客而言不能不考虑。

第一个范畴的六个层次大致介绍了一下，后面还会结合其他内容再度提出来。黄金短线交易也要注重趋势，这种趋势不是简单的日内趋势，而是大势。所谓**得大势者得天下**，短线交易者要想持续盈利，要想暴利，就必须关注大势。前四个层次属于大势的主导因素，因此黄金短线交易者必须对此予以关注。

第二个范畴的东西是黄金的三重属性。属性这个东西不像事件那么具体，给人的感觉就是抽象而不好把握。前面讲的六个层次，往往都有具体的事件在那里供人琢磨和推理，但是属性就不是那么直观了。不过，**越是抽象的东西越容易成为市场的盲点，而市场的盲点就容易成为我们的盈利点，甚至暴利点。**不过属性和事件之间是有对应关系的，六个层次与三重属性是密切联系的。

盲点即利润——盲利公式！

黄金三重属性分别是货币属性、投资属性、商品属性。**其中对金价最有影响力的属性是货币属性，其次是投资属性，最后才是商品属性。**

货币属性对应于"地缘政治"和"经济增长"，投资属性对应于"利率水平"和"资本流动（流动性）"，商品属性对应于"金饰品需求"和"金条保值需求"以及"工业用金"。整体而言，**货币属性主导金价的时候行情最大，商品属性主导金价的时候行情最小，投资属性介于两者之间。**由此也可以看出，货币属性是黄金最为重要的属性，投资属性次之。黄金作为商品与作为货币，肯定是后者的意义大得多。

黄金的三重属性主导着黄金的价格走势，只有明白了三重属性及其相互之间的关系才能做到正确地研判黄金走势。

好的黄金分析师不多，其最为关键的原因就在于**绝大多数黄金分析师对黄金属性缺乏清楚的认识。要判断黄金现货和期货合约价格的长期和重大走向，就必须以黄金的货币属性作为跟踪的核心；要研判黄金现货和期货合约价格的中期和重要走向，就必须以黄金的投资属性作为跟踪的核心；要研判黄金现货和期货合约价格的短期和次要走向，就必须以黄金的商品属性作为跟踪的核心。**

绝大多数黄金分析师都没有发展出自己独特的分析框架，只知道照搬和模仿，缺乏独到的见解，这在黄金交易界是很难做出显著业绩的。

　　什么是货币属性？就是黄金履行货币部分或者全部职能时体现的属性。在某些发生危机的国家，黄金和美元往往会体现出较强的货币属性，比如东南亚经济危机的时候，很多国家的居民就倾向于持有美元和黄金。当然，如果美元出现信用危机的时候，黄金则在更大范围内体现其货币属性。尼克松终止美元与黄金挂钩之后，黄金的货币职能被认为是雪藏了，此后黄金阶段性体现其货币属性的时候往往是纸币出现信用危机的时候，这个时候黄金肯定是上涨的。黄金没有被雪藏之前，黄金作为货币，与其他商品的比价肯定有涨有跌。比如，大金矿发现之后黄金与其他商品的比价倾向于下跌。而生产力不断进步后，黄金与其他商品的比价倾向于上升。所以，那个时代的黄金一直体现货币属性，金价也不一定是上涨的。

　　不过，纸币本位制建立起来后，黄金的货币功能被雪藏了，一旦纸币信用出现侵蚀或者危机，则黄金"雪藏"不住了，这个时候黄金的纸币价格必然是上涨的，这个时候体现货币属性的黄金必然是上涨的。

　　投资属性是黄金的第二个属性，这个属性与利率，与流动性关系很大。当这个市场上的钱太多而找不到实业机会的时候，资产出现普涨是一个必然的结果。什么是资产？简而言之就是短期供给刚性的东西都能够成为资产，加上足够的**"想象空间"**就更容易被过剩的流动性盯上。当实业整体缺乏足够的回报率时，流动性就会过剩，如果政治和经济整体稳定，那么风险偏好就会促使资金追逐各种资产，这个时候包

"想象空间"就是题材的可炒作空间。

括股票、房地产、艺术品、贵金属等资产都会一块被追捧。

如果说今天的黄金要表现出货币属性，则一定是风险厌恶的原因，而当风险情绪**好转，大量的资金开始追逐风险资产的时候，黄金的上涨则是因为其仅作为一种资产而已。**

如果流动性没有达到非常过剩的地步，上市公司的业绩非常亮丽，股票的前景看起来非常不错，这个时候理性的投资者会放弃黄金而选择股票。巴菲特也碰过贵金属，比如白银，但是他注重的是成本和实际供求关系。他对于黄金一向持有负面的看法，因为上市公司可以创造利润，而黄金严格来讲不能产生孳息。当实体经济存在大量投资机会，上市公司业绩蒸蒸日上，这个时候黄金不能作为很好的投资对象，因为它相当于每股收益或者股息为零的股票，比起绝大多数股票而言都缺乏吸引力。

为什么美联储搞 QE 的时候，股票与黄金一起上涨？这是流动性过剩的情况下，实体经济缺乏好的机会，资金就会去炒资产，这个时候买股票，并非看好上市公司的业绩，而是因为股票短期内的供给是刚性的。在写作续篇的这两年，到日本旅行的中国人有个奇怪的现象，一到日本什么都买，很多人甚至买了一大堆没用的药回去，这是为什么呢？有时候店里有什么买什么，别人买什么自己买什么，这就是在某个特定的格局下，人们手里资金宽裕，店里货物数量有限的时候就会出现这种大家盲目抢购的现象。最后，很多人买回去的东西根本用不上。

纸币贬值必然体现为商品价格上涨，通胀是一种货币现象，这是货币学派的重要观点，当然货币如果是中性的话可以这么说。按照奥地利学派的说法，货币并非是中性的，货币对生产过程和结构有影响，进而对经济产生影响。**黄金的商品属性必然与一般物价水平相联系**，当通胀来临时，黄金价格是否上涨？肯定上涨，因为黄金也是商品，通胀的时候，黄金也是保值的。那么，通缩的时候，黄金价格会下跌吗？这就不一定了。如果是大萧条，大危机，那么黄金价格可能并不会下降，反而会上升。但是如果是一般的通缩，或者是货币当局的主动收缩，将实际利率显著上升，那么黄金价格下跌的可能性就很大。**物价下跌如果触发了黄金的货币属性，那么金价上涨，物价下跌如果作用于黄金的商品属性，则金价下跌。**

一下子发现一个特大金矿，并且不久就能大规模开采、冶炼、加工，你说金价这个时候会下跌吗？如果政治经济层面都是健康的，那么黄金的货币属性就被"雪藏"了。另外，由于实体经济大有可为，那么股票和信用债的吸引力就比黄金大很多，**这个时候黄金的投资属性也带来不了利好，只剩下商品属性了。**这个时候，除非通胀特别严重，当然在政治经济健康的情况下，通胀也不太可能严重，那么特大金矿的出现

只能利空黄金了。从这个简单的例子大家发现什么了吗？首先看黄金的货币属性有没有作用，如果没有作用再看投资属性有没有作用，最后看商品属性。货币属性属于黄金的最高属性，它对金价的主导作用具有最高层级，如果你开始就看商品属性，看实物黄金的供需平衡表，那叫"分不清主次"，往往容易犯"一叶障目，不见森林"的错误。

绝大多数黄金分析师，**根本没有这个层级概念，分不清主要矛盾和次要矛盾**，很多时候只是简单地针对一则具体的消息判断多空。好的黄金分析师和交易者必然是精通矛盾论的哲学高手。面对纷繁复杂的黄金基本面和消息面，看得越多越茫然这是必然的遭遇，要想从这种困境中走出来，这个需要高超的哲学智慧。**什么是哲学智慧？就是系统的基础上抓主要矛盾。三种属性和六个层次就是一个系统，在这个基础上抓主要矛盾。**什么是主要矛盾？货币属性相对于投资属性和商品属性就是主要矛盾，投资属性相对于商品属性就是主要矛盾。投资属性主导的时候，流动性过剩与否是矛盾的主要方面。实体经济机会多流动性很难过剩，这个时候股票和信用债比黄金更有投资价值，当实体经济进入滞胀的时候，黄金与大宗商品有了对抗通胀的保值功能。如果实体机会少，这个时候政府倾向于进行宽松的货币政策，这必然加剧流动性过剩，后果就是所有资产价格齐飞，股票与黄金同涨必然出现。

第三个范畴的东西是黄金相关联的多重市场。黄金是一个多重属性的交易对象，这使得它比债券、外汇、股票、商品、房地产和艺术品更难以把握。很多黄金分析师和交易者经常遇到的情况是，当你还沉迷在投资属性主导下的金价走势时，突然金价走势突破了既有的逻辑框架，这个时候往往是因为此前忽略的货币属性开始显露，投资属性让出主导权，或者说投资属性"臣服于"货币属性。如果你还陷于此前的格局中，那自然无法解释当下走势的逻辑。

货币属性主导黄金的时候，国债和外汇市场与黄金的关

天下熙熙，皆为利来；天下攘攘，皆为利往。

不懂黄金的三重属性不可以称为合格的黄金交易者，但可以号称黄金分析师。

451

系最为密切。外汇零售市场一般针对的是杠杆较高的个人客户，这类交易其实风险是很高的，适合极度偏好风险的中小资金。在外汇市场中占绝对主体的并非这类资金，而是一些关注息差的资金，也就是说套息交易这类资金。两国货币的息差变化和风险偏好主导了外汇市场的重大变化，而息差的观察计算标的往往是国债，所以国债和外汇之间存在密切关系。那么，**外汇涉及两种货币，涉及两国的相对信用，**而国债则直接与国家信用密切相关，所以当代表国家信用的汇率和国债价格（收益率）出现显著变化的时候，黄金的货币属性可能就会显现。

综上所述，由于汇率和国债代表了国家信用，而黄金的货币属性能否显现也与国家信用是否下降相关，**当我们观察和分析黄金的货币属性时应该结合外汇和国债市场进行观察。**比如，欧债危机的时候，欧元区的货币信用劣于美国的货币信用，大量资金涌入美国国债市场避险，这个时候黄金的欧元价格是上涨的。现在中国内地的外汇网站往往都是兼顾了贵金属的，所以外汇交易者对于黄金的走向会同时关注和参与。但是贵金属的交易者，特别是一些只做贵金属的交易者却不太关注外汇市场的动向，这点需要改变。黄金要做好，必须要关注外汇市场，有条件的分析师和交易者还应该关注国债市场，特别是美国国债和德国国债的走势。

前面我们已经提到了，货币属性是黄金最为重要的属性，而关注外汇和国债市场则相当于关注了这一最重要的属性。相反，如果你将外汇和国债市场的消息和走势置之不理，那么就相当于在视野和格局上放低了自己，自然也就很难在这个市场取胜了。经常讲一个人的格局有多大，成就就有多大。那么，就黄金交易而言，怎样提高自己的格局呢？格局这个东西说起来很有道理，但是要落实到具体的行为，落实到"如何"是很难的。"是什么"比"为什么"可能更容易、更清楚，而很多时候"怎么样"和"如何"则要比"是什么"和"为什么"更难。要提高自己在黄金分析和交易中的格局，关

有时候，外汇市场是在选美，不一定绝对美，只要没有对手那么"丑"就算美了。

键在于把握黄金的货币属性和投资属性，特别是货币属性。**驱动层次越高，则格局越大，驱动层次越低，则格局越小。**驱动层次的作用在于让你把握自己的格局大小。

投资属性主导黄金的时候，信用债和股票市场与黄金的关系最为密切。这里的"投资"并非广义上，也就是并非做交易就叫投资。这里的"投资"其实与"投机"相区别，也是主要冲着红利或者利息这类增值收益去的，而不是"价差"，至少价差不是主要目的。当然，我们也将过剩流动性引发的"资产重估"纳入我们这里说的"投资"。

如果货币属性没有主导黄金，**那么投资属性就会主导黄金，这个时候就分两种大的情况了。第一种情况就是流动性过剩，这个时候所有资产价值都要重估，重估中后期出现泡沫是难免的，这个时候股票和黄金会同时上涨，而且幅度不小。**所以，如果你观察到黄金和股票指数同时上涨的情况，就要注意查看是不是流动性过剩了，而且市场风险偏好较高。这种情况下，黄金类股票往往属于股市中的热点板块，大家同时参与。**第二种情况就是流动性并未过剩，这个时候实体经济的机会很好，所以资金会往实体经济流动，**利率会逐步走高，这个时候银行被动信贷扩张的可能性更大，因为是企业主动向银行申请资金，同时利率和信贷额呈正相关关系。资金没有空转，而是进入到收益率较高的实体投资领域，这个时候黄金很容易受到冷落，而股市整体是向好的，特别是经济新阶段的主导行业。简而言之，关注黄金的投资属性，需要我们同时关注股票市场的表现，有余力的分析师和交易者还应该关注信用债市场的表现，因为这两者都与企业有关。

货币属性主导黄金的时候，下面两个属性基本不用看，而投资属性主导黄金的时候，商品属性还需要关注，因为对趋势有一定的正向推动或者负面延缓作用。

商品属性主导黄金的时候，大宗商品市场与黄金的关系最为密切。大宗商品市场里面有三类标的与黄金的关系较为密切：第一类是原油，原油与地缘政治风险有关，与经济稳

> 估值驱动股市上涨的时候，黄金往往也会上涨；业绩驱动股市上涨的时候，黄金就容易遭受冷落，除非通胀显著上涨。

定运行有关，与通货膨胀有关。原油的属性还是比较多的，但是比不过黄金。但就商品属性而言，原油很大程度上决定了通胀水平。当然，长期来讲人口结构对通胀水平有决定作用，因为人口结构会决定对原油的最终需求水平。黄金就其商品属性而言，除了装饰性需求和工业需求外，其对抗通胀的特性使得它很容易受到原油价格显著波动的影响。因此，我们关注黄金的商品属性时需要密切关注原油市场的走势。

第二类是有色，特别是铜。铜被称为"铜博士"，为什么呢？因为它对经济走向具有很强的风向标作用，比绝大多数经济学家的预测还准。其实，我们回过头来想，铜价其实是由众多市场参与者决定的，这些参与者持有的各种信息全部注入到铜价中，当然比单个经济学家的推断更加全面和及时。铜价反映了通胀和增长，而通胀与金价关系密切，所以我们观察和分析金价的时候要关注铜价。增长与金价有没有关系呢？金饰品用金和工业用金与经济增长关系还是比较密切的，印度经济向好的时候，金饰品和金条的购买力就比较强，自然会影响实物金价。另外，就投资属性而言，如果实体经济健康增长，没有滞胀和衰退，流动性也不过剩，那么黄金就很难作为投资品，只能作为消费品，也就是一般商品。

第三类是其他贵金属，比如铂金、钯金，特别是白银。其实，其他贵金属的货币属性很弱，主要还是投资属性和商品属性，只有白银具有一定的货币属性。金银比价是某些分析师津津乐道的，在不同经济周期的不同阶段，这个比价会出现有规律的变化。不过，比价套利还是不太好做的，只能作为资产组合的参考。我们分析和交易黄金，同时要关注白银的走势，特别是与黄金比较起来的相对走势。**白银的工业属性更多一些，在某些情况下，比如经济稳健增长，流动性并不过剩的情况下，白银比黄金表现要好得多。而在经济动荡**的时候，黄金要比白银表现得更好。现在白银作为一个独立的交易标的在国内方兴未艾，为了把握更多的交易机会，大家可以专门研究一下白银这个品种，我们也出了一本有关

白银的工业属性要强于黄金，这点是白银分析师需要时刻铭记在心的。白银以伴生矿为主，A 股基本没有专门的白银冶炼公司，一些大型有色公司往往与白银有关。

白银短线交易的专著——《白银短线交易的 24 堂精品课》，这本书是应不少专业白银分析师和交易员的要求进行封闭集训时撰写的教材，大家可以做一个参考。

　　房地产是非常重要的一个资产市场，它与黄金的关系要从房地产市场本身的性质说起。房地产市场的收益包括两个部分，一是广义的租金，二是资产价格上涨收益。资产价格上涨往往与流动性过剩引发的通胀有关。如果从广义租金的角度来看房地产，那么租金类似于上市公司的每股收益，这个时候房地产与股票类似。如果从通胀收益的角度看房地产，那么房价上涨收益类似于大宗商品的涨价收益，这个时候房地产与大宗商品类似。因此，**房地产在投资属性和商品属性两个方面与黄金有联系**（见图 15–4），**也就是说当投资属性或者商品属性主导黄金的时候，房地产市场与黄金的关系较为密切。**

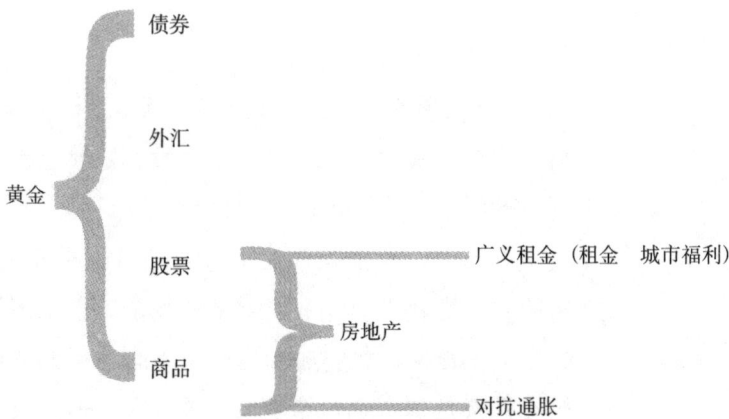

图 15–4　房地产与黄金的属性映射关系

　　第四个范畴的东西是两种截然不同类型的交易。外汇市场的交易员最讲究"氛围"，什么"氛围"呢？这就是风险偏好的问题。随着媒体的不断报道，现在 A 股市场也开始讲"氛围"了。也就是提风险偏好了。**风险偏好有两个极端，这就是风险追逐和风险厌恶。**当然，真正的市场情绪往往是分布在两个极端之间的，只是偏向于某一端而已。不过，我们平时分析和交易只需要二分法而已，最多加上一个中性情绪。

　　风险偏好其实是驱动分析中与心理因素比较接近的一个东西。但是，这个因素如果不与具体的基本面因素衔接起来，只会变得非常武断。当然，如果你是一个纯粹做大趋势的跟随性交易者，则可以等待市场出现明显的风险偏好再行动，省掉了预判这一步。

当风险偏好上升的时候，黄金倾向于投资属性和商品属性，这个时候就要关注股票市场、信用债市场、商品市场。当风险偏好下降的时候，黄金倾向于货币属性，这个时候就要关注外汇市场和国债市场了。那么什么决定风险偏好呢？这就是事件了，发生了事件，我们将其归类为六个层次中的特定层次，这样就可以知道风险偏好是倾向于"RISK-OFF"还是"RISK-ON"了。特定层次对应的属性我们就同时知道了，也知道了相应应该关注的跨市场走势。驱动层次图里面的这个"风险偏好"范畴对于我们分析师和交易者而言可以说是一把非常方便的钥匙，它可以打开整个贵金属交易的神秘大门，在下面一节和第十六课我们会更加全面而具体地谈到这一问题。

第二节　黄金驱动分析的框架（2）：风险—收益矩阵

有没有黄金驱动分析的框架，是区别"瞎想瞎说分析师"与"逻辑严密分析师"的关键。没有框架也是一种框架，只是一种不稳定、缺乏逻辑的框架，分析和交易的一致性就无法得到保证。有了框架还不够，还必须不断完善精简框架，去粗存精是必要的，不能越来越复杂。在十多年分析和交易黄金的过程中，我们逐步形成了本书中提到的框架，第一个核心框架是"帝娜黄金驱动层次图"，前面一节已经介绍过了，第二个核心框架是"帝娜风险—收益矩阵"。本节就要介绍第二个框架，其实在**黄金驱动层次图中隐含了这一矩阵**，但是为了更好地理解"风险—收益"关系，为了更好地明白黄金的多变属性，同时也为了更好地理解与黄金有关的跨市场联动，我们有必要专门讲讲这里面的"窍门"。

整体而言，金融标的风险与收益是正相关的，也就是说提高收益就要承担更大的风险，这是一个整体的风险和收益匹配问题。因为更高的收益来自于更高的波动率，而更高的

希望本书毫无保留贡献的两个黄金分析框架得到大家的尊重和珍惜。黄金驱动分析的核心和精髓就是这两张图了，你看到这里也应该有所收获了。

波动率同时意味着更高的风险。这个风险和收益是就波动性而言，没有考虑持仓方向准确性的问题，也没有考虑仓位管理问题。对市场波动方向的判断能力对于单个人来讲可能存在，但是对于整个参与群体而言可以假定是难以准确判断市场方向的，因此对于整个参与群体而言，风险和收益主要涉及波动率，而无法用自己的判断能力来提高收益和降低风险。

我们以较为典型的几大金融市场/标的作为代表"入驻"风险—收益矩阵（见图15-5），它们分别是国债、外汇、股票和商品。这里需要注意的是，参与外汇市场的大多数重量级交易机构倾向于低杠杆甚至无杠杆，而且主要赚取的是息差和汇兑收益，而不是短线价差。市场上的大型主流玩家在外汇市场上取得的年均利润率要显著低于股票市场，基本上低于15%。只有高杠杆的零售外汇玩家可能超越这一收益，而对于索罗斯这样的玩家而言，只有在某些特殊时期才会采用杠杆获得非常高的收益，比如欧洲货币机制出现危机的时候，比如东南亚经济危机的时候，比如日本超级量化宽松的时候。所以，在不考虑杠杆的情况下外汇的风险和收益要低于股票。

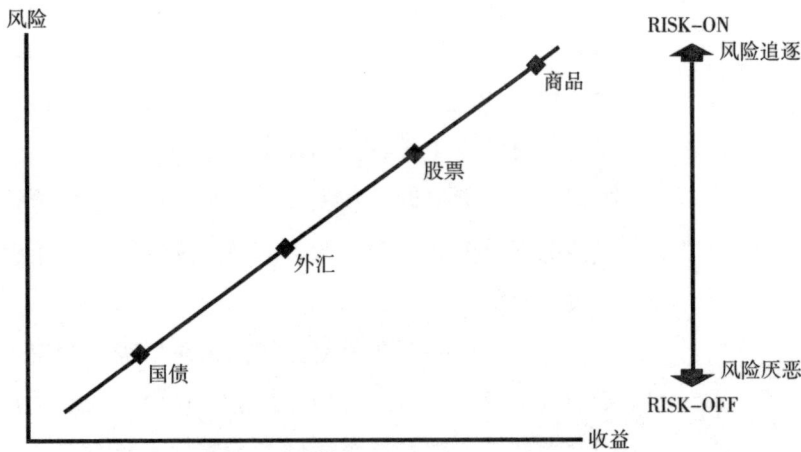

帝娜"风险—收益"矩阵

图15-5　黄金驱动分析的第二个关键框架

在帝娜"风险—收益"矩阵中，风险和收益最低的是国债，往上走则依次是外汇、股票、商品。当然，还有一些其他的金融标的，比如信用债、金融期货、期权等，这些大家可以根据其"风险—收益"特征放到相应的位置上。情绪主导市场，情绪好的时候大家就会追逐高收益的标的，因为这个时候忽略了风险，这个就是"RISK-ON"。情绪差的时候大家就会非常在意风险，这个时候就会规避风险，要规避风险就只能选择那些收益率较低的标的，因为只有收益率低的资产标的，其风险才会相对较低。中

长期来看，一个特定资产的收益率是较为恒定的，是有大致区间的，是能够预期的。 比如，很多学者统计过英国和美国，乃至 A 股的上市公司的长期收益率，在几十年甚至上百年都有一个比较明确的相对区域。所以**决定大家整体配置的原因往往不是因为收益率变化，而是因为风险情绪变化，也就是对风险的承受能力发生了变化。** 风险承受能力为什么发生变化？第一，和整体宏观经济的周期阶段有关，经济好的时候，大家认为还会好，这就是直线预期；第二，和融资难易程度有关，**如果可以零成本甚至负成本获得大量资金，大多数人的风险偏好都会上升。** 除此之外，还有一些其他因素，我们这里就不占用篇幅了。

风险情绪高，大家追逐风险，其实追逐的是高收益，这个时候商品和股票就容易受到追捧，黄金呢？黄金这个时候会受到追捧吗？其实，这个问题就看黄金表现出的是什么属性，而且还要搞清楚商品和股票具体在什么样的宏观背景下被追捧。如果现在是滞胀阶段，或者说繁荣后期，通胀较为明显，大家对未来物价的预期也是往上的，那么这个时候风险情绪高，大宗商品和相关上市公司股票受到追捧。那么这种情况下黄金就表现为较多的商品属性，金价走势与通胀预期关系密切。

那么，如果现在是复苏和繁荣阶段呢？上市公司盈利处于稳步上升状态，央行稳步加息，这个时候股票是普遍上涨的，那么黄金呢？这个时候投资属性主导黄金，但是因为黄金相当于是零股息的股票，每股收益为零的股票还不如债券，那么黄金肯定不如股票有吸引力。这个时候风险偏好很高，但是黄金却很难上涨，只能等到通胀较为明显的时候，但那个时候又是商品属性主导黄金的时候了。

如果风险厌恶情绪上升，那么这个时候市场资金就会去涌入优质债券，特别是国债，而且是高信用等级的国债，比如美国国债和德国国债。这个时候，市场参与者在乎的是如何规避高风险，而不是如何获取高额利润。那么，这个时候

预期对波动有放大作用，但是却不能决定波动的趋势方向。所以，我们不能将经济危机和金融危机简单地归结为人类的心理问题。很多经济学家和分析师在遇到无法解释的经济问题时总喜欢将其归结为人类的天性缺陷，这是一种"偷懒"行为。

黄金会怎么表现呢？是上涨还是下跌呢？请看黄金三重属性与帝娜"风险—收益"矩阵这个图（见图15-6），这个时候市场情绪处于风险厌恶这个状态，对应的是国债和货币属性，所以黄金这个时候的货币属性就开始显露了。风险厌恶情绪越高，黄金的货币属性就越强，当然这种风险厌恶情绪如果是全球的话，那么黄金的货币属性就是在全球金融市场上显现，如果仅仅是某一国家或者地区的风险厌恶情绪上升，那么黄金的货币属性就在这一个区域范围之内显现。

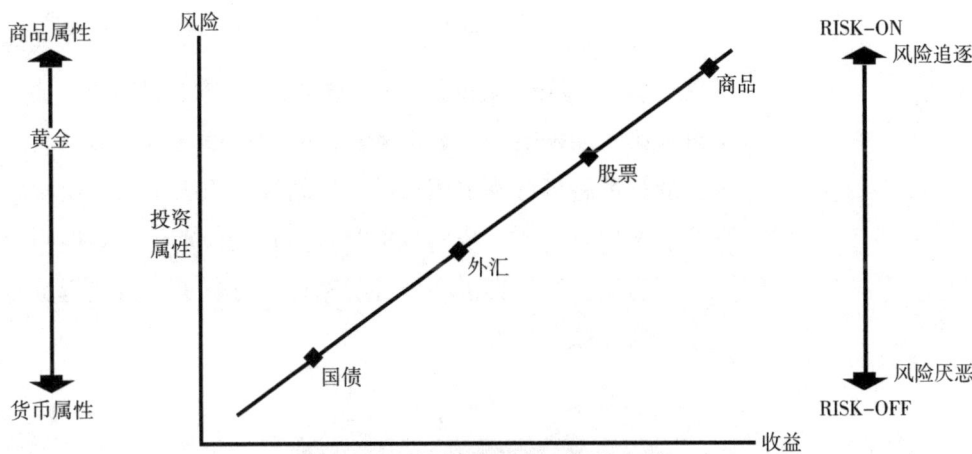

黄金三重属性与帝娜"风险—收益"矩阵

图15-6 黄金属性与风险收益特征

黄金的三重属性与风险情绪的关系大家搞清楚了吧，风险情绪会引导参与者们在"风险—收益"曲线上移动，这是接下来我们要讲到的重点。

第三节 黄金驱动分析的步骤

前面两节讲了两大框架，具体讲就是黄金驱动分析的两大框架，第二个框架其实就是将第一个框架的东西抽出来放到"风险—收益"这个正比曲线上来讲，让大家直观地搞清楚媒体经常提到"风险偏好"到底是如何影响了金融标的的选择。在这个基础上进一步告诉大家：黄金三重属性与此有什么直接关系。黄金驱动分析的框架我们已经给大家"抬出来"了，这是个好东西，能帮助大家精确地分析和定位行情的来龙去脉，但是这还不够，关键是如何去用呢？我们这次课程就是要把"杀手级"的框架

传授给大家，所以**光是一个理论框架，很多人还是不知道如何着手。**

框架是我们思考推演的沙盘，如何推演则涉及具体的步骤，我们这节就提纲挈领地给大家讲讲基于上述两个框架的分析步骤。由于对框架内涵的全面展开是在后面的课程，所以我们这里对步骤的讲解大家要真正消化好，还是要把后面的课程上完以后再结合起来理解。

黄金驱动分析的框架有了，为了让大家有条不紊地运用这一框架，就必须把分析的步骤搞清楚（见图 15-7）。简单来讲，第一步确定当下和未来一段时间的市场风险偏好，第二步通过风险偏好确定相应的主导属性，第三步属于层次内的收益率比较，第四步确定资金流向和金价走势。第四步已经是从驱动分析走到了心理分析和行为分析了，当然也算得上是驱动分析的自然延伸。

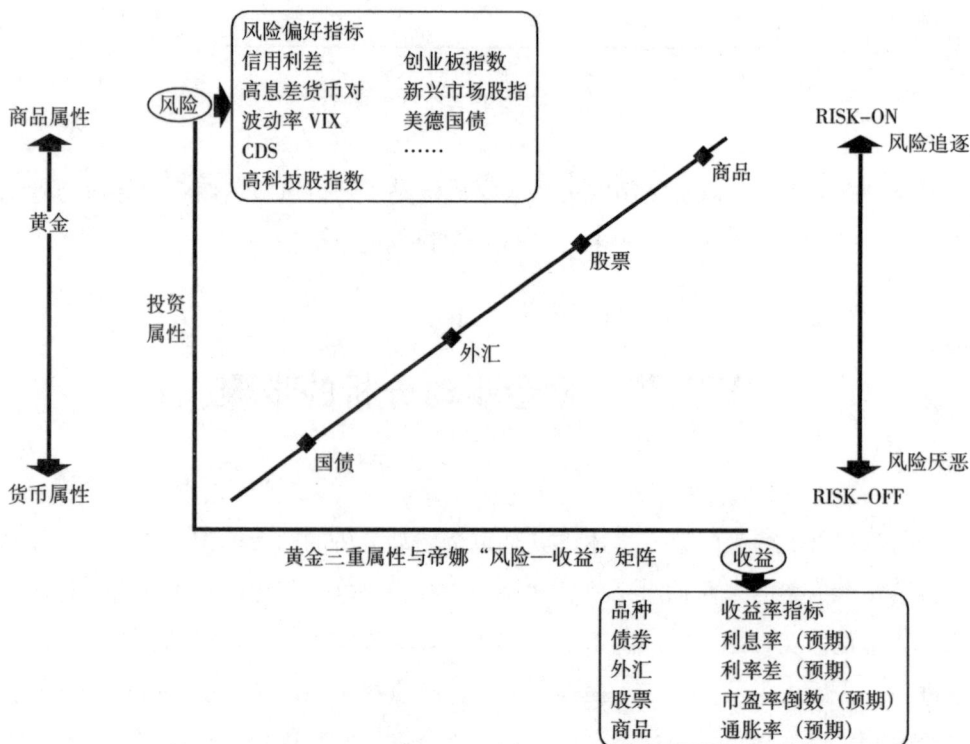

图 15-7　黄金驱动分析步骤涉及的范畴和指标

　　第一步确定当下和未来一段时间的市场风险偏好，这就是图 15-7 中最右边的纵轴。这是风险偏好轴，最上面是风险追逐状态，财经媒体通常称之为"RISK-ON"，最下面是风险厌恶状态，财经媒体通常称之为"RISK-OFF"。当下的市场情绪是可以直接观察到的，某些情况下则可以通过一些特定的风险指标来识别，比如波动率指标和国债违约掉期，具体的风险指标将在第十六课予以讲解，我们这次机构外汇交易员封闭训练营课程全面考虑了外汇交易界的最新动向，所以会对风险指标这个方面予以专门的讲授。

　　指标可以度量当下的市场情绪，这就是温度计的作用。但是温度计却不能够告诉我们未来温度会怎么样，而未来的温度对我们的意义很大。黄金驱动分析中如何去把握未来的风险偏好呢？这个涉及黄金驱动层次的问题了，前面讲了六类驱动事件，哪些事件容易导致风险追逐情绪出现，**哪些事件容易导致风险厌恶情绪出现**。未来会持续哪些事件呢？一方面我们可以查看事件和数据日历表，另一方面我们需要根据目前事情的发展做出一些推断，判断事情接下来最可能往哪个方面发展。决定未来情绪氛围的是未来的事件，一部分事件是确定了时间的，至少在预期中是确定的，另一部分则需要依靠推理，而突发事件则很难被推导出来。

　　如果我们保持阅读市场的各种分析和消息，那么对于市场的预期是能够把握的，而这个预期往往决定了接下来的风险情绪，这就是窍门。比如 2014 年下半年到 2015 年初，美元持续走强，这是由于美国经济走好的数据导致美联储加息的预期越来越强，这就相当于宣告了"美元的成色"越来越好。美国这个全球金融中心的稳定性越来越强，风险偏好情绪上升，RISK-ON 模式占据主导，可以看到这个市场 A 股市场也是上涨的。为什么呢？因为风险追逐情绪在全球起来了。这个时候黄金的货币属性又被逐渐"雪藏"了，黄金的投资属性和商品属性显现。

　　第二步通过风险偏好确定相应的主导属性，分析图 15-7

　　情绪规划这门学科大家有兴趣可以去了解和琢磨一下，驱动分析中这门学科大有可为。

中的最左边是"属性轴"。风险厌恶主导市场的时候，那么黄金的主导属性应该是偏向货币属性的，风险追逐主导市场的时候，黄金的主导属性则是投资属性和商品属性。现在有一种非常普遍的误区，那就是根本不管属性，"风险厌恶则黄金涨，风险追逐则黄金跌"。这就是忽略了风险轴要转换成属性轴，找到了黄金的主导属性之后才能准确判断黄金的涨跌，而不是机械简单地将黄金一贯认为是"避险资产"，这种形而上学的思维在绝大多数分析师思维中存在。

第三步是属性层次内的收益率比较，这个可以进一步确定黄金的趋势方向和大致的幅度。收益率和风险偏好是一对孪生姐妹，收益率相对高的资产标的，其风险相对较高，因为波动率更高。收益率相对低的资产标的，其风险相对较低，因为波动率更低。风险厌恶的时候，货币属性主导，对应的相关市场是外汇市场和国债市场，这个时候市场会选择哪些标的呢？低息货币和低息国债会受到追捧，比如日元这种低息货币往往受到追捧，而美国国债和德国国债容易受到追捧。这是一般情况，如果日本本身出现重大危机，那么日元有可能因为国内投资者收回国外投资而走强，比如"3·11"大地震后日元走强，也有可能因为国际投资者抛售日元相关资产而导致日元走弱，所以要具体问题具体分析。为什么会追逐低息的债券呢？债券的利息高低体现了久期和信用等级，除此之外还受流动性和通胀预期等因素影响。假设其他因素不变，那么信用等级越高的债券其利息越低，所以风险厌恶的时候，市场会追逐低息债券，其根本原因在于其之所以能够做到低息是因为其信用等级高。货币属性主导的时候，黄金相当于最低利息的债券，也相当于最低利息的货币，严格来讲黄金这个时候属于零息国债或者货币。**风险厌恶的时候，谁的信用等级越高，谁的利息越低，所以这个时候属性内的收益率比较，是比较谁的最低，因为越低代表越安全，自然越受市场的追捧。**

如果风险追逐情绪主导市场，则投资属性和商品属性主

风险厌恶的时候比谁安全，喜好风险的时候比谁的收益率高。

导黄金，其中商品属性主导时相应的风险情绪更乐观。投资属性主导的时候，黄金相当于每股收益为零的股票。**什么情况下大众会选择每股收益为零的股票呢？** 如果实体经济有很多赚钱的机会，那么预期每股收益越高的股票越容易受到追捧。这种情况下，黄金就会被冷落，相当于是垃圾股。如果实体经济缺乏赚钱机会，利率降到很低也不容易找到好的实业机会，这个时候流动性过剩就会出现。由于利率是贴现公式的分母，所以这个时候所有资产都面临重估，利率下去，资产价格就会普涨，这个时候黄金也会涨，股票也会涨。

什么时候风险情绪特别亢奋，那就是炒大宗商品的时候，经济繁荣中后期和滞胀早期是市场情绪较高的时候。这个时候物价上涨特别明显，央行的加息往往追不上通胀水平，这个时候所有的商品价格都会上涨，商品属性主导黄金，黄金这个时候价格能够上涨基本上都是因为其抗通胀的属性。普涨格局下，如果你仅仅交易黄金的话，那就没有必要找出其他比黄金涨幅更大的商品了。经济通胀的时候，工业品比农业品的弹性要大很多，越上游的商品波动率往往越多，这是一般规律，如果想要找出比黄金更牛的抗通胀标的，可以参考我们的期货品种基本面分析教材和课程。

第四步确定资金流向和金价走势。前面三步基本上都是驱动分析，最后这一步就是要根据此前的分析确定整个资产市场的资金流向了。角色扮演可以很好地改善交易者的知觉能力，试想你是一个手握重金的国际对冲基金经理，在前面分析的背景下你会怎么选择资产标的，再试想你是一个普通的散户，你又会怎么选择标的。站在那些典型参与者的角度考虑一下，你就能对资金流向有特定的感觉。当然，这是一个主观的方式，你还需要客观的数据，比如查看一下各大市场的走势，CFTC各大品种的持仓报告，甚至经常观察一下相关论坛和群组的舆情。资金往哪里流动？这个问题是高手经常问的，无论是做股票，还是做外汇、做贵金属、做期货，都需要问这个问题，哪怕你做的是企业债，也需要问这个问

当业绩驱动股市上涨时，黄金作为业绩为零的"个股"是最后的选择，当估值驱动股市上涨时，黄金仍旧是业绩为零的个股，不过却可以享受价值重估的盛宴。

题？所以，搞清楚**资金往哪里走**，这个时候跨市场分析就派上用场了，同时关注国债、外汇、股票和商品市场，你就可以知道风险偏好、主导属性和相应的资金流向，这是一个有机整体，只是为了方便大家掌握和运用才拆开来讲。

【开放式思考题】

在研读完第十五课的内容之后，可以进一步思考下列问题。虽然这些问题并没有固定的标准答案，但能够启发思考，跳出来看某些观点。

（1）本课提到"对手盘会怎么想？资金会往哪里走？"对于黄金价格波动而言，决定玩家想法的主要因素是什么？决定资金流向的主要因素是什么？

提示：经过风险调整后的收益率差。更深一步讲则是黄金的三重属性。

（2）房地产价格与黄金价格的联动机制是什么？在什么情况下，两者会显著背离？

提示：抗通胀是联动机制。避险情绪会导致两者显著背离。

【进一步学习和运用指南】

（1）基于三重属性和六个层次对当下的黄金价格走势进行分析，最好形成文字，过一段时间后进行复盘，看看哪些地方对，哪些地方不对，为什么对，为什么不对。

（2）要想提高自己，黄金交易日志是必不可少的，将上述习惯固定化。

最关键的指标：风险偏好

通过风险和收益特征我们可以"定位"一个具体的金融标的在整个资产市场的位置，而市场参与者们对风险的态度变化决定了他们会选择什么样风险特征的产品。我们知道了跨市场资金流动的根本原因在于"趋利避害"，风险情绪高的时候以"趋利"为主，因为对风险容忍度很高，风险情绪低的时候以"避害"为主。资金往哪里走？**如果你仅仅是想知道资金在大类资产的配置倾向，基本上知道风险偏好即可。**如果你想进一步知道大类资产内部的配置则还需要知道收益率的差别。对于黄金交易者而言，知道大类资产配置就基本够了，所以本次课程我们要分享的最关键指标就是风险偏好相关的指标。

我们的老祖宗很早的时候就提出了资金跨市场流动的根本原因，这就是"趋利避害"。

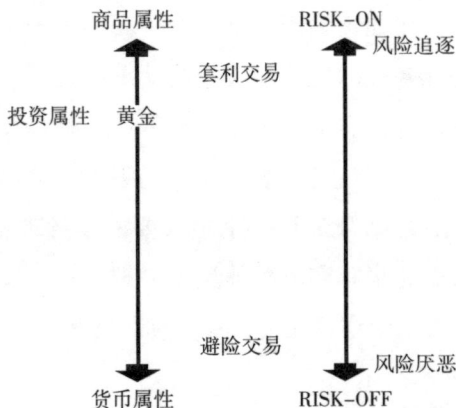

图 16-1 风险偏好水平与黄金的三重属性

风险情绪决定了黄金的属性，我们省略掉分析图中间的部分（见图 16-1）。风险追逐的时候，商品属性和投资属性主导黄金，风险厌恶的时候，货币属性主导黄金。**如果全球的风险厌恶情绪上升，那么黄金中短期内因为商品属性和投资属性而下跌，在中长期却会因为货币属性而上涨**。在外汇市场上我们经常提到两类交易：套利（息）交易和避险交易。什么情况下套息交易占据主导呢？全球政治经济稳定健康繁荣的时候，大家借入低息货币买入高息货币。所以套息交易对应"RISK-ON"的市场情绪，这个时候风险追逐情绪盛行。什么情况下避险交易占据主导呢？全球政治经济动荡不安的时候，大家会选择卖出高收益高风险的货币，买入低收益低风险的货币，寻找资产的避风港。所以避险交易对应"RISK-OFF"的市场情绪，这个时候风险厌恶情绪盛行。**避险交易占据主导时，黄金是优势品种；套息交易占据主导时，黄金是劣势品种**。

通过进行跨市场观察，我们可以推断市场情绪，另外我们也可以直接观察一些现成的风险情绪指标，这些指标反映的是所有资产市场在整体上受到的情绪影响，而不是针对贵金属或者黄金的情绪，后者属于心理分析的范畴。这里再区分一下，**风险偏好决定了横跨所有资产市场的资金流动，我们将其放在驱动分析这个范畴**，而对黄金的多空情绪或者说**主流偏见则属于心理分析的范畴**。观察风险情绪的指标有很多，比如葡萄酒价格指数、泰德价差、风险厌恶基金和风险追逐基金的比值、股指波动率指数、国债违约掉期、高息差货币走势、债券信用价差等。在分析风险偏好的时候，快速浏览一下这些指标可以给你提供一些较为客观的风险感受，然后再结合**最近一个最重要的事件来推断未来的风险情绪，后面这步其实就延伸到了心理分析的层面了**，我们会在心理分析当中详细介绍，本次授课只介绍风险偏好的指标。

从另外一个角度来讲，资产的贴现值涉及利息水平，当利息水平整体下降的时候，股票代表的资产估值就会上升。

风险偏好和收益率差决定了资金的跨市场流动，这属于驱动分析的范畴。而特定品种的多空情绪和共识预期则属于心理分析的范畴。不过，这样的区分只是为了便于操作，并非泾渭分明。

无论是在股票短线交易，还是外汇短线交易，以及本书针对的黄金交易中，心理分析框架都是非常重要的，它帮助我们推断市场的新兴焦点是什么。

第一节 恐慌指数 VIX

第一个要介绍的风险偏好指标是国际上最为常用的一个，即波动率指数 VIX，全称是芝加哥期权交易所波动率指数（Chicago Board Options Exchange Volatility Index）。这个指标是 1993 年问世的（VIX 由范德堡大学教授罗伯特—威利在 1993 年创立，因此威利又被称为"VIX 之父"）。这个指数是利用**标普指数的看涨期权与看跌**期权的隐含波动率加权得到的，该方法兼顾了投资者对看涨期权和看跌期权的波动率预期需求。VIX 指数用以反映 S&P 500 指数期货的波动程度，测量未来 30 天市场预期的波动程度，通常用来评估未来风险，因此也有人称作恐慌指数（见图 16-2）。

资产价格波动率反映了风险偏好水平，波动率越大说明风险厌恶情绪越高，波动率越低则说明风险追逐情绪越高。股票本身作为风险水平较高的资产，其波动率更是与风险偏好密切相关。

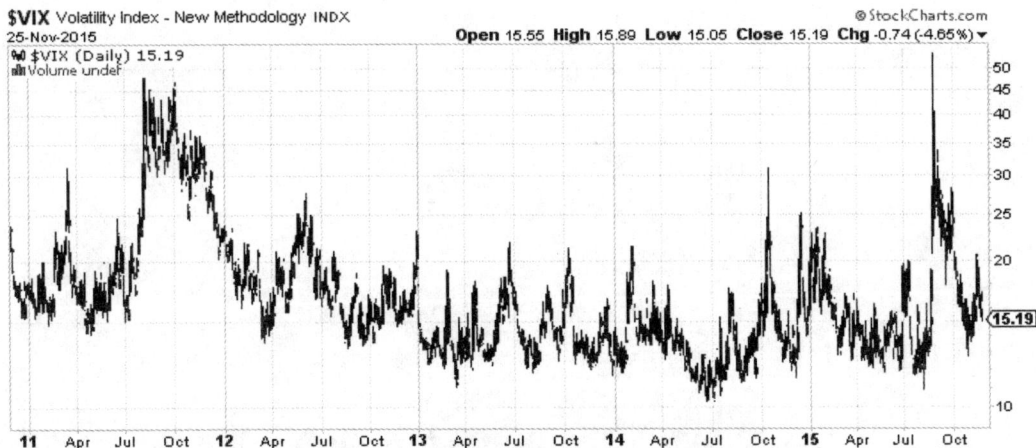

图 16-2 芝加哥期权交易所波动率指数

VIX 指数虽然反映的是未来 30 天的波动程度，却是以年化百分比表示，并且以正态分布的概率出现。它反映了美国股市的波动状态，从诞生那天开始一直作为全球风险偏好的风向标。毕竟，美国资本市场是全球资本的中心，**美国股市是全球最为发达的国际股市**，全球的重大政经动向都会反映

美元霸权周期与国际资本流动周期关系较大，而国际资本流动与以美国为首的发达经济股市关系密切。

467

在美国股市上。因此，VIX 的起伏反映了全球资本市场风险情绪的变化。

VIX 指数本身是不能交易的。但是有 VIX 期权和 VIX 期货可供交易员使用。ETF 兴起后，便出现了 VXX（见图 16-3）和 UVXY（见图 16-4）两个看多 VIX 的 ETF。那么做空 VIX 的 ETF 则是 XIV（见图 16-5）。

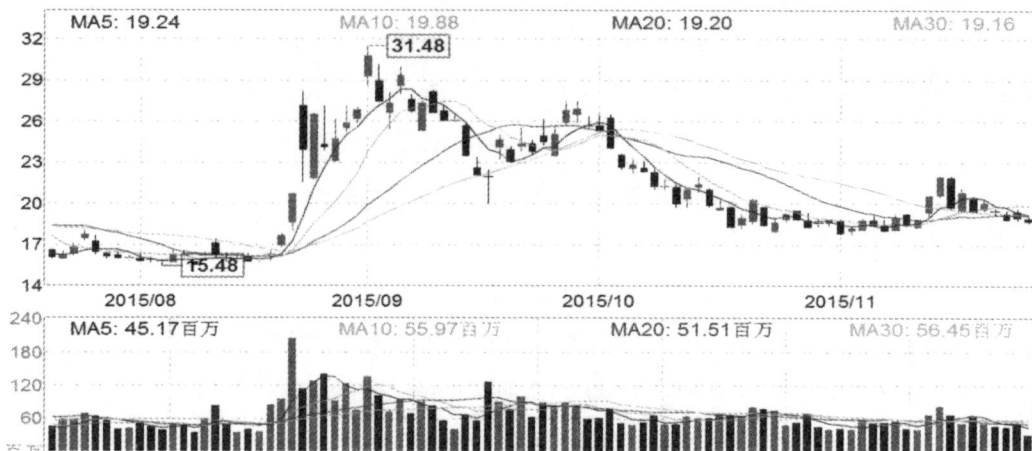

图 16-3　VXX 走势

资料来源：新浪财经。

图 16-4　UVXY 走势

资料来源：新浪财经。

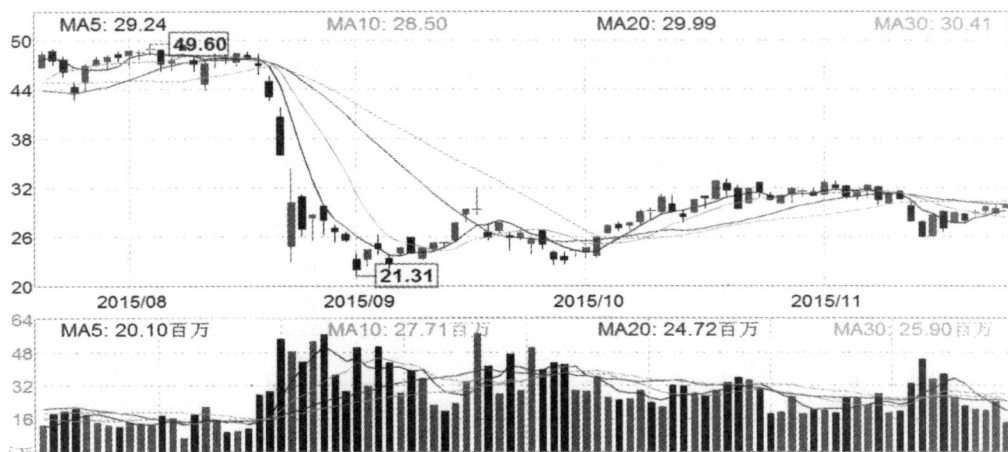

图 16-5 XIV 走势

资料来源：新浪财经。

看多 VIX 的基金价格上涨时，表明参与者认为风险厌恶情绪上升，看多 VIX 的基金价格下跌时，表明参与者认为风险厌恶情绪下降。看跌 VIX 的基金价格上涨时，表明参与者认为风险厌恶情绪将下降，看跌 VIX 的基金价格下跌时，表明参与者风险厌恶情绪将上升。

下面分别给出三个基金走势查询网址，可以用来协同观察 VIX 的走势。

VXX 查询网址：

http：//stock.finance.sina.com.cn/usstock/quotes/VXX.html

http：//quotes.money.163.com/usstock/VXX.html

http：//xueqiu.com/S/VXX

http：//finance.yahoo.com/q? s=VXX

UVXY 查询网址：

http：//stock.finance.sina.com.cn/usstock/quotes/UVXY.html

http：//quotes.money.163.com/usstock/UVXY.html

http：//finance.yahoo.com/q? s=UVXY

http：//xueqiu.com/S/UVXY

XIV 查询网址：

http：//stock.finance.sina.com.cn/usstock/quotes/XIV.htm

http：//quotes.money.163.com/usstock/XIV.html

http：//finance.yahoo.com/q? s=XIV

http：//xueqiu.com/S/XIV

VIX 绝对值高的时候，黄金以体现货币属性为主，这个时候 VIX 与黄金同向走势居多，与股指反向走势居多。VIX 绝对值低的时候，黄金体现投资属性和商品属性，如果流动性过剩，属于资产重估行情，那么黄金可能与股指同向运动，与 VIX 关系不大。

VIX 指数和相关的基金价格走势可以提供一个观察全市场风险情绪的窗口，那么 VIX 与股票有什么直接关系呢？正常情况下，标普指数下跌，VIX 上升；标普指数上升，VIX 下跌（见图 16-6）。理论上，VIX 与黄金性质相似，**都与美股走势成反比**。美股指数的走势会影响第二天早上 A 股的开盘情况和风险情绪，所以 A 股与 VIX 走势也有一些相关性（见图 16-7）。

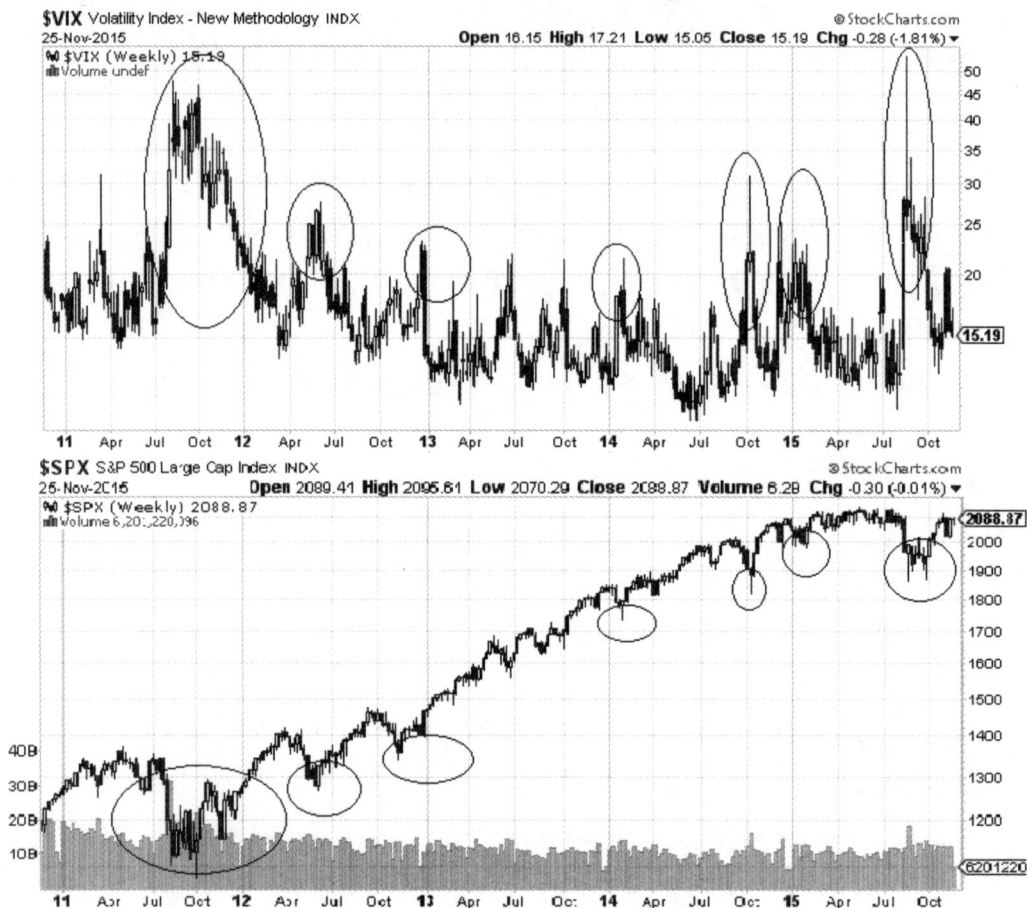

图 16-6 VIX 和标普 500 指数（VIX 在上）

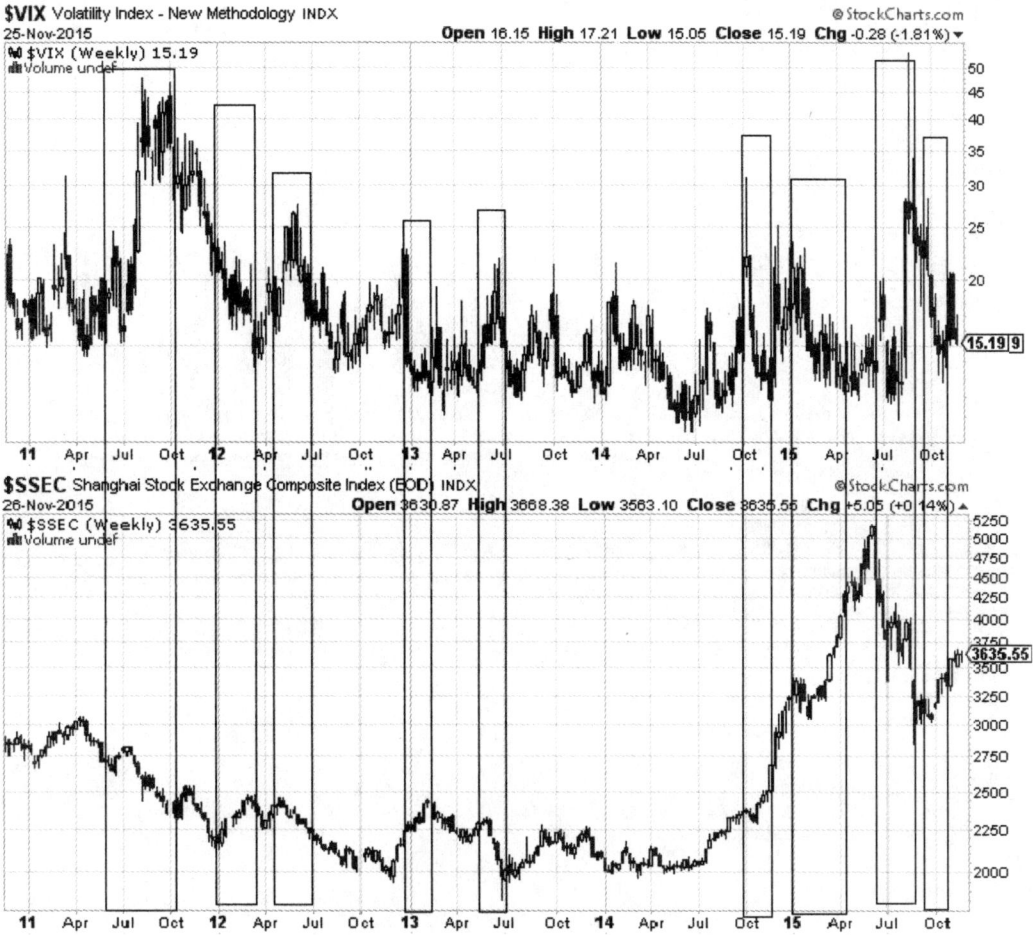

图 16-7 VIX 和上证指数（VIX 在上）

VIX 与黄金的同向关系主要体现在 VIX 绝对值较高的时候（见图 16-8），这个时候所有资产市场的风险厌恶情绪升高，黄金的货币属性占主导。

简而言之，VIX 绝对值高时，货币属性占据主导，VIX 与黄金价格呈正相关，VIX 指数升高，黄金价格上涨。VIX 指数下跌，金价下跌。VIX 绝对值低时，黄金的商品属性占主导，VIX 指数与黄金呈负相关关系，VIX 指数上涨，黄金价格下跌。从 VIX 与黄金的波动率也能够看出一些规律，波动率具有一定的关系（见图 16-9）。

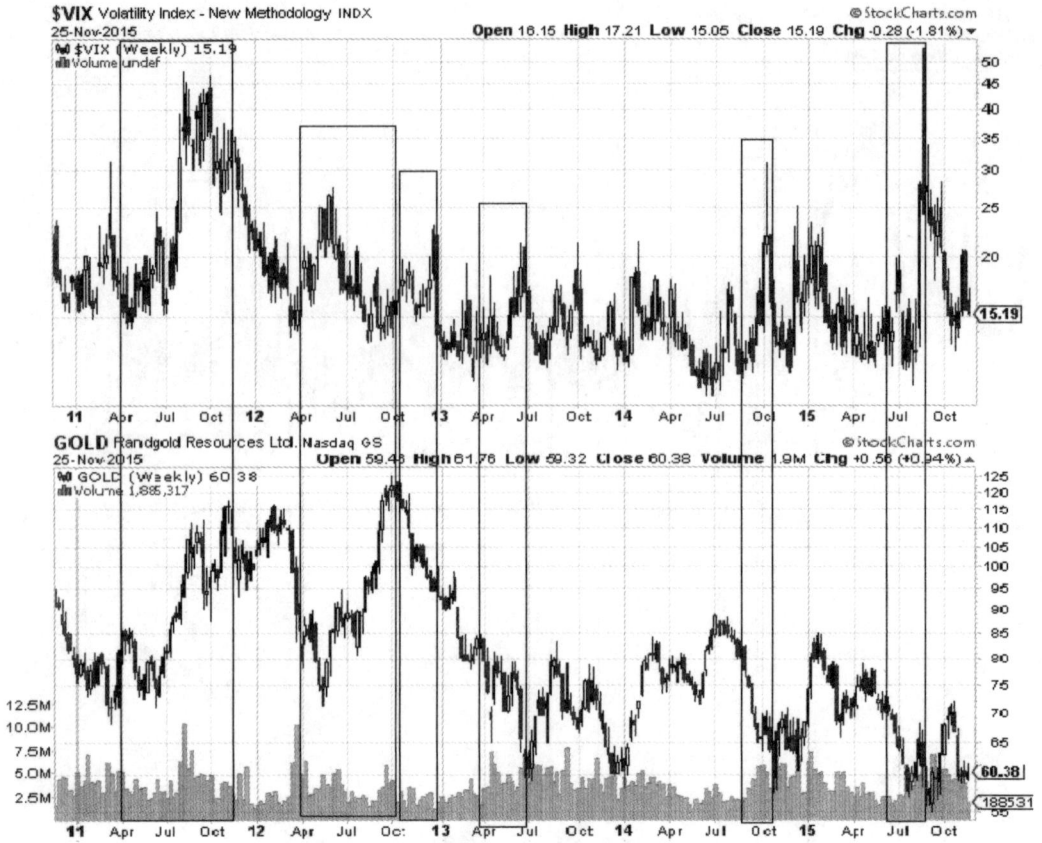

图 16-8　VIX 与黄金（VIX 在上）

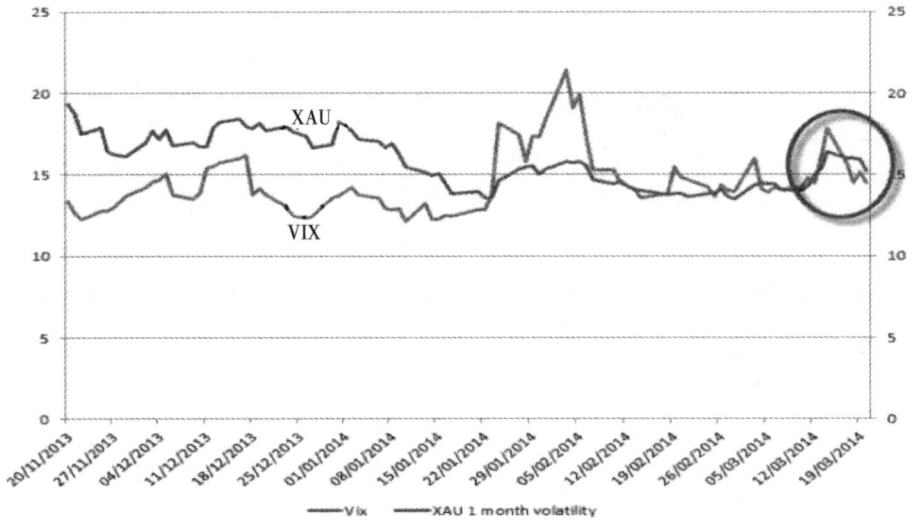

图 16-9　VIX 指数和 1 个月黄金期权波动率

资料来源：FOREX.com 以及 Bloomberg。

那么，VIX 指数与其他资产有什么关系呢？VIX 与美元指数的相关性较为复杂，因为美元有时候是避险资产，有时候又是套息交易的对象，又或者是体现了美欧经济增长的差异。如果美元作为避险资产，那么美元指数与 VIX 就是同向关系居多，如果美元的上涨是因为其美国经济增长相对较高，那么美元指数与 VIX 就是反向关系居多（见图 16-10）。

图 16-10 VIX 指数与美元（VIX 在下）

VIX 指数与低息货币有什么样的关系呢？**拿日元作为例子来看**，因为日元一直是低息货币的典型，低息货币是传统的避险资产，因此 VIX 升高的时候，往往是日元受到追捧的时候，两者是同向变动关系居多（见图 16-11）。

美元兑日元走势与日元指数的构造是不同的，日元指数代表日元相对其他货币的强弱。日元指数上涨代表日元走强，升值。日元指数下跌代表着日元走弱，贬值。

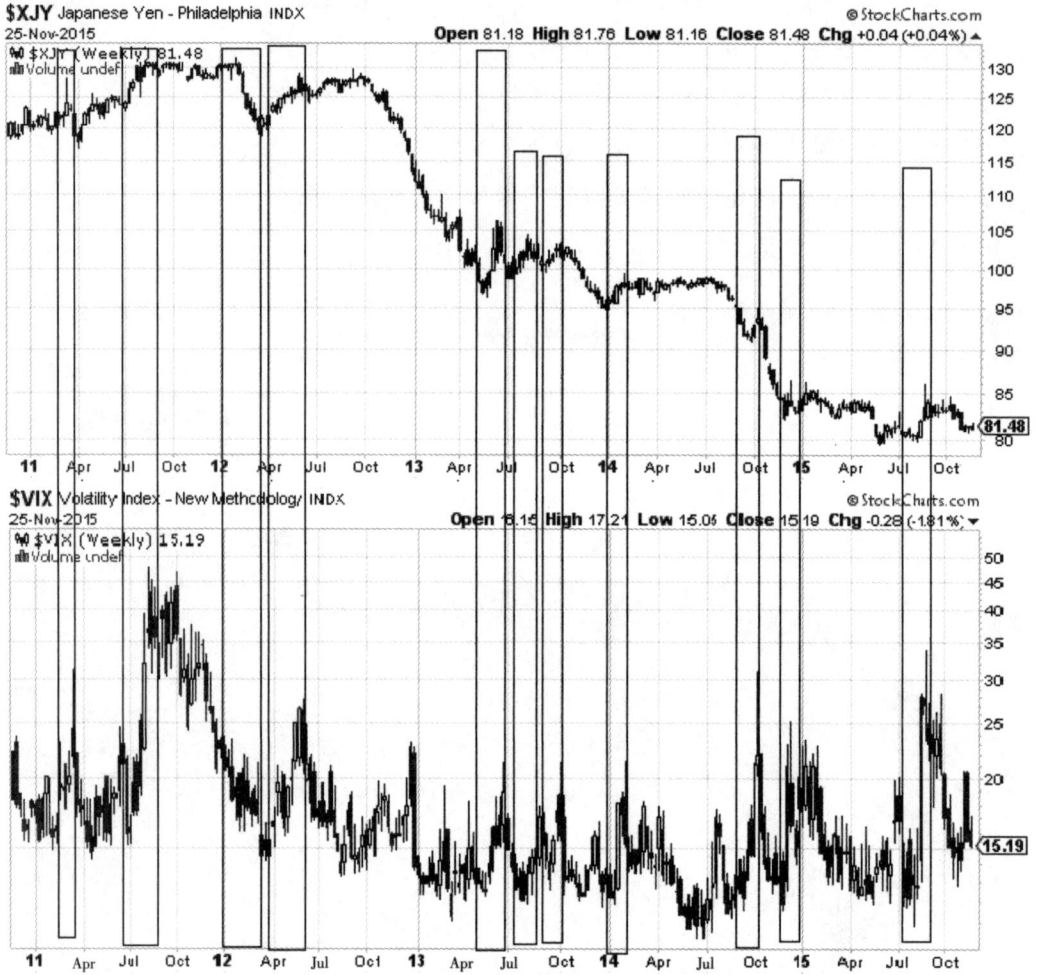

图 16-11　VIX 与日元指数（VIX 在下）

　　VIX 指数与高息货币有什么样的关系呢？以澳元作为例子，因为澳元是传统的高息货币。当风险厌恶上升时，澳元容易遭到抛售，因此澳元指数与 VIX 呈反向变动关系居多（见图 16-12）。

图 16-12 VIX 与澳元指数（VIX 在下）

VIX 指数与美国国债的关系大家应该已经有了较为确定的看法，但是仍旧需要注意的是十年期国债更多反映了通胀预期，其次才反映了增长预期，另外东亚和中东买家，乃至美联储也会扭曲美国国债的价格。一般而言，如果美联储没有大的货币政策变动预期，那么美国国债价格的急剧上升往往与风险厌恶情绪上升有关，这个时候 VIX 也是上升的。美国国债流动性强，美国军力全球第一，因此美国国债受到避险资金的青睐，VIX 与美国国债，以及黄金在风险情绪明显的时候呈现同向运动（见图 16-13）。

VIX 是最早的股指波动率指标，除此之外还有港股 VIX（见图 16-14）、A 股版的 VIX、欧洲版的 VIX。不过，这些 VIX 指数关注的交易者不多，运用意义不大。

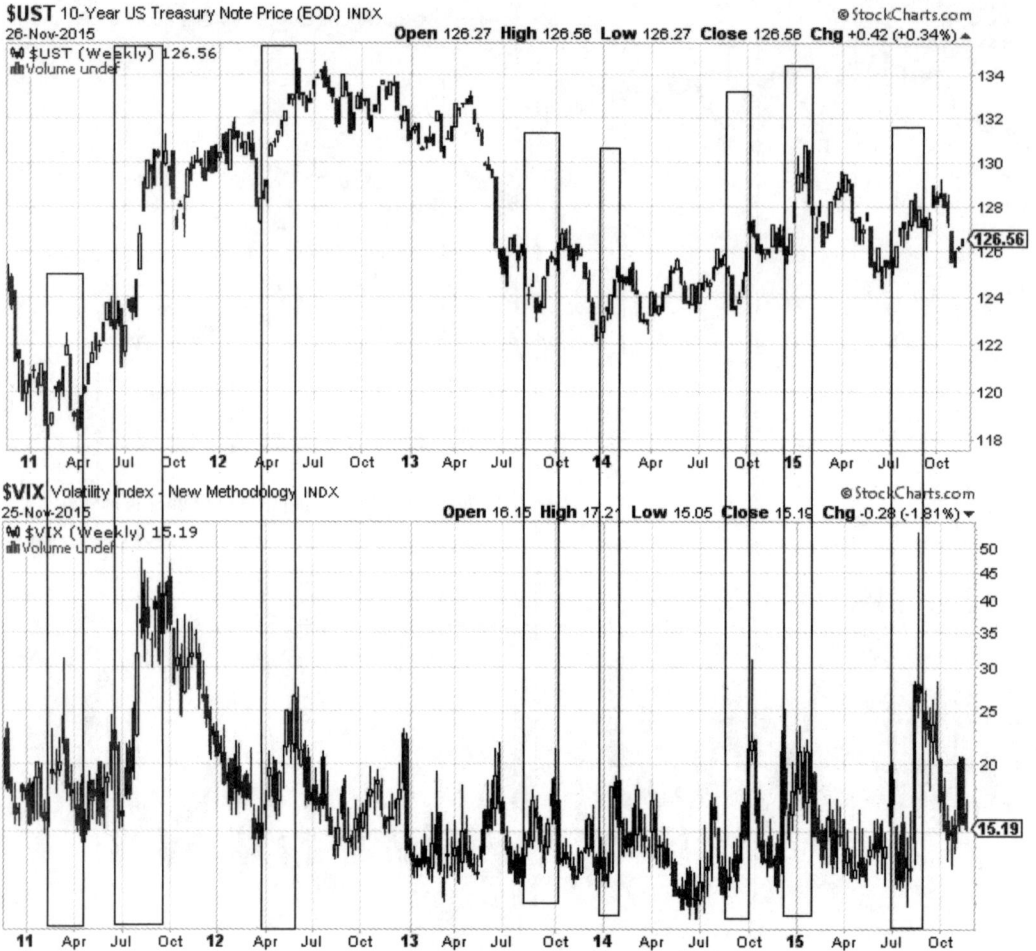

图 16–13　VIX（在下）与美国十年期国债（价格）

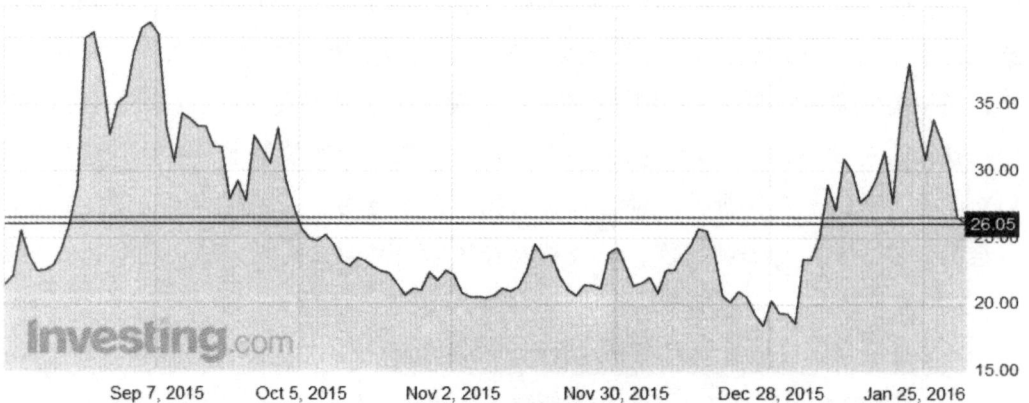

图 16–14　恒生波动率指数

资料来源：investing.com.

第二节　国债 CDS 和国债利差

讲国债 CDS 之前我们先讲讲 CDS 是怎么回事。**信用违约互换（Credit Default Swap，CDS）是国外债券市场中最常见的信用衍生产品。**在信用违约互换交易中，希望规避信用风险的一方称为信用保护购买方，向风险规避方提供信用保护的一方称为信用保护出售方，愿意承担信用风险。违约互换购买者将定期向违约互换出售者支付一定费用（称为信用违约互换点差），而一旦出现信用类事件（主要指债券主体无法偿付），违约互换购买者将有权利将债券以面值递送给违约互换出售者，从而有效规避信用风险。由于信用违约互换产品定义简单、容易实现标准化，交易简洁，从 20 世纪 90 年代以来，该金融产品在国外发达金融市场得到了迅速发展。国债 CDS 是信用违约掉期合约的一种，当某国的国债 CDS 价格升高，这表示市场认为该国未来信用违约的可能性增加。比如，自欧债危机爆发以来，**笨猪五国**的国债 CDS 价格呈直线上升的走势（见图 16-15 和图 16-16），其充分反映出市场对于这

> CDS 简单来讲就是金融资产的保险。当然，这种方法不那么严谨，但是便于理解。

> 笨猪五国（英语：PIIGS），也叫作"欧猪五国"，是对 2010 年左右欧洲五个主权债券信用评级较低的经济体的贬称。这个称呼囊括了葡萄牙（Portugal）、意大利（Italy）、爱尔兰（Ireland）、希腊（Greece）、西班牙（Spain）。

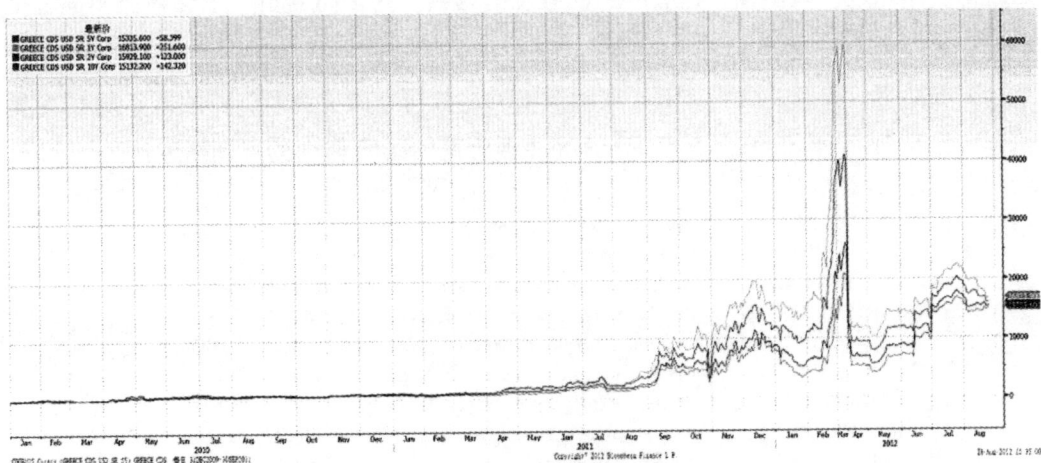

图 16-15　各期限希腊国债 CDS 走势图

资料来源：Bloomberg.

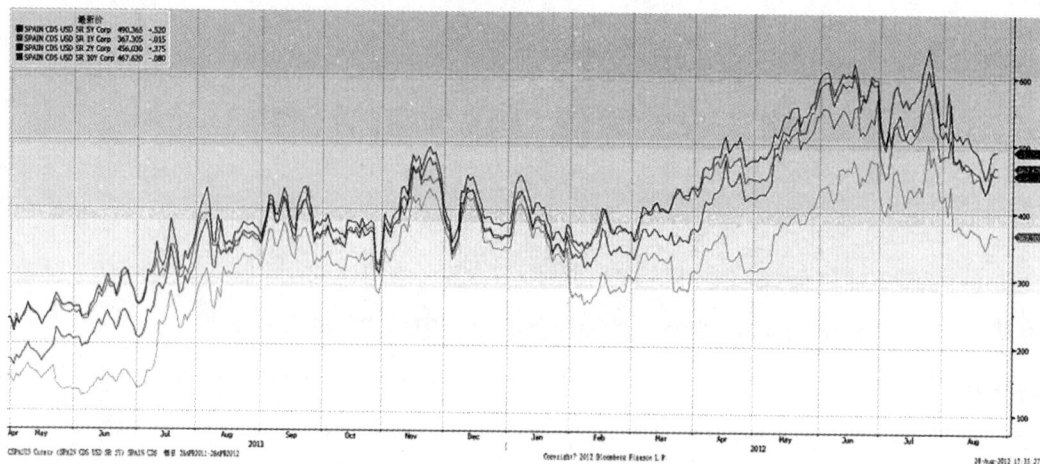

图 16–16　各期限西班牙国债 CDS 走势图

资料来源：Bloomberg.

些国家未来违约的担心程度。

　　国债 CDS 的价格显著上升，意味着该国国债违约的可能性显著上升，比如 2015 年俄罗斯被经济制裁之后其国债 CDS 价格大幅走高，这就意味着很多购买俄罗斯国债的人急于为自己的头寸建立保护，当然还有一些宏观对冲基金本来就是在下注其违约，因此购买国债 CDS 本来就是一种交易投机行为。如果美国国债 CDS 价格显著飙升，那对黄金而言才是最大的危害，因为金价主要以美元标价，美元是黄金的主要竞争对手。因此美国国债的信用出现问题的话，对黄金货币属性的显现是最大的推动力。当然，除了美国之外的其他主要经济体如果国债违约可能性上升，国债 CDS 的价格飙升，则对全球资本市场的风险偏好也会有不同程度的影响，这个时候黄金也会显露不同程度的货币属性。

　　一般而言，我们关注的是五年期国债 CDS，如何查询主要经济体的五年期 CDS 价格走势，我们一般从彭博上查找，下面是主要经济体国债 CDS 的查询网址：

中国 CCHIN1U5：IND　http：//www.bloomberg.com/apps/quote？ticker=CCHIN1U5：IND
美国 CT786896：IND　http：//www.bloomberg.com?apps/quote？ticker=CT786896：IND
英国 CUKT1U5：IND　http：//www.bloomberg.com/apps/quote？ticker=CUKT1U5：IND
德国 CDBR1U5：IND　http：//www.bloomberg.com/apps/quote？ticker=CDBR1U5：IND
法国 CFRTR1U5：IND　http：//www.bloomberg.com/apps/quote？ticker=CFRTR1U5：IND
希腊 CGGB1U5：IND　http：//www.bloomberg.com/apps/quote？ticker=CGGB1U5：IND
爱尔兰 CT777651：IND　http：//www.bloomberg.com/apps/quote？ticker=CT777651：IND
西班牙 CSPA1U5：IND　http：//www.bloomberg.com/apps/quote？ticker=CSPA1U5：IND
葡萄牙 CPGB1U5：IND　http：//www.bloomberg.com/apps/quote？ticker=CPGB1U5：IND
意大利 CITLY1U5：IND　http：//www.bloomberg.com/apps/quote？ticker=CITLY1U5：IND
奥地利 CAUT1U5：IND　http：//www.bloomberg.com/apps/quote？ticker=CAUT1U5：IND

瑞典 CT777839：IND　http：//www.bloomberg.com/apps/quote? ticker=CT777839：IND
匈牙利 CHUN1U5：IND　http：//www.bloomberg.com/apps/quote? ticker=CHUN1U5：IND
保加利亚 CBULG1U5：IND　http：//www.bloomberg.com/apps/quote? ticker=CBULG1U5：IND
拉脱维亚 CT404983：IND　http：//www.bloomberg.com/apps/quote? ticker=CT404983：IND
土耳其 CTURK1U5：IND　http：//www.bloomberg.com/apps/quote? ticker=CTURK1U5：IND
俄罗斯 CRUSS1U5：IND　http：//www.bloomberg.com/apps/quote? ticker=CRUSS1U5：IND
南非 CSOAF1U5：IND　http：//www.bloomberg.com/apps/quote? ticker=CSOAF1U5：IND
巴西 CBRZ1U5：IND　http：//www.bloomberg.com/apps/quote? ticker=CBRZ1U5：IND
阿根廷 CT350188：IND　http：//www.bloomberg.com/apps/quote? ticker=CT350188：IND
委内瑞拉 CVENZ1U5：IND　http：//www.bloomberg.com/apps/quote? ticker=CVENZ1U5：IND

　　国债 CDS 反映了主权的信用状况，当然也反映了市场的情绪，而市场情绪会影响黄金不同属性的显现。除了国债 CDS 可以反映一国的政经稳定情况之外，国债利差也可以起到相同的指标作用。一般而言，美国和德国的主权信用是最高的，市场会关注其他国家与美德两国的国债利差变化。由于美德两国的主权信用通常较高，因此其国债利率常常处于最低水平，可以看作是全球资本市场的无风险利率水平，或者说基准利率水平。其他经济体国债利率则加上某个风险溢价，这就是风险溢价近似于这些经济体国债利率与美德国债利率的利差。所以，国债利差也在某种程度上体现了主权信用情况，当然会影响全球的风险情绪。因此，国债利差与国债 CDS 都可以作为主权信用和风险情绪的及时指标。

　　最常用的利差比较时间框架是 10 年国债利差，也就是目标国与德国或者美国 10 年期国债的利差（见图 16-17）。这个利差的及时变动可以从以下网址查询到：http：//www.investing.com/rates-bonds/government-bond-spreads。

与德国国债利差

与美国国债利差

Country	Yield	High	Low	Chg.	Chg. %	Vs. Bund	Vs. T-Note	Time
Argentina	2.090	2.090	2.090	0.000	0.00	177.2	17.4	29/01
Australia	2.620	2.641	2.600	+0.005	+0.19	230.3	70.5	08:00:21
Austria	0.567	0.586	0.550	-0.019	-3.21	24.9	-134.8	08:01:49
Belgium	0.593	0.600	0.592	-0.023	-3.70	27.5	-132.2	08:01:42
Botswana	5.000	5.000	5.000	0.000	0.00	468.2	308.4	00:08:24
Brazil	16.000	16.060	15.980	-0.295	0.00	1,568.2	1,408.4	29/01
Bulgaria	2.650	2.650	2.600	0.000	0.00	233.2	73.4	08:01:51
Canada	1.235	1.240	1.235	+0.012	+0.98	91.7	-68.1	08:01:23
Chile	4.540	4.550	4.540	-0.060	-1.30	422.2	262.4	30/01
China	2.869	2.920	2.830	-0.042	-1.44	255.1	95.3	07:15:36
Colombia	8.600	8.640	8.554	-0.013	-0.15	828.2	668.4	30/01
Croatia	4.080	4.080	3.858	+0.175	+4.51	376.2	216.4	08:01:31

图 16-17　10 年国债利差列表

资料来源：investing.com.

日本国债利率低有特殊性的一面，那就是 QQE 之前其国内养老金是持有主力，而 QQE 之后日本央行成了持有主力，因此其国债利率的风险溢价被扭曲了，被低估了。

我们介绍了国债 CDS，介绍了**国债利差**，大家应该明白**根本目的是衡量市场风险情绪**，而衡量这一情绪是为了搞清楚目前黄金的主导属性。当然，除了国债 CDS 之外，几乎所有的 CDS 都是风险情绪的衡量指标，只不过范围不一而已，主权风险是最大的风险情绪来源。除了国债利差之外，几乎所有的利差都体现了一定程度的信用区别，也就是一定的风险升贴水，只不过主权债务的利差体现了最大的信用区别而已。后面我们会谈到其他类型的信用利差，那时你就会明白风险情绪的衡量指标其实是无处不在的，只不过我们没有那个意识去观察，更没有那个意识去运用。分析黄金，第一步就是要搞清楚风险情绪，如何做到呢？我们已经介绍了三个指标：VIX、国债 CDS 和国债利差。

第三节　信用利差和高息差货币对

信用利差反映了风险升水，进而反映了资产市场的风险情绪。

前面讲国债利差的时候已经提到了信用利差，其实国债利差体现了信用利差，是信用利差的一个具体表现。**信用利差在经济周期的不同阶段，在不同的风险偏好下面呈现出周期性和阶段性的扩张和收缩状态。**在风险追逐情绪高涨的时候，大家会对高风险、高收益的资产趋之若鹜，这个时候信用利差会下降。在风险厌恶情绪高涨的时候，大家会对低风险、低收益的资产趋之若鹜，这个时候信用利差会上升。

为什么风险追逐的时候，信用利差会下降呢？风险偏好强的时候，市场上的资金会去追逐那些高利息的资产，需求上升导致资产价格上涨，对于债券而言，这意味着利息下降。与此同时，市场资金会冷落那些低收益的安全资产，对于债券而言，意味着利息上升。一方面，高信用等级的债券由于被抛售而利息上升；另一方面，低信用等级的债券由于被追捧而利息下降，这样信用利差就缩小了。

在风险厌恶情绪上升的时候，信用利差为什么会上升呢？这个时候市场上的资金会追逐那些拥有较高等级信用的资产，如果是债券的话则其利息会下降，而低信用等级的资产则会遭到抛售，其利息将上升。所以，信用利差在风险厌恶情绪上升的时候会扩大。

信用利差度量风险情绪，信用利差是资产市场情绪的风向标，而风险情绪则是分析黄金走势的首要指标，其决定了相应的黄金主导属性。我们介绍四种较为常用的信用利差，大家可以推而广之。

第一种信用利差是**高息货币与低息货币之间体现出来的**（见图16-18），虽然与利差有一些区别，但是通过汇率价格体现了这种信用利差。我们知道高息货币是高风险资产，而低息货币是低风险资产，因此当高息货币相对于低息货币升值的时候，风险追逐情绪高涨，黄金的货币属性难以显现，更多的是显现商品属性。相反情况下，高息货币相对低息货币贬值的时候，风险厌恶情绪高涨，黄金的货币属性显现。构成汇率的两个货币之间的利差越大，流动性越大，则这一汇率体现风险情绪的能力越强，日元是低息货币的代表，其与高息货币构成的货币对是非常好的风险度量指标。

套息交易和避险交易在外汇市场中是占主导地位的交易，因此当你听到这两类交易的时候，应该意识到它们与风险情绪密切相关。

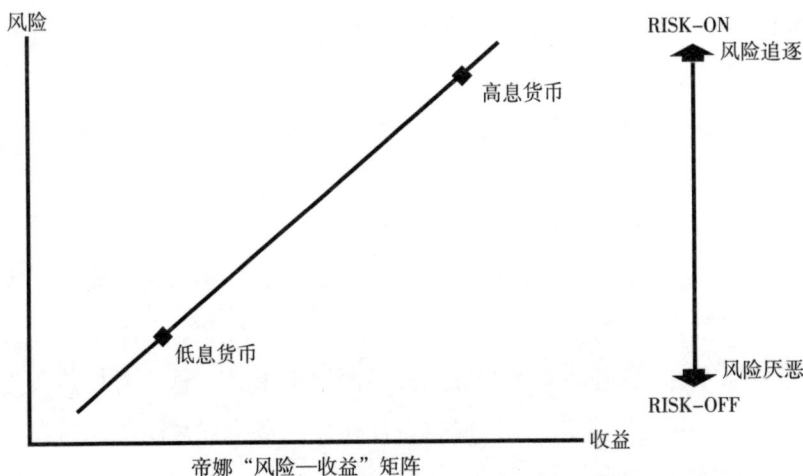

图16-18　低息货币与高息货币在风险—收益矩阵中的位置

第二种信用利差的衡量工具是国债和信用债之间的利差走势，因为国债相对于信用债的风险水平更低，因此其利率水平也更低（见图 16-19），两者之间的信用利差变化，反映了市场风险情绪的变化。当风险厌恶情绪上升的时候，资金追逐国债，这个时候国债价格上升，相应的利息水平下降。而信用债则遭到抛售，其价格下降，相应的利息水平上升。所以，在风险厌恶的大背景下，两者之间的利差是扩大的。

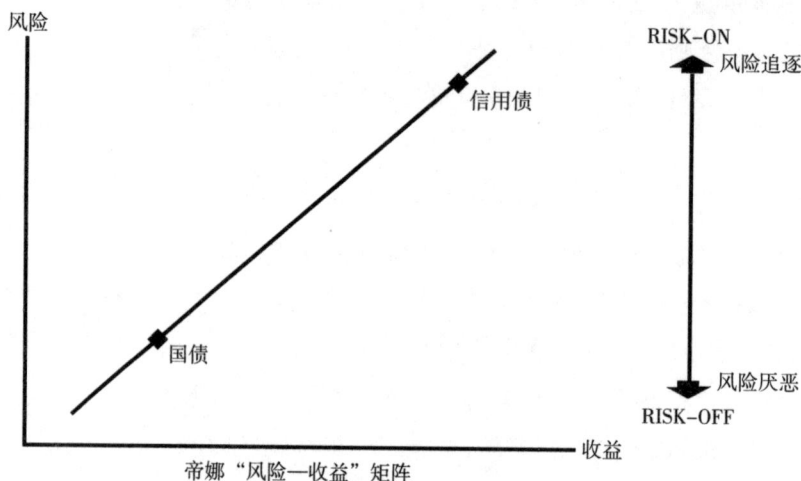

图 16-19　国债与信用债在风险—收益矩阵中的位置

当风险偏好上升的时候，资金会追逐高收益，而国债因为收益低所以会遭受冷落，其价格会下降，利息水平上升。而信用债因为收益率高，所以受到追捧，其价格水平上升，利息水平下降。所以，在风险偏好上升的背景下，两者之间的利差是缩小的。

第三种信用利差的衡量工具是不同等级的信用债之间的利差，比如高等级信用债与垃圾债之间的利差变化（见图 16-20）。一些专业的债券市场研究报告会提到 AA 级信用债与 CCC 级信用债之间的利差变化，其实就是这一工具的具体体现。在实际运用中，你可以灵活选择信用债的代表，但是两者的等级相差越大越好，同时要求两者的流动性要强，这样才能真实反映信用利差的变化。

第四种信用利差度量角度是从国债维度展开的，一般采用美国或者德国的国债收益率作为基准，用新兴市场国家或者动荡国家的国债收益率来比较（见图 16-21）。当这个利差扩大的时候，往往意味着全球风险厌恶情绪上升，这个时候黄金货币属性显现的可能性很大。当这个利差缩小的时候，往往意味着全球风险厌恶情绪下降，这个时候黄金货币属性会被雪藏。

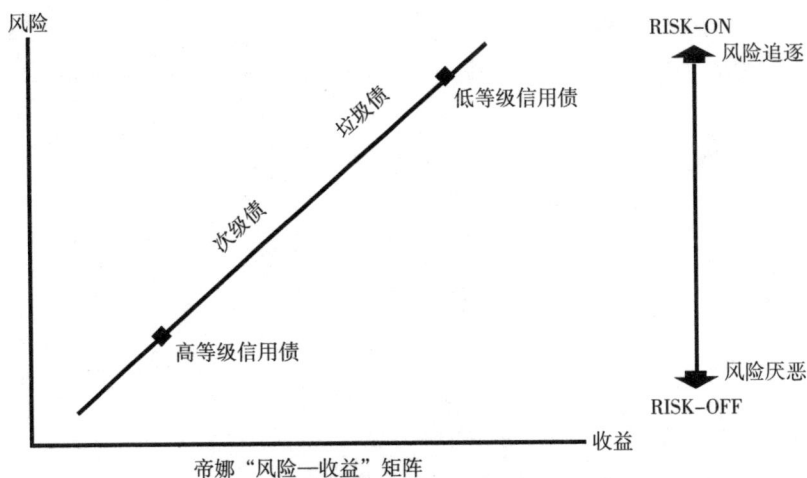

图 16-20　高等级信用债与低等级信用债在风险—收益矩阵中的位置

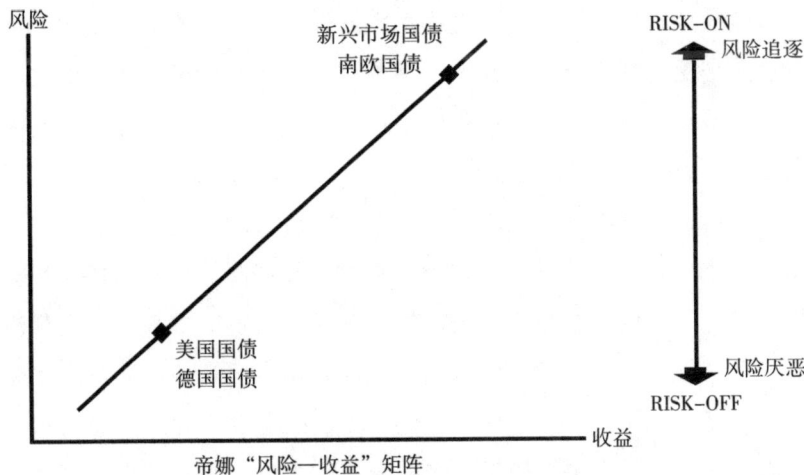

图 16-21　不同国债在风险—收益矩阵中的位置

除此之外，较为专业的交易员还会关注泰德利差（见图 16-22）。泰德利差就是美国 **T-Bill** 三个月的利率与欧洲美元三个月利率的差值（一般是三个月期 LIBOR），**是反映国际金融市场的最重要的风险衡量指标**。简而言之：泰德利差是 3 个月伦敦银行间市场利率与 3 个月美国国债利率之差。

当泰德利差上行，则显示全球资本市场风险扩大，市场资金趋紧，银行借贷成本提高，也连带提高企业的借贷成本，代表信用状况紧缩。因此，交易者可以从泰德利差的走向上来观察目前市场上信用的状况。由于 T-Bill 期限短、风险接

T-Bill 是美国政府发行的短期债务证券。短期国库债券通常只持有较短时间（通常为 3 个月至 1 年），很容易转换作现金。短期国库债券一般折价出借，并可获豁免州及地方税。

图 16-22　泰德利差走势

近于零，所以是短期资金最佳的避险途径，而欧洲美元的价格变动更大一些，投资者可以利用买进欧洲美元并卖出 T-Bill 来做利差交易。通常情况下，两者之间的利率波动不至于太大。但是如果资本市场信用出现状况，或交易者预期会有大幅波动，交易者为了安全起见，会偏向于买进更安全的 T-Bill，但是收益也会比欧洲美元低很多。另外，银行在同业拆借市场上会更加谨慎地操作，银行间的资金成本也会随之增加，所以最终 LIBOR 上行，两者间利差变大。如果泰德利差下降，反映市场认为银行体系风险大幅下降，银行间借贷成本降低，也连带降低企业借贷成本水平，大量流动性会不断充斥市场。泰德利差的查询网址为：http://stockcharts.com/h-sc/ui? s=$TED。

不同信用的存在，导致了信用利差、信用溢价的存在，而通过观察这些溢价水平的变化，我们就知道了资产市场风险情绪的变化。当然，由于信息的流动并不是没有时效和成本的，因此信用利差信息与金价的走势也存在时间差，而这种情况发生的时候就给了我们宏观套利的机会。

第四节　其他风险偏好指标

除了上面几节介绍的较为常见的风险情绪指标，我们在这一节会将一些可以用，但是媒体上很少见到的小众风险情绪指标列出来供大家参考。

第一个另类的风险偏好指标是**苏富比的股价**。苏富比是一家国家性的拍卖行，其历史悠久。1744 年 3 月初，英国伦敦有一处叫"科芬园"的地方。那里一直是果菜和花卉市场，而当时却成了一个书籍拍卖会的举行地点。主办者是一位叫山米尔·贝克的书商。书籍拍卖会共举行了十天。白天，买家可以欣赏和浏览准备拍卖的书籍，夜幕降临，拍卖师开始主持叫价。参加竞投的除了书商，还有一些收藏家，大家似乎很满意这种竞价交易方式。十天中，共有数百本珍贵的书籍易主，总成交额 876 英镑。1778 年，贝克先生的外甥约翰·苏富比成了这家拍卖行的合伙人，并使拍卖行的业务更上一层楼。虽然苏富比家族与拍卖行的关系止于 1863 年，但其名称却保留至今，成为公司资产的一部分。第二次世界大战后，国际艺术品市场逐渐形成。苏富比也朝着全球化方向发展，并且逐渐垄断了重要艺术品的国际市场。

艺术品市场与全球流动性、高净资产人群以及资产市场的风险情绪密切相关，因此苏富比的股价（见图 16-23）成了较好的风险情绪指标。而且苏富比股价见顶往下之后，往往意味着全球资产市场的大动荡（见图 16-24），所以有所谓的"苏富比魔咒"，这个与**"摩天大楼魔咒"**类似。查询苏富比股价走势可以输入以下网址：http://xueqiu.com/S/BID#。

Boombustology: Spotting Financial Bubbles Before They Burst 的作者 Vikram Mansharamani 将苏富比股价称为"市场重要信心指标中的重要指标"。

摩天大楼魔咒参考《外汇交易圣经》相关章节的介绍。

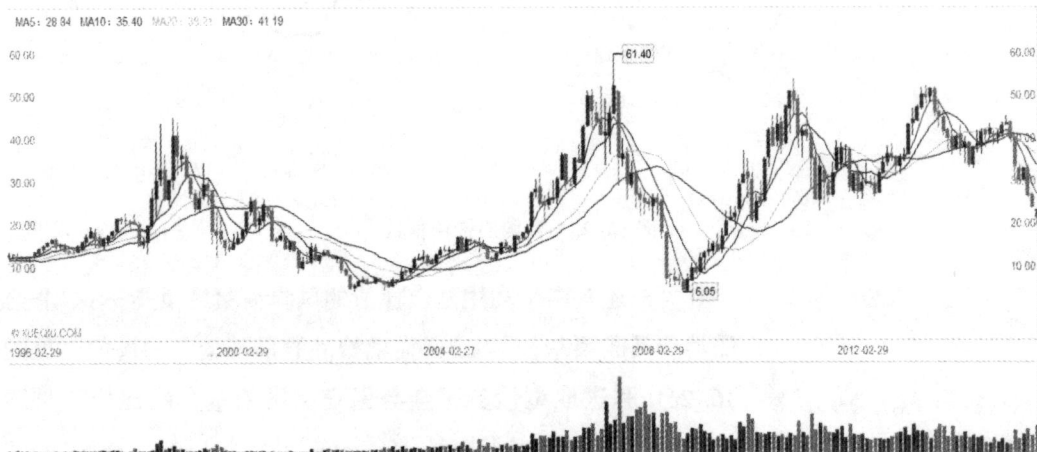

图 16-23 苏富比股价走势

资料来源：雪球网。

Sotheby's 历史股价走势图

图 16-24　苏富比股价高点与大泡沫/危机

注：该股曾多次派息，上图股价未复权。
资料来源：金融界。

另外一个比较另类的风险情绪指标是葡萄酒价格指数（见图 16-25），我们这里就不再详细展开了，因为其效用并不算高，做一些了解即可，查询网址为：https：//www.liv-ex.com/home.do。

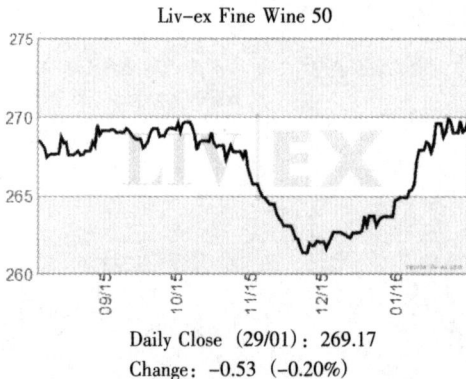

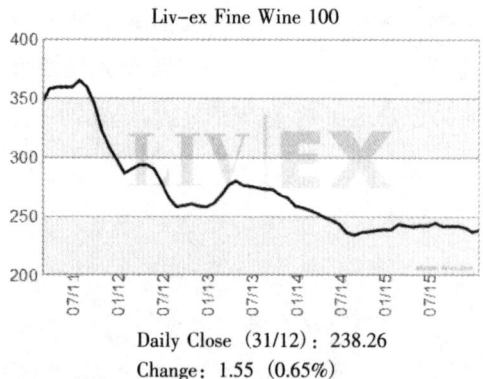

Liv-ex Fine Wine 50

Daily Close（29/01）：269.17
Change：−0.53（−0.20%）

Liv-ex Fine Wine 100

Daily Close（31/12）：238.26
Change：1.55（0.65%）

图 16-25　葡萄酒价格指数

两个比值其实反映了对经济和资产市场的两种预期：乐观和悲观。

另外还有两个利用基金比值的风险情绪度量指标："非必需消费品股票基金"与"必需消费品股票基金"的比值（见图 16-26）和进取型债券基金与保守型国债基金的比值（见图 16-27），两者的查询网址为：http：//stockcharts.com/h-sc/ui？s=XLY%3AXLP；http：//stockcharts.com/h-sc/ui？s=fagix：vustx。

图 16-26 "非必需消费品股票基金"与"必需消费品股票基金"的比值

资料来源：stockcharts.

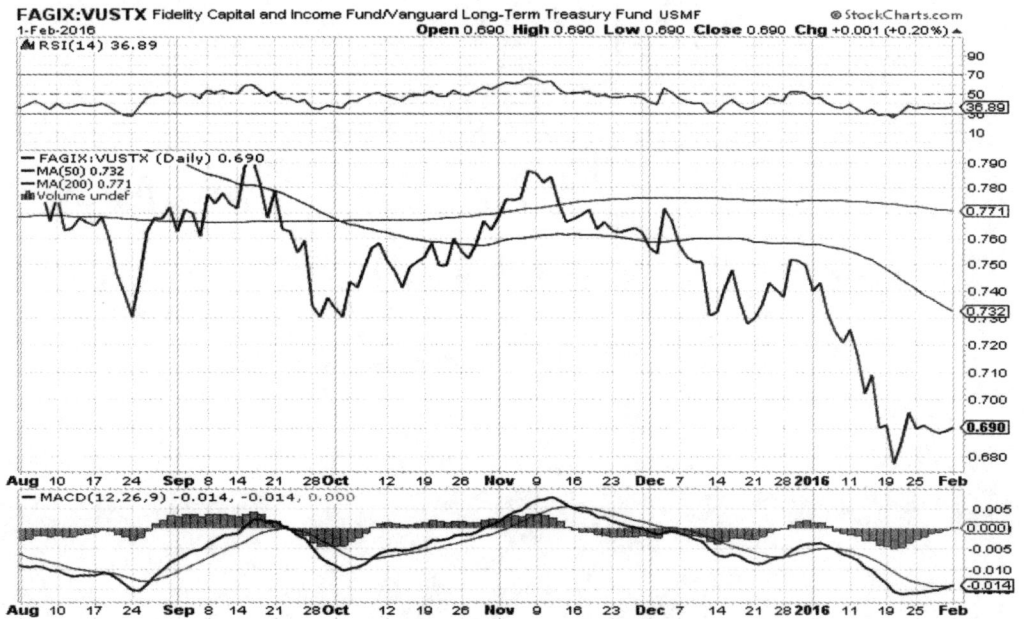

图 16-27 进取型债券基金与保守型国债基金的比值

资料来源：stockcharts.

第五节　战争带来的风险厌恶

战争和危机可以快速改变整个资产市场的风险情绪。

对于风险偏好影响最大的事件有两类，第一类是经济和金融危机，第二类是地缘政治冲突，具体而言就是战争。**战争极大地提升了资本市场的风险厌恶情绪，避险资产得到追捧，黄金的货币属性得到不同程度的显现。涉及美国的战争，会导致美国财政出现大额赤字，进而引发对美元长期贬值的预期，这个时候黄金的货币属性会得到极大的彰显。**下面是一些重要地缘政治事件发生前后对金价的影响（见图 16-28 至图 16-31）。

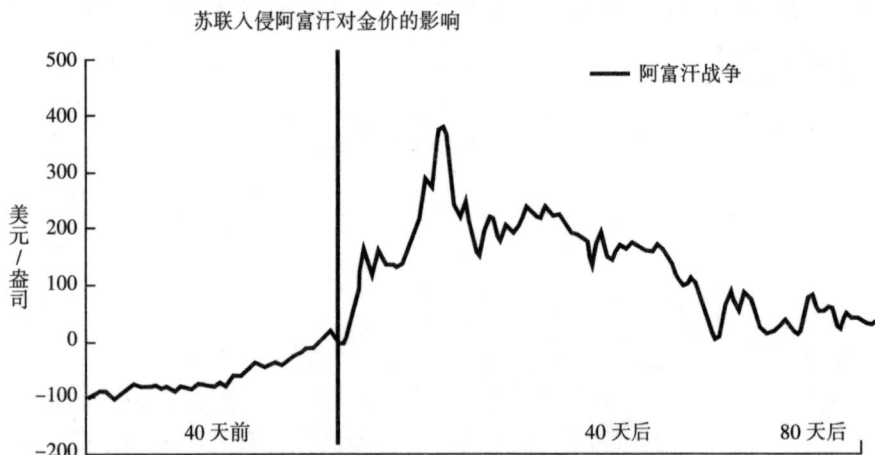

苏联入侵阿富汗对金价的影响

图 16-28　苏联入侵阿富汗战争前后的金价走势

资料来源：上海期货交易所、上海黄金交易所。

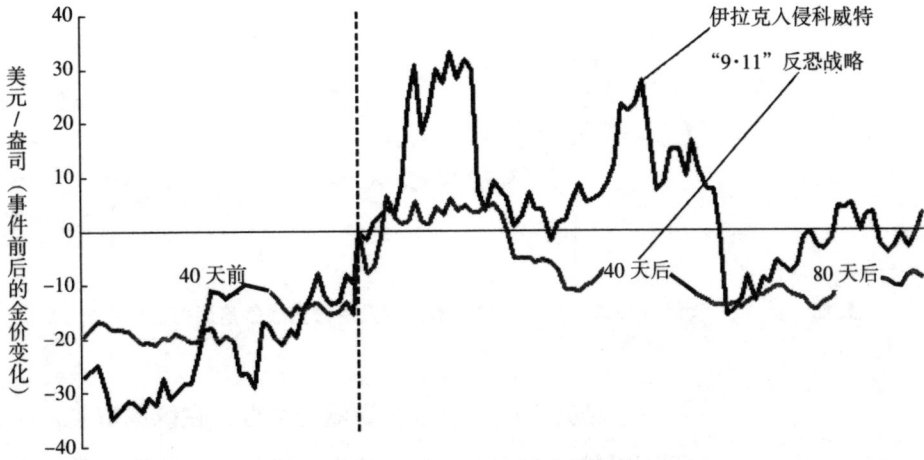

图 16-29　伊拉克入侵科威特、"9·11"反恐战争前后的金价走势
资料来源：上海期货交易所、上海黄金交易所。

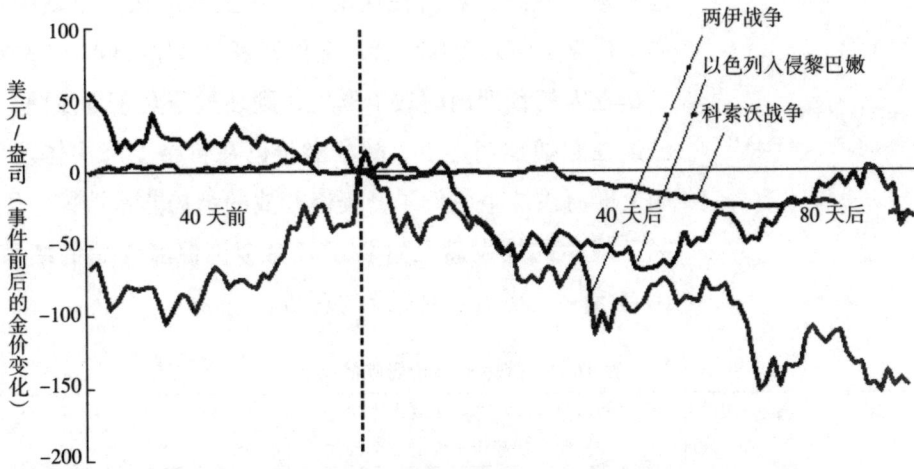

图 16-30　两伊战争、以色列入侵黎巴嫩、科索沃战争前后的金价走势
资料来源：上海期货交易所、上海黄金交易所。

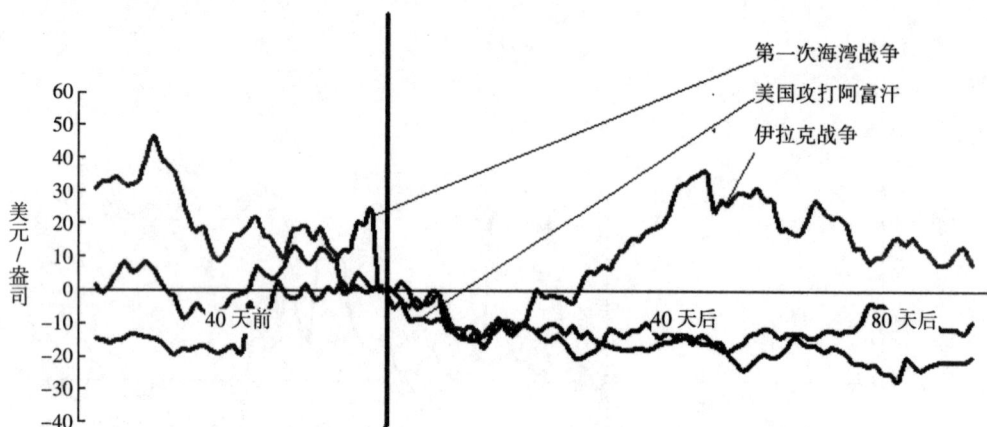

图 16-31　第一次海湾战争、美国攻打阿富汗以及伊拉克战争前后的金价走势
资料来源：上海期货交易所、上海黄金交易所。

> 金融市场走势的基本面预期，当预期兑现或者被证伪之后行情都会反转。

　　总结几点战争对金价影响的特点：**在既成事实之前，预期主宰价格的波动：**第二次世界大战以后的战争都是局部性的战争，对世界的影响都局限在一定范围内，因此"**战争溢价**"往往持续的时间不长。我们做两项分类，一是**突发性的战争爆发，因为普遍在人们的预期之外，所以对金价的影响也是爆发性的，金价往往出现快速上涨后快速下跌的走势，**如伊拉克突然入侵科威特，金价就表现为短时间内大幅飙升。二是**在人们预期内的战争爆发，则在战争真正爆发前，金价已经在跟随预期走了，战争溢价已在价格上涨中体现出来，**如上面海湾战争的例子，美伊开战的结局非常明朗，因此实际上战争的爆发就已宣告了其对金价促涨作用的结束。表16-1是一个更为全面扼要的总结。

表 16-1　战争对金价影响的特点

1	战争规模与持续时间对金价波动产生主要作用
2	在战争或区域冲突爆发前金价趋于上涨的概率较大
3	战争过程中，战局发展可预测性的强弱对金价产生支持与抑制作用
4	战争结束或进入尾声阶段金价下跌的概率增加

【开放式思考题】

在研读完第十六课的内容之后，可以进一步思考下列问题。虽然这些问题并没有固定的标准答案，但能够启发思考，跳出来看某些观点。

（1）本课提到"如果你仅仅是想知道资金在大类资产的配置倾向，基本上知道风险偏好即可"。为什么呢？

提示：不能回答的话，说明课文没有认真看。

（2）本课提到"如果全球的风险厌恶情绪上升，那么黄金中短期内因为商品属性和投资属性而下跌，在中长期却会因为货币属性而上涨"。查看一下 2008 年次贷危机后黄金的走势，看看是否符合这一规律。

提示：动手吧！

（3）思考一下，原油能否作为风险指标？

提示：结合"商品属性"一课理解。

【进一步学习和运用指南】

（1）除了本课提到的风险度量指标之外，国债收益率曲线变化能否作为该股的风险度量指标呢？可以从如下网址非常方便地查询到主要国家的国债收益率曲线变化：https：//cn.investing.com/rates-bonds/。

（2）建立自己的风险度量体系，结合黄金和外汇交易跟踪其效果。

第十七课

货币属性

　　马克思很早就论证了黄金的货币属性，这是由黄金的基本物理和化学特性以及黄金本身恰当储量所决定的。黄金作为货币的历史非常悠久，一般认为中国是最早采用黄金作为货币的地区，但是当时黄金作为货币还并不普遍。黄金真正成为世界货币，是在 18 世纪欧洲实行金本位制以后，金本位制是指黄金既可以作为国内支付结算手段，也可以作为国际结算支付手段，自由地进出境。金本位制彰显了黄金的货币属性，西欧资本主义享受了金本位制带来的极大好处，这就是稳定的价格体系。**在实行金本位制的这 200 年中，欧美资本主义体系得到极大的发展，采用金本位制的国家经济增长迅速。**在供给学派看来，物价稳定是经济持续健康增长的关键因素之一，而金本位则被历史一再证明是物价稳定器。

　　黄金的货币属性不是人为规定的，而是黄金的自然禀赋所决定的，马克思说"金银天然就是货币"在今天仍旧是正确的。虽然，黄金被迫退出货币流通领域，但是在遇到国际支付危机时，黄金仍旧是很好的应急货币，比如 1997 年的东南亚经济危机时各国政府紧急募集黄金，以及中国和俄罗斯为了进行市场化经济引进技术而卖出大量黄金。今天的黄金仍旧具有货币属性，这并不全是历史的惯性，**更准确地说这是由黄金本身的特性所决定的，不以某一利益团体的意志为转移。**虽然目前世界上没有一个国家采用金本位制，但是**欧美大国的官方储备还是以黄金为主。黄金作为货币的属性不是单凭人为力量就能抹去的，随着全球纸币的滥发，随着地缘政治的日益动荡，随着经济滞胀的到来，黄金的货币属性将日益显著。**

　　我们这样说的最主要的原因是黄金是一种真实的资产，而不是被人为赋予的"价值"。黄金的稀有性使其十分珍贵，而黄金的物理和化学方面的稳定性使它便于保存，黄金不仅成为人类的重要物质财富之一，也成为我们储藏财富的根本手段，所以黄金

不过，按照奥地利学派的看法，纸币滥发导致过度投资和通胀之后，必然导致通缩。

笔者之一 2014 年的时候曾经去过努比亚人居住的区域，这个区域位于阿斯旺附近。努比亚人属于黑色人种，与尼罗河下游的人种存在差异。

最早的全球贸易以什么货币计价和交易呢？根据史料来看，贵金属更适合作为跨国贸易的货币媒介。

一直得到了经济和政治发展历史的格外青睐。

声誉卓著的黄金史学家格林就曾指出："古埃及和古罗马的文明可以说是由黄金铸造起来的。"掠夺和占有更多的黄金是古埃及和古罗马统治者黩武的最终动力。

根据史料的相关描述，公元前 2000 年至公元前 1849 年，古埃及统治者先后对**努比亚**（这是一个尼罗河上游的小国，它有丰富的黄金资源）进行了四次掠夺性战争，目的是占领努比亚全部金矿，最终也如愿以偿。公元前 1525 年至公元前 1465 年埃及第十八王朝法王先后发动了两次战争，从巴勒斯坦和叙利亚掠夺了大量黄金。这些战争的直接后果就是大量黄金流入埃及，使埃及财力大增，使他们有能力兴建大型水利工程，发展农业，兴建豪华宫殿和陵园，为人类留下了阿蒙神庙遗迹和金字塔，要知道仅图坦卡蒙陵墓中的金棺就重达 110 公斤。

我们把历史的镜头拉近，公元前 47 年古埃及被罗马帝国占领，罗马大帝恺撒凯旋罗马时，展示了从埃及掠夺的 2822 个金冠，每个金冠重 8 公斤，共计 22.58 吨，同时还展示了白银 1815 吨。当时，罗马的军队抬着游行的金银重达 65000 塔兰特，约 1950 吨。金银的积累使罗马帝国的国力大增，使他们有能力建起一批宏伟的建筑。虽然这些建筑现在绝大多数已是残垣断壁，但古罗马文明至今仍在文学、史学、法学、哲学诸方面给人类以深刻的影响。

我们再将历史的镜头拉近一些，黄金也是近代工业文明的物质基础。16 世纪西欧航海家开辟了新航线，同时来到了美洲，对欧洲经济生活产生了巨大的影响，其中美洲、非洲**的黄金及白银流入欧洲，使欧洲资本主义的原始积累增加。**贡德的《白银资本》极其深刻地分析了这段时期欧洲货币和财富的变化。16 世纪，葡萄牙从位于西欧南部的非洲掠夺黄金达 276 吨，比西班牙从美洲掠夺的金银更多。根据可靠的史料统计数据，16 世纪末西班牙控制了世界黄金开采量的 83%。当时金银大量流入西欧，造成了欧洲物价的上涨，出

现了第一次所谓的"价格革命"，这些金银对欧洲封建主义的解体和资本主义生产关系的建立起到了巨大的促进作用。17世纪的葡萄牙为了能够抗衡西班牙而与英国结盟，为此向英国的工业品开放了市场。此时在葡萄牙控制下的巴西黄金开发高潮兴起，巴西黄金完全有可能转化为资本，而使葡萄牙完成工业革命，但由于统治者的骄奢淫逸和封建专制，葡萄牙成了不积水的漏斗，其在美洲收获的大部分黄金流向了其盟友英国。根据统计，仅流入英国国库的黄金就有 600 吨，再加上其他国家的流入，使英国迅速地积累了完成工业革命和资本主义建造所需要的巨额货币资本。英国率先于 1717 年实行了金本位制，为大不列颠治下的金融体制提供了可靠的经济担保。正如**供给学派**所言，这次金本位的建立给英国提供了稳健的通货环境，促进了英国长达两百多年的稳定增长。此后，发生了所谓的"第二次价格革命"，不过这次价格革命不仅没有影响英国的金融业，反倒为英国各类商品出口到国际市场创造了有利条件。当时，英国商品出口量占了全世界总量的 25% 之多，这使得"工业革命"在英国发生了。

20 世纪布雷顿森林体系瓦解后，黄金所扮演的角色虽已暂时有所改变，但是主要发达国家，特别是美国和西欧大国仍然储备了约 3.1 万吨的黄金财富，明显是以备不时之需。21 世纪初，随着新兴大国的崛起，以及美元的滥发，亚洲国家开始增加其黄金储备。此外，全世界还有 2 万多吨黄金是私人所拥有的。所以有黄金分析专家认为人类数千年生产的约 14 万吨黄金中目前有 40% 左右作为金融资产，存在于金融领域，60% 左右是一般性商品，主要的功能是满足各种消费需要。毕竟，黄金是一种货币，而且是一种不依赖于人为规定而存在价值的货币。

坦率而言，**"金本位制"是黄金货币属性表现的高峰**，正是金本位的实行使得这些国家获得了稳定的宏观经济环境。世界各国实行金本位制长者 200 余年，短者数十年，而中国一直没有实行过金本位制。到了 20 世纪上半叶，因为**世界大**

供给学派对于撒切尔改革和里根经济学影响很大，一般国际经济学界也将中国改革开放的政策以及经济改革政策归为供给学派的实践。

第二次世界大战彻底消耗了西欧的经济实力，彻底终结了西欧的世界霸权，美苏抓住机会崛起。对黄金进行管制，根源在于黄金是霸权稳定与否的风向标，当霸权处于动摇中时，在位者必然会顾忌到这一点，进而对黄金进行管制。管制的程度取决于霸权动摇的程度。

黄金是霸权稳定的衡量仪！

战的爆发，各国纷纷进行黄金管制，这使得金本位制难以维持。第二次世界大战结束前夕，在美国主导下，召开了布雷顿森林会议，通过了相关决议，决定建立以美元为中心的国际货币体系，但美元与黄金挂钩，美国承诺担负起以 35 美元兑换 1 盎司黄金的国际义务，这是一种模仿金本位的货币体系。不过，**这一体系却存在一个致命的缺点，那就是不能自我纠正美元和黄金关系的失调**。20 世纪 60 年代，各国相继发生了数次黄金抢购风潮，美国为了维护自身利益，决定放弃黄金固定官价，然后又宣布不再承担兑换黄金义务，至此布雷顿森林货币体系瓦解，于是开始了**黄金非货币化改革**。这一改革从 20 世纪 70 年代初开始，到 1978 年修改后的《国际货币基金协定》获得批准，**布雷顿森林体系的瓦解，牙买加体系的建立，可以说制度层面上的黄金非货币化进程基本完成**。

本课的内容是介绍黄金的货币属性，在帝娜风险—收益矩阵中，与黄金货币属性最相关的市场是国债市场和外汇市场（见图 17-1），而外汇市场中最为重要的一些标的是美元指数、欧元和商品货币（见图 17-2）。国债市场代表着最低风险水平，与风险厌恶情绪相对应，而资本在国际间的流动，在不同资本市场间的流动必然首先体现为外汇市场的波动。

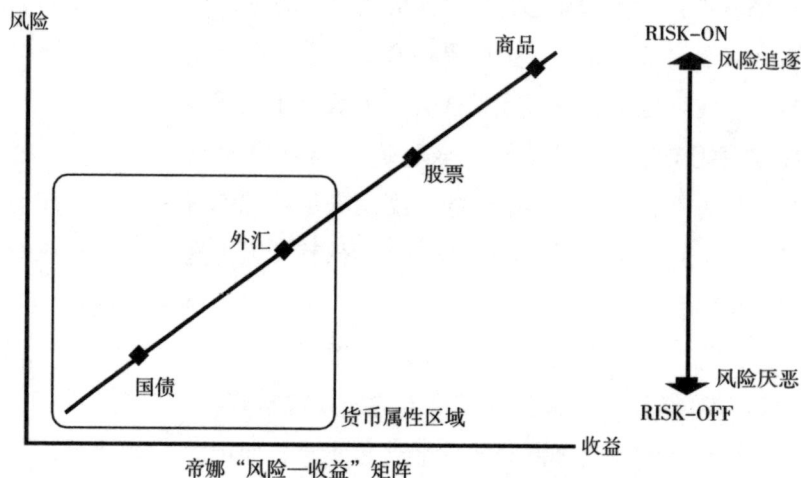

图 17-1 对应货币属性的资产市场

图 17-2　外汇市场的重要标的

风险

美元指数　欧元
商品货币

商品

股票

外汇

国债

收益

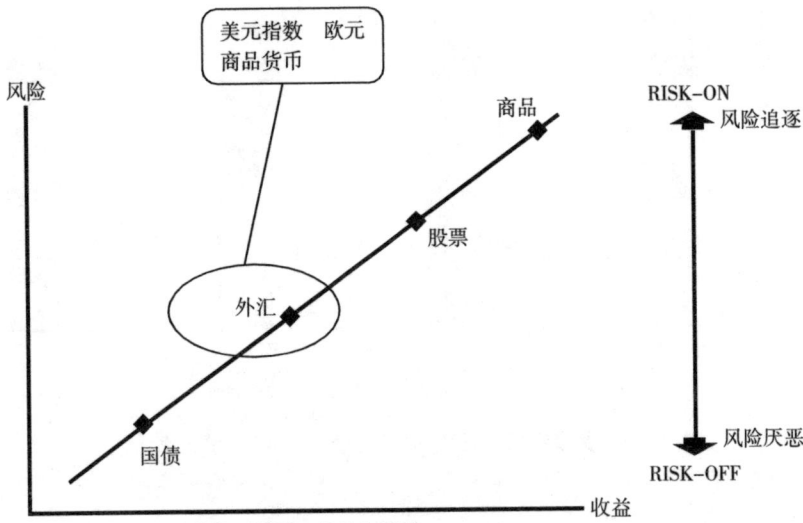

帝娜"风险—收益"矩阵

RISK-ON

风险追逐

风险厌恶

RISK-OFF

第一节　美元和国债

讲到黄金的货币属性，必然提到美元。根据人类几千年货币历史来看，黄金就是美元的最佳替代品。正如贵金属理财专家马克·马龙尼所言："黄金与白银从来没有被所谓的法定通货击败过……两千多年以来，每当某个政府或者国家开始稀释自己的货币，而民众感到经济出现了问题的时候，历史往往会一再重演……这么一来，黄金和白银就会重新清算新增法币的总额……"这段话其实告诉我们黄金相对于纸币的稀缺性，一旦政府垄断了纸币的发行，则纸币的增长速度通常都会快于黄金供给的增长率（见图 17-3）。纸币作为央行的负债，随着纸币的滥发，央行的资产负债表必然膨胀，而事实确实如此（见图 17-4）。由于黄金以美元标价，因此美元的滥发必然引发黄金货币属性的显现，而这并不是美国政府愿意看到的，因此这**表明美元的霸权被动摇了**，所以**阶段**性地收缩美元供给增长率是其惯用的策略，也是不得不下的一步棋。

通过将美元与原油和粮食挂钩，甚至与碳排放权挂钩，美元重塑了霸权根基。

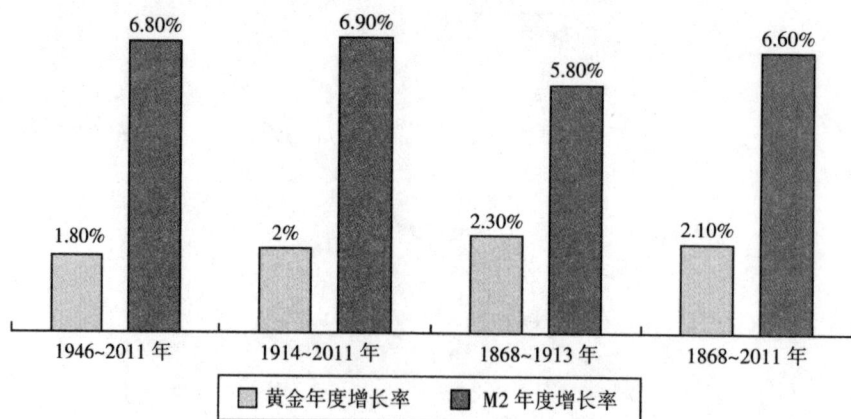

图 17-3 黄金供给增长率和货币供给 M2 口径增长率比较

资料来源：incrementum.

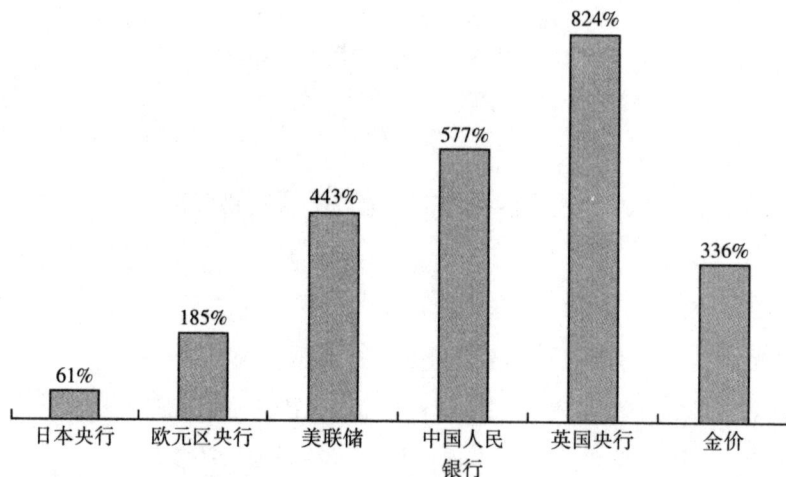

图 17-4 央行资产负债表规模增幅和金价增幅（2013 年 8 月相对于 2002 年 1 月）

资料来源：incrementum.

通常我们分析美元走势的工具是美元指数，美元指数是综合反映美元在国际外汇市场的汇率情况的指标，用来衡量美元对一揽子货币的汇率变化程度。美元指数 USDX 是参照 1973 年 3 月六种货币对美元汇率变化的几何平均加权值来计算的。以 100.00 为基准来衡量其价值。105.50 的报价是指从 1973 年 3 月以来，其价值上升了 5.50%。

1973 年 3 月被选作参照点是因为当时是外汇市场转折的历史性时刻，从那时起主要的贸易国允许本国货币自由地与另一国货币进行浮动报价。该协定是在华盛顿的史密斯索尼安学院达成的，象征着自由贸易理论家的胜利。史密斯索尼安协议代替了大约 25 年前在新汉普郡布雷顿森林达成的并不成功的固定汇率体制。

当前的 USDX 水准反映了美元相对于 1973 年基准点的平均值。到目前为止，美元

指数曾高涨到过 165 个点，也低至过 80 点以下。该变化特性被广泛地在数量和变化率上同期货股票指数作比较。它通过计算美元和对选定的一揽子货币的综合的变化率，来衡量美元的强弱程度，从而间接反映美国的出口竞争能力和进口成本的变动情况。如果美元指数下跌，说明美元对其他的主要货币贬值。

美元指数对应的可交易标的是美元指数期货，美元指数期货的计算原则以全球各主要国家与美国之间的贸易结算量为基础，以加权的方式计算出美元的整体强弱程度，以 100 为强弱分界线。在 1999 年 1 月 1 日欧元推出后，这个期货合约的标的物进行了调整，从十个国家减少为六个国家，**欧元也一跃成为了最重要的、权重最大的货币，其所占权重达到了 57.6%**，因此，**欧元的波动对于美元指数的强弱影响最大**。

美元指数作为美元走势的衡量指标，其走势与黄金价格走势基本相反（见图 17-5），这表明了两者的负相关性占主导，中长期走势中两者是相反的，少数时期在美国之外的区

> 美元指数的结构表明欧元是其货币领域的最大对手盘之一，而黄金则是美元天然的最大对手盘。

图 17-5　美元指数和现货黄金价格走势对比

资料来源：sharelynx.

黄金和美元的走势几乎是镜像关系。

域发生了危机和动荡会导致美元和黄金同时走强。因此，黄金的中长期大底和大顶往往对应着美元指数的中长期大顶和大底（见图 17-6）。

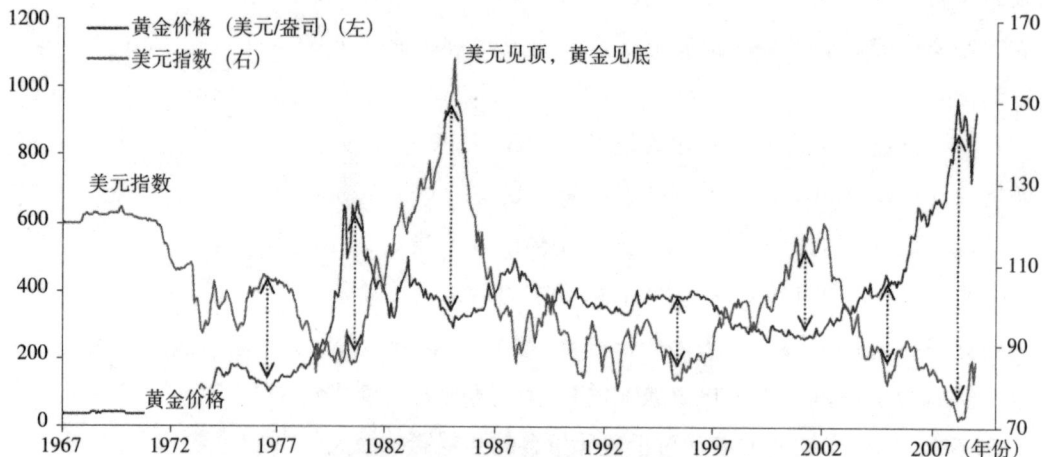

图 17-6　美元顶底与黄金顶底

资料来源：国信证券研究所，王冠苏、朱莉。

美元指数与黄金长期负相关的原因主要有三个方面：

一是货币属性的角度。因为黄金是被人为废除的货币，因此当美元作为货币的职能出现问题的时候，当美元霸权动摇的时候，黄金就会上涨。相反，当美元的信用较高，货币职能履行良好的时候，黄金的货币属性就会被雪藏，这个时候黄金就处于走低或者低位徘徊的情况。作为货币，黄金是美元的天然对手盘。

二是投资属性的角度。当美国经济走强的时候，美股是较高的投资标的，这个时候黄金的收益率远远低于美股，所以国际资本会选择进入美国资本市场，而这要求先买入美元，因此美元计价的资产受追捧时，黄金将走低。

三是商品属性的角度。原油是大宗商品之母，而美国也是粮食的第一出口国，因此大宗商品市场是美元计价的市场，黄金在某种程度上也属于这个市场的范畴。当美元相对商品滥发的时候，商品将升值，这个时候所有商品的美元价格都会上涨。当美联储收紧货币政策的时候，商品的美元价格就

容易下跌。黄金体现出商品属性的时候，就会受到这一计价体系的系统性影响。

那么，黄金与美元正相关的原因是什么呢？这往往是因为黄金和美元同时成了避风港。当除美国之外的地区处于战争或者经济危机状态时，黄金和美元容易同时受到追捧，比如东南亚经济危机影响扩散的时候，韩国受到很大的冲击，当时美元和黄金在韩国都是真正的避险资产，广受追捧。

衡量黄金和美元的合理比较关系存在很多方法，也就是说对黄金的美元价格进行估值存在很多方法，最常见的方法是比较黄金存量和美元发行量。我们来看比较出名的恐慌指数，这是一个较为出名的黄金价格估值法。

享誉世界的黄金分析大师特尔克不但准确预测到自 2002 年 9 月启动的黄金牛市，而且他在把握黄金市场的脉络及其背后的驱动因素方面一直都是料事如神。长期以来，特尔克一直是黄金和其他贵金属市场的权威，也是 Goldmoney.com 公司的创始人，这家公司为以黄金为货币进行跨境交易提供了在线平台。他还与人合写了《美元的即将崩溃》(*The Coming Collapse of the Dollar*) 一书，2004 年由 Doubleday 公司出版。从该书内容和已经发表的文章可以看出，**特尔克认为黄金价格的进一步攀升空间很大，因为美元身上的一些问题将促使黄金价格不断上升。** 因此，他以下定论的口吻说道："准确地说，不是黄金在涨价，而是美元在贬值。"事实也是这样，今天 1 盎司黄金能购买的原油数量与 50 年前差不多，但美元的情况就完全不同。下面，我们就来分享一下特尔克看涨黄金的理由。"恐惧指数"(Fear Index) 是特尔克使用的黄金市场风向标之一。恐惧指数的计算公式如下：

(美国黄金储备×黄金的美元价格)÷美国货币 M3 数值 = 恐惧指数

这个指数以货币供应量 M3 为基础，但现在美国货币当局已不再公布 M3 的数值了。美国政府不再公布 M3 数值的官方理由是为了节省时间，并能节省 100 万美元的数据编纂费用。

美元崩溃论是老生常谈，忽略了很多非经济学层面的现实。

不过，特尔克对此感到非常吃惊，毕竟 M3 是货币供应量中最重要的组成部分，这一数据能揭示出美元的流通总量。美国政府之所以这样做，其实是想隐瞒货币流通环节中的通货膨胀水平。美国货币当局宣布不再公布 M3 数字时，正是美国 M3 年增长率远远超过 8%，且呈逐年递增趋势的时候，所以这是美国政府用来控制通胀心理预期的手段之一。然而，这是个弄巧成拙的严重错误，因为这反而加重了全球对美元走势的担忧，也必然会造成黄金价格的上涨。不过，有一家民间机构坚持统计 M3（见图 17-7），其中也包括了官方公布的其他两个口径的货币供应 M1 和 M2，并将其定期公布在自己的网站上，查询的网址如下：http://www.shadowstats.com/alternate_data/money-supply-charts。

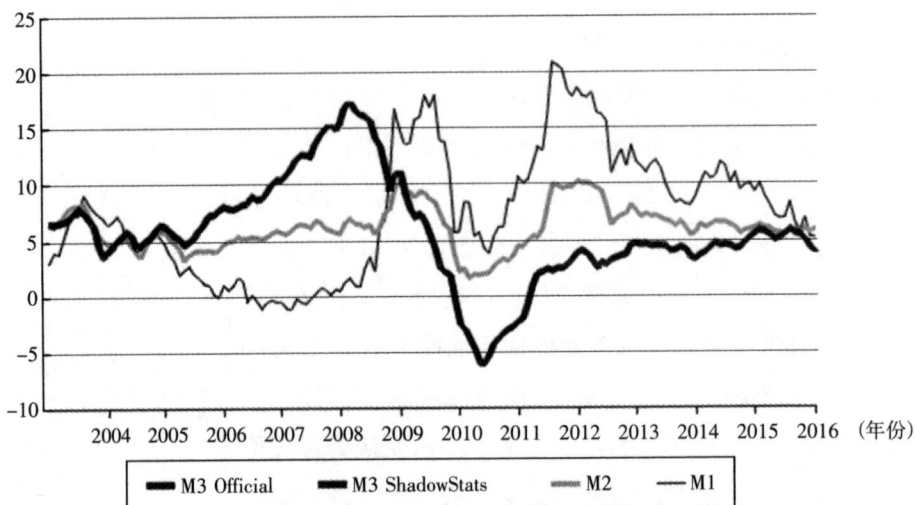

图 17-7　美国非官方 M3 统计走势

资料来源：shadowstats.com.

谈到美元，不能不提美国国债。美元作为避险资产时，往往是因为国际资本流入美国国债导致的，比如欧债危机的时候，这个时候美元和黄金同时上涨。美元作为套息资产时，往往是由国际资本流入美国股市和信用债市场导致的，比如互联网科技浪潮兴起时，黄金的涨势会受到压制，除非泡沫破灭时引发动荡。因此，美元与美国国债的关系非常紧密，因为美国国债与美元一样都是美国主权信用是否稳定的风向标，我们观察黄金是否显露货币属性时应该同时关注美国国债的动向（见图 17-8）。如果美国国债的收益率大幅上升，而美国经济却处于衰退或者困境中，那么这表明美国主权信用出了问题，这个时候黄金货币属性将居于主导地位。

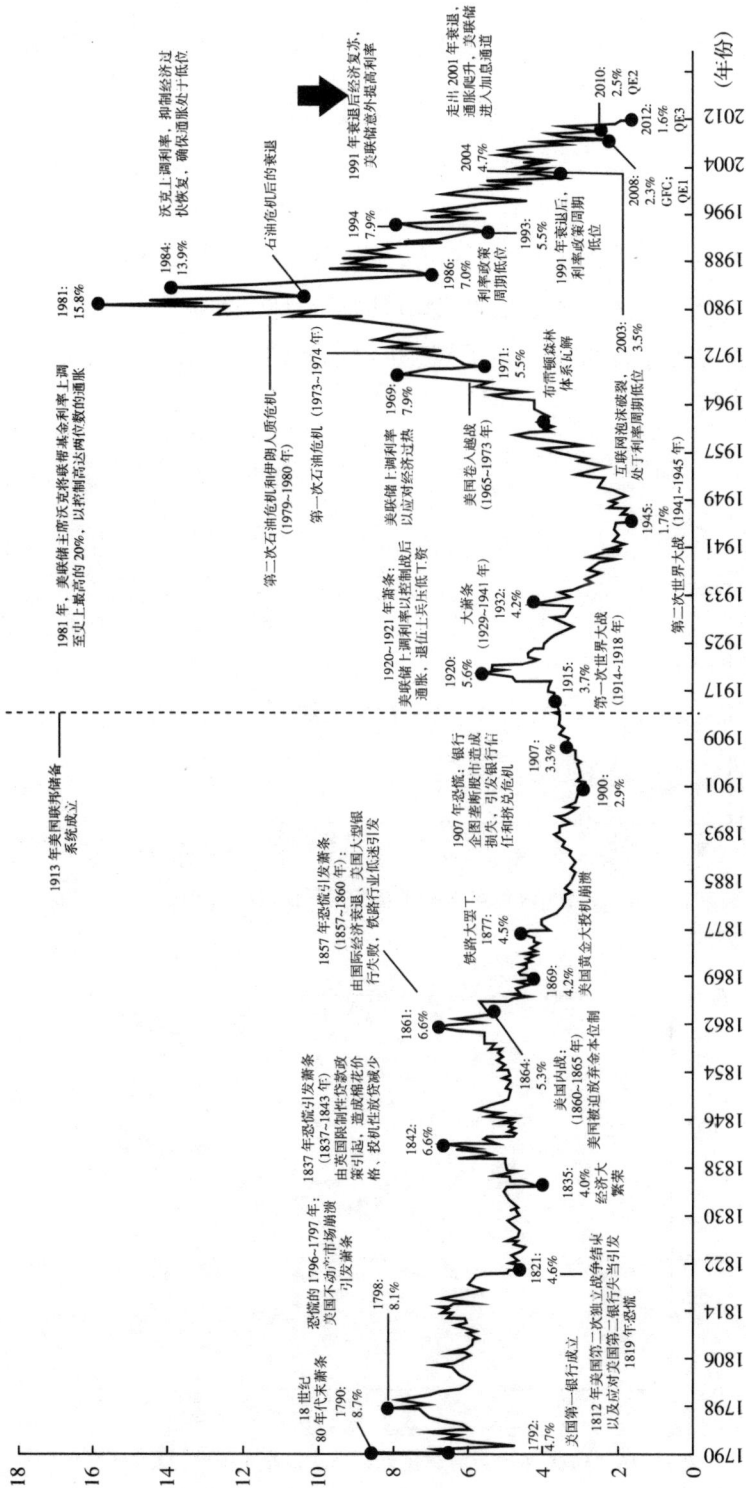

图 17-8　美国 10 年国债长期走势与重大风险事件

1913 年美国联邦储备系统成立

1981 年，美联储主席沃克将联邦基金利率上调至史上最高的 20%，以抑制美国当时两位数的通胀

第二次石油危机和伊朗人质危机（1979—1980 年）

第一次石油危机（1973—1974 年）

1920—1921 年萧条：美联储上调利率以控制战后通胀，退伍士兵压低薪资下降

1857 年恐慌引发萧条（1857—1860 年）：由英国限制银行放款政策引起，造成棉花价格、投机性放贷减少，铁路行业迅速遭引发

1837 年恐慌引发萧条（1837—1843 年）

恐慌的 1796—1797 年：美国不动产市场崩溃引发萧条

18 世纪 80 年代末萧条

1812 年美国第二次独立战争结束以及对美国第二银行失当引发 1819 年恐慌

美国第一银行成立

1790：8.7%

1798：8.1%

1792：4.7%

1821：4.6%

1835：4.0%　经济大繁荣

1842：6.6%

1861：6.6%

1864：5.3%
美国内战（1860—1865 年）美国被迫放弃黄金本位制

1869：4.2%

1877：4.5%　铁路大罢工

1900：2.9%　美国黄金大投机崩溃

1907 年恐慌：银行业全面垄断断膜出造成损失，引发银行兑付危机
1907：3.3%

1915：3.7%
第一次世界大战（1914—1918 年）

1920：5.6%

1932：4.2%
大萧条（1929—1941 年）

1945：1.7%
第二次世界大战（1941—1945 年）

美国卷入越战（1965—1973 年）
美联储上调利率以应对经济过热
1969：7.9%

1971：5.5%
布雷顿森林体系瓦解

互联网泡沫破裂处于利率周期低位
2003：3.5%

1981：15.8%

1984：13.9%
沃克上调利率，抑制经济过快恢复复苏。确保通胀处于低位

台油危机的衰退

1986：7.0%
利率政策周期低位

1994：7.9%

1993：5.5%
1991 年衰退后，利率政策周期低位

1991 年衰退后经济复苏，美联储意外低商利率

走出 2001 年衰退，通胀温升，美联储进入加息通道

2004：4.7%

2008：2.3%
GFC；
QE1

2010：2.5%
QE2

2012：1.6%
QE3

（年份）

资料来源：高盛、华尔街见闻。

第二节　欧元

国际外汇市场最大的主角是欧元兑美元的汇率，因此研究外汇市场不能不提欧元。国际金价是以美元计价的，不过如果我们以欧元来计价黄金，可以看出作为货币之王的黄金对欧元也是处于长期升值状态（见图 17-9 和图 17-10）。

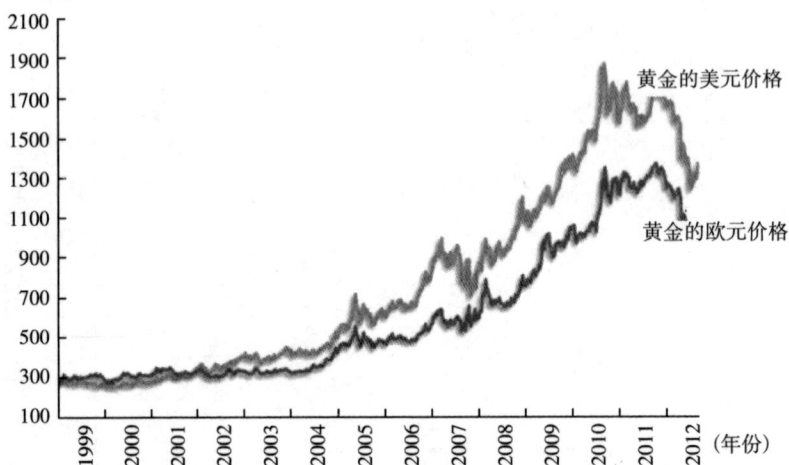

图 17-9　1999 年以来黄金的美元价格和欧元价格

资料来源：incrementum.

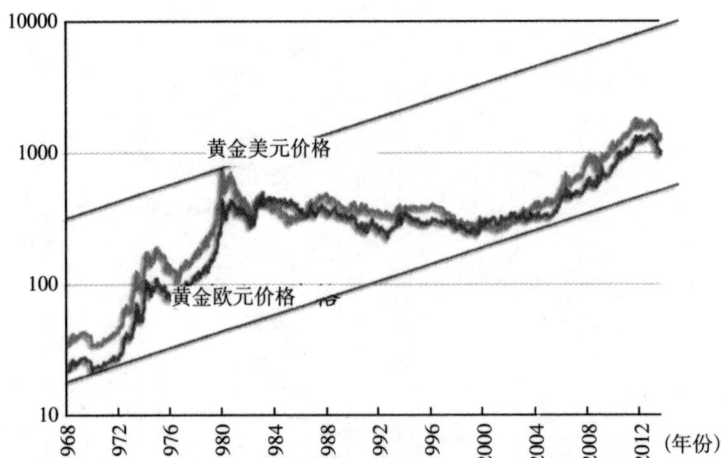

图 17-10　1968 年以来黄金的美元价格和欧元价格（对数坐标）

资料来源：incrementum.

欧元与黄金有什么联系呢？欧元是最重要的非美货币，黄金也可以看成是一种非美货币。而非美货币作为美元的对手盘，其变动往往具有某种程度上的一致性，这种联动性使得欧元与黄金呈现一致性。

不过，如果欧元区出现了问题，那么黄金与欧元的走势就相反了，这个时候欧元资产属于风险资产，而黄金体现避险属性，美元这个时候也成为国际资本的避风港。

欧元的走势根本上取决于欧元区相对于美国的经济走势预期，直接因素则是两国货币政策的变动以及国际资本市场的风险情绪变化。当欧元区经济相对美国走强的时候，货币政策倾向于较美联储更加强势，欧元走强，这个时候美元走弱，黄金的美元价格可能有不显著的上涨。毕竟，比价联动效应对于黄金的提振有限，不可能主导趋势。

> 欧元走势根本上取决于其经济走势，因此关注欧元区经济数据和美国经济数据非常重要。重要的经济数据可以参考外汇和黄金相关的网站财经日历。

第三节　商品货币

商品货币的特征主要有高利率、出口占据国民生产总值比例较高、某种重要的初级产品的主要生产和出口国、货币汇率与某种商品同向变动。比较典型的商品货币有澳元、加拿大元和新西兰元，我们这里重点介绍澳元。由于澳大利亚在煤炭、铁矿石、铜、铝、羊毛等工业品和棉纺品的国际贸易中占绝对优势，所以大宗商品价格的涨跌，对于澳元走势会产生较大的影响。

1983 年 12 月 12 日，澳大利亚取消了澳元盯住"一揽子"贸易加权货币的有效管理浮动汇率制实行自由浮动汇率制，澳大利亚也因此取消所有外汇管制。澳元是交易量世界排名靠前的货币，大约占总交易量的 6%。

澳大利亚是世界上黄金产量大国之一，出口超过 5%，其中还包括稀有金属。这些商品占据了澳大利亚国内生产总值

的大部分比例，因此相当多的交易者关注其商品价格的上涨和下跌，尤其是黄金对澳元有直接的影响。黄金与澳元兑美元走势具有一定的正相关性（见图 17-11）。这种正相关性是怎么来的呢？首先，黄金的商品属性与澳元的商品属性共振，所以通胀因素会引发两者同时上涨。其次，澳大利亚是黄金出口国。当风险厌恶情绪上升的时候，澳元这类高息货币或者说商品货币往往遭到抛售，而黄金却会遭到追捧，这个时候两者走势就是反向的。

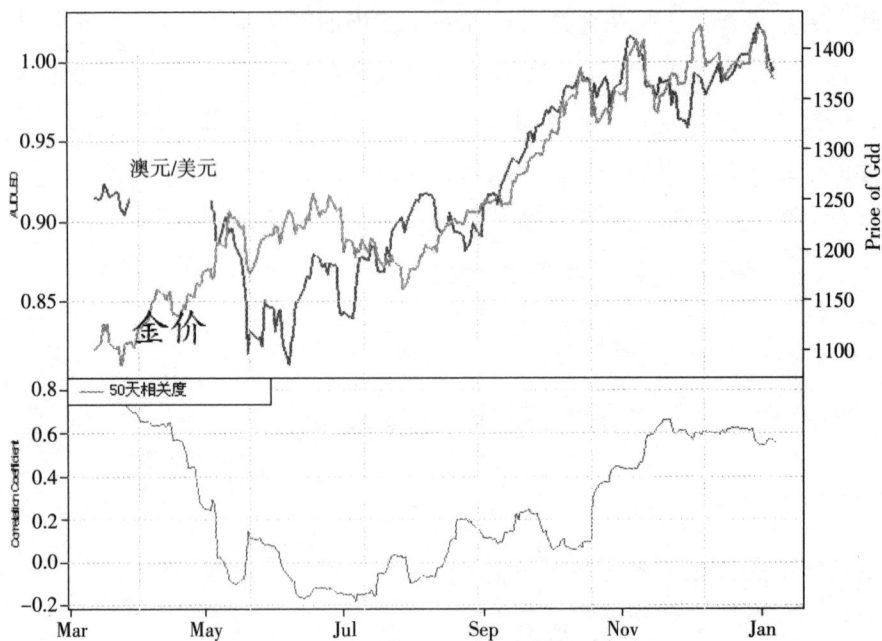

图 17-11 2010~2011 年黄金与澳元的相关性

资料来源：Dailyfx.

总而言之，黄金与美元指数代表的外汇走势，长期来看是负相关的，**黄金的价值不需要任何担保，但是美元却需要政府信用来担保，这是黄金和美元的最关键区别，**外汇市场上的资金流动往往建立在对这个区别认识上。同时，黄金和外汇市场可以相互验证和参照，比如参照欧元兑美元走势、商品货币兑美元走势来分析黄金的动向，因为主要货币对走势的变化将影响到黄金价格的走势，外汇和黄金不光在货币属性层面有联系，在投资属性层面也有联系。

【开放式思考题】

在研读完第十七课的内容之后，可以进一步思考下列问题。虽然这些问题并没有固定的标准答案，但能够启发思考，跳出来看某些观点。

（1）本课提到"黄金的中长期大底和大顶往往对应着美元指数的中长期大顶和大底"。那么，美元中长期的大顶和大底是由什么决定的呢？

提示：美国经济周期和美联储政策，谁是决定性因素？

（2）本课提到"黄金的价值不需要任何担保，但是美元却需要政府信用来担保，这是黄金和美元的最关键区别，外汇市场上的资金流动往往建立在对这个区别认识上"。这句话怎么理解？

提示：风险偏好！

【进一步学习和运用指南】

结合本课，值得进一步阅读的材料有：

①贡德·弗兰克（Andre Gunder Frank）的《白银资本：重视经济全球化中的东方》和《19世纪大转型》；

②张宇燕和高程的《美洲金银和西方世界的兴起》；

③《外汇交易三部曲》；

④米尔顿·弗里德曼（Milton Friedman）和安娜·J. 施瓦茨（Anna J. Schwartz）的《美国货币史（1867~1960）》；

⑤保罗·沃尔克（Paul Volcker）的著作。

第十八课

投资属性

投资属性处于货币属性与商品属性的过渡阶段。在驱动层次中，投资属性与利率水平以及资本流动/流动性有直接关系，因为利率水平与风险偏好共同决定了所有资产的贴现因子。利率决定了固定收益产品的收益水平，决定了其他风险资产的估值水平。资本流动涉及特定资产的需求情况，流动性则改变了市场的风险偏好水平。

与投资属性相对应的资产标的是股票（见图18-1），因为股票市场的风险要大于国债市场和**一般外汇市场**，但是风险要小于商品市场。为什么分析黄金投资属性的时候要分析股票市场呢？因为股票市场的最主要收益来自于上市公司的每股收益，对于主流大资金而言都是冲着这个收益去的，至于题材投机则很难应对大规模的资金运作。市盈率的倒数可以近似地看作是股票的利息率，而黄金的利息率基本上是零。当风险偏好上升的时候，或者处于正常的时候，股票因为利息率高于黄金，所以更受青睐，这个时候股票单就投资属性而言是缺乏吸引力的。也就是说当实体经济处于繁荣状态的时候，黄金因为投资属性而处于弱势地位，如果这个时候伴随显著的通胀，那么黄金会因为商品属性而上涨。有一种情况下，黄金和股票会出现普涨，这就是实体经济不振，央行放水，导致所有资产价值重估的时候。当央行降低基准利率的时候，当流动性过剩的时候，贴现因子变小，因此资产的

零售外汇市场的杠杆水平很高，但是占比较小，不在此列。

贴现值变大，资产价格向上重估，股票和黄金都会上涨，这个上涨就是所谓的分母驱动。

简而言之，股票价格上涨如果是**贴现公式的分子驱动的话，那么黄金会受冷落，除非通胀也显著上涨；股票价格上涨如果是贴现公式的分母驱动的话，那么黄金会受到追捧，**这个时候所有资产的价格都会向上重估，因为货币相对贬值。

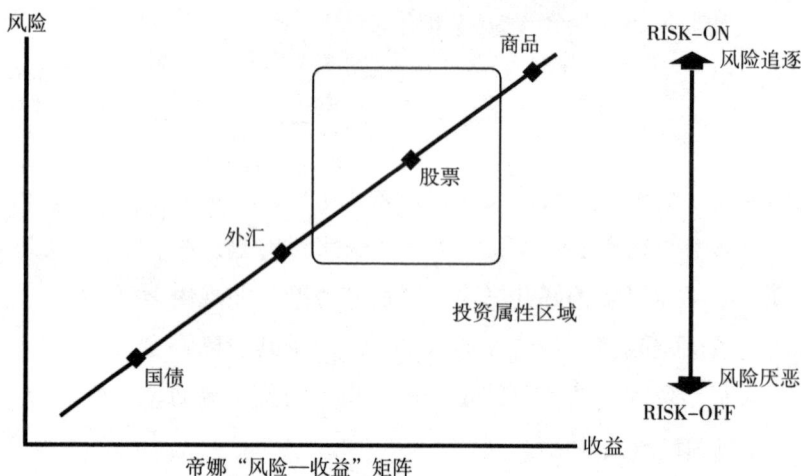

分子驱动是业绩驱动，分母驱动是估值水平驱动。

图 18-1　股票处于投资属性区域

股市是整个经济的浓缩，因此股市内部其实也有不同的板块，而不同经济体的股市之间也与国债一样有不同的信用等级。因此，虽然股票市场整体上与投资属性相关，但是其内部板块具有不同的风险—收益特征。比如，A 股市场的主板与创业板（见图 18-2），主板的风险更低，创业板的风险更高。又比如，欧美发达国家的股市与**新兴市场股市**（见图 18-3），前者的风险更低，收益相对也低，后者的风险更高，收益也相对更高。因此，股市中不同风险特征的板块相对走势可以作为风险指标使用，不过股市整体上体现了投资属性。黄金在风险偏好上升的时候具有投资属性，这个时候股市如果因为业绩而上涨，则黄金很难显著上涨，甚至可能下跌，这个时候宏观政策的**显著特征是利率跟随上涨。如果这个时候股市上涨是因为估值而上涨，则黄金容易一同上涨，**这个

众所周知，新兴市场是暴涨暴跌的典型股市，其波动率整体上要显著大于发达市场。

分母驱动股市，利率跟随上涨，黄金易跌难涨；分子驱动股市，利率处于低位，黄金易涨难跌。这就是从投资属性的角度分析黄金的诀窍，也是我们首次提出来的！

时候宏观政策的显著特征是利率处于低位，零利率或者负利率是这种情况的典型特征。

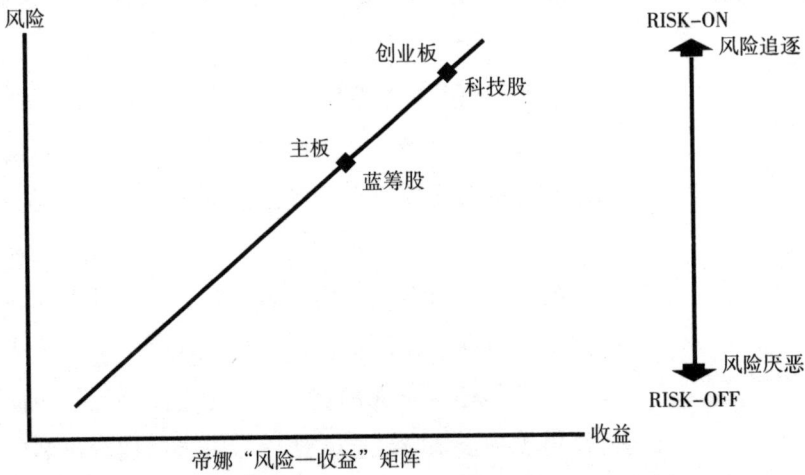

图 18-2　主板与创业板在风险—收益矩阵中的相对位置

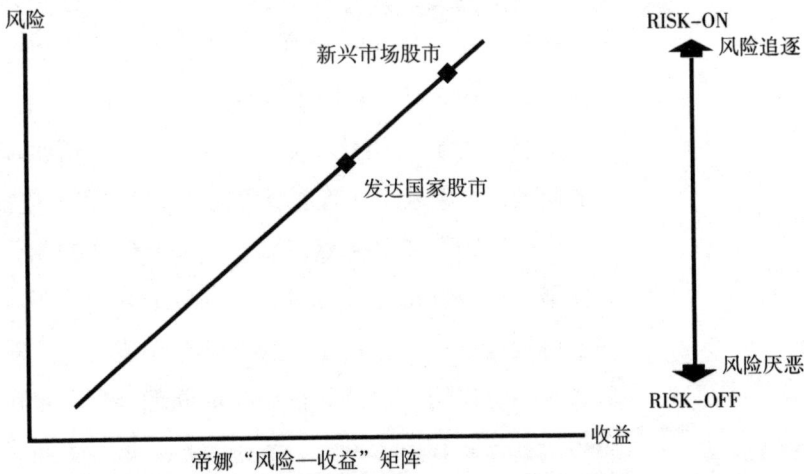

图 18-3　发达国家股市与新兴市场股市在风险—收益矩阵中的相对位置

第一节　各类黄金挂钩投资标的

黄金作为货币可能只有一种形态，这就是金条或者金币，就算通过电子系统结算，最终的货币形态还是实物。但是，黄金作为投资手段，则具有很多形式。现在，在前

黄金只有投机价值，很难有投资价值，这句话大家仔细琢磨下看对不对。

些年**黄金投资的热潮**下，大量的黄金投资品种被开发出来，比如黄金期货、黄金期权、黄金 ETF 等。

国际上黄金市场的主要投资方式有：金条（块）、金币、黄金企业股票、黄金期货、黄金期权、黄金管理账户等。

投资实物金条时要注意最好购买世界上公认的或当地知名度较高的黄金精炼公司制造的实物金条。这样，以后在出售实物金条时会省去不少费用和手续，如果不是从知名企业生产的黄金，黄金收购商要收取分析黄金的费用。国际上不少知名黄金商出售的实物金条包装在密封的小袋中，除了内装黄金外，还有可靠的封条证明，这样在不开封的情况下，再售出实物金条时就会方便得多。国内比较出名的实物金条是高赛尔金条。

一般实物金条都铸有编号、纯度标记、公司名称和标记等。由于金砖（约 400 盎司）一般只在政府、银行和大黄金商间交易使用，私人和中小企业交易的一般为比较小的金条，这需要特大金砖再熔化铸造，因此要支付一定的铸造费用。**一般而言，金条越小，铸造费用越高，价格也相应提高。**

投资实物金条的优点主要有不需要佣金和相关费用，流通性强，可以立即兑现，可在世界各地转让，还可以在世界各地得到报价；从长期看，金条具有保值功能，对抵御通货膨胀有一定作用。缺点是占用一部分现金，而且在保证黄金实物安全方面有一定风险。购买实物金条需要注意的是最好要购买知名企业的金条，要妥善保存有关单据，要保证金条外观，包括包装材料和金条本身不受损坏，以便将来出手方便。

金币投资属于收藏品范畴，主要与高净值人群的财务状况变化和通胀预期有关。

接着我们来简单介绍金币投资。**金币有两种，即纯金币和纪念性金币。**纯金币的价值基本与黄金含量一致，价格也基本随国际金价波动。纯金币主要为满足集币爱好者收藏。有的国家纯金币标有面值，如加拿大曾铸造标有 50 元面值的金币，但有的国家纯金币不标面值。由于纯金币与黄金价格基本保持一致，其出售时溢价幅度不高（即所含黄金价值与

出售金币间的价格差异小），投资增值功能不大，但其外形美观，可鉴赏，流通变现能力强并具有保值功能，所以仍对一些收藏者有吸引力。**纪念性金币由于有较大溢价幅度，具有比较大的增值潜力，其收藏投资价值要远大于纯金币。**

纪念性金币的价格主要由三方面因素决定：一是数量越少价格越高；二是铸造年代越久远，价值越高；三是目前的品相越完整越值钱。纪念性金币一般都是流通性币，都标有面值，比纯金币流通性更强，不需要按黄金含量换算兑现。由于纪念性金币发行数量比较少，具有鉴赏和历史意义，其职能已经大大超越流通职能，投资者多为投资增值和收藏、鉴赏用，投资意义比较大。如一枚 50 美元面值的纪念金币，可能含有当时市价 40 美元的黄金，但发行后价格可以大大高于 50 美元的面值。投资纪念金币虽有较大的增值潜力，但投资这类金币有一定的难度，首先要有一定的专业知识，对品相鉴定和发行数量、纪念意义、市场走势都要了解，而且还要选择良好的机构进行交易。初学者可以参考一些金币投资方面的专著，这样可以更快地入门。但是，能够真正地从**纪念性金银币中获利**，还需要全面而深入的学习和实践。

就金饰品而言，其投资意义要比金条和金币小得多，主要是因为金饰品的价值和黄金的价格有一定的差距，市场上常有投资黄金价格和饰金价格，两者价格有一定差距。虽然饰金的金含量也为 0.999 或为 0.99，但其加工工艺要比金条、金砖复杂，因此买卖的单位价格往往高于金条和金砖。而且，在单位饰金价格外，还要加一些加工费，这就使饰金价格被不断抬高，回收时折扣损失也大。其主要功能是美观和装饰用。但不是说饰金毫无投资意义，"如果日子实在过不下去，我还可以卖我太太的首饰"这句话表达了金首饰也有较强的变现能力，不过其折价也较高。由于世界上不少地区和国家对于足饰金按当时的饰金单价回收，回收渠道也比较顺畅，如中国香港金店就可以直接回收金条和饰金，**对于收入不高的居民来讲，购买金首饰除了美观外，也可以有应急的作用。**

收藏品投资属于另外一个行业，也需要扎实的专业知识背景。

资产价值重估行情中，所有可当作资产的标的都有上涨的机会。但是，还要考虑市场流动性问题，这样可以减少交易成本。

当然，在饰金价格比较低的阶段购买，保值和升值的作用才比较明显。不过，对于职业投资者来讲，饰金是不具备投资价值的。

所谓的"黄金管理账户"是指经纪人全权处理投资者的黄金账户，这是一种风险较大的投资方式。其关键在于经纪人的专业知识和操作水平以及信誉程度。一般来讲，提供这种理财服务的机构和个人应该具有比较丰富的专业知识，而所收取的费用也不能太高。这类投资性企业对客户的要求也比较高，对客户情况比较了解，如客户的财务状况，要求客户的投资额也比较大。投资黄金管理账户的优点是可利用经纪人的专业知识和投资经验，节省自身的大量时间。缺点是**考察经纪人有一定难度**，一旦确定经纪人投资黄金管理账户，在约定的范围内，对经纪人的决策是无法控制的。在实际投资运作中，出现风险和损失，由委托人全权负责，与经纪人无关。

所谓的"黄金凭证"是国际上比较流行的一种黄金投资方式。银行和黄金销售商提供的黄金凭证，为投资者提供了免于储存黄金的风险。发行机构的黄金凭证，上面注明投资者有随时提取所购买黄金的权利，投资者还可按当时的黄金价格将凭证兑换成现金，收回投资，也可通过背书在市场上流通。投资黄金凭证要对发行机构支付一定的佣金，一般而言佣金和实金的存储费大致相同。投资黄金凭证的优点是该凭证具有高度的流通性，无储存风险，在世界各地可以得到黄金保价，持大机构发行的凭证，在世界主要金融贸易地区均可以提取黄金。缺点是购买黄金凭证占用了投资者不少资金，提取数量较大的黄金时，要提前预约，有些黄金凭证信誉度不高。为此，投资者要购买获得当地监管当局认可证书的机构凭证。

和其他期货买卖一样，黄金期货也是按一定成交价，在指定时间交割的合约，合约有一定的标准。期货的特征之一是投资者为能最终购买一定数量的黄金而先存入期货经纪机

构一笔保证金，一般为合同金额的 5%~10%。一般而言，黄金期货购买和销售者都在合同到期之前，出售和购回与先前合同相同数量的合约而平仓，而无须真正交割实金。每笔交易所得利润或亏损，等于两笔相反方向合约买卖差额，这种买卖方式也是香港投资者通常所称的"炒金"。黄金期货合约交易只需 10% 左右交易额的定金作为投资成本，具有较大的杠杆性，即少量资金推动大额交易，所以黄金期货买卖又称"定金交易"。

交易黄金期货的主要优点有：第一，较大的流动性，合约可以在任何交易日变现；第二，较大的灵活性，交易者可以在任何时间以满意的价位入市；第三，委托指令的多样性，如即市买卖、限价买卖等；第四，品质保证，交易者不必为其合约中标的的成色担心，也不用承担鉴定费；第五，安全方便，交易者不必为保存实金而花费精力和费用；第六，杠杆性，即以少量定金进行交易；第七，价格优势，黄金期货标的是批发价格，优于零售和饰金价格；第八，市场集中公平，期货买卖价格在一个地区、国家开放条件下世界主要金融贸易中心和地区是基本一致的；第九，保值作用，即利用买卖同样数量和价格的期货合约来抵补黄金价格波动带来的损失，也被称为"对冲"。

交易黄金期货的主要缺点有：第一，风险较大，因为需要较强的专业知识和对市场走势的准确判断；第二，市场投机气氛较浓，交易者往往会由于投机心理而不愿脱身。

黄金期权是买卖双方在未来约定的价位具有购买一定数量黄金的权利，而非义务。如果黄金价格走势对期权买卖者有利，则会行使其权利而获利，如果黄金价格走势对其不利，则放弃购买的权利，损失只有当时购买期权时的费用。买卖期权的费用（或称期权的价格）由市场供求双方力量决定。因为黄金期权买卖涉及内容比较多，所以黄金期权买卖投资战术也比较多且复杂，不易掌握，现在世界上黄金期权市场并不多。黄金期权交易的优点不少，比如具有较强的杠杆性，

期权要用好也要看到大众的盲点才行，否则大家都看到的趋势，期权费用也高，这样算下来即使做对方向，也赚不到钱，甚至还是亏的。

以少量资金进行大额的投资；如果是标准合约的买卖，交易者则不必为储存和黄金成色担心；具有降低风险的功能等。但这需要有较强的专业知识，受篇幅所限，如读者有兴趣，还可以阅读一些专业性的期权投资的书籍。

所谓**黄金股票**，就是金矿公司向社会公开发行的上市或不上市的股票，所以又可以称为金矿公司股票。由于买卖黄金股票不仅是投资金矿公司，而且还间接投资黄金，所以这种投资行为比单纯的黄金买卖或股票买卖更为复杂。投资者不仅要关注金矿公司的经营状况，还要对黄金市场价格走势进行分析。A 股市场上最重要的黄金股票是紫金矿业，山东黄金和中金黄金。

黄金基金是黄金投资共同基金的简称，所谓黄金投资共同基金，就是由基金发起人组织成立，由投资人出资认购，基金管理公司负责具体的投资操作，专门以黄金或黄金类衍生交易品种作为投资媒体的一种共同基金。其由专家组成的投资委员会管理。**黄金基金的投资**风险较小、收益比较稳定，与我们熟知的证券投资基金有相同特点。全球较大的黄金基金有 SPDR Gold Shares、New Gold Debentures、Gold Bullion Sec。

虽然投资性金条是投资黄金最合适的品种，但并不是指市场中常见的纪念性金条、贺岁金条等，这类金条都属于"饰品金条"，它们的售价远高于国际黄金市场价格，而且回售麻烦，兑现时要打较大折扣。所以**投资金条之前要先学会识别"投资性金条"和"饰品性金条"。**

投资性金条一般来讲有两个主要特征：第一，金条价格与国际黄金市场价格非常接近（因加工费、汇率、成色等原因不可能完全一致）；第二，投资者购买回来的金条可以很方便地再次出售兑现。金融投资性金条一般由黄金做市商提出买入价与卖出价。黄金做市商在同一时间报出的买入价和卖出价越接近，则黄金投资者所投资的金融投资性金条的交易成本就越低。

区分清楚金银币和金银章，因为同样题材、同样规格的币和章，其市场价格是不一样的，**通常情况下金银纪念币的市场价格要远高于金银纪念章。金银纪念币和金银纪念章的最主要和最明显的区别就是金银纪念币具有面额而金银纪念章没有面额**，而有没有面额一方面说明是否为国家的法定货币，另一方面则说明了纪念币的权威性要远高于纪念章，因为具有面额的法定货币只能由中国人民银行发行，所以金银纪念币的权威性是最高的。

黄金作为投资品，存在多种形式，我们需要对此有所了解，不过最关键的投资形式还是国际黄金现货和期货。

第二节　股市与黄金走势

黄金的投资属性主要是通过国际游资的流向来研判的，如果实体经济走好且资金流向主要股票市场，则黄金上涨的"燃料"就不足。

作为股票的替代投资手段，黄金价格与美国股市也曾存在较高的负相关关系，由于美国的股票市场的历史性大牛市，金价正走在长达 20 年的漫漫熊途之上。20 世纪 80 年代以后，以美国为首的西方国家的金融创新层出不穷，衍生品市场快速发展，信用泡沫被吸纳在虚拟经济范畴的金融市场中，并形成了美元的强势和黄金商品属性显现。2000 年后，新经济泡沫破裂，美国股市已经连续六年徘徊在 2000 年历史高点之下，虚拟经济领域吸纳信用泡沫的能力下降，过量的流动性导致除股票之外的资产重估行情，比如房地产和黄金资产、新兴市场资产等。以美国股市为代表的金融投资市场对信用泡沫的吸纳能力、带来的相对获利机会大小是影响金价的重要因素。1980 年以来，美国股指的走势与金价基本上呈现明显的反向关系。图 18-4 显示了 200 多年来道琼斯指数与黄金价格的比率走势，图 18-5 则显示了这个比率的规律，美联储设立后这个比率的波动加剧了，这显示了信用本位制可能加剧了经济和金融的不稳定性。图 18-6 显示了这个比率近 100 多年来的走势情况，大家看能否从中找出一些规律。

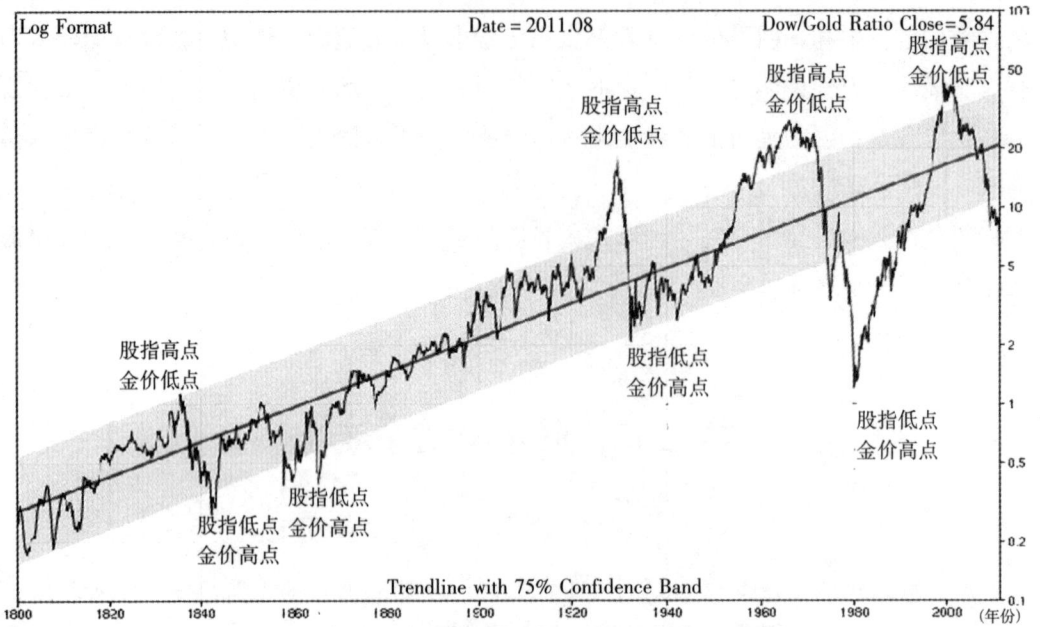

图18-4　200多年来道琼斯指数与黄金价格的比率走势

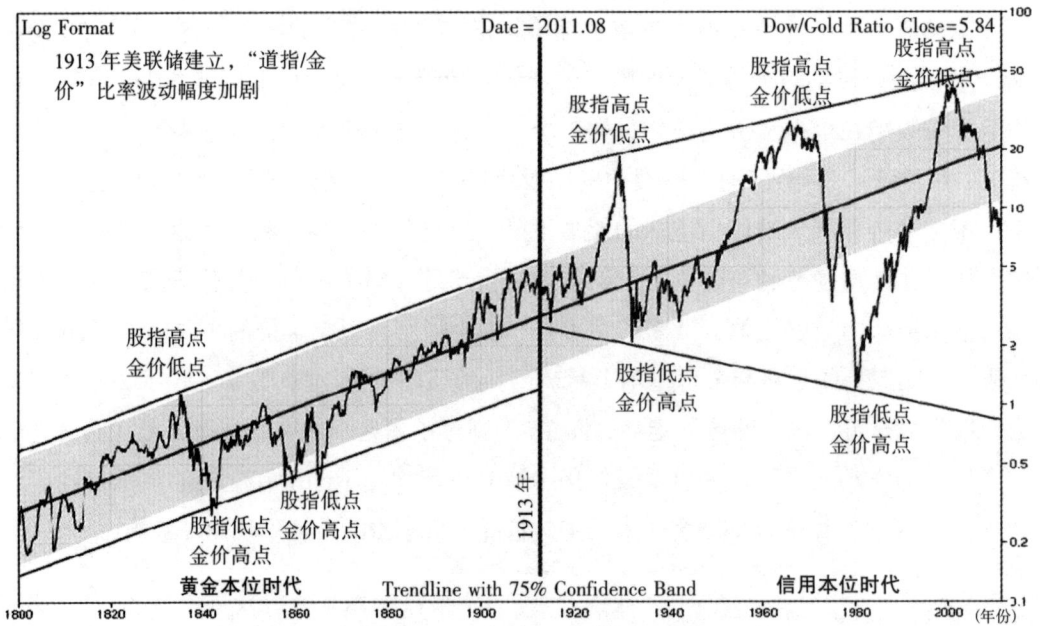

图18-5　200多年来道琼斯指数与黄金价格的比率规律

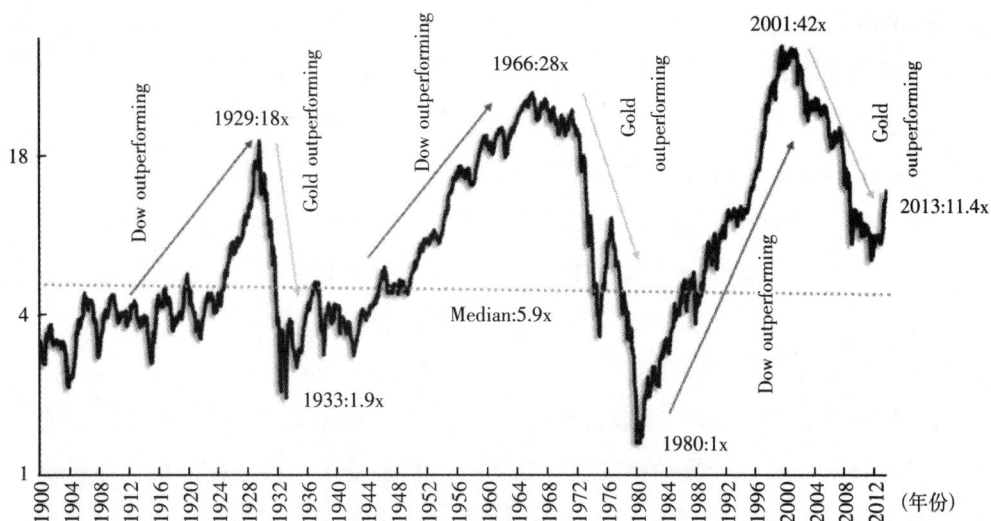

图18-6 1900年以来道琼斯指数与金价的比率走势

我们用一段叙述来表明股市与黄金之间错综复杂的关系的背后逻辑，次贷危机刚开始爆发的时候，股票、黄金和大宗商品是一起下跌的，这个时候黄金主要体现投资属性和商品属性，前期经济繁荣后进入滞涨期，商品属性占据主导。很快，黄金从800多美元的位置止跌回升，这个时候我们加仓做多。股市和大宗商品还在下跌，黄金却强势上涨，这个时候黄金是货币属性主导。然后，**美国开始量化宽松**，中国4万亿元刺激同时信贷放水，黄金和股市，还有大宗商品一同上涨，这个时候就是资产重估行情了，因为美联储利率很低，主要是投资属性和商品属性主导。投资属性是非常重要的一个属性，主要结合股市来看，要分清楚是分子驱动还是分母驱动，分母驱动则黄金容易上涨，特别是无风险利率降低，分子驱动靠业绩，黄金难以上涨。

> 量化宽松使得除现金之外的资产价值重估。

【开放式思考题】

在研读完第十八课的内容之后，可以进一步思考下列问题。虽然这些问题并没有固定的标准答案，但能够启发思考，跳出来看某些观点。

（1）本课提到"次贷危机刚开始爆发的时候，股票黄金和大宗商品是一起下跌的，这个时候黄金主要体现投资属性和商品属性，前期经济繁荣后进入滞涨期，商品属性占据主导。很快，黄金从800多美元的位置止跌回升，这个时候我们加仓做多。股市和大宗商品还在下跌，黄金却强势上涨，这个时候黄金是货币属性主导。然后，美国开始量化宽松，中国4万亿刺激同时信贷放水，这个时候黄金和股市，还有大宗商品一同上涨，这个时候就是资产重估行情了，因为美联储利率很低，这个时候主要是投资属性和商品属性主导"。那么，三种属性是否可以叠加发挥作用呢？

提示：引文就是答案！

（2）本课提到"投资属性是非常重要的一个属性，结合股市来看，要分清楚是分子驱动还是分母驱动，分母驱动则黄金容易上涨，特别是无风险利率降低，分子驱动靠业绩，黄金难以上涨"。如果我们关注的是黄金美元价格，那么这里的分子和分母变化应该基于哪一国呢？

提示：美元价格，那就是与美国相关了！

【进一步学习和运用指南】

（1）本课提到"股票价格上涨如果是贴现公式的分子驱动的话，那么黄金会受到冷落，除非通胀也显著上涨；股票价格上涨如果是贴现公式的分母驱动的话，那么黄金会受到追捧，这个时候所有资产的价格都会向上重估，因为货币相对贬值"。为两种情况分别找一个实例，那么这一课你就没有白学。

（2）看看黄金和黄金股票，谁的价格波动率更大？

第十九课

商品属性

前面两课我们已经介绍了黄金的货币属性和投资属性，将对应的资产市场和标的也做了介绍。本课我们将介绍黄金的商品属性，黄金的自然特点决定了它在工业、装饰和货币领域的诸多运用。黄金的化学稳定性和物理色泽使得其成为首饰材料的首选。黄金作为首饰的原料已有几千年的历史了，未来黄金仍旧是首饰材料的首选，因为目前很难找到在化学和物理两方面适合首饰需要的材料。由于印度是黄金消费的大国，所以印度的节日通常会影响金价的**短期走势，由于西方和印度的节日集中于第一季度和第四季度，所以黄金在年末和年初容易走强，而阶段性底部往往出现于年中，特别是 6月和 7月，**这对于把握买卖黄金的时机而言是非常有价值的知识。

除了作为首饰材料，黄金还是极其重要的工业原料，全球的工业用金消耗了 10%的黄金，而电子工业首当其冲，因为**电子工业用金占了整个工业用金的 65%左右**。现在，键合金丝成了电子工业必需的材料。而黄金本身低而稳定的电阻性能，使得它的合金成为用量最大的合金。除了电子工业，黄金还被广泛地运用于化学工业、建筑工业、服装工业和玻璃工业等。黄金在航空航天工业中的运用将越来越广泛，这是由于黄金具有耐高温、耐腐蚀的特性，比如航空航天中的镀金玻璃能够很好地防范宇宙射线等，对红外线和紫外线的反

黄金的中长期走势取决于货币属性和投资属性，短期走势和季节性走势则取决于商品属性。

射能力超强。1960 年对镀金反射镜的研究导致了激光的发明。

黄金的第三个用途是医疗，特别是牙科，这是因为黄金的化学性质比较稳定，对于牙齿和口腔的损害极小。除此之外，**中药对黄金的使用也很多，比如同仁堂**的牛黄安宫丸、牛黄清心丸、大活络丸等。另外，金盐制剂可以用于肺结核、风湿性关节炎和皮肤病的治疗。

黄金的第四个用途就是奖章、奖杯和纪念品的制作，这些需求对国际黄金价格的波动影响较小。

黄金的第五个用途就是餐饮，最为著名的是东亚和东南亚一带盛行的金箔宴。大家对金箔饮料可能还比较陌生，通常在食用酒中加入少量的金箔，可以达到解毒和养颜的目的，1983 年世界卫生组织将黄金列入食品添加剂行列。对于作为商品的黄金，我们从不陌生，因为**纸币在 20 世纪 70 年代之后才逐渐成为流通和支付手段的主导，这也使得此后出生的人们淡忘了历史上的教训，进而看轻了黄金保值和避险的价值。**黄金避险价值主要是货币属性主导，保值价值则是对抗通胀的商品属性主导。因此，要探究黄金的商品属性就必须结合商品市场一起研究。商品市场属于风险追逐者的博弈场所，通常也是经济繁荣后半段的热门标的，在帝娜风险—收益矩阵中商品属于高收益—高风险的标的（见图 19-1）。

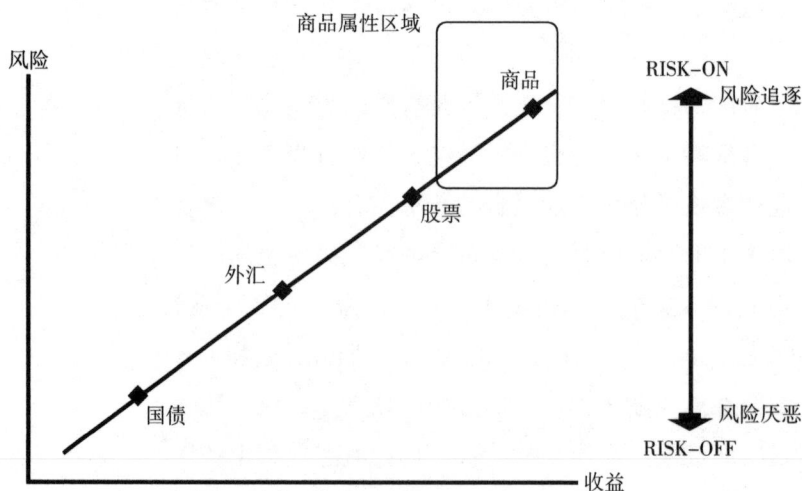

> 黄金作为辅料加入白酒当中也是出于保健目的。

图 19-1　商品市场在风险—收益矩阵中的位置

商品是没有利息收入的，黄金作为商品也是一样的情况，通货膨胀率是商品的"利息"，而利息是纸币作为存款的收益，因此只有当预期通胀率高于名义利率的时候，商品的收益才能超过纸币。我们知道，一个国家货币的购买能力，是由物价指数决定的。当一国的物价稳定时，其货币的购买能力就越稳定。相反，通胀率越高，货币的购买力就越弱，这种货币就越缺乏吸引力。如果美国和世界主要地区的物价指数保持平稳，**持有现金也不会贬值，又有利息收入，必然成为投资者的首选。**

相反，如果通胀剧烈，持有现金根本没有保障，收取利息也赶不上物价的暴升。人们就会采购黄金，因为此时黄金的理论价格会随通胀而上升。西方主要国家的通胀越高，以黄金保值的要求也就越大，世界金价也会越高。其中，**美国的通胀率最容易左右黄金的变动。**而一些较小国家，如智利、乌拉圭等，每年的通胀最高能达到400倍，却对金价毫无影响。

作为这个世界上唯一的非信用货币，黄金与纸币、存款等货币形式不同，其自身具有非常高的价值，而不像其他货币只是价值的代表，而其本身的价值微乎其微。在极端情况下，货币等同于纸，但黄金在任何时候都不会失去其作为贵金属的价值。因此，可以说黄金可以作为价值永恒的代表。这一意义最明显的体现即是黄金在通货膨胀时代的保值功能，毕竟纸币等会因通胀而贬值，而黄金却不会。以英国著名的裁缝街的西装为例，数百年来的价格都是五六盎司黄金的水准，这是黄金购买力历久不变的明证。而数百年前几十英镑可以买套西装，但现在只能买只袖子了。因此，在货币流动性泛滥、通胀横行的年代，**黄金就会因其对抗通胀的特性而备受投资者青睐。**

对金价有重要影响的是扣除通胀后的实际利率水平，扣除通货膨胀后的实际利率是持有黄金的机会成本，实际利率为负的时期，人们更愿意持有黄金。在整个20世纪70年代，实际利率绝大部分时间低于1%，同期金价走出了一个大爆发

商品的收益是预期通货膨胀率，货币的收益是存款利率。两者比较，就能知道资金往哪里走。

黄金为什么能够对抗通货膨胀，因为黄金在任何时候都不会失去其作为贵金属的价值。

的牛市。而在 20 世纪 80 年代和 20 世纪 90 年代，大部分时间实际利率在 1%以上，这期间金价则在连续 20 年的大熊市中艰难行进。另外在 2001~2003 年，实际利率又低于 1%水平，而这几年恰是金价大牛市的开端。图 19-2 显示了美国联邦基金利率（相当于基准利率）与国际金价走势之间的关系。

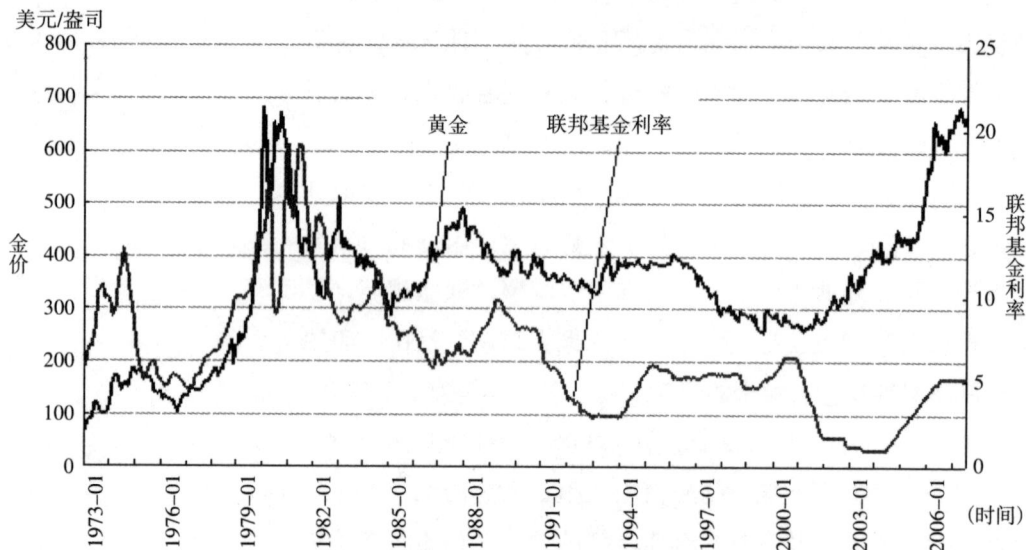

图 19-2　美国联邦基金利率与国际金价走势之间的关系

资料来源：上海期货交易所、上海黄金交易所。

机会成本的概念，大家应该了解下。机会成本是指为了得到某种东西而要放弃的另一些东西的最大价值；也可以理解为在面临多方案择一决策时，被舍弃的选项中的最高价值。

投资黄金不会获得利息，其投资的获利全凭价格上升。**在利率偏低时，衡量之下，投资黄金会有一定的益处；但是利率升高时**，收取利息会更加吸引人，无利息黄金的投资价值就会下降，既然黄金投资的机会成本较大，那就不如放在银行收取利息更加稳定可靠。特别是美国的利息升高时，美元会被大量地吸纳，金价势必受挫。

其实，实际利率同时考虑了货币属性和商品属性，我们来给大家剖析一下（见图 19-3）。名义利率可以参考国债利率，因为国债利率其实是无风险基准利率，因此名义利率对应于货币属性。通胀率是商品市场的主要收益率，通胀率对应商品属性。实际利率等于名义利率减去通货膨胀率，这就是说实际利率同时对应于货币属性和商品属性，而黄金也有

这两个属性，因此实际利率对黄金的影响也较大。

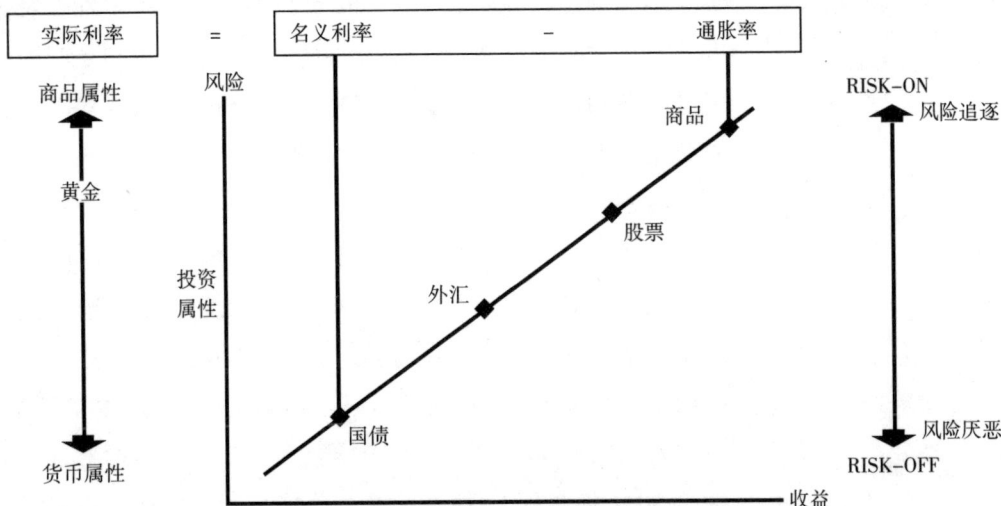

图 19-3　实际利率对应的属性层次和相关市场

当市场处于风险追逐情绪的时候，也即在 RISK-ON 的背景下，投资属性和商品属性主导金价走势。这个背景下，如果真实利率大于零，也就是名义利率大于通货膨胀率，持有货币比黄金更有优势，这个时候如果经济不错，股票则是更好的选择。真实利率小于零，也就是名义利率小于通货膨胀率，持有商品比持有纸币更有优势，这个时候纸币劣于黄金，黄金较纸币是更好的选择（见图 19-4）。

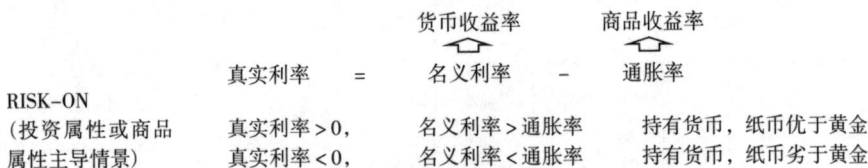

图 19-4　实际利率对交易者决策的影响模型

本课我们将围绕一些非常重要的商品标的进行展开，其中最为重要的是原油，因为它不仅衡量了世界的经济稳定性，也衡量了世界政治的稳定性。

第一节　原油

自西方工业革命后，石油是一直充当现代工业社会运行血液的重要战略物资，它

据国际货币基金组织估算，油价每上涨 5 美元，将削减全球经济增长率约 0.3 个百分点，美国经济增长率则可能下降约 0.4 个百分点。

在国际政治、经济、金融领域占有举足轻重的作用，"石油美元"的出现足以说明石油在当今世界经济中的重要性。黄金与石油的关系非常密切，因为地缘政治动荡，特别是产油国的地缘政治动荡会同时影响到黄金和原油的价格走势，而石油价格上涨引发的滞胀也会引起黄金价格上涨。

特别是 20 世纪 70~80 年代，石油危机爆发后，"三金"之间的关系变得更加微妙，既有紧密联系又相互有所制衡，在彼此波动之中隐藏着相对的稳定，在表面稳定之中又存在着绝对的变动。从中长期来看，黄金与原油波动趋势是基本一致的，只是大小幅度有所区别。如图 19-5 和图 19-6 所示，可以看出最近 30 年来石油与黄金的价格走势基本一致（数据截至 2011 年 8 月 1 日）。从黄金价格与石油价格的长期图表来看，二者走势存在比较强的相关性。虽然大同中包含小

图 19-5　国际原油价格走势

资料来源：Moore Research Center, Inc.

图 19-6　国际黄金价格走势

资料来源：Moore Research Center, Inc.

异，但是趋势基本吻合。整体来看，可以分为五个阶段。一是布雷顿森林体系崩溃以前的稳定期；二是 20 世纪 70 年代中期的上涨；三是 1979 年开始的上涨；四是长达20 年的低迷盘整期；五是目前正处于 21 世纪初爆发的上涨过程当中。

图19-7 展示了纽约原油期货与国际金价从 2010 年 3 月到 2011 年 8 月走势的对比图。

在过去 30 多年里，黄金与石油按美金计价的价格波动相对平稳，黄金平均价格约为 300 美元/盎司，石油的平均价格为 20 美元/桶左右。黄金与黑金的兑换关系平均为 1盎司黄金兑换约 16 桶石油。在 20 世纪 70 年代初期，1 盎司黄金兑换约 10 桶原油，在布雷顿森林体系解体后，曾达到 1 盎司黄金兑换 30 桶以上的石油，随后，在 20 世纪70 年代中期到 80 年代中期，尽管中间黄金与石油的价格都出现过大幅的上涨，但二者关系仍保持在 10~20 倍。20 世纪 80 年代中期以后，石油价格骤跌，一度又达到 1 盎司黄金兑换约 30 桶原油的水平。按 2005 年的石油平均价格 56 美元/桶和国际黄金价格均价 445 美元/盎司计算，这个比例平均维持在 1 盎司黄金兑换约 8 桶石油的水平。

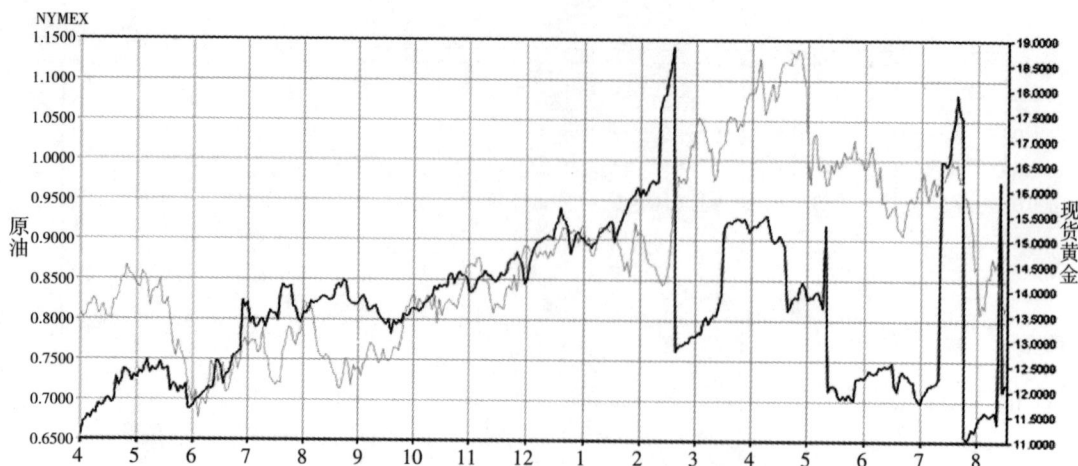

图 19-7　纽约原油和黄金价格走势对比

资料来源：汇通网。

第二次世界大战以后到 20 世纪 70 年代，油价和金价之间的比率几乎保持不变，基本上维持 1∶6 的稳定关系，即大约 1 盎司黄金兑换 6 桶石油。当时官方规定的黄金兑换价格为每盎司 35 美元，石油为每桶 5~7 美元。黄金价格与美元挂钩，不受供需变化影响，维持固定价格，缺乏波动调整效应。而石油价格也处于较低的水平，属于廉价石油时代。图 19-8 显示了 1976 年 1 月到 2006 年 1 月黄金与石油的兑换关系。

布雷顿森林体系的崩溃使得整个世界的经济格局发生了突变，随之而来的美元贬值以及石油危机更使得金价和油价的稳定关系消失殆尽。首先发生变动的自然是金价，布雷顿森林体系崩溃之后，美元兑黄金贬值，金价一路上行，顺利突破 100 美元关口，最高达到每盎司 120 美元。而第四次阿以战争后，石油输出国组织也分别两次提高基准油价，飙升 300%，达到每桶 11.65 美元，**赶上了先前金价上涨的势头，形成了第一次世界石油危机，廉价石油时代至此结束。**

1979 年，为解决第一次石油危机所引发的经济问题，美国主动开始了第二轮美元贬值，加上当时政局动荡不安，国际市场对黄金的巨大需求使得金价再度暴涨。1980 年 1 月 18 日，伦敦黄金市场每盎司金价高达 835.5 美元，纽约的黄金期货价格则为每盎司 1000 美元，这是黄金有史以来最高价。美

原油基本面比较庞杂，而且本身就是一个交易标的，所以很难全部展开，相关内容请参考《原油期货交易的 24 堂精品课》，该书对原油的透彻系统分析将让你大开眼界。单是该书关于裂解价差的分析就让很多人耳目一新。

Light Crude-Monthly 11/30/2005 C=60.580 O=59.500 H=61.850 L=58.750 V=807760

轻质原油价格　（美元/桶）

Gold - COMEX-Monthly 11/30/2005 C=457.900 O=467.800 H=468.000 L=456.100 V=250928

黄金期货价格　（美元/盎司）

Spread (x/y) 0.1323

原油（桶）/黄金（盎司）

1976197719781979198019811982198319841985198619871988198919901991199219931994199519961997199819992000200120022003200420 05 (年份)

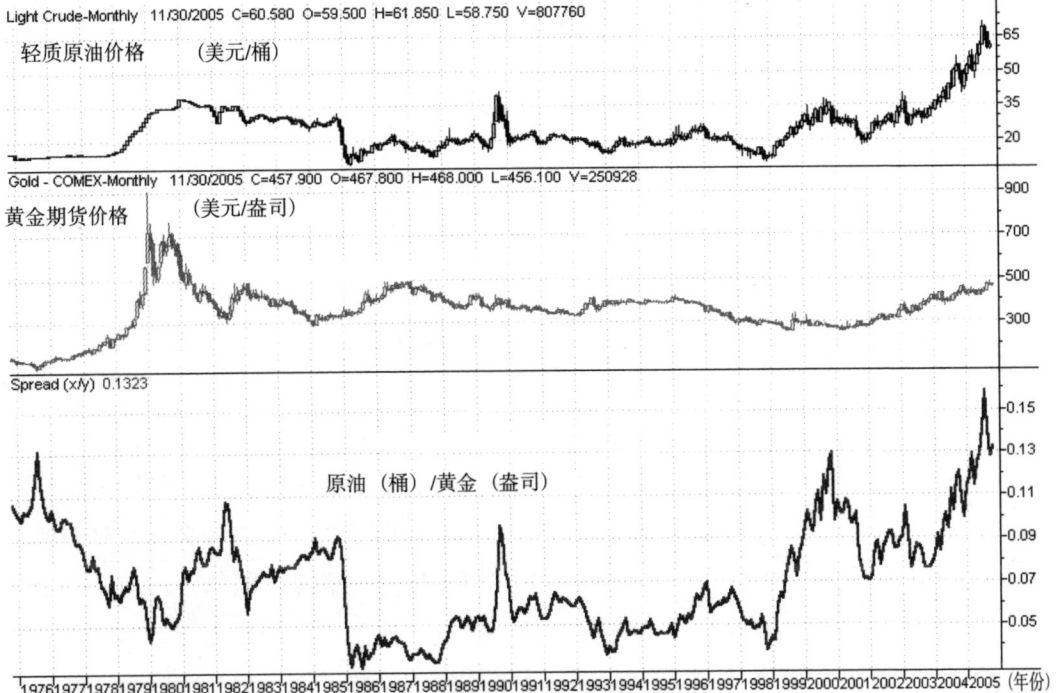

图 19-8　原油与黄金的长期比率关系

资料来源：sharelynx.

元贬值也极大地损害了各石油输出国的利益，使石油输出国组织的财富大大缩水，第二次世界石油危机爆发。1979 年伊朗爆发伊斯兰革命，1980 年爆发两伊战争，都使得石油日产量锐减，直接导致了国际石油市场价格骤升，每桶石油的价格从 14 美元涨到了 35 美元以上。

1981 年，金价和油价开始双双下跌。至 1982 年，金价下跌超过了 50%。1986 年，油价也出现了大幅下跌。漫长的盘整期开始了。在长达 20 年的价格波动中，黄金和石油价格比率基本上在 15.5 附近波动。这期间虽出现过短期背离，但很快又恢复到标准比率附近。

2003 年伊拉克战争使得金价开始大幅度上升，国际油价也开始从每桶 25 美元的价位逐步攀升。受基金的多头推动、加息政策、炼油厂事故频发、自然灾害的影响，油价持续走高，开始了强劲的上涨路程。比起石油的大幅涨价，金价的

原油是工业之母，是商品期货交易者，特别是化工和油脂期货交易者最关心的一个风向标。对于黄金交易者而言，原油影响通胀率，进而与商品属性有关；原油影响经济增长，进而与投资属性有关；原油涉及地缘政治，进而与货币属性有关。因此原油也是诸多属性的复合体。

529

表现稳定许多，与 2001 年的价格相比，油价已经翻了 5 倍，而金价只上涨了一倍多。

尽管黄金价格和石油价格之间无法推演出一种确切的数字比例关系，但是我们却无法漠视它们之间这种模糊的正向联动关系。

第二节　CRB

整个商品市场的价格趋势对金价有很重要的影响，因此分析和跟踪商品价格趋势就成为黄金交易者必须面对和解决的问题。商品交易者通常以**分析商品价格指数**作为研判商品价格趋势的重要手段，这其实是受到了道氏理论的影响，**在外汇和黄金交易中我们往往忽略了道氏理论的威力，以至于在日内杂波中寻找趋势，这是南辕北辙的做法**。要克服这种危害广泛的做法，我们应该重视指数的作用，这里我们简单介绍一下商品价格指数的相关知识。

以商品价格为基础的商品指数在国际上已有近 50 年的历史，在这近半个世纪当中，商品指数无论在商品市场中还是在对宏观经济的分析指导中，都扮演了极其重要的角色。

最早出现的商品指数是 1957 年由美国商品研究局（Commodity Research Bureau）依据世界市场上 22 种基本的经济敏感商品价格编制的一种期货价格指数，通常简称为 CRB 指数（见图 19-9）。CRB 的期货合约 1986 年在纽约商品交易所上市，该合约对应的指数也获得广泛关注（见图 19-10）。

到了 20 世纪 80 年代至 90 年代初期，高盛公司、道琼斯公司和标准普尔公司等也纷纷推出了自己的商品期货价格指数，并且引入了加权编制的方法，对指数中的商品成分赋予相应的权重。这些指数就是目前备受市场关注的高盛商品期货价格指数（GSCI）（见图 19-11）、道琼斯商品期货价格指数

对这方面想要了解的读者可以参考《顺势而为：外汇交易中的道氏理论》这本专业书籍。

（DJ–AIG）、标准普尔商品期货价格指数（SPCI）。

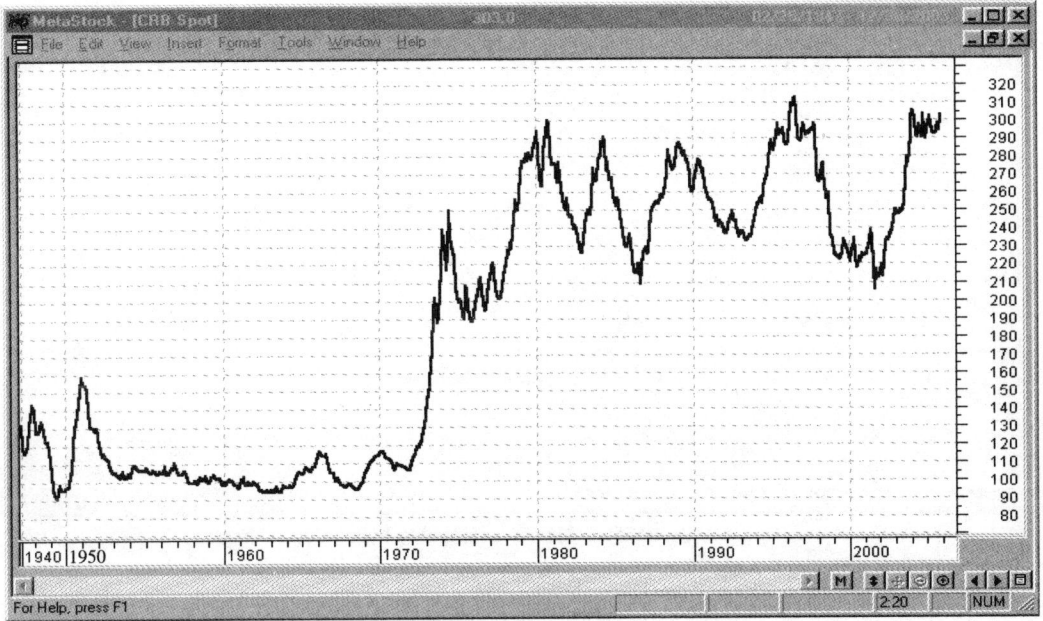

图 19–9　CRB 指数

资料来源：metastock.

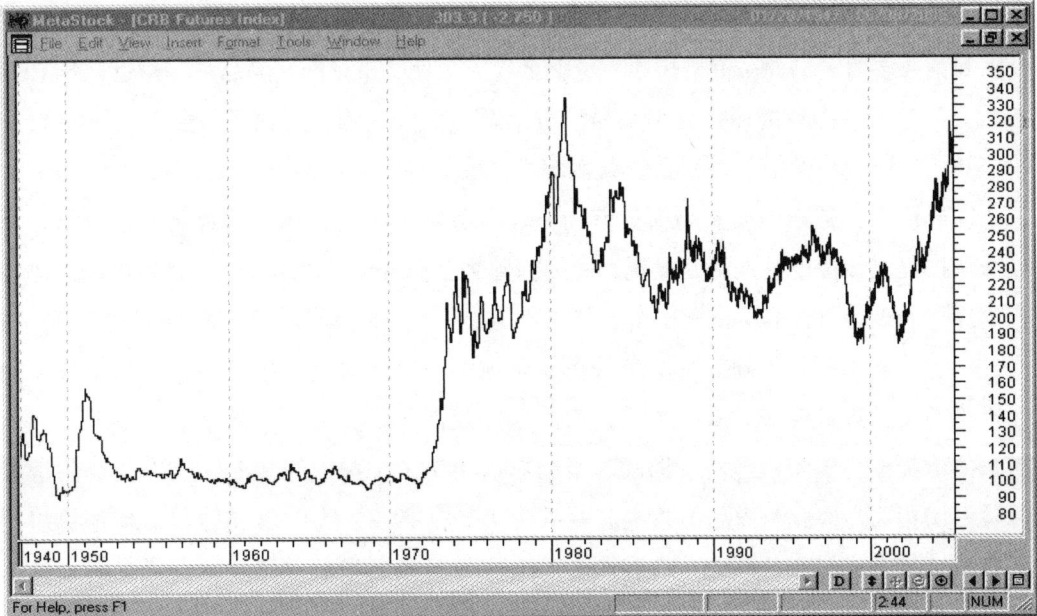

图 19–10　CRB 期货指数

资料来源：metastock.

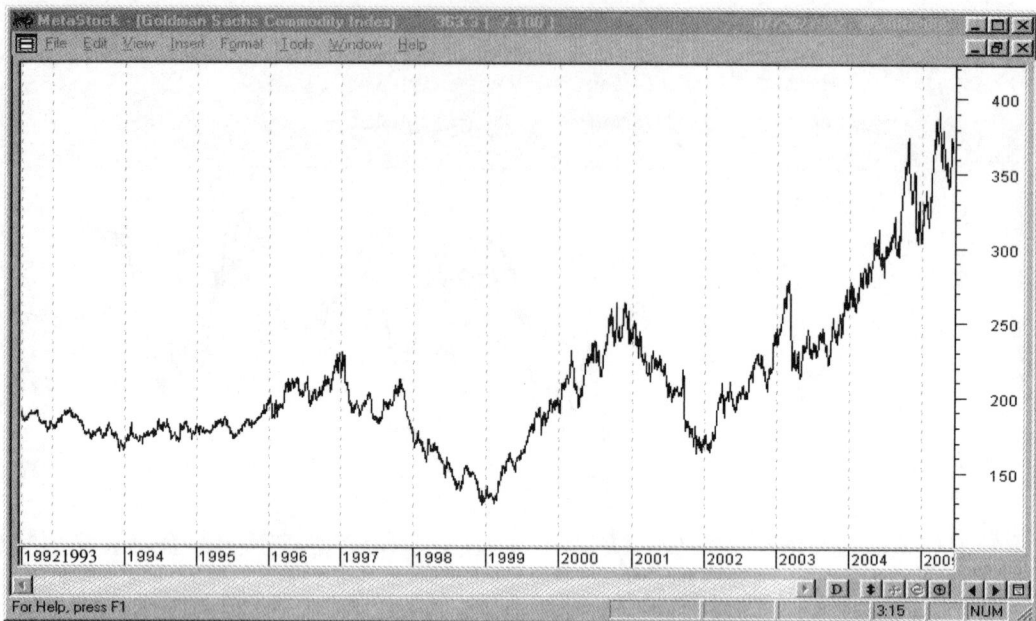

图 19-11　高盛商品期货价格指数

资料来源：metastock.

从 20 世纪 90 年代开始至今，随着全球经济、金融一体化程度的不断提高，为满足各类商品期货交易商套保和投机的潜在需求，商品期货指数的发展进入了又一个蓬勃发展的新阶段，如 LME 编制的 LMEX 金属期货指数（1999 年 1 月），CBOT 创造的更具灵活性和多样化的 X-fund 基金指数（2002 年 2 月）等。

目前很多著名的商品价格指数本身就已经成为期货市场的交易品种。最近几年 CRB 指数、高盛商品指数的期货合约交易十分活跃，已经成为各类商品投资基金的重要交易工具。其中，能源占主要权重的高盛商品指数更是在商品牛市中成为耀眼的明星。

国际商品指数不但在商品期货市场、证券市场领域具有强大的影响力，也为宏观经济调控提供预警信号。**研究发现，商品指数大多领先于 CPI 和 PPI。**商品指数走势和宏观经济的走势具有高度的相关性。当经济进入增长期，商品指数就会走出牛市行情；当经济进入萎缩期，伴随而来的就是商品指数的熊市。对这个循环关系进行了模型化的理论是**美林投资时钟**，有兴趣的读者可以对此深入研究下去。从这个角度看，商品指数的走势成为了宏观经济走向的一个缩影。由于黄金与地缘政治动荡以及经济运行风险密切相关，因此与商品指数走势关系密切，图 19-12 是 CRB 指数与金价走势对比关系图。另外，可以从图 19-13 和图 19-14 中发现商品指数以及原油高低点与金价高低点的循环关系。这些图表提醒我们在进行黄金走势分析的时候应该注重 CRB 和原油走势的分析，并使用本节提及的关系来辅助黄金走势的研判。

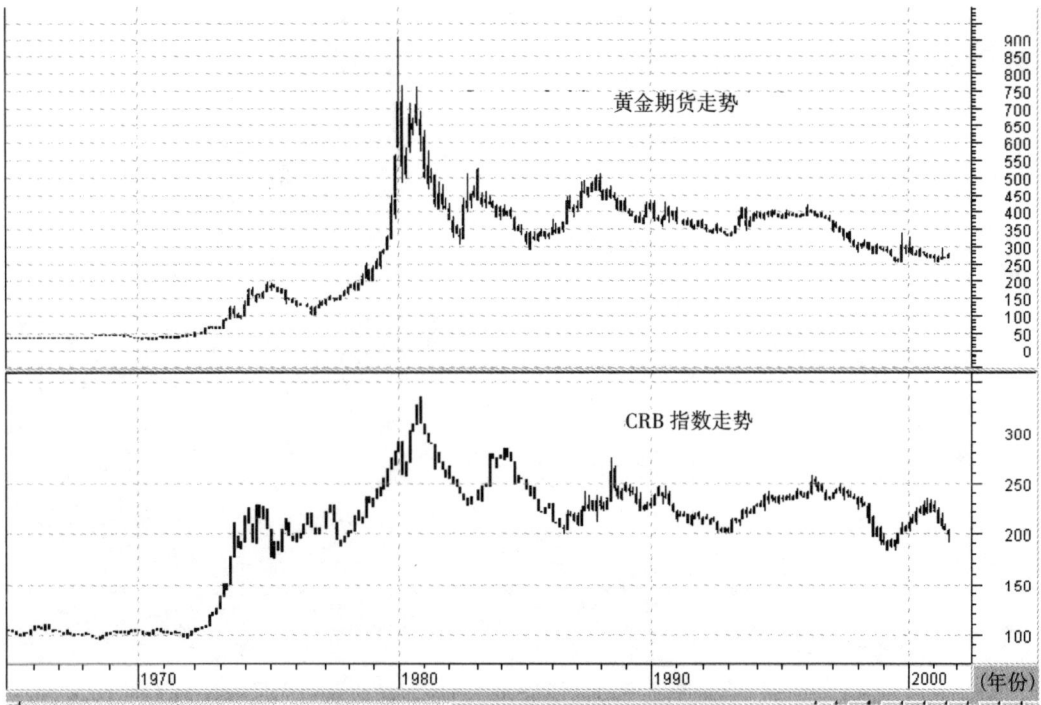

图 19-12 CRB 指数与金价走势关系图

资料来源：metastock.

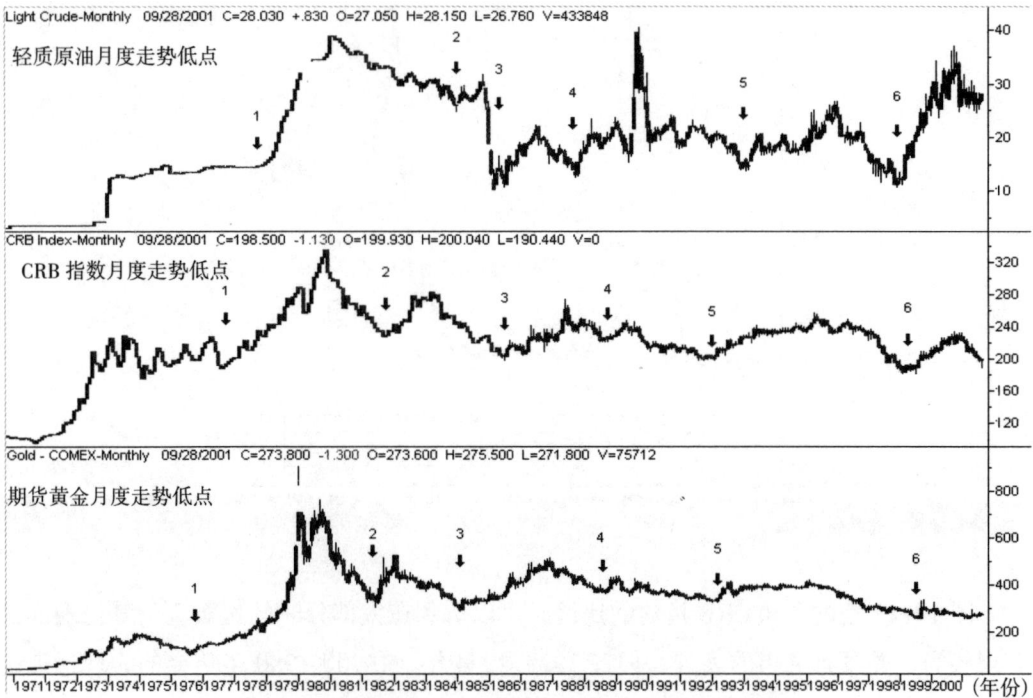

图 19-13 商品指数、原油走势和黄金走势的低点循环

533

Light Crude-Monthly 09/28/2001 C=28.030 +.830 O=27.050 H=28.150 L=26.760 V=433848

轻质原油月度走势高点

CRB Index-Monthly 09/28/2001 C=198.500 -1.130 O=199.930 H=200.040 L=190.440 V=0

CRB 指数月度走势高点

Gold - COMEX-Monthly 09/28/2001 C=273.800 -1.300 O=273.600 H=275.500 L=271.800 V=75712

期货黄金月度走势高点

1971 1972 1973 1974 1975 1976 1977 1978 1979 1980 1981 1982 1983 1984 1985 1986 1987 1988 1989 1990 1991 1992 1993 1994 1995 1996 1997 1998 1999 2000 (年份)

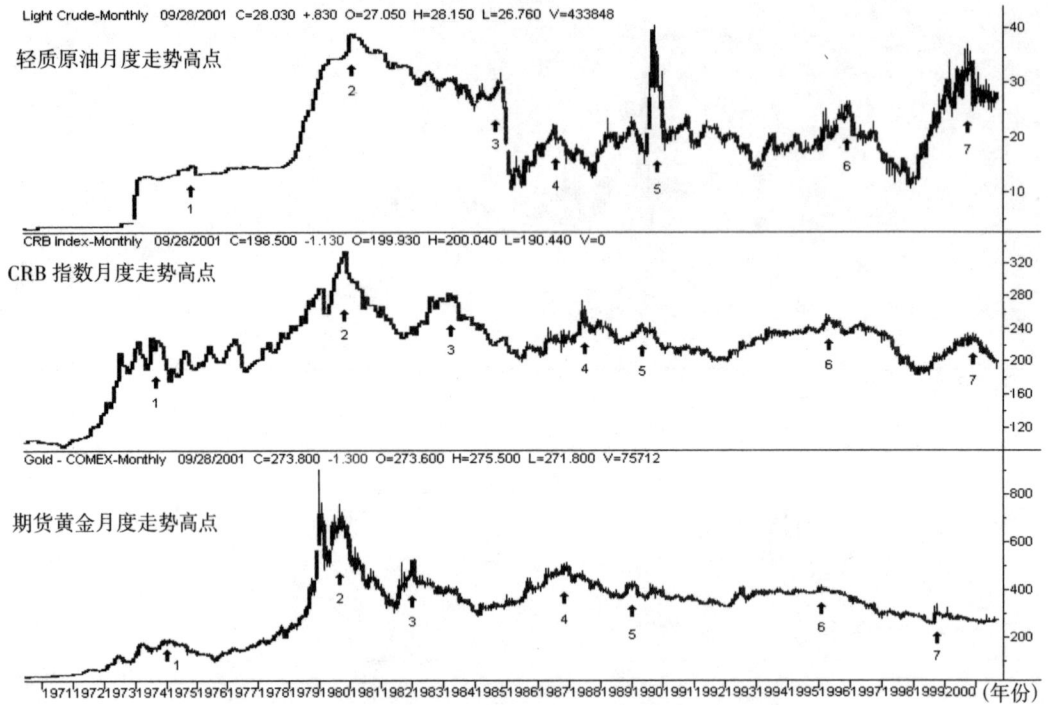

图 19-14　商品指数、原油走势和黄金走势的高点循环

图 19-15　金价和 CRB 指数的比率走势（1914~2004 年）

资料来源：商品研究局。

　　图 19-15 是黄金和 CRB 指数的比值，可以看到在大部分时间里黄金与其他商品的表现相当，并没有突出的表现，但在 1929~1934 年、1970~1980 年黄金的表现远远超过其他商品的表现，当遇到危机（1929~1934 年美国大萧条，1970~1980 年美国陷入滞

胀）时，黄金的表现绝佳！另外，我们也可以查看 CRB 指数和黄金价格的比率走势，请看图 19-16，可以发现 1979 年以后，CRB 指数与金价的比率几乎一直在 0.8 之下的区间运行。

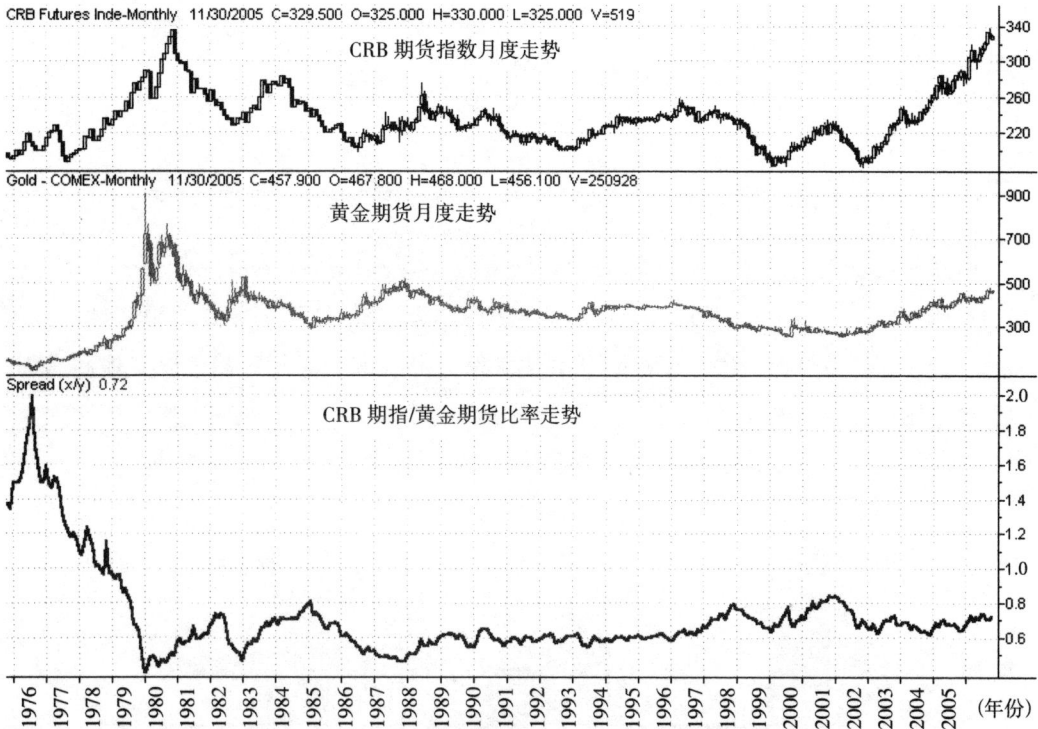

CRB Futures Inde-Monthly 11/30/2005 C=329.500 O=325.000 H=330.000 L=325.000 V=519
CRB 期货指数月度走势

Gold - COMEX-Monthly 11/30/2005 C=457.900 O=467.800 H=468.000 L=456.100 V=250928
黄金期货月度走势

Spread (x/y) 0.72
CRB 期指/黄金期货比率走势

图 19-16　CRB 期货指数与期货黄金价格的比率走势

从 1970 年到 1980 年黄金年回报 31%，在商品中（包括股票债券）表现最棒，而在此期间股票的表现最差，为 6%（还比不上 CPI）。表 19-1 是 1999 年到 2007 年各种投资收益。

表 19-1　21 世纪初主要投资品种的回报率

	1999 年到 2007 年的累计投资回报率	年均投资回报率
原油	696.5	25.9
镍	542.9	23
铅	409.5	19.8
铜	358.6	18.4
铂金	317.9	17.2
天然气	284.7	16.2
小麦	220.4	13.8
银	193.8	12.7
黄金	189.3	12.5

续表

	1999 年到 2007 年的累计投资回报率	年均投资回报率
锌	150	10.7
玉米	113.4	8.8
钼	90.8	7.4
煤	88.1	7.3
道琼斯指数	44.5	4.2
纳斯达克指数	21	2.1
标准普尔 500 指数	19.5	2
钯金	10.2	1.1

　　商品是无法对抗通缩的，通缩时期，现金包括存款比商品更适合持有。大通缩往往与危机和大萧条相伴，因此黄金在这些时期表现较好，这就是黄金货币属性的体现（见图 19-17）。另外，白银介于黄金和其他大宗商品之间，其货币属性比其他商品强，但是商品属性要比黄金强。

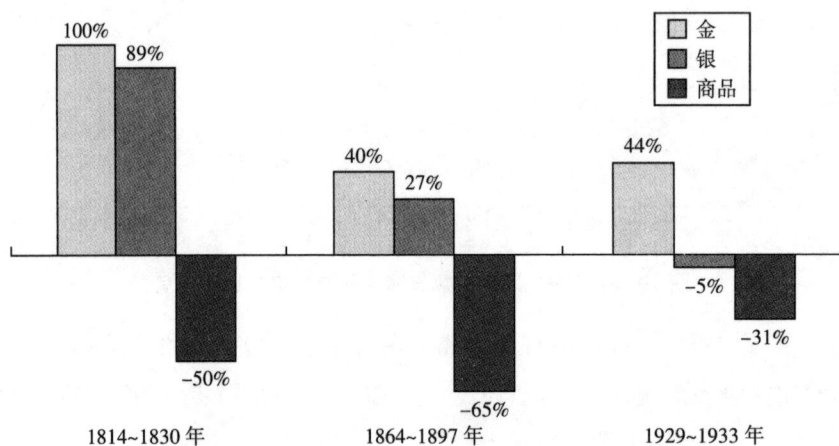

图 19-17　大通缩时期黄金白银与一般商品的表现比较

资料来源：Incrementum.

第三节　铜

　　黄金与金属期货的走势也有密切的关系，根据历史数据统计，黄金是商品市场长期趋势的先行者，而铜则被看作是最好的经济学家，所以**如果能够结合黄金和铜来理**

解商品市场的走势，以及黄金本身的走势，则会为投资者带来相当大的优势。

　　由于铜是经济的先行指标，被誉为最好的经济学家，所以铜价的变化反映了经济的整体趋势，如果铜价不断上涨，温和的通胀也会使得资金规避贬值的压力增加，此时黄金和其他大众商品自然成了保值的首选，所以黄金价格会上涨。当经济因为大众商品价格上涨而处于滞胀状态，面临经济危机时，黄金价格的上涨主要是避险需求导致的，黄金成了避险的首选，这个时候货币属性主导黄金。所以，**在温和通胀时，铜价和黄金一起上升，但是黄金的上升幅度小于铜的上升幅度，甚至可能出现黄金走势停滞的现象，因为经济向好使得股票市场比黄金市场更具回报。在恶性通胀阶段，经济发展处于下滑，甚至崩溃的边缘，铜价会猛烈下挫，而黄金则由于避险功能而受到青睐，先抑后扬。**因此，从黄金和铜的价格走势对比图中可以发现，两者时而同向运动，时而反向运动，这是不同属性主导黄金的结果（见图 19-18）。另外，可以看到铜价/金价这个比率的走势与标普 500 指数具有较高的一致性，但是由于近年来中国因素的影响越发强烈，因此一致性的显著度下降了（见图 19-19）。

图 19-18　金价与铜价走势

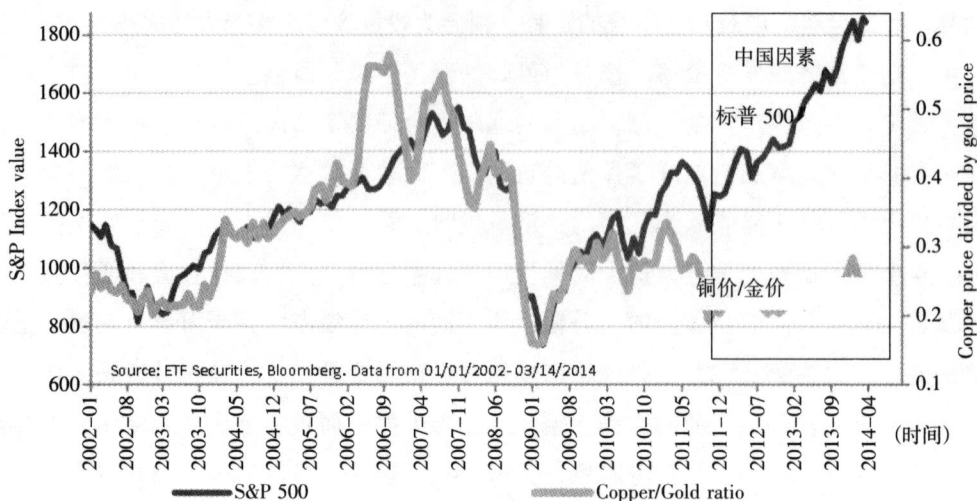

图 19-19　标普 500 指数和铜价/金价比率

所谓"一气周流"乃是引用清朝医学巨擘黄元御的巨作《四圣心源》。

我们可以从**投资时钟**来分析两者的复杂关系。在衰退阶段，特别是大萧条阶段，短期利率下降，央行开始放水，这个时候金价是上涨的，但是铜价是下跌的，因为货币属性主导黄金，风险厌恶情绪较高。在复苏阶段，长期利率上升，通胀在早期还是下降的，因为商品这个阶段以筑底为主，股票这个时候吸引力很大，实体经济复苏，黄金吸引力不够，投资属性主导黄金，铜作为经济先行指标会先于其他大宗商品上涨。繁荣阶段，铜显著上涨，黄金与商品一起普涨，这个时候更多的是商品属性主导。滞胀阶段，原油往往最后冲顶，由于经济增长下降，通胀上升，导致股票业绩普遍变差，除了大宗商品相关上市公司，黄金体现抗通胀的特性，持续上涨后会下跌，这个时候商品属性继续主导黄金。大宗商品，包括铜会在通胀阶段见顶，铜往往会早于其他工业期货见顶（见图 19-20）。

经济的一气周流图

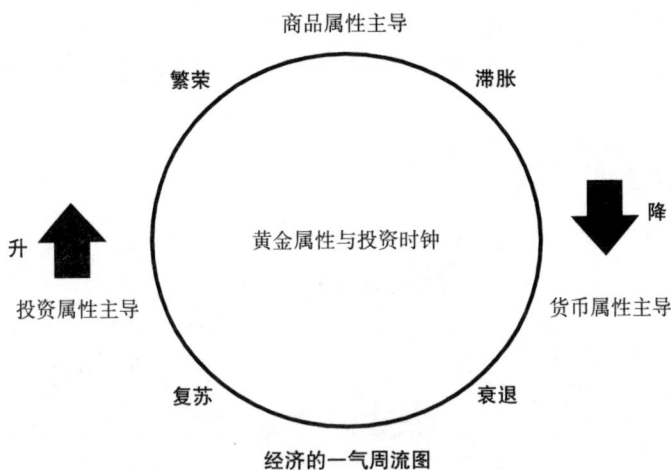

图 19-20　经济四季中的黄金主导属性

第四节　贵金属

贵金属里面除了黄金之外，其他品种的商品属性和工业属性更强一些。贵金属在古代和近代都是上等的币材，白银和黄金是代表。黄金与白银都是贵金属，而且都是货币的良好材料，两者之间的走势具有高度的相关性。有专家认为**白银往往充当了贵金属行情的先锋，因为白银好比小盘股，而黄金好比大盘股**，同样的资金流入使得白银比黄金的走势更为显著，因此不少交易者认同了这一说法。**通常而言，白银的走势会体现出黄金此后的走向**，也就是说白银走势是黄金走势的风向标，**白银受到投机者的青睐，而黄金则受到投资者的青睐**，投资者总是市场趋势的发动者，而投机者则是市场先机的抢占者。白银是黄金走势的预测指标，而黄金则是大宗商品走势的预测指标。要想深入地了解白银，最好回顾一下白银的历史走势与重大驱动事件，这对于交易者而言是有很大好处的（见图 19-21）。

金银价格比率是一个可以时而关注的指标。在交易黄金的时候，我们需要同时关注白银价格走势，以及两者的价格比率，如图 19-22 所示。

白银作为一个投机性较强的品种，其走势具有一些特别的规律，需要大家用心揣摩和总结。

1344 年到 1998 年的白银真实价格
（基于 1998 年美元价值计算）

黄金白银价格比率

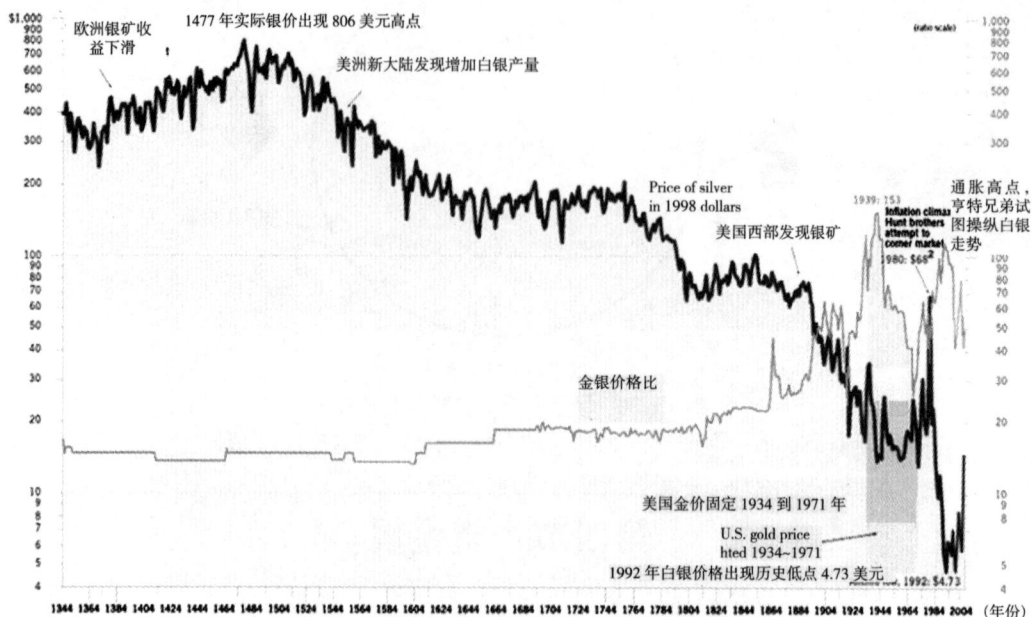

图 19-21　白银长期的真实价格和重大驱动事件

资料来源：华尔街见闻。

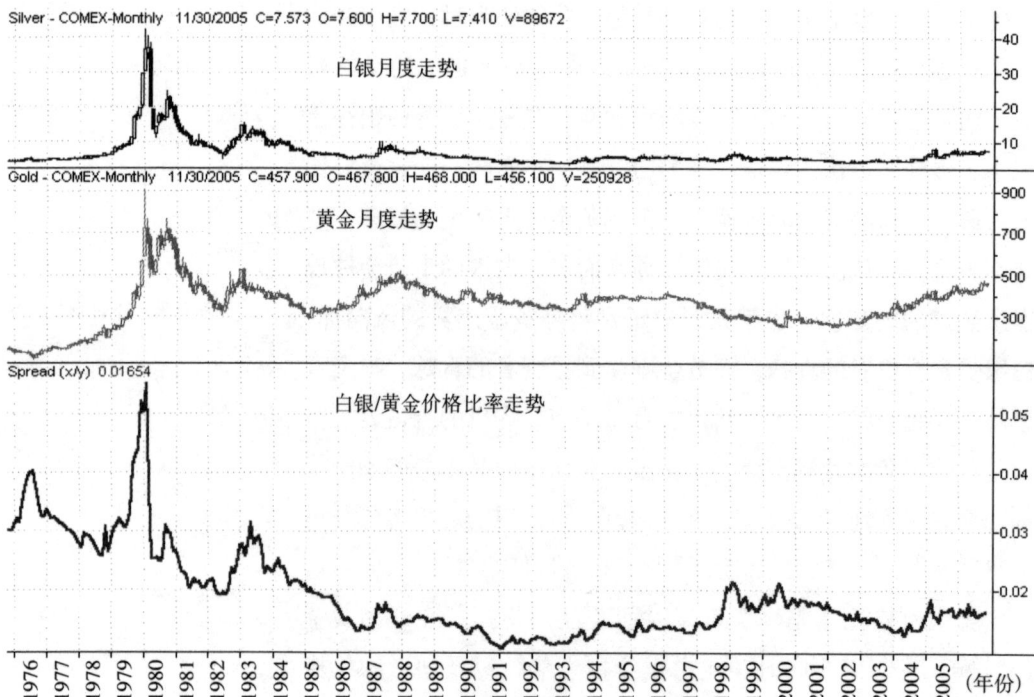

图 19-22　白银和黄金的比率走势

　　自然元素铂是地壳中一种稀有的贵重金属元素，元素符号为 Pt。天然铂金的矿物学名为自然铂。自然铂比重为 15.5~21.5，折光率为 56.5~60.0，硬度为 4°~4.5°，相对密度为 21.45，纯净的铂金呈银白色，具金属光泽。铂金的颜色和光泽是自然天成的，历久不变。延展性强，可拉成很细的铂丝，轧成极薄的铂箔，强度和韧性也都比其他贵金属高得多。1 克铂金即使是拉成 1.6 公里长的细丝，也不会断裂。熔点高达 1173.5℃。导热导电性能好。化学性质极其稳定，不溶于强酸强碱，在空气中不氧化。铂金不吸水银，并具有独特的催化作用。

　　目前，对铂金饰品有两大消费误区：一是把铂金误认为白金，二者混淆不清。二是不懂得利用"Pt"标志来识别铂金饰品。其实，铂金与白金完全是两码事。

　　铂金的名字来源于西班牙语"Platina del Pinto"，译意为 Pinto 河中类似银的白色金属。由铂族元素矿物熔炼而成的金属，有钯金、铱金、铂金、铑金等。通常，铂金是由自然铂、粗铂矿等铂矿石熔炼而成的。它是一种主要含铂或全部由铂组成的稀有贵重金属，与黄金、白银等同属贵重金属。

　　世界铂金的年产量仅 85 吨，远比黄金少。世界上仅有少数几个国家出产铂金。**南非的铂金产量占全球总产量的 80% 以上，其余大部分是俄罗斯出产的。**全世界铂金的年产量只有黄金年产量的 5%。

　　在交易黄金的时候，我们可以偶尔关注下铂金，以及两者的价格比率，如图 19-23 所示。

　　国际上钯金首饰品的戳记是"Pd"或"palladium"字样，并以纯度千分数字代表之，如 Pd900 表示纯度是 900‰，钯金饰品的规格标识有 Pd1000、Pd950、Pd900、Pd850。Pt950 与 Pd950 前面的英文字母是化学元素符号，Pt 表示铂，Pd 表示钯，950 表示纯度。在纯度相同的情况下，钯金首饰的成本仅为铂金首饰的 25%~30%。因此，大家在面对商家"首饰以旧换新"的诱惑时，要防备商家用低价值的钯金冒充铂金，同时要看清商家开具的票据，以防上当受骗。钯金和黄金的历史走势以及两者的价格比率，如图 19-24 所示。

　　最后，我们总结一下黄金三个属性的一些要点（见表 19-2）。货币属性主导黄金长期走势，投资属性主导黄金中期走势，商品属性主导黄金短期走势。

Platinum-Monthly 11/30/2005 C=934.800 O=937.500 H=946.000 L=916.000 V=4431

铂金月度走势

Gold - COMEX-Monthly 11/30/2005 C=457.900 O=467.800 H=468.000 L=456.100 V=250928

黄金月度走势

Spread (x/y) 2.04

铂金/黄金价格比率

图 19-23　铂金和黄金的比率走势

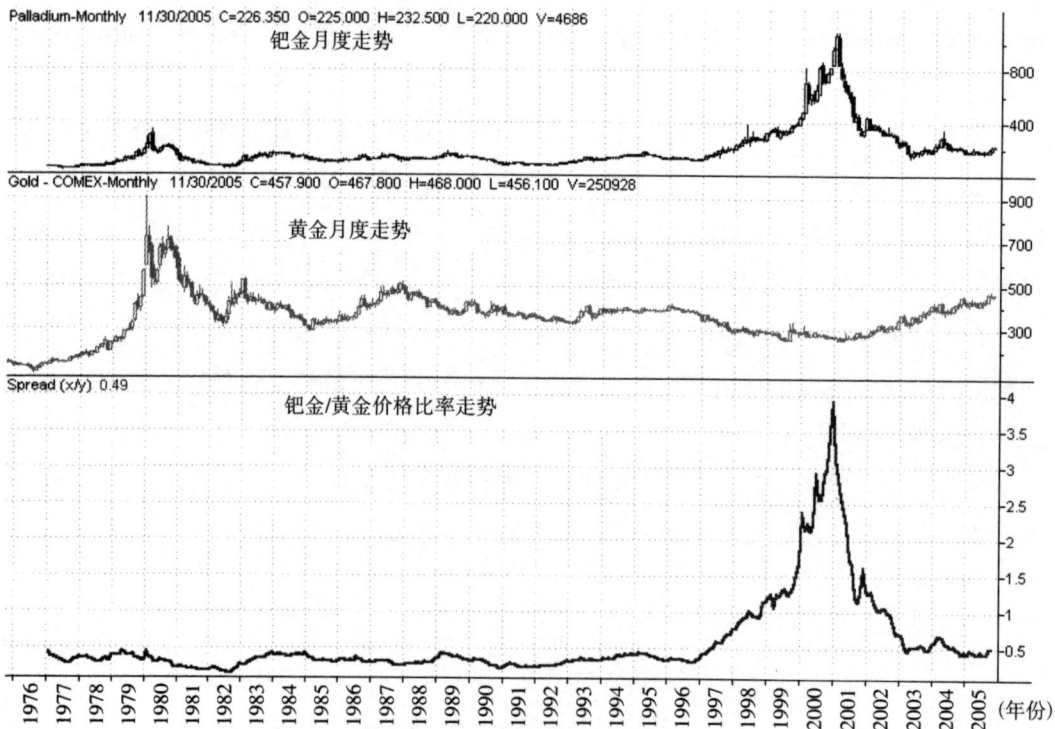

Palladium-Monthly 11/30/2005 C=226.350 O=225.000 H=232.500 L=220.000 V=4686

钯金月度走势

Gold - COMEX-Monthly 11/30/2005 C=457.900 O=467.800 H=468.000 L=456.100 V=250928

黄金月度走势

Spread (x/y) 0.49

钯金/黄金价格比率走势

图 19-24　钯金和黄金的比率走势

表 19-2　黄金属性与研判要点

黄金属性与研判矩阵		
时间周期	属性	分析要点
黄金价格的长期走势	货币属性	注意信用本位的稳定性
黄金价格的中期走势	投资属性	注意股票为主的金融市场的走势，关注游资的流向
黄金价格的短期走势	商品属性	注意印度为主的黄金消费的趋势，特别是季节性

资料来源：帝娜私人基金行为交易研究室。

关于实际利率我们在本课结束前再专门强调一下：**影响黄金价格最重要的具体利率因素是实际利率，也就是经过通货膨胀调整后的利率水平**。对于美国经济而言，实际利率的通常计算方式是将联邦基金利率减去 CPI（消费价格指数）。当然，也可以通过 90 天国债利率来减去 CPI 指数。国金证券的一个相关研究报告进一步证明了黄金的美元价格走势与美国实际利率负相关，请看图 19-25。另外，国外相关机构对实际利率与金价的关系也做了一些统计研究，比如大名鼎鼎的 Incrementum，它的统计表明实际利率为负值作为金价上涨的大背景可能更为合适，而不是具体的实际利率数值与金价的走势挂钩（见图 19-26 和图 19-27）。

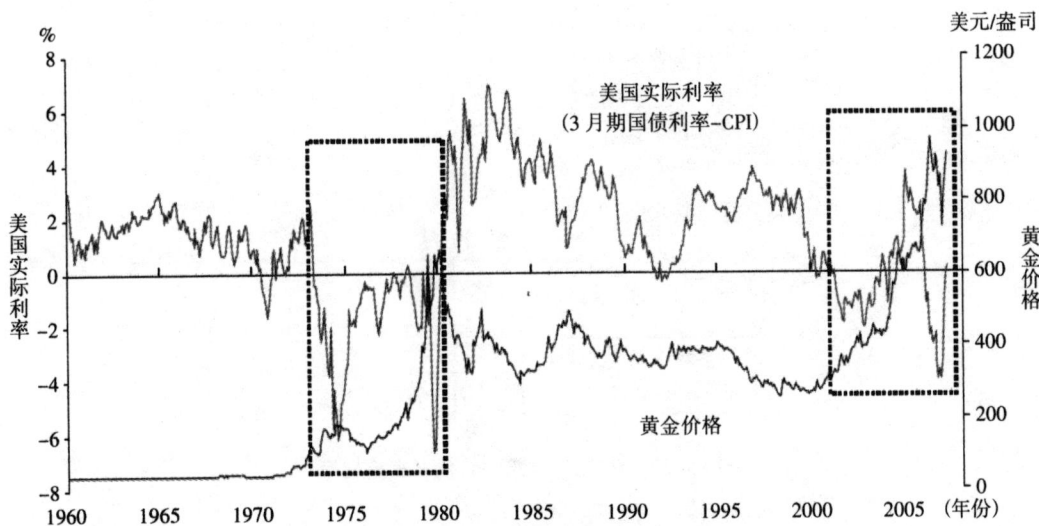

图 19-25　实际利率与金价走势负相关

资料来源：彭博财经、国金证券。

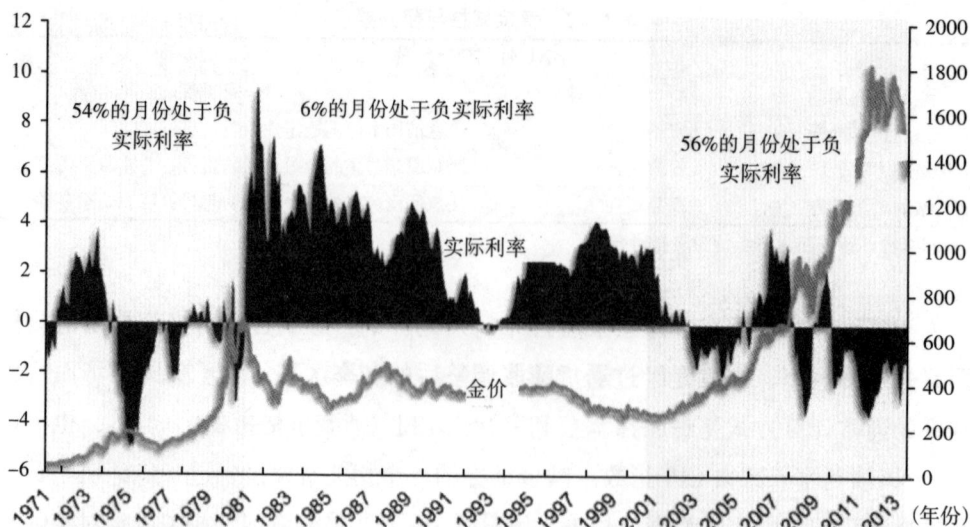

图 19-26　1971 年以来的金价和实际利率

资料来源：Incrementum.

通胀率变化和金价变化：金价与通胀率绝对值不相关，与通胀率变化相关

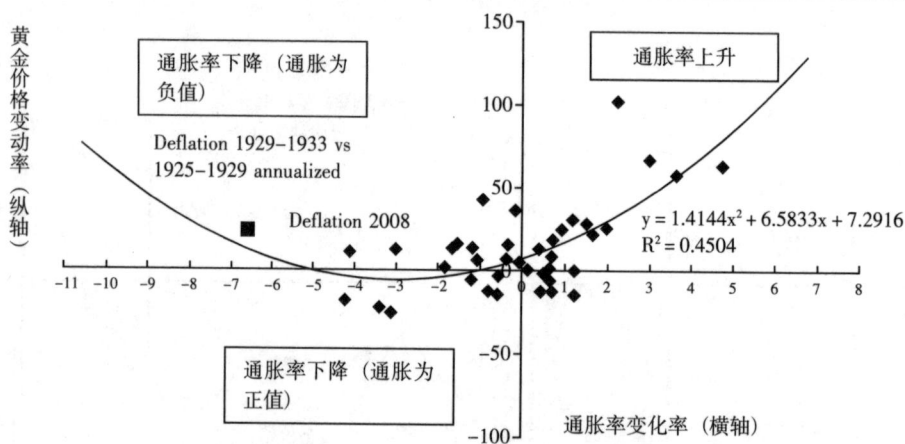

$$y = 1.4144x^2 + 6.5833x + 7.2916$$
$$R^2 = 0.4504$$

图 19-27　1971 年以来的金价和实际利率

资料来源：Incrementum.

　　即使在名义利率上升时，减去 CPI 后实际利率仍可能接近零或是负值。经济学家约翰·威廉姆斯（John Williams）有个很有意思的网站，叫 Shadowstats.com，前面的课程我们已经提到了这个网站。他将近 30 年来的 CPI 还原，不考虑期间发生的所有调整因素，得出的结论是：如果今天 CPI 的计算方式和 20 世纪 70 年代的一样，则最近数年的平均通胀率约为 8%。依不同的通胀率计算方式，实际利率在零附近，甚至可能是

负数。这说明目前的通货膨胀相当严重，他认为**只有当实际利率达到 4%或 5%时，持有黄金的优势才会失去**。20 世纪中叶是美国历史上滞胀最严重的时代之一，当时的美联储主席保罗·沃尔克（Paul Volcker）在短期内将实际利率调高到 8%，才让市场相信美国政府下决心要拯救美元，应该将资金从有形资产（比如黄金）中撤出，转而投入金融资产。由此看来，实际利率对金价的影响要通过预期实现，这是金融市场价格走势的一般性规律——预期影响走势。

【开放式思考题】

在研读完第十九课的内容之后，可以进一步思考下列问题。虽然这些问题并没有固定的标准答案，但能够启发思考，跳出来看某些观点。

（1）本课提到"如果通胀剧烈，持有现金根本没有保障，收取利息也赶不上物价的暴升。人们就会采购黄金，因为此时黄金的理论价格会随通胀而上升。西方主要国家的通胀越高，以黄金作保值的要求也就越大，世界金价也会越高。其中，美国的通胀率最容易左右黄金的变动。而一些较小国家，如智利、乌拉圭等，每年的通胀最高能达到 400 倍，却对金价毫无影响"。那么，如果某影响力较小的国家出现恶性通胀，黄金的当地货币报价会如何？

提示：认真学习本课的话，应该很容易回答这个问题。

（2）本课提到"地缘政治动荡，特别是产油国的地缘政治动荡会同时影响到黄金和原油的价格走势"，原因是什么呢？

提示：第一，美国往往深度介入了产油国的地缘政治；第二，原油价格会显著影响美国通胀率和利率政策。

【进一步学习和运用指南】

（1）原油是商品之王，黄金是货币之王。从事黄金、商品、外汇和债券交易继续了解原油走势。建议进一步阅读《原油短线交易的 24 堂精品课》（第二版）。

（2）一些有关原油历史的书也值得一看，比如《石油战争》等。

第二十课

黄金心理分析的框架和步骤

心理分析法（Psychological Analysis Method）是行情分析中的一个流派，它对于预测市场战略性转折点具有相当大的作用，《孙子兵法》中的"攻城为下，**攻心为上**"，就体现了心理分析的重要性。但是一直以来，心理分析法在交易界研究和使用的人很少，没有受到交易界的重视，绝大多数交易者甚至采取了忽略的态度。在金融市场发达的美国大学中都没有心理分析法的课程。但是国际上著名的大师级交易者和投资家都对心理分析法高度重视，如**索罗斯、巴菲特、林奇**等。

心理分析法是一种从"市场心理到价格"的分析思路。其定义是，在市场方向即将逆转或维持原方向的临界点，通过推测市场主导势力控制者的心理价格定位，以此为基础分析主导资金的流向（资本流向），从而判断未来市场走向的方法。毋庸置疑，市场的大方向决定一切（也就是资本的流向）。在黄金市场运用心理分析法意义重大，因为黄金市场是一个人对人的市场，它的参与者是"人"以及受"人"控制的投资机构，而资本流向都是通过参与者的心理预期反映出来的，所以市场方向是受人的心理因素控制的。换个角度考虑，也就是说，资本流向掌握在市场参与主体——"人"的手中。资本受人控制，所以大众的**共同心理**对市场走向有很大的影响，有时甚至是决定性因素。

运用心理分析法完成一次交易的原理在于：价格波动始

心理分析是独立于驱动/基本面分析和行为/技术面分析之外的工具，但又不能完全独立。

攻心的前提是洞悉到对方的心理。

邓普顿其实也是心理分析大师，他很强调"集体恐慌点"的运用。

筹码背后涉及的是对手和格局。

于公众心理价格的不统一，始于基本平衡态被打破。在市场混乱时建仓，价格会在一个新的公众心理"**共识**"的影响下受到追捧或打压，直到出现一个公众心理可以接受的大众价格。在这个价格上，多空双方的势力再一次基本均衡，市场才又开始基本维持盘整态势，一个上涨（下跌）行情由此结束。我们获利了结，一次交易完成。我们所要把握的就是，公众心理达成新"共识"时的市场方向。

黄金交易市场方向的控制者——"人"本身就同时具有感性和理性两种情态。在参与黄金市场的行为中，黄金交易者总会凭借他们的主观判断和客观基本面因素做出买卖决定，交易者便同时在用感性和理性两种情态来对待市场。由于单纯地运用客观操作或者主观操作，交易者们各持己见，不可能达成黄金市场方向预期的完全统一。时常看到，交易者由于单纯运用一种分析法操作，在下单的一瞬间，脸上仍带有迷茫的神色。这可以从侧面看出，市场参与者在下单的时候心态很不稳定，而这正是因为前两种分析法"偶有冲突"造成的。价格波动的过程也可以因此说成同时具有两种情态的投资者，依据他们不同的心理预期，不断磨合的过程。

心理分析法的优势正是因为它既包含主观因素也包含客观因素，是介于客观和主观之间，感性和理性之间的"模糊"分析法。因同时具备技术面分析法（客观）、基本面分析法（主观）的特点，所以从理论上讲，心理分析法更好地融合了两者的优势，以交易者心理预期为基础，以一个更中立、更平和的态度预测市场方向，提高了预测的准确度。

心理分析法根据使用的不同情况分为市场群体的心理分析和交易者心理分析。市场群体的心理分析是分析市场中众多的交易群体的心理，而**交易者心理分析**是研究交易者自己在投资决策过程中的心理活动。国外心理分析法主要的理论有尼尔的逆向思维理论和勒庞的群体心理理论。

逆向思维理论是美国市场分析家尼尔建立的，主要思想是"市场的主流观点倾向是错误观点"，这是使用率最高的心理分析法。 群体心理理论是由 19 世纪法国心理学家勒庞（主要代表作是《群体心理》）建立的，基本观点包括：第一，心理群体的整体智力低下定律；第二，心理群体的思维模式定律；第三，心理群体的精神统一性定律；第四，心理群体的形成机理；第五，心理群体的整体心理特征。

反向意见理论，又被称为逆向思维理论，是美国市场分析家尼尔建立的，主要理论是"市场的主流观点倾向是错误观点"，这是使用率最高的心理分析法，主要观点包括：第一，交易者群体的交易行为受制于人性本能；第二，人本性有"从众"心理，人的相互模仿和感染的本性使交易者的交易行为极易受到情绪、建议、命令、刺激等的控制；第三，交易者群体容易丧失理性思维能力，只接受情绪、情感的控制。但是，**真正的反向意见理论应该是选择性反向**，也就是说反向是有前提的，不是任何市场都应该采用与大众相反的立场，这涉及一个关键的原则，就是当某一方向的操作吸引了绝大多数资金的时候，才能采取反向操作原则，这也是索罗斯和朱利安·罗伯森等宏观对冲基金巨头常常用到的分析手段。一般而言，机构交易者倾向于在趋势的前段和中段持仓，而散户交易者倾向于在趋势的中段和后段持仓，所以当一种主流观点在散户中被广为传播，市场极其疯狂的时候，这就是反向操作阶段。

要理解反向意见和逆向交易就必须明白**市场情绪的三个阶段**，或者说市场参与资金流入量的三个阶段。请看图 20-1，在酝酿阶段，市场上缺乏一个主流观点，甚至市场上不存在任何观点，参与热情很低，成交额处于清淡状态，这时候市场主流观点渗

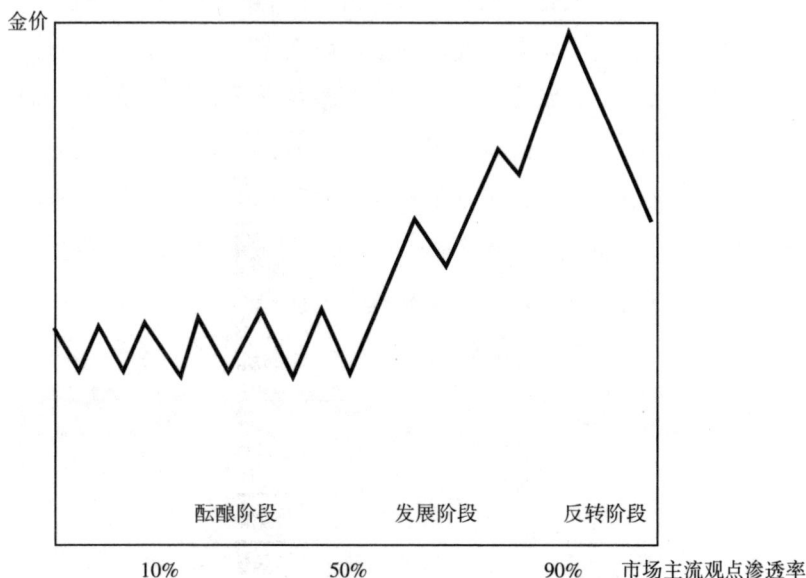

图 20-1 金价发展三阶段和主流观点渗透率

透率低于 50%，金价处于震荡状态，而且一般是不规则震荡居多（这是因为骗钱行情增加，做市商以此扫荡一些散户的止损位置）。此后，市场开始出现了显著的主流观点，市场主流观点的渗透率超过 50%，金价开始以 N 字结构走出单边市，这就是发展阶段，这个阶段的早期是机构交易者介入的阶段，整个发展阶段都是机构交易者持仓的阶段。到了发展阶段末期，散户交易者开始介入，由于没有更多的同向交易者介入（能加入的同向交易者都进场，缺乏进一步推动行情的资金），行情处于反转阶段，这个阶段的早期就是反向分析法的恰当使用时间。

金价发展的三个阶段是以主流观点渗透率来划分的，这个模型是比较理想的，但是对于我们利用心理分析是非常有启发的。这里面的关键是将市场主流观点（市场焦点）与金价运动联系起来观察，在行情酝酿阶段中，金价出现震荡走势，而且常常以不规则震荡走势为主，这时候市场的热点散乱，甚至根本没有热点，没有**主流题材**（Story），金价因为一些不重要的数据和信息上冲下洗，但是一直不能走出单边行情。此后，金价在某一刻受到强劲市场意见倾向的推动开始走出单边行情，这就是发展阶段，这时候你去看评论和新闻会发现基本上是一边倒，**即使偶尔有反向意见也很快被忽略**，甚至对市场运动根本没有刹车的能力。随着行情不断发展，"最后的散户"也开始加入到阵营中，这时候市场上听不到反对意见，更为重要的是市场开始停滞不前，**虽然支持的意见不断涌出，但是市场却在原地停留**，这就是"利空不跌"（如果是在上涨行情中，这是"利多不涨"），反向思维就可以运用起来了，在发展阶段应该以正向思维为主。这里需要明白的关键一点是，结合消息面和价格走势来分析市场情绪，**反向意见只能在反转阶段和发展阶段之间的衔接阶段采用**，如果在发展阶段就与大众主流意见相悖则必定亏损不少，发展阶段属于趋势跟踪交易的优势范围，而反转阶段则属于反转交易的优势范围，酝酿阶段一般很不好交易，除非采用无止损（或者是超宽止损）加窄止盈的震荡交易策略，否则很难持续盈利，但是震荡交易策略本身也不太好操作，很容易做成无止损式的交易策略。**如果能够把握市场主流意见的发展阶段，在发展阶段和反转阶段把握好时机，则交易者可以做得很好，这是绝大多数交易者所忽略的**，因为技术交易要么单纯地跟随，要么会给出无数个不可靠的反转点。

第一节　参与主体

黄金短线投机是零和博弈，短线投机不是价值性投资，**价值性投资存在所有参与者共赢的可能性**，因为随着投资标的本身价值的不断提高，持有这一标的的交易者都可以盈利。但是，短线交易却不是这样的，因为短线交易是零和博弈，一方参与者的盈利，必然伴随着其他参与者的损失，因为这是绝大多数交易者所忽视的，而由此推开来讲就会发现，**如果你想盈利则必须与其他交易者的行为有所区别**，因为将交易费用计算在内的话，即使黄金价格不波动，交易者们都已经处于亏损状态了，加上有人盈利，则亏损的人必然比盈利的人多。由此可以看出，**投机交易能否盈利往往取决于其他参与者的行为，**这就是博弈了，同时由于不存在共赢的状态，所以短线投机必然是零和博弈。**既然是零和博弈，那么知道其他参与者的决策和行为就显得非常重要**。我们大多数黄金交易者一直将价格作为交易的对象，其实这种思维具有严重误导性，因为这会让我们觉得交易是一门匠艺，而不是博弈，匠艺面对的是一个客体，而博弈则涉及众多的参与者，其中一个就是自己。交易是我们在博弈中采取的行为，而价格则是所有参与者采取行为的结果，这个结果与博弈中参与者们采取的行为密切相关，只有知道了那些代表性子群体的行为，我们才能更好地做出盈利的决策，所以**交易是一个根据其他博弈参与者行为选择自己行为的过程，而不是单单根据价格选择自己行为的过程。**

价格是人行为的合成结果，供求关系被看成是价格的直接决定因素，但是供给曲线和需求曲线都可以由市场参与者的博弈矩阵推导出来，而所有参与者的供求曲线叠加就可以合成得到黄金价格本身。所以，金价本身还是由众多的参与

价值性投资的对象是可以增长的主体，比如企业、国家等。

者的行为合成得到的，我们不能也不必对所有参与者的行为加以关注，我们只需要注意那些代表性的群体即可，比如机构交易者、散户交易者，还有做市商等。一旦知道了**代表性群体的意见，我们就可以知道金价的走向了。**

国际黄金市场的参与者，可分为做市商、银行、对冲基金等金融机构、各个法人机构、私人投资者以及在黄金期货交易中有很大作用的经纪公司。

最典型的做市商就是伦敦黄金市场上的五大金行，其自身就都是黄金交易做市商，由于其与世界上各大金矿和许多**做市商有广泛的联系，而且其下属的各个公司又与许多商店和黄金顾客联系，**因此，五大做市商会根据自身掌握的情况不断报出黄金的买价和卖价。当然，黄金做市商要承担金价波动的风险。

各种法人机构和私人投资者既包括专门出售黄金的公司，如各大金矿、黄金生产商、专门购买黄金消费的（如各种工业企业）黄金制品商、首饰行以及私人购金收藏者等，也包括专门从事黄金买卖业务的投资公司、个人投资者等，种类多样，数量众多。但是从对市场风险的喜好程度分，又可以分为风险厌恶者和风险喜好者：前者希望回避风险，将市场价格波动的风险降低到最低程度，包括黄金生产商、黄金消费者等；后者就是各种对冲基金等投资公司，希望从黄金价格涨跌中获取利益。前者希望对黄金保值，转嫁风险；后者希望获利，愿意承担市场风险。

经纪公司则是专门从事代理非交易所会员进行黄金交易，并收取佣金的经纪组织。在纽约、芝加哥、中国香港等黄金市场里，活跃着许多的经纪公司，它们本身并不拥有黄金，只是派场内代表在交易厅里为客户代理黄金买卖，收取客户的佣金。

对冲基金尤其是美国的对冲基金活跃在国际金融市场的各个角落。专业的对冲基金往往较先捕捉到经济基本面的重大变化，利用庞大的资金规模进行多空交易从而加速黄金市

心理分析的要点是在变动的格局中揣摩代表性对手盘的动向。

场价格的变化并从中渔利。

与黄金市场相关的银行可以分两类，一类是仅仅为客户代行买卖和结算，可自身并不参加黄金买卖，以苏黎世的三大银行为代表，它们充当生产者和投资者之间的经纪人，在市场上起到中介作用。另一类是做自营业务的，如在新加坡黄金交易所里，就有多家自营商会员。

国内与黄金交易直接相关的是上海黄金交易所，上海黄金交易所正式成立，标志着中国黄金行业走向市场化。目前，金交所的会员单位基本上涵盖了国内主要的黄金生产、冶炼、加工、批发、进出口企业和从事黄金业务的金融机构。金交所的会员单位绝大部分是黄金生产和加工企业，以及从事黄金买卖的商业企业。对这些企业来说，黄金期货是一种理想的避险工具。

第二节 黄金市场的心理分析框架

究竟黄金市场的心理分析框架是怎么样的呢？请看图20-2，这就是我们采用的"**帝娜心理分析示意图**"。这里面有四个问题需要了解，第一，就是一个市场观点的想象空间还有多少，想象空间越大说明能走的预期行情越大。如果一则新闻带出的信息都是铁板钉钉，未来进一步发展的可能性非常小，进一步炒作的空间很小，这样就是缺乏想象空间的焦点，自然也就不会引起机构交易者的注意，当然也不太可能发展成为趋势。如果一个观点还没有为绝大多数散户所注意，但是未来进一步发展的可能性很大，则很可能成为主力的建仓理由，这就是潜在焦点 D。第二，如果这个焦点逐步浮出水面，少部分散户也开始注意了，**主力也基本完成建仓了**，市场此前的热点还在聚光灯下，则这个市场观点就是新兴焦点 A，这时候主力开始顺势而为，行情也开始发动了，这也

国际黄金市场有无主力？答案是肯定的。国际黄金市场是否炒作题材？答案也是肯定的。

是我们最佳的介入起点。第三，随着市场不断地炒作和市场新兴焦点的不断扩散和渗透，大家都开始注意到了，关注程度逐步达到最高，这个市场焦点就成了成熟焦点 B，这时候我们也就应该退出了。第四，AD 是这个阶段时主力力图把握的阶段，而 BC 是散户着力的阶段。想象空间是第一个关键问题，主力持仓是第二个关键问题，关注程度是第三个关键问题，散户持仓是第四个关键问题。进行心理分析的时候就需要把握这四个问题：一问**"这个题材还有没有进一步发展的空间"**，二问**"主力如何看待这个题材"**，三问**"散户如何看待这个题材"**，四问**"大众对这个题材的关注程度如何"**。

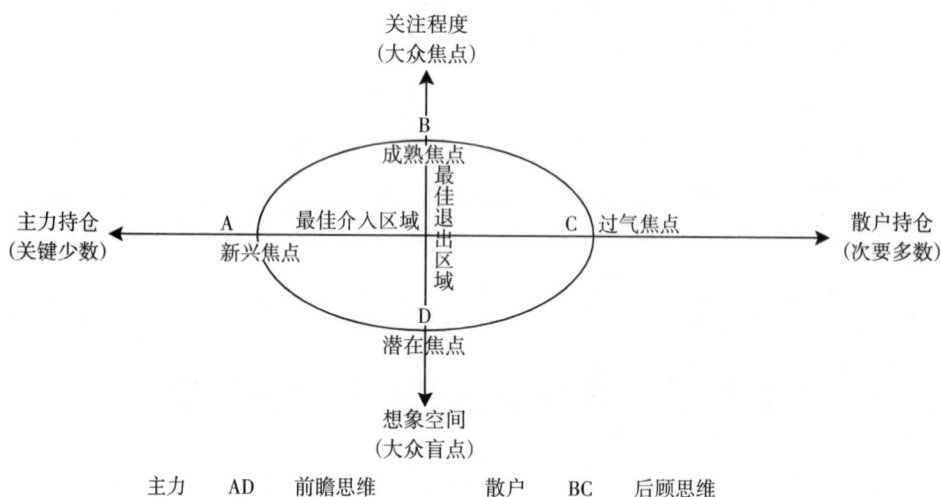

图 20-2　帝娜心理分析示意图

黄金交易者的水平与能否把握心理分析和仓位管理密切相关，所以本书的核心之一也在于图 20-2，因为其他的内容大家也许在其他书中或者说理论中有所领略，但是心理分析却是一个相对陌生的范畴，而这正是超额利润的来源。如果真想要往很高的绩效水平走，就必须明白这样一句话：**不能等市场来告诉你什么，而要让人来告诉你，等市场来告诉你已经晚了。**市场来告诉你就是通过行为分析，而让人来告诉你就是通过心理分析。由此，我们再回到那句老话：**交易的对象是人的行为！**

本课具体涉及的内容就是图 20-2 中的内容，我们首先要明白参与主体有哪些，区分"关键少数"和"次要多数"之后，我们才能明白这个游戏的对手是谁，"知己知彼，胜乃不殆，知天知地，胜乃不穷"。知己知彼属于心理分析，知天知地属于驱动分析，如果只是简单地知道基本面的情况，那就不能保证交易的成功。

黄金交易中的心理分析框架就是图 20-2，首先你要关注各类题材在市场焦点中的生命周期阶段，是众所周知持续一段时间的过气热点呢，还是只被少数研报和专业人

士提出来过，这点非常关键。如果见了利多不涨，见了利空不跌，而此前行情已经持续了一段时间，而且相应的热点也被炒作很久，那么就可能是"成熟焦点"，行情到头了，要么反转要么调整等待新的驱动因素。

第三节　黄金心理分析的原则和步骤

参与者们总是围绕一两个主题在行动，而且市场主题在周期性地转换，如果我们能够每天浏览市场新闻则能够很好地紧贴市场焦点转换。当一个焦点得到绝大部分人高度重视的时候，这个操作机会也就处于无利可图的状态了，这就是大众的焦点了，一旦一个题材成为大众的焦点，那么散户也基本全部加入其中了，这样的行情马上就要结束了。我们要找到市场存在的新兴焦点，同时还要明白目前的成熟焦点，所谓新兴焦点就是那些想象空间还足够，同时市场关注程度还有进一步发展空间的焦点，而成熟焦点则是那些众所周知，人人都想根据这一热点进行正向操作的焦点。如果说新兴焦点是正向操作机会，那么成熟焦点则是反向操作机会。

心理分析的关键是找出市场的新兴焦点，并确认市场对这一焦点的关注程度正在不断增强。其实市场的新兴焦点和成熟焦点往往都在头条之类的专栏中出现，第一次出现则往往是新兴焦点，如果反复出现而且又缺乏想象空间，同时关注程度极其高（以至于没有进一步提升的空间），则不属于新兴焦点，而是成熟焦点。

我们再来回顾一下帝娜心理分析的框架，请看图20-2，关键的少数是机构交易者，他们往往是赢家，次要的所属是散户交易者，他们往往是输家。**赢家的着眼点在潜在焦点到新兴焦点这个发展阶段，而输家的着眼点则是从成熟焦点到过气焦点这个发展阶段。**不论是潜在焦点、新兴焦点还是成熟焦点，或者是过气焦点，它们都涉及焦点，一个题材，一个被大众心理上可能认可、已经认可、将要认可、过去认可的题材。**驱动分析的目标可能还是侧重于大的趋势，或者是找出一波单边走势，也可以看成是找出潜在焦点，而心理分析的目标则是揣摩市场对这些驱动因素的偏好。毕竟，市场心理决定了驱动因素发酵的程度和顺序！**

每一段时间的黄金市场都有一个主题，这个主题可以看成一个"故事"，或者说"题材"，这个题材就是市场的焦点，这个焦点从新兴到成熟，两个主题相互衔接，一个从新兴到成熟的焦点替代另外一个从成熟到过气的焦点。**有些焦点我们要正向解读，**

这就是新兴焦点，它们看空我们就做空，它们看多我们就做多；有些焦点我们要负向解读，这就是成熟焦点，它们看空我们不能做空，有时候还要做多，它们看多我们不能做多，有时候还要做空。我们不能一味正向看焦点，也不能一味负向看焦点，而应该有选择地与焦点方向相反，只有那些成熟性的焦点和过气焦点才是我们选择作为反向指标的焦点。

心理分析围绕焦点展开，**焦点就是大众即将关注、已经关注、过去关注的驱动因素**，这个驱动因素因为能够引起短期内的大幅波动，所以也可以被称为"题材"。心理分析如果不以题材为中心，而仅仅以看多或者看空统计，或者是以持仓统计作为中心往往感到把握不住，因为多空情绪往往随着题材而变化，如果放弃题材而去追逐多空情绪往往是无法理解行情变化的。黄金市场上一般一周有 1~3 个题材，但是真正重要的题材只有 1 个，这个题材一般会引领一周长短的行情走势。市场上众多参与者对该题材的看法变化决定了多空持仓的变化，而多空持仓的变化则决定了行情的走势。每周黄金市场都有 1 个最重要的主题，当然每个交易日可能还有 1 个次要的主题。

可以这样说，心理分析有两个难点，第一个难点就是找出"题材"，第二个难点就是看市场对"题材"的反应，而这时候就需要分析关键少数和次要多数对"题材"各自的看法，以及这个题材的想象空间以及大众聚焦的程度。不管怎么样，**如果不能首先确定好"题材"，也就是焦点，则我们是很难进行心理分析的。**也许我们可以从多空情绪调查、分析师情绪调查、黄金期货持仓等角度看出黄金当下的多空情绪，但是要真正把握市场的动向，**要前瞻性地把握市场，则必须明了市场关注的"题材"，而且还要对此前关注的"题材"，以及即将关注的"题材"有一定的把握。**一般便于我们操作的方法是将每天的主要题材写在对应的日线蜡烛图上，同时将当天的走势在盘后补充上去。

新兴题材或者潜在焦点可以列在金价走势图的右边。

556

【开放式思考题】

在研读完第二十课的内容之后，可以进一步思考下列问题。虽然这些问题并没有固定的标准答案，但能够启发思考，跳出来看某些观点。

（1）本课提到"真正的反向意见理论应该是选择性反向，也就是说反向是有前提的，不是任何市场都应该采用与大众相反的立场，这涉及一个关键的原则，就是当某一方向的操作吸引了绝大多数资金的时候，才能采取反向操作原则"。那么，在什么情况下应该选择与市场方向一致呢？

提示：舆情一致时，选择与市场方向相反；舆情分歧时，选择与市场方向同向。

（2）本课提到"价值性投资存在所有参与者共赢的可能性"。事实上，深入地讲这种说法是不正确的，为什么呢？

提示：未来潜在收益贴现的丧失和获得对于买卖双方而言是零和的。

【进一步学习和运用指南】

建议阅读乔治·索罗斯（George Soros）的《金融炼金术》（*The Alchemy of Finance*）和拉斯·特维德（Lars Tvede）的《金融心理学》（*The Psychology of Finance：Understanding the Behavioral Dynamics of Markets*）。

心理分析的工具

上一课我们向大家介绍了心理分析框架和大致步骤，本课我们将介绍黄金市场心理分析的主要手段，这些手段具有一定的代表性，但并不意味着这些手段是最佳的心理分析手段。不少交易者都具有一些心理分析的直觉，但是离系统而科学的心理分析有很远的距离。**心理分析围绕题材展开，从不同维度来看题材，这是我们在前面的主要内容，但是我们还需要一些具体的手段来完成各个维度的审视。**本课正是要介绍这样的具体手段，这些手段大多是目前在黄金市场比较通用的，一些专业类的黄金网站也提供了相关信息的更新，比如黄金期货持仓报告分析、黄金投资者情绪指数等。

下面我们先不涉及具体的黄金分析心理工具，先来谈谈心理分析工具必须具备的一些特征。如果明白了这些特征，则我们可以创造出属于自己的心理分析工具，这就好比我们明白了技术分析的要素是"势、位、态"，然后我们可以据此打造和组合我们自己的技术分析工具和策略。心理分析的要素集中于我们要明白的几个问题：参与者主要有哪些？参与者们关注的主题是什么？这个主题的想象空间有多大，关注程度有多高？交易者们看涨还是看跌某一货币对或者某一类型的货币对？其实心理分析主要需解决的问题还是我们前面提出的"题材"。

一个好的心理分析工具应该显示出市场的涨跌情绪，而

心理分析是对一个"黑箱过程"进行推断。

且最好能够给出涨跌情绪涉及的参与群体，但是目前的心理工具一般很难满足上述这些要求，很难具备上述的特征，现在的心理工具一般只是告诉黄金交易者们的看涨和看跌倾向，所以我们还需要利用这些心理工具进一步挖掘，**只有回答了有关"题材"（焦点）的问题才能达到心理分析的真正目的。**下面几个小节介绍具体的黄金市场心理分析工具，大家应该从背后的原理入手，明白它们提供信息的局限性，这样才能真正运用好它们。在开始本课的正文之前，我们还是要不怕烦琐地啰唆一句：**心理工具能够发挥多大的作用完全看我们在多大程度上利用"题材"和相关维度来理解心理工具和它们透出的信息。**

第一节　黄金 ETF

ETF 是 Exchange Traded Funds 的英文缩写，它是一种交易型开放式指数基金，是跟踪"标的指数"变化，既可以在交易所上市交易，又可以通过一级市场用一篮子证券进行创设和置换的基金品种。美国证券交易委员对 ETF 的定义是"投资目标是获得与标的指数回报率类同的一类投资公司"。为满足这样的投资要求，ETF 选择投资某一指数中的所有证券，或者选择某一具有代表性的样本组合。ETF 基金份额可以像封闭式基金一样在交易所二级市场方便地进行交易。

2004 年 11 月，道富环球投资推出了第一只以实体黄金为投资对象的 ETF-GLD（Street Tracks Gold Shares）。由于其允许投资者持有金条却无须承担储存成本，投资者通过股票账户就可以直接买卖黄金，交易门槛和成本低，方便快捷，与金价完全联动的特点使其成为投资黄金市场的绝佳方式，实际为投资大众提供了其他投资工具无法提供的渠道，这大大增强了人们参与黄金市场的积极性。

全球较大的黄金基金有 SPDR Gold Shares、New Gold Debentures、Gold Bullion Sec。SPDR Gold Shares 是全球第一大黄金基金，原名"Street Tracks Gold Trust"。它在纽约、东京和中国香港上市。New Gold Debentures 是在南非约翰内斯堡证券交易所上市的一只黄金基金。Gold Bullion Sec 是在欧洲的英国、法国、德国和意大利上市的一只黄金基金。另外，全球最大的白银基金是 iShares Silver Trust。其中，**SPDR Gold Shares 和 iShares Silver Trust 的持仓量变化趋势起着贵金属市场风向标的作用，**这是大家需要注意的。SPDR Gold Shares 的持仓数据可以从它的官网 http：//www.spdrgoldshares.com/和黄金头条官网 http：//www.goldtoutiao.com/ 获得（见图 21-1 和图 21-2）。

每日持仓统计

图 21-1 SPDR Gold Shares 官网的持仓统计数据

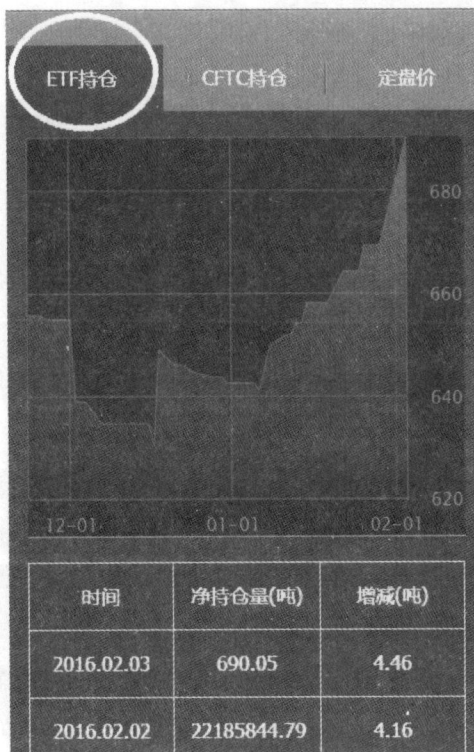

图 21-2 黄金头条官网的黄金 ETF 统计数据

一般而言，黄金 ETF 的变动并不具有前瞻性，只能作为市场情绪的衡量指标。

第二节　CFTC 持仓报告

CFTC 是美国商品期货交易委员会的简称，该机构每周五闭盘时（大概是北京时间的周六的凌晨 4 点）都会公布截止到该周二的美国期货市场上各类商品期货及期权的持仓报告。CFTC 的官方网址是 http：//www.cftc.gov，进入该网站后点右边的一个链接，进去后点中间的 Futures-Only（"期货持仓报告"）里边的 Short Format（"简短格式"）就可以查看持仓报告了。建议大家直接去官方网站上看英文版的持仓报告，看中文网站转载翻译后的，时间上会落后一些，还可能出现数据差错。CFTC 黄金持仓数据最好复制到 EXCEL 表格中及时更新为走势图，这样便于把握。

这个"基金持仓"跟上一节讲的黄金 EFT 是两回事。

黄金期货资金的流入流出，可以通过**基金持仓**来体现，而价格的起落幅度，可以通过震荡指标来衡量。无论是资金还是价格，都是心理状态的外化体现，我们进行黄金期货走势的心理分析就是从基金持仓和震荡指标两个角度去进行的，**而心理分析本身介于基本分析和技术分析之间。心理分析的要点在于跟随市场多数，但是当市场发展为绝大多数时就要反其道而行之。**

基金持仓对黄金走势有很大的影响，请看图 21-3，当基金看好未来金价、情绪高涨时，它们会增加持仓，要知道它们往往是市场中的"关键少数"，所以它们对黄金的走势往往能够起到决定性的作用。

数据走势图是最好的，单看一期数据没太大意义。

那么，我们如何找到基金的**持仓数据呢**？一个较为简单的办法是去西南期货的网站 http：//www.swfutures.com/，图 21-4 就是来自于该网站分析报告中的一幅黄金期货持仓走势

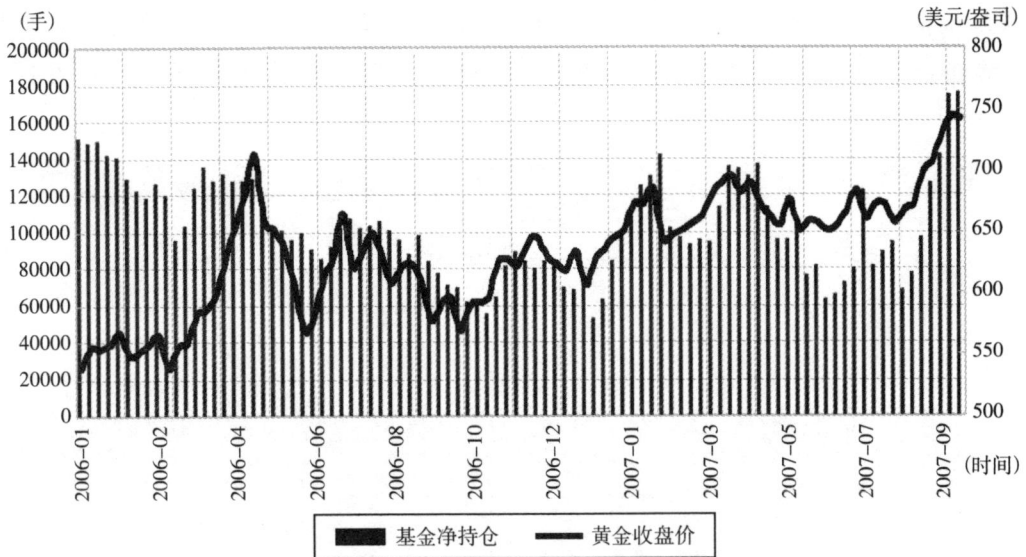

图 21–3 基金净持仓对黄金价格的影响

资料来源：上海黄金交易所。

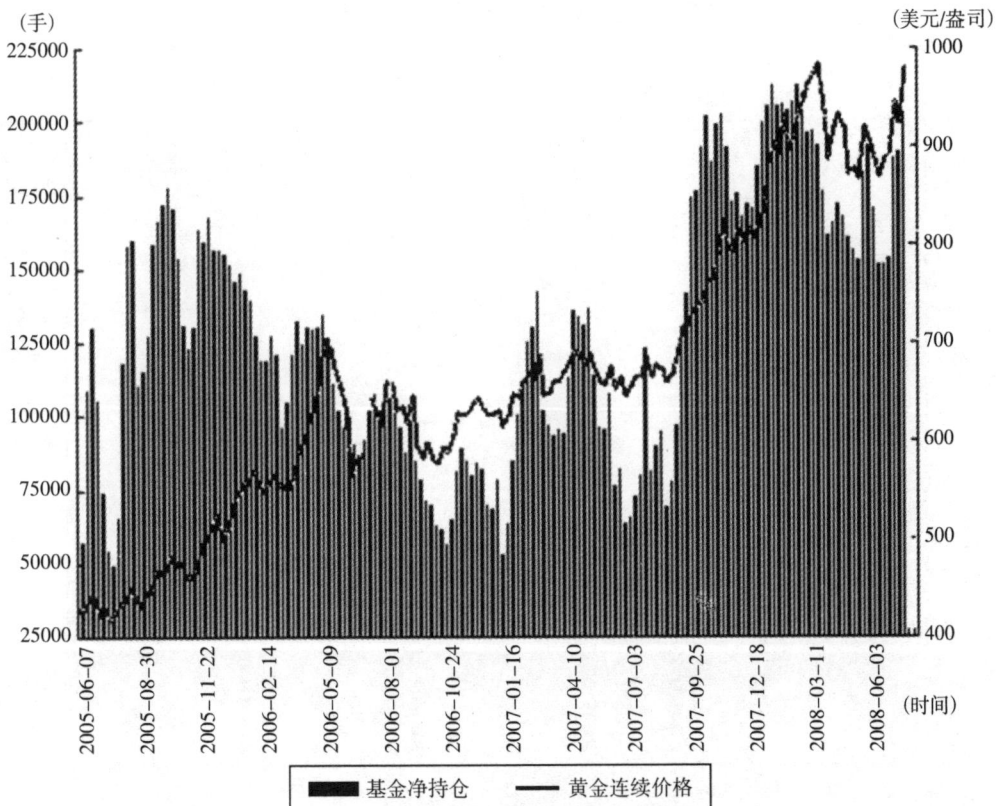

图 21–4 基金净持仓走势和金价走势

资料来源：西南期货。

图。或者是从 99 期货网 http：//www.99qh.com/上查询黄金持仓报告，他们会定期更新关于黄金期货持仓的数据，这样我们就可以直观地观察到基金持仓的变化了（见图 21-5 和图 21-6）。

图 21-5　黄金期货持仓查询界面

资料来源：99 期货网。

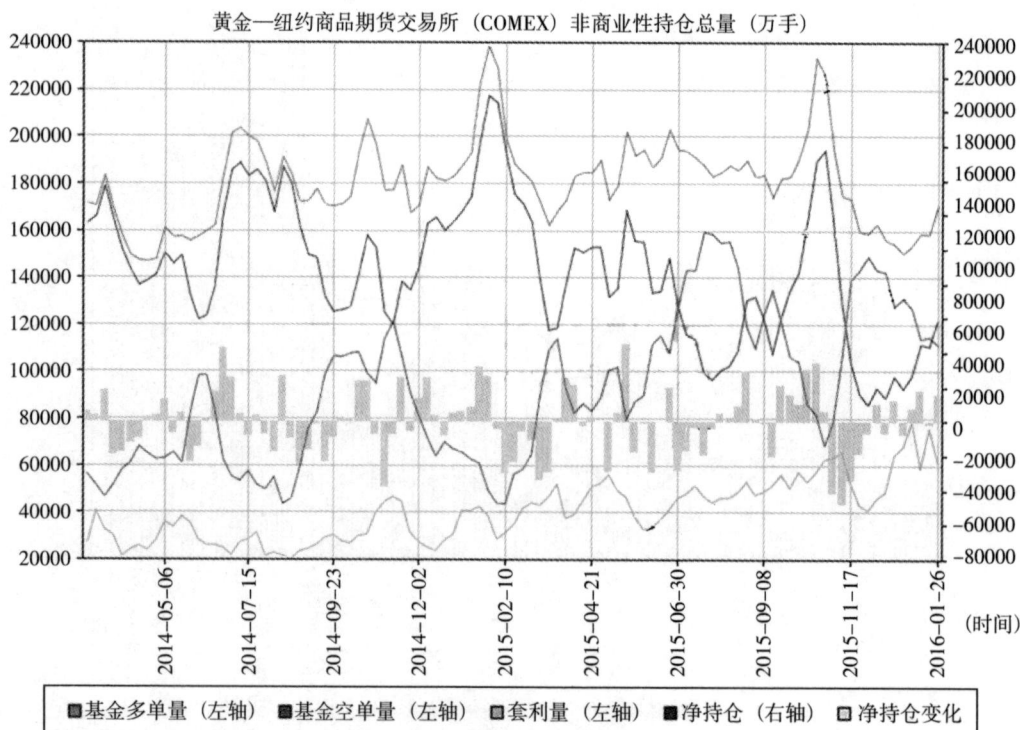

图 21-6　黄金期货持仓走势图

资料来源：99 期货网。

如果你想对这个问题有更深入的了解，那么你可以亲自到美国的 CFTC 网站上面获取相关的数据（见图 21-7），自己进行分析。

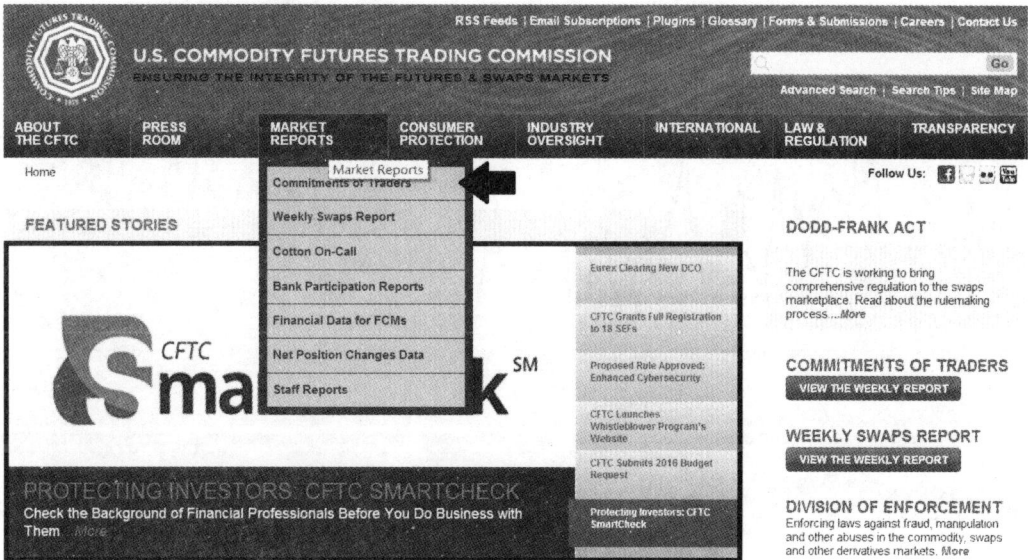

图 21-7 CFTC 官网中的 COT 报告项目栏

下面是一些持仓报告（COT）里的基本概念和名词解释。

非商业头寸（Non-commercial），一般认为非商业头寸是基金持仓。在当今国际商品期货市场上，基金可以说是推动行情的主力，黄金当然也不例外。除了资金规模巨大以外，基金对市场趋势的把握能力极强，善于利用各种题材进行炒作。并且它们的操作手法十分凶狠果断，往往能够明显加剧市场的波动幅度。图 21-8 显示了**黄金期货走势与非商业净头寸走势的关系，可以明显看出是正相关的；图 21-9 则显示了白银期货走势与非商业净头寸走势的关系，也可以看到显著的正相关性。**

商业头寸（Commercial），一般认为商业头寸与金矿、现货商有关，有套期保值倾向，但实际上现在说到商业头寸就涉及基金参与商品交易的隐性化问题。从 2003 年开始的此轮商品大牛市中，与商品指数相关的基金活动已经超过 CTA 基金、对冲基金和宏观基金等传统意义上的基金规模。而现有的 CFTC 持仓数据将指数基金在期货市场上的对冲保值认为是一种商业套保行为，归入商业头寸范围内。另外，指数基金的商品投资是只做多而不做空的，因此它们需要在期货市场上卖出保值。

Gold - COMEX-Weekly 12/03/2004 C=457.800 O=452.300 H=458.200 L=448.700 V=584705

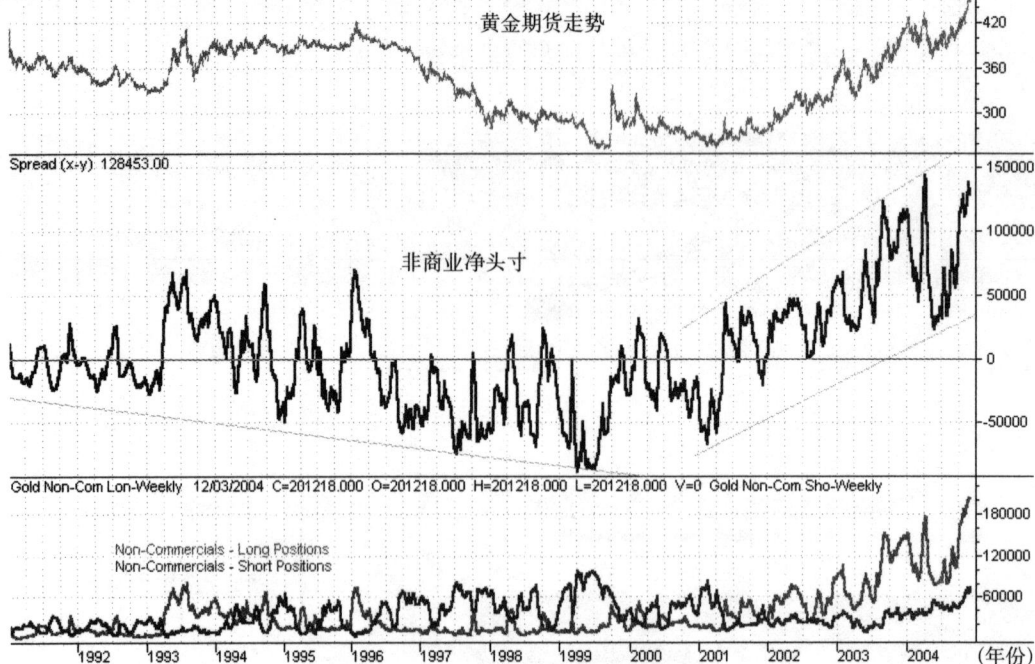

黄金期货走势

Spread (x+y): 128453.00

非商业净头寸

Gold Non-Com Lon-Weekly 12/03/2004 C=201218.000 O=201218.000 H=201218.000 L=201218.000 V=0 Gold Non-Com Sho-Weekly

Non-Commercials - Long Positions
Non-Commercials - Short Positions

1992 1993 1994 1995 1996 1997 1998 1999 2000 2001 2002 2003 2004 (年份)

图 21-8　黄金期货走势和非商业净头寸

资料来源：COMEX.

Silver - COMEX-Weekly 12/03/2004 C=8.043 O=7.690 H=8.235 L=7.660 V=184655

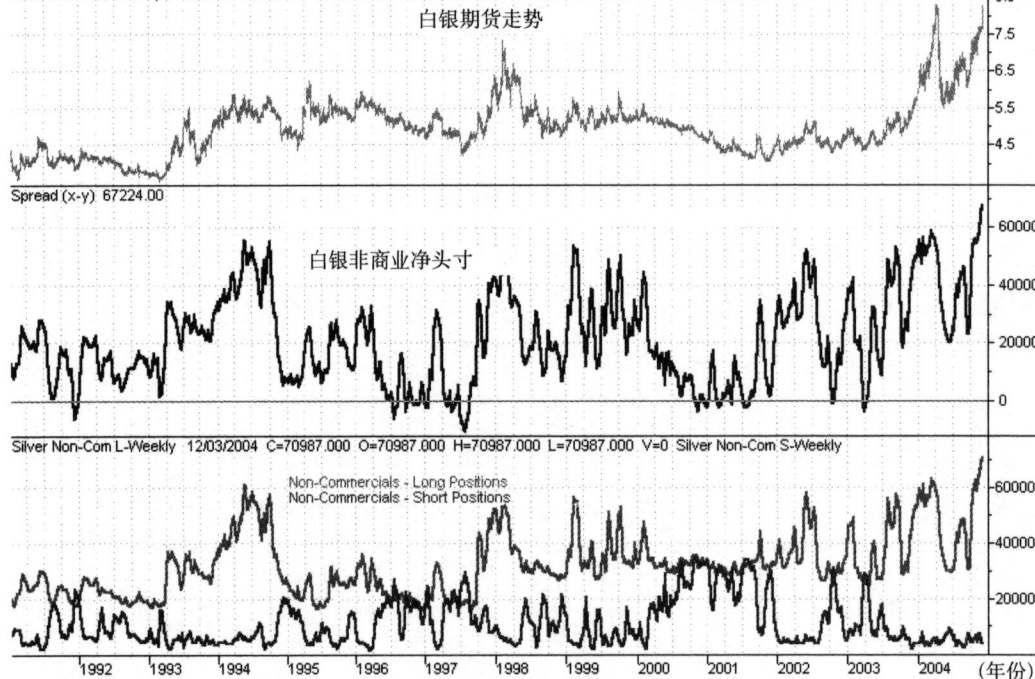

白银期货走势

Spread (x-y): 67224.00

白银非商业净头寸

Silver Non-Com L-Weekly 12/03/2004 C=70987.000 O=70987.000 H=70987.000 L=70987.000 V=0 Silver Non-Com S-Weekly

Non-Commercials - Long Positions
Non-Commercials - Short Positions

1992 1993 1994 1995 1996 1997 1998 1999 2000 2001 2002 2003 2004 (年份)

图 21-9　白银期货走势和非商业净头寸

资料来源：COMEX.

可报告头寸的总计持仓数量。在非商业头寸中，多单和空单都是指净持仓数量。比如某交易商同时持有 2000 手多单和 1000 手空单，则其 1000 手的净多头头寸将归入"多头"，1000 手双向持仓归入"套利"头寸（SPREADS）。所以，此项总计持仓的多头＝非商业多单＋套利＋商业多单；空头＝非商业空单＋套利＋商业空单。图 21-10 显示了**黄金期货走势与商业净头寸的关系，可以明显看出是负相关的；图 21-11 则显示了白银期货走势与商业净头寸的关系，也可以看到显著的负相关性。**

非报告头寸（Nonreportable Positions），所谓非报告头寸是指"不值得报告"的头寸，即分散的小规模投机者。非报告头寸的多头数量等于未平仓合约数量减去可报告头寸的多单数量，空头数量等于未平仓合约数量减去可报告头寸的空单数量。

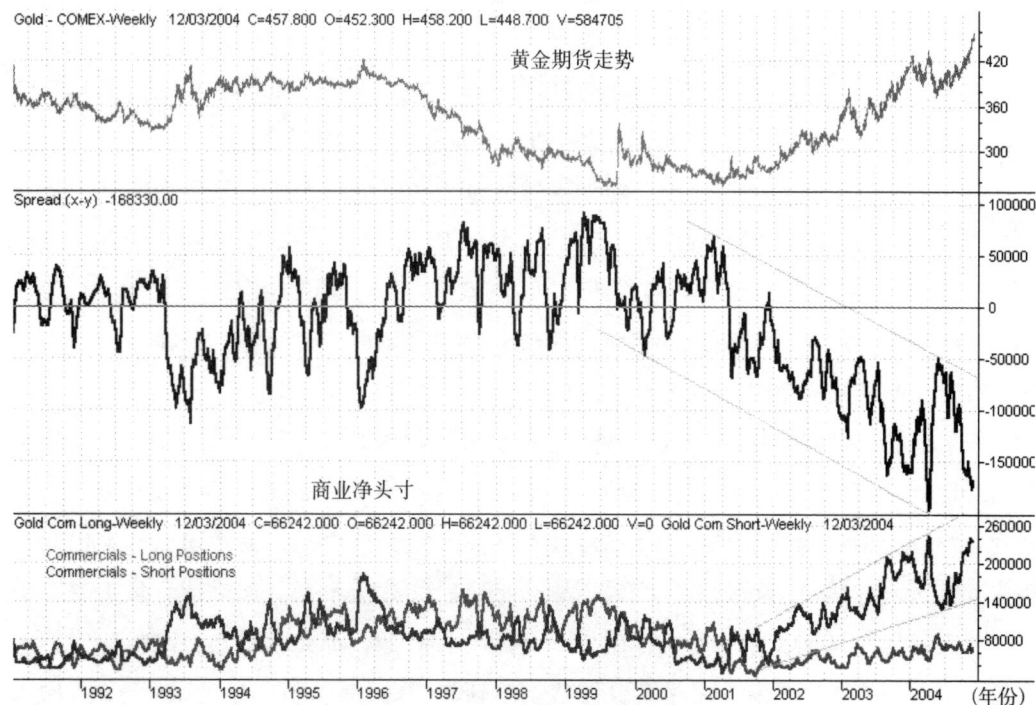

白银交易方面的详细策略和基本面分析要点参考《白银短线交易的 24 堂精品课》。

图 21-10　黄金期货走势和商业净头寸

资料来源：COMEX.

Silver - COMEX-Weekly 12/03/2004 C=8.043 O=7.690 H=8.235 L=7.660 V=184655

白银期货走势

Spread (x-y) -87174.00

白银商业净头寸

Silver Com Long-Weekly 12/03/2004 C=13545.000 O=13545.000 H=13545.000 L=13545.000 V=0 Silver Com Short-Weekly

Commercials - Long Positions
Commercials - Short Positions

1992 1993 1994 1995 1996 1997 1998 1999 2000 2001 2002 2003 2004 (年份)

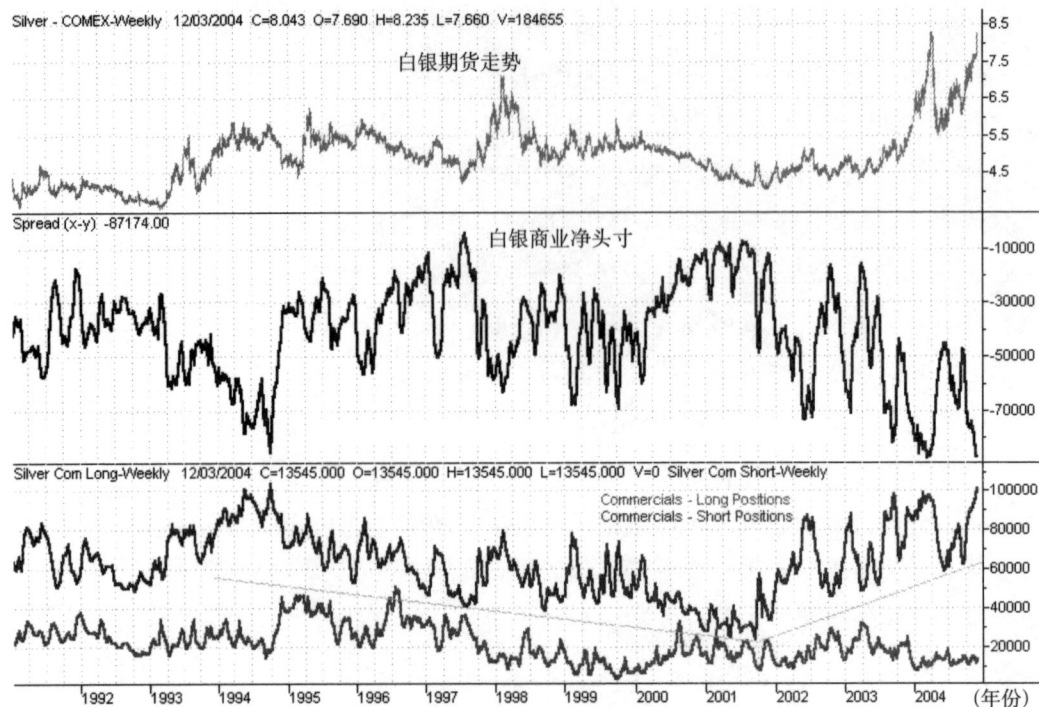

图 21-11 白银期货走势和商业净头寸

资料来源：COMEX.

对于多头（Long）、空头（Short）和套利，上面已经说到，非商业头寸的多头和空头都是指净持仓，而商业头寸和小规模投机头寸都是指单边持仓数量。

Comex 黄金期货的一张合约，即一手的数量为 100 盎司。交易月份为即月、下两个日历月和 23 个月内的所有 2 月、4 月、8 月、10 月，以及 60 个月内的所有 6 月和 12 月。最小价格波动为 0.10 美元/盎司，即 10 美元/手。合约的最后交易日为每月最后一个工作日之前的第三个交易日。交割期限为交割月的第一个工作日至最后一个工作日。级别及品质要求为纯度不低于 99.5%。

未平仓合约数量（Open Interest），是所有期货合约未平仓头寸的累计，是期货市场活跃程度和流动性的标志。简单地说，如果一个新的买家和新的卖家进行交易，未平仓合约就会增加相应数量。如果已经持有多头或空头头寸的交易者与另一个想拥有多头或空头头寸的新交易者发生交易，则未平仓合约数量不变。如果持有多头或空头头寸的交易者与试图了结原有头寸的另一个交易者对冲，那么未平仓合约将减少相应数量。从近两年数据来看，未平仓合约数量达到 40 万~42 万手时往往意味着资金面出现一定压力，但会如何影响金价走势还需要结合具体情况分析。图 21-12 是 CFTC 给出的黄金期货持仓报告样本。

FUTURES-ONLY POSITIONS AS OF 12/12/06							NONREPORTABLE POSITIONS	
NONCOMMERCIAL			COMMERCIAL		TOTAL			
LONG	SHORT	SPREADS	LONG	SHORT	LONG	SHORT	LONG	SHORT
(CONTRACTS OF 5,000 BUSHELS) OPEN INTEREST: 417,081								
COMMITMENTS								
73,598	56,045	69,448	237,539	232,901	380,585	358,394	36,496	58,687
CHANGES FROM 05/25/2004 CHANGE IN OPEN INTEREST: -7,043								
-10,463	-1,186	126	3,462	-6,610	-6,875	-7,670	-168	627
PERCENT OF OPEN INTEREST FOR EACH CATEGORY OF TRADERS								
17.6	13.4	16.7	57.0	55.8	91.2	85.9	8.8	14.1
NUMBER OF TRADERS IN EACH CATEGORY (TOTAL TRADERS: 317)								
102	89	92	67	96	233	226		

图 21-12 CFTC 给出的黄金期货持仓报告样本

资料来源：美国商品期货交易委员会。

基金持仓变化可以作为一个正向指标，也就是说持仓增加，金价上涨的概率增加，持仓减少，金价下跌的概率增加。而震荡指标则可以作为一个反向指标，马丁·普瑞发现**市场调查得到的情绪曲线与震荡指标是几乎一致的**，也就是说**震荡指标可以作为市场散户情绪的良好指标**。我们可以利用 KD 指标来作为心理分析的利器，当市场处于超卖的时候，我们要预防短期上涨；当市场处于超买的时候，我们要注意短期下跌。

情绪主导波动，格局主导趋势。

除了 CFTC 持仓报告提供的净头寸可以作为黄金走势的心理分析工具之外，一些市场调查情绪指数也可以提供相同的信号，比如黄金牛气度量指标（见图 21-13），以及反映黄金期货总持仓量和总成交量的走势图（见图 21-14）。总而言之，持仓量和成交量，以及市场情绪调查，还有震荡指标都可以作为黄金市场心理分析的工具。还有一些比较冷僻的心理指标，比如黄金波动率指数（The CBOE Gold ETF Volatility Index）和**黄金多空情绪指标**，分别可以从下列网址查询：http：//stockcharts.com/h-sc/ui? s=%24BPGDM（黄金多空情绪指标）；http：//www.cboe.com/micro/gvz/introduction.aspx（黄金波动率指数）。

黄金多空情绪指标简称 BPGDM。

Gold - COMEX-Weekly 08/24/2001 C=273.500 -7.000 O=278.300 H=279.000 L=273.000 V=95649

Gold Bull-Weekly 07/20/2001 C=36.000 +1.000 O=36.000 H=36.000 L=36.000 V=0

图 21-13 金价走势和黄金牛气度量指标

资料来源：www.sharelynx.com.

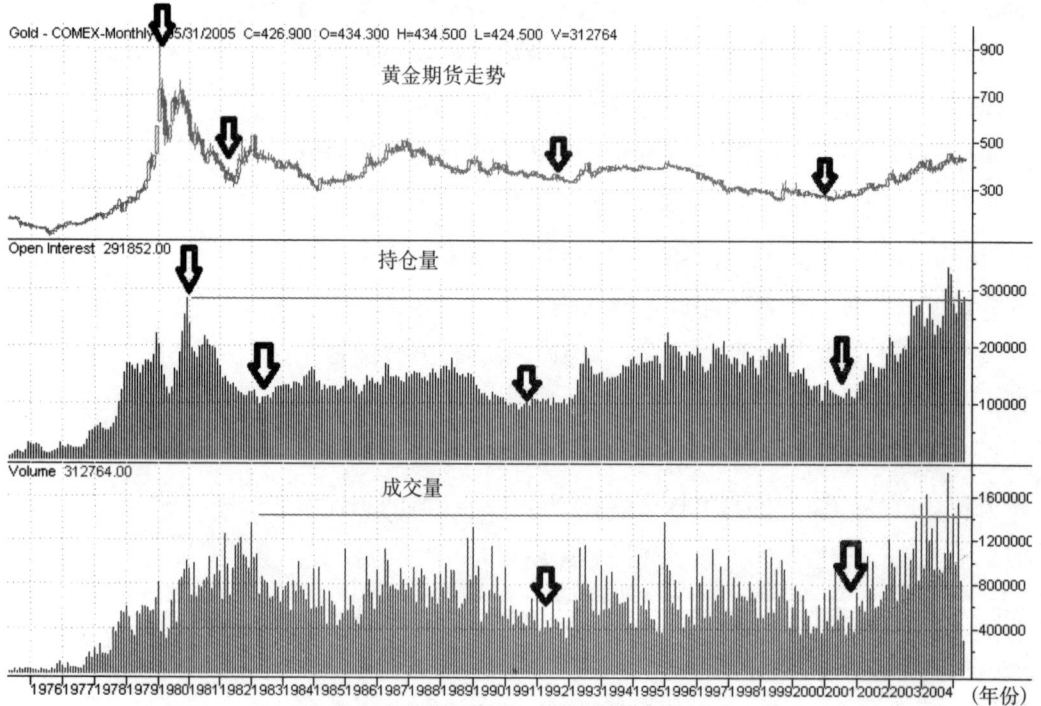

Gold - COMEX-Monthly 05/31/2005 C=426.900 O=434.300 H=434.500 L=424.500 V=312764

黄金期货走势

Open Interest 291852.00

持仓量

Volume 312764.00

成交量

图 21-14 黄金期货的总持仓量和总成交量

资料来源：COMEX.

570

第三节 央行黄金储备动向

各国中央银行在市场上抛售黄金是黄金的供给来源之一。"央行售金协定"是 1999 年 9 月 27 日欧洲 11 个国家央行加上欧盟央行联合签署的一个协定。当时由于金价处于历史低谷，而各个欧洲央行为了解决财政赤字纷纷抛售库存的黄金，为了避免无节制的抛售将金价彻底打垮，这个协议规定在此后的 5 年中，签约国每年只允许抛售 400 吨黄金。

5 年后的 2004 年 9 月 27 日，**央行售金协定**第二期被续签，又有两个欧洲国家加入协议，而且考虑到当时金价复苏，因此每年限售数量被提高为 500 吨。从协议签署后各国央行售金的实际情况来看，这些央行基本上完成并略微超过售金限额。但 2006 年却大为不同，欧洲央行在 2006 年售金量仅为 393 吨，远低于 500 吨的限额。究其原因，是自 2005 年第四季度以来金价大幅飙升，黄金储备的价值日渐受到央行的关注。官方售金和黄金价格关系如图 21-15 所示。

> 印度央行和政府的黄金储备政策对金价走势有一定影响。

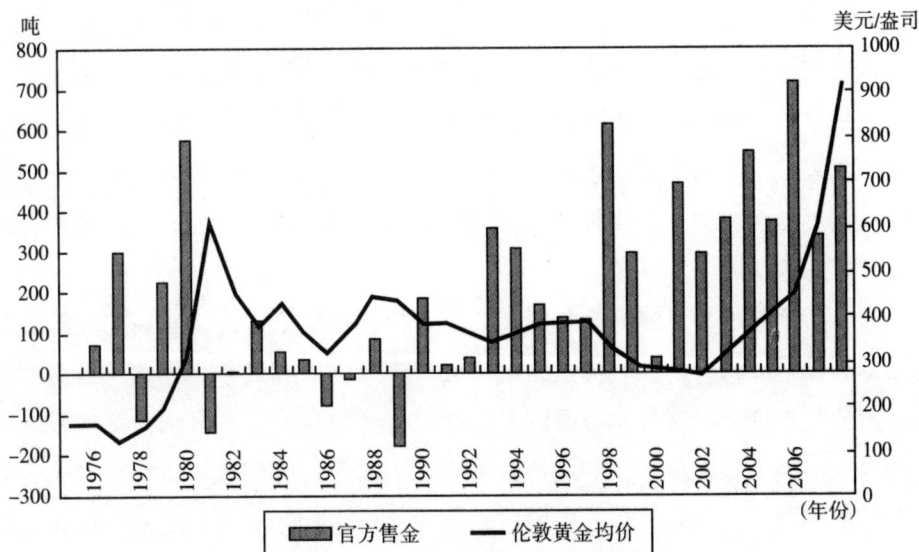

图 21-15 官方售金和黄金价格的关系

资料来源：上海期货交易所、上海黄金交易所。

国内最具影响力的黄金研判专家刘涛先生认为黄金储备对金价不构成明显影响。从世界官方黄金储备与金价的历史关系来看，两者之间不存在明显的相关关系。20 世纪 70 年代以后，由于各主要中央银行和国际组织的减持，世界官方黄金储备处于逐步下降的过程中。2000 年以来，官方黄金储备的减持速度有所加快，根据世界黄金协会的统计，2002 年初至 2005 年底，世界主要中央银行和国际组织共减持了 1898 吨黄金，几乎占同期世界黄金产量的 20%，但同期黄金价格却大幅上涨，**官方储备的抛售对黄金价格也不能构成明显影响**。

最好的心理分析框架是将驱动消息和数据标注在价格走势图上，这点我们是最推荐的，最后我们要强调的是心理分析始终是整个分析的核心，其原因有如下几点：

第一，心理分析可以从驱动分析中筛选出真正在驱动短期和中期走势的因素，同时可以帮助交易者将驱动分析融入到短期交易中。驱动分析得到的往往是真正决定金价趋势的因素，这个因素可能在中长期决定金价的走势，但是我们操作的是短期黄金市场，这就要求交易者不仅能把握中长期黄金走势，还必须对短期黄金波动有足够的把握。**要想将驱动分析运用于短期交易，就必须借助于心理分析，心理分析可以找出驱动因素中为市场参与者所注意的那个因素，而这个因素往往是决定市场短期波动的因子。**

第二，**心理分析可以帮助交易者更好地理解接下来的市场走势，特别是趋势性质，是单边还是震荡，究竟是什么在驱动短期内的走势，可以弥补行为分析的劣势。**行为分析或者说技术分析是跟随市场走势的手段，这个手段是用来跟随的，而不是用来预测的，如果你非要用来预测走势，则必然会犯很大的错误。但是，通过引入心理分析我们则可以"部分预测"接下来的最可能走势，更为重要的是知道接下来短期走势的性质——是单边走势，还是震荡走势。行为分析可以帮助交易者厘清现有黄金走势存在的期望值特征，为仓位管理提供基础，但是却不能预测接下来走势的性质和方向。我们可以利用心理分析来预测接下来的黄金价格走势性质和方向，然后再用行为分析来验证和把握这些走势。

第三，**心理分析可以将驱动分析和心理分析贯穿起来，解决在目前交易界两者割裂的困局。**技术分析界的人一向认为基本分析不应该掺和进来，因为一旦基本分析加入到技术分析中则会干扰技术分析的客观性。技术派认为基本分析会使得交易者坚持错误的观点，而不是顺应市场的趋势，基本分析的固执脾气会使得交易者违背"顺势而为"的根本要求。基本分析人士则认为技术分析是金融巫术，技术分析无非是人类自不量力的表现而已，技术分析企图踏准市场的波浪，这恰恰是人类能力范围之外的

事情。其实，基本分析和技术分析之间隔了一个媒介，这就是心理分析。基本面是输入市场的一些原始信息，而交易者接纳这些信息，并且输入黄金市场系统，交易者本身存在一个心理过滤机制，这就使得黄金交易者不会客观和完备地吸收这些信息，而是会有所选择地和扭曲地转输到市场系统。黄金市场系统接收信息之后就会运动，这就是技术分析需要处理的问题了。如果大家把这个理解了，那么就能很好地理解市场的走势了。

第四，**心理分析可以帮助黄金交易者更好地应对市场的随机强化特性**。黄金交易是一门技能，而不是知识。更为重要的是**黄金交易学习面对的是随机强化，而不是一致性强化。黄金交易要的不是精细化的聪明，而是整体化的睿智**。为什么黄金交易有这样的特性呢？这主要是因为黄金市场面对黄金交易者在局部呈现出"随机强化"的特点，在整体才呈现出"一致强化"的特点。所谓"随机强化"是指你做对了，不一定能够获利，做错了，不一定会亏损；所谓"一致强化"是指你做对了，一定能够获利，做错了，一定会亏损。正是因为市场在局部呈现出"随机强化"的特点，所以绝大部分抱着精细化思维的人都无法最终形成一套相对稳定的黄金交易策略。**市场之所以具有随机强化的特点最主要的还是因为黄金市场以单边和震荡两种走势交替发展，而单边和震荡走势涉及的进出场策略和仓位管理策略存在相反的地方，这就使得黄金交易者容易错配**，这是本教程前面的行为分析部分谈到的重点内容，这里大致知道是怎么回事即可。技术分析或者是行为分析是不能甄别出黄金单边走势和震荡走势的，所以**单靠技术分析交易不能避免随机强化的难题**，当然也不能避免策略错配问题。但是，如果能够引进心理分析，则可以很好地解决这一难题。

第五，心理分析可以帮助黄金交易者解决单边走势稀缺性这个最大的现实问题。按照通常的说法，黄金单边走势占整个走势的30%，震荡走势则占70%。单边走势能够比震荡走势提供更高的期望值，所以如何找到更多的单边走势是每个交易者的最大梦想。技术分析不能筛选单边走势和震荡走势，而心理分析则在某种程度上可以筛选单边走势和震荡走势。

总之，从上面这五条大家应该知道为什么我们说心理分析是整个交易的核心。

【开放式思考题】

在研读完第二十一课的内容之后，可以进一步思考下列问题。虽然这些问题并没有固定的标准答案，但能够启发思考，跳出来看某些观点。

（1）本课提到"马丁·普瑞发现市场调查得到的情绪曲线与震荡指标是几乎一致的，也就是说震荡指标可以作为市场散户情绪的良好指标"。那么，我们是否可以利用震荡指标来洞悉情绪周期呢？

提示：动手试试吧！

（2）本课提到"找出驱动因素中为市场参与者注意的那个因素，而这个因素往往是决定市场短期波动的因子"。是否可以通过网络爬虫程序来完成这个任务呢？

提示：这个问题要想解答，需要大量的学习和动手。

【进一步学习和运用指南】

（1）黄金 COT 与金价的相关性，可以参考一些有关 COT 分析的文章。要想查看 COT 持仓变化走势图，一个比较有用的网址是"99 期货"。

（2）另外一些比较有用的网址有：

①http：//www.cboe.com/micro/gvz/introduction.aspx　黄金波动率指数；

②http：//stockcharts.com/h-sc/ui?s=%24BPGDM　黄金多空情绪指标；

③http：//data.eastmoney.com/pmetal/cftc/baiyin.html　CFTC 贵金属持仓走势；

④http：//data.eastmoney.com/pmetal/etf/by.html　贵金属 ETF 持仓走势；

⑤http：//www.investing.com/traders/sentiment-outlook　黄金持仓和情绪调查。

致人而不致于人：分析师和交易者的主要盲点

当你进行零和博弈的时候，要以利用对手的非理性为主，同时要觉察自己的非理性。**觉察带来超越，觉察带来解放，**觉察可以避免我们踏入自我设定的陷阱。先立于不败之地，而后求胜，如果从本课的视角出发这里面包含两层意思：第一层意思是避免因为自己的非理性出现重大判断失误，这就是"立于不败之地"，只有你的心态是平静和平衡的，你才不会有偏见和执着，这样你的判断和行为才是理性而明智的；第二层意思是抓住对手盘因为不理性的判断和行为而带来的机会，**庄家的做法比较损"阴德"，那就是通过故意误导和欺骗散户来赚取利润，这种主动诱导出对手盘非理性的做法是比较折损自己福报**的，少做为妙。大家可以去看看中国第一代操盘手，这代人基本上就是以诱导对手盘非理性来赚钱的，这种做法带来的"怨恨"太重，激化的矛盾很大，最后落得凄惨的下场是必然的。像巴菲特这样的投资大家也利用大家的非理性，但是他并不会故意去诱导和欺骗以便主导制造对手盘的非理性，所以不会折损自己的福报。

投机是零和游戏，同时其财富分配效应非常猛烈，这使得投资极大地激发了人性的各种阴暗面。黄金短线交易必然具有投机的特点，落实到分析上就是要重视心理分析和行为分析，**要坚持从"筹码"的角度去看问题**，对手怎么想，对手的底牌是什么，市场的焦点是什么，现在的主流偏见是不

> 诸葛亮七擒孟获用了山谷火烧的计策，这种做法按照他自己的说法叫"折阳寿"。做投机也是如此，刻意欺骗和误导对手的做法是比较阴险毒辣的做法，我们不赞成这种做法。利用别人的非理性即可，没有必要制造别人的非理性，趋势而为即可。

> 巴菲特做投资，他是不是只看估值呢？其实，他也非常注重筹码的角度，什么情况下对手会非理性地大幅低估价值，并且抛出廉价筹码，这些都是考虑了对手盘的。对手如果足够理性的话，哪里会把未来每股收益丰厚的上市公司筹码打折卖给你？

是已经走到极端了等。这些都是在完成"知彼"的工作，对手是否犯错关系到我们有没有机会，但是这些其实是第二步的工作了。第一步的工作是我们自己是不是已经处于"错误"的轨道上了，对手给我们提供的机会类型往往也会是我们给对手提供的机会类型，对手的非理性与我们的非理性没有两样。非理性的类型我们熟悉了就可以避免自己犯错（立于不败之地），同时抓住对手的错误（不失敌之败）。

第一节　没有反思就没有进步：导致我亏损的习惯

NO LOGs, NO FEED-BACKs, NO PROMOTIONs!

日志是最好的老师，**从自己的成败中学习是最快的成长之路**。在给出分析师和交易者的主要盲点之前，我想先将自己一些亏损习惯拿来曝曝光，这些习惯你可能有，也可能没有。

大家以后也要养成一个习惯，将自己的交易日志开动起来，里面一定不要忘了反省自己重复出现的"坏习惯"。这相当于是一场不断寻找木桶最短一块木板的优化行为。当你将这些"坏习惯"记录在册之后，通过定期翻阅和对照反省你将培养起超强的自我觉察意识，这些坏习惯将远离你，而你给对手的机会将越来越少，"立于不败之地"就是这样逐步达到的。袁了凡为了改变自己的命运，总是将自己的过失记录下来，然后他的过失就越来越少、越来越轻微了，命运就改变了。我们做黄金短线交易的时候如果能够坚持这样一个习惯，那么很快就能将自己行为的"漏洞"修补起来。遗憾的是很少有参训交易员能够着手这项功课，更不用说坚持下来的人了。为什么呢？绝大多数人认为这跟"利润"没有直接关系，有这个时间不如多盯盘，不如多看两则新闻。其实，跟"赚钱"直接相关的东西往往并不能决定你是否赚钱，看似与"赚钱"无直接关系的行为却决定了你最终能否赚钱。

"亏钱时我的习惯"这是一个我经常更新和对照反省的列

表，我会打印出来一天至少看上两遍，第一遍是开盘前，第二遍是每次复盘和研究之前。每天的事情很多，**你以为你的记性好，其实如果你能够每天坚持记日记就会发现，你活了**几十岁其实犯的错误从小就开始了，一直在重复和"轮回"而已。

我的第一个亏损习惯是"忽视基本面的重大变化"。刚进入外汇和贵金属交易这行的时候，没有遇到很好的前辈，基本上他们都是处于纯技术面的位置，绩效很不稳定，也没有很好的资金管理方法，所以他们的账户总是暴亏暴赚，爆仓是必然的结果。那个时候我也很迷茫，设定止损经常被打，不设止损因为与基本面重大变化方向持仓相反，结果出现频繁亏损或者较大亏损。不过，幸好我做交易一向都是稳健为先，所以从未爆仓，也从未出现单笔交易亏掉超过 20% 的情况。随着资金量的增长，亏损的幅度越来越少。不过，在入行之初最让我难忘的还是逆着基本面重大变化方向持仓对信心的打击，由于持仓方向错误所以止损频繁发生。这个时候你有一种"很无力"的感觉，感觉到完全把握不准市场，**书上称之为"逆势"**。不过，这个"势"按照这些书上的定义无非是技术层面的"马后炮"，趋势走出来才知道这是趋势，回过头去将此前的持仓称之为"逆势"。

重大基本面变化绝不可忽视，否则等趋势走出来，这个时候你醒悟了，那也是枉然。黄金短线交易与重大基本面变化有没有关系？关系是否重大？对于这两个问题的回答其实可以从另外一个角度进行，那就是——短线交易需不需要顺势？对于这个问题，你会怎么回答？你认为短线交易不用顺势，还是需要顺势？除非你是高频交易，同时将资金分散到不相关的市场中，而且还要避免惊扰全球金融市场的"黑天鹅"，否则短线交易也必须顺势。谁能规避"黑天鹅"事件？这个基本上是达不到的要求。所以，风险报酬率和胜算率都恰当的交易必然要顺势才行。既然要顺势，那么就必须考虑基本面的重大变化。

清单思维可以帮助我们高效率地避免错误。

趋势来自基本面重大变化。

对于黄金而言，哪些算是基本面的重大变化？涉及黄金货币属性的标志性事件和连续事件肯定算是基本面重大变化。具体而言，涉及美国的地缘政治大战略和美国经济货币政策的大调整，这些是较为典型的重大基本面变化。

我的第二个亏损习惯是"沉迷于技术分析和神奇指标"。这个习惯会反复折磨人，特别是市面上绝大部分交易书籍都在有意无意地强调技术分析的神奇之处。技术分析包含吸纳一切，这条原理是最害人的，但是很多人，特别是某些半吊子的技术分析师特别喜欢这样讲，这样其实已经将很多人引入了死胡同。技术分析是否包含吸纳了一切呢？我想回答这个问题的人如果真的从事了至少一年的全职交易，持续地进行过反思，坚持一切从实际出发，**不唯书，不唯上，只唯实**，那么他肯定会发现太多的例子——技术分析在很多情况下会在消息公布出来之后出现大幅波动，这类消息通常称之为"超预期"的数据或者事件。在从事黄金短线交易的时候，你是从来不看数据还是经常关注数据发布日程表呢？如果你从来不看数据，也不关心重大事件的发生，而是采取纯粹的技术分析，那么市场经常让你"吃惊"是必然的。

在刚进入交易这个行当的时候，技术分析是最有吸引力的，看起来像那么回事，具有很高的确定性，心里想着如果能够找到某种神奇指标，那么每天可以空出大把时间娱乐，只需要等到指标给出进出场信号即可。这种懒人思想，是人都会有，天上掉馅饼的事情谁都梦想过，只不过有些人更早一点认识到现实的残酷性。资源是稀缺的，这个市场中每个人都想从别人口袋里面掏钱，每个人都认为自己能够做到这点，有这个意愿是好的，因为任何活在这个世界上的生命都想要生存繁衍下去（当然，人之所以为人也是为了超越这一点）。关键是凭什么你就能从别人口袋里把钱掏过来呢？你有什么竞争优势是别人没有的？你有什么能耐？技术分析算不算你有的而别人没有的竞争优势？

我们在对这个市场理解比较肤浅的时候倾向于认为，一

不唯书，不唯上，只唯实！

旦得到或者找到某种神奇的技术指标，那么这种竞争优势就建立起来了，就可以高枕无忧了。首先，"得到"这样的神奇技术指标有没有可能呢？谁愿意将这样的宝贝给你？你出钱买行不行？如果有这样的宝贝，那么理性的卖家会估算其价值，也就是能够挣到的收益的贴现。这样的宝贝你没个几亿，别人会给你？但是，你能够拿出几个亿来吗？再者，除非别人是你的至亲或者你是他的救命恩人，他可能不计经济考量地给你。如果真有这样的亲人和朋友，你还用得着从金融市场上挣快钱和大钱吗？

再者，我们来讨论"找到"神奇的技术指标，也就是自己去开发和发觉。当我们通过理性和经验去分析这种可能时，会残酷地发现，不光我们找不到，任何人都找不到这种神奇的指标。既然大家都找不到，前面那种"得到"的想法自然也就变得幼稚起来了。为什么"找不到"神奇技术指标呢？我们这里讲的技术指标都是市场行为的表征，绝大多数都是基于价格和量。这个量包括了成交量和持仓量等。这些指标都是表明过去和当下发生了什么，它们都是结果，而并非原因，通过结果去推断结果，你觉得逻辑上可行吗？它们也都是现象，并非本质，通过现象去推断现象你觉得可行吗？价量行为如果存在特定的确定性的重复模式，那么很容易被现在的大数据程式捕捉到，一旦资金不断涌入利用这种模式，**模式即失效了。为什么呢？竞争到来利润率下降**，这是一个解释角度。第二个角度是这相当于帮助价格充分吸收了此前缓慢吸收的信息，价格既然能够当下立即吸收一切信息，那么这就是一个完全竞争的理性市场，自然不存在任何获利机会了，因为价值从未被价格过度评估，一点多余的评估都没有。

再谈谈价格指标，这些指标基本上分为两类，第一类是趋势指标，第二类是震荡指标，趋势指标一到震荡走势就完全"晕菜"了，而震荡指标一到了单边走势就屡屡出现"钝化"。当你基于趋势指标进行顺势操纵时，一遇到震荡指标那

技术分析放到基本面的大背景下就可以发挥神奇的作用。

就是反复亏损，为什么海龟交易法创立者理查德·丹尼斯后来两度清盘，就是遇到了不少震荡走势，持续亏损，最终不得不清盘。他的徒弟怎么改进的？通过加入基本面来避免这种情况的发生。你想想，纯技术的交易天才理查德·丹尼斯都两度清盘了，你还固守那套东西不是显得很愚蠢吗？相反情况下，如果你采用高抛低吸的策略，那么一到了单边走势里面，就会连续止损，如果你不止损呢？那就是一次性爆仓了。前者是"慢性自杀"，后者是"急性病故"。

在投资圈里面遇到一个做股票的，他说一直在寻找最好的方法，试来试去，浪费了不少时间。他说的这种情况其实经常发生在我们寻找完美指标的过程中，很多人总是不断地发现可能的神奇指标，用一段时间后发现根本达不到预期，然后又踏上了寻找下一个神奇指标的征途。不断地失败，不断地寻找，从希望到失望，再到满怀希望，然后又再度失望，这样持续了好几年，真是浪费自己的大好青春啊。这个习惯已经很多年了，不要寄希望于某种"杀手级"的技术指标，如果你真对量化感兴趣，可以去研究高频交易，那才是真正值得下功夫的地方。不过，随着美国政府对高频交易的批评越来越大，连希拉里都在公开要求禁止高频交易，以后高频交易的日子会越来越难过，通过算法优势和速度优势在市场上抢钱的日子会越来越难过。

我的第三个亏损习惯是"无具体出场标准，导致过早出场（小赚）或者过晚出场（大亏）"。出场是非常难以把握的事情，是我们多年来交易经验总结出来的。不过，也遇到过一位股票短线题材高手，他说进场比出场重要，出场只是赚多少的问题，而进场却决定了赚不赚的问题。其实，后来我们仔细观察了他的操作一段时间之后发现，他其实是有明确止损规则的，**那就是后股价下跌 5% 肯定止损，至于盈利多少出场，他分的情况就比较多了。**所以，他并没有意识到自己也有具体的出场规则，所以认为进场更重要。进场前要花很多的工夫去选择板块和个股，所以他认为从时间分配的角度

初始止损是必需的。

来看进场更重要。不过，就我们的实践来看出场的意义更大，只是花的时间可能没有进场那么多而已。

进入交易这个行当之后，经过长时间的历练，对于出场的规则才慢慢明确了。首先，刚开始对市场的运行规律缺乏了解，所以在止损和兑现盈利方面做得比较机械，十分教条，很多做法都是从书上看来的，或者道听途说。只有经过市场的检验，然后才能沉淀下来一些自己的东西，这个才是有效的。所以，交易这条路上实践是检验真理的唯一标准。再者，刚入市的时候，心态很好，被市场"教育"一段时间之后，心态就差了，这个时候对自己的经验反而变得越加谨慎，内心对任何所谓的规则能否持续赚钱都充满了狐疑，所以就算有效规则被提炼出来，心态也摇摆不定，自然时不时地就会违背自己的规则。这个阶段方法有了，心态还不行，纪律性较差，所以这个时候也会犯一些出场上的错误，最典型的就是"截短利润，让亏损奔腾"，也就是赚小的就跑了，亏大了还套着。

有位短线高手曾经告诉我，他在经过十年的"市场教育"之后逐渐形成了一套行之有效的自有方法，但是真正让这套方法发挥作用的还是他坚持原则的时候。他说《高效能人士的七个习惯》这本书他看了上百遍，里面有两个字"原则"，**以原则为中心**。刚入市的时候，某些人也会坚持纪律，后来发现老是亏就会变得没有纪律，在这个过程中他会逐渐发现一些有用的东西，慢慢形成了一套自己的交易思路，但是却停留在毫无纪律的阶段，这个时候所谓的心态和纪律的重要性就显现了。所以，一个人刚开始入行的时候，往往要吃纪律性的亏，然后会吃没有纪律的亏，最后才是享受纪律的福。出场标准的形成并不是一朝一夕的功课，但是一旦形成之后就要恪守纪律。

我的第四个亏损习惯是"日内频繁交易"。在从事外汇和黄金交易之前，股票做过很短一段时间，那肯定不是日内交易。接触外汇和黄金之后，日内交易刚开始也不频繁，最初的纪律是每日只做一单，亏 20 点就跑，赚 20 点也跑，这样

> 除非有本事的前辈手把手教你，否则在前期摸索阶段，尝试和总结可能要比守纪律更为重要。

做了一个月下来收益率也接近 20%。但是，经常赚了 20 点之后，行情还继续大幅向前发展，这个就让人心理不平衡了。这个时候止盈的目标位就放到很大了，差不多一个日 ATR 的宽度。自然很多时候价格到不了这个目标位置，然后回来打止损。接下来纪律性就越来越差，交易就越来越频繁了。交易一旦变得频繁，那么决策质量就会变得很差，情绪波动也会较大，绩效自然就不行了。那么，什么算"频繁交易"呢？高频交易是软件在控制，所以没有感情在里面，风险控制也做得到位。频繁交易有几个特征：第一个特征是情绪化交易，往往带有赚快钱和捞回亏损的主观想法在里面，影响了交易决策；第二个特征是缺乏明确的进出场条件，所以胡搞一通；第三个特征是收益率很低。黄金短线交易有日内的，有隔夜的，有持仓更长一点的，无论你做哪种类型，必须有经过市场检验的进出场条件。日内交易最好做日内波动为主，每个交易日一到三单交易就差不多了，多了往往就是交手续费了，而且消耗大量精力去盯盘。很多做黄金短线交易的交易者基本上没有确定明确的进出场条件，在遭遇连续亏损之后很可能意气用事，两天就把账户打爆是经常的事情。

我的第五个亏损习惯是"只看一篇分析文章入市，没有用心分析正反意见和理由"。正反两面的意见都要听，这样你才能斟酌到底谁的话应该听。所谓"兼听则明，偏信则暗"就是这个道理，我们从小就对这句话烂熟于耳，但是却很少走心。平时我们往往喜欢根据个人好恶来做一些判断，根据道听途说的东西来甄别事情的好坏。去看看很多网络文章和新闻下面的跟帖，以偏概全、吹毛求疵的习气随处可见。网络上的谣言很容易被传播，金融市场中的谣言又何尝不是如此呢？所谓谣言止于智者，什么是智者？只要你做到一条，你就是智者了，那就是凡事都要听正反两方面的意见。

在黄金市场上，每天有看多的分析和言论，有看空的分析和言论。如果光是看多看空，没有充分的证据和逻辑，我们只能作为市场情绪的观察指标。如果一篇分析的文章具有很好的证据和逻辑，那么值得我们进一步去推敲，怎么推敲？至少再找一篇多空观点相反的文章来对照，两篇文章都必须有充分的证据和较强的逻辑性。这就好比你是判官，审视两方的辩论。这样你对市场的观点就会更加客观，这样非理性的倾向就会被减轻甚至消除。

但是，最初做交易的时候，恰恰容易忽视这最简单的一点，往往会在看过了一篇文章之后，就被引导到一个方向上去了。其实，看这篇文章也并不是简单地看结论，肯定是被其证据和逻辑说服了。问题在于，只看一篇文章，就很容易陷入到以偏概全和故意忽略的陷阱中。特别是某些交易者存在先有偏见再找证据的"好习惯"，也就是说本来对于黄金的多空趋势有自己的前置假设之后才去寻找一篇文章来支持自己的假

设，这样就是为了交易找理由，而不是因为理由而作交易了。

有些人说市场分析太多，分析师的意见让人无所适从，新闻越看越糊涂，还不如纯粹的技术分析，省脑力多了。其实，技术分析也有一些问题，指标和分析方法太多，没有太多规范，技术分析师的意见也是很难统一的，最多统一到看多看空两个方面。如果照这样去统一，基本面分析师也可以统一为看多或者看空两个方面。所以，意见很难统一不仅是基本分析的问题，技术分析也存在类似的问题。如果你觉得基本分析看不过来，那么你可以按照我们给的傻瓜法，找一篇看多的详细分析文章和一篇看空的详细分析文章，分别列出它们的理由和逻辑，然后逐一查看是否站得住脚。只要做到了这一点，你就比这个市场上 99% 的分析师和交易者强了。如果你能增加一倍甚至两倍，具体就是多空各找两篇或者三篇好文章来"过堂审案"则效果会更好，不过可能要花更多精力，忙不过来。

我的第六个亏损习惯是"缺乏持续关注和分析，错失大行情"。选择交易这个工作的人，往往都是喜欢自由的人居多，我也是这类人。喜欢自由的人自然也就比较安逸，所以爱好很多，也喜欢出去周游各地，对于金融市场的关注就不会那么持续。虽然交易并非人生的全部，除了交易我们还应该读万卷书，行万里路，应该拥有平衡的生活，而不是除了交易什么都不参与。但是，事实是残酷的，很多绩效超一流的短线交易者每天的大部分时间都被研究工作占据了。身边有几个专注 A 股题材炒作的大户，他们基本上一天至少 10 小时在研究股市。一些做贵金属夜盘的人也是蛮辛苦的，除了交易，更为重要的是安排足够的时间来研究和复盘。所以，如果你是一个黄金投机客，不想错过大行情，保持对市场的持续关注和分析是必要的。这个关注不是说你得时时刻刻盯着价格走势，不是说你得在交易时段守在电脑前，而是说你应该有一个**频率恰当的研究和分析次数**，同时有一个固定的时间段来展开研究和分析。对于黄金短线交易者而言，除了

关注市场，才能抓住机会。想要中大奖，却从来不买彩票，可行吗？

583

周末可以稍微安排宽松一点，留出娱乐时间之外，星期一到星期五每天都应该有盘前分析和复盘功课，同时盘中也要恰当安排好浏览新闻和关注走势的时间分配。

即使你尚未形成自己的盈利系统，持续关注市场和坚持分析也是有重要意义的。绝大多数人在步入稳定盈利轨道之前，就会放弃关注和分析，因为他们觉得既然赚不了钱，关注市场和坚持分析还有什么意义呢？其实，他们应该反过来想——**正是因为关注市场和坚持分析还不够，所以无法从市场中稳定赚取利润**。大家应该都知道"一万小时天才规律"，也就是说在用心的前提下经过一万小时的练习和实践才能成为特定领域的顶尖人物。伟大交易者的诞生也逃不出这一规律，所以在量变带来质变之前，你需要保持对市场的关注和坚持分析，通过复盘不断完善自己的系统，这样才能最终成为市场的王者。对于已经有了盈利系统的交易者而言，如果想要成为业内财富榜上顶尖的大家，就必须坚持利用自己的系统分析市场，保持对市场的关注，这样才能把握住偶尔出现的大机会。

我的第七个亏损习惯是"盯住盈亏，不分析基本面"。人容易受直观的事物影响，很多时候你口头上说得再多，不如给他直观呈现一下。到餐厅吃饭，如果你的菜单只有文字没有图片，很多人是无法做出选择的。因为不直观的东西比直观的东西更难对人脑产生影响。同样，如果你想要减少某物对你的影响，最好的办法就是敬而远之，建立一定程度的隔离，**最好是物理上的隔离**。为什么费雪之子在做基金的时候选择偏僻的地方，为什么巴菲特远离华尔街，因为他们知道要避免噪声和大众情绪干扰的最好方式就是空间上的远离。对于投机客而言，盘面的价格是会催眠人的，所以我们需要每隔一段时间就离开电脑，远离行情，这个过程可以避免你被市场波动催眠，只要你一直看着价格波动，就会被"勾引"做出非理性的举动。

价格还不是最"摄人心魄"的，对于交易员而言，账目

隔绝价格波动对自己的影响你能想到哪些办法？可以告诉我们。

盈亏是更可怕的"金融巫婆"。从刚开始做交易到稳定盈利，我始终都摆脱不了一种冲动，想要查看账户的盈亏变动情况，这样做的后果就很严重了，经常会干扰交易纪律，本来可以大赚的，结果因为抵不住利润大幅回撤而提前出场，违背规则，最终赚了小钱。盯着账户盈亏变化，最大的影响是极大占用你阅读研究报告和浏览即时新闻的时间。其实，我们理性上都知道盯着盈亏变化并不能改变盈亏，但是我们想消除不确定性，想要及时地调整心态和盈亏预期，避免被"SHOCK"到。这一习惯是人类的天性，要避免这种习惯可以采用助手盯盘或者专门的下单风控人员盯盘的方式，对规模不大的账户也可以采用预设条件单的形式。另外，就是设定严格的纪律限制查看账户盈亏的次数和时间，最好是收盘后才能查看一次。

有一个好友是经营鱼店的，他经营鱼店的同时在炒股，他发现如果专职炒股则很容易被行情"吓到"，所以他认为最好在行情波动期间有一些能够分散和转移注意力的工作。其实，如果你能够将部分研报的阅读安排到交易时段进行也可以起到部分作用。

上面提到的这些习惯基本上缠绕了我很长时间，有些是多年的，不过随着我把它们打印出来经常看，这些"病"基本已经治愈了，偶尔会再犯，不过比起以前给我带来的"困扰"减轻很多。它们真是我的"财神"，没事就瞅瞅它们，这样我就不会亏大钱了，赚大钱的时候更多了。

废话不多说，投机就是零和博弈，**你愿意给对手机会还是愿意让对手给你机会？如果不想给对手机会，那你记录下自己犯的错误，然后避免再犯，特别是习惯层面的错误。**如果你先想对手给你机会，对手不愿意记录其错误就必然会给你机会，而**这个市场上最不缺乏的就是这类对手。**他们是"羔羊"，是"韭菜"，因为他们的本性是懒惰。"愿意"给机会的对手太多，落实到你这里的关键还是在于能否抓住他们给的机会，这里面第一步是能够觉察到机会，如果你对自己经

你愿意给对手机会还是愿意对手给你机会？如果不想给对手机会，那你需要记录自己所犯的错误！

常犯的错误烂熟于心，那么自然也就不会对对手给的机会熟视无睹。

第二节　分析师和交易者的主要盲点

上一节介绍了我自己在日志中更新和维持的亏损习惯，这是多年"珍藏"的"宝贝"，是真正的老师，私人教练。在本节我们要讲一些普遍的问题，也就是据我多年观察和总结发现的大众盲点。

我们曾经提出过三利公式，具体而言就是盲利公式、凯利公式和复利公式。盲利公式指出了利润的来源，这就是大众的盲点是利润的来源，因为大众的盲点就导致非理性的对手盘，进而为我们提供了游戏获利的机会。盲利公式为我们寻找获利机会指明了方向，而凯利公式则是告诉我们如何根据具体的获利机会调配仓位，复利公式则是告诉我们如果把握机会并持续下去绩效会有多么惊人。

"盲点即利润"，**我的盲点提供了别人盈利的机会，别人的盲点提供了我盈利的机会**。这一节介绍分析师和交易者的主要盲点，说白了就是讲赚钱的机会，而一个人赚钱的机会必然对应着另外一个人亏钱的机会，这就是一枚硬币的两面。

分析师和交易者的盲点包括行为金融学里面的一些发现，比如倾向效应、锚定效应等，这些在投资心理学或者行为金融学的书里面会反复提到，我们也会提到少部分，但是不会从定义和科学论证的角度去讲，而是从交易经验层面去介绍。

第一个主要盲点是没有抓住关键。在这次授课之前，看了《东方财经》的一档栏目，其中有三个分析师。有一个分析师讲了很多可能性，利多利空分析了一大堆，却得不出较为明确的结论。为什么会这样呢？其实，面对纷繁复杂的信息，我们经常陷入到这种局面中，如何克服这种情况呢？抓关键，

> 我的盲点提供了别人盈利的机会，别人的盲点提供了我盈利的机会。

按照毛主席的教导就是要抓住主要矛盾和矛盾的主要方面。学过辩证法之后，看问题和处理问题不会再有无处着手的迷茫感，放到金融分析上也是同样的道理。很多分析文章你一路看下来，越看越糊涂，这就是文章的作者自己并没有捋出关键所在，而你作为读者也没有捋出关键所在。人容易犯两种错误；第一种是以偏概全，这是因为只拿着一个信息就开始了决策过程；第二种是毫无重点，这是因为拿着的信息太多太杂，自己没有分出主次，眉毛胡子一把抓。如何解决这两种问题，那就是在全面看问题的基础上找出重点，不能有点无面，以偏概全，也不能有面无点，毫无主次。

落实到黄金分析上，什么是重点呢，什么是关键呢？我们在驱动层次图中列出了重点，这就是货币属性重于投资属性，投资属性重于商品属性。而风险偏好这条主线则是关键中的关键。无论你怎么分析黄金，首先要关注的是风险偏好，一切结论和分析都要回归到这个主线。

第二个主要盲点是为目前走势找理由，却并不给出**证伪条件。打开各种媒体，无论是传统的电视还是新兴的各种自媒体**，海量的黄金多空观点涌入眼帘。如何过滤这么多的信息，而且垃圾信息肯定占了绝大多数。很简单，绝大多数的观点都是围绕"给行情找原因"展开的，但是却没有给出证伪条件，比如黄金昨天下跌是美元走强，这就是给行情走势找理由。这种判断的基本句式是"……的原因是……"这种句式很容易误导人，因为让人先入为主地被认定行情是因为这种原因，进而忽略掉其他可能。这类判断的命门在于，出现什么情况或者条件就表明这一判断是错误的。黄金昨天下跌是因为美元走强，如果昨天美元没有走强，而黄金下跌了，那就表明这个判断是基于错误事实的。又比如白银昨天并没有因为美元走强而下跌，这表明黄金昨天下跌是美元走强主导的可能性非常小。电视上的分析师一般都是看着发生过的行情来随便找些理由解释，反正看上去是那么回事就行了。但是，如果发生过的行情并不是由给出的理由导致，那么在

能否证伪才是好分析的关键。

推断未来行情走向上我们就会出现失误。因为如果导致此前走势的因素并没有减弱，而又没有新的因素出现，这样我们就可以推断行情继续。所以如果不找出真正的原因，那么后续判断大概率会出错。但是，媒体上的分析师基本上是无所谓的，反正能够自圆其说即可，反正不会有人来一探究竟，这就使得看走势乱找理由的做法在分析师当中非常普遍，人云亦云也是常态。那么，我们应该如何应对呢？如何避免自己被别人误导，避免自己在分析行情内在逻辑的时候也犯这种错误呢？关键一点是在给出判断的同时，列出证伪判断的条件。换言之，第一，我的结论，第二，什么情况下表明我的结论是错误的。从现在开始，你可以留意分析师们和交易者们给出的判断，基本上都没有给出证伪条件。你要做的就是找出证伪条件，然后看看条件是否出现，这样就可以找到很多错误的判断，这就是盲点，这就是对手盘提供的机会。

第三个主要盲点是观点是大而空的长远话题。有一部分分析师在写文章或者做节目的时候总是讲一些很大而且很远的话题，完全忽略了当下的情况或者即将发生的事项与此不一致甚至相反。比如，美国衰落导致美元衰落的话题经常被一些畅销书作者或者市场评论人士拿出来作为分析近期行情走势的依据，这就犯了拿着大而空的长远话题来指导近期操作的错误。世界上任何一个帝国最终都要衰落，美国也不例外，美国处于衰落这是一个必然的趋势，但是这个大而空的主题并不能影响最近一年、最近一个季度、最近一个月或者最近一周、最近一天的走势。但是，很多分析师不是这样认为的，他们一旦聊到这种大而空的长远话题时都会不自觉地将其当成是当下就在发生的事件，进而将遥远未来的空洞趋势与最近走势混淆起来，最后落实到交易指导上，后果往往非常悲惨。

价格吸收信息是怎么进行的？市场与个人是一样的注意力机制，**在某一阶段关注的焦点只能有一个，所以市场走势在吸收信息的时候是对最近最重要的事件做出预期，进而将**

在某一阶段关注的焦点只能有一个，所以市场走势在吸收信息的时候是对最近最重要的事件做出预期，进而将信息消化在价格中。

信息消化在价格中。黄金超级大牛市一度成为不少"接盘侠"的信仰，他们在金价最近一次持续下跌中不断去做多或者买入，然后看着价格不断下跌。为什么这批人这么执着？很大程度上是因为"美元持续贬值，黄金持续升值"的信仰教条误导了他们。现实世界中，各国货币政策处于较为宽松的状态，这使得纸币的贬值在整体上是一种大趋势，美元就是这种趋势的典型代表。因此，从很长的时间框架来看，黄金相对于美元是升值的，这个很长时间框架至少在 20 年以上。作为投机客而言，这样的时间框架根本无法承受，所以这样大而空的指南对于交易实践缺乏实际价值。因为真正具有操作意义的时间框架不能超过 5 年，对于黄金短线交易者而言也许几天以下的时间框架是有意义的。那么，这些时间框架下上述黄金超级大牛的观点就无法提供实际指导了，因为黄金更可能受到短期美元强弱、美联储货币政策变化，以及风险情绪变化的影响。相对于纸币长期贬值这种论调而言，未来一段时间内美联储货币政策的变化和全球风险情绪的变化更值得我们去关注。

"空谈误国，实干兴邦"，治国讲求落地实干，黄金分析和交易也讲求落地实干。崇尚空谈的分析师有个特点，喜欢讲一些耳熟能详的老段子，这些段子体现为过于长远的时间框架，以至于结论出来之前可能我们已经老了或者死了，所以根本没有多少操作价值。这类"观点骗子"是最老奸巨猾的，因为等到你有机会来验证其结论时，要么你死了，要么你忘了，毕竟时间这么长，谁的记性或者寿命能够熬得到那个时候呢？崇尚空谈的分析师还有一个特点就是前面提到的：给出结论，但是不会给出证伪条件，这种不能证伪的分析结论其实也就是难以鉴别证伪的段子而已。

第四个主要盲点是纯技术分析结论。纯技术分析在中国股市刚开始的几年确实有一定的效果，因为那个时候懂技术分析的人本来就不多。技术分析在黄金市场上也有较为重要的运用，但是纯技术分析，也可以称之为"技术分析原教旨主义者"，则属于相当悲惨的角色，除非你在仓位管理上做一些较为科学的设置，然后没有持续遭遇大幅震荡的行情，否则结局都不太妙。黄金市场也好，外汇市场也好，股票市场也好，每天都有很多分析师文章，其中数目最多的就是纯技术分析，这类文章其实是最没有价值的。为什么呢？第一，长期混迹于这个圈子，见到的各色分析师和交易员相当多。从我们自己身上和这些同行身上可以归纳出一条比较明显的结论，那就是纯技术分析的典型情况就是"千人千浪"，每个人都可以用自己组合的那几个指标给出 N 种预测结论。结论多，这并不可怕，可怕的是你找不到一种衡量体系来评定结论的可靠性，只能等行情走出来再做马后炮式的点评。第二，纯技术分析具有不止一种可能，比如斐波那契回撤位置，那是有好几个的，就算你知道价格趋势向上，现在只是价格回调，

但是具体在哪个位置能够止跌，预测的效果往往不好。一个折中的办法就是观察价格形态在特定位置水平上的表现，比如当金价回落到0.5回撤水平时出现了早晨之星形态，那么这个位置止跌的可能性很大。但是，如果我们不观察价格的表现，而是在事前自作聪明地预测会在哪条回撤线止跌，这是不靠谱的。从0.191到0.909中间还有五六条斐波那契回撤水平位，你觉得哪一个具体位置能够阻挡价格下跌呢？这种预测神仙也难以做到持续大概率猜中，不过我们很多分析师倒是乐于做这样的工作。自不量力的事情被巴菲特文雅地定义为"能力圈之外的事情"，这种业绩牛人不干的事情，许多业绩菜鸟却乐此不疲，这叫浪费精力在无用功上。第三，市场某些走势回过头来看是符合特定技术形态和比率要求的，但是在没有走出来之前却存在很多可能性我们无法提前排除，所以纯技术分析具有事前无法证实，事后无法证伪的特性。第四，技术分析流派太多。除了通常见得较多的技术指标派、趋势画线派还有数浪比率派之外，其他门派太多，以至于我们根本无法完全搞清楚所有技术分析的方法，更不用说背后的逻辑了，打个比方，就是基本面分析是中文，认识字了，组词就能应付各种新名词，而技术分析则是英语，新名词必须重新造词才行。第五，纯技术分析想要从现象推理未来的现象，纯技术分析认为表象本身就是真理，这点在现代科学上是站不住脚的。第六，纯技术分析本身没有太多的逻辑性，很多东西都是建立在无法证实或者证伪的公理上的。没有逻辑性的东西，你怎么能够给予太多的厚望呢？

总而言之，纯技术分析的文章我们是不会看的，其结论价值并不大，但是结合技术分析和驱动心理分析的文章我们会根据逻辑和证据链条的质量决定是否进一步琢磨。

第五个主要盲点是只有结论，缺乏理由。在电视上看分析师的评论，在网络上看分析师的分析文章，很多时候我们会发现有一部分评论和分析竟然只有"粗暴简单"的结论，缺乏证据，甚至完全没有证据。你可能会觉得没有理由的结论怎么可能会出现，怎么会不被我们发现？其实，如果你留意自己身边，发现也会出现同样的情况，而且很多时候你真的容易被误导。比如，某人说小区出门左边那家粤菜馆很难吃啊。至少有1/3的人听到之后直接就被这个结论影响了，只有大约不到2/3的人会问为什么？结果这个人的理由可能是因为去了两次人都很少。当你得知这一理由之后，你就会对其结论的可靠性产生更大的怀疑，如果你只是听信了结论，那么就陷入盲从了。

从现在开始，你要留意黄金相关的评论和分析是不是出现了"只有结论，缺乏理由"的情况，很快你会发现某些分析师正是这样的套路，他们会根据此前的走势给出一个直线推断式的武断结论，然后你会不自觉地受到影响。比如，最近一周黄金大幅飙升，分析师在评论中直接给出结论黄金将延续强势，继续上涨。这就是典型的有结

论，缺乏理由的评论，这类评论最害人。为什么会出现这类评论呢？这是人类出于经济的目的，为了节约时间和资源，在表达的时候会采取快捷方式，暗含了很多假设，最终就会导致非理性的情况出现。

第六个主要盲点是堆砌多空证据，**毫无内在逻辑**。周末我有一个习惯，专门抽一大块时间来看研报，为了做好黄金交易我会专门看一些相关的研报和分析文章。这些研报的页数都不会少于10页，文章也至少是几千字以上。之所以这样要求，也是长期阅读研报和分析文章之后发现那些页数少于10页的研报有超过九成都是敷衍了事的作品，分析员根本就没有下功夫去独立研究，也缺乏有前瞻性的推断，所以看了之后感觉就是给行情随便找点理由的搪塞领导和读者的报告而已。那是不是10页以上的研究报告就全部都有价值呢？肯定不是，逻辑上也不能靠页数决定研究的质量。初选出来的10页以上的研究报告里面有一类是动手不动脑的作品，也就是我们这里要讲的"堆砌多空证据，毫无内在逻辑"的盲点类型。

将矛盾的证据用统一的逻辑解释清楚，这才是王道。

这些分析员努力地搜寻并且列出主导过去、现在和未来行情的各种因素，并且将多空标注出来，这就是所谓的"动手"过程。但是，你看完这样的报告之后最大的感觉就是不知道到底是该看多还是看空或者是看震荡。看完报告，你整个头脑就乱作一团了。为什么会出现这样的情况？因为作者没有"动脑"去找出所有因素的联系和逻辑，没有用主线将这些因素串起来。这样的分析者完全就是简单地做加法，通过简单地将多空因素相加然后得出结论，这怎么行呢？我们必须理出因素之间的逻辑关系，找出主线，找出主导因素，这才能明晰判断，否则就成了一锅粥，乱了。

第七个主要盲点是不可证伪的结论或者头寸。不可证伪的结论，前面部分已经提到了，也就是没有给出可证伪条件的结论，或者给不出证伪条件的结论，这些结论都是非科学的，不具有指导意义。除此之外，还有不可证伪的头寸。什么是不可证伪的头寸呢？没有提前给出止损点的头寸就是不

可证伪的头寸。**一个头寸就是一个观点，什么样的情况下观点是错误的，也就是说什么条件下应该了结头寸**，所以当你没有为自己的头寸设定止损点的时候，相当于你的头寸就是不可证伪的，你的头寸就是"不科学的"，一开始就不应该建立起来。

可证伪性这个概念是索罗斯引进到交易界的，除了基本面研究要坚持可证伪性，我们在持有头寸上也应该注意可证伪性。没有设定可证伪条件的头寸是危险的，这个就是从务实的角度来讲了，因为可能导致你亏大钱或者爆仓。

第八个主要盲点是信息来源单一，缺乏相互验证。在技术分析当中有一个比较著名的实践指导原则，那就是技术指标之间的相互验证和过滤。通过性质不同的技术指标之间的相互验证可以提供信号的有效性，特别是价格指标与成交量（持仓）指标的相互验证是最具实际意义的。那么，迁移到驱动分析上我们也有类似的实践指导原则，而且比技术分析上实行类似的原则更具有效果。在最初的驱动分析中，听信单一的消息来源就做出判断是比较常见的错误。在第二节，我就谈到了自己容易犯的一个习惯性错误，与这里讲的第八个主要盲点类似。如何克服这一错误，那就是坚持至少要听正反两个观点，或者说至少要看两篇哪怕观点类似但是分析过程迥异的文章。

严格来讲，两篇文章本身的内容是否差异很大还与这里提到的主要盲点存在区别，我们这里更关心信息源之间的独立程度和差异程度，信息内容的差异程度反而没有那么重要。在其他类型的盲点中会涉及信息内容差异化的重要性，但是在现在这个盲点上面，我们更加强调信息来源的多样性。在做黄金分析的时候，国内的媒体分为一般财经媒体和专业黄金媒体两类，而专业黄金媒体又分为包含了外汇的黄金媒体和纯贵金属内容的黄金媒体。一般财经媒体可能在信息更新上要滞后于专业黄金媒体，而纯贵金属内容的黄金媒体则比包含了外汇的黄金媒体在信息更新上相对落后一些。国内比较好的黄金专业网站有"黄金台"和**"黄金头条"**，前者逐渐进入收费注册会员制度，而后者提供了非常丰富和及时的黄金和外汇资讯。在做黄金分析的时候，除了看国内的媒体之外，有条件的交易者还应该查看一些国外的权威黄金网站，比如 http://www.kitco.com/，这个网站也有中文站点，但是信息更新起来往往没有主站好。

信息来源要有一般财经媒体，也要有专业黄金媒体，要有国内媒体，也要有国外媒体，这样信息来源上就多样化了。那么，如何相互验证呢？第一，我们在浏览新闻的时候最好几个网站交叉进行，也就是说这几个网站同时打开主页，进入及时新闻更新界面，然后在几个网站之间扫视。现在很多网站都有 APP，大家可以下载到平板电脑上，然后开启推送模式。不过，推送模式往往并不及时，最好还是进入及时新闻模式，这样可以看到滚动更新的新闻。第二，国内媒体之间经常转载同样的新闻内容或

者评论，所以应该努力提高自己的英语阅读能力，坚持将类似于 Kitco 这类网站看下去，用英文评论来验证中文评论的实际意义更大。第三，不同信息来源，具体而言就是不同网站之间的技术分析没有必要进行相互验证，除了数浪这类技术分析可以相互做一些修正和完善之外，其他并没有太多的验证必要性。

　　第九个主要盲点是只关注相关性，不追问为什么，或者没有区分相关性和因果性。有段时间，有一个我们这个团队的分析师反复强调美元上涨了，上证指数也会上涨。他总是指着走势图说，你看美元的上涨起点跟上证指数差不多都在 2014 年年中，所以只要美元指数继续上涨，上证指数就会上涨。其实，这是一个典型的盲点，很多资深的分析师和交易员都会犯这一错误。这里的主要盲点在于没有**区分相关性和因果性**，因果关系会导致相关性，但是相关性却未必意味着因果关系的存在。而且团队内的这位分析师显然也犯了小样本得出结论的毛病，一段时间内的走势呈现出看似存在的相关性并不意味着真的存在相关性，也许只是因为样本小而出现了巧合而已。

　　当你细心去浏览很多看似有道理的财经和金融分析文章时，经常会看到这种情况：列出两个品种走势图，然后让你看是不是存在明显相关性的走势。你要记住的是，第一，样本是不是足够大，如果并非足够大，那么很可能犯了统计上的错误；第二，相关性并不意味着因果关系，如果没有搞清楚背后的原因，只是根据此前的相关性就外推这样的关系在未来也是存在的，那么就很容易陷入机械主义和形而上学式的陷阱。

　　黄金与美元负相关，这是现象，背后的原因更为重要；黄金与澳元汇率正相关，这是现象，背后的原因更为重要；黄金与白银正相关，这是现象，背后的原因更为重要。如果你明白了这些正负相关背后的实质和原因，那么你就会明白在什么样的情况下黄金与美元会正相关，什么样的情况下黄

区分相关性和因果性可以找到大众盲点。

金与澳元汇率会负相关，什么样的情况下黄金与白银会负相关。比较差的中医是死板地根据症状来选择相应的方剂，而真正入门的中医则是根据症状背后的病理来选择相应的方剂。同理，比较差的黄金分析师和交易者是根据历史的相关性来预判未来的走势，而真正入门的黄金分析师和交易者则是根据内在的因果关系来预判未来的走势。

历史相关性往往会被迅速传播，当大众都意识到某一相关性的时候，当大众都在谈论某一相关性的时候，这一相关性很可能就会失效，这是一种不能用自我实现来解释的奇特现象。看起来再显而易见的相关性，其实可能因为持续时间太久之后其内在原因已经发生了变化，所以当后知后觉的大众意识到这一相关性时，本质已经发生了改变。

第十个主要盲点是违背"截短亏损，让利润奔腾"的原则。我们的天性总是有"回归"的倾向，而这种回归并非价格对价值的回归，而是基于价格的历史波动区间的中值回归。但是，金融市场的中值回归往往是误导人的，特别是在中短期内。当价格持续上涨的时候，我们倾向于不断做空，当价格持续下跌的时候，我们倾向于不断做多。这样做的结果就是当我们持有空头的时候，价格不断上涨，但是我们却越来越坚定地持有亏损的空头头寸；当我们持有多头的时候，价格不断下降，但是我们却越来越坚定地持有亏损的多头头寸。

当亏损的时候，我们持有头寸，因为我们认为行情持续走高或者走低之后会越发倾向于反转；当盈利的时候，我们了结头寸，同样是因为我们认为随着行情持续走高或者走低之后会越发倾向于反转。这就是我们经常谈到的"倾向效应"。这是一个行为金融学里面最为出名的术语，也是大家身上始终存在的问题。从投机大师杰西·利弗摩尔开始，"截短亏损，让利润奔腾"就成了最为重要的操作原则。一方面，理论大家们告诉我们最大的风险在于"截短利润，让亏损奔腾"的"倾向效应"；另一方面，实践大家们告诉我们最大的原则在于"截短亏损，让亏损奔腾"的"顺势而为"。

什么是重症？什么是良方？大家可能对此还没有多少体会吧，更多的是听得耳朵长茧的"陈词滥调"，其实如果你明白了上述现象和原理，那么你就避免了绝大多数人都会屡屡犯下的大错。

第十一个主要盲点是被潜在错误的假设牵着鼻子走。我们看分析师的观点时，一定要找出其潜在的假设或者前提。很多时候，分析师自己有一些假设但是并未被意识到，更没有被说明，这样就很容易误导分析过程，也很容易让此后的逻辑无法成立。人的精力和时间有限，资源也是稀缺的，为了节约我们会选择快捷的分析和决策方式，这种走捷径的做法让我们能够应付这个纷繁复杂的世界和海量的信息，但是也让我们

容易犯下某些逻辑错误，其中最为重要的就是忽略了潜在的错误假设。

技术分析有三个假设，这三个假设书上写烂了，很多分析师也说烂了，但是我们在用技术分析的时候往往忽略了这些假设本身的真伪和有效性，自然用技术分析就会出大乱子。驱动分析当中也会有不少类似的问题，很多分析师往往会将历史相关性作为预判未来走势的前提，而读者往往会忽略掉这点，进而默认这样的历史相关性将延伸到未来，这就相当容易犯错。

"如何利用对手盘的非理性"这是实现盈利的最根本机制，而对手盘非理性的最大来源就是"错误的假设"。又比如，我们谈到的"倾向效应"其实就是建立在"回归中值"这个潜在假设上的，因为这个假设是错误的，所以我们就会采取错误的行动，坚持错误的行动必然就将不断地亏损。

第十二个主要盲点是忽略共识预期，没有将其纳入自己的整个分析，没有与自己的预期对照，容易介入已被价格充分吸收预期的行情。初入市场，最吸引我们的是价格涨跌，因为价格涨跌直接关系到我们持仓的盈亏。然后，我们会关注那些处于媒体版面显著位置的消息，以及那些被广泛传播的消息。其实，这两者都是最危险的陷阱。

第一种情况是，一旦价格涨跌占据了我们注意力的绝大部分，我们实际上已经处于被价格催眠的状态。当我们处于空仓状态的时候，价格的起伏会逐渐让我们感受到进场的好机会，而这种机会往往是市场制造的陷阱。当我们处于持仓状态的时候，价格的起伏则让我们情绪起伏，往往都导致违背纪律过早出场或者过晚出场。如果我们此前连续亏损，则价格的起伏会让我们急于进场挽回损失。如果我们此前连续盈利，则价格的起伏会让我们过于自信，在缺乏实质机会的情况下草率进场。

第二种情况则是那些"流行"的新闻吸引了我们的注意力。越是为大众所熟知的消息越是价格吸收充分的消息，如果你被这样的消息所吸引，则往往处于接最后一棒的位置。投机是击鼓传花的游戏，如果你后知后觉，那么筹码往往在价格反转点的附近落到你手上。为什么总有人说做空之前一直大跌，做空不久就大涨，或者是做多之前一直上涨，做多不久就大跌，好像是**运气太好或太差的原因，其实深层次的缘故就与后知后觉的习惯有关。等到市场都在大肆宣扬某件事情的时候，往往是市场价格已经充分反映了这一事件。**如果等待市场充分反映了这一事件，你才据此入场，市场继续前行的动量已然处于耗尽状态，要么原地震荡，要么反转。

利好消息公布前，金价已经大幅上扬，而这则利好消息其实早有预期，而且现在市场广泛宣传，这个时候金价其实已经完全吸收了这一利好，你认为这个时候进场做多适合吗？不光不适合，而且比较危险。

当一个观点成为"共识预期"时，市场要么回撤，要么反转。

利空消息公布前，金价已经大幅下跌，而这则利空消息其实早有预期，而且现在市场广泛传播，这个时候金价其实同样已经完全吸收了这一利空，你认为这个时候经常做空合适吗？不光不合适，而且非常危险。

价格对消息的吸收程度，从另外一方面来讲与"共识预期"有着紧密的联系。一个观点越是被市场所认可，则越接近"共识预期"，**当一个观点成为"共识预期"时，市场要么回撤，要么反转。**这里分为四种情况，我们分别述之，但是无论是哪种情况，此时都不是应该考虑的入场时机。

第一种情况是趋势向上，但是这个时候市场的共识预期是看好市场，那么市场将马上回调，回调后才会重回升势。

第二种情况是趋势向上，市场共识预期却看空市场，那么市场继续呈升势，直到市场共识转而看多市场才会暂停或者反转。

第三种情况是趋势向下，但是这个时候市场的共识预期是看空市场，那么市场将马上反弹，反弹后才会重启跌势。

第四种情况是趋势向下，市场共识预期是看涨市场，那么市场继续呈跌势，直到市场共识预期转而看空市场才会暂停或者反转。

共识预期好比是震荡指标的超买或者超卖，反映了市场的极端情绪，在很多时候确实与震荡指标的极端值相对应。共识预期其实与筹码的集中有关，虽然市场受到驱动因素的影响，但是当筹码过度失衡之后，就必然要进行针对筹码的自然修正，使得筹码能够重新分布进而能够维持市场的运作。如果绝大多数筹码都获利丰厚，那么市场将不可避免地进行修正，以便大幅减少获利，这样游戏才能继续玩下去，零和游戏意味着亏损是多数，盈利是少数，如果赢钱的是多数，那么多出来的钱谁出呢？这就好比如果赢钱的人出现了50万元盈利，但是输钱的人却只亏了30万元，那20万元的缺口怎么补？赌博不会出现这种情况，因为大家是每局之后必须兑现盈亏。但是，交易却非如此，当很多人账面盈利丰厚的

时候，其实要兑现这些筹码并没有足够的对手盘，因为可能没有足够的人在这么高的位置来兑现手中的筹码。那么只能降价，降到足够低的位置，这个时候的结果就是很多人的账面盈利都无法兑现。当共识预期达成的时候，往往意味着类似上述情况的出现，比如市场一直上涨，共识预期变成看涨，也就是绝大多数都看涨了，这个似乎意味着做多持仓的人变得很多了，甚至做空的人基本处于准备结束空头持仓的过程，这个时候市场继续上涨就缺乏可能了，继续上涨的话谁来埋单？

做黄金交易除了驱动交易要把握货币属性和投资属性这个关键之外，我们还要注意共识预期这一要点。**市场现在的绝大多数人是否有一致的观点，如果有一致的观点那么就要避免采取与此观点一致的进场或者加仓。**我们的持仓一定要顺应驱动面的主导因素，同时**避免采取与共识预期一致的动作。**主导因素与趋势有关，而共识预期则与时机有关。虽有智慧，不如乘势。**如何乘势？顺应主导因素方向持仓而已！如何待时，逆共识预期动作而已。**

那么怎样找出共识预期呢？这个其实就是平时多看媒体，但是不能完全反着看，也不能陷进去，而是站在旁边看，大家是否是一致认为市场要怎么样，你看了就知道共识预期是什么，但是要给出定量指标还是比较困难的，也许关键词检索可以完成小部分工作，不过效果不稳定，比如谷歌趋势和百度关键词检索热点统计等。

第三节　桥水掌门人自述的最大秘诀

Ray Dalio 坐拥近 150 亿美元个人资产，管理着世界上最大的对冲基金（见图 22-1）。他曾经反复强调自己能够在金融市场纵横驰骋的最大秘诀是冥想，在某次私人聚会上他坦诚地告知与会者："我从 1968 年或 1969 年开始冥想，它彻底改变了我的生活。当时我只是个普通、极其普通的学生，它让我心思澄明，让我独立，让我的思绪自由翱翔，它赐予了我许多天赋。我每天都要冥想 20 分钟，除非那天特别忙，如果特别忙的话，我反而会冥想 40 分钟。"其实，斯蒂芬·乔布斯也是花了很多精力和时间来进行冥想（禅定）练习，以至于他的很多商业创见都得益于冥想。

前面两节我们列出了一大堆需要避免的坏习惯，一个人要同时对付这么多"坏家伙"往往是忙不过来的，有没有一种方法可以让你"以一敌百"呢？除了把这些坏习惯打印出来每日看上一两次，我们还可以利用冥想的力量。记得老子曾经在《道德经》

图 22-1　Ray Dalio

超觉静坐也曾被广泛提及。

里面提到"无为而无不为"，这个"无为"具体而言**就是冥想或者说禅定**，在某种程度上内观是其最近更加通行的称呼。

下面我们介绍几种自己经常练习的冥想/禅定方法：超觉静坐、深呼吸法、渐次肌肉放松法（身体扫描）、浑圆桩（立禅）。其实，这里的部分方法在《外汇短线交易的 24 堂精品课》中已经有提到，不过那本书是在 2009 年出版的，经过六年左右的时间不断总结完善之后，我们有了一些新的认识。

我们首先介绍"超觉静坐"，静坐可以帮助我们更好地掌控自己，Dalio 采用的冥想基本上属于超觉静坐这种类型。不少人在长年累月的生活，特别是在激烈的黄金短线交易中丧失了对心灵的控制权，所以他们的情绪和脾气变得很差，经常处于紧张和失控的状态。如果他们想让自己的思维停止下来，很快就会发现自己根本无能为力，这表明黄金短线交易者已经失去了对自己思维的掌控权。如果你都不能掌控自己了，你还怎么去掌控你的交易？这时候我们迫切需要进行"夺回主动权"的"内在战争"，这场"战争"是在寂静中展开的。长期战斗在交易的第一线，我们明白这种"思维主动权"对于交易取胜的关键意义，所以我们始终在"捍卫主动权"，采用的方法就是"超觉静坐策略"。

"静坐"的表面意义很浅显，无非就是坐着不动，如果深

究其含义就会发现其意义深奥无比。自古以来，佛家、道家、儒家、武家、兵家等都讲究静坐的功夫，而现代心理学也将静坐视为很好的心灵重塑技术。我们这里就不再去深究静坐本身的哲学和心理学含义，我们要的是效果，而不是道理！"超觉静坐"（Transcendental Meditation，TM）是得到现代心理学基本认可的一种主流静坐方法，是一种可以促进交易者个性优化与自我成长的方法，也是一种使交易者摆脱交易压力和情绪焦虑的具体方法。

黄金短线交易导致的疲惫、挫折、焦虑以及其他许多损害神经系统正常功能的身心异常现象都可以借由超觉静坐而得以消除，从而大大提高黄金短线交易者的绩效。通过坚持定期练习超觉静坐，黄金交易者不仅可以消除焦虑和压力，以及避免各种心因性疾病，更能促进交易兴趣和交易绩效的提高。长期进行超觉静坐的黄金短线交易者可以发挥自己的全部潜能，而交易的理想境界也能最终实现。当然，超觉静坐对人的提升是全面的，不仅仅限于交易水平本身。

超觉静坐的具体步骤是：

第一步，在安静的房间内，灯光柔和，交易者盘坐在垫子上，闭上眼睛。

第二步，逐步放松全身的肌肉，从脚上开始，一直放松到头部，肩膀一定要放下去，而不是耸肩。这一步随着超觉静坐的技能水平提高会越做越好，因为完全放松并不是一日就能掌握的。放松是交易心理平衡法经常用到的子策略，也是交易心理自如法得以进行的基础。

第三步，闭上嘴巴用鼻子呼吸，去细细感觉空气从鼻孔进出的状态。在每次呼气时，心中默念"1"，坚持20分钟，但不能用闹钟提醒自己，在估计够20分钟时睁开眼睛查看时间，如果不够则继续。在准备停止之前，再闭上眼睛休息两分钟左右，然后睁开眼睛。

超觉静坐要求练习者处于轻松、舒适、安静和自然的状态。每天练习一次或者两次，只要坚持练习即可，不要急功近利，更不必担心不会进步。饭后两小时才能开始练习。在交易心理平衡法中，"超觉静坐"是效果最为显著而且容易操作的方法，我们的每个交易员都必须把这一技术当作一门每日必修课来进行练习。所以，在交易开始前和交易中场休息时，我们都督促交易员进行超觉静坐练习。

接着我们介绍"深呼吸法策略"。黄金短线交易者往往长时间坐着进行脑力劳动，所以基本是胸式呼吸，这种呼吸不利于身体能量代谢，所以交易者的身心状态处于极差的水平之上，甚至在贝茨疗法看来胸式呼吸是近视眼的三大原因之一。深呼吸策略较超觉静坐和渐次肌肉放松更便于实行，可以在黄金短线交易中随时采用。这点与后

面要介绍的 EFT 类似，方便易行，效果显著。深呼吸法在现代发展成了专门的心理学疗法，比如捷克心理学家创立的格罗夫疗法和日本心理学家创立的中心疗法。我们这里介绍的是适合黄金短线交易者采用的"简单深呼吸法"。

简单深呼吸法包括呼气和吸气两个技术环节，这两个环节有各自的不同意义和效果，黄金交易中进行自我调整时可以分别采用，也可以结合起来使用。

吸气时用手按着腹部，体会腹部随着吸气深入不断鼓起的状态，同时感受力量充满全身的感觉。吸气主要帮助交易者积聚力量，在单独运用时强调吸气的技术要领即可。

呼气时缓慢绵长，将自己的注意力放在双肩上，由耸肩状态到垂肩状态，感受放松的状态。呼气主要是帮助交易者放松心情，使之平和，更好做出交易决策和更好地遵守交易规则，在单独运用时强调呼气的技术要领即可。

渐次肌肉放松法又被称为身体扫描冥想法。当黄金短线交易者通过一段时间的强化训练能够掌握到肌肉放松的要领时，可以随时随地进行肌肉放松训练。在简快疗法心理学上有一条重要的规则，就是"Calm Body，Calm Mind！"换句话说就是**"身态决定心态，不安的心无法存在于放松的躯体上"**。不那么正规的渐次肌肉放松可以在短线交易中随时使用，但是在你能够熟练进行放松之前，还是需要一段时间进行专门的强化训练，然后每隔一段时间进行补充强化训练，比如说每周抽两天进行，最好是每天睡觉前进行渐次肌肉放松，这样做可以显著地提高自己的睡眠质量。"交易的功夫在交易之外"，不要以为短线交易高手都是在临盘那段时间才下功夫，**在交易时间之外，我们仍旧需要下足功夫。**

渐次肌肉放松的方法有很多种，我们这里介绍一种不需要音频设备辅助提示的方法，你大致按照这种方法提到的顺序去操作即可。

渐次肌肉放松的步骤如下：

第一步，固定在一个安静和安全、光线柔和的房间进行

EFT 能够起作用，也是基于"身态决定心态"这一原理。

真正的短线赢家其实都是在盘前就做了十足的功课，对情况进行了推演，做出了预判和准备了预案，这就是计划交易的过程。盘中是自律地根据盘前的计划展开，这就是交易你的计划。如果盘前没有努力做好功课，盘中往往是情绪化交易，这就是没有计划交易，当然也谈不上交易你的计划了。在我们的功课没做足之前，一切交易都是空谈。所谓看技术指标信号做交易，也需要一个系统分析，哪怕是纯技术系统分析也比乱作一气强很多，当然前提是得做好仓位管理。

放松训练。

第二步，在舒适的床或者沙发上躺下。

第三步，让自己的衣裤变得宽松。

第四步，深呼吸三下，每次吸气之后尽力忍住不呼出，紧握拳头，全身肌肉刻意紧张起来，注意去体会紧张的感觉。在每次忍不住的时候再将气缓缓呼出，注意去体会轻松的感觉。

第五步，按照身体部位的特定顺序依次进行细致周全的放松，要对全身每处都逐一进行放松，去体会当下放松处的"沉重感"，这个过程至少持续10分钟，如果时间不够，则说明你放松还不到位。

第六步，完成全身所有部位的逐一放松之后，想象一股暖流从头顶缓缓地流向你的脚底，感受其带来的舒适。

第七步，静静躺着，享受这种放松的美好感觉。

渐次肌肉放松熟练到一定程度之后可以坐在沙发上或者凳子上进行，交易间隙可以进行简短的渐次肌肉放松的训练。

浑圆桩又被称为"立禅"，其功效优于一般的跑步。经常做黄金短线交易的职业人士免不了腰酸背痛，出现失眠和抑郁状态也是常事。更为糟糕的是，身体状况每况愈下。短线交易使得我们每天进行室外锻炼的时间大为减少，心理状态和生理状况都很差。浑圆桩是大成拳中的一个最基本、最核心的技巧，利用交易空隙站上一小段时间，你会明显感觉到身心很快充满力量。浑圆桩刺激了你的内在活力和先天禀赋，在西欧和北欧有很多普通老百姓热衷于浑圆桩的练习，因为它能激发你的不少潜能，提高你对身心力量的运用能力。我们中有一个人经常进行浑圆桩的练习，获益颇深，抵消了黄金日内交易带来的疲劳和紧张感，将恐惧和贪婪等躁狂情绪很好地降伏。

浑圆桩的一般要领如下：

在安静之处，头直，身正，两脚分开与肩同宽，平踏于地，下肢微微弯曲，两膝不能超过脚尖；

双臂展开水平环抱于胸前，两手相对相距40厘米左右，五指略微分开，想象抱着一个大气球；

两眼微闭，凝神定意，心平气和。

有一个意象是这么多年来练习浑圆桩时觉得特别有效的，那就是想象自己是水草，脚扎在水底的大地上，身体随着缓缓波动的水轻微摇晃。浑圆桩其实源自《黄帝内经》中的"提挈天地，把握阴阳，呼吸精气，独立守神，肌肉若一"，其之所以能够流传至

今，是因为它对人身心的巨大功效。看似简单，好像没有什么高深之处，这恰恰是浑圆桩适合即日交易者实行的好处之一，要去"体认"其好处，而不是思考甄别其好处。

如果你先获得进一步的灵性提升，可以参考葛印卡老师的内观课程，这些课程可以从遍布全球的内观中心免费获得。坚持内观对于提升自己的分析判断能力和交易心态非常有效，大家可以做一些这方面的练习。

第四节　源自中国古典医学的 EFT

经络通，则淡定！淡定与否取决于自身能量运气状态，其次是实力水平与目标高度的比率。

其实，在真正的禅定练习之前我们最好做一些类似针灸的前行功课，为什么呢？因为很多人**可能能量循环处于虚弱的状态，如果直接上座修禅定，无论怎么数息都很难入定。毕竟，**人的身体能量太弱之后，心念也处于极度散乱的状态，这个时候要靠入定就很勉强了。所以，我们可以做一些前行功课来创造一个更加容易修习禅定的状态。EFT 就是这样一种技术，它比针灸更加方便，不用针刺，也不用艾条来灸，可以迅速通过调整经络气机运行来恢复和加强能量循环，进而影响情绪和心态。

EFT 比冥想（禅修）的门槛更低，更容易掌握，同时也可以作为禅定的前行功课。我们在分析和盯盘的过程中可以不定时地进行几次 EFT，这样可以帮助我们驯服身体的能量，进而掌控情绪。然后，再抽取固定的时间段来进行冥想练习。

那么什么是 EFT 呢？它是 Emotion Freedom Techniques 的缩写。一般称为"情绪释放术"。它是一位国外的心理医生偶然尝试穴位按摩治愈了一个恐水症的女患者之后发展起来的心理治疗体系，它与其他西方心理治疗理论的重大区别在于它从身体入手治疗心理疾病，而不是希望通过直接从心理入手来治疗心理问题。

EFT 从根本上讲源于中国古典医学的经络理论，而直接来源则是 TFT。TFT 是 Roger Callaham 创立的，全称是 Thought Field Therapy（s 思维场疗法）。Roger Callaham 在治疗一个恐水症患者的时候，主流的西方心理疗法毫无效果，然后他利用自己对经络理论的了解对病人进行了全新的尝试。他发现患者除了恐水症之外，胃部也经常不舒服，所以他判断患者的足阳明胃经有问题，他在这条经络上选择了一个主要穴位来按摩，然后患者的恐水症突然消失了。要知道此前实行西方心理疗法长达半年，而患者的状况并没有好转，而此刻进行一会儿穴位按摩，患者的症状竟然快速消失。这一次的成功为西方心理疗法打开了一扇新的大门，Callaham 在此基础上进行了广泛的临床试验和深入的研究，他认为身体能量系统出现问题导致了心理问题，而心理问题反过来又加重了能量系统的淤积，通过按摩穴位来修复能量系统，进而可以恢复正常的心态。

所有的心态失衡都可以在相应的经络上找到淤积点，通过疏导这些淤积点我们可以恢复心态的平衡和健康。同样，无论是黄金外汇交易员还是股票期货交易员都处于时刻紧张的状态，面临的外部冲击很多，所以很多交易员的能量系统都存在淤积点，这就必然导致很多身心问题。我们曾经尝试过很多传统的心理疗法，比如 CBT 和自我催眠，但是真正易于应用，效果显著的还是 EFT，这一技术比冥想对场地的要求更小。长年累月奋斗在交易第一线，脊柱的问题和焦虑紧张时常干扰我们的高水平表现，通过坚持 EFT 和冥想，我们保持了能量系统的正常运作，保持了身心的健康状态，而这反过来提高了交易绩效。

空口无凭，我们来看一下 EFT 临床试验的效果。2013 年，美国哈佛大学医学院对 EFT 进行了科学实验。这个实验发现刺激穴位能够让杏仁体缩小，而杏仁体是大脑里面控制情绪的部位。当年另外一个实验则表明刺激穴位可以让人体的可的松水平立即下降 24%~50%，而可的松是人体中与紧张

从 2015 年开始，我们的交易员每天都会进行至少两次 EFT 来平衡情绪。

有关的激素。

关于这样的实验还有很多，有些规模非常大，整体的结果都表明 EFT 相对于西方主流心理疗法效果显著，即使 CBT 这类名气极大的心理疗法与 EFT 相比仍旧相形见绌。

EFT 包括两个部分：心理暗示和穴位按摩。心理暗示大家都应该明白就是一些接纳现状并且积极开创未来的自我暗示语句，这个大家可以根据各自的需要和实践去制作简单脚本，不用太复杂，两三句话即可。穴位按摩可以采用敲击，也可以采用揉按，用艾条来灸也是可以的，重点是刺激到穴位。对于没有专业知识的人来讲，不能用攻击性的力度，也不能采用针，因为这些有可能造成意外的伤害，适度的按摩和敲击是没有问题的。

下面我们逐一介绍 EFT 的十三大穴位，虽然不同的 EFT 技术在穴位的选取上存在细微的差别，但是整体上是差不多的，比如后溪穴、人中穴、瞳子髎等穴位基本上都会用到。每个穴位都有独特的情绪平衡作用，但是作为一个整体来使用效果则会更好。

后溪穴能激发整个能量系统的活力。

第一个要穴是**后溪穴**（见图 22-2），该穴属于手太阳小肠经，又是八脉交汇的穴位，与督脉相通，敲击可以振奋一身的阳气，对于颈椎病有很好的疗效，大家可以试一试。通过敲击这一穴位，可以让全身的阳气加强运行，为整个身体网络的通畅提供能量。

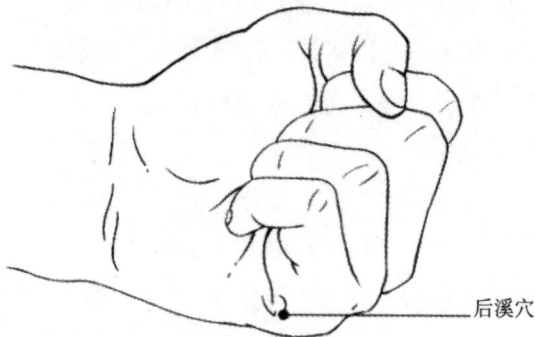

图 22-2　后溪穴

资料来源：图 22-2~图 22-14 均来自互联网。

第二个要穴是**百会穴**（见图 22-3），有些 EFT 治疗师倾向于将该穴的敲击放在最后，比如 Melodie Kantner。百会穴属于督脉，与瑜伽所谓的顶轮有很大的关系。百会穴有百脉交汇于此的意思，因此该穴对于整个能量系统都有很大的影响。在 EFT 理论框架中，百会穴对于平衡恐惧情绪有很好的作用。在中医理论中，百会穴具有很好的镇静安神的作用。但是，这个穴位也属于武功点穴中的要害，不能用很大的力气重击。

百会穴对治恐惧情绪。

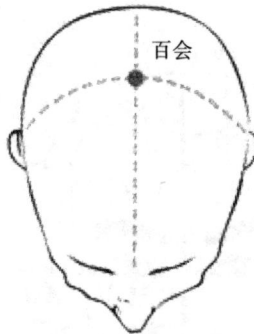

图 22-3　百会穴

第三个要穴是**攒（cuan）竹穴**（见图 22-4），该穴属于足太阳膀胱经，而膀胱经有很大一部分循行于督脉两旁。足太阳膀胱经是能量系统中最大的排毒通道，对于疏导淤积点有

攒竹穴对治焦虑情绪。

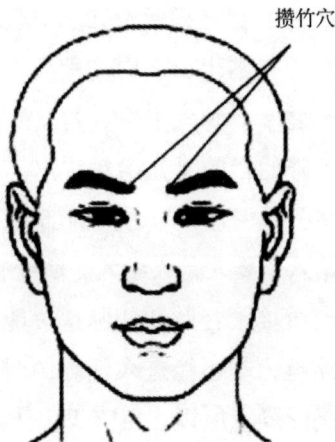

图 22-4　攒竹穴

很大的意义。在EFT理论框架中，这一穴位对于治疗焦虑情绪特别有效，因为焦虑情绪会阻塞能量流经这一穴位。

第四个要穴是**瞳子髎（liao）**，该穴位属于足少阳胆经（见图22-5），与足厥阴肝经互为表里，构成一个能量子循环。肝胆经出现问题，最容易愤怒和惊恐，两者往往同时出现。对于该穴而言，能量淤积时会导致惊恐，因此敲击和按摩该穴位可以平衡此种情绪。在交易中，特别是短线盯盘的交易者，容易为行情的起伏所影响，久而久之容易形成心悸的症状。

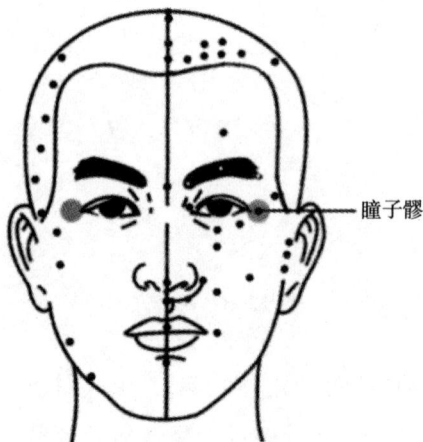

瞳子髎

图22-5　瞳子髎

第五个要穴是**承泣穴**（见图22-6），该穴属于足阳明胃经，有胃气则生，无胃气则死，胃气是人后天之本，肾气为人先天之本。脾气上升，胃气下降，上升的目的是让精华向上，下降的目的是让糟粕排出。该穴在EFT理论框架中与抑郁情绪关系密切，压力大抑郁的人容易得慢性胃病。

第六个要穴是**人中穴，属于督脉的穴位**（见图22-7），但实际上衔接了督脉和任脉这一能量子循环系统。当督脉阳气在上浮越，却不能进入任脉的时候，人可能昏迷了，轻的时候就是浮躁，所以在EFT理论框架中该穴对于治疗浮躁很有效果。现代社会非常浮躁，做交易的人也是如此，很难静下心来研究，因此很难成功。

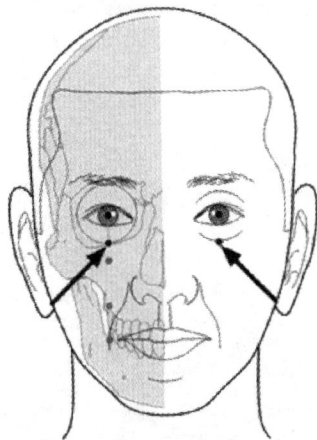

图 22-6　承泣穴

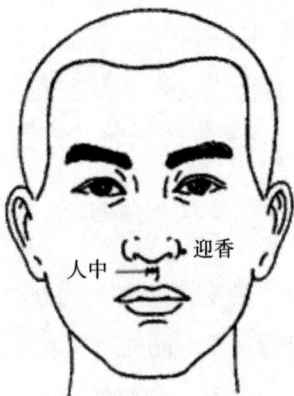

图 22-7　人中穴

　　第七个要穴是**承浆穴**（见图 22-8），这个穴位属于任脉，属于任脉与足阳明胃经的交会穴，中医当中该穴有镇静安神的作用。在 EFT 理论框架中，该穴与自卑情绪关系密切。该穴位于下巴处，而一个人抬起下巴是什么意思呢？其实，人自身就有调节能量的潜意识。

　　第八个要穴是**俞府穴**（见图 22-9），别名腧中穴。该穴位于胸部，当锁骨下缘，前正中线旁开 2 寸。为人体足少阴肾经上的主要穴道之一。这个穴位是体表经络与体内经络的接口，因此能量在该穴位处出现淤积会导致内外能量交流不畅，进而导致内心的空虚和依赖上瘾。有一类人不停地寻找然后

承浆穴对治自卑情绪。

俞府穴对治空虚。

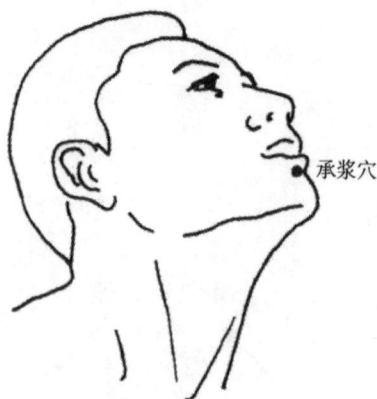

图 22-8　承浆穴

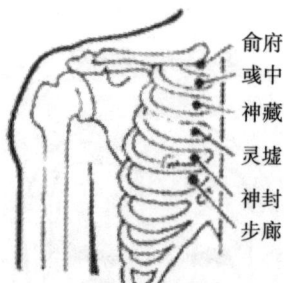

图 22-9　俞府穴

又放弃一种交易策略，到处寻找秘诀，却静不下心来对某一策略进行一段时间的坚持和改进，这就是空虚的具体体现。

第九个要穴是**渊腋穴**（见图 22-10），渊腋穴是足少阳胆经的常用腧穴之一，位于腋中线上，腋下 3 寸，第 4 肋间隙中。在中医理论中，该穴理气行瘀。这个穴位对于心绞痛急救也有很大的好处，与大包穴功能类似。该穴淤积时，容易出现猜忌和妒忌情绪。

第十个要穴是**库房穴**（见图 22-11），属足阳明胃经。库房，储物之仓也，地面建筑之物也。该穴名意指胃经气血中的五谷精微物质在此屯集。在胸部，当第 1 肋间隙，距前正中线 4 寸。在 EFT 理论框架中，该穴与平衡挑剔和埋怨情绪有关。交易不顺，怨天尤人，这是每个交易者都会经历的，如何对治，该穴就是良方之一。

该穴与瞳子髎都属于胆经，本穴对治猜忌和妒忌情绪。

库房穴对治埋怨和挑剔情绪。

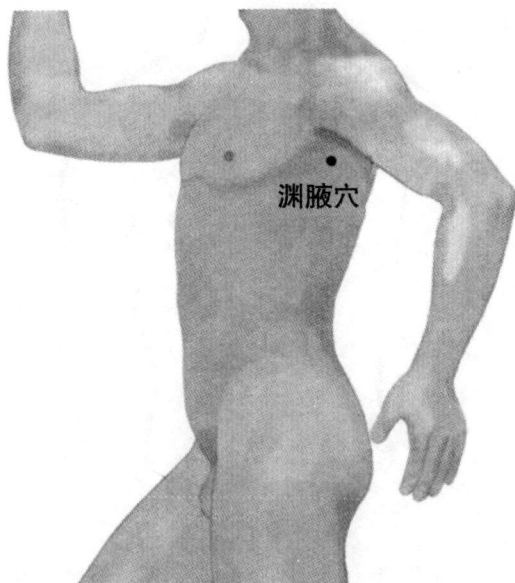

图 22-10　渊腋穴

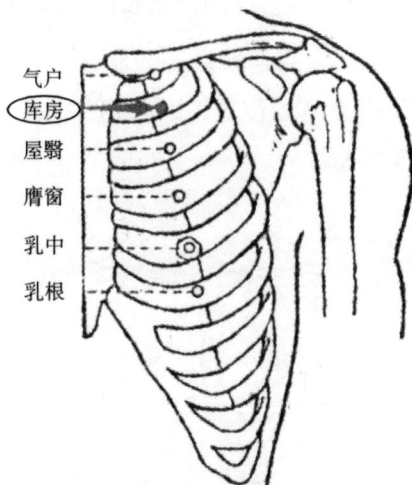

图 22-11　库房穴

第十一个要穴是**膻（dan）中穴**（见图 22-12），在前正中线上，两乳头连线的中点。该穴属于任脉，但是与较大静脉交会，中丹田大概位于此处。在 EFT 理论框架中，该穴与愤怒有关。愤怒淤积也可以通过膻中穴缓解，这个方法我们经常用，每天睡觉前按摩一下膻中穴。膻中穴不能子时重击，此处为要害穴位，只能轻揉。

膻中穴对治愤怒情绪。

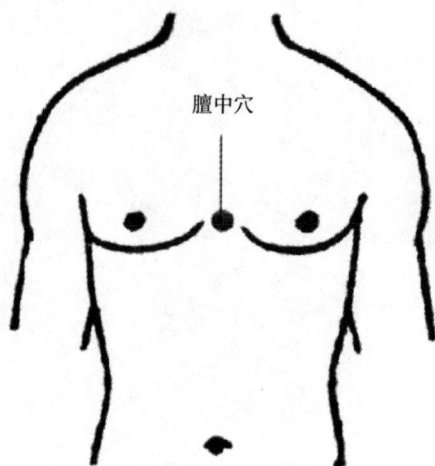

图 22-12　膻中穴

气海穴对治怨恨。

　　第十二个要穴是**气海穴**（见图 22-13），这个地方也被称为丹田或者下丹田。该穴位于下腹部，前正中线上，当脐中下 1.5 寸。取穴时，可采用仰卧的姿势，气海穴位于人体的下腹部，直线连接肚脐与耻骨上方，将其分为十等份，从肚脐开始 3/10 的位置，即为此穴。在 EFT 理论框架中，该穴与怨恨有关。

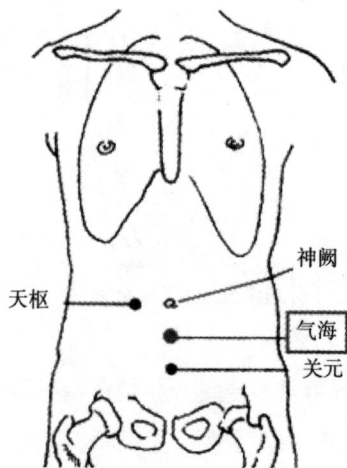

图 22-13　气海穴

乳根穴对治内疚和羞愧。

　　第十三个要穴是**乳根穴**（见图 22-14），属于足阳明胃经穴位，位置在乳头直下，乳房根部，当第 5 肋间隙，距前正

中线 4 寸。在 EFT 理论框架中，该穴与内疚和羞愧有关。

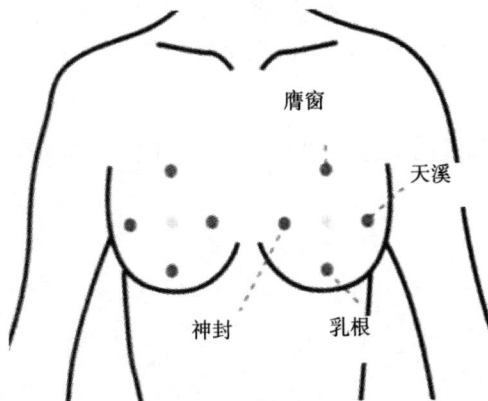

图 22-14 乳根穴

黄金短线交易者对于人的能量系统损害很大，及时通过 EFT 进行修复是必要的，坚持每天至少两遍 EFT，每遍将十三个穴位按摩十分钟左右。坚持！你很快就会看到效果！心态好是交易成功的必要条件，如何做到心态好，市面上的交易心理学书都拿不出实际有效的方法，只能让你自己看淡一点，积极一点，其实不具有可操作性，EFT 让你可以很容易做到心态好这个要求。能够落地的技术才是真正的好技术，否则都是不可证伪的空话。

【开放式思考题】

在研读完第二十二课的内容之后，可以进一步思考下列问题。虽然这些问题并没有固定的标准答案，但能够启发思考，跳出来看某些观点。

（1）如何判断"现在的主流偏见是不是已经走到极端了"？

提示：COT 极端值是否出现？上海期货交易所的黄金持仓是否出现极端值？是否出现天量？是否出现利好不涨或者利空不跌？是否出现空头陷阱或者多头陷阱？是否出现市场高度一致的情绪和观点？

（2）本课提到"重大基本面变化绝不可忽视，否则等趋势走出来，这个时候你醒悟了，那也是枉然"。那么，什么是黄金交易中的重大基本面变化呢？

提示：从黄金三重属性出发！

【进一步学习和运用指南】

（1）交易日志是你在金融海洋航行的指南针。如果你还没有记录的习惯，那么从今天开始吧！

（2）养成寻找大众和自己盲点的习惯，在交易记录中体现这一要求！

第二十三课

黄金走势的季节性规律和日内规律

几乎所有的资产标的都存在季节性规律，具有商品属性的黄金更是如此。黄金走势存在长周期和短周期叠加的客观规律。先从长周期讲起，美国有一个人叫汉密尔顿，提出了黄金长周期理论，这个理论类似于道氏理论，不过加上了黄金基本面特有的一些考虑。他说黄金上涨有三段论，第一阶段是**美元贬值，美国要打仗，打仗要借钱，借钱就贬值**，第二阶段是投资需求推动金价上涨，第三阶段是大众参与投机狂热，然后就掉下来了，很多年就不再动弹了，黄金泡沫在第三阶段产生。第三阶段结束后，黄金容易被大众忽视掉，进而进入下一个新的大周期。

这个大周期由三个阶段组成，第一个阶段是大众尚处于对黄金冷漠的状态，但是美国大战略已经开始进入扩张阶段，自然会导致一个长周期的财政赤字激增，进而导致美元进入一个长达数年的贬值周期。第二个阶段是黄金开始突破盘整，这样就带来了第一批主流投资者，看到黄金货币属性显露是这批人的先见之明。第三个阶段是黄金价格显著上升导致了大量追逐价格波动的投机客入市，这个时候黄金的货币属性已经被广泛传播，然而此阶段的黄金已经沦为了投机品，因此泡沫处于最后吹大的阶段，当美国开始撤军，收缩其地缘政治战略时，当美联储开始紧缩时或者有紧缩预期时，黄金的大泡沫正式崩盘。

> 美元中长期贬值的产生离不开美国的扩展地缘政治战略。

613

大周期其实就是地缘政治周期，就是美元霸权周期，属于货币属性的范畴，我们本课着重讲一下黄金的季节性周期，以及连带介绍一下黄金日内走势的一些规律。

第一节　黄金走势的季节性规律

除了上面所谓的"黄金上涨三段论"之外，**黄金走势还存在大约 95 个月的周期性**，也就是说黄金的两个相邻阶段性大底部出现的**时间间隔大约为 95 个月**，这是黄金的中期周期循环，如图 23-1 所示。

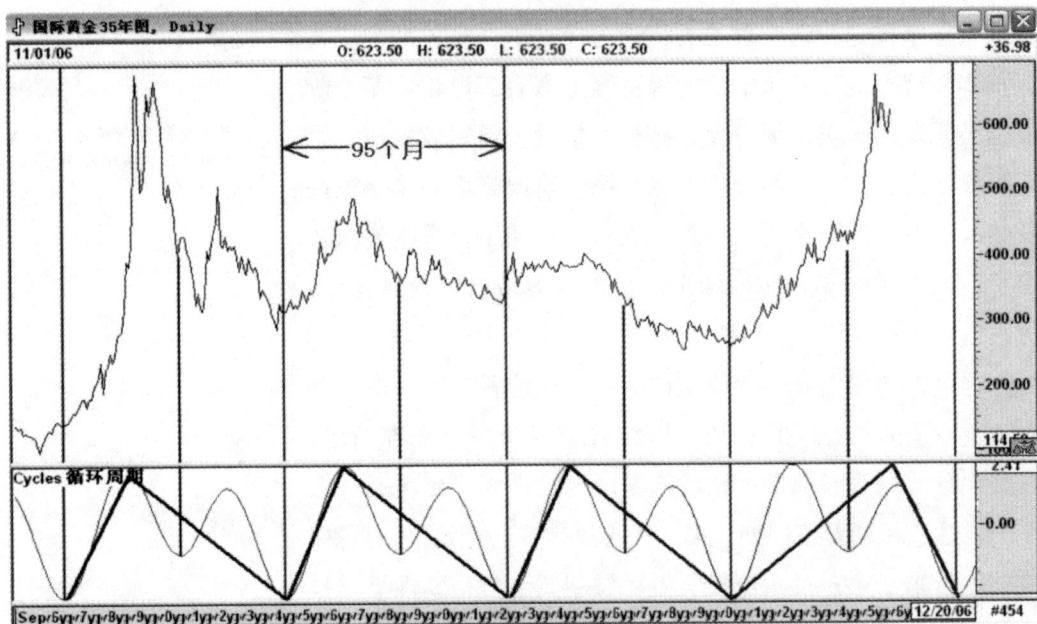

这个 95 个月周期与美元的周期非常匹配。

图 23-1　黄金的 95 个月周期

黄金不仅具有 95 个月，也就是大约 8 年的年度周期，同时还具有年内周期，这就是广为人知的**年中低点规律**，**也就是说黄金往往在每年的 6 月和 7 月出现年内的最低点**。请看图 23-2 显示的统计规律。大名鼎鼎的 Moore 研究中心也分别

基于最近 30 年、15 年和 5 年数据对黄金的季节性进行了统计（见图 23-3），其中也可以看到 6 月是一个年内低点，另外黄金在年内呈现出 5 浪走势（见图 23-4）。

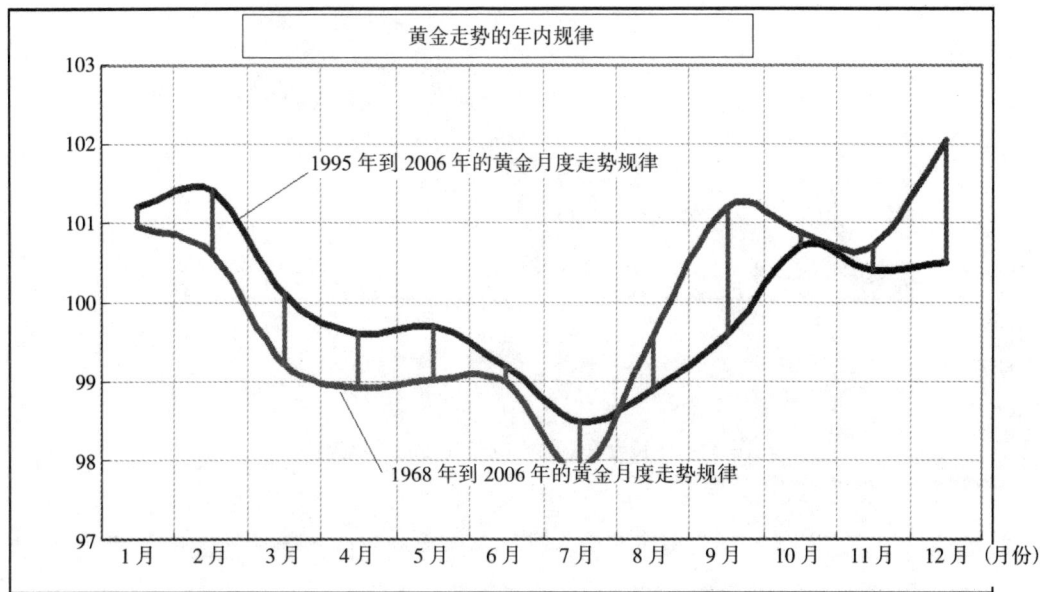

图 23-2 黄金走势的年内规律

资料来源：上海黄金交易所。

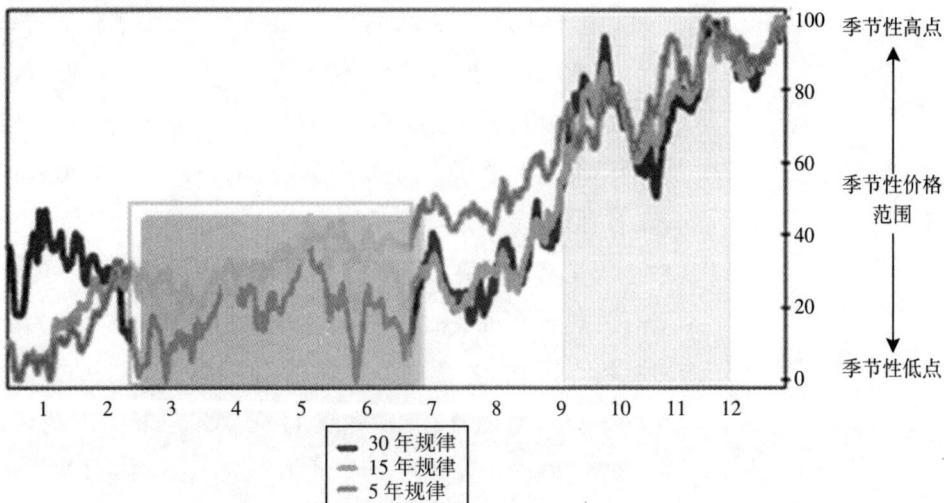

图 23-3 黄金的季节性规律（1982~2011 年）

资料来源：Moore research centre.

Gold: 24 Hour Composite
Historkal Patteras（1982~2011 年）

30 年规律
15 年规律
5 年规律

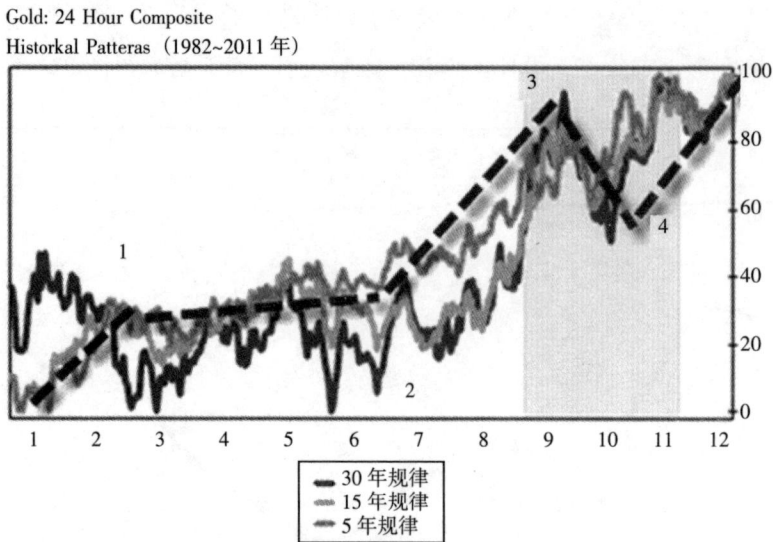

图 23-4 黄金季节性规律体现出的 5 浪走势

资料来源：Moore research centre.

黄金的商品属性决定了黄金价格的季节性规律。

为什么黄金会呈现出这种年内规律或者说季节性规律呢？主要原因是印度**黄金消费的季节性**。由于印度是黄金消费的大国，所以印度的节日通常会影响金价的短期走势，由于西方和印度的节日集中于第一季度和第四季度，所以**黄金在年末和年初容易走强，而阶段性底部往往出现于年中，特别是 6 月和 7 月**，这对于把握买卖黄金的时机而言是非常有价值的知识。

印度对黄金的需求源于这个国家的文化信仰和宗教传统。这个国家是世界上受宗教影响最深的族群社会之一，对印度教的信仰遍及全国，占到了总人口的大约 80%。黄金在印度教的信仰中是财富与繁荣的象征，印度老百姓认为黄金这种贵金属是有宗教魔力的，是可以带来幸运的金属，因此印度老百姓热衷在重要的宗教节日和婚礼期间用黄金作为装饰或者礼物。其中最重要的节日是 Diwaii，这个节日被视作印度新年的开始并且通常在 10 月或 11 月到来。相关的统计表明，从 1975~2005 年黄金月度波幅来看，9 月和 10 月往往是金价表现最好的时候，一大部分原因就是印度人为他们的宗教及婚庆季节的到来提前做准备而集中购买黄金。旺季是第四季度，而淡季则位于年中，每年 3~8 月是黄金现货需求淡季，

而黄金价格在 3 月前的大幅上涨已对现货需求量构成损害。而年末和年初由于适逢印度和西方的重大节日所以对黄金的需求量特别大，这也许是黄金走势呈现出上述月度规律的最关键原因之一。在分析黄金行情走势时，必须时刻注意到这种非常明显和稳定的季节性因素。

此外，印度人以热衷于储备著称，国内金融储蓄的比例很高，占到 GDP 的 90%以上。因此，黄金储蓄经常引起印度政府的相关管制政策，特别是在国际收支出现问题的时候。印度人储蓄黄金的习惯也被继承了下来，深深根植于老百姓的思想中，对于黄金也同样适用。**一直以来黄金在印度被当作储备和投资的主要工具，它的受欢迎程度以及普及程度仅次于银行存款。在拥有全国人口 70%的农村，黄金同样被视为一种保障并且很容易作为一个储藏的媒介。**黄金同样被认为是用来对抗通货膨胀的良好资产。

银行的金融系统不发达，也构成了对黄金储值的需要。

第二节　黄金走势的日内规律

在年度上黄金存在大约 8 年的周期，而在月度上黄金经常会在 6 月和 7 月见阶段性底部，那么在日内黄金是否存在什么规律呢？**日内的交易波动和走势特点主要受到市场轮换的影响，黄金的走势通常在亚洲市场时段最为冷清，在欧洲市场和美洲市场上半交易时段交投较为活跃，这与国际外汇市场的日内波动规律较为一致，**大家可以参照外汇市场的日内走势规律，根据亚洲、欧洲和美洲三大板块时段来分析黄金日内波动特点，在不同的时间段里，黄金的走势存在一定的规律，下面来分析现货黄金不同时段的走势规律，我们这里提到的时间都是北京时间。

从 5：00 到 14：00 这段时间主要由亚洲交易者主导，受中国和日本经济数据影响较大。不过，整体上交投清淡。这

主要是由于亚洲市场的推动力量小，不会对金价造成较大的波动，所以震荡幅度较小，多为调整或回调行情。并且一般与当天的方向走势相反，如当天走势上涨，则这段时间多为小幅震荡的下跌。

从 14：00 到 18：00 主要处于欧洲早盘。欧洲市场开始交易后，资金将会增加，此时欧洲各国重要金融数据也将公布，所以在此时间段内驱动因素较多，价格开始活跃。

从 18：00 到 20：00 处于欧洲的中午休息和美洲市场的清晨，行情较为清淡。由于这一时间段为欧洲市场的午休时间，也是等待美国开盘的前夕，属于调整阶段。

从 20：00 到 24：00 处于欧洲市场的下午盘和美洲市场的上午盘重叠时段，所以行情波动较大，也是资金量和参与人数最多的时间段，所以这一时间段决定着当天现货黄金的走向，也是投资者把握大势的最佳时间段。

从 0：00 到 5：00 处于美国的下午盘，一般此时金价已经走出了较大的行情，这段时间多是对前面行情的技术调整，这个时候身处中国的交易者也不会开立新仓，属于垃圾时段。

黄金几大市场的轮动造成了日内走势规律（见图 23-5），在观察日内波动的时候，建议采用 kitco.com 的最近三日走势对比图，这样可以很明显发现一些日内走势规律（见图 23-6）。

kitco.com 也有中文站点，翻译为金拓，是不错的黄金权威资讯站点。

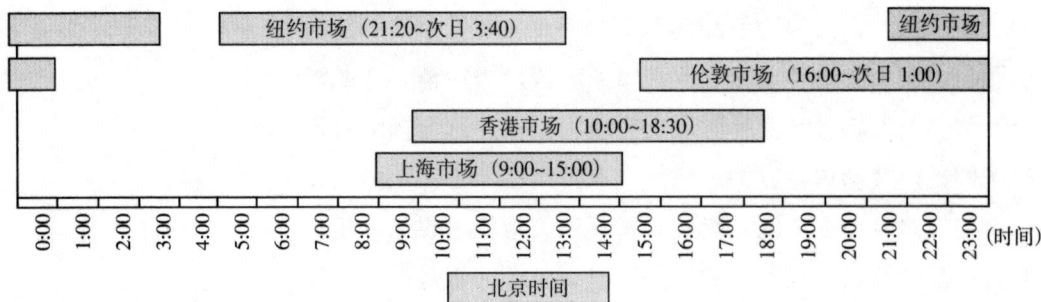

几大市场组成了全球的 24 小时黄金交易系统，折算成北京时间：
香港市场：10:00~18:30；
伦敦市场：16:00~次日凌晨 1:00；
纽约市场：21:20~次日凌晨 3:40。

图 23-5　全球主要黄金市场的交易时段

资料来源：互联网。

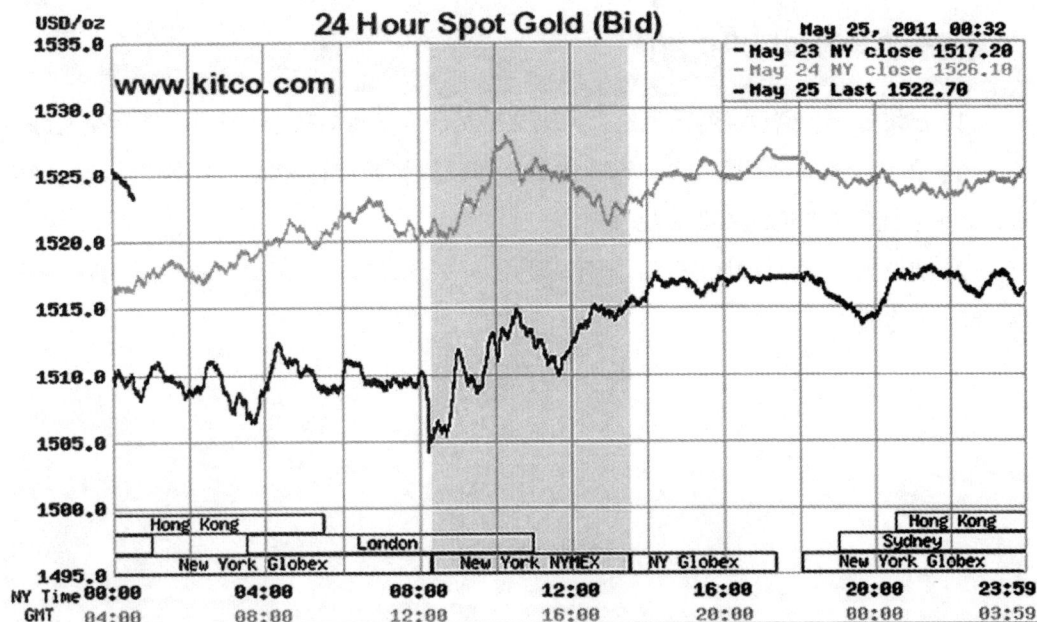

图 23-6 三日日内走势对比

资料来源：kitco.

【开放式思考题】

在研读完第二十三课的内容之后，可以进一步思考下列问题。虽然这些问题并没有固定的标准答案，但能够启发思考，跳出来看某些观点。

（1）本课提到"黄金上涨有三段论，第一阶段是美元贬值，美国要打仗，打仗要借钱，借钱就贬值，第二阶段是投资需求推动金价上涨，第三阶段是大众参与投机狂热，然后就掉下来了，很多年就不再动弹了，黄金泡沫在第三阶段产生。第三阶段结束后，黄金容易被大众忽视掉，进而进入下一个新的大周期"。那么，这个黄金三段论与道氏三段论的共同点和区别分别是什么呢？

提示：道氏三段论重在成交量和情绪，黄金三段论重在驱动因素和情绪。除此之外还有什么呢？

（2）本课提到"黄金在年末和年初容易走强，而阶段性底部往往出现于年中，特别是6月和7月"。那么，如果黄金在该弱的季节却出现反常，走出强劲上涨走势，这意味着什么呢？

提示："超预期"的盘面表明什么？结合股市上的类似现象想一想。

【进一步学习和运用指南】

（1）建议进一步阅读《道氏理论：顶级交易员深入解读》和《江恩商品期货交易的盈利之道：顶级交易员深入解读》。这两本书都在反复强调结构和周期。点位是结构的要素，而季节性则是周期的重要体现。

（2）建议结合《题材投机（4）：对手盘思维——盘口异动的逻辑和超预期》理解和运用"盘面超预期"。

黄金短线交易的完整流程

最后的赢家是坚持系统思维和对治策略的人，从第一课到第二十三课，我们系统介绍了黄金短线交易的各个方面，从大家最容易入手的 K 线技术入手，介绍了一些进场手法，接着介绍了斐波那契比率的各种技术，然后将 K 线与斐波那契结合起来运用，这就基本上将行为分析中的"态"和"位"两大要素介绍给大家了。从第十五课开始介绍驱动分析、心理分析等内容，到了最后一课，也就是本课，我们需要对整个黄金短线交易的流程进行一个梳理，这样大家才能将前面学到的东西有效地予以利用。

本课进入正题之前，我们介绍一下"上帝三问"，高效地解决这三个问题是持续盈利的基础（见表 24-1）。每一个问题的解答涉及一个公式，复利公式和凯利公式大家都不陌生，而盲利公式可能对没有上过我们其他课程的内训交易员而言是不易理解的。简而言之，大众的盲点就是利润。

表 24-1　上帝三问和三利公式

	上帝三问	三利公式
1	究竟什么是大部分交易者的盲点	盲利公式
2	究竟什么是市场运动不变的根本结构	复利公式
3	究竟什么是交易策略的根本不变因素	凯利公式

财富的产生来自于确保本金，只有确保了本金才能带来增值。**可以说巴菲特将复利原理的运用送入了顶峰，而索罗斯则是运用凯利公式的集大成者**，因为他在短期交易中充分地考虑了胜算率和报酬率在资金分配中的决定性作用。**财富公式有两个，一个是复利公式，一个是凯利公式，凯利公式保证一个较高资金增长率的获得，而复利公式保证了长久下来财富能够得到指数式的增长。**

我们重点谈谈索罗斯与凯利公式。索罗斯相当重视报酬率问题，他之所以选择在

临界点交易正是因为这个原因。报酬率是风险和报酬的比率，也就是说以多大的风险去追求多大的潜在利润。在临界处，市场继续向前运动的幅度很小，但是回归运动的幅度很大，所以在临界点反向操作的风险较小，但是潜在利润却很大。比如，市场先前向上运动，数据和推理都显示市场目前位于临界点附近，此时我们入场做空，理由是市场继续上行的空间很小，但是下跌的空间却很大，做空的止损可以放置很小，但是做空的盈利目标却较大，这样就得到了一个理想的风险报酬率。

在凯利公式中，风险报酬率还不是唯一的资金分配决定要素，胜率也很重要，索罗斯在临界点交易的另外一个原因是可以因此获得一个较高的胜算率。比如市场先前的走势是向下的，现在位于临界点处，继续向下的概率小于反转向上的概率，因此做多的胜算率高于做空的胜算率。

任何伟大的交易者和投资家都必然综合了凯利公式和复利公式的思维，而这两大思维要发挥作用，前提是掌握凯利公式。

通过临界点，**索罗斯可以获得较高的报酬率和胜算率**，这样就可以动用较大份额的资金介入到一项交易中。但是更多的交易者却在趋势继续向上的时候做空，在趋势继续向下的时候做多，或者是在临界点处跟随先前的趋势做交易，这样的交易只能带来较低的胜算率和报酬率，但是这些交易者却没有相应地降低动用资金份额，其最终结果当然是很快就在市场中破产了。

索罗斯很早就认识到动用资金份额应该随着当下交易的胜算率和报酬率而相应变化，只有在胜算率高和报酬率高的时候动用更多资金，在胜算率低和报酬率低的时候动用更少的资金才能够在市场中长期生存下来，利润自然也就随之而来了。但是，一般的交易者基本上没有听说过凯利公式，当然也没有几个人能够直觉地遵从凯利公式的引导。

生存是第一要务，复利公式中有一个本金项，有一个复利项，有一个交易年数，或者说交易次数项。只有遵循凯利公式的资金分配原则，才能保证本金，即才能真正实现本金项的指数式增长。只有遵循了凯利公式的资金分配原则，才

能保证一个较高的复利水平，从而保证一个出色的终值。只有遵循了凯利公式的资金分配原则，才能把握更多的高效能交易机会，从而得到一个较大的交易次数，发挥更大的指数式增长。

对于复利原理，交易者只能被动地接受，它告诉我们一个客观的规律和事实，一个实证的真相。而凯利公式则教导交易者要主动处理交易仓位，通过明晰胜算率和报酬率的影响来决定具体的仓位，主动控制自己的交易成败。复利原理是中性的，它可以让资本逐渐消失，也可以让资本不断增加。而凯利公式则是非中性的，它告诉交易者如何更久更好地在市场中生存。

索罗斯非常伟大，因为他明白凯利公式带来的积极意义，所以他总是在计算了胜算率和报酬率后积极主动地管理自己的交易，在自然法度之内处理交易仓位。但是，又有几人知道积极管理仓位的重要性，他们都沉迷于判断行情的各类技巧，对于资金管理策略从不过问，最多关心一下止损问题。

索罗斯不止一次地向自己的助手强调了概率的意义，他认为市场的运动并不在乎交易者的想法和利益，而交易者也无法确知市场下一刻的运动方向和幅度，以及持续时间等。正是因为索罗斯对于交易的不确定性有充分的认识，才使得他坚持以概率的思维和原则来把握交易，而凯利公式正是一个非常好的概率管理工具。

复利公式强调"与时间为友"，而凯利公式则强调"与概率为友"。一般的投资方法和投机方法都会随着时间而露出丑陋的面目，但是高效的时间方法却可以借助市场而日益发达。时间是宇宙优胜劣汰法则得以贯彻的保证，而复利公式则是进化论的一种体现。对于坏的交易方法而言，时间是最大的敌人，因为侥幸的成功将很快让位于不可挽回的失败；而对于好的交易方法而言，时间是最好的朋友，因为偶然的失败将很快让位于持续的成功。坏的交易方法总是将交易建立在确定性上，因此它忽略了失败的可能性，进而忽略了止损的必要性，结果可想而知；而好的交易方法则知道"谋事在人，成事在天"的道理，所以会积极应对糟糕情况的出现。

索罗斯认为一个好的交易方法必然具有两个特征，那就是：第一，这个方法一定是"与时间为友"的；第二，这个方法一定是"与概率为友"的。索罗斯建议那些想要从事金融交易者的年轻人好好想想"与时间和概率为友"的问题，如果找不到符合这一要求的交易方法，那么就永远不要参与到交易中去。很多人在没有亲自确认某一方法能够持续获利之前就匆忙入市交易，交易中屡屡犯下违背"与时间和概率为友"的错误，很快就被市场淘汰了。

要想在市场中生存，就必须长期做正确的事情。要做正确的事情，就要以凯利公

式为准绳；而之所以要长期做正确的事情则是因为复利公式的缘故。仓位管理的最根本要求就是要"与概率为友，与时间为友"！

如果说盲利公式涉及驱动分析和心理分析的内容，那么凯利公式则涉及行为分析和仓位管理的内容，复利公式则是"有效的做法反复做"，做到流程化高效管理。

第一节　分析与交易的流程

短线交易并不意味着在分析的时候可以忽略中长线，相反更应该重视中长期走势。

本节我们介绍黄金短线的分析与交易流程。"黄金的三大属性"，这是正确研判黄金走势的根本前提，不少常年交易黄金的资深人士之所以仍旧不能很好地把握黄金的走势，其根本原因就在于他们没有很好地把握黄金的这三大根本属性。一切黄金走势研判的秘诀都潜藏在这三大属性之中，区别成功和失败黄金投资者的关键就在于对这三大属性是否掌握透彻。

金价波动的四个原则是：第一个原则是黄金货币属性的强弱是影响金价涨跌的根本性因素；第二个原则是黄金是最好的避险工具与金融对冲工具，汇率、利率、经济及金融波动等与金价波动相关的投资属性显现时，将阶段性地影响金价走势（中期），但不改变大局；第三个原则是黄金的商品属性影响力甚微，唯在金价短期快速涨跌后，会产生逆反的牵引作用；第四个原则是从严格意义上说，汇率变动、原油及相关商品涨跌对金价只产生参照物价值，非其理由。

不管是黄金交易还是其他标的的交易，第一步是行情分析；第二步根据凯利公式大概明晰潜在的市场风险报酬率分布函数，制订交易计划；第三步是执行交易，这个时候就是典型的机械化操作了，交易你的计划；第四步基于统计学原理对交易过程和绩效进行总结，积累到一定样本之后再进行

流程优化（见图24-1）。行情分析不完整，没有交易计划，执行计划不守纪律，没有总结和完善，这是交易者常见的毛病，黄金短线交易者也不例外。

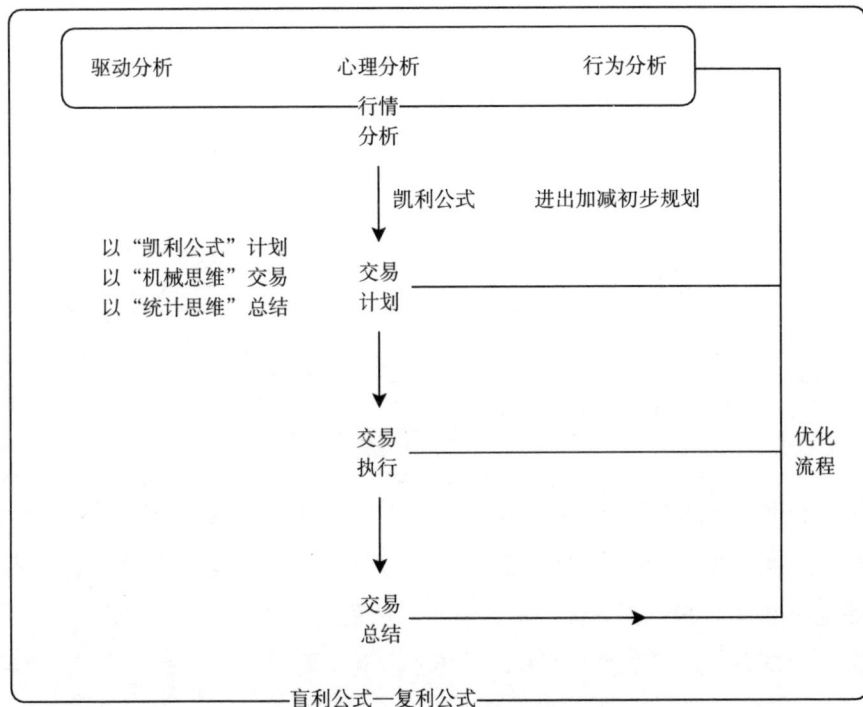

图24-1　交易流程和步骤

如果我们将前面行情分析和交易计划单独提出来进行更加详细的划分，那么行情分析分为驱动分析、心理分析和行为分析三个步骤，每个步骤都有相应的重点，从博弈论的角度来讲具有各自重要的意义。比如，驱动分析其实相当于研究博弈的支付矩阵，心理分析相当于博弈的参与者研究，行为分析相当于博弈的行为研究，而仓位管理则相当于我们寻找占优策略的过程（见表24-2）。

R/S 是阻力支撑的简写符号。

表24-2　交易流程与博弈论

第一步	第二步	第三步	第四步
驱动分析	心理分析	行为分析	仓位管理
重要因素确定性结构变化	市场新兴焦点	分形和 R/S	凯利公式
博弈的支付矩阵	博弈主体	博弈的行为分析	寻找占优策略
寻找潜在最强劲的单边市场和品种		确认单边市场和品种	把握单边市场和品种

行情分析下面分为驱动分析、心理分析和行为分析，而行为分析下面分为"势"、"位"、"态"三要素分析（见图 24-2），前面讲的 K 线属于"态"，讲的斐波那契属于"位"，而趋势的分析和确认采用技术手段，比如均线、趋势线等，前瞻性地研究趋势需要驱动分析和分析的支持。

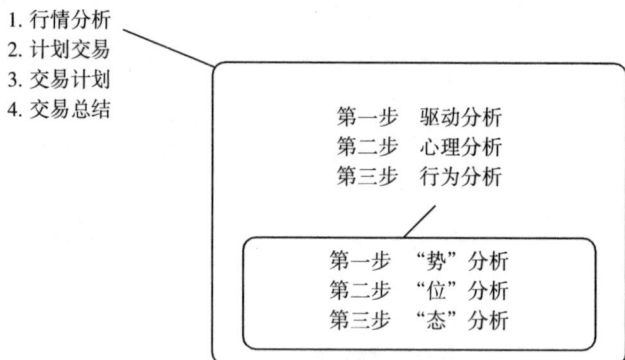

```
1. 行情分析
2. 计划交易
3. 交易计划
4. 交易总结

          第一步   驱动分析
          第二步   心理分析
          第三步   行为分析

            第一步   "势" 分析
            第二步   "位" 分析
            第三步   "态" 分析
```

图 24-2　行情分析的具体要件

任何交易都是从趋势着眼，然后从位置入手，所谓的进场位置都与支撑阻力相关。支撑和阻力线就是我们观察市场趋势运动的"温度计"，唯有通过这些市场温度的具体"刻度"我们才能更好地把握具体进出场时机和位置。"势"、"位"、"态"三个要素是行为/技术分析的核心，这三个要素涉及的具体工具和子要素我们大致归纳到表 24-3 中。

表 24-3　"势"、"位"、"态"三要素的相关工具和子要素

要素	工具	分析要素
"势"	三 N 法则（N 字、N%、N 期）	向上 VS 向下
	两跨（跨时间分析、跨空间分析）	
	螺旋历法 + 波浪理论	
"位"	斐波那契水平线	支撑 VS 阻力
	中线（前日波幅中点）	
	波幅（日均波幅和离差）	
"态"	K 线（价态）	收敛 VS 发散
	成交量（量态）	

上面我们已经将分析和交易的流程，以及涉及的要素清晰地列出来了，具体内容可以参照本教程前面的讲授。

第二节　仓位管理

仓位管理的三个要素是胜算率、风险报酬率和周转率，短线交易的优势是周转率高，但是如果缺乏具有优势的胜算率和风险报酬率则容易弄巧成拙。所以，周转率是排在最后一位的。根据我们前面介绍的知识，大家应该明白风险报酬率是第一位的，而胜算率是第二位的。从这一点来看，要做好仓位管理首先就应该获得一个较高的风险报酬率，其次是获得一个较高的胜算率，最后才是一个较高的周转率。仓位管理的最低目标是将破产风险降到最低，最高目标是实现资产增值的最大化。

很多技术分析派大师都破产过至少一次以上，但是这些破产都发生在他们从事金融交易的开始阶段，这类破产使得部分菜鸟级的交易者很快成熟起来，开始领悟到"生存"两个字的意义，然后开始注意止损和资金管理。但是，对于那些在交易初级阶段没有经历过破产，或者对破产认识不深的投资者而言，此后的交易行为往往是冒失而风险巨大的。

在交易的开始阶段，交易者投入的资金往往非常少，这时破产的教育价值胜过了损失的经济价值。但是，到了交易者开始投入大量资金的阶段时，破产则往往意味着"死亡"，因为本金在亏损后已经处于不能继续交易的状况，而且心理上也遭受了重创，交易信心崩溃，要想在短期内重建几乎不可能。正是因为这一阶段的破产带来了资金和心理的双重巨亏，所以我们一定要避免因为遭受到这样的破产而过早结束自己的交易生涯。

那么如何做到避免这样的破产出现呢？我们认为只要投资者按照下列步骤和要则去操作就不会面临"死亡"。

第一个步骤是认识到破产的危害，要认识到破产的危害就必须清楚破产带来的长期影响，特别是对心理上的影响。通常而言，对破产危害的最有效认识却是来自于早期小规模交易的破产。早期的小规模破产就是在给交易者打疫苗。没有经历过破产和较大亏损的投资者是不会下定决心戒绝那些导致破产的习惯的。认识破产的危害除了经历破产本身之外，还需要得到理性上的认识，这就需要从概率论的角度来认识破产了，关于这一方面的知识希望大家可以去认真阅读《期货交易者的资金管理策略》这本书，重点看看《破产动态学》一章的数理分析。

第二个步骤是科学地管理风险，这就要求大家将风险放在首要位置予以考虑，其次才是收益问题。很多交易者在行情研判时往往只看到收益，看不到风险，或者是低估风险。在交易的时候总是不停地盘算哪个交易品种的收益水平更高，而不管其对应的风险水平。这种思维习惯将极大危害本金的安全，交易者如果具有这种错误思维的话将不可避免地迅速走向破产。要科学地进行风险管理，就必须遵循我们将要提到的凯利公式。所谓的凯利公式是指 $K = [(1+R)\,W-1]\,/\,R$，其中 K 代表此次交易动用的资金比率，而 R 则是此次交易的风险回报率，W 则是此次交易的胜率。无论是巴菲特这样的长期投资者，还是索罗斯这样的短期交易者，在运用凯利公式上都是一流的高手。索罗斯认为任何一次投资下注都涉及取胜概率和风险回报率两个方面，如果忽视其中的任何一个因素，连续几次交易之后必然犯下不可挽回的错误。只有趋近于凯利公式的资金管理策略才能保证金融交易者在市场中站稳脚跟，长期生存。可以这样说：**凯利公式首先是一个生存法则，其次才是一个盈利法则，当然生存和盈利在金融市场中是两位一体的。当你重视生存时，利润自然来到你的身边，但是当你只追求利润时，则死亡已经离你不远了。**

第三个步骤是计划你的交易和交易你的计划。人的非理性是导致破产的根源所在，要避免破产，最为根本的办法是走向理性。但是，完全走向理性是不可能的，所以我们只能尽最大努力做到理性。要成为一个理性的交易者，最为关键的一点是在交易前制订计划，在交易中执行计划，在交易后反省计划。索罗斯在每次交易前都会进行审慎的考虑，并据此制订一个交易计划。这一做法使得索罗斯的绩效远远超过绝大多数投资者。但是，制订交易计划并不能保证成功，只有严格地执行既定的交易计划才能带来正确的交易行为，从而得到一个优良的交易结果。

仓位管理最基本动作是进场和出场，我们将有效的进出场方式归纳为帝娜进场三式和帝娜出场三式（见表24-4）。进

后位出场法是不可或缺的。

场和出场总共六式适合于不同的交易时间结构、市场趋势性质、账户规模和风险偏好（见表24-5）。在帝娜六式中，**最重要的是后位出场法**，这是所有交易都不可或缺的一个部分。"截短亏损，让利润奔腾"只需要采用后位出场法就行了，这个时候无论是初始止损、跟进止损，还是止损和兑现利润都用此法。后位出场法有四个要点，大家可以仔细琢磨一下（见表24-6）。

表24-4 帝娜进场三式和帝娜出场三式

帝娜进场三式	见位进场	凯利原理 仓位微调	投入单位试探仓（震荡走势） 金字塔加仓（单边走势）	胜算率上升 风险报酬率上升
	破位进场			
	顶位进场			
帝娜出场三式	后位出场		撤出单位试探仓（震荡走势） 金字塔减仓（单边走势）	胜算率下降 风险报酬率下降
	前位出场			
	同位出场			

表24-5 帝娜六式适应的情况区分

	破位进场 顶位进场 后位出场		
长	单边走势	大	大
交易的时间结构	市场趋势性质	账户规模	能承受潜在损失
短	震荡走势	小	小
	见位进场 前位出场 同位出场		

表24-6 后位出场法的四个要点

	后位出场法4要点（初始止损和跟进止损）	主要作用
1	第一，关键水平外侧（做空止损放置在阻力线之上，做多止损放置在支撑线之下）	设定最小疆界，或者说止损的最小幅度，放大利润
2	第二，布林带异侧外（做空止损放置在布林带上轨之上；做多止损放置在布林带下轨之下）	
3	第三，符合资金管理比率要求（一般是2%~8%）	设定最大疆界，也就是说止损的最大幅度，截短亏损
4	第四，给予市场一定的回旋空间（一般只允许行情回撤前一波段的1/2）	

在设置止损的时候有这样的技巧：盘整时应该适当缩小止损比例，而单边行情则可适当放大。

对于持仓隔夜的交易者，在设置止损时，应该将计划止损同突发止损结合起来。突发性止损对投资者的心理考验极大，需要很强的自控能力来应对市场不利变化所带来的心理冲击，做出理智的止损决策。

尤其需要注意的是，很多交易者在止损后为了尽快赚回亏损的资金，往往选择仓促入市博取逆势行情带来的收益，这样操作的结果往往会导致更大的损失，是黄金期

货交易中应该尽量杜绝的，因为交易者在逆势操作中所承受的风险远大于预期收益。

那么如何随时更新这些平均波幅数据呢？可以利用 Excel 或者技术指标 ATR，ATR 的中文名称是平均真实波幅，其参数代表你需要统计的滚动时间段数，比如 23 就代表 23 个相邻时间段的平均波幅。通常该指标的默认参数是 14，用在日线图上就是 14 天的平均真实波幅，用在小时图上就是 14 小时的平均真实波幅。图 24-3 就是该指标叠加在黄金期货走势图上的情形。

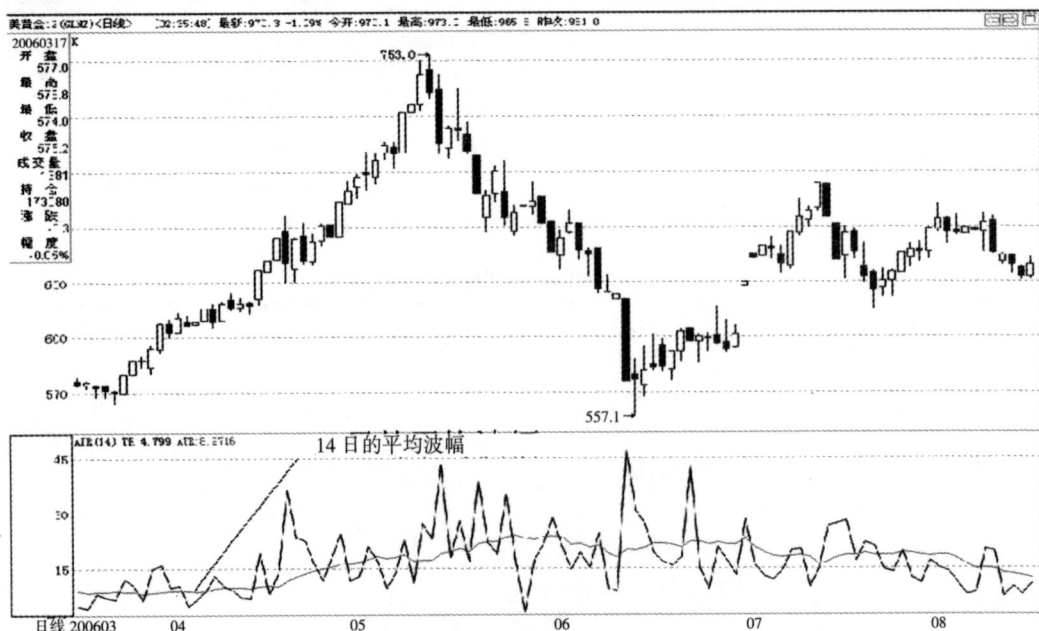

图 24-3 ATR 在黄金期货交易中的运用

第三节 复盘

不仅是黄金交易，任何交易流程中都不应该缺少"复盘"这一步，因为它决定着我们是否能够提高。最有效的学习方式是从自己的过去学习，而这一点却最容易被人忽视。在学习交易技能和提高交易绩效的过程中，我们容易犯两种错误，**第一种错误是完全不动脑筋，既不看书，也不总结**，总是凭着时有时无的感觉在那里乱弄一气，这类人占了 80%。第二种错误则是不断地拜师学艺，看了很多书，模仿了很多人，长期下来仍旧是亏损居多，方法换来换去，始终处于迷茫和寻觅的过程中。

如何走出迷宫呢？大多数人应该是会游泳的，你回忆一下自己是怎么学会游泳的。你是照着书学会的吗？你是模仿别人学会的吗？也许你看过书，也许你接受过别人的指导，也许你观察和模仿过某人。不过，这些都决定不了你是否能学会，更决定不了你的游泳水平有多高。你能否浮起来往往取决于你有没有那么一瞬间浮起来的感觉，然后将这种状态不断强化和延长。交易也是一个道理，你也许听了很多，看了很多，说了很多，但是你能否找到那种属于自己的赢钱状态是最重要的。通过回想某次或某段时间盈利的过程，进行归纳和总结，然后想办法从过去获得启示，最终形成持续盈利的自我风格。因为你能否盈利取决于你是否遵循我们所说的这个过程，外界的东西都是启发，帮助你从自己身上寻找胜利的种子，只有找到存在于自己身上的那个胜利的苗头，你才能真正踏上持续胜利的道路。别人的道路永远不能成为你的道路，除非你找出属于你的道路。

别人的教诲是给你提供了一个观察和总结的工具，正确的用法是将它用来观察你的经历，总结你的经验，仅此而已。你看了几本棋谱就能稳操胜券？这仅是妄想而已。但是，如果你什么棋谱都没看，也没有观摩高手的机会，完全靠你自己也无从下手，因为你不知道应该观察些什么，应该总结些什么，你缺乏一个有效的维度和工具去复盘你过去的经验。

高手和老师的作用在于启迪你，给予你一个观察的重点，你明白应该往什么方向去走。如果完全靠自己去总结，那么弯路是必然的，如果完全照搬书本，那么弯路就会很多，如果完全不看书，也不总结，自己就在那里毫无章法凭着感觉操作，那就永远回不到正路上了。

我在辅导交易员的时候，经常讲一句话：日记是最好的老师！为什么这样讲呢？对于个人来讲，日记是最好的复盘工具，而复盘是最好的老师，所以日记是最好的老师。交易这个东西，**可以说能够学习**，也可以说不能够学习，比较中立的说法是"很难学习"，准确地讲是"很难靠复制别人的模

复盘是唯一能够直接提高自己的手段。

日记是最好的老师！

式来学习"。而日记是能够将个人经历转化成个人经验的利器，是个人复盘提高技能的利器。

讲了复盘的重要性，也讲了复盘的工具，那么我们如何复盘呢？复盘不仅是对结果的统计，还涉及具体流程的反思，以及对行情类型的反思。黄金短线交易的复盘肯定是在一天交易结束之后，国内的黄金期货交易是有具体的收盘时间的，但是国际黄金市场却是 24 小时运作的。因此确定一个固定而具体的复盘时间对于黄金交易者而言是必需的，另外复盘并非每个交易日的工作，非交易日也需要对一周和一个月、一个季度以及一年的交易进行总结。

复盘的时候，最好的复盘是将走势图截取下来的复盘。对于一个追求最佳复盘效果的交易者而言，买一台便宜的激光打印机是最好的选择。如果每天都要为了打印几张图和文件跑一趟文印店的话，那是一件比较痛苦的事情。现在家用的激光打印机非常便宜，买一台回来便于每天复盘是非常值得的。在日内交易过程中，将进场点、初始止损点、加仓点和减仓点，以及最终出场点用箭头及时标注在图上。在复盘的时候，将图截取下来，做好批注，这样就有了复盘的基础。当你很久以后再回过头来查看当日的交易复盘时，你会有一个具体的场景来理解当时的决策得失。

现在绝大多数复盘的人都不会配上当时的走势图，一部分原因是以前有打印机的交易者不多，以至于以前不配图的习惯沿袭到现在。另一部分原因在于很多人比较懒，写个交易总结**已经不容易**了，费那么大的劲去配图干什么呢？这就是他们的心里话。但是，大家不要忘了一点，这个市场中你的竞争力是什么？你的竞争力来源于什么？IQ 在这个市场算不了竞争力优势，因为来这个市场的人智商都不低。用心去复盘是一种非常核心的竞争力，怎样才能做到用心？这个只能扪心自问了。你有没有"走心"，有没有用心，自己是可以感觉出来的。浮躁就是没有将心专注到一点，心猿意马，躁动不安是做分析和复盘的大忌。

> 用心去复盘是一种非常核心的竞争力。

基于行情走势图，我们做出一些标注，然后会列出相应的盈亏数字和点数。有了这些基础，我们就可以进入正式的复盘了，第一个内容是"分析流程的复盘"，进场之前我们必然进行全面的分析，哪怕是短线交易，我们在盘前肯定要做功课，这个功课一般是前一交易日收盘后进行的，以及在新的一个交易日开盘进行。按照我们这次课程传授的技巧，分析包括三个部分：驱动分析、心理分析和行为分析。这些功课你会形成相应的文字（行为分析最好配上相应的图表），当你复盘的时候，你应该再度审视当时分析有无纰漏，是不是与最新得到的信息符合，与走势是否符合，如果存在背离和不一致的地方，是什么原因导致的？可以做一些什么改进？或者说现在的背离和不一致只是正常的偏差，并非分析方法本身的致命缺点导致的。

驱动分析的复盘着重在查看自己是否受到了"共识预期"的干扰，这是第一点。很多时候我们是因为大众的主流观点而进场交易的，这个时候我们其实并没有独立思考，这种情况下很容易做多在阶段最高点，做空在阶段最低点。**驱动分析复盘的第二点在于是不是只看了正面观点，而忽略了反面观点。**所谓正面观点就是我们赞同的观点，而反面观点就是与我们最初观点不一致的东西。一种最为典型的"伪驱动分析"就是寻找支持自己"感觉上倾向"的观点，说白了就是有了结论找理由。复盘的时候我们要坚持查看自己是不是这种做法，是不是坚持了"兼听"，让正反两方在你这里对簿公堂，这才是有效的驱动分析。

复盘心理分析需要注意两点：**第一点是心理分析有没有找出新兴市场焦点和成熟市场焦点，有没有将成熟市场焦点当成是新兴市场焦点，进而陷入到行情的末端。第二点是心理分析是不是认真思考了市场中各类参与者的主流观点，特别是与你持仓方向相反的人，他们怎么想的这点是不是在心理分析中完成了。**进行心理分析复盘，除了关注上面两点之外还要对心理分析的有效性进行总结，什么样的方法在怎样的情景下是有效的，有些什么新的心理分析指标可以尝试，哪些指标的效果比较好，哪些指标的实际效果并不明显，这些都是我们在复盘心理分析的时候需要努力去追问和探究的。

心理分析的复盘艺术成分较多，因为可以观察的指标较少，因此从指标的角度来复盘心理分析意义不大。**换位思考是心理分析的主要思路，**然而换位思考这种方式本来就很难量化和显化。

行为分析的复盘是最具操作性的，然而也可能是边际效用递减的。因为行为分析属于现象分析，因此在刚开始几个月有一些显著的提高，然后就很难再有提高了。技术走势的规律比较缥缈，看起来是那么回事，但是很难作为必然性的规律，而且可能

性有好几种，不结合驱动分析和心理分析来把握就很难确定。复盘行为分析要结合仓位管理的复盘进行，更要基于驱动分析和心理分析来复盘，这就是复盘行为分析的原则之一。

行为分析复盘除了对自己的行为分析结论和过程复盘，还要对今日盘面的表现进行分析，这就是对来日的布局了。这个过程也是要结合驱动分析和心理分析展开，属于新一轮的行情分析过程，这里不再赘述。

仓位管理的复盘也是具有可操作性的，这个流程的复盘与行为分析的复盘往往有重叠的部分。而且仓位管理的复盘存在很大科学的成分，这点与行为分析复盘具有较大的差别。仓位管理的复盘从单次交易的角度来看没有太大的意义，因为仓位管理想要利用概率上的优势，而概率并不是一次交易所能体现的。仓位管理的复盘包括两大部分：第一部分是每个交易日复盘要做的，就是查看交易是不是遵循了既定的仓位管理策略，这就是涉及交易心态和纪律的复盘，这是我们日常复盘的主要工作之一；第二部分是若干交易日之后的仓位复盘，这个时候就要统计足够样本下的仓位管理数据，比如风险报酬率、胜算率和周转率、保证金占用水平、最大回撤率等。

上面讲到的是如何复盘分析和仓位管理，其中包含了心态和纪律的复盘，光有这些还不够，我们还要进行"复盘方法的复盘"。复盘是有流程及方法的，没有流程的复盘也是一种复盘，只要存在流程，就应该进行不断的优化。复盘方法的复盘就是对一段时间以内复盘效果的统计，对复盘方法的完善。复盘方法的复盘要展开就必须先建立复盘的文档，如果复盘过程没有任何记录，你如何对复盘方法进行复盘呢？

由于交易的成败是基于概率的，因此想从单次复盘中总结出经验和教训是不靠谱的，应该每隔一段时间进行一次回顾，对这段时间内的复盘进行一次总结和统计。**任何小样本的复盘都无法给出有效的反馈，进行较长时间的回顾则可以基于大样本进行统计和归纳。**

任何小样本的复盘都无法给出有效的反馈，进行较长时间的回顾则可以基于大样本进行统计和归纳。

黄金短线交易的复盘原则和方法我们已经大致介绍了，最后还是要强调复盘的重要性。毕竟，在绝大多数交易者看来短线没有复盘的必要性，因为做起来实在太费神、耗时间了。短线交易的下单是瞬间的事情，而复盘却要耗费远多于此的时间。不过，没有复盘就没有进步，日志是最好的老师，最优秀的老师也抵不上复盘的效果。所以，还是不要怕麻烦，**只有做好了复盘这一功课，你才能稳步提高，想要简单通过看书和分析行情来提高自己的交易绩效是行不通的。**

最后给出我们辅导的一个黄金交易员自己动手制作的交易分析表格（见表 24-7），作为参考，其中有合理的地方，也有不合理的地方，大家可以根据自己的总结和学习制作自己的表格。

表 24-7　黄金交易分析表格
The Gold Trading Table for Analysis

行情剖析			
动能分析 （Motive Analysis）	交叉分析		
	背离分析		
	区间分析		
形态分析 （Shapes Analysis）	类型		
	颈线或者趋势线		
	目标位		
趋势分析 （Trend Analysis）	布林线分析		
	直边趋势线分析		
线态分析 （Lines Formation Analysis）	跳空		
	影线		
	喇叭		
	渐短		
	价配		
	过中		
基本分析 （Basic Conditions Analysis）	市场焦点		
	数据公布		
交易计划			
进场依据简述 （The Reasons for Entry）			
计划进场位置 （The Position for Entry）［Plan］		实际进场位置 （The Position for Entry）［Execution］	
计划止损位置 （The Stop-loss Position）［Plan］		实际设立止损位置 （The Stop-loss Position）［Execution］	
计划止损比率 （The Loss Ratio）［Plan］		实际设定止损比率 （The Loss Ratio）［Execution］	

续表

交易计划			
计划盈利位置［最保守］ (The take-profits position)			
计划盈利比率 (The payoff ratio)			
潜在风险报酬比 (The possible risk/pay ratio)		实际进场风险报酬比 (The practical risk/pay ratio)	

交易总结			
交易结果	盈利亏损率	交易结果分析	

交易日期［　　月　　日］　　　　交易员［　　　　　］

【开放式思考题】

在研读完第二十四课的内容之后，可以进一步思考下列问题。虽然这些问题并没有固定的标准答案，但能够启发思考，跳出来看某些观点。

（1）复利的最大敌人是什么？

提示：周期吗？

（2）如何驾驭周期？

提示：这个问题我们也在思考和实践验证中……

（3）本课提到"金价波动的四个原则是：第一个原则是黄金货币属性的强弱是影响金价涨跌的根本性因素；第二个原则是黄金是最好的避险工具与金融对冲工具，汇率、利率、经济及金融波动等与金价波动相关的投资属性显现时，将阶段性地影响金价走势（中期），但不改大局；第三个原则是黄金的商品属性影响力甚微，唯在金价短期快速涨跌后，会产生逆反的牵引作用；第四个原则是从严格意义上说，汇率变动、原油及相关商品涨跌对金价只产生参照物价值，非其理由"。那么，对于短线交易者而言是否可以忽略掉第一个原则和第二个原则呢？

提示：看长做短是王道！

【进一步学习和运用指南】

（1）"换位思考是心理分析的主要思路"将这句话贯穿到你的黄金交易中和日常生活中！

（2）把交易日志建立起来吧，知行合一的枢纽就是日志！

附　录

第一节　黄金保证金的基本概念

国际现货黄金是应广大客户的具体要求，在市场上出现的一种新的投资方式。在现在经济投资占主流的社会里，应运而生的投资产品有股票、期货、债券、基金等。但这些投资产品在投资的客户群体的长时间投资中被不断提出更高的要求。国际现货黄金保证金交易的特点是：

第一，资金利用率高。通过保证金模式下单，100倍的资金杠杆提高资金利用率，降低交易门槛。一手只需保证金1000美元。

第二，金价波动大，获利概率大。根据国际市场行情，按照国际惯例报价。因受国际上各种政治、经济因素，以及各种突发事件的影响，金价经常处于剧烈的波动之中，可以利用差价进行黄金交易。

第三，交易时间长，20小时交易时段，涵盖了交易量最大的欧洲盘时段和美洲盘时段，增加获利机会。交易时间宽松，交易方式便利，不与工作时间、地点相冲突，尤其适合上班一族。

第四，交易规则灵活，T+0交易规则，允许当日平仓，并允许投资者进行多次交易，提供多次投资机遇。黄金涨，可以做多（买入单）：黄金跌，可以做空（卖出单），双向盈利！

第五，风险可控性强，比炒股容易控制，而且有限价、止损保障。

缺点是国内黄金保证金交易杠杆偏低，门槛高，境外黄金保证金交易鱼龙混杂。

第二节　上海期货交易所黄金期货标准合约及规则

《上海期货交易所黄金期货标准合约》

交易品种	黄金
交易单位	1000 克/手
报价单位	元（人民币）/克
最小变动价位	0.01 元/克
每日价格最大波动限制	不超过上一交易日结算价±5%
合约交割月份	1~12 月
交易时间	上午 9:00~11:30　　　下午 1:30~3:00
最后交易日	合约交割月份的 15 日（遇法定假日顺延）
交割日期	最后交易日后连续五个工作日
交割品级	金含量不小于 99.95%的国产金锭及经交易所认可的伦敦金银市场协会（LBMA）认定的合格供货商或精炼厂生产的标准金锭 （具体质量规定见附件）
交割地点	交易所指定交割金库
最低交易保证金	合约价值的 7%
交易手续费	不高于成交金额的万分之二（含风险准备金）
交割方式	实物交割
交易代码	AU
上市交易所	上海期货交易所

上海期货交易所黄金期货标准合约附件

一、交割单位

黄金标准合约的交易单位为每手 1000 克，交割单位为每一仓单标准重量（纯重）3000 克，交割应当以每一仓单的整数倍交割。

二、质量规定

（1）用于本合约实物交割的金锭，金含量不低于 99.95%。

（2）国产金锭的化学成分还应符合下表规定：

牌号	Au 不小于	化学成分（质量分数）/%						
		杂质含量　　不大于						
		Ag	Cu	Fe	Pb	Bi	Sb	总和
Au99.99	99.99	0.005	0.002	0.002	0.001	0.002	0.001	0.01
Au99.95	99.95	0.020	0.015	0.003	0.003	0.002	0.002	0.05

其他规定按 GB/T4134–2003 标准要求。

（3）交割的金锭为 1000 克规格的金锭（金含量不小于 99.99%）或 3000 克规格的金锭（金含量不小于 99.95%）。

（4）3000 克金锭，每块金锭重量（纯重）溢短不超过±50 克。1000 克金锭，每块金锭重量（毛重）不得小于 1000 克，超过 1000 克的按 1000 克计。

每块金锭磅差不超过±0.1 克。

（5）每一仓单的黄金，必须是同一生产企业生产、同一牌号、同一注册商标、同一质量品级、同一块形的金锭组成。

（6）每一仓单的金锭，必须是交易所批准或认可的注册品牌，须附有相应的质量证明。

三、交易所认可的生产企业和注册品牌

用于实物交割的金锭，必须是交易所注册的品牌或交易所认可的伦敦金银市场协会（LBMA）认定的合格供货商或精炼厂生产的标准金锭。具体的注册品牌和升贴水标准，由交易所另行规定并公告。

四、指定交割金库

指定交割金库由交易所指定并另行公告。

第三节　MT4 软件使用指南

国际现货黄金的分析一般用 MT4 软件，在 MT4 软件中黄金的符号为：XAUUSD 或者是 GOLD。

开始使用

客户端是在线交易系统的一部分。此终端软件安装在交易者的电脑上，具有如下功能：

● 获得实时的报价和新闻；

● 准备和执行交易指令；

● 监控和管理开仓头寸与挂单指令；

● 进行技术分析；

● 创建智能交易系统、用户自定义技术指标和 MQL 4 语言脚本；

● 交易策略的测试和优化。

交易者为了决定在金融市场上是否进行交易，需要实时和可靠的信息。正因为如此，此终端软件具有接收在线实时报价和新闻功能。实时报价服务和使用技术分析指标是分析市场的基础，终端软件上的智能交易系统能够自动地监视市场状态和个人的头寸。此外，可设置多种类型指令灵活地管理头寸。

此程序能在 Microsoft Windows 98/ME/2000/XP/2003 下运行，硬件需求由操作系统决定。

开立账户

用户端能够运行两种类型的账户：模拟账户和真实账户。模拟账户可以不用投入真正的资金来进行交易训练，只是用来测试自己交易策略的品质。模拟账户和真实账户非常相似，只有一点不同，那就是这些模拟账户的开户不需要资金，因此，也不能希望从账户上获得利润。

开设模拟账户

开设模拟账户可以选择菜单中"文件→开设账户"执行或选择"导航→账户"窗口。此外，当第一次启动程序时，将会被建议开启一个模拟账户。

您需要填写如下数据：

● 名称——用户的姓名；

● 国家——居住的国家；

● 州/省——居住的州/省（地区，行政区等）；

● 城市——居住的城市；

● 邮编——邮政编码；

● 地址——居住的地址（街道和门牌号）；

● 电话——联系电话；

● E-mail——电子邮件地址；

● 账户类型——模拟账户组别所代理的中介公司；

● 通货种类——盈亏计算的基准货币；

● 交易倍数——信用交易倍数；

● 存款额——初始存款额。

然后选择"下一步"按钮继续进行注册，你必须选中"我同意订阅你们的新闻简报"。然后选择一个服务器，列表中会列出有效服务器的地址、名称和 ping 的时间。你可以通过扫描来找出连接到不同交易服务器的时间（ping 的时间），ping 的时间最短的服务器最好。如果注册成功，将会出现一个包含新的模拟账户资料的窗口："登录"→用户账户，"密码"→访问密码，"投资人"→投资人密码（连接状态会检验账户，分析价格等，但不允许交易）。注册后，新账户将会出现在"导航→账户"窗口中，并准备开始工作。而且，服务器会发送到终端邮件，包含新账户的登录和密码，可以在"终端"→"邮箱"窗口找到。另外，账户成功注册后，将会自动验明正身。

开设真实账户

真实账户与模拟账户不同，不能直接从终端软件中开立，它们只能通过经纪公司审核后再开立。使用真实账户时，需要通过服务窗口的"导航"→"账户"窗口。开始使用必须经过授权。

客户端设定

通常客户端设定窗口可以应用"工具"→"属性"操作或按快捷键 <Ctrl＋O>。所有设置按属性分组如下：

● 服务器——设定服务器连接的参数，代理服务器和数据中心的配置。

● 图表——显示价位图表的通常设置。即时时间分离器、要价水平位、OHLC 线将会显现。另外，在图表内可以限定储存和显示总量。

● 对象属性——设定对象参数。创建后选中对象、立即限定参数。

● 交易——新订单的参数设定默认值。包括：金融工具、份额总量和离差总量。

● 智能交易——所有交易的通用属性。包括：智能交易业务锁定，从 DLL 资料输入功能和顾问。

● E-mail——设定 E-mail 参数。如果有需要从终端发送信息，邮箱的参数必须设定。

● 公开页——在互联网中设定公开报告。终端允许在互联网上即时发送有关账户状态的报告。通过 Ftp 建立连接。

● 提醒页——设定事件系统的信号。关于无效链接的信号、新闻和其他。

服务器

在终端业务中服务器起到决定性的作用。服务器若出现变故将会有棘手的麻烦出现，影响客户端的连接状态和常用业务。所以，建议轻易不要改变此窗口的参数。

"服务器"→"设置"窗口，包含以下内容：

● 选择连接服务器；

● 代理器配置；

● 自动设置；

● 变更密码；

● 启动 DDE 服务器；

● 启动新闻。

客户端的运行是以连续从服务器进入的数据（新闻和开价）为基础的。如果客户端不能接收到开价，将无法正常交易。在一些模式下，终端允许应用指示器，画线分析和智能交易测试分析现存数据。

连接客户端到服务器，需要知道IP地址或服务器名和它的通信端口。程序被安装好后，所有数据会被指定，通常情况下无须改变设置。尽管，在其他情况下需要连接其他服务器，它的地址和端口会在"服务器"区域给出。字段应按照如下格式"[服务器地址]：[端口号]"。例如："192.168.0.1：443"的地址，是"192.168.0.1"的服务器地址和"443"端口数字。输入数据后，单击"确定"按钮执行。

新的服务器地址和端口数字会储存到硬盘上。直到开启新账户，这些数据不会影响客户端的交易业务。给出的地址和端口数字会立即在终端上运行。新的服务器的地址会添加到注册账户的列表中。如果成功建立连接，新账户打开。否则，建议检查全部设置重新连接。

注意：错误的连接服务器设置将不会开启新账户。

代理服务器

需要指明代理服务器的类型、地址（IP或域名）和端口号，还有要登录的账号和密码。如果应用代理器，终端必须设定相应的通道。首先，需要选中"启动代理服务器"选择框，然后，按下"代理服务器"按钮，进行如下设置：

● 服务器——代理服务器的地址和类型（HTTP、SOCKS5或SOCKS4）。

● 登录——代理服务器的访问权。如果不需要密码，空下此区域。

● 密码——代理服务器密码。如果不需要密码，空下此区域。

参数被指定后，建议单击"测试"按钮检测设定。如果测试成功，单击"确定"按钮执行设定。若收到错误信息意味着代理服务器设置错误。这时需检验系统并重新连接。

数据中心

数据中心是交易平台和限定代理服务器的一部分。它会储存一般的交易：通过数据中心，用户终端能接收新闻、报价、历史数据（图表）和下单。在服务器和客户端之间的存取数据点是被锁定的。一个服务器可以通过交易拥有几个存取数据点。在终端被安装以后，数据中心会自动连接。建议不要更改当前的设置。数据中心的错误连接原因在于终端和服务器之间。

如果有需要更改数据中心设置，建议联系技术服务中心。所有更改数据中心需要的信息会在技术服务中心得到。大部分的疑难，可以在"数据中心自动配置"中得到解答。一切设置完成后，客户端会自动选择相应的存取数据点。

对于手动设定存取数据点，这个选项必须禁止。然后，在被激活的"数据中心"区域，指定 IP 地址端口数字。字段应按照如下格式"[网络数据中心地址]：[端口号]"随后按"测试"键检测设定。如果设置全部正确，相应的信息将会显现，即时数据中心开始运行。如果出现错误，寻求技术服务中心解决问题。

注意：

● 建议若没有特殊需要不要通过手动建立数据存取点。

● 在选择手动设定之前，建议查看这个程序的帮助文件。

账户与登录

客户端能够连接到服务器和应用账户运作。在客户端内存在登录（账户数字）、投资密码和验证密码。验证身份需要输入账户数字、投资密码和验证密码。

账户被打开后，如果选择开启"保持个人设置和启动数据"，它的数据（账户数字、投资密码和验证密码）会保存到硬盘内。在程序重新开启之后，数据将会与账户自动连接。如果禁止此项功能，终端重新开启后，密码需要手动进入。

在"登录"和"密码"的区域账户数字和密码是被指定的。其他账户的数据可以输入此区域，然后单击"确定"按钮，终端会自行验证。如果验证出现错误，将会重新自行验证。若仍然没有帮助则寻求技术服务中心解答。

单击"更改"按钮，可以在显示窗口修改密码。这样做必须知道当前密码。在注册模拟账户后可以从服务器上查找信箱。新密码会在相应的区域输入。如果允许"改变验证（真实）密码"，验证密码将会改变。

启动 DDE 服务器

允许/禁止实时报价通过 DDE 协议（动态数据交换）输出，用户终端的目录下有一个有效的输出为 MS Excel 的例子，文件名为 DDE-Sample.xls。详细信息查看行情输出部分。

新闻

在终端连接到服务器之后，终端可以及时接收相关新闻，终端连接失败时禁止任

何新闻进入。"允许新闻"的进入，可以在"终端"窗口、"新闻"表显现的窗口中开启。

注意：如果"允许新闻"开启，但没有任何新闻出入，"新闻"表不会在"终端"窗口显示。

图表

图表是一种将价位直观化的工具。在这里图表设定和历史数据参数被分组。参数的改变将不会促使终端内业务总量发生改变。

● 显示交易范围

如果选中此选项，图表将显示如下范围：开仓头寸、挂单指令、止损和止盈订单的止损和止盈位置；这一选项能够记录交易者的工作及纠正情感化的错误。允许此选项的进入，需要开启"显示交易范围"。然后，单击"确定"按钮。随后，相应的信息将会显现在图表上。当然，如果没有订单则不会显示交易范围。只有在开仓的情况下这个功能才会运行。

● 显示交易信息

订单数量及其位置（买或卖）。无论是开仓价位的看涨还是平仓卖空，交易信息都会应用到。但它不会在图表中显现。检测交易运行信息，可以开启"显示交易信息"参数查看。执行操作后，带有相关交易信息的附加水平线将会在图表中显现。

● 显示开盘收盘价、最高最低价 OHLC

此内容显示在图表的左上角，除了工具名之外，还有最新棒图的开盘收盘价、最高价和最低价。此选项还与技术指标窗口相关。

● 显示时间间隔

在每个图表的水平轴上都会显示日期和时间。可以选择成交量的时间段。"显示时间间隔"是以垂直线的形式附加到图表上的。所以，对于图表的时间段从一分钟到一小时，每日都需要调整。

● 彩色打印

此选项可以让用户不再采用黑白打印，而是彩色打印。如果打印机支持，用户可以执行菜单"文件"→"打印"来打印图表。也可以在图表的鼠标右键菜单中选择相同的"打印"命令。

● 保存删除的图表便于再次打开

终端允许从目录中还原已删除的图表模板。如果"保存删除的图表便于再次打开"选项开启，它的模板会保存到 DELETED 文件夹中。随后，打开"文件"→"删除"菜

单操作，图表将被再次打开。例如，恢复已经删除四小时的图表 EURUSD。恢复后它的所有属性将与四小时前相同（指标，画线分析）。

● 历史数据中最多蜡烛数

可以设置保存在历史文件中的最多蜡烛数容量，而且，此历史数据可以被用来测试智能交易系统。当指标和数据同时运行时，计算机可以提供足够的资源（中心处理器和 RAM）以能够快速运行。为了避免不必要的问题，数据的总值可以独立显示在图表中。这样必须从 pop-up 列表中选择适当的成交量，在"图表中最多蜡烛数"手动操作。最多蜡烛数会存储在硬盘中的"历史数据中最多蜡烛数"。将来，成交量将会应用到智能交易测试中。

注意：

● 在关闭图表的情况下，最多蜡烛数的储存量不能超过给定的"历史数据中最多蜡烛"。

● 在打开图表的情况下，最多蜡烛数的下载量不能超过给定的"图表中最多蜡烛数"。但在图表中最多蜡烛数可以超过交易的成交量。

● "显示交易信息"，"显示开盘收盘价、最高最低价 OHLC"和"显示时间间隔"的指定成交量为默认值。这些参数可以在设定窗口独立设置。

● "显示交易范围"、"彩色打印"和"保存删除的图表便于再次打开"的指定成交量会影响所有图表，单击"确定"按钮后立即生效。

对象属性

运用"画线"分析工具和"插入"菜单工具图解对象。由以下部分组成：技术指标（包括客户指标）、画线分析、几何图形、文字和光标。在对象页中可以设置所有图形对象的常规属性：

● 新建后显示属性

所有图解对象拥有自己的属性。例如，趋势线的颜色和薄厚度，指示器的时段信号线等。更多的交易者运用图解对象的常规属性，但有时需要单独设定。要求"新建后显示属性"允许立即设定对象。可以选择对象在图表中拥有独立设置。

● 新建后选择对象

与指标不同，对象的画线分析、文字、光标和几何图形在图表中可以调动。例如，趋势线精确表达位置。这样做需选定对象。要求"新建后选择对象"允许立即设定对象。

● 单击鼠标选择对象

在终端内选定图解对象单击或双击。如果此项开启，单击选中全部对象。另外，用鼠标双击对象打开属性窗口。如果此选项禁止，需用鼠标双击选中所有对象。

● 灵敏度

灵敏度是指对象离棒图的最近价位（开盘价、最高价、最低价、收盘价）有多少像素。"灵敏度"的像素是被限定的。例如，如果指定的成交量为 10，灵敏度对象离棒图的最近价位（OHLC）为 10 像素。禁止此选项，需要输入数据参数为 0。

交易参数设置

参数的输入使订单的开始简单化，但不能改变其交易业务。

● 默认商品

当交易仓执行操作时在"订单"窗口"默认商品"选项可以自动设定商品成交量。使用"默认商品"时，在未选中的下拉框中选择需要的商品名。用户设置初始的偏差值与此方法相同，设置"上次使用的值"允许使用上次交易的值，反之设置"默认的偏差值"来设置永久的偏差值。

● 默认份额

同样的交易份额的总量是被限定的（"默认份额"）：标志"上次使用的值"允许使用上次交易的值，"默认值"是一个手动设置的常量。

● 默认的偏差值

商品的价位会随着订单时段而改变。若出现所准备的订单与市场的价位不协调，就会平仓。"默认的偏差值"可以避免它的发生。在这个区域里会给出订单的最大偏差值。如果当前价位不协调，这个程序会自行在新仓位修改订单。

智能交易系统参数设置

智能交易是在终端内写入 MetaQuotes Language 4 的一种程序语言，允许自动分析以及自动买卖（自动交易）。相关的创建智能交易、描述和应用可以在"自动交易"部分查看。在此页中设置基本智能交易系统的参数：

● 启用智能交易系统

允许或禁止使用智能交易系统。如果禁止使用，当新记号进入时，开始将不会发挥作用。另外，在图表的右上方存疑符号将会代替交易名称的笑脸。允许智能交易，必须单击"确定"按钮。新记号会尽快进入，智能交易开始运行，图表右上方的存疑

符号会被笑脸所代替。

注意：

（1）此选项只对智能交易发挥作用，它不能禁止客户指标和脚本的自动进入。

（2）此选项不能影响任何已经发生的交易，在它开始发挥作用时交易不会停止。

● 账户改变时禁用智能交易系统

禁止使用智能交易系统，这种保护机制是有用的。比如，从模拟账户切换到真实账户；机械的开启，必须单击"确定"按钮执行。

● 账户改变时禁用图表夹

账户改变时禁用图表夹。因为图表夹可能包括智能交易系统，所以此选项也非常有用。

● 允许现场交易

智能交易允许独立执行交易，没有任何交易者的参加。它们可以分析价位并执行交易。在即时处理的模式下限期对检测交易的容量有一定的好处（不能与智能交易历史数据测试混淆）。

● 确认调用动态链接库

"确认调用"只有在智能交易现场交易的情况下才会开启。如果确认调用开启，将会试图执行交易业务。换而言之，确认调用允许检测交易活动。另外，交易仓将会显现。在即时处理的模式下有益于测试智能交易的运作功能（不能与智能交易历史数据测试混淆）。

● 允许导入动态链接库

为了增加运作功能，可以运用 DLLs（Dynamic-Links Libraries）。如果此选项开启，交易时将不受任何限制。如果禁止此选项进入，没有交易可以运用外部 DLLs。当运行不清楚的智能交易系统时，建议禁止此功能。

● 写文件确认

如果允许 DLL 导入，这个选项只有开启。它允许手动检测每一项功能。如果此项被禁止，从外部导入的 DLLs 未被检测。当不明资料进入时，建议开启此选项。

● 允许导入外部智能交易

如果在智能交易过程中需要从其他交易或 MQL4 资料库导入，此选项必须开启。如果禁止此项，只有从其他 MQL4 程序请求执行。当运行不清楚的智能交易系统时，建议禁止此功能。

注意： "允许现场交易"、"确认调用动态链接库"、"允许导入动态链接库"、"写文件

确认"和"允许导入外部智能交易"窗口设定参数为 MQL4 程序默认值。这些功能的运作对客户指标和脚本没有任何影响。

E-mail

在这里可以对邮箱进行设定。随后，将会应用智能交易或开启警报发送消息。开始设定邮箱，必须完整填写以下内容：

● SMTP 服务器——SMTP 服务器的地址的应用和转换。The given server will be used for sending messages. 必须以以下格式进入"[internet address–server address]：[port number]"。例如，"E-mail_provider_domain_name.com："25 的位置是"E-mail_provider_domain_name.com"服务器的地址，和"25"转换数字。

● SMTP 登录——邮箱服务器验证登录。

● SMTP 密码——验证密码。

● 来自——发出电子邮件的地址。

● 发送到——接收电子邮件的地址。

注意：只可以指定一封邮件"来自"、"发送到"。一些邮件带有或不带有分离器将不被接收。

"测试"指定设置正常运行。设定后单击"确定"按钮。如果测试成功，建议检查所有设定和重新发送测试消息。

账户报告公布属性设置

在互联网中终端允许自动公开账户状态报告。可以通过 FTP（File Transfer Protocol）设定互联网的连接参数。可以在"公开"页中执行：

● 允许——允许公开报告。如果禁止，其他页不受影响。

● 账户——账户的数字允许公开。

注意：账户的报告可以公开。如果账户数字在此页中，与当前相符的报告将不会公开。

● 更新——按周期发送报告到网络服务器（每分）。

● FTP 服务器——发送报告的 FTP 服务器地址。例如：ftp.your_domain_name.com。

● FTP 端口——FTP 服务器的端口名称；按照此路径发送报告。

● FTP 登录——FTP 服务器的登录账号。

● FTP 密码——FTP 服务器的登录密码。

● 被动模式——在被动和主动的模式下切换数据。

在积极的模式下，客户端连接到网络传送数据时将被分配到空闲端口（动态范围从 1024 到 65535）应用 TCP20 端口将 FTP 服务器连接到客户端传输数据。在被动的模式下，服务器传输 TCP 端口数字到客户端（动态范围从 1024 到 65535），客户端可以建立数据连接。

积极 FTP 模式和被动 FTP 模式的主要区别是开通连接的传送数据。在积极的模式下，客户可以接收从 FTP 服务器连接。在被动的模式下，客户发起连接，服务器接收。

"测试"按钮使用上述设置发送一个账户报告，验证以上设置。如果成功测试后，单击"确定"按钮即可执行以上设置。如果测试失败，建议检查设置并重新检验。

提醒

可以在终端内设定提醒系统信号（不能与警报混淆）。这是一个非常便利的工具，随时传达终端状态的变换信息。设定信号，可以使用"开启"选项。另外，系统事件的列表与相应的动作相连接。系统事件包括：

● Connect——连接服务器。成功连接服务器的信号。

● Disconnect——断开服务器。断开服务器的信号。

● E-mail Notify——收到电子邮件。如果信号已开启，建议检验"终端"→"邮箱"窗口。

● Timeout——交易超时或遇到错误。

● OK——交易业务成功执行。在当前交易执行过程中没有错误发生。

● News——收到新闻。如果信号已开启，建议检验"终端"→"新闻"窗口。

● Expert Advisor——当智能交易业务执行时开启信号。

● Expert Confirmation——在交易业务中请求交易确认。只有"手动确认"选项开启的情况下，信号才会开启。

● Alert——智能交易系统进行报警。

● Requote——在交易业务准备过程中改变价位。

● Trailing Stop——开启停止追踪。

如果没有运行信号，需要在同名图表处双击。信号开启后，相应的提醒信息会运行。在文件同名处双击可以改变文件。双击后可以显现提醒文件列表。选中任意文件按 <Enter> 键，相应信息会显现。确认改变模式单击"确定"按钮即可。

注意：事实上业务系统中的任何文件都会分配在提醒页中。

使用界面

用户终端界面包括以下几个部分：

● 主窗口标题

软件的标题栏显示当前的账号、软件名称和当前激活的图表窗口的标题及其分析周期（时间段）。

● 主菜单

主菜单包含用户终端能操作的所有指令和功能。主菜单包含以下几个模块："文件"、"查看"、"插入"、"图表"、"工具"、"Window"、"Help"。

更加详细的信息请查看"主菜单"部分。

● 工具栏

终端软件包含四种类型的工具栏："常规"、"图表"、"画线分析"和"属性"。这些工具栏与主菜单中的一些指令和功能相同，然而，这些工具栏是可以灵活调整的，这些功能在操作过程中会频繁使用。

更加详细的信息请查看"工具"部分。

● 市场报价

这个窗口显示金融品种。这个窗口的指令能够操作交易头寸和图表。

更加详细的信息请查看"市场报价"部分。

● 数据窗口

这个窗口显示报价数据、技术分析指标和交易系统的数值。这是一个信息窗口，不提供其他的操作。

更加详细的信息请查看"数据窗口"部分。

● 导航

导航窗口包括账户、技术指标、智能交易系统、自定义指标和脚本。"导航"窗口能够帮助用户快速地管理这些对象。

更加详细的信息请查看"导航"部分。

● 终端

终端窗口是一个多功能窗口，包含新闻、账户历史、警报、邮箱、日志。此外，终端窗口还可以帮助我们去打开和修改不同的订单和管理交易头寸。

更加详细的信息请查看"终端"部分。

● Tester

智能交易的测试窗口。可以测试或查看多样的报道、交易参数。

更加详细的信息请查看"测试"部分。

● 报价图表

报价图表是数据分析的基础。除了动态的报价以外，图表包含不同类型的分析方法：画线分析、技术分析和用户自定义指标、文字标签和图形对象。

更加详细的信息请查看"工作图表"部分。

● 状态栏

终端上的状态栏显示额外的信息。状态栏中有一个指示器显示连接服务器的状态，同时显示当前的模板和图表夹名字及命令提示和报价数值。

● 快速导航

通过热键、快捷键和快速导航键能够快速操作终端软件。这些键能够非常高效地执行不同的程序指令，并且快速导航线能够沿着时间轴精确地移动图表，去改变图表分析周期。这些和它们的指令操作是相同的。

更加详细的信息请查看"快速导航"。

主菜单

终端软件的主菜单在主窗口标题下面，含有一系列子菜单。主菜单包含用户终端能操作的所有指令和功能。主菜单由以下部分组成：

● 文件

管理图表、打印、历史数据储存和数据图表储存。

● 查看

工具属性、窗口管理（"市场报价"、"数据窗口"、"导航"、"终端"、"测试"）和程序语言界面。

● 插入

管理终端指示器、曲线研究和其他对象。

● 图表

显示柱状属性，比例，图表属性、网格、对象管理。

● 工具

客户终端、历史数据中心、综合变量和 MetaEditor（MetaQuotes Language 4 editor）属性。

● 窗口

打开窗口的列表和当前位置。

● 帮助

有关程序的信息和指南。

文件目录

管理图表、打印、历史数据储存和数据图表储存。由以下部分组成：

● 新图表——打开金融品种的图表窗口。此指令会列出可提供金融品种的列表。可以从列表中选中一个金融品种打开一个新的图表窗口。

可以使用"常规"工具 。

● 打开历史离线数据——打开离线的图表。这个指令能够选择所需的存放历史数据的文件。这种模式下，最新的报价没有保存在历史文件中；打开离线图表有益于智能交易测试。

● 打开删除——还原删除图表。删除图表能够被还原，如果保存到"保存删除的图表便于再次打开"在终端设定内打开。所有删除图表保存在 DELETED 文件夹中。

● 数据图表——打开管理数据图表的子目录。数据图表可以在子目录中保存或删除。下载后被当即保存。

可以使用"常规"工具 操作。

更多细节查看"数据图表和模板"窗口。

● 关闭——关闭当前图表。

● 保存为——以"CSV"、"PRN"或"HTM"格式保存历史数据。

● 保存为图片——以"BMP"或"GIF"格式保存。

在图表窗口执行，功能相同。

● 开设模拟账户——开设一个新模拟账户。开设模拟账户无须任何资金担保，测试交易系统。

开设账户需执行选择"导航—账户"窗口或按 <插入> 键。

● 登录——认证身份。连接终端到服务器上，选中账户。成功验明身份后，报价和新闻会自动输入，能够自动交易。

认证身份可以"登录"窗口"导航—账户"窗口或用鼠标双击账户名。

● 打印设置——打印参数简要设置；打印服务，纸张尺寸和简介。

● 打印预览——打印图表之前预览。

可以使用 "常规" 工具操作或在图表中执行，功能相同。

● 打印——打印图表。如果"彩色打印"选择开启程序，图表将会以彩色模式打印。

可以使用 "常规"工具，按快捷键 <Ctrl+P> 执行或在图表中单击"打印"按钮。

退出——退出用户端软件。

注意：如果终端被关闭，智能交易和追踪停止将不会执行。

查看目录

执行管理品种窗口、工具条、程序语言界面，可以使用"常规"工具操作。包含以下功能：

● 语言——通过子菜单控制用户端显示的语言。当程序重启后语言转换才能生效。

● 工具栏——控制子菜单来决定显示的工具栏。在窗口中安装的工具栏前被标记。

"定制"指令能够让用户自定义工具栏；"插入"和"删除"允许添加和删除；"上翻"和"下翻"改变现有位置。复位工具栏需按"复位"按钮。

● 状态栏——打开/关闭终端窗口下面的状态栏。这个数据栏包括（从左到右）：菜单管理数据图表，所选的时间，所选价位和收入/开支的总量。按当前图表的名称即可开启管理数据图表。下载后可以立即储存，也可以在这个菜单中删除。

也可以使用"文件"→"数据图表"目录执行。

● 图表工具栏——打开/关闭在图表工作区下面的状态栏。

● 市场参考报价——打开/关闭当前公开报价窗口"市场报价"。

可以选择按 <Ctrl+M> 快捷键或使用 "常规"工具。

● 数据窗口——打开/关闭"数据窗口"。在这个窗口内价位和相关知识的信息是被公开的。

可以选择按 <Ctrl+D> 快捷键或使用 "常规"工具。

● 导航——打开/关闭"导航"窗口。在这个窗口内可以知道开启账户列表、技术指示器、交易、客户指示器和脚本的方位。

可以选择按 <Ctrl+N> 快捷键或使用 "常规"工具。

● 终端——打开/关闭"终端"窗口。在这个窗口可以管理订单和品种，查阅账户历史、新闻、邮件和智能交易的日志。

可以选择按 <Ctrl+T> 快捷键或使用 "常规"工具。

● 测试战略——打开/关闭"测试"窗口。这个窗口是对智能交易的测试和利用。

可以选择按 <Ctrl+R> 快捷键或使用 ⬛ "常规" 工具。

● 全屏——打开/关闭全屏模式。在全屏模式下，工具栏、状态栏和所有服务窗口都将关闭，屏幕中只显示用户终端主窗口标题、主菜单、图表工作区和图表窗口的选项卡。再重复操作此指令，则屏幕回到原来的状态。

可以选择按 <F11> 键或使用 ⬛ "常规" 工具。

插入目录

利用"插入"目录将其对象收入图表内。目录包含曲线分析和技术指示器，图形对象是指能够使用几何图形、箭头和文本对图表进行解释说明。所有画线分析分组在各自的子菜单中："线"——不同类型的线型，"通道"——不同的通道，"江恩"——江恩工具，"斐波那契"——基于斐波那契线的多种工具。此外，"安德鲁分叉线"和"循环周期线"不属于任何一组，被放在列表的最下面。更加详细的信息请查看"画线分析"部分。

另外，图形部分包括：

● 图形——使用几何体（矩形、三角形、椭圆形）在报价图表中标明不同的区域。

● 箭头——使用符号（箭头、测试和停止符号）在报价图表中突出标明重要的事件。

● 文字——用于在图表中进行注释。它会随着图表而滚动。

● 文字标记——被附加在另一窗口，不存在于图表中。图表滚动时，文字标记将不会移动。

注意：执行"插入"目录，除管理指示器的子目录，存在于"曲线分析"工具条。

图表目录

执行管理图表，利用技术指示器收集到"图表"目录。由以下部分组成：

● 指示器列表——利用指示器管理已激活的窗口。完整的指示器列表（包括客户指示器）显示在窗口内。可以选择从图表中删除。

相同功能可以在同名菜单执行或按 <Ctrl+I> 快捷键。

● 对象——利用子菜单管理对象。以下是可运用的子菜单：

▶ 对象列表——对象监控窗口。对象包括曲线研究、品种、形状和相关文章。所选对象能够修改（"编辑"按钮）或删除。另外，"显示"移动图表到可利用位置。

▶ 删除最近对象——在图表窗口删除最近的对象。

也可以按 <Backspace> 键进行同样的操作。

● 删除选中对象——在图表窗口删除所有选中的对象。

也可以按 <Delete> 键进行同样的操作。

● 删除所有符号——在图表窗口删除所有的对象。

● 未选对象——在图表窗口利用未选对象。

● 还原——还原删除对象。

也可以按 <Ctrl+Z> 快捷键进行同样的操作。

● 柱状图——显示柱状图，也叫竹线图或美国线。

也可以使用 ⊞ "图表"中工具条或按快捷键 <Alt+1>。

● 蜡烛图——显示日本"蜡烛图"。

也可以使用 ⊞ "图表"中工具条或按快捷键 <Alt+2>。

● 折线图——显示用收盘价连接在一起的曲线。

也可以使用 ⊠ "图表"中工具条或按快捷键 <Alt+3>。

● 图表前置——使图表"前置"。如果这个功能被激活，那么所有分析对象（技术指示器和图解对象）放置"在图表的后面"。

● 时段——图表的时间周期。

时间周期可以改变通过工具条的"时段"。

● 模板——显示模板控制菜单。"保存模板"指令能够将当前激活的图表窗口保存为模板，"删除模板"——删除以前保存的模板。

注意：DEFAULT 模板不能删除。

更多相关信息查看"数据图表和模板"。

控制模板可以使用 ⊞ "图表"工具条或选择图表控制。

● 刷新——重新更新历史价格数据。既然这样，在可提供的历史数据范围之内将更新所有丢失的数据，也可以在图表窗口的鼠标右键菜单使用同样的指令操作。

注意：存在于历史界限以外的数据不能添加。

● 网格——显示/隐藏图表窗口的网格。

能够在图表控制中执行或按快捷键 <Ctrl+G>。

● 成交量——显示/隐藏图表中的成交量。

能够在图表控制执行或按快捷键 <Ctrl+L>。

● 自动滚动——在新的价位到来时，启动/关闭图表自动向左滚动。

也可以使用"图表"中工具条 ⊞ 。

● 图表平移——从窗口左部边缘平移到图表中。可以应用鼠标平移图表到 10%~50% 窗口大小。

可以使用"图表"中工具条 。

● 放大——放大图表。

可以使用 <+> 键或"图表"中工具条 操作，或者按住鼠标左键，沿着水平轴向右移动光标指针。

● 缩小——缩小图表。

可以使用 <-> 键或"图表"中工具条 操作，或者按住鼠标左键，沿着水平轴向左移动光标指针。

● 步长——每次向左移动一格图表。

也可以按 <F12> 进行同样的操作。

● 属性——显示图表属性窗口。可以在图表中设置窗口显示。

也可以按热键 <F8> 进行同样的操作。

注意：大多数"图表"在工具条中存在副本，查看图表控制。

工具目录

命令管理和终端设置收在"工具"目录里。包括以下：

● 新订单——显示新订单的窗口。更多细节可以查看订单窗口。

"订单"窗口可以在"市场报价"和"终端—交易"窗口显示，用鼠标双击"市场报价"窗口，按 <F9> 键或按 "常规"工具操作。

● 历史数据中心——显示历史数据控制窗口。扩展名为"HST"的存档文件包含了显示在图表中的金融品种的数据，能够进行编辑。

这个窗口也能通过热键 <F2> 显示。

● 综合变量——在激活的图表窗口中显示智能交易系统的全局变量窗口；通常情况下综合变量是对智能交易、客户指示器和脚本而言。更多相关细节查看同名文件。

这个窗口也能通过热键 <F3> 显示。

● MQ 语言编辑器——打开智能交易的 MetaEditor。应用 MetaEditor，可以创建和编辑交易，客户指示器和脚本。更多运用 MetaEditor 细节查看同名文件。

MetaEditor 窗口也能通过热键 <F3> 显示。

● 选项——显示用户终端设定。在这个窗口中用户可以自定义链接、交易过程、图表、智能交易系统等的参数。详细信息查看"用户终端设定"。

选项窗口可以按快捷键 <Ctrl+O> 显示。

窗口目录

对图表窗口进行管理。在工作空间内安排图表，可以从这里选择或开启新图表：

● 新窗口——创建一个新窗口。打开金融品种的图表窗口。

打开新窗口可以按　·"常规"工具或选择"文件"→"新图表"目录；

● 层叠——设置图表为层叠。

● 平铺——平铺图表窗口。

● 纵列——纵向安排图表窗口。

● 排列图标——在最小化窗口排列图标。

在这个菜单的底线列出所有打开的图表窗口。当前激活的窗口被选中。

帮助目录

"帮助"目录是辅助的。在这里操作不会影响到终端内的任何业务。由以下部分组成：

● 帮助主题——显示帮助主题"使用界面"所有客户端的特性，功能和相关描述都会显示。

按 <F1> 键可以执行。

● 关于——打开"关于"窗口，可以找到相关信息，它的相关细节和终端版本。

工具条

工具条是一个可调的窗口，放置了一套经常被使用命令的固定键。软件终端中包括 4 种工具条。所有的工具条都是浮动窗口，能够放置在终端工作区的任何地方。通常情况下，工具条放置在主菜单的下面。主菜单命令"查看"→"工具条"能够显示/隐藏工具条。为了设置工具条，可以使用各自工具条鼠标右键菜单中的"定制"命令来操作。

按照功能分为以下部分：

● 常规——常规的终端管理。

● 图表——对图表进行管理。

● 曲线研究——对图表中的曲线进行管理。

● 时间周期——管理图表的时间周期。

常规工具条

常规工具条管理终端的内容如下：

▣▾——打开金融品种的图表。Th 这个命令打开金融品种列表，选择需要的品种打开一个新的窗口。

可以在"文件"→"新图表"和"窗口"→"新窗口"中进行操作，或者是"市场报价"→"图表窗口"执行。

▣▾——图表夹控制菜单。运行图表夹也可以执行主菜单命令文件——图表夹。详细的信息请查看"模板和图表夹"部分。

注意： DEFAULT 模板不能删除。

使用模板，可以使用"文件"→"模板"操作。

▣——打开/关闭"市场报价"窗口。所有商品报价被公布于此。窗口可以打开商品图表和放置订单。更多相关细节请查看"市场报价"部分。

可以使用"查看"→"市场报价"操作或按快捷键 <Ctrl+M> 打开/关闭窗口。

▣——打开/关闭"数据"窗口。有关价格和指标的信息被公布在这个窗口内。更多相关细节可以查看"数据窗口"部分。

可以使用"查看"→"数据窗口"操作或按快捷键 <Ctrl+D> 打开/关闭窗口。

▣——打开/关闭"导航"窗口。所有已开账户、可用交易、技术指标和脚本都被放置于此。更多相关细节请查看"导航"部分。

可以使用"查看"→"导航"操作或按快捷键 <Ctrl+N> 打开/关闭窗口。

▣——打开/关闭"终端"窗口。在这个窗口内放置交易订单，查看历史账户、实时新闻和其他内容。更多相关细节请查看"终端"部分。

可以使用"查看"→"终端"操作或按快捷键 <Ctrl+T> 打开/关闭窗口。

▣——打开/关闭"测试"窗口。这是智能交易测试和优化的窗口。更多相关细节请查看"策略测试"部分。

可以使用"查看"→"策略测试"操作或按快捷键 <Ctrl+R> 打开/关闭窗口。

▣——显示新订单窗口。打开这个窗口可以设置市场订单、止损、获利和挂单交易的参数。这个窗口也能通过主菜单"工具"→"新订单"打开，或者在"市场报价"窗口的鼠标右键菜单"市场报价"→"新订单"窗口或终端窗口交易标签的右键菜单"终端"→"交易"→"新订单"窗口 ，或者使用快捷键<F9>。

▣——启动 MetaEditor。IDE 修改智能交易系统的源代码客户指标、脚本和 MQL4

资料库。更加详细的信息请查看"MetaEditor"部分。同样可以使用主菜单命令"工具"→"MetaQuotes 语言编辑器"和快捷键 <F4> 完成同样操作。

　　 ——允许使用智能交易系统。如果这个功能被禁止，交易则不能添加到图表执行。相关的描述请查看"自动交易"部分。

"允许交易"选项可以在终端设定部分操作。

　　 ——显示终端设定窗口。包含所有终端内的基本设置。更多相关细节请查看客户端设定部分，同样可以使用主菜单命令"工具"→"选项"或快捷键 <Ctrl+O> 完成操作。

　　 ——打开/关闭全屏模式。当打开全屏模式时，工具条和状态栏隐藏，所有服务窗口关闭。客户端名称、主菜单、工作界面（图表）和图表标签窗口会在屏幕中保持原位。

可以按快捷键 <F11> 或可以使用"查看"→"全屏"操作。

　　 ——打印图表。如果在程序设定中"彩色打印"被开启，图表会以彩色形式打开。

可以使用"文件"→"打印"操作或背景目录操作，功效相同。

　　 ——打印图表预览。为了确保打印出的图表数据完整，可以预先查看。

可以使用"文件"→"打印预览"或背景目录操作，功效相同。

　　 ——显示帮助主题。在窗口使用界面内单击需要帮助的文件，即可显示相应信息。

也可以使用"帮助"→"帮助主题"操作或按快捷键 <F1>。

图表工具条

图表和技术指标的命令管理。包括以下内容：

● ——显示图表为柱状图（或转换图表为柱状图）。

可以使用主菜单命令"图表"→"柱状图"完成同样的操作或按快捷键 <Alt+1>。

● ——显示图表为日本阴阳烛图（或转换图表为日本阴阳烛图）。

可以使用主菜单命令"图表"→"阴阳柱"完成同样的操作或按快捷键 <Alt+2>。

● ——显示图表为折线图（或转换图表为折线图）。

可以使用主菜单命令"图表"→"折线图"完成同样的操作或按快捷键 <Alt+3>。

● ——大图表窗口范围。

可以使用主菜单命令"图表"→"放大"或图表鼠标右键窗口中的图表背景菜单

完成同样的操作或按 <+> 键。

● ——缩小图表窗口范围。

可以使用主菜单命令"图表"→"缩小"或图表右键窗口中的图表背景菜单完成同样的操作或按 <-> 键。

● ——自动移动最新的棒图。

可以使用主菜单命令"图表"→"自动滚动"完成同样的操作。

第四节　文华财经交易软件使用指南

在进行黄金期货交易时，我们经常用到的软件是文华财经交易软件和博易大师交易软件。在本附录中，我们以文华财经交易软件为例说明一下这类软件的基本使用方法。

文华财经的交易软件不同于目前市场上其他的交易软件，该软件是与行情软件捆绑到一起的，这样可以为客户提供更方便、更快捷的交易功能。

文华财经的交易软件主要包括以下几部分：

● 普通的交易功能，该功能和目前市场上大部分的交易软件的功能是相同的，同时因为和行情软件捆绑在一起，所以有价格联动功能，如果选中"买/卖价格联动"，则下单时的买/卖价，会随着当前品种的当前行情而变化。

● 郑州期货交易所的交易功能，郑州期货交易所目前可以支持市价委托功能及跨期套利功能，但是目前市场上大部分交易软件还不能支持这两种新的委托功能，而文华交易软件则可以完全支持该交易所的这些新功能。

● 一键下单功能。该功能是为"炒单手"提供的方便快捷的交易功能。用户可以用最少时间，以最快捷的操作方式进行交易操作。

● 查询功能。可以为用户提供基本的查询功能。

● 其他功能。可以让用户进行其他的操作，比如修改密码、查询历史账单等。

下面具体说明一下该软件的使用方法：

在安装完文华财经的软件之后，用鼠标双击桌面的快捷方式，启动该软件，此时需要使用您的行情账号登录行情服务器，在成功登录行情服务器之后，可以通过选择交易菜单中的"交易系统 F3"启动交易软件或者通过单击右下角的"trade"来登录交易软件，此时弹出交易软件的登录窗口，在正确地输入了账号及密码之后，单击"登录"按钮，如果成功登录了交易服务器，单击"确定"按钮，此时就可以正常进行交易。

要进行某个合约的交易，只要在报价窗口该合约的买价/买量、卖价/卖量区域双击鼠标右键，系统就会为您自动填充好委托信息。

下面分别详细介绍一下各个交易界面。

1. 普通交易界面（见附图 4-1）

附图 4-1　普通交易界面

该界面上面部分是普通的交易信息，包括合约、数量、价格、是否价格联动等委托时需要的信息。有一个价格联动选项，用鼠标双击报价窗口合约的"买价"，就是买价联动，用鼠标双击"卖价"，就是卖价联动。如果选上，则价格输入框里的值会跟着报价窗口里的行情变化。后面紧接着有四个按钮分别是：上排两个是买价和卖价，下排两个是买量和卖量，分别显示当前选中合约的买/卖价和买/卖量，如果"价格联动"选上，四个按钮的值和报价窗口的值相对应。单击任意按钮，数量或者价格就会随着相应按钮上的值改变。右面的四个按钮分别是："买开仓"：进行买委托操作；"平多单"：进行平多头委托；"卖开仓"：进行卖委托操作；"平空单"：进行平空头委托。当然，客户也可以根据自己的喜好单击"帮助与设置"按钮进行设置，同时可以进行提取以往的账单、修改密码等操作。

这里系统是有默认的快捷方式的，请参照界面上面那一行提示说明一键下单：1——买开；2——买平；3——卖开；4——卖平。

下面紧接着是客户的资金情况。显示用户当前的资金、权益、当前选中合约最多可开仓多少手等信息。

该界面中间部分是挂单列表、撤单查询、委托列表、成交查询和系统设置。

挂单列表：所有状态未终止的委托单，双击撤单；

撤单查询：所有已撤状态的委托单；

委托列表：所有状态的委托单，双击重复下单；

成交查询：所有成交状态的委托单。

再下面是持仓列表。在这里用户可以方便地查看自己当前的持仓情况，并可以进行相应的平仓操作。文华的持仓列表是把昨仓和今仓分别列出来的（相对于上海交易所）。在某条持仓上双击，将弹出平仓窗口，用户可以在该窗口内调整委托价格及平仓数量，然后直接单击"确定"按钮就可以进行平仓操作。

2. 郑州交易界面（见附图 4–2）

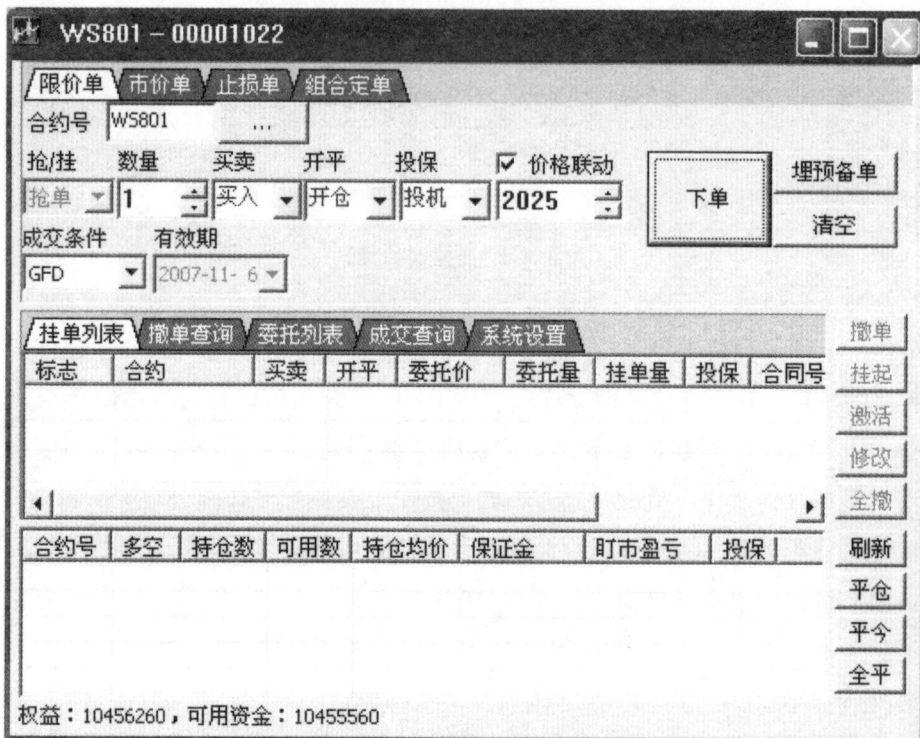

附图 4–2　郑州的交易界面

从附图 4–2 可以看到，该界面的布局和普通交易界面的布局基本上是一致的，最上面是交易信息，接着下面是委托列表及成交列表，再接着是持仓列表，最下面是客

户的资金状况。由于下面的三个部分和普通交易窗口是完全相同的，因此下面仅对最上面的交易信息窗口进行详细的说明。

郑州交易所支持限价单、市价单、组合订单（即套利单），但目前还不支持止损单。除了屏幕抓价之外，用户也可以选择手动输入委托信息（合约代码、委托价格、委托数量等相关信息），文华财经的合约代码输入不区分大小写，系统会自动把合约代码转换成正确的格式。价格也可以选中"价格联动"，这样价格就会随着报价窗口中的买卖价变化而变化。

另外在单击"下单"按钮或者是按 <Enter> 键发出委托时，客户自己可以选择是否需要确认，如果需要确认，则会弹出确认窗口，要求客户确认把该委托发走，要修改这个选项，在"系统设置"菜单的"交易参数设置"选项中来进行。

还有，文华的系统为了方便用户及时知道委托回报及成交回报信息，会在软件的右下角及时地弹出回报信息。

当然，客户也可以根据自己的喜好单击"交易对话框"的"帮助与设置"按钮进入设置界面来修改这个选项（见附图4-3），以控制系统是否实时弹出回报信息。

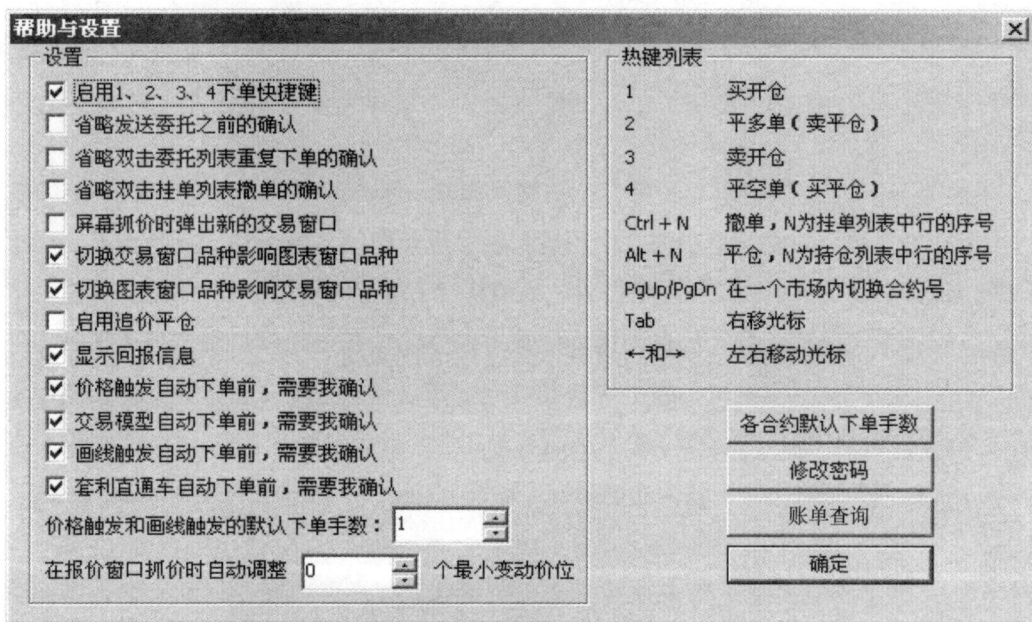

附图 4-3 帮助设置界面

3. 一键下单界面（见附图 4-4）

一键下单界面由以下几部分构成，最上面是行情信息，要注意的是这里的行情信

附图 4-4　一键下单界面

息与行情软件里面的行情信息的来源是不同的，这里的行情信息直接来自于交易系统，因此这里的行情信息有可能比行情系统中的行情信息来得稍微快一些。用户可以通过鼠标右键菜单中的"增加合约"及"删除合约"来修改自己比较感兴趣的合约。

另外，这里最多可以选择的合约数是有一定的限制的，最多可以选择 20 个合约。用户还可以通过鼠标右键菜单中的"抬头格式调整"来修改自己比较感兴趣的数据域，并且可以通过鼠标右键菜单中的"申请行情"来重新申请这些合约的行情信息。还可以通过鼠标右键菜单中的颜色风格设置，来调整行情报价区域的显示风格。

在行情信息下面是委托信息，这里用户可以手动填充委托信息，也可以通过在上面的行情信息中通过双击鼠标左键来自动填充委托信息（这里要注意的是必须用鼠标双击买价/买量、卖价/卖量区域，而且要求客户在合约设置中设置了相应的合约信息）。

下面详细介绍这个区域各个功能：

（1）"合约"编辑框，用来输入合约信息。

（2）"买卖"选择框，用来选择买卖方向信息。客户可以通过鼠标来选择买卖方向，也可以通过上下左右键来修改这里的值，也可以通过单击上面的"买卖"来修改买卖方向。

（3）"开平"选择框，用来选择开平方向。客户可以通过鼠标来选择开平方向，也可以通过上下左右方向键来修改这里的值，还可以通过单击上面的"开平"来修改开

平方向。

（4）"价格"编辑框，用来输入报价信息。

（5）"数量"编辑框，用来输入委托数量信息。

（6）"下单"按钮，在客户自己或者系统自动填充好委托信息之后，客户可以单击这个按钮来发出委托（这里要注意的是，客户通过按预设的快捷键所进行的委托，并不填充这些委托信息域，而是在客户按了预设的快捷键之后直接把委托发送到交易所）。

（7）"市价"按钮，用户在填充好委托信息之后，可以单击"市价"按钮，把这个委托按照市价单的方式发送到交易所。目前仅郑州商品交易所及中国金融交易所支持市价委托单。

（8）"清空"按钮，清空合约，买卖、开平、价格等信息。

（9）"顺序"按钮，弹出对话框，进行合约、买卖、开平、价格、数量控制的显示顺序设置。

（10）"一键下单"选项，选中，可以单击右边的四个按钮进行相应的下单。

（11）"键盘下单"选项，选中，可以通过键盘按下 1、2、3、4 进行相应的下单。

（12）"买价买进"按钮，以现在的买价买进合约。

（13）"卖价买进"按钮，以现在的卖价买进合约。

（14）"卖价卖出"按钮，以现在的卖价卖出合约。

（15）"买价卖出"按钮，以现在的买价卖出合约。

（16）"设置"按钮，客户通过这个按钮来对一键下单进行相应的设置（见附图4-5），下面对各个设置进行详细的说明：

一键下单设置界面如附图 4-5 所示，在该界面中最上面为"一键下单设置"，里面包括了如下内容：

①是下保值单还是下投机单。

这个应该没有什么要说明的，就是投机和保值两个选项。

②持仓可用数为 0 时自动撤销全部挂单，并把持仓全部平掉。

由于在进行一键下单时，采用如下的默认方式来指定开平方向，即如果客户该合约没有持仓，则下平仓单，如果在该合约上有持仓，则下平仓单。因此就有这种情况出现，比如说客户设置某个合约每次默认的下单手数为 2 手，但是他当时有 10 手持仓，则在他进行了 5 次的一键下单之后，假设前面的平仓委托没有立即成交，如果再进行一次一键下单，则系统会发现客户有 10 手的持仓，但是持仓可用数已经是 0 了，

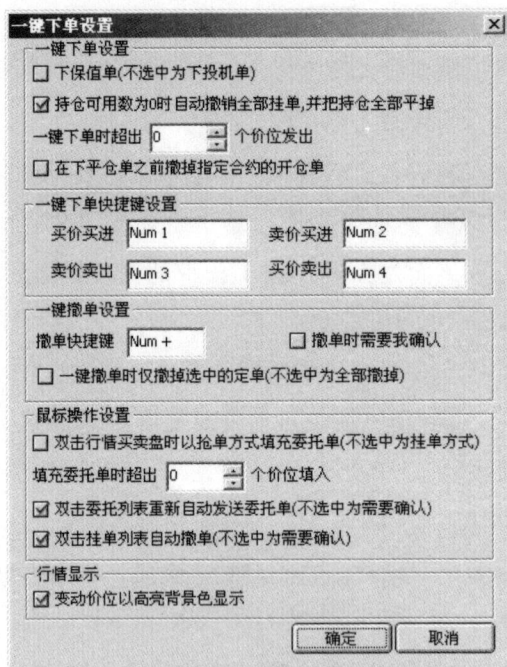

附图 4-5　一键下单设置界面

此时客户又进行一键下单，则系统会认为客户是对前面的平仓委托没有及时成交不满意，因此会把前面所有这个合约的平仓委托全部撤单，并且在等到交易所返回撤单应答之后，发送一个新的平仓委托，这个委托的委托数量就是客户当时的全部可用持仓数。

③一键下单时超出几个价位发出。

这个选项是用来控制用户在使用一键下单时，以当时的买卖价进行委托，还是调整几个价位再发送。

④在下平仓单之前撤掉指定合约的开仓单。

客户使用这个选项来尽量降低自己的风险，前面已经提到客户在进行一键下单时，是由系统根据客户的持仓情况来自动判断应该下开仓单还是平仓单的，如果客户系统发现客户已经有持仓，系统在以后会下平仓单，但是此时客户有可能有开仓单在交易所挂着，因此如果这个选项选中的话，在系统开始下平仓单之前，会把客户该合约所有的开仓单全部撤单。

下面是一键下单的快捷键的设置。共有四个——买价买进、卖价买进、买价卖出、卖价卖出。这些设置比较容易，只要选中某个编辑框，之后按下自己想设置的快捷键就可以了。在刚安装的系统中，默认的快捷键分别是小键盘的 1、2、3、4。

再下面是一键撤单的设置。一键撤单的设置包括以下几方面的内容：

①一键撤单的快捷键的设置同一键下单的快捷键的设置，但是要保证上面这五个快捷键不要重复。

②撤单时需要我确认。如果客户选中了这个选项，则在客户每次按下撤单快捷键的时候，系统会弹出确认窗口，要求客户确认。

③一键撤单时仅撤掉客户选中的订单。客户使用这个选项来控制在客户按下一键撤单快捷键时，是全部撤单还是仅仅撤掉客户当前选中的挂单。

再下面是鼠标操作的相关设置，主要包括：

①用鼠标双击行情买卖盘时以抢单方式填充委托信息。

客户用这个选项来控制再自动填充委托信息时，是以挂单的方式填充还是以抢单的方式填充。所谓以挂单的方式填充是这样的：如果客户双击的是买价/买量区域，则系统会认为用户是想卖出该合约，并且是以当时的卖价卖出该合约。对于上面的例子，如果客户是以抢单的方式填充的话，则会以买价卖出这个合约。因此成交的可能性会比刚才那个委托的成交的可能性大。

②填充委托单时超出几个价位填充。

客户在双击买卖盘数据、系统自动填充委托信息的时候，会调整几个价位填充。

③双击委托列表自动重新发出该委托。

如果客户选中了这个选项，则客户在委托列表双击的时候，自动会把这个委托重新向交易所发送一次，如果没有选中这个选项，则仅仅是填充好委托信息，需要客户单击"下单"按钮才可以把这个委托发走。

④用鼠标双击挂单列表自动撤单。

如果客户选中了这个选项，则客户在用鼠标双击挂单列表时，系统会自动把这个挂单撤单；否则，会提示用户是否需要撤单。

最下面是行情显示的设置。如果客户选择了这个选项，则在行情区域更新行情的时候，会以高亮背景色来显示更新的报价域，否则仅仅以不同的颜色来显示更新的报价域。

①"清空"按钮：清空已经填充的委托信息。

②"顺序"按钮：用来调整委托信息几个域的顺序，界面见附图4-6。

③"单位数量"按钮：用来设置某个合约的默认下单手数，界面见附图4-7。

在委托信息下面是几个信息窗口，包括如下几项：

①委托查询：用来显示用户已经发送的所有的委托信息。

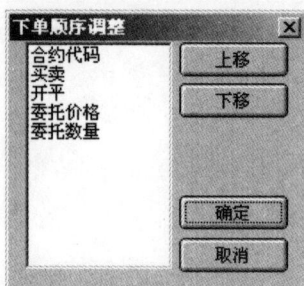

附图 4-6　下单顺序调整界面

附图 4-7　合约默认手数设置界面

②挂单查询：用来显示未结束的客户的委托信息。

③持仓查询：用来显示客户的持仓信息。

④成交查询：用来显示客户的成交信息。

⑤撤单查询：用来显示客户的撤单信息。

⑥资金查询：用来查询客户的资金信息。

所有这些查询结果，都可以按照某个指定的列进行排序，只要单击一下该列的列名就可以了，此时在该列名上会有一个箭头用来表示是升序排序还是降序排序。

再下面是系统实时给出的响应信息。

最下面是用户的资金信息，如果客户在行情报价区域有选中的合约，则这里会显示客户的持仓信息及这个合约的最大可开仓手数等相关信息。

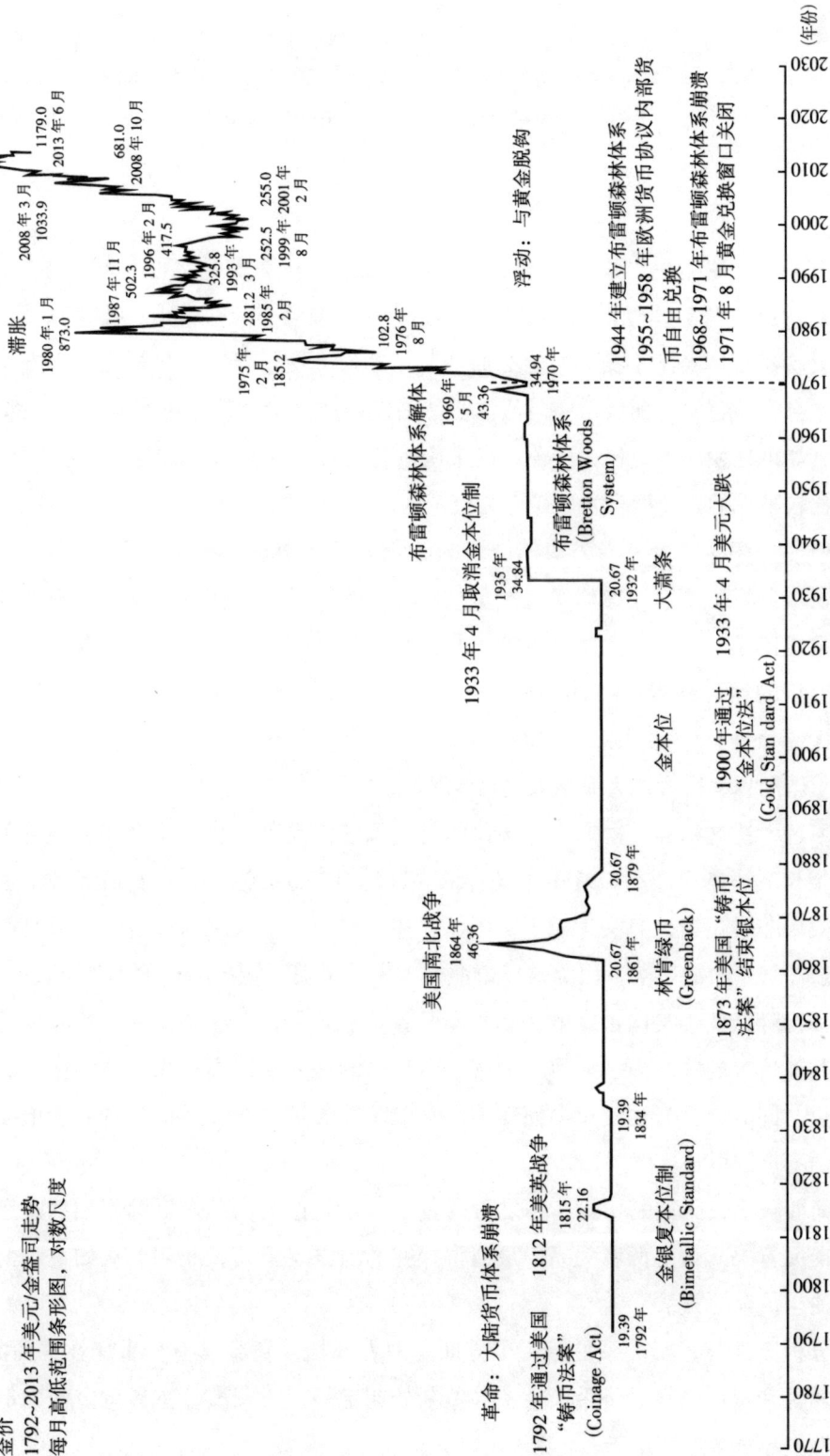

第五节 1792~2013年黄金价格走势和大事件标注图

金价
1792~2013 年美元/金衡司走势
每月高低范围图条形图，对数尺度

全球金融危机，
量化宽松（QE），
2011 年 9 月
1920.7

1179.5
2013 年 6 月

滞胀
1980 年 1 月
873.0

2008 年 3 月
1033.9

681.0
2008 年 10 月

1987 年 11 月
502.3

1996 年 2 月
417.5

325.8
1993 年

255.0
2001 年
2 月

281.2
1985 年
2 月

252.5
1999 年
8 月

1975 年
2 月
185.2

102.8
1976 年
8 月

浮动：与黄金脱钩

布雷顿森林体系解体
1969 年
5 月
43.36

34.94
1970 年

1944 年建立布雷顿森林体系
1955~1958 年欧洲货币协议内部货
币自由兑换
1968~1971 年布雷顿森林体系崩溃
1971 年 8 月黄金兑换窗口关闭

布雷顿森林体系
（Bretton Woods
System）

美国南北战争
1864 年
46.36

布雷顿森林金本位制

1933 年 4 月取消金本位
1935 年
34.84

20.67
1932 年

大萧条

1933 年 4 月美元大跌

金本位

1900 年通过
"金本位法"
（Gold Stan dard Act）

20.67
1879 年

20.67
1861 年

林肯绿币
（Greenback）

1873 年美国"铸币
法案"结束银本位

革命：大陆货币体系崩溃

1812 年美英战争
1815 年
22.16

19.39
1834 年

19.39
1792 年

金银复本位制
（Bimetallic Standard）

1792 年通过美国
"铸币法案"
（Coinage Act）

附图 5-1 1792~2013 年黄金价格走势和大事件标注图

注：图表来自 @Macro Tourist；中文注解：华尔街见闻。

669

第六节　原油与黄金

　　黄金与原油都是"母亲"，黄金是货币之母，原油是商品之母，黄金与虚拟经济关系密切，原油与实体经济关系密切。不过，现在能照出虚拟经济泡沫的恰恰是黄金，能够反映出实体经济不振的恰恰是原油。用纸币来衡量资产的价格往往不准确，因为纸币本身容易超发，而纸币一旦泛滥必然引发资产价格重估，所有大类资产都会涨价。但是，如果你换作黄金作为价值尺度来衡量各类资产的价格，就会发现不会那么吓人，还是比较平稳的。简而言之，黄金是资产泡沫的"照妖镜"。

　　原油是商品之母，因为实体经济的健康运行基本建立在原油正常供应的基础上，美国次贷危机后能够快速修复资产负债表，一方面是美联储提供了紧急流动性，避免金融危机传染，稳住了金融结构的正常信贷，另一方面则是页岩油气革命大大降低了美国经济的运行成本。靠 QE 解决不了根本问题，这是事实，说这个话的经济学家不少，大部分是奥地利学派或者凯恩斯主义者，前者认为应该让市场自动出清，产能和资源重新配置，后者认为应该大搞财政刺激。

　　不过，让这些预言家们大跌眼镜的是美国经济复苏形势还是全球名列前茅的，其就业增长屡屡创出新高。货币主义者认为这是 QE 的功劳，其实安倍经济学也搞 QE，但是效果非常短命，势头远逊于美国。上述三派经济学家之所以看走眼都是因为忽略了页岩油气革命的影响，因为这场革命极大提高了美元能源的自给率和财政平衡能力。由于油价降低使得美国家庭的实际可支配收入上升了，花在油品上的钱减少了，可以用在其他地方的钱更多了。页岩油气革命带来的好处从侧面体现了原油作为商品之母的地位。同时，页岩油气革命使得美国在能源上的定价权和话语权进一步增强，美元的原油本位制得到巩固。

　　简而言之，无论是作为货币之母的黄金，还是作为商品之母的原油都曾经或者正在为美元背书，这是两者关系中最值得探究的地方。下面，我们就从如下六个方面讲解原油与黄金的关系。

　　分析原油与黄金关系的第一个方面是两者属性。黄金具有三重属性：商品属性、投资属性和货币属性。货币属性主导黄金长期走势，投资属性主导黄金中期走势，商品属性主导黄金短期走势。

　　而原油具有两重属性：商品属性和资产属性。两者都具有商品属性，而原油的资产属性与黄金的投资属性和货币属性关系较为密切。因此，就属性而言，两者会受到一些共同宏观冲击的影响。下面两个方面我们会具体讲一下商品属性因素和美元因素对两者的影响。

　　分析原油与黄金关系的第二个方面是通胀率/商品属性对两者的影响。黄金是商品，除了金饰品之外，工业用金也体现了黄金的商品属性。而原油是商品这毋庸置疑。

　　商品的投资收益是通胀率，对商品的投资类型主要是存货头寸，有经济学家发现国内农民屯粮的时候往往是通胀厉害的时候，具体而言就是实际利率为负的时候。实际利率等于名义利率减去预期通胀率，名义利率相当于纸币存款的收益率，而预期通胀率往往是直线预期的，也就是根据此前一段时间的通胀率水平往未来推，这个预期通胀率是存货头寸的收益率。那么实际利率可以看作是持有纸币的收益率减去持有商品的收益率，当实际利率为负的时候，持有纸币的收益率就低于持有商品等实物资产的收益率了。

　　原油和黄金都是实物资产，因此当通胀预期高涨时，特别是实际利率为负时，原油和黄金是很好的抗通胀资产，两者容易出现同时上涨的格局。

　　分析原油与黄金关系的第三个方面是美元对两者的影响。国际原油无论是金融市场上的合约还是贸易市场上的结算货币，都是以美元计价的。伊拉克和伊朗都尝试过改弦易辙，都功败垂成，而俄罗斯因为没有国际结算系统的支持，因此也无法推行非美元结算。美国控制了国际结算系统，国际资金流动绝大部分要靠美国控制的这套系统，而俄罗斯与他国进行原油交易不可能以现金进行。中国现在搞了自己的全球结算系统，这对美国也算釜底抽薪的大招，美国不会善罢甘休，未来还会有更多不见硝烟的战争。美国拥有最大的黄金官方储备，美国与英国握有国际黄金的定价权，伦敦和纽约作为全球性的黄金定价中心，其地位短期内难以撼动，虽然上海期货交易所的黄金期货和上海黄金交易所的黄金现货延期交割在亚太地区有一定影响力，但是与欧美的黄金市场相比还难以望其项背。至于，中国香港地区的黄金市场则基本跟随欧美定价。总之，原油和黄金都是以美元计价的。

　　原油的资产属性与美元计价关系密切，黄金的货币属性和投资属性与美元计价关系密切。美元计价意味着美元的流通数额的大变化将引发相关大类资产价格的变化，这就是所谓的"资产价格重估"。美联储次贷危机后搞QE，引发了原油和黄金的资产价格重估，美国股市、债市和大宗商品市场普遍上涨，这就是全面的资产重估了。加入WTO后，中国出口导致外汇储备急剧增加，盯住汇率制度下，中国人民银行不得不

入市用人民币换美元，美元成了人民币发行的抵押品，美元储备越多人民币发行量越大，最终导致国内流动性泛滥，一场以房地产为主的资产价格重估开启了。

什么是资产？中短期内供给缺乏弹性，且具有题材的事物就是资产。说到资产，就不能不提资产泡沫。作为职业交易者，对于经济学领域有不少自己的看法，写下了不少笔记，与主流经济学的区别在于我希望经济学能够帮助自己预判经济形势，而不是作为政策辩护和历史阐释。

原油和黄金都是资产，美元的流通变化将会引发原油和黄金的资产重估，因此美联储的资产负债表扩展幅度是关注的重点，如果美联储的资产负债表迅速扩展，那么原油和黄金容易出现快速飙升。

分析原油与黄金关系的第四个方面是地缘政治冲突对两者的影响。俄罗斯与美国，一个代表陆权，一个代表海权。西方的地缘政治里，这两者的关系是水火不容、永远斗争的。这种观点已经上升到了意识形态领域，美国的遏制理论就受到这些东西的深刻影响，如布热津斯基等这些美国战略家不遗余力地鼓吹遏制欧亚大陆一体化的政策，说白了就是不允许欧亚大陆出现高度分工和经济一体化。

古希腊与波斯（大概在今天伊朗的位置）的伯罗奔尼撒战争被视为海权与陆权争夺世界霸权的起点，此后英国与沙俄在中亚的苦斗，美国与苏联的两极争霸都是这类图式的延续。现在代表陆权的俄罗斯与代表海权的美国仍旧全方位角力，而这两个国家都是能源重要产出国，美国还是重要的能源消费国。另外，中东是欧亚大陆的枢纽，自然也是大国博弈的重要舞台，而中东又是原油主要出口地区。再看其他几个原油出口地区与地缘政治的密切关系：北非的马格里布以及西非向来被法国视为传统势力，但是美国也在积极布局非洲，他们对中国在非洲的开发和合作并不高兴，而北非和西非也是重要的原油出口地。加勒比海和墨西哥湾有大量石油资源，委内瑞拉有反美的习惯。中国南海油气资源丰富，马来西亚和越南的原油出口成了经济支柱之一，印度尼西亚也依靠自产的原油来发展经济，日韩原油交通线经过此处，世界最为重要的航道马六甲位于此处，澳大利亚、英国、美国和日本等海权国家的海洋霸权与此相关，南海虽然属于中国但对方势力想要插手其中。伊拉克、叙利亚和科威特所处的美索不达米亚平原是中东的战略中枢，历史上阿拉伯人、突厥人和波斯人都在这里争夺，这是我所谓中东三角形的中心位置。

可以看出原油蕴藏丰富的地区往往也是文明和地缘政治冲突聚集的地方，因此原油与地缘政治关系密切。一旦地缘政治冲突影响到原油生产和运输，甚至原油的消费，那么原油价格必然受此影响发生变化。

而黄金当然也与地缘政治关系密切，国际黄金以美元计价，但在某国内的黄金本地价格则显示了该国货币的稳定程度，1998年东南亚经济危机波及到韩国时，黄金的韩元价格显著上升，其他东南亚国家的黄金本币价格也飙升。在拉丁美洲，国内政局和币值长期不稳定，大豆、黄金和美元都成了硬通货。倘若每次国际冲突有美国的介入，一旦预期会刺激美国财政赤字增加，则黄金的美元价格将显著上涨。

因此，一旦某项地缘政治事件同时引发了原油产业链问题和美国财政问题，那么黄金和原油就会出现同时上涨的情况。

分析原油与黄金关系的第五个方面是经济周期因素对两者的影响。首先来看经济周期对原油价格的影响，身处市场的交易中应该记得次贷危机后原油并未快速下跌，而是晚于其他商品见顶，而且在冲顶的过程中上涨幅度非常大，那个阶段相当于滞涨阶段。由此可见，原油涨幅最大的一段是滞涨阶段，其次是繁荣阶段，而在衰退阶段的跌幅最大。在复苏阶段，特别是新兴经济体复苏阶段，由于经济增长对于原材料和能源的需求增加，这个时候原油的商品属性主导，如果同时美元冲高回落，那么原油上涨更加确定无疑。在繁荣阶段，经济热火朝天，通胀率持续上升，存货投资有利可图，纸币贬值，实物资产升值，这个时候原油价格上涨。滞涨阶段，其他商品现行见顶，而原油却加大力度上行。衰退阶段，全球经济萧条，特别是新兴经济体，下游需求锐减，原油价格暴跌。当然上述规律只考虑了经济周期，而原油产业链上游情况，地缘政治冲突和美元走势则会干扰上述规律的运行。

接着来看，经济周期对黄金价格的影响。金价在衰退阶段是上涨的，比如大萧条和次贷危机中后期是上涨的，但是危机初期或者说滞涨阶段金价也会小幅下跌，2008年次贷危机时，金价先回探了一次，那次是金价大佬张卫星的黄金期货多头爆仓，然后快速进入主升浪，一直涨到2000美元下方。

复苏阶段为什么金价跌？这个时候股票市场机会很大，做实业也有潜在丰厚利润，黄金不像股票有股息，债券有利息，这个时候投资属性主导黄金，而黄金投资收益低于股票，因此复苏阶段黄金的吸引力低。繁荣阶段，通胀上升，黄金的商品属性主导，黄金与其他实物资产一样享有抗通胀的优势，这阶段黄金价格是上涨的。滞涨阶段，通胀见顶，大宗商品开始见顶，这个时候黄金的商品属性主导，另外，由于资产负债表传染效应使得黄金也会被抛售来获取紧缺的流动性，自然跟随其他商品价格下跌。衰退阶段，银行和国家信用出现问题，央行主动降息，黄金货币属性主导，金价大涨阶段。

从上面的见解大家可以归纳下黄金和原油在经济周期中的重叠表现和相反表现：

第一，繁荣阶段，原油和金价一同上涨，但是原油涨幅均高于黄金；第二，其他三个阶段，两者是反向运行的。

上面只考虑了经济周期的因素，如果有其他因素的干扰，那么上述规律可能就会隐藏起来。假设现在全球蛀牙经济体处于复苏阶段，如果只考虑经济周期，那么金价是微跌的，原油价格是上涨的，但是如果现在地缘政治冲突出现在伊拉克，美国出动地面部队，那么金价和原油都会上涨，虽然现在是复苏阶段。

分析原油与黄金关系的第六个方面是黄金—原油价格比。在过去 30 多年里，黄金与石油按美金计价的价格波动相对平稳，黄金平均价格约为 300 美元/盎司，石油的平均价格为 20 美元/桶左右。黄金与黑金的兑换关系平均为 1 盎司黄金兑换约 16 桶石油。在 20 世纪 70 年代初期，1 盎司黄金兑换约 10 桶原油，在布雷顿森林体系解体后，黄金与石油曾达到了 1 盎司黄金兑换 30 桶以上的石油，随后，在 70 年代中期到 80 年代中期，尽管中间黄金与石油的价格都出现过大幅的上涨，但二者关系仍保持在 10~20 倍。80 年代中期以后，石油价格骤跌，一度又达到 1 盎司黄金兑换约 30 桶原油的水平。按 2005 年的石油平均价格 56 美元/桶和国际黄金价格均价 445 美元/盎司计算，这个比例平均维持在 1 盎司黄金兑换约 8 桶石油的水平。

第二次世界大战以后到 20 世纪 70 年代，油价和金价之间的比率几乎保持不变，基本上维持 1：6 的稳定关系，即大约 1 盎司黄金兑换 6 桶石油。当时官方规定的黄金兑换价格为每盎司 35 美元，石油为每桶 5 美元到 7 美元。黄金价格与美元挂钩，不受供需变化影响，维持固定价格，缺乏波动调整效应。而石油价格也处于较低的水平，属于廉价石油时代。

最后，CRB 指数与黄金价格的低点有什么规律呢？金价往往领先于 CRB 指数，CRB 领先于原油价格，理想情况下金价是原油价格的先行指标。

（本文节选改编自《原油短线交易的 24 堂精品课》）

第七节　黄金分析常用网址

http：//www.169gold.com/　黄金台

http：//www.goldtoutiao.com/　黄金头条

http：//www.dyhjw.com/　第一黄金网

http：//gold.hexun.com/research/　和讯黄金

http：//www.sharelynx.com/index2.php

http：//www.kitco.com/

http：//www.kitco.cn/

http：//www.onlypricesmatter.com/

http：//www.tradingeconomics.com/united –states/real –interest –rate –percent –wb –data.
html　美国真实利率

http：//stockcharts.com/h–sc/ui?s=$ust10y：$ust1y　美国债长短期利差

http：//stockcharts.com/h–sc/ui?s=$ust10y：$ust3m

http：//gold.forex.com.cn/index.php?m=content&c=index&a=lists&catid=25　黄金深度
分析

http：//bitcoincharts.com/charts/btceUSD　比特币走势

http：//stockcharts.com/h–sc/ui?s=%24BPGDM　黄金多空情绪指标

http：//www.cboe.com/micro/gvz/introduction.aspx　黄金波动率指数

http：//www.diyizby.com/　第一纸白银网

http：//www.zhibaiyin123.com/　纸白银网

http：//www.zby.in/　纸白银论坛

http：//ag.cngold.org/　金投网（白银频道）

http：//data.eastmoney.com/pmetal/cftc/baiyin.html　CFTC 贵金属持仓走势

http：//data.eastmoney.com/pmetal/etf/by.html　贵金属 ETF 持仓走势

http：//stock.eastmoney.com/globalroll.html　24 小时全球财经直播

http：//finance.sina.com.cn/money/forex/hq/USDCNH.shtml　美元人民币（离岸）

http：//quote.fx168.com/ndf/

http：//www.fisherinvestments.com/

http：//www2.dailyfx.com.hk/

http：//au.oanda.com/lang/cns/analysis/

http：//www.onlypricesmatter.com/

http：//www.marketpulse.com/

http：//www.yicai.com/video/jinrihuishi/index.html

http：//www.wm927.com/　智通财经

http：//www.efel.com.cn/

http：//www.tv007.com/tv/4138.html

http：//www.fx678.com/　汇通网

http：//www.huidafx.com/　汇达财经

http：//dailyfx.com/

http：//forexblog.oanda.com/

http：//forex.hexun.com/expert/　外汇专家博客列表

http：//www.fxstreet.com/fundamental/economic-calendar/　财经日历

http：//www.joinyfx.com/myblog/

http：//www.global-view.com/gvi3/fxsp.htm

http：//paper.people.com.cn/gjjrb　国际金融报

http：//www.ieforex.com/

http：//www.dukascopy.com/swiss/english/marketwatch/sentiment/　散户情绪

http：//www.dukascopy.com/swiss/english/marketwatch/COT/　期货持仓走势

http：//fxtrade.oanda.com/analysis/commitments-of-traders　期货持仓走势

http：//fxtrade.oanda.com/analysis/top-100-forex-traders-statistics　最佳交易员持仓统计

http：//au.oanda.com/analysis/top-100-forex-traders-statistics　最佳交易员持仓统计

http：//fxtrade.oanda.com/lang/cns/analysis/open-position-ratios　散户持仓

http：//www.forexfactory.com/trades.php#positions　散户持仓人数和头寸数量百分比

https：//plus.efxnews.com/app.php/login　大投行外汇仓位统计

http：//www.forexfactory.com/sentiment.php　散户情绪

http：//www.investing.com/traders/sentiment-outlook　外汇商品股指债券情绪调查

http：//fxtrade.oanda.com/lang/cns/analysis/　订单和持仓分布

http：//fxtrade.oanda.com/analysis/historical-positions　历史多空持仓比率

http：//fxtrade.oanda.com/analysis/historical-value-at-risk-calculator　波幅概率分布

http：//www.zhijinwang.com/usd/　美元指数

http：//blog.sina.com.cn/s/articlelist_2422706557_0_1.html　美元大势分析博客

http：//www.treasury.gov/tic　美国国际资本流动数据（美国财政部）

http：//www.bls.gov/cpi/　美国消费者物价指数

http：//www.federalreserve.gov/　美联储

http：//www.cmegroup.com/trading/interest-rates/countdown-to-fomc.html　FedWatch

http：//economistsview.typepad.com/timduy/　美联储观察

http：//www.economywatch.com/

http：//cn.wsj.com/gb/　《华尔街日报》

http：//www.bloomberg.com/quote/CCN12M：IND/chart　人民币 NDF

http：//report.futu.cn/?s=1&keywords=FX　国外外汇研报

http：//www.forexcrunch.com/

http：//www.centralbanknews.info/　全球央行动态

http：//www.marctomarket.com/（http：//www.dailiv.co/baidu.com.php?u =469541085724 cOi8vd3d3Lm1hcmN0b21hcmtldC5jb20v&b=3）

http：//www.forexlive.com/

http：//www.athensnews.gr/　希腊新闻

http：//www.economonitor.com/　全球宏观

http：//www.alhambrapartners.com/　大资产配置和经济周期

http：//www.telegraph.co.uk/

http：//www.cnbc.com/

http：//www.guardiannews.com/uk-home

http：//www.businessday.com.au/

http：//www.statcan.gc.ca/　加拿大统计

http：//www.stockmarketwire.com/

http：//www.zerohedge.com/　大势网站

http：//jerrykhachoyan.com/

http：//www.forbes.com/

http：//seekingalpha.com/

http：//alphanow.thomsonreuters.com/

http：//abnormalreturns.com/

http：//fxtrade.oanda.com/analysis/point-and-figure-charts　外汇点数图

http：//fxtrade.oanda.com/analysis/candlestick-patterns　外汇蜡烛图形态自动标注

http：//www.oanda.com/currency/strength-heat-map　全球汇率强弱对比图

http：//news-aggregator.oanda.com/　新闻汇总

http：//wallstreetcn.com/　华尔街见闻

http：//www.wallstopinion.com/　华尔街评论

http：//www.brookings.edu/

http：//mohicanmacro.com/

http：//www.valuewalk.com/

http：//www.bwchinese.com/

http：//live.wallstreetcn.com/　华尔街见闻即时信息

http：//cn.nikkei.com/　日经中文网

http：//www.investing.com/　全球各大金融市场数据和分析

http：//www.businessinsider.com/

http：//economistsview.typepad.com/economistsview/

http：//www.mauldineconomics.com/

http：//qz.com/

http：//www.mauldineconomics.com/

http：//mises.org/

http：//streetwiseprofessor.com/

http：//econbrowser.com/

http：//www.oftwominds.com/blog.html

http：//www.rba－llc.com/

http：//www.calculatedriskblog.com/

http：//www.dzhnews.com/　中国经济精解

http：//calendar.hexun.com/Chart.aspx?ct=1&et=443　人民币实际有效汇率指数（工业增加值领先指标）

http：//www.mataf.net/#en　外汇相关性分析

http：//fxtrade.oanda.com/analysis/currency－heatmap－sorted　外汇相对强弱表

http：//fxtrade.oanda.com/analysis/horizon－rates

http：//fxtrade.oanda.com/analysis/point－and－figure－charts　外汇点数图

http：//fxtrade.oanda.com/analysis/best－forex－trade－of－the－day　日内最佳交易

http：//fxtrade.oanda.com/lang/cns/analysis/currency－volatility　外汇波动

http：//fxtrade.oanda.com/analysis/labs/　外汇实验室

http：//www.fx168.com/

http：//www.ashraflaidi.com/

http：//www.cnforex.com/comment/bank/　银行汇评

http：//www.top100forexsites.com/　外汇网站排名

http：//www.forex.com.cn/　外汇通

http：//www.global-view.com/

http：//www.forexfactory.com/　数据走势图（含预期和修正值）

http：//www.forexfactory.com/market.php　消息和价格对照走势图

http：//fxtrade.oanda.com/lang/cns/analysis/economic-news-effects　消息价格走势图

http：//fxtrade.oanda.com/analysis/forex-market-tracker　新闻影响多维分析

http：//fxtrade.oanda.com/analysis/economic-indicators/　经济指标

http：//www.currensee.com/

http：//www.collective2.com/